KB100466

W

WORD POWER made easy

Copyright 1949, © 1978 by Norman Lewis

Korean Translation Copyright © 2011 by WILL BOOKS Publishing Co.
Korean translation rights arranged with The Knopf Doubleday Publishing Group, a division of Random House, Inc. through KCC.

이 책의 한국어판 저작권은 KCC를 통해 저작권자와 독점 계약한 윌북에 있습니다.
신 저작권법에 의해 한국 내에서 보호를 받는 저작물이므로 무단 전재와 무단 복제를 금합니다.

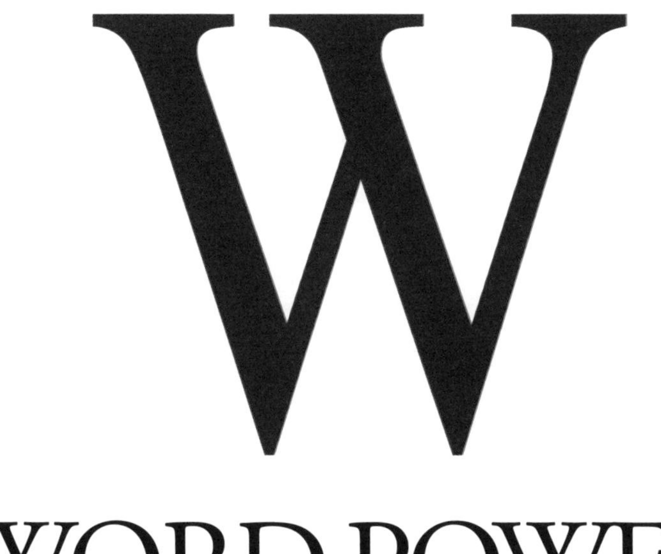

WORD POWER made easy

워드 파워 메이드 이지

월북

이 책의 구성 및 활용법

WORD POWER made easy 한국어판

미국 대학 최고의 영단어 명강의 『워드 파워 메이드 이지』는 어근과 접사의 의미를 밝히는 어원 학습을 통해 단어의 구조를 이해하고, 한 어근에서 출발하는 10~20개 파생어의 형성 원리를 체득함으로써 생소한 단어를 만나도 뜻을 유추할 수 있는 고급 레벨의 학습서입니다. 총 44과의 명쾌하고 흥미로운 어휘 수업을 통해 다소 어렵고 긴 영문 텍스트도 막히는 단어 없이 술술 이해하도록 도와주는 것이 이 책의 목표입니다.

MP3 파일 무료 제공 

윌북 홈페이지 willbookspub.com 자료실에서 무료로 다운받을 수 있습니다. 그림 표시가 있는 연습문제의 단어들이 원어민 발음으로 수록되어 있으므로 여러 번 반복해 들으며 큰 소리로 따라 하세요. 자연스럽게 해당 단어를 발음할 수 있어야 비로소 그 단어가 자기 것이 됩니다.

총정리 〈워드 맵핑북〉

각 챕터의 핵심단어를 한눈에 볼 수 있도록 마인드맵 방식으로 그린 것입니다. 단어의 영문 정의와 단어 사이의 관계도를 통해 앞에서 학습한 내용을 총정리하며 단어를 그림으로 이해하게 됩니다. (〈워드 맵핑북〉은 독자의 편의를 위해 윌북 편집부에서 제공하였습니다.)

준비 단계	본격적으로 공부를 시작하기에 앞서 저자 서문, 이 책의 효과적인 사용법, 발음체계, 5분 품사정리를 꼼꼼히 읽어봅니다. 특히 발음체계와 품사정리는 학습 전에 알아야 할 필수 사항이므로 효율적인 학습을 위하여 반드시 읽어둡니다. Placement Test: 현재 자신의 어휘력 수준을 스스로 진단해보는 레벨 테스트입니다.
Part 1 Chapter 1~5 Test 1 **Part 2** Chapter 6~9 Test 2 **Part 3** Chapter 10~12 Test 3	이 책은 총 44개의 강의와 3개의 테스트로 이루어진 총 48일간의 어휘력 향상 프로그램입니다. 학습 속도에 따라 개인차가 있겠지만 평균 45~90일이면 독파할 수 있는 코스입니다. 본 강의는 크게 세 파트로 나뉘어 있으며 각 파트는 문장 구조의 기본을 이루는 명사-동사-형용사 순으로 확장해가는 계단식 구성을 따르고 있습니다. 기본단어에서 무한 확장하는 수많은 파생단어를 효과적으로 체득하기 위해서는 모든 연습문제를 빠짐없이 입으로 소리 내어 발음하고 손으로 직접 쓰며 풀어야 합니다. Test: 각 파트가 끝날 때마다 120문제로 이루어진 점검 테스트를 통해 그동안 향상된 어휘력을 확인합니다.
마무리 단계	어휘력을 지속적으로 향상시킬 수 있는 5단계 공부법을 후기에서 제안하고 있습니다. 이 책을 끝낸 후에도 이 공부법에 따라 꾸준히 학습하면 자신의 어휘력이 질적으로 업그레이드되는 것을 느낄 수 있습니다. 총정리: 어원을 한번에 정리하기 좋은 공포증 단어 사전인 〈Dictionary of Phobia〉와 핵심단어 사이의 관계도를 형상화한 〈워드 맵핑북〉이 제공됩니다. 본문의 내용을 총복습하는 기분으로 〈워드 맵핑북〉을 활용해보세요.

차례

서문| 어휘력을 향상시키는 최고의 방법

어휘력이란 무엇일까요? 어휘력 향상이란 단순히 단어의 뜻을 많이 아는 것이 아닙니다. 현실과 밀접한 관련이 없는 전문용어 수십 개를 암기한다는 의미도 아닙니다. 어휘력 향상은 인간의 삶에서 언어로 표현되는 다양하고 매혹적인 현상들을 알아간다는 뜻입니다. 따라서 어휘력을 체계적으로 향상시키기 위해서는 다방면에서 교양을 쌓아야 합니다. 어휘력을 향상시키면 사고도 풍부해집니다. 지적인 지평도 넓어지고 자신감도 커집니다. 영어 실력까지 향상되어 생각을 효과적으로 표현하는 능력이 월등히 좋아집니다. 또한 넓게는 세상을, 좁게는 자기 자신을 더 깊이 이해할 수도 있을 것입니다.

어휘력 향상에서 나이는 문제가 되지 않습니다 개인차가 있겠지만 일반적으로 10세 정도 되면 2만 개 이상의 어휘를 알게 됩니다. 매년 수백 개의 새로운 단어를 꾸준히 습득하기 때문입니다. 여러분도 어린 시절에는 그랬을 것입니다. 어린아이 때는 누구나 어휘 습득에 뛰어난 능력을 발휘합니다. 그 비결이 무엇이었나요? 새로운 단어를 듣거나 읽게 되면 부모님이나 주변 어른들에게 뜻과 쓰임새를 물어보고 사전을 찾아보는 일을 날이면 날마다 했을 것입니다. 항상 왜라고 묻는 여러분은 영원히 만족할 줄 모르는 질문 상자 같았을 것입니다. 혹시 여러분이 자식을 둔 부모라면, 아이가 끊임없이 '왜?'라고 물어봐서 괴롭고 짜증났던 때를 기억할 것입니다. 아이들은 질문을 통해 새로운 것을 알아갑니다. 어린아이의 어휘력은 이렇게 생활 전반에 걸친 '강력한 학습 의욕' 덕분에 놀라운 속도로 향상됩니다. 아이들은 단어를 통해서 단어만 배우지 않습니다. 단어를 통해 지식이 늘어나고, 아는 것이 늘어나는 만큼 다시 어휘력도 늘어납니다. 단어는 뭔가를 생각하고 이해한다는 증거이기 때문입니다.

하지만 여러분이 아는 어른들 중에 왜라고 묻는 사람이 얼마나 되나요? 또 여러분은 얼마나 자주 왜라고 묻나요? 대부분 성인이 되면 새로운 것을 알고자 하는 적극성을 차츰 잃습니다. 새롭게 찾아내고 이해하고 깨달은 것을 말로 표현하는 데 필요한 단어를 배우려는 욕구를 상실하는 것입니다. 배우는 걸 멈추면 지적인 성장도 멈추고 더 이상 변하지도 않습니다. 그런 상태가 된다는 것은, 아마 인간이 겪을 수 있는 가장 큰 비극이 아닐까 싶습니다. 그러나 다행히 이런 상황을 되돌릴 수 없는 것은 아닙니다.

예전의 학습 의욕을 상실했더라도 누구나 다시 의욕을 되살릴 수 있습니다. 나는 45년 넘게 대학에서 수많은 학생들에게 어휘력 향상법을 가르쳤습니다. 조금도 과장하지 않고, 여러분이 지금 몇 살이든 간에 어릴 때의 강력한 학습 의욕을 되찾기만 한다면 누구나 엄청난 속도로 어휘력을 향상시킬 수 있습니다.

나이는 어휘력 향상에 문제가 되지 않습니다. 아마 지금 여러분들은 언어학을 포함하여 모든 학문 습득 과정에서 20세를 넘기면 학습 효율이 급속히 떨어진다는 통념을 떠올리고 있을지 모르겠습니다. 하지만, 그것은 사실과 다릅니다. 전혀 그렇지 않습니다. 18세나 20세까지가 학습을 위한 최적기인 건 확실합니다. 우리가 직접 경험한 사실이기도 하지요. 그러나 대부분의 학습이 20세 이전에 이루어진다고 해서 그 이후에는 전혀 성취할 수 없다는 뜻은 아닙니다. 20세 이후부터 노쇠기에 이를 때까지 학습 능력의 총 감퇴율은 15퍼센트에 지나지 않습니다. 게다가 대부분의 사람들이 의무적으로 해낸 것과, 강한 의지를 갖고 적절한 지도를 받아 해내는 것 사이에는 엄청난 차이가 있습니다. 거듭 말하지만, 여러분이 지금 몇 살이든 효과적으로 계속 배울 수 있습니다. 이미 학습을 중단한 상태라고 하더라도 다시 시작할 수 있습니다. 여러분이 서른, 마흔, 쉰, 예순, 일흔, 그보다 더 나이가 많다고 하더라도 상관없습니다.

풍부한 어휘력은 바로 지적 수준의 척도입니다 단어는 뭔가를 알고 있다는 상징이며, 정확한 사고를 위한 열쇠입니다. 따라서 성공한 사람들이 한결같이 풍부한 어휘력을 보유하고 있다는 사실은 조금도 놀랍지 않습니다. 물론 그들이 성공한 원인은 방대한 어휘력이 아닙니다. 그들의 지식입니다. 하지만 지식의 대부분은 언어의 형태로 표현되어 있습니다. 지식을 늘려가는 과정에서 그들의 어휘력은 필연적으로 향상된 것입니다.

이제부터 여러분은 이 책을 통해 새로운 단어와, 새로운 개념에 대해서 생각하는 법과, 새로운 단어와 새로운 개념으로 생각하는 법을 배우게 될 것입니다. 이 책의 순서에 따라 모든 단계를 빼놓지 않고 성실히 공부하고 연습문제를 꼼꼼히 풀면서 중간 점검을 위한 테스트까지 충실히 해낸다면, 책을 끝마칠 때쯤 여러분의 어휘력은 몰라보게 향상되어 있을 것입니다.

노먼 루이스

이 책의 효과적인 사용법

1. 이 책은 어떻게 구성되어 있나요?

이 책은 다음 두 가지의 간단한 원칙에 따라 구성되었습니다.

- ☑ 단어는 생각을 전달하는 상징적인 부호이다.
- ☑ 귀에 익은 개념이 많아지면 아는 단어도 많아지게 마련이다.

각 CHAPTER 는 하나의 주제성격 유형, 의사, 과학, 특이한 직업, 거짓말쟁이, 행동, 말투, 욕, 칭찬 등를 다룹니다. 먼저 주제를 다양하게 표현하는 기본단어들을 암시하는 간략한 PREVIEW 가 주어지고, 암시된 단어들의 의미와 쓰임새를 자세히 분석한 10가지 기본단어 IDEA 가 제시됩니다. 기본단어의 뜻과 표현을 모두 익히고 나면 EXERCISE 로 확인합니다. 그다음 단계에서는 10가지 기본단어를 바탕으로 의미나 형태면에서 파생된 단어들 ORIGIN 을 공부합니다. ORIGIN 에서는 그리스어·라틴어에 뿌리를 둔 어근이 단어에 어떤 고유한 의미를 부여하고, 관련된 단어들이 어떻게 파생되는지 배우게 됩니다. 완벽히 이해하고 나면 반복적인 EXERCISE 로 다시 실력을 확인합니다.

한 CHAPTER 안에서 대략 100개에 가까운 고난이도의 단어들을 접하게 되지만, 항상 한 가지 주제와 관련된 동일한 분야를 반복해서 다루기 때문에, 생소한 단어들이 '지나치게 많이' 나와도 헷갈릴 염려는 없습니다.

CHAPTER 구성

PREVIEW	**미리보기**	주제를 다양하게 표현하는 기본단어가 암시됩니다
IDEA	**개념정리**	10가지 기본단어가 제시됩니다
EXERCISE	**연습문제**	기본단어의 뜻과 쓰임을 확인합니다
ORIGIN	**어원탐구**	어근의 의미와 파생단어들을 공부합니다
QUIZ	**어원복습**	접두어, 접미어, 어근의 의미와 관련 단어를 복습합니다

REVIEW	**챕터복습**	공부한 단어를 여러 유형의 문제로 확인합니다
QUESTION	**어원심화**	습득한 어근을 바탕으로 단어를 유추하는 연습입니다
ADVICE	**이해돕기**	어휘력을 높이기 위해 도움이 될 만한 이야기가 실려 있습니다
쉬어가기	**부가토픽**	영어 사용에 있어 유념해야 할 사항을 짚어줍니다

TEST 구성

PLACEMENT TEST 이 책으로 공부하기 전 현재의 어휘 실력을 알아봅니다

CHAPTER 1~5 →	TEST 1	공부한 내용을 정리하는 세 번의 점검 테스트를 통해 향상된 어휘력을 확인합니다
CHAPTER 6~9 →	TEST 2	
CHAPTER 10~12 →	TEST 3	

2. 왜 어원을 공부해야 하나요?

어원etymology은 단어의 기원이나 파생을 다룹니다. 어근의 의미를 알면, 그 어근을 중심으로 이루어진 모든 단어를 더 잘 이해하고, 쉽게 기억할 수 있습니다. 따라서 어근 하나를 아는 것은 그 어근에서 파생된 10~20단어의 의미를 알아낼 수 있는 열쇠를 지닌 셈입니다. 예를 들어 ego라틴어에서 '나'와 '자신'을 뜻함의 뜻을 알면 egocentric자기중심적인, egomaniac병적으로 자기중심적인, egoist이기주의자, egotist자기 본위인 사람, alter ego분신의 뜻을 어렵지 않게 짐작할 수 있습니다.

그리스어 anthropos의 뜻이 인류라는 것을 알면 anthropology인류학, misanthropy인간혐오, anthropoid유인원, anthropocentric인간중심적인, anthropomorphic인간을 닮은, philanthropy박애주의, anthropophobia인간공포증의 뜻을 금세 이해하고, 결코 잊지 않을 것입니다.

어휘력 향상을 위해 어원론적으로 접근하면

- ☑ 접두어, 어근, 접미어에 대해 알게 되고
- ☑ 낯선 단어라도 단어의 구조, 즉 단어를 구성하는 단위들을 분석해서 그 뜻을 추측할 수 있으며
- ☑ 구성 단위들을 적절히 결합시키는 방법을 통해 단어들을 정확히 만들 수 있고
- ☑ 명사에서 동사를, 형용사에서 명사와 동사를, 명사에서 형용사를 정확히 유도할 수 있습니다.

3. 이 책을 어떻게 활용해야 최대의 효과를 거둘 수 있을까요?

이 책으로 가장 큰 효과를 얻으려면, 다시 말해 이 책에 나온 단어들을 완벽하게 암기해서 절대로 잊지 않으려면, 나아가 곧바로 대화나 글에서 활용할 수 있으려면 다음 학습법을 따라야 합니다. 이 학습법을 성실하게 지켜간다면 현재 여러분의 어휘력에 1,000개 이상의 새로운 단어를 더하는 효과를 거둘 수 있습니다. 이는 거의 66,000단어를 알고 있는 정도의 어휘력을 갖춘 수준이라고 생각해도 됩니다.

1) 학습시간에 일정한 간격을 둔다

모든 챕터는 3~5개의 LESSON으로 나뉘어 있습니다. 개인의 학습량과 학습 속도에 따라 다르겠지만, LESSON 하나를 끝내는 데 대략 30분 내지 1시간 30분이 걸릴 것입니다. 한번 시작하면 꼭 하나의 LESSON은 끝내세요. 나눠서 공부하지 마세요. 탄력이 붙어 완전히 몰두하게 되면 LESSON 두 개나 세 개를 단번에 공부할 수도 있습니다. 또한 공부를 끝낼 때는 언제 다시 시작할지 정확히 정해두기 바랍니다. 이런 절차는 무척 중요하기 때문에 뒤에서 다시 언급하겠습니다.

2) 서두르지 말고, 각자에게 알맞은 속도로 공부한다

학습 속도는 사람마다 다릅니다. 빨리 배우는 사람이 느리게 배우는 사람보다 뛰어난 것은 아닙니다. 중요한 것은 최종 결과이지, 끝내는 데 걸리는 시간이 아니죠.

3) 발음체계를 숙지한다

새로운 단어가 나오면 꼭 소리 내어 발음하도록 합니다. 발음기호를 확인하여 정확히 발음해야 합니다.

4) 문제는 꼭 직접 손으로 써서 푼다

이 책은 그냥 읽고 지식을 얻기 위한 책이 아닙니다. EXERCISE의 문제를 풀 때는 책에 직접 쓰고, 그냥 넘어가는 일 없이 모든 질문에 성실히 대답하세요. 문제를 푼 후에는 책 뒤쪽의 정답과 대조하고, 단어를 쓰는 문제에서는 꼭 철자를 확인해야 합니다.

5) 복습한다

새로운 LESSON을 시작하기 전에 반드시 앞 LESSON의 마지막 EXERCISE로 돌아가 쓴 답을 가리고 단어들을 얼마나 기억하고 있는지 점검해봅시다. 공부한 지 하루가 지난 후에도 바로 기억할 수 있어야 합니다. QUIZ 문제를 풀 때는 반드시 관련된 접두어, 어근, 접미어를 포함하는 단어로 대답하세요. 각 CHAPTER 에서 배운 단어로 대답하든 머릿속에 떠오른 다른 단어로 대답하든 상관없습니다. 원하면 새로운 단어를 만들어내세요. REVIEW 에도 각별히 신경 쓰기 바랍니다. 단어들을 아직 생생히 기억하고 있는지, 앞에서 학습한 어근들의 의미를 기억하고 있는지, REVIEW 를 통해 습득 정도를 점검하는 동시에 부족하거나 약한 부분 및 잊어버린 부분을 찾아내 보완할 수 있습니다.

6) 스스로 점검한다

중간에 있는 TEST 의 목표는 점수를 매기는 데 있지 않습니다. 스스로 취약한 부분을 찾아내고 보완할 부분을 아는 데 있습니다. 특히, 성취감을 만끽하는 데 있습니다. 학습에서도 성공이 성공을 부르기 때문입니다. TEST 만이 아니라 그 밖의 많은 EXERCISE 를 학습의 보조도구로 삼아 적극적으로 활용하기 바랍니다.

4. 시간표는 어떻게 작성하나요?

오랫동안 학생들을 가르친 경험에 비추어 보면, 분명한 학습 목표와 그 목표를 성취하기 위한 시간표가 반드시 필요합니다.

1) 최고의 성과를 거두기 위해서는 한 번에 한두 개의 LESSON 을 공부하는 것이 좋습니다. 한꺼번에 너무 많은 양을 공부해 소화시키지 못할 바에는, 시간적 여유를 두고 공부하는 것이 낫습니다.

2) 매일 적어도 하나의 LESSON 을 공부하세요. 여건이 허락하는 한 하루라도 건너뛰면 안 됩니다.

3) 한 LESSON 을 완전히 끝낼 때까지는 공부를 중단하지 마세요. 어쩔 수 없이 중단해야 할 경우에는 정확히 언제 다시 시작하겠다고 정해두어야 합니다.

자신에게 적합한 속도로 꾸준히 공부한다면 서너 주의 차이가 있겠지만 누구나 2~3개월이면 이 책을 끝낼 수 있을 겁니다. 그리고 얼마의 시간이 걸리든 간에 이 책을 끝낼 때쯤 여러분은 영어 단어가 어떤 식으로 이루어지고, 또 우리의 삶에서 어떤 역할을 하는지 깨달았다는 성취감을 만끽할 것입니다.

주의 ① 원서에는 You라고 표기되어 있지만 한국판에서는 글의 흐름을 위해 '당신'이라고 옮기는 대신 '여러분' 혹은 '그'로 번역 표기하였습니다. ② Quiz는 스스로 학습해보세요. 별도의 정답은 없습니다.

단어를 소리 내어 정확히 발음하기만 해도 절반은 외운 것입니다. 본문에서 다루는 대부분의 단어에는 발음기호가 표시되어 있습니다. 따라서 발음기호가 어떻게 발음되는지 각별히 관심을 기울여야 합니다.

1. 모호하게 발음되는 모음, ə를 습득하세요!

두 음절 이상으로 이루어진 영단어에서는 하나 이상의 음절에서 모음이 무척 빠르게 발음됩니다.

Linda spoke to her mother about a different idea she had.

위의 문장을 정상적인 대화 속도로 소리 내어 읽어보세요. Linda의 -a, mother의 -er, about의 a-, different의 -er과 -ent, idea의 -a가 어떻게 들리는지 유심히 들어보세요. 무척 빠르고, 무척 짧습니다. 그렇지 않나요? 발음기호로 다시 쓰면, 이 단어들은 다음과 같이 표현됩니다.

Linda	LIN'-də	mother	MU$\overline{\text{TH}}$'-ər
about	ə-BOWT'	different	DIF'-ər-ənt
idea	ī-DEE'-ə		

흔히 'Schwa약음'라 불리는 기호 ə는 위의 다섯 단어에서 빠르고 짧게 발음되는 모음을 가리킵니다. 다른 단어를 예로 들어보겠습니다. 발음기호대로 읽어보세요.

previous	PREE'-vee-əs	sentence	SEN'-təns
aloud	ə-LOWD'	normal	NAWR'-məl
conversational	kon'-vər-SAY'-shən-əl		

거의 모든 단어에 ə가 끼어 있습니다. 앞의 단어들을 소리 내어 발음하며, ə가 어떻게 들리는지 확실히 알아두세요.

2. 악센트를 정확히 파악하세요.

위의 5번째 단어 conversational을 잘 보면, 악센트 표시가 두 군데에 있습니다. 하나는 kon´이고, 다른 하나는 SAY´입니다. 그런데 kon´은 소문자로 쓰였고, SAY´는 대문자로 쓰였습니다. 두 음절 모두 악센트가 있지만, 대문자로 쓰인 음절이 소문자로 쓰인 음절보다 더 강하게, 혹은 더 크게 들립니다. 이런 차이에 유념하며 conversational을 소리 내어 발음해보세요.

3. 발음기호에서 S 혹은 s에 유의하세요.

S 혹은 s는 see, some, such 등에서처럼 항상 치찰음, 쉬쉬 소리로 발음됩니다. wins, tons, owns 등에서처럼 -ns가 일반적으로 -nz로 발음되기 때문에 -n 다음의 -s를 유성음으로 발음하는 경향이 있지만 이는 잘못된 것입니다. 앞의 세 단어를 소리 내어 읽어보세요. 끝에서 z음이 들리나요? 발음기호에서 S 혹은 s는 언제나 치찰음으로 발음해야 합니다!

다음 단어들을 소리 내어 읽어보세요.

ambivalence	am-BIV'-ə-ləns	affluence	AF'-lo͞o-əns
opulence	OP'-yə-ləns	sentence	SEN'-təns

4. 발음기호 ī와 Ī는 어떤 위치에서나 eye로 발음됩니다.
high, sigh, my 등이 대표적입니다.

fights	FĪTS	spy	SPĪ
malign	mə-LĪN'	civilize	SIV'-ə-līz'

위에 짧은 줄 표시가 없는 I와 i는 it, sit, pitch에서처럼 발음됩니다.

5. 모든 자음은 본래의 소리대로 발음됩니다.

다만 G와 g는 예외여서 항상 give, girl, get, go 등에서처럼 발음됩니다.

agree	ə-GREE'	pagan	PAY'-gən
again	ə-GEN'		

6. 모음은 다음 원칙에 따라 발음됩니다.

기호	예
A, a	cat [KAT]
E, e	wet [WET]
I, i	sit [SIT]
O, o	knot [NOT]
U, u	nut [NUT]
AH, ah	martinet [mahr'-tə-NET']
AW, aw	for [FAWR], incorrigible [in-KAWR'-ə-jə-bəl]
AY, ay	ate [AYT], magnate [MAG'-nayt]
EE, ee	equal [EE'-kwəl], clandestinely [klan-DES'-tən-lee]
Ō, ō	toe [TŌ], concerto [kən-CHUR'-tō]
O͝O, o͝o	book [BO͝OK], prurient [PRO͝OR'-ee-ənt]
O͞O, o͞o	doom [DO͞OM], blue [BLO͞O]
OW, ow	about [ə-BOWT']
OY, oy	soil [SOYL]
ING, ing	taking [TAYK'-ing]

7. TH와 th는 thing에서처럼 발음됩니다.
하지만 T̅H̅와 t̅h̅는 this에서처럼 발음됩니다.

읽을거리 **서부와 동부의 발음이 다른 단어들**

뉴욕시 전역과 뉴저지 주를 비롯한 동부의 일부 지역에서는 -ar, -er, -or, -off, -aw 등과 같은 음절의 발음이 중서부 지역이나 서부 지역과 약간 다릅니다. 예를 들면 다음과 같습니다.

	동부 지역	중서부, 서부 지역
orange	AHR'-ənj	AWR'-ənj
talk	TAWK	TOK
coffee	KAW'-fee	KOF'-ee
sorority	sə-RAHR'-ə-tee	sə-RAWR'-ə-tee
incorrigible	in-KAHR'-ə-jə-bəl	in-KAWR'-ə-jə-bəl
disparage	dis-PAR'-əj (Hat의 a처럼)	dis-PAIR'-əj
merry	MER'-ee (Wet의 e처럼)	MAIR'-ee
marry	MAR'-ee (Hat의 a처럼)	MAIR'-ee
astronaut	AS'-trə-nawt'	AS'-trə-not'
Harry	HAR'-ee (Hat의 a처럼)	HAIR'-ee

그러나 근본적인 차이는 없기 때문에, 브루클린이나 브롱크스에서 자란 사람이 로스엔젤레스나 샌프란시스코 토박이의 말을 이해하지 못할 정도는 아닙니다. 서로 말투가 다르다고 생각하는 정도에 불과합니다.

위에서 언급된 음절을 포함하는 단어들의 발음기호를 책 속에서 표현할 때는 원칙적으로 서부의 발음을 사용했습니다. 내가 약 14년 전부터 로스엔젤레스 지역에서 살았고 그 발음을 꾸준히 유지해왔기 때문입니다. 사실 나는 뉴욕시에서 태어나 오랫동안 그곳에서 살았기 때문에 친구들과 학생들이 내 말투를 놀림감으로 삼지 않기를 바랐습니다.

그렇다고 어느 쪽의 발음이 더 나은 것도 아니고 더 듣기 좋은 것도 아닙니다. 미국 전역에서 발음은 지역마다, 주마다, 심지어 도시마다 다릅니다. 작고 미묘한 차이지만 그런 차이가 분명히 존재합니다. 따라서 전문가는 상대의 말투로 그 사람의 출신 지역을 거의 정확히 알아낼 수 있습니다. 가령 동부 지역 출신은 sorority, incorrigible, disparage, astronaut 등과 같은 단어들을 자신에게 편한 방식으로 바꿔서 발음하니까요.

5분 만에 끝내는 품사정리

대부분의 독자들은 품사가 무엇인지 알고 있을 것입니다. 그러나 모르더라도 5분이면 품사가 뭔지 충분히 습득할 수 있습니다. 이 책에서는 명사형, 동사형, 형용사형이란 용어가 주로 사용됩니다.

1. 명사noun는 a, an, the, some, such, my의 뒤에 쓰일 수 있는 단어입니다.

An egoist 이기주의자
Such asceticism 대단한 금욕주의
The misogynist 여자를 싫어하는 사람

-ness, -ity, -ism, -y, -ion 등의 접미어로 끝나는 단어는 명사입니다.

2. 동사verb는 (Let us ________)에서 밑줄 부분에 들어갈 수 있는 단어입니다. 동사에는 과거시제가 있습니다.

Let us equivocate 모호하게 말하다, 과거시제는 equivocated
Let us alternate 번갈아 하다, 과거시제는 alternated
Let us philander 연애하다, 과거시제는 philandered

-ate, -ize, -fy 등의 접미어로 끝나는 단어는 주로 동사입니다.

3. 형용사adjective는 (You are very ________)에서 밑줄 부분에 들어갈 수 있는 단어입니다.

You are very egoistic 이기주의의
You are very introverted 내성적인
You are very misogynous 여성을 혐오하는

-ic, -ed, -ous, -al, -ive 등의 접미어로 끝나는 단어는 형용사입니다.

형용사에 -ly를 붙이면 부사adverb가 됩니다.

misogynous → misogynously
educational → educationally

품사에 관해서 여러분이 알아야 할 것은 이것이 전부입니다! 5분 이상 걸렸나요? 기껏해야 10분을 넘지 않았을 것입니다.

PLACEMENT TEST

여러분의 어휘력은 어느 수준이라고 생각하나요? 양적으로 충분한가요? 다방면으로 알고 있나요? 여러분에게 닥치는 어떤 상황에서도 제대로 대응할 수 있나요? 여러분의 지적 잠재력을 정확히 보여주고 있나요? 더 중요한 문제로, 어렸을 때와 같은 속도로 어휘력이 늘고 있나요? 아니면 대부분의 성인과 마찬가지로 학교를 졸업한 후에 어휘력의 증가 속도가 현저하게 떨어졌나요? 어휘력이 다소 부족해서 말을 구사하는 솜씨가 원하는 만큼 유려하지 못하다고 생각하고 있나요? 다음에 제시한 문제를 통해 여러분이 지닌 어휘력의 범위와 반응력을 점검해 보세요.

어휘력 테스트

다음에 주어진 60개의 문구에서 이탤릭체로 쓰인 단어에 가장 가까운 뜻을 찾아보세요. 정확한 어휘력 수준을 알아보기 위해서는 가능한 한 생각나는 대로 빨리 답해야 합니다.

1. *disheveled* appearance
ⓐ untidy ⓑ fierce ⓒ foolish
ⓓ peculiar ⓔ unhappy

2. a *baffling* problem
ⓐ difficult ⓑ simple ⓒ puzzling
ⓓ long ⓔ new

3. *lenient* parent
ⓐ tall ⓑ not strict ⓒ wise
ⓓ foolish ⓔ severe

4. *repulsive* personality
ⓐ disgusting ⓑ attractive ⓒ normal
ⓓ confused ⓔ conceited

5. *audacious* attempt
ⓐ useless ⓑ bold ⓒ foolish
ⓓ crazy ⓔ necessary

6. *parry* a blow

ⓐ ward off ⓑ fear ⓒ expect
ⓓ invite ⓔ ignore

7. *prevalent* disease

ⓐ dangerous ⓑ catching ⓒ childhood
ⓓ fatal ⓔ widespread

8. *ominous* report

ⓐ loud ⓑ threatening ⓒ untrue
ⓓ serious ⓔ unpleasant

9. an *incredible* story

ⓐ true ⓑ interesting ⓒ well-known
ⓓ unbelievable ⓔ unknown

10. an *ophthalmologist*

ⓐ eye doctor ⓑ skin doctor ⓒ foot doctor
ⓓ heart doctor ⓔ cancer specialist

11. will *supersede* the old law

ⓐ enforce ⓑ specify penalties for ⓒ take the place of
ⓓ repeal ⓔ continue

12. an *anonymous* donor

ⓐ generous ⓑ stingy ⓒ well-known
ⓓ one whose name is not known ⓔ reluctant

13. performed an *autopsy*

ⓐ examination of living tissue
ⓑ examination of a corpse to determine the cause of death
ⓒ process in the manufacture of optical lenses
ⓓ operation to cure an organic disease
ⓔ series of questions to determine the causes of delinquent behavior

14. an *indefatigable* worker

ⓐ well-paid ⓑ tired ⓒ skillful
ⓓ tireless ⓔ pleasant

15. a confirmed *atheist*

ⓐ bachelor ⓑ disbeliever in God ⓒ believer in religion

ⓓ believer in science ⓔ priest

16. endless *loquacity*

ⓐ misery ⓑ fantasy ⓒ repetitiousness

ⓓ ill health ⓔ talkativeness

17. a *glib* talker

ⓐ smooth ⓑ awkward ⓒ loud

ⓓ friendly ⓔ boring

18. an *incorrigible* optimist

ⓐ happy ⓑ beyond correction or reform

ⓒ foolish ⓓ hopeful ⓔ unreasonable

19. an *ocular* problem

ⓐ unexpected ⓑ insoluble ⓒ visual

ⓓ continual ⓔ imaginary

20. a notorious *demagogue*

ⓐ rabble-rouser ⓑ gambler

ⓒ perpetrator of financial frauds

ⓓ liar ⓔ spendthrift

21. a *naive* attitude

ⓐ unwise ⓑ hostile ⓒ unsophisticated

ⓓ friendly ⓔ contemptuous

22. living in *affluence*

ⓐ difficult circumstances ⓑ countrified surroundings ⓒ fear

ⓓ wealth ⓔ poverty

23. in *retrospect*

ⓐ view of the past ⓑ artistic balance ⓒ anticipation

ⓓ admiration ⓔ second thoughts

24. a *gourmet*

ⓐ seasoned traveler ⓑ greedy eater ⓒ vegetarian

ⓓ connoisseur of good food ⓔ skillful chef

25. to *simulate* interest

ⓐ pretend ⓑ feel ⓒ lose

ⓓ stir up ⓔ ask for

26. a *magnanimous* action

ⓐ puzzling ⓑ generous ⓒ foolish

ⓓ unnecessary ⓔ wise

27. a *clandestine* meeting

ⓐ prearranged ⓑ hurried ⓒ important

ⓓ secret ⓔ public

28. the *apathetic* citizens

ⓐ made up of separate ethnic groups

ⓑ keenly vigilant of their rights

ⓒ politically conservative

ⓓ indifferent, uninterested, uninvolved

ⓔ terrified

29. to *placate* his son

ⓐ please ⓑ help ⓒ find a job for

ⓓ make arrangements for

ⓔ change a feeling of hostility to one of friendliness

30. to *vacillate* continually

ⓐ avoid ⓑ swing back and forth in indecision

ⓒ inject ⓓ treat ⓔ scold

31. a *nostalgic* feeling

ⓐ nauseated ⓑ homesick ⓒ sharp

ⓓ painful ⓔ delighted

32. feel *antipathy*

ⓐ bashfulness ⓑ stage fright ⓒ friendliness

ⓓ hostility ⓔ suspense

33. be more *circumspect*

ⓐ restrained ⓑ confident ⓒ cautious

ⓓ honest ⓔ intelligent

34. an *intrepid* fighter for human rights

ⓐ fearless ⓑ eloquent ⓒ popular

ⓓ experienced ⓔ famous

35. *diaphanous* material

ⓐ strong ⓑ sheer and gauzy ⓒ colorful

ⓓ expensive ⓔ synthetic

36. a *taciturn* host

ⓐ stingy ⓑ generous ⓒ disinclined to conversation

ⓓ charming ⓔ gloomy

37. to *malign* his friend

ⓐ accuse ⓑ help ⓒ disbelieve

ⓓ slander ⓔ introduce

38. a *congenital* deformity

ⓐ hereditary ⓑ crippling ⓒ slight

ⓓ incurable ⓔ occurring at or during birth

39. a definite *neurosis*

ⓐ plan ⓑ emotional disturbance ⓒ physical disease

ⓓ feeling of fear ⓔ allergic reaction

40. made an *unequivocal* statement

ⓐ hard to understand ⓑ lengthy ⓒ politically motivated

ⓓ clear and forthright ⓔ supporting

41. *vicarious* enjoyment

ⓐ complete ⓑ unspoiled

ⓒ occurring from a feeling of identification with another

ⓓ long-continuing ⓔ temporary

42. *psychogenic* ailment

ⓐ incurable ⓑ contagious ⓒ originating in the mind

ⓓ intestinal ⓔ imaginary

43. an *anachronous* attitude

ⓐ unexplainable ⓑ unreasonable

ⓒ belonging to a different time

ⓓ out of place ⓔ unusual

44. her *iconoclastic* phase

ⓐ artistic ⓑ sneering at tradition ⓒ troubled
ⓓ difficult ⓔ religious

45. a *tyro*

ⓐ dominating personality ⓑ beginner ⓒ accomplished musician
ⓓ dabbler ⓔ serious student

46. a *laconic* reply

ⓐ immediate ⓑ assured ⓒ terse and meaningful
ⓓ unintelligible ⓔ angry

47. *semantic* confusion

ⓐ relating to the meaning of words
ⓑ pertaining to money
ⓒ having to do with the emotions
ⓓ relating to mathematics
ⓔ caused by inner turmoil

48. *cavalier* treatment

ⓐ courteous ⓑ haughty and high-handed
ⓒ negligent ⓓ affectionate ⓔ expensive

49. an *anomalous* situation

ⓐ dangerous ⓑ intriguing ⓒ unusual
ⓓ pleasant ⓔ unhappy

50. *posthumous* child

ⓐ cranky ⓑ brilliant ⓒ physically weak
ⓓ illegitimate ⓔ born after the death of the father

51. feels *enervated*

ⓐ full of ambition ⓑ full of strength ⓒ completely exhausted
ⓓ troubled ⓔ full of renewed energy

52. shows *perspicacity*

ⓐ sincerity ⓑ mental keenness ⓒ love
ⓓ faithfulness ⓔ longing

53. an unpopular *martinet*

ⓐ candidate ⓑ supervisor ⓒ strict disciplinarian
ⓓ military leader ⓔ discourteous snob

54. *gregarious* person

ⓐ outwardly calm ⓑ very sociable ⓒ completely untrustworthy
ⓓ vicious ⓔ self-effacing and timid

55. generally *phlegmatic*

ⓐ smug, self-satisfied ⓑ easily pleased ⓒ nervous, hight-strung
ⓓ emotionally unresponsive ⓔ lacking in social graces

56. an *inveterate* gambler

ⓐ impoverished ⓑ successful ⓒ habitual
ⓓ occasional ⓔ superstitious

57. an *egregious* error

ⓐ outstandingly bad ⓑ slight ⓒ irreparable
ⓓ unnecessary ⓔ deliberate

58. *cacophony* of a large city

ⓐ political administration ⓑ crowded living conditions
ⓒ cultural advantages ⓓ unpleasant noises, harsh sounds
ⓔ busy traffic

59. a *prurient* adolescent

ⓐ tall and gangling ⓑ sexually longing ⓒ clumsy, awkward
ⓓ sexually attractive ⓔ soft-spoken

60. *uxorious* husband

ⓐ henpecked ⓑ suspicious ⓒ guilty of infidelity
ⓓ fondly and foolishly doting on his wife ⓔ tightfisted, penny-pinching

문제당 **1점**입니다.

점수: ___________

0~11 평균 이하	12~35 평균	36~48 평균 이상	49~54 우수	55~60 탁월

어휘 반응 속도 테스트 1

제한된 시간 내에 끝내야 하는 문제입니다. 3분 이내에 B항의 단어가 A항의 단어와 동의어 관계에 있는지, 반의어 관계에 있는지 혹은 두 단어가 완전히 다른지 판별하세요.
동의어면 S, 반의어면 O, 완전히 다른 단어라면 D에 동그라미를 치면 됩니다. 꾸물거리거나 오래 생각할 여유가 없습니다. 가능한 한 빨리 대답하세요.

	A	B	동의어	반의어	다른 단어
1.	sweet	sour	S	O	D
2.	crazy	insane	S	O	D
3.	stout	fat	S	O	D
4.	big	angry	S	O	D
5.	danger	peril	S	O	D
6.	help	hinder	S	O	D
7.	splendid	magnificent	S	O	D
8.	love	hate	S	O	D
9.	stand	rise	S	O	D
10.	furious	violent	S	O	D
11.	tree	apple	S	O	D
12.	doubtful	certain	S	O	D
13.	handsome	ugly	S	O	D
14.	begin	start	S	O	D
15.	strange	familiar	S	O	D
16.	male	female	S	O	D
17.	powerful	weak	S	O	D
18.	beyond	under	S	O	D
19.	live	die	S	O	D
20.	go	get	S	O	D

21.	return	replace	S	O	D
22.	growl	weep	S	O	D
23.	open	close	S	O	D
24.	nest	home	S	O	D
25.	chair	table	S	O	D
26.	want	desire	S	O	D
27.	can	container	S	O	D
28.	idle	working	S	O	D
29.	rich	luxurious	S	O	D
30.	building	structure	S	O	D

어휘 반응 속도 테스트 2

역시 제한된 시간 내에 끝내야 하는 문제입니다. 3분 이내에 D로 시작되는 다른 뜻의 단어를 생각나는 대로 가능한 한 많이 써보세요. 다만 do, doing, does, done, doer 등과 같이 한 단어에서 파생된 형태는 안 됩니다.

공란을 전부 채우면 125단어입니다. 여러분이 공란을 전부 채울 수 있으리라 생각하지 않지만 되도록 속도를 내서 3분 만에 몇 단어를 쓸 수 있는지 확인해보세요.

1.	______	21.	______
2.	______	22.	______
3.	______	23.	______
4.	______	24.	______
5.	______	25.	______
6.	______	26.	______
7.	______	27.	______
8.	______	28.	______
9.	______	29.	______
10.	______	30.	______
11.	______	31.	______
12.	______	32.	______
13.	______	33.	______
14.	______	34.	______
15.	______	35.	______
16.	______	36.	______
17.	______	37.	______
18.	______	38.	______
19.	______	39.	______
20.	______	40.	______

41. ______________________
42. ______________________
43. ______________________
44. ______________________
45. ______________________
46. ______________________
47. ______________________
48. ______________________
49. ______________________
50. ______________________
51. ______________________
52. ______________________
53. ______________________
54. ______________________
55. ______________________
56. ______________________
57. ______________________
58. ______________________
59. ______________________
60. ______________________
61. ______________________
62. ______________________
63. ______________________
64. ______________________
65. ______________________
66. ______________________
67. ______________________
68. ______________________
69. ______________________
70. ______________________
71. ______________________
72. ______________________
73. ______________________
74. ______________________
75. ______________________
76. ______________________
77. ______________________
78. ______________________
79. ______________________
80. ______________________
81. ______________________
82. ______________________
83. ______________________
84. ______________________
85. ______________________
86. ______________________
87. ______________________
88. ______________________
89. ______________________
90. ______________________
91. ______________________
92. ______________________
93. ______________________
94. ______________________

95. ____________________

96. ____________________

97. ____________________

98. ____________________

99. ____________________

100. ____________________

101. ____________________

102. ____________________

103. ____________________

104. ____________________

105. ____________________

106. ____________________

107. ____________________

108. ____________________

109. ____________________

110. ____________________

111. ____________________

112. ____________________

113. ____________________

114. ____________________

115. ____________________

116. ____________________

117. ____________________

118. ____________________

119. ____________________

120. ____________________

121. ____________________

122. ____________________

123. ____________________

124. ____________________

125. ____________________

어휘 반응 속도 테스트 1

10문항 이하를 올바로 답했다면 **25**점
11~20문항을 올바로 답했다면 **50**점
21~25문항을 올바로 답했다면 **75**점
26~30문항을 올바로 답했다면 **100**점

점수: ____________

어휘 반응 속도 테스트 2

D로 시작되는 어떤 단어라도 한 번 쓴 단어의 변형된 형태가 아니라면 맞습니다.

30단어 이하 : **25**점 / 31~50단어 : **50**점 / 51~70단어 : **75**점 / 71~125단어 : **100**점

점수: ____________

어휘 반응 속도 테스트에서 얻은 총점: ____________________

50 평균 이하	75 평균	100 평균 이상	125~150 우수	175~200 탁월

단어 반응력 테스트 1

A항에 주어진 단어와 동의어 관계에 있으면서 P로 시작되는 단어를 B항의 빈칸에 써보세요. 반드시 P로 시작되는 단어로 답해야 합니다.

예) look → peer

	A	B		A	B
1.	bucket	p______	14.	location	______
2.	trousers	______	15.	stone	______
3.	maybe	______	16.	inactive	______
4.	forgive	______	17.	fussy	______
5.	separate	______	18.	suffering	______
6.	likely	______	19.	castle	______
7.	annoy	______	20.	gasp	______
8.	good-looking	______	21.	fear	______
9.	picture	______	22.	twosome	______
10.	choose	______	23.	artist	______
11.	ugly	______	24.	sheet	______
12.	go	______	25.	collection	______
13.	dish	______			

단어 반응력 테스트 2

A항에 주어진 단어와 반의어 관계에 있으면서 G로 시작되는 단어를 B항의 빈칸에 써보세요. 반드시 G로 시작되는 단어로 답해야 합니다.

예) stop → go

	A	B
1.	lose	g______
2.	midget	______
3.	special	______
4.	lady	______
5.	take	______
6.	moron	______
7.	sad	______
8.	boy	______
9.	happy	______
10.	plain	______
11.	hello	______
12.	here	______
13.	bad	______

	A	B
14.	ugly	______
15.	stingy	______
16.	awkward	______
17.	little	______
18.	rough	______
19.	bride	______
20.	ripe	______
21.	unwanting	______
22.	unprotected	______
23.	experienced	______
24.	scarcity	______
25.	unappreciative	______

해답에 하나 이상의 답이 있는 경우, 여러분의 답이 해답 중 어느 하나와 일치하면 맞은 것으로 계산합니다. 문제당 **1점**입니다. **테스트 1**과 **2**의 점수를 합산한 총점을 빈칸에 써넣으세요.

단어 반응력 테스트에서 얻은 총점: ______________

0~10 평균 이하	11~20 평균	21~30 평균 이상	31~40 우수	41~50 탁월

PLACEMENT TEST를 마치며

어휘력과 성공의 관계 지금쯤이면 여러분의 어휘력 수준이 어느 정도인지 알게 되었을 것입니다. 받은 점수가 평균 이하나 평균이라면 어휘력 부족이 여러분의 발목을 붙잡고 있는 것은 아닌지 심각하게 생각해봐야 합니다. 어휘력은 개인의 지적 성장만이 아니라 사회적 성공과도 밀접한 관계가 있습니다.

인간공학연구소의 발표에 따르면, 다양한 유형의 성공한 사람들에게서 볼 수 있는 유일한 공통점은 단어의 의미에 대한 남다른 이해력이었습니다. 연구소가 다양한 연령과 계층의 수천 명을 상대로 어휘력을 조사한 결과, 연봉이 높을수록 어휘력 시험에서 높은 점수를 받았습니다. 이런 결과에 대한 연구소장의 설명은 깊이 생각해볼 필요가 있습니다.

"폭넓은 어휘력이 회사의 경영진이나 각 분야의 뛰어난 사람들에게서 찾을 수 있는 공통점으로 나타나는 이유는, 어휘력이 타인의 생각을 이해하고 자신의 생각에 깊이를 더하는 수단, 즉 생각의 도구이기 때문입니다."

또한 여러 대학에서 신입생들 중 일부에게 어휘력을 향상시키기 위한 실험 교실을 운영했습니다. 이 집단은 비슷한 재능을 지녔지만 그런 훈련을 받지 않은 학생들에 비해 전 과정에서 더 나은 성적을 보였습니다. 일리노이 대학교는 신입생들에게 29개 단어로 이루어진 간단한 어휘력 테스트를 실시했습니다. 윌리엄 D. 템플먼 교수는 이 테스트 결과를 보면 대학 전 과정의 학업 성공 여부를 정확히 예측할 수 있다면서, "우수한 어휘력을 지닌 학생은 학업 성적도 뛰어날 가능성이 높다"라고 말했습니다.

교육계의 연구에서도 지능지수가 어휘력과 밀접한 관계가 있다는 사실이 밝혀졌습니다. 믿기 힘들다면 당장 권위를 인정받은 어휘력 테스트와 지능검사를 차례로 받아보세요. 두 결과가 거의 똑같을 것입니다.

누구나 어휘력을 향상시킬 수 있다 다른 조건이 같다면 어휘력을 다방면으로 향상시킬수록 성공의 가능성이 커집니다. 교육 목표를 달성하고, 사업이나 직장에서 남들보다 앞서며, 지적인 잠재력을 개화시킬 가능성이 높아지는 것입니다. 누구나 어휘력을 향상시킬 수 있습니다. 생각보다 빠르고 쉽게 말이죠!

이 책으로 하루에 한 Lesson씩 공부하면서 2~3개월만 집중적으로 노력하면 놀라운 성과를 거둘 수 있습니다. 하루에 두 Lesson 이상을 공부하면 시간은 더 단축될 겁니다. 게다가 공부는 곧바로 시작할 수 있습니다. 며칠이 지나지 않아 무척 빠른 속도로 생각하는 방법이 달라지고, 생각을 표현하는 능력이나 남의 말을 이해하는 힘이 변하는 것을 실감할 수 있을 것입니다.

Part 1

Chapter 1~5

CHAPTER 1

HOW TO TALK ABOUT PERSONALITY TYPES
성격 유형

**이기심, 세상에 대한 반응, 타인을 대하는 태도, 내향성과 외향성,
결혼과 이성에 대한 감정 등으로 나눌 수 있는 온갖 유형의 성격을 표현하는 어휘들을 공부합니다.**

Preview

다음 문장을 읽고 언급하는 성격이 어떤 단어인지 유추해보세요.

- are interested solely in your own welfare?
  자신의 행복에만 관심이 있나요?
- constantly talk about yourself?
  자신에 대한 얘기만 끝없이 늘어놓나요?
- dedicate your life to helping others?
  헌신적으로 남을 돕나요?
- turn your mind inward?
  생각을 안으로 감추나요?
- turn your mind outward?
  생각을 겉으로 드러내나요?
- hate humanity?
  인간을 미워하나요?
- hate women?
  여자를 증오하나요?
- hate marriage?
  결혼을 싫어하나요?
- lead a lonely, austere existence?
  혼자 금욕적인 삶을 살아가나요?

LESSON 1

인간은 누구나 어떤 형태로든 독특한 면을 지니게 마련입니다. 그중 성격은 유전적인 요인과 문화, 성장 과정, 가족 배경 등 환경적인 요인의 결합으로 결정됩니다. 여기에서는 10가지 성격 유형에 대해 살펴보겠습니다. 이 가운데 하나가 여러분의 성격을 나타내는 단어일 수도 있습니다. 먼저 개념부터 알아봅시다.

IDEA
개념정리

1 me first → An egoist
내가 먼저! **이기주의자**

Your attitude to life is simple, direct, and aboveboard—every decision you make is based on the answer to one question: "What's in it for me?" If your selfishness, greed, and ruthless desire for self-advancement hurt other people, that's too bad. "This is a tough world, pal, dog eat dog and all that, and I, for one, am not going to be left behind!"

삶에 대한 태도가 단순하고 직선적이며 솔직한 사람입니다. "이것이 나에게 어떤 점에서 이익인가?"라는 하나의 질문에 대한 답을 기준으로 모든 결정을 내립니다. 그의 이기심, 탐욕, 무자비한 사리사욕이 타인에게 해를 준다면 무척 안타까운 일입니다. "이봐, 이 세상은 비정해. 모두가 아귀다툼을 하는 세상이라고. 모두가 그런데, 나라고 뒤처질 수는 없잖아!"

2 the height of conceit → An egotist
자만의 극치 **자기중심적인 사람**

"Now, let's see. Have you heard about all the money I'm making? Did I tell you about my latest amorous conquest? Let me give you my opinion—I know, because I'm an expert at practically everything!" You are boastful to the point of being obnoxious—you have only one string to your conversational violin, namely, yourself; and on it you play a number of monotonous variations: what you think, what you have done, how good you are, how you would solve the problems of the world, etc. ad nauseam.

"그런데 내가 돈을 얼마나 버는지 들어봤어? 내가 얼마 전에 어떤 여자를 정복했는지 말해줬던가? 내 생각을 말해주지. 나야말로 거의 모든 일에서 전문가니까!" 그는 역겨울 정도로 자랑을 해댑니다. 상대방과 대화를 나눌 때 하나밖에 얘기하지 않습니다. 이야기의 방향이 약간만 달라질 뿐 한결같이 자신에 대해서만 떠들어댑니다. 자신이 어떤 생각을 하고, 어떤 일을 해냈으며, 얼마나 착하고, 세상의 문제를 어떻게 해결할 것인지 등 자신에 대해서만 지겹도록 말합니다.

3 let me help you → An altruist
도와드릴까요? 이타주의자

You have discovered the secret of true happiness—concerning yourself with the welfare of others. Never mind your own interests, how's the next fellow getting along?
진정한 행복의 비밀을 발견한 사람입니다. 다른 사람의 행복을 염려하며 자신의 이익에는 신경 쓰지 않고, 주변 사람들이 어떻게 지내는가를 먼저 걱정합니다.

4 leave me alone → An introvert
나한테 간섭하지 마세요 내향적인 사람

Like a biochemist studying a colony of bacteria under the microscope, you minutely examine your every thought, feeling, and action. Probing, futile questions like "What do other people think of me?", "How do I look?", and "Maybe I shouldn't have said that?" are your constant nagging companions, for you are unable to realize that other people do not spend as much time and energy analyzing you as you think.
You may seem unsocial, yet your greatest desire is to be liked and accepted. You may be shy and quiet, you are often moody and unhappy, and you prefer solitude or at most the company of one person to a crowd. You have an aptitude for creative work and are uncomfortable engaging in activities that require co-operation with other people. You may even be a genius, or eventually turn into one.
현미경으로 박테리아를 연구하는 생화학자처럼 자신의 모든 생각과 느낌, 행동을 정밀히 분석하는 사람입니다. "남들은 나를 어떻게 생각할까?", "내가 어떻게 보일까?", "그 말을 하지 않았어야 했는데"와 같이 쓸데없는 의문들이 그를 끊임없이 괴롭힙니다. 자신이 생각하는 만큼 다른 사람들은 타인을 분석하는 데 많은 시간과 에너지를 허비하지 않는다는 걸 모르기 때문입니다.
비사교적으로 보일 수 있지만, 그가 간절히 원하는 것은 남에게 사랑받고 인정받는 것입니다. 수줍음을 잘 타고 얌전해 보이며, 변덕스럽고 침울한 면이 있습니다. 여러 사람과 어울리는 것보다 혼자 지내거나 기껏해야 한 친구와 함께 있는 것을 좋아합니다. 창조적인 일을 하는 데 소질이 있지만, 남들과 협력이 필요한 활동에 참여하는 것은 꺼립니다. 그는 지금 천재일 수도 있고, 나중에라도 천재가 될 가능성이 있습니다.

5 let's do it together → An extrovert
함께 합시다 외향적인 사람

You would be great as a teacher, counselor, administrator, insurance agent. You can always become interested—sincerely, vitally interested—in other people's problems. You're the life of the party, because you never worry about the effect of your actions, never inhibit yourself with doubts about dignity or propriety. You are usually happy, generally full of high spirits; you love to be with people—lots of people. Your thoughts, your interests, your whole personality are turned outward.
그가 교사, 상담원, 행정가, 보험사원이라면 크게 성공할 것입니다. 그는 타인의 문제에 항상 관심을 갖습니다. 진심으로 관심을 갖는 거죠. 자신의 행동이 어떤 결과를 가져올지 걱정하지 않고, 위신이나 예의를 생각해 자신을 억제하지 않기 때문에 모임에 활력이 되는 사람입니다. 항상 즐겁고 쾌활하고, 사람들과 어울리는 것을 좋아합니다. 생각, 관심, 모든 됨됨이가 외향적입니다.

6 neither extreme → An ambivert
극단에 치우치지 않는다 양향 성격자

You have both introverted and extroverted tendencies—at different times and on different occasions. Your interests are turned, in about equal proportions, both inward and outward. Indeed, you're quite normal—in the sense that your personality is like that of most people.

내향적인 성향과 외향적인 성향을 동시에 보이는 사람입니다. 때에 따라서, 혹은 상황에 따라서 다른 성향을 보이게 됩니다. 관심이 거의 같은 비율로 안으로 향하거나 밖으로 향합니다. 대부분의 사람들이 이런 성향을 보인다는 점에서 지극히 정상적인 사람입니다.

7 people are no damn good → A misanthrope
인간은 결코 선하지 않다 **인간 혐오자**

Cynical, embittered, suspicious, you hate everyone. (Especially, but never to be admitted, yourself?) The perfectibility of the human race? "Nonsense! No way!" The stupidity, the meanness, and the crookedness of most mortals. "Most? Probably all!"—that is your favorite theme.

냉소적이고 화를 잘 내며 의심 많은 그는 모든 사람을 증오합니다. (인정하고 싶지 않겠지만 특히 자신을 증오하죠.) 인간이 완벽할 수 있을까? "말도 안 돼! 절대!" 대부분의 인간이 어리석고 비열하며 부정직해. "대부분이라고? 전부야!" 그는 주로 이런 식으로 말합니다.

8 women are no damn good → A misogynist
여자는 결코 착하지 않다 **여성 혐오자**

Sometime in your dim past, you were crossed, scorned, or deeply wounded by a woman—a mother, or mother figure, perhaps? So now you have a carefully constructed defense against further hurt—you hate all women.

기억에서 거의 지워진 과거에 그는 한 여자에게 배신당하고 웃음거리가 됐거나 큰 상처를 입었습니다. 그 여자는 어머니거나 어머니를 닮은 여자일 수도 있겠죠? 따라서 더 이상 상처를 받지 않으려 무척 방어적으로 처신합니다. 모든 여자를 혐오하는 거죠.

9 "marriage is an institution—and who wants to live in an institution?" → A misogamist
"결혼은 하나의 제도에 불과해. 누가 제도의 틀에 갇혀 살고 싶겠어?" **결혼 혐오자**

You will not make the ultimate legal commitment. Members of the opposite sex are great as lovers, roommates, apartment- or house-sharers, but not as lawfully wedded spouses. The ties that bind are too binding for you. You may possibly believe, and possibly, for yourself, be right, that a commitment is deeper and more meaningful if freedom is available without judicial proceedings.

그는 결국 법적 서약을 하지 않습니다. 이성은 연인이나 룸메이트, 아파트나 주택을 함께 쓰는 사람으로 충분합니다. 법적으로 결혼한 배우자는 마뜩찮습니다. 그런 구속은 견디기 힘들고요. 법적 절차 없이도 자유가 보장된다면 서약이 훨씬 의미 있고 진심에 더 가까울 거라 생각하며, 자신을 위해서도 옳은 일이라 믿습니다.

10 "...that the flesh is heir to..."* → An ascetic
"……인간은 ……의 상속자다" **금욕주의자**

Self-denial, austerity, lonely contemplation—these are the characteristics of the good life, so you claim. The simplest food and the least amount of it that will keep body and soul together, combined with abstinence from fleshly, earthly pleasures, will eventually lead to spiritual perfection—that is your philosophy.

그는 극기, 금욕, 고독한 명상 등이 도덕적인 삶의 특징이라고 주장합니다. 소박한 음식과 최소한의 양으로 생명을 유지하며, 육체적이고 세속적인 쾌락을 끊는다면 궁극적으로 영적인 완성에 이를 수 있다는 것이 그의 철학입니다.

* 셰익스피어의 희곡 『햄릿』의 대사에서 유래된 관용 표현

EXERCISE

연습문제

10개의 기본단어를 살펴보았습니다. 이제 그 단어들을 발음해볼 차례입니다. 정확히 발음할 수 있도록 모든 단어에 발음기호를 덧붙여 놓았습니다. 〈이 책의 발음체계〉 참조 각 단어를 큰 소리로 발음해보세요. 발음은 완전한 습득을 위한 중요한 첫 단계입니다. 어떤 단어든 직접 발음하면서 그 의미를 생각해야 합니다. 의미가 뚜렷이 머릿속에 떠오르나요? 그렇지 않다면 개념을 설명하는 단락을 다시 읽으세요.

1. 다음 단어를 정확히 발음해보세요.

1) **egoist**	EE´-gō-ist	2) **egotist**	EE´-gō-tist
3) **altruist**	AL´-trōō-ist	4) **introvert**	IN´-trə-vurt´
5) **extrovert**	EKS´-trə-vurt´	6) **ambivert**	AM´-bə-vurt´
7) **misanthrope**	MIS´-ən-thrōp´	8) **misogynist**	mə-SOJ´-ə-nist
9) **misogamist**	mə-SOG´-ə-mist	10) **ascetic**	ə-SET´-ik

2. 다음 단어와 연관되는 내용을 보기에서 고르세요.

이 장에서 제시된 중요한 기본단어들을 완전히 습득하기 위해 우리는 지금까지 두 과정을 거쳤습니다. 첫 단계에서 각 단어와 관련된 개념을 생각해보았고, 다음 단계에서는 그 단어들을 큰 소리로 발음해보았습니다. 세 번째 단계에서는 각 성격 유형에 맞는 적절한 정의를 찾아보세요.

보기

a. turns thoughts inward	b. hates marriage
c. talks about accomplishments	d. hates people
e. does not pursue pleasures of the flesh	f. is interested in the welfare of others
g. believes in self-advancement	h. turns thoughts both inward and outward
i. hates women	j. turns thoughts outward

1) **egoist**	______	2) **egotist**	______
3) **altruist**	______	4) **introvert**	______
5) **extrovert**	______	6) **ambivert**	______
7) **misanthrope**	______	8) **misogynist**	______
9) **misogamist**	______	10) **ascetic**	______

3. 다음 질문을 읽고 YES/NO로 대답하세요.

이제 여러분은 10개의 기본단어에 상당히 익숙해졌습니다. 이제 그 단어들을 사용한 문장을 이해할 수 있는지 알아봅시다. 다음에 주어진 10개의 질문을 읽은 후 앞의 정의를 참고하지 말고 곧바로 YES/NO로 대답하세요.

1) Is an *egoist* selfish? YES / NO

2) Is modesty one of the characteristics of the *egotist*? YES / NO

3) Is an *altruist* selfish? YES / NO

4) Does an *introvert* pay much attention to himself? YES / NO

5) Does an *extrovert* prefer solitude to companionship? YES / NO

6) Are most normal people *ambiverts*? YES / NO

7) Does a *misanthrope* like people? YES / NO

8) Does a *misogynist* enjoy the company of women? YES / NO

9) Does an *ascetic* lead a life of luxury? YES / NO

10) Does a *misogamist* try to avoid marriage? YES / NO

4. 다음을 보고 생각나는 단어를 쓰세요.

지금까지 우리는 학습 효과를 높이기 위해서 단어들을 큰 소리로 발음하고, 단어와 정의를 연결했으며, 단어들이 사용된 질문에 대답까지 해보았습니다. 이제 앞의 내용을 참고하지 않고도 모든 단어를 기억할 수 있는지 확인해봅시다. 철자까지 정확히 쓸 수 있도록 노력하세요.

1) Who lives a lonely, austere life?

A ____________

2) Whose interests are turned outward?

E ____________

3) Who is supremely selfish?

E ____________

4) Who hates people?

M ____________

5) Whose interests are turned both inward and outward?

A ____________

6) Who is incredibly conceited?

E ____________

7) Who is more interested in the welfare of others than in his own?

A ____________

8) Who hates women?

M ____________

9) Whose interests are turned inward?

I ____________

10) Who hates marriage?

M ____________

LESSON 2

ORIGIN
어원탐구

영어의 모든 단어에는 나름의 역사가 있습니다. 앞에서 배운 10개의 기본단어도 예외가 아닙니다. 이번에는 앞에서 다룬 단어들에 대해 좀더 깊이 알아보려고 합니다. 또한 의미와 형태와 역사에서 앞에 제시된 기본단어와 관련된 단어들까지 알아보겠습니다.

the ego 자아

egoist와 egotist의 어근은 똑같이 '나I'를 뜻하는 라틴어 ego에서 파생됐습니다. '나'는 egoist의 마음에서 가장 큰 관심사이며, egotist가 가장 자주 사용하는 단어도 '나'입니다. egotist는 항상 자신에 대해서 말하기 때문에 egoist에 talk의 t가 더해진 거라고 생각하면 두 단어의 차이를 기억하기가 편합니다.

ego [EE'-gō] 자신
egoist [EE'-gō-ist] 이기주의자
egotist [EE'-gō-tist] 자기중심적인 사람

ego는 라틴어에 뿌리를 둔 중요한 단어입니다. What do you think your constant criticisms do to my ego?당신의 끝없는 비판이 내 자아에 어떤 영향을 줄 거라고 생각하나요?라는 표현에서 보듯이 ego는 '자신self'이란 뜻을 나타내는 데 흔히 사용됩니다. 또한 심리학에서 특수한 의미로 사용되지만 여기에서는 자신이란 의미만으로도 다루어야 할 문제가 많으니, 전문 분야는 거론하지 않겠습니다.

만약 여러분이 egocentric이라면, 자신을 우주의 중심center이라 생각할 것입니다. 말하자면 egocentric은 egoist의 극단적인 표

egocentric [ee-gō-SEN'-trik] 자기중심주의자

본인 셈이죠. 만약 여러분이 egomaniac이라면, 자신의 욕구와 욕망, 관심에 병적인 강박관념이 있는, 즉 광기mania에 가까울 정도로 egoism이 극단까지 치우친 사람입니다. egoist와 egotist는 역겹고, egocentric은 아니꼬우며, egomaniac은 위험하고 약간 미친 사람처럼 보인다고 생각하면 됩니다. egocentric은 명사로 쓰이지만 형용사로도 쓰입니다. 예를 들면 What an egocentric her new roommate is!그녀의 새 룸메이트는 지독한 이기주의자다!에서는 명사로 쓰였고, He is the most egocentric person I have ever met!그는 내가 만나본 사람 중에서 가장 이기적인 사람이다!에서는 형용사로 쓰였습니다.

egomaniac의 형용사형을 만들려면 일반적인 형용사형 접미어인 -al을 덧붙이면 됩니다. 즉, egomaniacal입니다.

egomaniac
[ee-gō-MAY'-nee-ak]
병적으로 자기중심적인 사람
egoism [EE'-gō-iz-əm]
이기심, 이기주의
egomaniacal
[ee'-gō-mə-NĪ'-ə-kəl]
자기중심주의의

others 타인

라틴어에서 other를 뜻하는 단어는 alter이며, 수많은 주요 영어 단어가 alter를 어근으로 파생됐습니다.

altruism은 altruist가 실천하는 철학으로, alter의 철자가 변형되면서 파생된 것입니다. altruistic한 행위는 타인에게 혜택을 주는 행위입니다.

alter [AWL'-tər] 바꾸다
altruism [AL'-trōō-iz-əm]
애타주의
altruist [AL'-trōō-ist]
애타주의자
altruistic [al-trōō-IS'-tik]
애타적인

alternate는 하나를 건너뛰고 다음 것을 취한다는 뜻의 단어입니다. 이를테면 여러분이 골프를 칠 때 매주 토요일이 아니라 격주 토요일로 친다면 그날을 alternate Saturdays라고 말할 수 있습니다. 이 단어는 명사로도 쓰이는데, 토론회, 경기, 집회에서 alternate란 원래 선택된 사람이 참석할 수 없어 그 일을 떠맡은 다른 사람other person을 가리킵니다. 여러분에게 alternative가 없다면 다른 선택other choice이 없다는 뜻입니다. 이 모든 단어가 하나의 어근에서 파생됐다는 걸 알면, 의미를 파악하기가 한결 쉬워집니다. alter가 other를 뜻한다는 걸 기억한다면 alter ego,

alternate
v [AWL'-tər-nayt'] 번갈아 나오다
adj [AWL'-tər-nət] 번갈아 생기는
n [AWL'-tər-nət] 대리인
alternative
[awl-TUR'-nə-tiv] 대안

altercation, alteration의 뜻도 금세 파악할 수 있을 것입니다. alteration은 '변경change'의 뜻으로 다른 뭔가로 만든다는 의미입니다. 따라서 계획을 alter한다는 것은 다른 계획을 세운다는 뜻이 됩니다.

alteration
[awl'-tə-RAY'-shən] 변화, 변경
altercation
[awl'-tər-KAY'-shən] 언쟁

altercation은 '언쟁verbal dispute'이란 뜻입니다. 여러분이 누군가와 커다란 의견 차이가 있으면 말로 '싸움fight'을 합니다. 왜 싸울까요? 논쟁에서 '다른' 편에 있는 사람과 여러분이 다른 생각과 계획, 혹은 의견을 갖고 있기 때문입니다. 그런데 altercation은 말다툼quarrel이나 논쟁dispute보다 더 격렬하게 말로 싸우는 것입니다. 감정이 한층 격한 상태를 뜻하기 때문에 화를 내고, 심지어 길길이 날뛰는 상태로 발전할 수도 있습니다. 따라서 논쟁자들이 평범한 사람들이면 모욕적이고 상스런 말까지 오갈 수도 있습니다. 요컨대 여러분이 중요한 문제에 대해 altercation을 한다는 말은 상당히 흥분한 상태라는 뜻입니다.

alter ego는 '다른other'을 뜻하는 alter와 '나I, self'를 뜻하는 ego가 합성된 단어로, 여러분과 무척 비슷한 누군가를 가리킵니다. 이 두 사람은 똑같이 행동하고 똑같이 생각하며 비슷하게 반응합니다. 기질에서도 두 사람은 서로 거울을 보는 것처럼 무척 비슷합니다. 이런 친구는 바로 여러분의 '다른 나', 여러분의 '다른 자아', 여러분의 alter ego입니다.

alter ego
[AWL'-tər EE'-gō] 다른 자아

EXERCISE
연습문제

1. 다음 단어를 정확히 발음해보세요.

기본단어 egoist, egotist, altruist의 기원을 살펴보면서 라틴어에서 중요한 어근 둘을 알게 됐습니다. '나'를 뜻하는 ego와 '다른'을 뜻하는 alter였습니다. 두 어근에서 파생되는 다른 많은 단어들도 어렵지 않게 살펴보았습니다. 이제 잠깐 한숨 돌리면서 새로 배운 단어들을 되새겨봅시다. 다음에 주어진 단어들을 큰 소리로 발음해보세요.

1) **ego**	EE´-gō	2) **egocentric**	ee-gō-SEN´-trik
3) **egomaniac**	ee-gō-MAY´-nee-ak	4) **egomaniacal**	ee´-gō-mə-NĪ´-ə-kəl
5) **altruism**	AL´-trōō-iz-əm	6) **altruistic**	al-trōō-IS´-tik
7) **to alternate** ⓥ	AWL´-tər-nayt´	8) **alternate** adj ⓝ	AWL´-tər-nət
9) **alternative**	awl-TUR´-nə-tiv	10) **alteration**	awl´-tə-RAY´-shən
11) **to alter**	AWL´-tər	12) **altercation**	awl´-tər-KAY´-shən
13) **alter ego**	AWL´-tər EE´-gō		

2. 다음 단어와 연관되는 내용을 보기에서 고르세요.

라틴어 어근, '나', '자신'을 뜻하는 ego와 '다른'을 뜻하는 alter에서 13개의 단어가 어떻게 파생되는지는 앞에서 살펴보았습니다. 더불어 그 단어들을 크게 발음해보았기 때문에 여러분이 실제로 사용할 수 있는 어휘가 되었을 것입니다. 그럼 보기에서 단어와 부합하는 정의를 고르세요.

보기

a. one who is excessively fixated on his own desires, needs, etc.
b. to change
c. argument
d. one's concept of oneself
e. to take one, skip one, etc.
f. philosophy of putting another's welfare above one's own

1) **ego**	________	2) **egocentric**	________
3) **altruism**	________	4) **to alternate**	________
5) **to alter**	________	6) **altercation**	________

3. 다음 단어와 연관되는 내용을 보기에서 고르세요.

보기

a. a change
b. other possible
c. interested in the welfare of others
d. one's other self
e. a choice
f. morbidly, obsessively wrapped up in oneself

1) **egomaniacal**	________	2) **altruistic**	________
3) **alternative**	________	4) **alteration**	________
5) **alter ego**	________	6) **alternate** adj	________

4. 다음 질문을 읽고 YES/NO로 대답하세요.

13개 단어의 뜻을 파악했다면 다음 질문에도 어렵지 않게 대답할 수 있을 것입니다.

1) Is rejection usually a blow to one's *ego*? YES / NO

2) Are *egocentric* people easy to get along with? YES / NO

3) Does an *egomaniac* have a normal personality? YES / NO

4) Are *egomaniacal* tendencies a sign of maturity? YES / NO

5) Is *altruism* a characteristic of selfish people? YES / NO

6) Are *altruistic* tendencies common to egoists? YES / NO

7) Is an *alternate* plan necessarily inferior? YES / NO

8) Does an *alternative* allow you some freedom of choice? YES / NO

9) Does *alteration* imply keeping things the same? YES / NO

10) Do excitable people often engage in *altercations*? YES / NO

11) Is your *alter ego* usually quite similar to yourself? YES / NO

5. 다음을 보고 생각나는 단어를 쓰세요.

간략한 정의가 주어졌을 때 해당되는 단어가 곧바로 머릿속에 떠오르나요? 자신이 없다면 먼저 복습을 해봅시다. 그런 다음 앞을 참고하지 말고 빈칸에 적절한 단어를 쓰세요. 답을 맞힐 때는 철자까지 꼼꼼히 확인합시다.

1) one's other self A________

2) to change A________

3) a heated dispute A________

4) excessively, morbidly obsessed with one's own needs, desires, or ambitions E________

5) unselfish; more interested in the welfare of others than in one's own A________

6) utterly involved with oneself; self-centered E________

7) a choice A________

8) one who substitutes for another A________

LESSON 3

ORIGIN
어원탐구

depends how you turn 어느 쪽으로 향하느냐에 따라 달라진다

introvert, extrovert, ambivert는 '향하다to turn'를 뜻하는 라틴어 동사 verto에서 파생됐습니다. 여러분의 생각이 끊임없이 안쪽으로intro 향하면 여러분은 introvert이고, 밖으로extro 향하면 extrovert입니다. 반면에 두 방향으로ambi 향하면 ambivert입니다. '양쪽both'을 뜻하는 접두어 ambi-는 '양손 모두를 똑같이 사용할 수 있는'이란 뜻의 ambidextrous에서도 볼 수 있습니다. 명사는 ambidexterity입니다.

introvert [IN'-trə-vurt'] 내향적인 사람
extrovert [EKS'-trə-vurt'] 외향적인 사람
ambivert [AM'-bə-vurt'] 양향 성격자
ambidextrous [am-bə-DEKS'-trəs] 양손 모두를 똑같이 사용할 수 있는
ambidexterity [am'-bə-deks-TAIR'-ə-tee] 양손잡이

dexterous는 '솜씨 좋은skillful'이란 뜻입니다. 명사 dexterity의 뜻은 '솜씨skill'입니다. 끝에 붙은 -ous는 일반적인 형용사형 접미어인데, 대표적인 예로는 famous, dangerous, perilous 등이 있습니다. -ity는 명사형 접미어로 vanity, quality, simplicity 등이 대표적인 예입니다. ambidextrous에서 t 다음의 철자는 r이지만, dexterous에서는 e인 것에 주의해야 합니다.

dexterous [DEKS'-trəs] 솜씨 좋은
dexterity [deks-TAIR'-ə-tee] 솜씨, 재주

dexter는 라틴어에서 '오른손right hand'을 뜻합니다. ambidextrous person에게는 두 손 모두가 오른손인 셈이죠. 오른손은 먼 옛날부터 왼손보다 더 능숙하게 사용하던 손입니다. 현대에 들어와

서야 왼손잡이를 뜻하는 lefty, southpaw가 정상이라고 생각하게 되었습니다. 하지만 left-handed는 아직도 awkward와 동의어로 쓰입니다.

'왼손left hand'에 해당하는 라틴어는 sinister입니다. 이 단어는 영어에서 threatening, evil, dangerous과 유사한 뜻으로, 옛날에는 왼손잡이를 의심쩍게 생각했다는 증거입니다. left-handedness가 유전이고 눈의 색깔이나 코의 모양처럼 소유자의 한 부분이지만, 아직도 적잖은 부모가 왼손잡이인 아이의 습성을 억지로 바꾸려 하며 그것이 간혹 아이에게 불행한 결과를 안겨줍니다. 말을 더듬거나 정상적으로 글을 읽지 못하는 증상이 대표적인 예입니다.

sinister[SIN´-ə-stər] 사악한, 불길한
left-handedness 왼손잡이

왼손을 뜻하는 프랑스어는 gauche입니다. 누구나 짐작하겠지만 이 단어가 영어에 도입될 때 '서툰', '둔한'이란 바람직하지 못한 뜻이 주어졌습니다. 따라서 누군가를 gauche라고 부르면, 그 사람이 신체적인 면보다 사교적인 면에서 칠칠맞지 못하다는 뜻입니다. 왼손잡이에 대한 전통적인 오해가 여전히 남아 있다는 증거인 셈이죠. gauche remark는 요령 없는 서툰 지적을 뜻합니다. 또 gauche offer of sympathy서툰 동정의 표시는 어색하기 짝이 없어 상대를 당혹스럽게 만듭니다. gaucherie는 어색하고 서툴며 요령 없이 말을 하거나 상황을 처리해서 상대를 난처하게 만드는 태도란 뜻입니다. gauche person은 재주라고는 없는 사람입니다.

gauche[GŌSH] 서툰, 둔한
gaucherie [GŌ'-shə-ree] 어색함, 서투름, 그런 행동이나 말

오른손을 뜻하는 프랑스어는 droit이며, 영어 단어 adroit는 여기에서 파생됐습니다. adroit는 dexterous처럼 '능숙한'을 뜻하지만, 주로 정신 능력에 관련해서 쓰입니다. gauche처럼 adroit와 명사형 adroitness는 주로 비유적으로 쓰이죠. adroit person은 머리 회전이 빨라, 위기에서 영리하게 벗어나며 상황을 교묘하게 처리합니다. 따라서 adroitness의 반의어는 gaucherie입니다.

adroit[ə-DROYT'] 능숙한
adroitness [ə-DROYT´-nəss] 솜씨 있음, 영리함

love, hate, and marriage 사랑과 증오 그리고 결혼

misanthrope, misogynist, misogamist는 '미워하다to hate'를 뜻하는 그리스어 어근 misein에서 파생된 단어들입니다. misanthrope는 인간을 미워하는 사람이고, misogynist는 여자를 증오하는 사람이며, misogamist는 결혼을 싫어하는 사람입니다. 그리스어로 인간을 뜻하는 anthropos는 anthropology, 즉 인류의 발전을 연구하는 학문인 '인류학'의 어근으로 쓰입니다. 한편 philanthropist는 인간을 사랑해서, 자선기관에 금전적인 기여를 하거나 곤경에 빠진 사람들을 돕는 데 시간과 정력을 바치는 사람, 즉 박애주의자를 뜻합니다.

misanthrope
[MIS'-ən-thrōp'] 인간 혐오자
misogynist
[mə-SOJ'-ə-nist] 여성 혐오자
misogamist
[mə-SOG'-ə-mist] 결혼 혐오자
anthropology
[an-thrə-POL'-ə-jee] 인류학
philanthropist
[fə-LAN'-thrə-pist] 박애주의자

'여자woman'를 뜻하는 어근 gyne는 여성 질환을 다루는 전문의, 부인과 의사 gynecologist에서도 쓰입니다. '결혼marriage'을 뜻하는 어근 gamos는 monogamy, bigamy, polygamy에서 볼 수 있습니다.

gynecologist
[gīn(혹은 jin이나 jīn)-ə-KOL'-ə-jist] 부인과 의사

뒤에서 다시 다루겠지만 monos는 '하나one', bi는 '둘two', polys는 '많은many'을 뜻합니다. 따라서 monogamy는 한 번에 한 명과 결혼하는 풍습으로 '단혼제'란 뜻입니다. bigamy는 어원적으로 두 번의 결혼을 뜻하지만, 현실에서는 현재의 법적 배우자와 이혼하지 않고 다시 결혼하는 건 불법 행위입니다. 여기에서 많은 결혼, 즉 복혼複婚을 뜻하는 polygamy가 파생됩니다. 어원적으로 polygamy는 남자 쪽이나 여자 쪽에서 복수의 결혼을 하는 것, 즉 일부다처나 일처다부를 뜻하며, 대체로 모르몬교도들이 초기에 행했던 풍습이나 솔로몬 왕이 행했던 풍습처럼 남자가 금전적으로나 감정적으로 여유가 있어 많은 부인을 두는 것을 가리킵니다. 이런 풍습을 정확히 뜻하는 단어는 '많은'을 뜻하는 polys와 '여자'를 뜻하는 gyne로 이루어진 polygyny입니다.

monogamy
[mə-NOG'-ə-mee] 단혼제
bigamy [BIG'-ə-mee]
두 번 결혼
polygamy [pə-LIG'-ə-mee]
복혼제
polygyny [pə-LIJ'-ə-nee]
일부다처제

그렇다면 티베트 쪽 히말라야 산맥 지역에서 행해지는 결혼 풍습으로, 여자가 두 명 이상의 남편을 두는 풍습을 뭐라고 할까요? polys

polyandry
[pol-ee-AN'-dree] 일처다부제

에 '남자male'를 뜻하는 그리스어 andros를 더해 polyandry라고 합니다.

making friends with suffixes 접미어를 친구로!

영어에서는 사람을 뜻하는 명사에 사용하는 접미어와 풍습이나 마음가짐, 철학 등을 뜻하는 명사에 사용하는 접미어가 다릅니다. 또 형용사에는 다른 형태의 접미어를 사용합니다. 예를 들어보겠습니다.

사람	풍습/마음가짐/철학 등	형용사
misanthrope misanthropist	misanthropy	misanthropic
misogynist	misogyny	misogynous misogynistic
gynecologist	gynecology	gynecological
monogamist	monogamy	monogamous
bigamist	bigamy	bigamous
polygamist	polygamy	polygamous
polygynist	polygyny	polygynous
polyandrist	polyandry	polyandrous
philanthropist	philanthropy	philanthropic
anthropologist	anthropology	anthropological

-ist는 사람을 가리킬 때 흔히 사용되는 접미어이고, -y는 풍습이나 마음가짐, 철학 등을 가리키는 접미어입니다. 반면에 -ic, -ous는 형용사에 쓰이는 접미어입니다.

misanthropic
[mis-ən-THROP'-ik]
사람을 싫어하는

misogamy
[mə-SOG'-ə-mee] 결혼 혐오

misogyny
[mə-SOJ'-ə-nee] 여성 혐오

polygynist [pə-LIJ'-ə-nist]
일부다처주의 남성

polyandrist
[pol-ee-AN'-drist]
일처다부주의 여성

anthropologist
[an-thrə-POL'-ə-jist] 인류학자

philanthropy
[fə-LAN'-thrə-pee] 독지, 자선

gynecology
[gīn(혹은 jin이나 jīn)-ə-KOL'-ə-jee]
부인과 의학

living alone and liking it 혼자 사는 것을 좋아한다

ascetic은 '수도자monk, 은둔자hermit'를 뜻하는 그리스어 asketes에서 파생된 단어입니다. 수도자는 고독한 삶을 삽니다. 수도자는 사치스런 삶의 쾌락, 흥겨운 모임의 웃음과 떠들썩한 분위기, 상류사회의 유흥을 바라지 않습니다. 명상, 학습과 힘든 노동으로 낮 시간을 보내고, 밤이면 썰렁한 골방의 딱딱한 침대에서 하루를 마무리합니다. 이런 극기가 영혼을 깨끗이 해준다고 생각합니다.

이런 사람은 ascetic으로 수도자의 삶에 비교될 만큼 검소하고 소박하며 혹독한 삶을 자발적으로 살아갑니다. 이런 식의 삶을 asceticism이라 하고, 형용사는 ascetic으로 명사형과 같습니다.

asceticism
[ə-SET'-ə-siz-əm] 금욕주의

QUIZ

어원복습

단어의 어원적 구조를 정확히 파악하면 훨씬 효과적으로 단어를 정복할 수 있습니다. 지금까지 배운 접두어와 어근, 접미어를 복습하는 의미로 풀어보는 것이므로 따로 정답은 없습니다. 자유롭게 생각나는 단어를 써보세요.

	접두어/어근/접미어	의미	파생어
1	ego	self, I	
2	alter	other	
3	intro-	inside	
4	extro-	outside	
5	verto	turn	
6	ambi-	both	
7	misein	hate	
8	anthropos	mankind	
9	gyne	woman	
10	gamos	marriage	
11	asketes	monk	
12	centrum	center	
13	mania	madness	
14	dexter	right hand	
15	sinister	left hand	
16	gauche	left hand	
17	droit	right hand	
18	monos	one	
19	bi-	two	
20	polys	many	
21	andros	male	
22	-ist	person who 명사형 접미어	
23	-y	practice, custom, etc. 명사형 접미어	
24	-ous	형용사형 접미어	
25	-ity	quality, condition, etc. 명사형 접미어	

EXERCISE

연습문제

1. 다음 단어를 정확히 발음해보세요.

아래에 주어진 단어들을 큰 소리로 발음해보세요. 그리고 여러분의 발음을 직접 들어보세요. 발음기호를 눈여겨보면서 입에 익을 때까지 반복해봅시다. 단어를 정복하는 중요한 첫 단계는 편하고 자신 있게 발음하는 것입니다.

1) **ambidextrous** əm-bə-DEKS´-trəs
2) **ambidexterity** am´-bə-deks-TAIR´-ə-tee
3) **dexterous** DEKS´-trəs
4) **dexterity** deks-TAIR´-ə-tee
5) **sinister** SIN´-ə-stər
6) **gauche** GŌSH
7) **gaucherie** GŌ´-shə-ree
8) **adroit** ə-DROYT´
9) **adroitness** ə-DROYT´-nəss
10) **anthropology** an-thrə-POL´-ə-jee
11) **anthropologist** an-thrə-POL´-ə-jist
12) **anthropological** an´-thrə-pə-LOJ´-ə-kəl
13) **philanthropist** fə-LAN´-thrə-pist
14) **philanthropy** fə-LAN´-thrə-pee
15) **philanthropic** fil-ən-THROP´-ik
16) **gynecologist** gīn(혹은 jin이나 jīn)-ə-KOL´-ə-jist
17) **gynecology** gīn(혹은 jin이나 jīn)-ə-KOL´-ə-jee
18) **gynecological** gīn(혹은 jin이나 jīn)-ə-kə-LOJ´-ə-kəl
19) **monogamist** mə-NOG´-ə-mist
20) **monogamy** mə-NOG´-ə-mee
21) **monogamous** mə-NOG´-ə-məs

2. 다음 단어를 정확히 발음해보세요.

1) **bigamist** BIG´-ə-mist
2) **bigamy** BIG´-ə-mee
3) **bigamous** BIG´-ə-məs
4) **polygamist** pə-LIG´-ə-mist
5) **polygamy** pə-LIG´-ə-mee
6) **polygamous** pə-LIG´-ə-məs
7) **polygynist** pə-LIJ´-ə-nist
8) **polygyny** pə-LIJ´-ə-nee
9) **polygynous** pə-LIJ´-ə-nəs
10) **polyandrist** pol-ee-AN´-drist
11) **polyandry** pol-ee-AN´-dree
12) **polyandrous** pol-ee-AN´-drəs
13) **misanthropist** mis-AN´-thrə-pist
14) **misanthropy** mis-AN´-thrə-pee
15) **misanthropic** mis-ən-THROP´-ik
16) **misogyny** mə-SOJ´-ə-nee
17) **misogynous** mə-SOJ´-ə-nəs
18) **misogynistic** mə´-soj-ə-NIS´-tik
19) **misogamy** mə-SOG´-ə-mee
20) **misogamous** mə-SOG´-ə-məs
21) **asceticism** ə-SET´-ə-siz-əm

3. 다음 단어와 연관되는 내용을 보기에서 고르세요.

보기

a. evil, threatening
b. hating mankind
c. skillful
d. awkward
e. capable of using both hands with equal skill

1) **ambidextrous** ________
2) **dexterous** ________
3) **sinister** ________
4) **gauche** ________
5) **misanthropic** ________

4. 다음 단어와 연관되는 내용을 보기에서 고르세요.

보기

a. system of only one marriage
b. hatred of women
c. illegal plurality of marriages
d. study of human development
e. study of female ailments

1) **anthropology** ________
2) **gynecology** ________
3) **monogamy** ________
4) **bigamy** ________
5) **misogyny** ________

5. 다음 단어와 연관되는 내용을 보기에서 고르세요.

보기

a. devotion to a lonely and austere life
b. skill, cleverness
c. custom in which one man has many wives
d. love of mankind
e. hatred of marriage

1) **polygamy** ________
2) **misogamy** ________
3) **asceticism** ________
4) **philanthropy** ________
5) **adroitness** ________

6. 다음 단어와 연관되는 내용을 보기에서 고르세요.

보기

a. student of the development of mankind
b. one who engages in charitable works
c. male with a plurality of wives
d. women's doctor
e. female with a plurality of husbands

1) **polygynist** ________
2) **polyandrist** ________
3) **anthropologist** ________
4) **gynecologist** ________
5) **philanthropist** ________

7. 다음 질문을 읽고 YES/NO로 대답하세요.

1) Can *ambidextrous* people use either the left or right hand equally well? YES / NO

2) Should a surgeon be manually *dexterous*? YES / NO

3) Is a *sinister*-looking person frightening? YES / NO

4) Is *gaucherie* a social asset? YES / NO

5) Is an *adroit* speaker likely to be a successful lawyer? YES / NO

6) Is a student of *anthropology* interested in primitive tribes? YES / NO

7) Does a *gynecologist* have more male than female patients? YES / NO

8) Is *monogamy* the custom in Western countries? YES / NO

9) Is a *misogamist* likely to show tendencies toward *polygamy*? YES / NO

10) Is a *bigamist* breaking the law? YES / NO

11) Is a *philanthropist* generally altruistic? YES / NO

12) Does a *misanthropist* enjoy human relationships? YES / NO

13) Does a *misogynist* enjoy female companionship? YES / NO

14) Are unmarried people necessarily *misogamous*? YES / NO

15) Are bachelors necessarily *misogynous*? YES / NO

16) Is *asceticism* compatible with luxurious living and the pursuit of pleasure? YES / NO

17) Does a *polyandrist* have more than one husband? YES / NO

8. 다음을 보고 생각나는 단어를 쓰세요.

1) philosophy of living austerely

A ______________________

2) hatred of women

M ______________________

3) hatred of marriage

M ______________________

4) hatred of mankind

M ______________________

5) skillful

D ______________________

6) awkward

G ______________________

7) evil, threatening

S ______________________

8) describing hatred of women (adj)

M ______________________, M ______________________

9) skill

A ______________________

10) pertaining to hatred of marriage (adj)

M ______________________

11) pertaining to hatred of mankind (adj)

M ______________________

12) social custom of plural marriage

P ______________________, P ______________________, P ______________________

13) unlawful state of having more than one spouse

B ______________________

14) doctor specializing in female disorders

G ______________________

15) custom of one marriage at a time

M ______________________

16) one who hates the human race

M ______________________, M ______________________

17) able to use both hands with equal skill

A ______________________

18) study of mankind

A ______________________

19) one who loves mankind

P ______________________

20) skill in the use of both hands

A ______________________

REVIEW
챕터복습

1. 다음 정의에 맞는 단어를 고르세요.

1) Puts selfish desires first

ⓐ egoist ⓑ egotist ⓒ altruist

2) Is self-analytical

ⓐ extrovert ⓑ introvert ⓒ ambivert

3) Hates women

ⓐ misogamist ⓑ misanthrope ⓒ misogynist

4) One's other self

ⓐ altercation ⓑ alter ego ⓒ alteration

5) Awkward, clumsy

ⓐ adroit ⓑ dexterous ⓒ gauche

6) Plural marriage as a custom

ⓐ bigamy ⓑ polygamy ⓒ monogamy

7) Study of human development

ⓐ asceticism ⓑ philanthropy ⓒ anthropology

8) Plurality of husbands as a custom

ⓐ misogyny ⓑ polygyny ⓒ polyandry

2. 다음 어근에 맞는 의미를 쓰세요.

	어근	의미	파생어
1)	ego		egoist
2)	alter		alternative
3)	verto		introvert
4)	misein		misogynist
5)	anthropos		anthropologist
6)	gyne		gynecologist
7)	gamos		bigamy
8)	centrum		egocentric
9)	dexter		dexterous
10)	droit		adroit
11)	monos		monogamy
12)	andros		polyandry

QUESTION

어원심화

책을 읽는 중에 다음의 단어들을 만난다면, 그 단어에서 어근을 찾아내어 그 뜻을 추측할 수 있나요? 빈칸에 여러분이 추측한 의미를 써보세요.

1. anthropocentric : ____________________

2. andromania : ____________________

3. gynandrous : ____________________

4. monomania : ____________________

5. misandrist : ____________________

ADVICE

시간표를 정확히 지켜라 !

이번 장을 통해 수십 개의 새롭고 중요하며 재밌는 단어를 알게 되었을 겁니다. 나아가 단어에 담긴 개념들, 다양한 형태와 철자, 발음과 기원, 사용법과 정확한 의미가 무엇인지도 알게 됐고요. 새삼스러운 사실을 여기에서 무리하게 주장하고 싶지는 않지만, 여러분은 이 장을 공부하는 데 할애한 짧은 시간에 보통 성인이 1년간 배우는 것보다 더 많은 새로운 단어를 배웠습니다. 따라서 마음껏 좋아하고 흥분할 만합니다.

시간이라는 것에는 재미있는 측면이 있습니다. 정적인 관점에서 시간을 보면 부자나 가난한 사람이나 아픈 사람이나 건강한 사람이나 누구에게나 똑같은 양의 시간, 정확히 하루에 24시간만 주어진다는 사실은 변함이 없습니다. 하지만 시간을 동적인 관점에서 보면 즐겁게 할 수 있는 일은 언제나 발 벗고 찾아 나서지만 마음에 들지 않는 일을 하려고 일부러 시간을 내는 경우는 거의 없다는 것입니다. 철학적으로 보이기 위해 이렇게 말하는 것은 아닙니다. 여러분도 조금만 생각해보면 틀림없이 동의할 것입니다.

요컨대 여러분이 즐겁게 새로운 단어를 배우고 새로운 개념을 이해해서 성공이란 짜릿한 성취감을 맛보고 싶다면 스스로 작성한 시간표를 충실히 지켜야 합니다.

성공적인 학습을 결정하는 중요한 요인의 하나는 규칙적인 학습입니다. 자신에게 맞는 시간표를 작성하고, 자신의 계획을 위해 온갖 유혹을 참고 이겨낸다면 배우고 싶은 것이 무엇이든 해낼 수 있습니다.

따라서 학습 의욕을 돋우기 위해서라도 공부를 제대로 시작하기 전에 학습 계획을 세워보시기 바랍니다.

쉬어가기 1

TEST YOUR GRAMMAR

문법 테스트

여러분의 영어 실력은 어느 정도인가요? me라고 말하고 난 후 "혹시 I라고 말해야 했던 건 아닐까"라고 생각해본 적이 있나요? lay와 lie, who와 whom을 두고 헷갈린 적은 없습니까? 또 effect와 affect, principal과 principle, childish와 childlike의 차이를 확실히 구분하지 못한 때는 없었나요?

다음 3가지 문법 테스트를 통해 여러분이 적절한 곳에 알맞은 단어를 얼마나 능숙하게 사용하는지, 더불어 여러분의 언어 능력이 평균에 비해 어느 정도인지 확인해봅시다. 정답은 해답편에 있습니다.

TEST 1 EASY

다음에 주어진 10개의 문제에서 적어도 8개 문제를 정확히 맞힌다면 여러분의 영어 실력은 평균 수준이라 할 수 있습니다.

1) There is a beautiful moon out tonight and Estelle and I are going for a stroll—would you like to come along with (she and I, her and me?)

2) Your husband doesn't believe that you are older than (I, me).

3) Maybe we're not as rich as (they, them), but I bet we're a lot happier.

4) Does your child still (lay, lie) down for a nap after lunch?

5) When we saw Mary openly flirting with Nellie's husband, we (could, couldn't) hardly believe our eyes.

6) You should (of, have) put more vermouth into the martini.

7) Does your company (leave, let) you have as long a lunch break as you would like?

8) Harriet feels that her (brothers-in-law, brother-in-laws) are impossible to get along with.

9) "What (kind of, kind of a) car are you looking for?" asked the salesman.

10) Mrs. White was delighted that the Fennells had invited John and (she, her) to their party.

점수: ____________

TEST 2 HARDER

다음 10개의 문제 가운데 7개 문제를 정확히 답하면 여러분의 영어 실력은 평균 이상이라 말할 수 있습니다. 10개 문제에 모두 정확히 답할 수 있다면 간혹 실수는 하겠지만 문법에서 거의 실수가 없다고 확신할 만한 수준입니다.

1) What (effect, affect) has the new administration's policies had on investor confidence?

2) A feeling of one's worth is one of the (principle, principal) goals of psychological therapy.

3) There's no sense (in, of) carrying on that way.

4) I can't remember (who, whom) it was.

5) The infant (lay, laid) quietly sucking its thumb.

6) No one but (she, her) ever made a perfect score on the test.

7) In the early days of frontier history, horse thieves were (hanged, hung).

8) Neither of your responses (are, is) satisfactory.

9) Either of these two small cars, if properly maintained, (is, are) sure to give over thirty miles per gallon in highway driving.

10) Tell (whoever, whomever) is waiting to come in.

점수: ___________

TEST 3 HARDEST

이번에는 여러분이 영어의 달인이라 할 만한 수준에 근접했는지 알아봅시다. 다음에 주어진 10개의 문제는 결코 쉽지 않습니다. 5개 문제만 정확히 답해도 훌륭한 수준입니다. 9~10개의 문제를 정확히 맞히면 영어의 달인이라 자부하기에 손색이 없습니다.

1) We have just interviewed an applicant (who, whom) the committee believes is best qualified for the position.

2) She is one of those gifted writers who (turns, turn) out one best seller after another.

3) Don't sound so (incredulous, incredible); what I am saying is absolutely true.

4) We were totally (disinterested, uninterested) in the offer.

5) This recipe calls for two (cupsful, cupfuls) of sugar.

6) Are you trying to (infer, imply) by those words that he is not to be trusted?

7) We thought the actress to be (she, her), but we weren't sure.

8) Was it (she, her) you were talking about?

9) Your criteria (is, are) not valid.

10) "It is I who (is, am) the only friend you've got," she told him pointedly.

점수: ____________

CHAPTER 2

HOW TO TALK ABOUT DOCTORS
의사

전문의와 전공 분야에 관련된 단어들을 알아봅니다. 여성 신체 기관의 질환, 아동 질병, 피부병, 골격의 장애, 심장병, 신경 질환 및 정신 질환을 전문으로 치료하는 전문가를 가리키는 어휘들을 공부하겠습니다.

Preview

다음을 전문적으로 다루는 의사를 가리키는 단어는 무엇인가요?

- internal medicine?
  내과?
- female ailments?
  여성 질환?
- pregnancy and childbirth?
  임신과 분만?
- the treatment and care of infants and young children?
  유아와 소아의 치료와 진료?
- skin disorders?
  피부 질환?
- diseases of the eye?
  눈에 관련된 질병?
- heart problems?
  심장 문제?
- the brain and nervous system?
  뇌와 신경계?
- mental and emotional disturbances?
  정신장애와 정서장애?

LESSON 1

이번 장에서는 10가지 부류의 전문의에 대해 살펴봅시다. 그들이 어떤 일을 하고, 어떻게 진료하며, 어떻게 불리는지 알아보겠습니다.

IDEA

개념정리

1 what's wrong with you? → An internist

어디가 아픈가요? **내과 의사**

To find out what ails you and why, this specialist gives you a thorough physical examination, using an impressive array of tests: X ray, blood chemistry, urinalysis, cardiogram, and so on.

이 전문의는 어디가 왜 아픈가를 알아내기 위해서 엑스레이, 혈액의 화학적 분석, 소변 검사, 심전도 검사 등 일련의 엄격한 검사를 통해 건강 상태를 철저히 검진합니다.

2 female troubles? → A gynecologist

여성 질환 **부인과 의사**

This specialist treats the female reproductive and sexual organs.

이 전문의는 여성의 생식기관과 성기를 다룹니다.

3 having a baby? → An obstetrician

아기를 가졌나요? **산부인과 의사**

This specialist delivers babies and takes care of the mother during and immediately after the period of her pregnancy.

이 전문의는 아기를 분만하는 것을 돕고, 임신 기간과 출산 직후의 산모를 진료합니다.

4 is your baby ill? → A pediatrician

아기가 아픈가요? **소아과 의사**

You know the common childhood maladies-mumps, whooping cough, chicken

pox, measles. This specialist limits his practice to youngsters, taking care of babies directly after birth, supervising their diet and watching over their growth and development, giving them the series of inoculations that has done so much to decrease infant mortality, and soothing their anxious parents.
아기가 흔히 걸리는 질병으로 볼거리, 백일해, 수두, 홍역 등이 있습니다. 이 전문의는 어린아이들만 진료하며 갓 태어난 아기를 돌보고 먹는 것을 감독합니다. 또 아이들이 성장하고 발육하는 과정을 지켜보고, 유아 사망률을 낮추는 데 큰 역할을 하는 일련의 예방접종을 실시해 부모들의 걱정을 덜어줍니다.

5 skin clear? → A dermatologist
피부는 깨끗한가요? **피부과 의사**

You have heard the classic riddle: "What is the best use for pigskin?" Answer: "To keep the pig together." Human skin has a similar purpose: it is, if we get down to fundamentals, what keeps us all in one piece. And our outer covering, like so many of our internal organs, is subject to diseases and infections of various kinds, running the gamut from simple acne and eczemas through impetigo, psoriasis, and cancer. There is a specialist who treats all such skin diseases.
"돼지 가죽은 어디에 가장 쓸모가 있을까?"라는 수수께끼를 들어보았을 겁니다. "돼지를 한 덩어리로 지탱해주는 데"가 답입니다. 인간의 피부도 비슷한 역할을 합니다. 본질적으로 피부는 우리를 완전히 한 조각으로 지탱해주는 일을 합니다. 우리의 바깥 피부도 내장 기관들과 마찬가지로 다양한 질병에 걸리고 감염됩니다. 간단한 여드름과 습진부터 고름, 버짐, 암에 이르기까지 무척 다양합니다. 이런 모든 피부 질환을 다루는 전문의가 있습니다.

6 eyes okay? → An ophthalmologist
눈은 괜찮은가요? **안과 의사**

The physician whose specialty is disorders of vision (myopia, astigmatism, cataracts, glaucoma, etc.) may prescribe glasses, administer drugs, or perform surgery.
시력 이상(근시, 난시, 백내장, 녹내장 등)을 전문 분야로 다루는 이 전문의는 안경을 처방하거나 약물을 투약하거나 수술을 합니다.

7 how are your bones? → An orthopedist
뼈는 어떤가요? **정형외과 의사**

This specialist deals with the skeletal structure of the body, treating bone fractures, slipped discs, clubfoot, curvature of the spine, dislocations of the hip, etc., and may correct a condition either by surgery or by the use of braces or other appliances.
이 전문의는 우리 몸의 뼈를 다룹니다. 골절, 디스크, 곤봉발, 굽은 척추, 고관절 탈골 등을 치료하고, 수술을 하거나 부목, 다른 기구를 이용해 상태를 바로잡습니다.

8 does your heart go pitter-patter? → A cardiologist
심장이 유난히 두근거리나요? **심장병 의사**

This specialist treats diseases of the heart and circulatory system.
이 전문의는 심장과 순환 계통을 다룹니다.

9 is your brain working? → **A neurologist**
뇌는 정상으로 활동하나요? **신경과 의사**

This physician specializes in the treatment of disorders of the brain, spinal cord, and the rest of the nervous system.
뇌와 척수 및 그 밖의 신경계에 생긴 장애를 전문적으로 다루는 전문의입니다.

10 are you neurotic? → **A psychiatrist**
신경과민인가요? **정신과 의사**

This specialist attempts to alleviate mental and emotional disturbances by means of various techniques, occasionally drugs or electroshock, more often private or group psychotherapy.
이 전문의는 때때로 약물이나 전기 충격, 더 흔히는 개인 심리요법이나 집단 심리요법 등 다양한 기법을 활용해서 정신적으로나 정서적으로 불안한 상태를 안정시킵니다.

EXERCISE
연습문제

자신의 발음을 직접 들어보면 단어가 새로운 색을 띱니다. 달리 말하면, 귀로 듣거나 눈으로 읽기만 할 때보다 여러분의 것으로 더 친숙하게 다가오기 시작합니다. 앞에서도 반복해서 말했듯이 단어들을 큰 소리로 발음하는 연습을 꾸준히 하여 완전 정복을 향한 첫 단추를 잘 끼우기를 바랍니다.

1. 다음 단어를 정확히 발음해보세요.

1) **internist** in-TURN′-ist
2) **gynecologist** gīn(혹은 jin이나 jīn)-ə-KOL-ə-jist
3) **obstetrician** ob-stə-TRISH′-ən
4) **pediatrician** pee′-dee-ə-TRISH′-ən
5) **dermatologist** dur-mə-TOL′-ə-jist
6) **ophthalmologist** off-thal-MOL′-ə-jist
7) **orthopedist** awr-thə-PEE′-dist
8) **cardiologist** kahr-dee-OL′-ə-jist
9) **neurologist** noor-OL′-ə-jist
10) **psychiatrist** sī(혹은 sə) -KĪ-ə-trist

2. 다음 내용과 연관되는 단어를 보기에서 고르세요.

보기

a. internist	b. gynecologist
c. obstetrician	d. pediatrician
e. dermatologist	f. ophthalmologist
g. orthopedist	h. cardiologist
i. neurologist	j. psychiatrist

1) mental or emotional disturbances ________
2) nervous system ________
3) skin ________
4) diagnosis; internal organs ________
5) infants ________
6) female reproductive organs ________
7) eyes ________
8) heart ________
9) pregnancy, childbirth ________
10) skeletal system ________

3. 다음 질문을 읽고 YES/NO로 대답하세요.

1) Is an *internist* an expert in diagnosis? YES / NO
2) Is a *gynecologist* familiar with the female reproductive organs? YES / NO

3) Does an *obstetrician* specialize in diseases of childhood? YES / NO

4) Does a *pediatrician* deliver babies? YES / NO

5) If you had a skin disease, would you visit a *dermatologist*? YES / NO

6) If you had trouble with your vision, would you visit an *orthopedist*? YES / NO

7) Is an *ophthalmologist* an eye specialist? YES / NO

8) Does a *cardiologist* treat bone fractures? YES / NO

9) Is a *neurologist* a nerve specialist? YES / NO

10) If you were nervous, tense, overly anxious, constantly fearful for no apparent reasons, would a *psychiatrist* be the specialist to see? YES / NO

4. 다음을 보고 생각나는 단어를 쓰세요.

다음과 같은 질환이 있을 때 여러분이 찾아가거나 진료를 받아야 할 전문의를 써보세요.

1) for a suspected brain disorder

N __________

2) for a thorough internal checkup

I __________

3) if you have a skin disease

D __________

4) if you have a heart problem

C __________

5) if you are tense, fearful, insecure

P __________

6) if you are pregnant

O __________

7) for some disorder of the female reproductive organs

G __________

8) for a checkup for your two-month-old child

P __________

9) for faulty vision

O __________

10) for curvature of the spine

O __________

LESSON 2

ORIGIN
어원탐구

inside you 몸의 안쪽

internist와 internal은 '안쪽inside'을 뜻하는 라틴어 어근 internus에서 파생된 단어입니다. internist는 신체의 내부insides를 진료하는 내과 전문의입니다. 이 의사는 몸 안에서 일어나는 어떤 현상이 고통의 원인인지 알아내기 위해서 내장 기관의 상태를 조사합니다.

internist와 intern 혹은 interne을 혼동해서는 안 됩니다. intern은 병원 '안에서' 수련을 하는 의과대학 졸업생입니다.

internist [in-TURN′-ist] 내과 전문의
intern(e) [IN′-turn] 수련의

doctors for women 여성을 위한 의사

gynecologist는 '여성woman'을 뜻하는 그리스어 gyne과 '학문, 지식science, study'을 뜻하는 logos가 결합하여 만들어진 단어입니다. 어원적으로 gynecology는 여성에 대한 학문을 의미하지만 실제로는 여성에 대한 의학, 부인과를 뜻합니다. 형용사는 gynecological입니다.

obstetrician은 '산파midwife'를 뜻하는 라틴어 obstetrix에서 파생된 단어이며, obstetrix는 '서다to stand'라는 뜻의 라틴어 동사에

gynecologist [gīn(혹은 jin이나 jīn)-ə-KOL′-ə-jist] 부인과 의사
gynecological [gīn(혹은 jin이나 jīn)-ə-kə-LOJ′-ə-kəl] 부인과의
gynecology [gīn(혹은 jin이나 jīn)-ə-KOL′-ə-jee] 부인과 의학
obstetrician [ob-stə-TRISH′-ən] 산과 전문의
obstetrics [ob-STET′-riks] 산과학
obstetric [ob-STET′-rik] 산과학의

서 나온 단어입니다. 따라서 아기의 분만을 돕기 위해서 산통 중인 여자의 앞에 서 있는 산파라는 뜻이 됩니다.

obstetrical [ob-STET'-rə-kəl] 산과학의

obstetrician, physician의사, musician음악가, magician마술사, electrician전기 기술자 등에 쓰인 접미어 -ician은 '전문가expert'를 뜻합니다.

obstetrics는 약 150년 전에야 어엿한 전문 분야로 인정받았습니다. 1834년 윌리엄 P. 드위스 교수가 펜실베이니아 대학교의 산과학 초대 과장이 됐지만 그 때문에 의학계의 모욕과 조롱을 엄청나게 받아야 했습니다. 당시 아기의 분만은 전문의료직으로 권위를 인정받지 못했기 때문입니다. 형용사는 obstetric, obstetrical입니다.

children 어린아이들

pediatrician [pee'-dee-ə-TRISH'-ən] 소아과 의사
pediatrics [pee-dee-AT'-riks] 소아과
pediatric [pee-dee-AT'-rik] 소아과의

pediatrician은 그리스어에서 '어린아이child'를 뜻하는 paidos, '의학적인 치료medical healing'를 뜻하는 iatreia, 그리고 '전문가'를 뜻하는 -ician이 결합하여 만들어진 단어입니다. 따라서 pediatrics는 어원적으로 어린아이의 의학적 치료를 뜻합니다. 형용사는 pediatric입니다.

pedestal받침대, pedal발판, pedestrian보행자에 쓰인 접두어 ped-는 '발foot'을 뜻하는 라틴어 pedis에서 파생됐습니다. pediatrician과 철자는 비슷하지만 뜻에 있어서 paidos와는 아무 관계도 없습니다.

pedagogy [PED-ə-gō'-jee] 교육학

pedagogy는 paidos와 '인도leading'를 뜻하는 agogos가 결합된 단어로 어원적으로는 '어린아이들의 인도'라는 뜻입니다. 여러분이라면 아이들을 어디로 인도하겠습니까? 학문을 배워 발전하고 성장해서 성숙해지는 길로 이끌기 마련입니다. 태어난 순간부터 아이들은 어른들의 지도를 받습니다. 처음에는 부모에게, 그 후에는 선생에게 자신이 태어난 문화권에 적응하고 독립하는 법을 배웁니다.

따라서 pedagogy는 어원적으로 어린아이의 인도를 뜻하지만 실제로는 교육의 원칙과 방법, 즉 '교육학'을 가리킵니다. 교육을 전공하는 대학생은 기본적인 pedagogy 강의들, 예컨대 교육사the history of education, 교육 심리학educational psychology, 청소년 심리학the psychology of adolescents, 교육 원리principles of teaching 등을 이수합니다. 형용사는 pedagogical입니다.

pedagogical
[ped-ə-GOJ'-ə-kəl] 교육학의
pedagogue
[PED'-ə-gog] 교육자

pedagogue는 pedagogy에 정통한 사람을 말합니다. 그러나 pedagogue에는 서글픈 역사가 있습니다. '교사teacher'라는 원래의 중립적인 의미에서 요즘에는 편협하고 완고하며 보수적이고 독선적인 선생을 가리키는 뜻으로 변질되었습니다. 따라서 pedagogue는 경멸의 뜻이 담긴 단어이므로 신중하게 사용해야 합니다.

pedagogue처럼 demagogue의 뜻도 변질됐습니다. 어원적으로 demagogue는 민중people을 뜻하는 demos와 지도자leader를 뜻하는 agogos가 결합하여 만들어진 단어지만, 요즘에는 민중을 속이려는 사람, 즉 군중의 불만을 조장하고 과격한 연설로 군중을 흥분시켜 당선되려는 정치인을 뜻합니다. demagogue는 일단 당선되면 개인적인 야망을 실현하고 재산을 축적하는 데 정치 권력을 이용합니다.

demagogue
[DEM'-ə-gog] 선동 정치가
demagoguery
[dem-ə-GOG'-ə-ree] 선동
demagogic
[dem-ə-GOJ'-ik] 선동적인

세계 전역에서 과거와 현재의 많은 지도자들이 demagoguery로 비난받았습니다. 형용사는 demagogic입니다.

skin-deep 살갗 한 꺼풀

dermatologist의 전문 분야는 dermatology이며, '피부skin'를 뜻하는 그리스어 derma에서 파생된 단어입니다. 형용사는 dermatological입니다.

derma란 음절을 포함하는 영어 단어는 모두 '피부'와 관련이 있습니다. 예컨대 hypodermic은 피부 '아래under, 그리스어로 hypos'로

dermatologist
[dur-mə-TOL'-ə-jist]
피부과 의사
dermatology
[dur-mə-TOL'-ə-jee] 피부과
dermatological
[dur'-mə-tə-LOJ'-ə-kəl]
피부과의
hypodermic
[hī-pə-DUR'-mik] 피하주사

뚫고 들어가는 '피하주사'이고, epidermis는 피부의 가장 바깥층 outermost layer인 '표피'입니다. taxidermy를 하는 taxidermist는 동물의 가죽을 다듬고 속을 채워 박제를 만드는 사람, '박제 제작자'입니다. pachyderm은 코끼리, 하마, 코뿔소 등과 같이 두꺼운 피부를 가진 동물로 '후피동물'이란 뜻입니다. dermatitis는 피부에 생긴 염증inflammation, 발진irritation, 감염infection 등을 총칭합니다.

epidermis [ep-ə-DUR'-mis] 표피
taxidermy [TAKS'-ə-dur-mee] 박제
taxidermist [TAKS'-ə-dur-mist] 박제 제작자
pachyderm [PAK'-ə-durm] 후피동물
dermatitis [dur-mə-TĪ'-tis] 피부염

the eyes have it 눈

ophthalmologistth 앞에 ph가 쓰인 철자법에 주의할 것는 '눈eye'을 뜻하는 그리스어 ophthalmos와 '학문'을 뜻하는 logos가 더해져 만들어진 단어입니다. 전문 분야는 ophthalmology이고 형용사는 ophthalmological입니다.

지금도 가끔 사용되지만 안과 의사를 칭하던 옛날 명칭은 oculist로, 라틴어에서 '눈'을 뜻하는 oculus에서 파생된 단어였습니다. oculus를 어근으로 취한 대표적인 단어들의 예를 들면 다음과 같습니다.

ophthalmologist [off-thal-MOL'-ə-jist] 안과 의사
ophthalmology [off-thal-MOL'-ə-jee] 안과학
ophthalmological [off'-thal-mə-LOJ'-ə-kəl] 안과학의
oculist [OK'-yə-list] 안과 의사

ocular : 눈과 관련된 형용사로 '눈의', '눈을 위한'이란 뜻입니다.

monocle : 옛날 영화에서 영국 상류계급의 상징으로 등장인물들이 자랑삼아 한쪽mono 눈에만 쓰던 외알 안경을 뜻합니다.

binoculars : 두bi 눈의 시계를 넓혀주는 쌍안경입니다.

inoculate : 이상하게 n을 두 번 쓰는 실수를 저지르기 쉬운 단어로 '접종하다'라는 뜻입니다. 어떤 질병에 대비해 inoculate했다는 것은, 직역하면 피부에 혈청이 주입되는 '눈'을 만들었다는 뜻이고, 따라서 피부에 구멍을 냈다는 의미로 이해할 수 있습니다.

ocular [OK'-yə-lər] 눈의, 눈을 위한
monocle [MON'-ə-kəl] 외알 안경
binoculars [bə-NOK'-yə-lərz] 쌍안경
inoculate [in-OK'-yə-layt'] 접종하다

ophthalmologist나 oculist 외에 역시 눈을 다루는 두 전문가, optometrist와 optician을 구분할 줄 알아야 합니다.

optometrist는 의사가 아니므로 수술을 하거나 약을 투여하지 않

optometrist [op-TOM'-ə-trist] 검안사
optician [op-TISH'-ən] 안경사

습니다. 시력을 측정하고, 녹내장 여부를 검사해서 안경을 처방합니다.

optician은 optometrist나 ophthalmologist의 처방을 수행할 뿐, 환자를 진료하지는 않습니다. 처방전에 따라 안경 렌즈를 깎습니다.

optometrist는 '시력sight'이나 '시각vision'을 뜻하는 그리스어 opsis, optikos와 '측정measurement'을 뜻하는 metron이 결합하여 만들어진 단어이므로, 어원적으로 '시력을 측정하는 사람one who measures vision'을 뜻합니다. 전문 분야는 optometry이며, 형용사는 optometric 혹은 optometrical입니다.

optician은 opsis, optikos에 '전문가expert'를 뜻하는 접미어 -ician이 더해진 단어입니다. 전문 분야는 optics입니다. 형용사는 optical입니다.

optometry [op-TOM'-ə-tree] 시력 검사, 검안
optics [OP'-tiks] 광학
optometric [op-tə-MET'-rik] 검안사의
optometrical [op-tə-MET'-rə-kəl] 검안사의
optical [OP'-tə-kəl] 광학의, 시각적인

QUIZ

어원복습

단어의 어원적 구조를 정확히 파악하면 훨씬 효과적으로 단어를 정복할 수 있습니다. 지금까지 배운 접두어와 어근, 접미어를 복습하는 의미로 풀어보는 것이므로 따로 정답은 없습니다. 자유롭게 생각나는 단어를 써보세요.

	접두어/어근/접미어	의미	파생어
1	internus	inside	
2	gyne	woman	
3	obstetrix	midwife	
4	paidos	child	
5	pedis	foot	
6	agogos	leading, leader	
7	demos	people	
8	derma	skin	
9	hypos	under	
10	ophthalmos	eye	
11	oculus	eye	
12	monos	one	
13	bi-	two	
14	-ician	expert	
15	opsis, optikos	vision, sight	
16	metron	measurement	

EXERCISE
연습문제

1. 다음 단어를 정확히 발음해보세요.

1) **intern(e)** IN′-turn
2) **gynecology** gīn(혹은 jin이나 jīn)-ə-KOL′-ə-jee
3) **gynecological** gīn(혹은 jin이나 jīn)-ə-kə-LOJ′-ə-kəl
4) **obstetrics** ob-STET′-riks
5) **obstetric** ob-STET′-rik
6) **obstetrical** ob-STET′-rə-kəl
7) **pediatrics** pee-dee-AT′-riks
8) **pediatric** pee-dee-AT′-rik
9) **pedagogy** PED′-ə-gō-jee
10) **pedagogical** ped-ə-GOJ′-ə-kəl
11) **pedagogue** PED′-ə-gog
12) **demagogue** DEM′-ə-gog
13) **demagoguery** dem-ə-GOG′-ə-ree
14) **demagogic** dem-ə-GOJ′-ik

2. 다음 단어를 정확히 발음해보세요.

1) **dermatology** dur-mə-TOL′-ə-jee
2) **dermatological** dur′mə-tə-LOJ′-ə-kəl
3) **hypodermic** hī-pə-DURM′-ik
4) **epidermis** ep-ə-DUR′-mis
5) **taxidermist** TAKS′-ə-dur-mist
6) **taxidermy** TAKS′-ə-dur-mee
7) **pachyderm** PAK′-ə-durm
8) **dermatitis** dur-mə-TĪ′-tis
9) **ophthalmology** off-thal-MOL′-ə-jee
10) **ophthalmological** off′-thal-mə-LOJ′-ə-kəl
11) **oculist** OK′-yə-list
12) **ocular** OK′-yə-lər
13) **monocle** MON′-ə-kəl
14) **binoculars** bə-NOK′-yə-lərz
15) **inoculate** in-OK′-yə-layt′
16) **optometrist** op-TOM′-ə-trist
17) **optometry** op-TOM′-ə-tree
18) **optometric** op-tə-MET′-rik
19) **optometrical** op-tə-MET′-rə-kəl
20) **optician** op-TISH′-ən
21) **optics** OP′-tiks
22) **optical** OP′-tə-kəl

3. 다음 단어와 연관되는 내용을 보기에서 고르세요.

보기

a. principles of teaching
b. stuffing of skins of animals
c. specialty dealing with the delivery of newborn infants
d. stirring up discontent among the masses
e. treatment of skin diseases
f. specialty dealing with women's diseases
g. specialty dealing with the treatment of children

1) gynecology ____________
2) obstetrics ____________
3) pediatrics ____________
4) pedagogy ____________
5) demagoguery ____________
6) dermatology ____________
7) taxidermy ____________

4. 다음 단어와 연관되는 내용을 보기에서 고르세요.

보기

a. elephant
b. eye doctor
c. under the skin
d. one who measures vision
e. lens grinder
f. outer layer of skin
g. inflammation of the skin

1) hypodermic ____________
2) epidermis ____________
3) pachyderm ____________
4) dermatitis ____________
5) ophthalmologist ____________
6) optometrist ____________
7) optician ____________

5. 다음 질문을 읽고 YES/NO로 대답하세요.

1) Does a treatise on *obstetrics* deal with childbirth? YES / NO
2) Does *gynecology* deal with the female reproductive organs? YES / NO
3) Is *pediatrics* concerned with the diseases of old age? YES / NO
4) Does *pedagogy* refer to teaching? YES / NO
5) Is a *pedagogue* an expert teacher? YES / NO
6) Is a *demagogue* interested in the welfare of the people? YES / NO
7) Is a lion a *pachyderm*? YES / NO
8) Is the *epidermis* one of the layers of the skin? YES / NO
9) Is *dermatitis* an inflammation of one of the limbs? YES / NO
10) Is a *taxidermist* a medical practitioner? YES / NO
11) Is an *ophthalmologist* a medical doctor? YES / NO
12) Is an *optometrist* a medical doctor? YES / NO
13) Does an *optician* prescribe glasses? YES / NO

6. 다음을 보고 생각나는 단어를 쓰세요.

다음과 같은 질환이 있을 때 여러분이 찾아가거나 진료를 받아야 할 전문의를 써보세요.

1) specialty of child delivery

O ____________

2) outer layer of skin

E ____________

3) principles of teaching

P

4) thick-skinned animal

P

5) skin inflammation

D

6) one who foments political discontent

D

7) one who sells optical equipment

O

8) medical graduate serving his apprenticeship

I

9) treatment of childhood diseases

P

10) practice of stirring up political dissatisfaction for purely personal gain

D

11) one who stuffs the skins of animals

T

12) another title for *ophthalmologist*

O

13) treatment of female ailments

G

14) medical specialty relating to diseases of the eye

O

15) one-lens eyeglass

M

16) pertaining to the eye

O

17) one who measures vision

O

LESSON 3

ORIGIN
어원탐구

the straighteners 교정하는 사람들

orthopedist는 그리스어 어근에서 '곧은straight' 혹은 '올바른correct'을 뜻하는 orthos와 '어린아이child'를 뜻하는 paidos가 결합하여 만들어진 단어입니다. 따라서 orthopedist는 어원적으로 '어린아이들을 바로잡다straighten children'라는 뜻입니다. 이 단어는 1741년 어린아이의 질병 예방에 대한 교재를 쓴 사람이 처음 사용했습니다. 당시 어린아이의 굽은 척추를 교정하는 것이 orthopedics 전문 의사들의 주된 관심사였습니다. 요즘 이 전문의는 어린아이만이 아니라 성인의 뼈와 관절에 생긴 기형, 손상, 질병을 치료하고, 때로는 수술도 합니다. 형용사는 orthopedic입니다.

orthopedist
[awr-thə-PEE'-dist]
정형외과 의사

orthopedics
[awr-thə-PEE'-diks] 정형외과

orthopedic
[awr-thə-PEE'-dik] 정형외과의

orthodontia는 '치아 교정'입니다. orthos에 '치아tooth'를 뜻하는 odontos가 더해져 만들어진 단어입니다. orthodontist는 치아의 맞물림 상태bite를 좋게 하고, 뻐드렁니bucktooth를 밀어넣으며, 치열 교정기와 그 밖의 기술을 사용해 어금니, 앞니, 앞어금니 등 모든 치아가 원래의 자리에 정확히 있도록 조절하는 전문의입니다. 형용사는 orthodontic입니다.

orthodontia
[awr-thə-DON'-shə] 치아 교정

orthodontist
[awr-thə-DON'-tist]
치아 교정 전문의

orthodontic
[awr-thə-DON'-tik] 치아 교정의

the heart 심장

cardiologist는 그리스어에서 '심장heart'을 뜻하는 kardia와 '학문'을 뜻하는 logos가 결합된 단어입니다.
전문 분야는 cardiology이고, 형용사는 cardiological입니다. 따라서 cardiac한 상태는 심장이 제대로 기능하지 못하는 상태를 가리킵니다. cardiogram은 심장박동heartbeat을 전류 곡선으로 기록하는 것을 뜻하고, 기구는 cardiograph라고 합니다.

cardiologist [kahr-dee-OL'-ə-jist] 심장병 전문의
cardiology [kahr-dee-OL'-ə-jee] 심장학
cardiological [kahr'-dee-ə-LOJ'-ə-kəl] 심장학상의
cardiac [KAHR'-dee-ak] 심장병의
cardiogram [KAHR'-dee-ə-gram'] 심전도
cardiograph [KAHR'-dee-ə-graf'] 심전계

the nervous system 신경계

neurologist는 그리스어에서 '신경nerve'을 의미하는 neuron과 '학문'을 뜻하는 logos가 결합된 단어입니다. 전문 분야는 neurology이고, 형용사는 neurological입니다.
neuralgia는 신경과 신경줄기에 가해지는 격심한 통증을 뜻합니다. neuron과 '고통pain'을 뜻하는 algos가 결합된 단어입니다.
neuritis는 신경에 생긴 염증inflammation입니다.
neurosis는 neuron에 '비정상적이거나 병적인 상태abnormal or diseased condition'를 뜻하는 접미어 -osis가 덧붙여진 단어입니다. 어원과 달리, neurosis는 신경에 생긴 질환이 아니라, 정신과 의사였던 에릭 번Eric Berne의 말에 따르면 "인격 형성이 방해받거나 중단될 정도로 비생산적인 목적에 과도한 에너지를 허비하는 질병"입니다. 에릭은 "건강을 걱정하거나 돈을 세는 데, 혹은 복수를 계획하거나 손을 씻는 데 지나치게 많은 시간을 허비하는 사람에게서는 정서의 성장을 거의 기대할 수 없습니다"라고 말했습니다.
neurotic은 neurosis로 고생하는 사람을 가리키는 명사인 동시에 형용사입니다.

neurologist [nŏŏr-OL'-ə-jist] 신경과 전문의
neurology [nŏŏr-OL'-ə-jee] 신경학
neurological [nŏŏr-o-LOJ'-ə-kəl] 신경학의
neuralgia [nŏŏr-AL'-ja] 신경통
neuritis [nŏŏr-Ī'-tis] 신경염

neurosis [nŏŏr-Ō'-sis] 신경증
neurotic [nŏŏr-OT'-ik] (adj)신경증에 걸린, (n)신경증 환자

the mind 정신

neurosis는 정신의 불균형 상태는 아닙니다. 반면 완전한 정신 질환

은 psychosis라 칭하며, 그리스어에서 '마음mind', '영혼soul', '정신spirit'을 뜻하는 psyche에 접미어 -osis가 더해진 단어입니다. 진정한 psychotic은 현실감각을 상실해버린 사람입니다. 물론 psychotic도 자기 나름의 현실감각이 있겠지만 우리 대부분이 인식하는 현실과는 전혀 다릅니다. psychotic도 neurotic과 마찬가지로 명사형인 동시에 형용사형입니다.

psychosis
[sī-KŌ'-sis] 정신병
psychotic[sī-KOT'-ik]
n 정신병자, adj 정신병의

psyche에 '의학적 치료medical healing'란 뜻의 iatreia가 더해져 만들어진 psychiatrist는 어원적으로 '정신을 치유하는 사람mind-healer', 즉 정신과 의사를 뜻합니다. 전문 분야는 psychiatry이고, 형용사는 psychiatric입니다.

pediatrics소아과도 iatreia에서 만들어진 단어입니다. 다음 장에서 공부할 podiatry족학, 노인들의 질병을 전문으로 다루는 분야인 geriatrics도 마찬가지입니다. geriatrics는 그리스어에서 '노년old age'을 뜻하는 geras와 iatreia가 결합된 단어이고, 그 분야에서 일하는 전문의는 geriatrician, 형용사는 geriatric입니다.

psychiatry
[sī(혹은 sə)-KĪ-ə-tree] 정신의학
psychiatric
[sī-kee-AT'-rik] 정신의학의
psychiatrist
[SĪ'(혹은 SƏ')-kī-ə-trist] 정신과 의사
pediatrics
[pee-dee-AT'-riks] 소아과
podiatry[pə-DĪ'-ə-tree] 족학
geriatrics
[jair-ee-AT'-riks] 노인 의학
geriatrician
[jair'-ee-ə-TRISH'-ən] 노인병 전문의
geriatric
[jair-ee-AT'-rik] 노인 의학의

QUIZ

어원복습

단어의 어원적 구조를 정확히 파악하면 훨씬 효과적으로 단어를 정복할 수 있습니다. 지금까지 배운 접두어와 어근, 접미어를 복습하는 의미로 풀어보는 것이므로 따로 정답은 없습니다. 자유롭게 생각나는 단어를 써보세요.

	접두어/어근/접미어	의미	파생어
1	orthos	straight, correct	
2	paidos(ped-)	child	
3	odontos	tooth	
4	kardia	heart	
5	logos	science, study	
6	neuron	nerve	
7	algos	pain	
8	-osis	abnormal or diseased condition	
9	-itis	inflammation	
10	psyche	spirit, soul, mind	
11	iatreia	medical healing	
12	geras	old age	

EXERCISE

연습문제

1. 다음 단어를 정확히 발음해보세요.

1) orthopedics	awr-thə-PEE′-diks	2) orthopedic	awr-thə-PEE′-dik
3) orthodontia	awr-thə-DON′-shə	4) orthodontist	awr-thə-DON′-tist
5) orthodontic	awr-thə-DON′-tik	6) cardiology	kahr-dee-OL′-ə-jee
7) cardiological	kahr′-dee-ə-LOJ′-ə-kəl	8) cardiac	KAHR′-dee-ak
9) cardiogram	KAHR′-dee-ə-gram′	10) cardiograph	KAHR′-dee-ə-graf′

2. 다음 단어를 정확히 발음해보세요.

1) neurology	nŏŏr-OL′-ə-jee	2) neurological	nŏŏr-ə-LOJ′-ə-kəl
3) neuralgia	nŏŏr-AL′-jə	4) neuritis	nŏŏr-Ī′-tis
5) neurosis	nŏŏr-Ō′-sis	6) neurotic	nŏŏr-OT′-ik
7) psychosis	sī-KŌ′-sis	8) psychotic	sī-KOT′-ik
9) psychiatry	sī(혹은 sə)-KĪ′-ə-tree	10) psychiatric	sī-kee-AT′-rik
11) geriatrics	jair-ee-AT′-riks	12) geriatrician	jair′-ee-ə-TRISH′-ən
13) geriatric	jair-ee-AT′-rik		

3. 다음 단어와 연관되는 내용을 보기에서 고르세요.

보기

a. nerve pain
b. specialty dealing with medical problems of the elderly
c. straightening of teeth
d. inflammation of the nerves
e. treatment of skeletal deformities

1) orthopedics ________ 2) orthodontia ________
3) neuralgia ________ 4) neuritis ________
5) geriatrics ________

4. 다음 단어와 연관되는 내용을 보기에서 고르세요.

보기

a. record of heart beats
b. mental unbalance
c. emotional disturbance
d. treatment of personality disorders
e. instrument for recording heartbeats

1) **cardiogram** ____________ 2) **cardiograph** ____________

3) **neurosis** ____________ 4) **psychosis** ____________

5) **psychiatry** ____________

5. 다음 문장을 읽고 TRUE/FALSE로 대답하세요.

1) A *gynecologist's* patients are mostly men. TRUE / FALSE

2) *Ophthalmology* is the study of eye diseases. TRUE / FALSE

3) *Orthopedics* is the specialty dealing with the bones and joints. TRUE / FALSE

4) A *cardiac* patient has a heart ailment. TRUE / FALSE

5) A person with a bad "bite" may profit from *orthodontia*. TRUE / FALSE

6) *Neuralgia* is a disease of the bones. TRUE / FALSE

7) A *neurosis* is the same as a *psychosis*. TRUE / FALSE

8) *Neuritis* is inflammation of the nerves. TRUE / FALSE

9) *Psychiatry* is a medical specialty that deals with mental, emotional, and personality disturbances. TRUE / FALSE

10) A *cardiograph* is a device for recording heartbeats. TRUE / FALSE

11) *Psychiatric* treatment is designed to relieve tensions, fears, and insecurities. TRUE / FALSE

12) A doctor who specializes in *pediatrics* has very old patients. TRUE / FALSE

13) A *geriatrician* has very young patients. TRUE / FALSE

6. 다음을 보고 생각나는 단어를 쓰세요.

1) specialist who straightens teeth

O ____________

2) nerve pain

N ____________

3) medical specialty dealing with bones and joints

O ____________

4) medical specialty dealing with emotional disturbances and mental illness

P ____________

5) inflammation of the nerves

N ____________

6) emotional or personality disorder

N ____________

7) mentally unbalanced

P ____________________

8) pertaining to the heart

C ____________________

9) specialty dealing with medical problems of the elderly

G ____________________

10) instrument that records heart action

C ____________________

11) record produced by such an instrument

C ____________________

REVIEW

챕터복습

1. 다음 정의에 맞는 단어를 고르세요.

1) Specialist in female ailments

ⓐ obstetrician ⓑ gynecologist ⓒ dermatologist

2) Specialist in children's diseases

ⓐ orthopedist ⓑ pediatrician ⓒ internist

3) Specialist in eye diseases

ⓐ cardiologist ⓑ opthalmologist ⓒ optician

4) Specialist in emotional disorders

ⓐ neurologist ⓑ demagogue ⓒ psychiatrist

5) Pertaining to medical treatment of the elderly

ⓐ neurological ⓑ obstetric ⓒ geriatric

6) Straightening of teeth

ⓐ orthodontia ⓑ orthopedic ⓒ optometry

7) Personality disorder

ⓐ neuritis ⓑ neuralgia ⓒ neurosis

8) Mentally unbalanced

ⓐ neurotic ⓑ psychotic ⓒ cardiac

9) Principles of teaching

ⓐ demagoguery ⓑ pedagogy ⓒ psychosis

2. 다음 어근에 맞는 의미를 쓰세요.

	어근	의미	파생어
1)	internus		internist
2)	paidos(ped-)		pediatrician
3)	pedis		pedestrian
4)	agogos		pedagogue
5)	demos		demagogue
6)	derma		dermatologist
7)	hypos		hypodermic
8)	ophthalmos		ophthalmologist

9)	oculus		monocle
10)	opsis, optikos		optician
11)	metron		optometrist
12)	orthos		orthopedist
13)	odontos		orthodontist
14)	kardia		cardiologist
15)	logos		anthropologist
16)	neuron		neurologist
17)	algos		neuralgia
18)	psyche		psychiatrist
19)	iatreia		psychiatry
20)	geras		geriatrics

QUESTION
어원심화

1. odontos와 paidos(ped–)를 이용해서 pedodontia의 의미를 추측해보세요.

____

2. kardia와 algos의 뜻을 떠올려보세요. cardialgia의 뜻은 무엇인가요?

____

3. odontalgia의 뜻은 무엇인가요?

____

4. nostos는 '집에 돌아오다return'를 뜻하는 그리스어입니다. '고통pain'을 의미하는 algos와 이 어근을 결합시켜 '향수병homesickness'를 뜻하는 단어를 만들어보세요.

____

ADVICE

성공을 위한 두 가지 비결 : 자제력과 인내심

자제력과 인내심이 있다면 누구나 놀라울 정도로 짧은 기간에 어휘력을 크게 향상시킬 수 있습니다. 앞에서도 말했지만 자제력을 키우는 데 가장 좋은 방법은 자신에게 알맞은 시간표를 정해서 그대로 지키는 것입니다.

이 책을 공부할 때 한 번에 적어도 한 개의 Lesson을 반드시 끝내세요. 부득이하게 책을 도중에 덮게 된다면 정확히 언제 다시 시작하겠다고 정해두어야 합니다. 물론 힘들 때도 있을 것입니다. 바로 그때가 자제력과 인내심을 최대한 발휘해야 할 시간입니다.

한 쪽을 공부할 때마다 여러분은 단어 정복을 위해 한 걸음을 내딛은 셈입니다. 이 책을 공부하며 하루하루가 지날 때마다 단어를 이해하고 활용하는 능력이 커질 것입니다.

쉬어가기 2

RANDOM NOTE ON
MODERN USAGE

현대 어법에 대한 몇 가지 조언

영어 문법은 사실 상당히 복잡합니다. 게다가 느리게나마 끊임없이 변하기 때문에 더욱 복잡하게 느껴집니다. 달리 말하면, 학교에 다니면서 힘들게 외운 엄격한 규칙들 중 일부는 더 이상 유효하지 않을 수도 있다는 뜻입니다.
그렇게 시대에 뒤떨어진 원칙을 고수하면서 여러분은 '완벽한' 영어를 구사한다고 생각하겠지만 다른 사람들에게는 케케묵고 잘난 체하는 사람으로 보일 수 있습니다. 결국에는 "문법이 점점 자유로워진다면 교양 있고 유행에 영향을 받지 않는 입말과 저속하고 문법에 어긋나는 입말의 경계는 어디일까?"라는 문제가 제기됩니다.
따라서 문법적으로 논쟁의 여지가 있는 표현들에 대해 올바른 결정을 내리는 데 도움이 주기 위해 현대 어법의 추세에 대해 짤막하게나마 설명하려 합니다.

▸ 다음 문장을 읽을 때 이탤릭체로 쓰인 단어나 구를 특별히 눈여겨보세요. 여러분이 알고 있는 문법과 표현이 일치하나요? 다음 문장이 올바로 쓰였는지 선택하고, 뒤에 나오는 설명과 여러분의 선택을 비교해보세요.

1. If you drink too many vodka martinis, you will surely *get* sick. RIGHT / WRONG
2. Have you *got* a dollar? RIGHT / WRONG
3. No one loves you except *I*. RIGHT / WRONG
4. Please *lay* down. RIGHT / WRONG
5. *Who* do you love? RIGHT / WRONG
6. Neither of these cars *are* worth the money. RIGHT / WRONG
7. The judge sentenced the murderer to be *hung*. RIGHT / WRONG
8. Mother, *can* I go out to play? RIGHT / WRONG
9. Take two *spoonsful* of this medicine every three hours. RIGHT / WRONG
10. Your words seem to *infer* that Jack is a liar. RIGHT / WRONG
11. I *will* be happy to go to the concert with you. RIGHT / WRONG
12. It is *me*. RIGHT / WRONG
13. Go *slow*. RIGHT / WRONG
14. Peggy and Karen are *alumni* of the same high school. RIGHT / WRONG
15. I *would* like to ask you a question. RIGHT / WRONG

1. If you drink too many vodka martinis, you will surely *get* sick.
보드카 마티니를 너무 많이 마시면 병이 날 거야.

Right! 원칙주의자는 get에는 '얻다to obtain'라는 하나의 뜻밖에 없다면서 이 문장을 틀렸다고 주장할 것입니다. 그러나 요즘 추세로 보면 get에는 수많은 뜻이 있고, '……이 되다to become'가 가장 자주 쓰이는 뜻 중 하나입니다. You can get tired피곤해지다, get dizzy어지러워지다, get drunk취하다, get sick병에 걸리다 등의 표현이 가능합니다. 따라서 get의 선택은 완고한 원칙주의자를 제외하면 누구에게도 거부감을 주지 않습니다.

2. Have you *got* a dollar?
1달러 있으세요?

Right! 원칙주의자가 'get sick'이란 표현에 얼굴빛이 약간 창백해졌다면, have 대신에 have got을 쓴 이 문장을 듣고는 얼굴빛이 새하얗게 질려버릴 것입니다. 그러나 have got은 미국식 표현으로 완전히 굳었습니다. 저명한 작가이며 문학 평론가인 자크 바전은 "have got은 훌륭한 관용어구이다. 나는 말을 할 때 아무 생각 없이 이 표현을 쓰고, 글을 쓸 때도 단락에서 구어체가 적절하면 이 표현을 주저 없이 사용한다"라고 말합니다.

3. No ones loves you except *I*.
나를 제외하면 누구도 당신을 사랑하지 않아.

Wrong! 전치사 except 뒤에 me가 쓰여야 올바른 어법입니다. 약간 골치 아픈 문제이기는 합니다. 단순한 사람에게는 이 문장이 "No one loves you, except I do누구도 너를 사랑하지 않아. 나는 너를 사랑하지만"에서 do가 생략된 걸로 들릴 수도 있기 때문입니다. 그러나 현대 어법에서도 전치사 뒤에는 반드시 목적격 대명사me가 와야 한다는 규칙을 엄격히 준수합니다.

4. Please *lay* down.
누우세요.

Wrong! 문법이 자유롭게 변하긴 했어도 '눕다to recline'의 뜻으로 lay를 사용하지는 않습니다. lay는 '놓다'라는 뜻으로 "Lay your hand on mine당신 손을 내 손에 얹으세요"와 같이 쓰입니다. 위의 문장에서는 lie를 써야 옳습니다.

5. *Who* do you love?
당신은 누구를 사랑합니까?

Right! 컬럼비아 대학교의 자넷 랜킨 에이컨은 1936년 "영어는 whom을 완전히 없애버리려는 경향을 조금씩 보인다. whom이 완전히 사라진다면 영어는 지금보다 훨씬 좋은 언어가 될 것이다"라고 말했습니다. 그로부터 수십 년이 지난 지금, '경향'이 완전한 추세로 변했습니다.

who와 whom을 구분하는 규칙은 복잡합니다. 아무리 교양 있는 사람이라도 이 규칙을 구분해서 쓰기 위해 시간과 인내와 전문 지식을 투자할 사람은 거의 없습니다. 맞다고 생각되면 언제라도 일상의 대화에서 who를 써도 상관없습니다.

6. Neither of these cars *are* worth the money.
이 차들 중 어느 것도 돈값을 하지 못해.

Wrong! 솔직히 말하면 이 문장에서 are를 쓰고 싶은 유혹을 견디기 힘듭니다. 하지만 'neither of'는 'neither one of어느 것 하나도 …… 않다'란 뜻이므로 is가 쓰여야 합니다.

7. The judge sentenced the murderer to be ***hung***.

판사는 그 살인자에게 교수형을 선고했다.

Wrong! 올바른 어법에서는 hung과 hanged을 정확히 구분합니다. A picture is hung그림이 걸려 있다과 A person is hanged사람이 교수형을 당하다의 경우는 다릅니다. 죽음과 관련된 의도적인 행위일 때 hanged가 쓰입니다.

8. Mother, ***can*** I go out to play?

엄마, 놀러 나가도 되나요?

Right! 허락을 구할 때 오로지 may만을 사용해야 한다고 생각한다면 여러분은 원칙주의자로 보일 수 있습니다. can을 사용한다고 해서 버릇없고 상스런 표현이 아니며 틀린 표현도 아닙니다. 권리, 특혜, 허락 등을 구할 때 can은 얼마든지 사용할 수 있습니다.

9. Take two ***spoonsful*** of this medecine every three hours.

3시간마다 이 약을 두 스푼씩 복용하세요.

Wrong! spoonsful과 cupsful은 실제로 인정되는 단어가 아니지만 이상하게 spoonsful과 cupsful에 애착을 갖는 사람들이 있습니다. 복수형은 spoonfuls와 cupfuls입니다.
스푼 하나를 사용해서 두 번 가득 채워 복용하라는 뜻입니다. 만약 알다가도 모를 이유로 여러분이 별개의 스푼 둘을 사용해 약을 복용하고 싶다면 two spoons full of medecine이라 말해도 상관없습니다. 이 경우에도 spoonsful은 아닙니다.

10. Your words seem to ***infer*** that Jack is a liar.

당신의 말은 잭이 거짓말쟁이라고 암시하는 듯해.

Wrong! infer는 hint나 suggest의 뜻이 아닙니다. 이 문장에서는 imply를 써야 합니다. infer는 누군가의 말에서 결론을 끌어낸다는 뜻입니다.

11. I ***will*** be happy to go to the concert with you.

당신과 함께 음악회에 가면 기쁘겠어요.

Right! 일상 대화에서는 shall과 will의 특수하고 비현실적인 구분에 대해 더 이상 걱정할 필요가 없습니다. 현대 문법학자들의 이론에 따르면, shall과 will의 차이는 1800년대 교과서 저자들이 완전히 엉터리로 지어낸 것입니다. 캘리포니아 대학교에서 발간하는 학술지 「현대어 포럼」의 언급처럼 '미래를 표현할 때 shall과 will의 인위적인 구분은 문법의 역사에서 근거도 없고 보편어법에서 확실히 인정받지도 못하는 미신에 불과' 합니다.

12. It is ***me***.

나예요.

Right! 이런 문법 규칙의 위반은 현대 어법에서 완전히 허용되고 있습니다. 윈스턴 처칠이 오래 전 코네티컷주의 뉴헤이븐에서 전국 라디오 방송을 통해 연설할 때 "This is me, Winston Churchill"이라고 시작했었죠. 원칙주의자가 이 말을 들었다면 엄청난 충격에 빠졌겠지만, 처칠은 일상 대화에서 표준어가 된 영어를 사용했을 뿐입니다.

13. Go *slow*.
천천히 가라.

Right! Go slow는 지금도 틀린 영어가 아니며, 과거에도 틀린 표현이 아니었습니다. 모든 권위자가 slow는 형용사인 동시에 부사라고 인정합니다. 유명한 미스터리 소설 작가로 네로 울프라는 탐정을 탄생시킨 렉스 스타우트는 "나는 go slow란 표현을 사용하고 인정할 뿐 아니라, 그 표현을 인정하지 않는 사람들과 만나면 서둘러 그 자리를 떠난다"라고 말했습니다.

14. Peggy and Karen are *alumni* of the same high school.
페기와 캐런은 고등학교 동창이다.

Wrong! 페기와 캐런은 분명히 여자이기 때문에 alumnae[ə-LUM'- nee]라고 말해야 합니다. 남자 졸업생들만 alumni[ə-LUM'-nī]라 표현합니다.

15. I *would* like to ask you a question.
질문 하나 드리고 싶습니다.

Right! 원칙적인 문법에 따르면 I should가 맞지만 현대 어법에서는 would도 I를 주어로 취할 수 있습니다. 게다가 현대 어법에서 should는 가능성, 의무, 책임을 표현할 경우에만 쓰입니다. should가 쓰이는 예를 들어봅시다.

초라한 모습의 사내가 자비로워 보이는 귀부인에게 다가가 동냥을 구할 때 울먹이는 목소리로 "부인, 닷새 동안 아무것도 먹지 못했습니다"라고 말하자, 귀부인은 근심스런 목소리로 "My good man! You should force yourself!저런! 억지로라도 먹어야 해요!"라고 대답했다는 얘기가 있습니다.

CHAPTER 3

HOW TO TALK ABOUT VARIOUS PRACTITIONERS
전문직 종사자

인간의 정신, 치아, 시력, 발, 필적, 노화 등을 다루는 전문가들과 다양한 직업에 관련된 어휘들을 알아봅시다.

Preview

다음과 같은 일을 하는 사람을 뭐라고 부르나요?

- is a student of human behavior?
  인간의 행동을 연구하나요?
- follows the techniques devised by Sigmund Freud?
  지그문트 프로이트가 고안한 기법들을 따르나요?
- straightens teeth?
  치아를 교정하나요?
- measures vision?
  시력을 측정하나요?
- grinds lenses?
  렌즈를 갈고 닦나요?
- treats minor ailments of the feet?
  발의 가벼운 질병을 치료하나요?
- analyzes handwriting?
  필체를 분석하나요?
- deals with the problems of aging?
  노화 문제를 다루나요?
- uses manipulation and massage as curative techniques?
  치료 기법으로 지압과 마사지를 사용하나요?

LESSON 1

한 고대 그리스인이 삶의 의미에 대해 깊이 생각했고, 그 결과로 철학philosophy이 탄생했습니다. 로마인들은 숲을 뚫어 오솔길을 내는 대신에 도로를 처음 건설했고, 그래서 공학engineering이 존재하게 됐습니다. 먼 옛날의 어느 날, 한 사람이 당시 돈으로 여겨지던 것을 다른 사람에게 빌려주었고 원금에 약간의 돈을 더해서 돌려받았습니다. 그래서 은행업banking이 시작됐습니다.

대부분의 사람이 정직하게든 아니든 소득이 있는 일을 하며 하루의 일부를 보냈습니다. 그렇게 일함으로써 그들은 세상이 발전하는 데 조금이나마 기여했습니다.

이번에는 사람들의 직업과 관련된 개념들, 그리고 그런 개념을 언어 기호로 표현하는 단어들에 대해서 살펴보겠습니다.

IDEA
개념정리

1 behavior → A psychologist
행동 심리학자

By education and training, this practitioner is an expert in the dark mysteries of human behavior—what makes people act as they do, why they have certain feelings, how their personalities were formed—in short, what makes them tick. Such a professional is often employed by industries, schools, and institutions to devise means for keeping workers productive and happy, students well-adjusted, and inmates contented. With a state license, this person may also do private or group therapy.

교육과 훈련을 통해 인간 행동에 감추어진 신비한 면을 다루는 전문가입니다. 무엇 때문에 인간이 그렇게 행동하고, 왜 그런 느낌에 사로잡히며, 어떤 과정을 통해 성격이 형성되는지 다룹니다. 요컨대 왜 인간은 그런 식으로 행동하는가를 다루는 것이죠. 이런 전문가들이 산업체, 학교, 기관 등에 고용돼 노동자들이 생산적이고 즐겁게 일하고, 학생들이 잘 적응하며, 입소자들이 만족하고 지낼 방법을 고안합니다. 주에서 발급하는 면허를 취득한 사람은 개인 심리요법이나 집단 심리요법을 행할 수 있습니다.

2 worries, fears, conflicts → A psychoanalyst
걱정, 두려움, 갈등 정신분석의

This practitioner is a physician, psychiatrist, or psychologist who has been specially trained in the techniques devised by Sigmund Freud, encouraging you to delve into that part of your mind called "the unconscious." By reviewing the experiences, traumas, feelings, and thoughts of your earlier years, you come to a better understanding of your present worries, fears, conflicts, repressions, insecurities, and nervous tensions—thus taking the first step in coping with them. Treatment, consisting largely in listening to, and helping you to interpret the meaning of, your free-flowing ideas, is usually given in frequent sessions that may well go on for a year or more.

지그문트 프로이트가 고안한 기법으로 특별히 훈련받아 '무의식'이라 불리는 마음을 철저하게 파고드는 의사, 정신과 의사, 심리학자 등을 가리킵니다. 어린 시절의 경험과 외상, 감정과 생각을 정밀하게 조사하는 것은 현재의 걱정과 두려움, 갈등과 억압, 불안과 신경성 긴장 등을 더 깊이 이해하게 되어, 그런 증세들에 대처할 수 있게 하는 첫 단계가 됩니다. 치료는 주로 환자를 자주 만나 환자의 말을 듣고, 환자가 자유롭게 떠올리는 생각들의 의미를 스스로 해석하는 데 도움을 주는 방식으로 이루어지며, 대체로 1년이나 그 이상 계속됩니다.

3 teeth → An orthodontist
치아 → **치열 교정 의사**

This practitioner is a dentist who has taken postgraduate work in the straightening of teeth.

치아를 교정하는 대학원 과정을 이수한 치과 의사입니다.

4 eyes → An optometrist
눈 → **검안사**

This practitioner measures your vision and prescribes the type of glasses that will give you a new and more accurate view of the world.

시력을 측정해서 세상을 새롭고 한결 정확히 볼 수 있는 안경을 처방해주는 전문가입니다.

5 glasses → An optician
안경 → **안경사**

This practitioner grinds lenses according to the specifications prescribed by your optometrist or ophthalmologist, and may also deal in other kinds of optical goods.

검안사나 안과 의사가 처방한 내역대로 렌즈를 갈고 닦는 전문가이며, 다른 종류의 광학기구도 다룹니다.

6 bones and blood vessels → An osteopath
뼈와 혈관 → **정골 의사**

This practitioner is a member of the profession that originated in 1874, when Andrew T. Still devised a drugless technique of curing diseases by massage and other manipulative procedures, a technique based on the theory that illness may be caused by the undue pressure of displaced bones on nerves and blood vessels.
Training is equal to that of physicians, and in most states these practitioners may also use the same methods as, and have the full rights and privileges of, medical doctors.

제 위치에서 벗어난 뼈가 신경과 혈관을 심하게 압박해 질병이 생길 수 있다는 이론에 근거하여 1874년 앤드류 T. 스틸이 약을 쓰지 않고 마사지와 그 밖의 지압법으로 질병을 치료하는 기법을 고안한 데서 시작된 전문직종입니다. 그들이 받는 훈련은 일반 의사의 훈련 과정과 똑같습니다. 미국 대부분의 주에서 그들은 의사들과 똑같은 치료법을 사용할 수 있고, 의사들과 완전히 똑같은 권리와 특권을 누립니다.

7 joints and articulations → A chiropractor
관절 지압요법사

The basic principle of this practitioner's work is the maintenance of the structural and functional integrity of the nervous system. Treatment consists of manipulating most of the articulations of the body, especially those connected to the spinal column. Licensed and legally recognized in forty-five states, this professional has pursued academic studies and training that parallel those of the major healing professions.

이 전문직 종사자가 기본적으로 하는 일은 신경계의 구조와 기능을 온전한 상태로 유지하는 것입니다. 몸의 관절, 특히 척추에 연결된 관절들을 지압으로 치료합니다. 이 전문가들은 현재 45개 주에서 면허를 받고 법적으로 인정받고 있으며, 주요 의료 분야에 종사하는 사람들에 버금가는 학문적 연구와 훈련을 거친 사람들입니다.

8 feet → A podiatrist
발 발병 전문가

This practitioner treats minor foot ailments—corns, calluses, bunions, fallen arches, etc., and may perform minor surgery.

티눈, 굳은살, 엄지건막류, 평발 등 발에 생기는 사소한 질병을 치료하며, 간단한 수술도 합니다.

9 writing → A graphologist
필적 필적 감정가

This practitioner analyzes handwriting to determine character, personality, or aptitudes, and is often called upon to verify the authenticity of signatures, written documents, etc.

필체를 분석해서 성격, 인품, 습성 등을 판단하는 전문가로 서명이나 문서의 진위를 확인하는 역할을 주로 합니다.

10 getting old → A gerontologist
노화 노인학자

This social scientist deals with the financial, economic, sexual, social, retirement, and other non-medical problems of the elderly.

노인의 재정 · 경제적인 문제, 성적인 문제와 사회적인 문제 및 은퇴 등 비의료적인 문제를 다루는 사회학자입니다.

EXERCISE
연습문제

1. 다음 단어를 정확히 발음해보세요.

1) **psychologist** sī-KOL´-ə-jist	2) **psychoanalyst** sī-kō-AN´-ə-list
3) **orthodontist** awr-thə-DON´-tist	4) **optometrist** op-TOM´-ə-trist
5) **optician** op-TISH´-ən	6) **osteopath** OS´-tee-ə-path
7) **chiropractor** KĪ´-rə-prək´-tər	8) **podiatrist** pə-DĪ´-ə-trist
9) **graphologist** graf-OL´-ə-jist	10) **gerontologist** jair´-ən-TOL´-ə-jist

2. 다음 단어와 연관되는 내용을 보기에서 고르세요.

보기

a. vision	b. "the unconscious"
c. bones and blood vessels	d. lenses and optical instruments
e. feet	f. teeth
g. problems of aging	h. joints of the spine
i. handwriting	j. behavior

1) **psychologist** ________ 2) **psychoanalyst** ________
3) **orthodontist** ________ 4) **optometrist** ________
5) **optician** ________ 6) **osteopath** ________
7) **chiropractor** ________ 8) **podiatrist** ________
9) **graphologist** ________ 10) **gerontologist** ________

3. 다음 문장을 읽고 TRUE/FALSE로 대답하세요.

1) A *psychologist* must also be a physician. TRUE / FALSE
2) A *psychoanalyst* follows Freudian techniques. TRUE / FALSE
3) An *orthodontist* specializes in straightening teeth. TRUE / FALSE
4) An *optometrist* prescribes and fits glasses. TRUE / FALSE
5) An *optician* may prescribe glasses. TRUE / FALSE
6) An *osteopath* may use massage and other manipulative techniques. TRUE / FALSE
7) A *chiropractor* has a medical degree. TRUE / FALSE
8) A *podiatrist* may perform major surgery. TRUE / FALSE
9) A *graphologist* analyzes character from handwriting. TRUE / FALSE
10) A *gerontologist* is interested in the non-medical problems of adolescence. TRUE / FALSE

4. 다음을 보고 생각나는 단어를 쓰세요.

1) delves into the unconscious

P ____________________

2) uses either massage and manipulation or other standard medical procedures to treat illness

O ____________________

3) takes care of minor ailments of the feet

P ____________________

4) straightens teeth

O ____________________

5) analyzes handwriting

G ____________________

6) grinds lenses and sells optical goods

O ____________________

7) deals with the non-medical problems of aging

G ____________________

8) manipulates articulations connected to the spinal column

C ____________________

9) studies and explains human behavior

P ____________________

10) measures vision and prescribes glasses

O ____________________

LESSON 2

ORIGIN
어원탐구

the mental life 정신

psychologist는 '마음mind', '영혼soul', '정신spirit'을 뜻하는 그리스어 psyche에서 파생됐습니다. psychiatrist도 마찬가지입니다. psychiatrist에서는 '의학적 치료medical healing'를 뜻하는 iatreia가 더해졌고, psychologist에서는 '학문science, study'을 뜻하는 logos가 더해졌습니다. psychologist는 어원적으로 정신을 연구하는 사람을 뜻합니다. 연구 분야는 psychology이고 형용사는 psychological입니다.

psychologist
[sī-KOL′-ə-jist] 심리학자
psychiatrist
[sī (혹은 sə) -KĪ-ə-trist]
정신과 의사
psychology
[sī-KOL'-ə-jee] 심리학
psychological
[sī'-kə-LOJ'-ə-kəl] 심리학의

psyche는 그 자체로도 쓰이며, '정신'이나 '영혼'을 뜻합니다. 요컨대 인간 존재의 영적인 면, 즉 초감각적인extrasensory 면을 가리킵니다. 형용사인 psychic은 순전히 물리적인 관점에서는 설명되지 않는 현상이나 속성을 가리킵니다. 육감sixth sense, 독심술mind reading과 같은 특별한 재주 등 논리적으로는 설명되지 않는 비상한 재능을 지닌 사람을 psychic이라 부르기도 합니다. 신체적인 문제가 아닌 정신적이고 정서적인 혼란mental or emotional disturbance은 psychic한 문제입니다.

psyche [SĪ'-kee] 정신, 영혼
psychic [SĪ'-kik]
ⓝ 영매, 무당
adj 마음의, 심리적인

psyche에 '고통suffering'이나 '질병disease'을 뜻하는 그리스어

pathos가 더해져, 정신과 정서의 극심한 혼란으로 고통받는 사람을 뜻하는 형용사 psychopathic이 파생됐습니다. 명사는 psychopathy입니다.

psychopathic
[sī-kə-PATH'-ik] 정서가 불안한
psychopathy
[sī'-KOP'-ə-thee] 정신병

psychopathy의 일반적인 특징은 반사회적이고 극단적으로 자기중심적인 행동입니다. psychopathy를 겪는 사람을 뜻하는 psychopath는 간혹 'psychopathic personality 정신병질적인 성격'이라고도 불리며, 내적인 윤리 검열 장치inner moral censor가 없어 욕망을 즉각적으로 채우기 위해 범죄적 행위를 곧잘 저지르지만 불안감이나 죄의식을 느끼지 않습니다. 이런 사람은 성적 욕망을 전혀 억제하지 못하고, 습관성 마약에 쉽게 중독될 수 있습니다. 이런 사람들에게는 사회적 양심이 결여됐다는 점을 강조하기 위해 그들을 sociopath라고 부르는 심리학자들도 있습니다.

psychopath[SĪ'-kə-path]
정신병질인 사람, 사이코패스
sociopath
[SŌ'-shee(혹은 see)-ə-path']
반사회적인 사람

어근 psyche에 그리스어에서 '몸body'을 뜻하는 soma가 더해지면, 정신, 특히 무의식이 몸의 질병에 미치는 강력한 영향을 뜻하는 형용사 psychosomatic이 만들어집니다. 모임에 참석하는 걸 두려워하는 사람이 갑자기 고약한 감기나 요통으로 고생하거나 심지어 교통사고로 다쳐서 모임에 참석하는 게 불가능해집니다. 진짜 감기이고, 상상으로 앓는 요통도 아닙니다. 물론 그에게 부상을 입힌 교통사고가 있었다는 것도 의심할 여지가 없습니다. 하지만 심신의학 이론psychosomatic theory of medicine에 따르면, 그가 갑자기 감기균에 감염되고 요통이 발병한 원인, 또 그가 차도에 뛰어든 원인은 그의 무의식에서 찾을 수 있습니다.

psychosomatic
[sī'-kō-sə-MAT'-ik]
정신의 영향을 받는

psychosomatic disorder심신장애는 두통headache, 다뇨증excessive urination, 통증pain, 마비paralysis, 심계항진heart palpitation 등 증상적으로는 분명히 존재하지만 인체 기관에 원인이 있는 것은 아닙니다. 원인은 psyche, 즉 정신에 있습니다.

psychoanalysis는 지그문트 프로이트가 개발한 기법, 즉 무의식을 철저하게 탐색하는 기법에서 출발합니다. 간단히 설명하면,

psychoanalysis
[sī'-kō-ə-NAL'-ə-sis] 정신분석
psychoanalyst
[sī-kō-AN'-ə-list] 정신분석학자

psychoanalysis의 일반적인 원리는 환자가 무의식에 깊이 감추어진 불안, 두려움, 갈등, 긴장 등의 원인을 스스로 깨닫게 하는 데 있습니다. 그 원인이 발견되어 겉으로 드러나고 철저히 이해되면, 강렬한 햇살에 노출된 옅은 눈처럼 사라질 수 있다고 psychoanalyst들은 주장합니다.

예를 들어 설명해보겠습니다. 여러분에게 천식 증세가 있는데 의사는 그 증세에 대한 원인을 여러분 몸에서 찾아내지 못합니다. 따라서 여러분을 psychoanalyst나 psychiatrist, 혹은 정신분석학적인 치료법을 시도하는 clinical psychologist임상 심리학자에게 보냅니다.

치료사와 함께 여러분은 과거의 삶을 탐색하고 무의식에 파고들어, 예컨대 어머니나 아버지가 항상 여러분에게 도저히 달성할 수 없는 높은 목표를 항상 설정해주곤 했다는 사실을 알아냈다고 해봅시다. 여러분이 학교에서 뛰어난 성적을 거두어도 어머니나 아버지의 생각에는 그것으로 항상 충분하지 않았고, 여러분이 게으르지 않았다면 더 나은 성적을 거둘 수 있었다고 생각했습니다. 여러분은 부모의 그런 생각을 가슴 아플 정도로 분명히 느낄 수 있었습니다. 어린 시절 여러분은 부모를 기쁘게 할 수 없다는 생각 때문에 원망과 불안감이 쌓였고, 결국에는 천식 환자가 됐습니다. 이런 인과관계가 억지처럼 들리지만 얼마든지 가능한 일입니다.

치료사와 면담을 계속하는 과정에서 여러분은 천식의 원인이 몸에 있지 않고 정서에 근거한다는 걸 알게 됩니다. 여러분의 천식은 psychogenic 즉 심인성psychic origin 질환입니다. 달리 말하면, 정신과 몸의 상관관계에서 비롯되는 psychosomatic입니다. psychogenic과 psychosomatic은 엄격하게 정의하면 다른 개념이지만 일반적으로는 구분되지 않고 사용됩니다. psychogenic은 psyche와 그리스어에서 '탄생birth', '기원origin'을 뜻하는 genesis가 결합하여 파생된 단어입니다.

psychogenic
[si'-kō-JEN'-ik]
심인성의, 정신 작용에 의한

그럼 어떻게 치료할까요? 약이나 수술로 치료하지 않습니다. 약과 수술이 몸을 치료하는 데는 도움이 될 수 있지만 정서를 치료하는 데는 도움이 되지 않습니다. 따라서 대화를 통해 어린 시절의 경험을 되살려내고 조사하고 해석해서 해방시키는 방식으로 외상성 신경증을 해소하는work out 방법을 택합니다. work out은 정신분석학psychoanalytic 용어에서 흔히 사용됩니다. 여러분의 천식이 실제로 psychogenic 혹은 psychosomatic하다면 심리치료가 여러분에게 큰 도움을 줄 수 있기 때문에 발작적 기침이 점진적으로 혹은 일순간에 그칠 수 있습니다.

psychoanalytic
[sī-kō-an'-ə-LIT'-ik] 정신 분석의

프로이트식 치료법Freudian therapy은 옛날보다는 덜 사용되고 있습니다. 게슈탈트 요법, 생체 에너지 요법, 교류 분석 등 더 신속한 결과를 낳는다고 주장하는 새로운 치료법이 많이 개발돼 있습니다.

어쨌든 이런저런 psychotherapy는 psychogenic 혹은 psychosomatic한 질환이나, 어떤 인격 장애personality disturbance에 바람직한 치료법입니다.

이런 심리치료에 종사하는 전문가를 psychotherapist 혹은 간단히 therapist라 합니다. 형용사는 psychotherapeutic입니다.

psychotherapy
[sī-kō-THAIR'-ə-pee] 심리요법

psychotherapist
[sī-kō-THAIR'-ə-pist] 심리치료사

psychotherapeutic
[sī-kō-thair'-ə-PYOO'-tik] 심리치료요법의

QUIZ

어원복습

단어의 어원적 구조를 정확히 파악하면 훨씬 효과적으로 단어를 정복할 수 있습니다. 지금까지 배운 접두어와 어근, 접미어를 복습하는 의미로 풀어보는 것이므로 따로 정답은 없습니다. 자유롭게 생각나는 단어를 써보세요.

	접두어/어근/접미어	의미	파생어
1	psyche	spirit, soul, mind	
2	iatreia	medical healing	
3	-ic	형용사형 접미어	
4	soma	body	
5	genesis	birth, origin	
6	pathos	suffering, disease	

EXERCISE
연습문제

1. 다음 단어를 정확히 발음해보세요.

1) **psychology**	sī-KOL′-ə-jee	2) **psychological**	sī′-kə-LOJ′-ə-kəl
3) **psyche**	SĪ′-kee	4) **psychic**	SĪ′-kik
5) **psychopathic**	sī-kə-PATH′-ik	6) **psychopathy**	sī-KOP′-ə-thee
7) **psychopath**	SĪ′-kə-path	8) **psychosomatic**	sī′-kō-sə-MAT′-ik
9) **psychoanalysis**	sī′-kō-ə-NAL′-ə-sis	10) **psychoanalytic**	sī-kō-an′-ə-LIT′-ik
11) **psychogenic**	sī-kō-JEN′-ik	12) **psychotherapy**	sī-kō-THAIR′-ə-pee
13) **psychotherapist**	sī-kō-THAIR′-ə-pist	14) **psychotherapeutic**	sī-kō-thair′-ə-PYŌŌ′-tik

2. 다음 단어와 연관되는 내용을 보기에서 고르세요.

보기

a. mental or emotional disturbance
b. psychological treatment based on Freudian techniques
c. general term for psychological treatment
d. originating in the mind or emotions
e. one's inner or mental life, or self-image
f. study of the human mind and behavior
g. describing the interaction of mind and body
h. pertaining to the mind; extrasensory
i. person lacking in social conscience or inner censor

1) **psychology** ______	2) **psyche** ______
3) **psychic** ______	4) **psychopathy** ______
5) **psychosomatic** ______	6) **psychoanalysis** ______
7) **psychogenic** ______	8) **psychotherapy** ______
9) **psychopath** ______	

3. 다음 문장을 읽고 TRUE/FALSE로 대답하세요.

1) *Psychological* treatment aims at sharpening the intellect. TRUE / FALSE
2) *Psychic* phenomena can be explained on rational or physical grounds. TRUE / FALSE
3) *Psychopathic* personalities are normal and healthy. TRUE / FALSE
4) A *psychosomatic* symptom is caused by organic disease. TRUE / FALSE
5) Every therapist uses *psychoanalysis*. TRUE / FALSE
6) A *psychogenic* illness originates in the mind or emotions. TRUE / FALSE

7) A *psychotherapist* must have a medical degree. TRUE / FALSE

8) *Psychoanalytically* oriented therapy uses Freudian techniques. TRUE / FALSE

9) A *psychopath* is often a criminal. TRUE / FALSE

4. 다음을 보고 생각나는 단어를 쓰세요.

1) one's inner or mental life, or self-image

P ______________

2) the adjective that denotes the interactions, especially in illness, between mind and body

P ______________

3) mentally or emotionally disturbed

P ______________

4) study of behavior

P ______________

5) extrasensory

P ______________

6) treatment by Freudian techniques

P ______________

7) pertaining to the study of behavior (adj)

P ______________

8) of mental or emotional origin

P ______________

9) general term for treatment of emotional disorders

P ______________

10) antisocial person

P ______________

LESSON 3

ORIGIN
어원탐구

the whole tooth 건강한 치아

2장에서 보았듯이 orthodontist는 '똑바른straight', '올바른correct'을 뜻하는 orthos에 '치아tooth'를 뜻하는 odontos가 더해진 단어입니다.

pedodontist는 어린아이의 치아를 전문적으로 보살피는 '소아 치과 의사'를 뜻합니다. '어린아이child'를 뜻하는 paidos와 odontos가 결합하여 만들어진 명칭으로, 전문 분야는 pedodontia이고 형용사는 pedodontic입니다.

periodontist는 '잇몸 전문의gum specialist'로, '주변around', '에워싼surrounding'의 뜻인 접두어 peri-와 odontos가 결합하여 만들어진 단어입니다. 거울을 들여다보면 잇몸이 치아를 둘러싸고 있는 걸 확인할 수 있습니다.

이 전문의가 전문으로 다루는 분야를 뭐라고 하는지 추측할 수 있나요? 단어를 직접 만들어봅시다. __________. 형용사는 무엇일까요? __________.

> **pedodontist** [pee'-dō-DON'-tist] 소아 치과 의사
> **pedodontia** [pee'-dō-DON'-sha] 소아 치과학
> **pedodontic** [pee'-dō-DON'-tik] 소아 치과의
> **periodontist** [pair'-ee-ō-DON'-tist] 잇몸 전문의

endodontist는 치아 내의 부드럽고 연한 조직pulp과 치근관root canal을 전문적으로 치료하는 치과 의사입니다. 접두어로 사

> **endodontist** [en'-dō-DON'-tist] 치근관 전문의

용된 endo-는 '내부inner', '안within'을 뜻하는 그리스어 endon에서 파생된 것입니다. 이번에도 단어를 직접 만들어봅시다. 전문 분야는 뭐라고 할까요? ____________. 형용사는 무엇일까요? ____________.

접두어 ex-와 odontos가 결합하면 exodontist란 단어가 만들어집니다. 그럼 이 전문의는 어떤 일을 할까요? ____________. 전문 분야를 가리키는 단어는 무엇일까요? ____________. 형용사는 무엇일까요? ____________.

exodontist
[eks'-ō-DON'-tist] 발치 전문의

measurement 측정

optometrist는 어원적으로 시력을 측정하는 전문가로, '시야view', '시력vision'을 뜻하는 opsis, optikos와 '측정measurement'이란 뜻의 metron이 결합된 단어입니다. metron은 많은 단어에서 어근으로 쓰입니다.

thermometer : 열을 측정하는 도구인 온도계입니다. 그리스어에서 therme는 '열heat'을 뜻합니다.

barometer : 대기압atmospheric pressure을 측정하는 도구인 기압계로, 형용사는 barometric입니다. baros는 그리스어로 '무게weight'입니다.

sphygmomanometer : 혈압blood pressure을 측정하는 장치인 혈압계입니다. 그리스어로 sphygmos는 '맥박pulse'이란 뜻입니다.

metric system : 미국에서는 최근에야 조금씩 채택되고 있지만 다른 나라들에서 오래 전부터 사용한 10진법 도량형인 미터법입니다.

thermometer
[thər-MOM'-ə-tər] 온도계
barometer
[bə-ROM'-ə-tər] 기압계
barometric
[bair'-ə-MET'-rik] 기압계의
sphygmomanometer
[sfig'-mō-mə-NOM'-ə-tər] 혈압계

bones, feet, and hands 뼈, 발과 손

osteopath는 그리스어에서 '뼈bone'를 뜻하는 osteon과 '고통suffering, disease'을 뜻하는 pathos가 결합하여 만들어진 단어입니다. osteopathy는 뼈가 혈관blood vessel과 신경nerve을 압박해서 질병이 생긴다는 이론에서 탄생했습니다. osteopathic physician은 어원에서 오해하기 십상이지만 뼈 전문의가 아닙니다. 따라서 뼈 전문의인 orthopedist와 혼동해서는 안 됩니다.

osteopath
[OS´-tee-ə-path] 정골 의사
osteopathy
[os'-tee-OP'-ə-thee] 정골 요법
osteopathic
[os'-tee-ə-PATH'-ik] 정골 요법의

podiatrist는 그리스어에서 '발foot'을 뜻하는 pous, podos와 의학적 치료를 뜻하는 iatreia가 결합된 단어로 podiatry가 전문 분야입니다. 형용사는 podiatric입니다. 어근 pous, podos는 다음 단어들에서 볼 수 있습니다.

podiatrist
[pə-DI'-ə-trist] 발 전문의
podiatry
[pə-DI'-ə-tree] 족병(足病) 치료
podiatric
[pō'-dee-AT'-rik] 족병학의

octopus : 8개의 팔어원적으로는 8개의 발을 지닌 바다 생물인 문어입니다. 그리스어로 okto는 '8eight'입니다.

platypus : 오리 부리와 물갈퀴 발, 비버와 비슷한 꼬리를 지녔지만 알을 낳아 번식하는 수생 포유동물인 오리너구리입니다.

그리스어에서 platys는 '넓은broad', '납작한flat'이란 뜻이므로 어원적으로는 '납작한 발flat foot'이란 뜻입니다.

podium : 어원적으로는 '발을 놓는 곳place for the feet'이란 뜻으로 '연단speaker's platform'을 의미합니다. gymnasium체육관, stadium운동장, auditorium강당 등과 같은 단어에서 보듯이 접미어 -ium은 '……하는 곳place where'이란 뜻으로 쓰이기도 합니다.

tripod : 카메라나 그 밖의 장치를 위한 삼각대입니다. tri-는 '3three'이란 뜻입니다.

chiropodist : podiatrist의 초기 명칭이지만 지금도 간혹 사용됩니다. 전문 분야는 chiropody입니다.

octopus[OK'-tə-pəs] 문어
platypus
[PLAT'-ə-pəs] 오리너구리
podium
[PŌ'-dee-əm] 연단
tripod[TRĪ-pod] 삼각대
chiropodist
[kə-ROP'-ə-dist] 발 치료사

chiropody는 그리스에서 '손hand'을 뜻하는 cheir와 podos가 결합하여 만들어진 단어이고, cheir는 영어에서 철자가 chiro로 변합니다. chiropody는 노동량을 줄여주는 기계와 자동화된 장치가 발명되기 전에 만들어진 단어입니다. 당시 사람들은 손으로 일하면서 발에는 물론이고 손에도 굳은살이 박혔습니다. 요즘에는

chiropody
[kə-ROP'-ə-dee] 발 치료

대부분이 앉아 일하면서 생계비를 벌기 때문에 우리 몸에서 눈에 띄지 않는 부분에 굳은살이 생기는 듯합니다.

chiropractor는 손을 이용해 치료하며, 전문 분야는 chiropractic입니다. '손hand'을 뜻하는 cheirchiro는 chirography의 어근입니다. graphologist필적 감정가에서 graph가 어떤 뜻으로 쓰였는지 기억하고 있나요? chirography는 어원적으로 무슨 뜻인지 추측해보세요. ____________.

chiropractor
[KĪ'-rə-prək'-tər]
지압 요법 전문가
chiropractic
[kī'-rō-PRAK'-tik]
지압 요법
chirography
[kī-ROG'-rə-fee] 필법, 서체

손으로 글을 쓰는 작업, 즉 서도penmanship의 전문가는 chirographer이고, 형용사는 chirographic입니다.

접미어 -mancy가 '예언foretelling', '예견prediction'을 뜻하는 그리스어에서 왔다면, chiromancy의 의미가 무엇인지 짐작할 수 있나요? ____________.

chiromancy를 행하는 사람은 chiromancer라 하며, 형용사는 chiromantic입니다.

chirographer
[kī-ROG'-rə-fər] 서도가
chirographic
[kī'-rō-GRAF'-ik]
손으로 쓰는, 필적의
chiromancy
[KĪ'-rə-man'-see]
손금 보기, 수상술
chiromancer
[KĪ-rə-man'-sər] 수상가
chiromantic
[kī'-rə-MAN'-tik] 손금을 보는

QUIZ

어원복습

단어의 어원적 구조를 정확히 파악하면 훨씬 효과적으로 단어를 정복할 수 있습니다. 지금까지 배운 접두어와 어근, 접미어를 복습하는 의미로 풀어보는 것이므로 따로 정답은 없습니다. 자유롭게 생각나는 단어를 써보세요.

	접두어/어근/접미어	의미	파생어
1	orthos	straight, correct	
2	odontos	tooth	
3	paidos(ped-)	child	
4	-ic	형용사형 접미어	
5	peri-	around, surrounding	
6	endo-	inner, within	
7	ex-	out	
8	opsis, optikos	vision	
9	metron	measurement	
10	therme	heat	
11	baros	weight	
12	sphygmos	pulse	
13	osteon	bone	
14	pathos	suffering, disease	
15	pous, podos	foot	
16	okto	eight	
17	platys	broad, flat	
18	-ium	place where	
19	tri-	three	
20	cheir(chiro-)	hand	
21	-mancy	prediction	
22	iatreia	medical healing	

EXERCISE

연습문제

1. 다음 단어를 정확히 발음해보세요.

1) **pedodontist**	pee′-dō-DON′-tist	2) **pedodontia**	pee′-dō-DON′-shə
3) **pedodontic**	pee′-dō-DON′-tik	4) **periodontist**	pair′-ee-ō-DON′-tist
5) **periodontia**	pair′-ee-ō-DON′-shə	6) **periodontic**	pair′-ee-ō-DON′-tik
7) **endodontist**	en′-dō-DON′-tist	8) **endodontia**	en′-dō-DON′-shə
9) **endodontic**	en′-dō-DON′-tik	10) **exodontist**	eks′-ō-DON′-tist
11) **exodontia**	eks′-ō-DON′-shə	12) **exodontic**	eks′-ō-DON′-tik
13) **thermometer**	thər-MOM′-ə-tər	14) **barometer**	bə-ROM′-ə-tər
15) **barometric**	bair′-ə-MET′-rik	16) **sphygmomanometer**	sfig′-mō-mə-NOM′-ə-tər

2. 다음 단어를 정확히 발음해보세요.

1) **osteopathy**	os′-tee-OP′-ə-thee	2) **osteopathic**	os′-tee-ə-PATH′-ik
3) **podiatry**	pə-DĪ′-ə-tree	4) **podiatric**	pō′-dee-AT′-rik
5) **octopus**	OK′-tə-pəs	6) **platypus**	PLAT′-ə-pəs
7) **podium**	PŌ′-dee-əm	8) **tripod**	TRĪ′-pod
9) **chiropodist**	kə-ROP′-ə-dist	10) **chiropody**	kə-ROP′-ə-dee
11) **chiropractic**	kī′-rō-PRAK′-tik	12) **chirography**	kī-ROG′-rə-fee
13) **chirographer**	kī-ROG′-rə-fər	14) **chirographic**	kī′-rə-GRAF′-ik
15) **chiromancy**	KĪ′-rə-man′-see	16) **chiromancer**	KĪ′-rə-man′-sər
17) **chiromantic**	kī′-rə-MAN′-tik		

3. 다음 단어와 연관되는 내용을 보기에서 고르세요.

보기

a. dental specialty involving the pulp and root canal
b. instrument that measures atmospheric pressure
c. specialty arising from the theory that pressure of the bones on nerves and blood vessels may cause disease
d. specialty of child dentistry
e. blood-pressure apparatus
f. treatment of minor ailments of the foot
g. instrument to measure heat
h. specialty of tooth extraction
i. specialty of tooth straightening
j. specialty of the gums

1) **orthodontia** ________ 2) **pedodontia** ________
3) **periodontia** ________ 4) **endodontia** ________
5) **exodontia** ________ 6) **barometer** ________
7) **sphygmomanometer** ________ 8) **osteopathy** ________
9) **podiatry** ________ 10) **thermometer** ________

4. 다음 단어와 연관되는 내용을 보기에서 고르세요.

보기

a. speaker's platform
b. maintenance of integrity of the nervous system by manipulation and massage
c. palm reading
d. eight-armed sea creature
e. handwriting
f. treatment of minor ailments of the foot
g. egg-laying mammal with webbed feet

1) **octopus** ________ 2) **platypus** ________
3) **podium** ________ 4) **chiropody** ________
5) **chiropractic** ________ 6) **chirography** ________
7) **chiromancy** ________

5. 다음 문장을 읽고 TRUE/FALSE로 대답하세요.

1) *Orthodontia* is a branch of dentistry. TRUE / FALSE
2) Doctors use *sphygmomanometers* to check blood pressure. TRUE / FALSE
3) *Osteopathic* physicians may use standard medical procedures. TRUE / FALSE
4) *Chiropractic* deals with handwriting. TRUE / FALSE
5) *Chiropody* and *podiatry* are synonymous terms. TRUE / FALSE
6) A *podium* is a place from which a lecture might be delivered. TRUE / FALSE
7) A *pedodontist* is a foot doctor. TRUE / FALSE
8) A *periodontist* is a gum specialist. TRUE / FALSE
9) A *endodontist* does root-canal therapy. TRUE / FALSE
10) An *exodontist* extracts teeth. TRUE / FALSE
11) A *barometer* measures heat. TRUE / FALSE
12) An *octopus* has eight arms. TRUE / FALSE
13) A *platypus* is a land mammal. TRUE / FALSE
14) A *tripod* has four legs. TRUE / FALSE
15) A *chirographer* is an expert at penmanship. TRUE / FALSE
16) A *chiromancer* reads palms. TRUE / FALSE

6. 다음을 보고 생각나는 단어를 쓰세요.

1) pertaining to child dentistry (adj)

P ______________

2) pertaining to treatment of the foot (adj)

P ______________

3) blood-pressure apparatus

S ______________

4) three-legged stand

T ______________

5) pertaining to the treatment of diseases by manipulation to relieve pressure of the bones on nerves and blood vessels (adj)

O ______________

6) pertaining to handwriting (adj)

C ______________

7) gum specialist

P ______________

8) treatment of ailments of the foot

P ______________, C ______________

9) stand for a speaker

P ______________

10) dentist specializing in treating the pulp of the tooth or in doing root-canal therapy

E ______________

7. 다음을 보고 생각나는 단어를 쓰세요.

1) pertaining to the specialty of tooth extraction (adj)

E ______________

2) pertaining to the measurement of atmospheric pressure (adj)

B ______________

3) palm reading (n)

C ______________

4) handwriting

C ______________

5) the practice of manipulating bodily articulations to relieve ailments

C ______________

6) egg-laying mammal

P ______________________

7) eight-armed sea creature

O ______________________

8) instrument to measure heat

T ______________________

LESSON 4

ORIGIN
어원탐구

writing and writers 글쓰기와 글을 쓰는 사람

'쓰다to write'를 뜻하는 그리스어 동사 graphein을 어근으로 많은 영어 단어가 만들어졌습니다. graphologist는 필적을 분석하는 전문가로, graphein과 '학문'을 뜻하는 logos가 결합하여 만들어진 단어입니다. 전문 분야는 graphology이고, 형용사는 graphological입니다.

graphology
[grə-FOL'-ə-jee] 필적학
graphological
[graf'-ə-LOJ'-ə-kəl] 필적학적인

chirographer는 graphein과 '손hand'을 뜻하는 cheirchiro가 결합된 단어입니다. chirography는 잊힌 예술로 여겨질 수 있지만 calligraphy는 요즘 들어 되살아나고 있습니다. 인쇄술이 출현하기 전에 calligraphy, 즉 예술성이 더해진 서예는 수도자들에 의해 행해졌습니다. calligrapher는 성명서, 좌석표 등을 우아한 필치로 도안해서 써달라는 요청을 받습니다. 형용사는 calligraphic입니다. calligraphy는 graphein과 '아름다움beauty'을 뜻하는 그리스어 kallos가 결합된 단어이므로, 어원적으로 '아름다운 글씨체'를 뜻합니다. 역시 kallos에서 파생된 재밌는 단어인 callipygian은 균형 잡히고 매력적인 엉덩이를 뜻하는 형용사이며, 그런 예쁜 엉덩이를 지닌 사람을 뜻하는 명사이기도 합니다. 어근 pyge는

calligraphy
[kə-LIG'-rə-fee] 필법, 서체
calligrapher
[kə-LIG'-rə-fər] 서예가
calligraphic
[kal'-ə-GRAF'-ik] 서예의
callipygian
[kal'-ə-PIJ'-ee-ən]
ⓝ 엉덩이가 예쁜 사람
ⓐⓓⓙ 예쁜 엉덩이를 가진

'엉덩이buttocks'를 뜻합니다.

예술적인 필체라는 뜻으로 존재하는 단어가 있다면 정반대로 고약하게 휘갈겨 써 읽기 어려운 필체라는 뜻으로 존재하는 단어도 있기 마련입니다. 그런 필체를 cacography라고 합니다. graphein과 '고약한, 조잡한bad, harsh'을 뜻하는 그리스어 kakos가 결합된 단어입니다. 이와 같은 사실을 미루어 고약해서 읽기 힘든 필체로 글을 쓰는 사람을 무엇이라 하는지 유추할 수 있나요? __________. '그런 필체와 관련되거나 그런 필체를 띠는'이란 뜻의 형용사는 무엇일까요? __________.

cacography
[kə-KOG'-rə-fee] 악필

graphein은 다음과 같은 단어들의 어근으로도 쓰였습니다.

cardiograph : 어원적으로 '심장을 쓰는 사람heart writer'이고 실제로는 심전계입니다. kardia는 '심장heart'이란 뜻입니다.

photograph : 어원적으로 '빛으로 쓰인written by light'이란 뜻으로 사진을 가리킵니다. 그리스어로 photos는 '빛light'을 의미합니다.

phonograph : 어원적으로 '소리를 쓰는 사람sound writer'이란 뜻이고 실제로는 축음기입니다. 그리스어에서 phone은 '소리sound'라는 뜻입니다.

telegraph : 어원적으로 '멀리서 쓰는 사람distance writer'이란 뜻이고 실제로는 전보입니다. 그리스어에서 tele는 '거리distance'라는 의미입니다.

biography : 어원적으로 '삶의 기록life writing'이란 뜻으로 전기입니다. 그리스어에서 bios는 '삶life'이란 뜻입니다.

이 새로운 어근들은 뒤에서 자세히 다룰 것입니다.

aging and the old 노화와 노인

geriatrician은 노인병을 전문적으로 치료하는 의사입니다. 그리스어에서 '노령old age'을 뜻하는 geras에서 파생된 geron노인은 gerontologist의 어근으로 쓰였습니다. 전문 분야는 gerontology이고, 형용사는 gerontological입니다.

'늙은old'을 뜻하는 라틴어는 senex로, 여기에서 senile, senescent, senior, senate 등과 같은 단어들이 파생됐습니다.

senile : 노년의 일반적인 특징인 육체적이고 정신적인 퇴화의 징후를 보여주는 단어로, 명사는 senility입니다.

senescent : '늙은aging', '연로한growing old'이라는 뜻입니다. adolescent어른이 되는, 청춘의, convalescent다시 건강을 되찾는, obsolescent쇠퇴하는 같은 단어에서도 똑같은 접미어가 쓰인 것에 유의하세요. 명사는 senescence입니다.

senior : '연상의older'라는 뜻으로, 명사는 seniority입니다.

senate : 원래는 원로원, 즉 '더 현명한 사람들의 모임a council of older, and presumably wiser, citizens'이란 뜻이었습니다. 지금은 상원을 의미합니다.

gerontologist
[jair´-ən-TOL´-ə-jist] 노인학자
gerontology
[jair' -ən-TOL'-ə-jee] 노인학
gerontological
[jair'-ən-tə-LOJ'-ə-kəl] 노인학의

senile
[SEE'-nīl] 망령이 난, 노인성
senility
[sə-NIL'-ə-tee] 고령, 노쇠
senescent
[sə-NES'-ənt] 늙은, 연로한
senescence
[sə-NES'-əns] 노쇠
senior[SEEN'-yər] 연상의
seniority
[seen-YAWR'-ə-tee] 연상, 선배
senate[SEN'-ət] 상원

QUIZ

어원복습

단어의 어원적 구조를 정확히 파악하면 훨씬 효과적으로 단어를 정복할 수 있습니다. 지금까지 배운 접두어와 어근, 접미어를 복습하는 의미로 풀어보는 것이므로 따로 정답은 없습니다. 자유롭게 생각나는 단어를 써보세요.

	접두어/어근/접미어	의미	파생어
1	graphein	to write	
2	cheir(chiro-)	hand	
3	kallos	beauty	
4	-er	one who	
5	-ic	형용사형 접미어	
6	pyge	buttocks	
7	kakos	bad, harsh	
8	kardia	heart	
9	photos	light	
10	tele-	distance	
11	bios	life	
12	geras	old age	
13	geron	old man	
14	senex	old	
15	-escent	growing, becoming	

EXERCISE

연습문제

1. 다음 단어를 정확히 발음해보세요.

1) **graphology** grə-FOL′-ə-jee
2) **graphological** graf′-ə-LOJ′-ə-kəl
3) **calligraphy** kə-LIG′-rə-fee
4) **calligrapher** kə-LIG′-rə-fər
5) **calligraphic** kal′-ə-GRAF′-ik
6) **callipygian** kal′-ə-PIJ′-ee-ən
7) **cacography** kə-KOG′-rə-fee
8) **cacographer** kə-KOG′-rə-fər
9) **cacographic** kak′-ə-GRAF′-ik
10) **gerontology** jair′-ən-TOL′-ə-jee
11) **gerontological** jair′-ən-tə-LOJ′-ə-kəl
12) **senile** SEE′-nīl
13) **senility** sə-NIL′-ə-tee
14) **senescent** sə-NES′-ənt
15) **senescence** sə-NES′-əns

2. 다음 단어와 연관되는 내용을 보기에서 고르세요.

보기

a. possessed of beautiful buttocks
b. science of the social, economic, etc. problems of the aged
c. condition of aging or growing old
d. deteriorated old age
e. analysis of handwriting
f. ugly, bad, illegible handwriting
g. beautiful handwriting; handwriting as an artistic expression

1) **graphology** ______________
2) **calligraphy** ______________
3) **callipygian** ______________
4) **cacography** ______________
5) **gerontology** ______________
6) **senility** ______________
7) **senescence** ______________

3. 다음 문장을 읽고 TRUE/FALSE로 대답하세요.

1) *Graphology* analyzes the grammar, spelling, and sentence structure of written material. TRUE / FALSE
2) A *calligrapher* creates artistic forms out of alphabetical symbols. TRUE / FALSE
3) Tight slacks are best worn by those of *callipygian* anatomy. TRUE / FALSE
4) *Cacographic* writing is easy to read. TRUE / FALSE
5) *Gerontology* aims to help old people live more comfortably. TRUE / FALSE
6) *Senile* people are old but still vigorous and mentally alert. TRUE / FALSE
7) In a society dedicated to the worship of youth, *senescence* is not an attractive prospect. TRUE / FALSE

4. 다음을 보고 생각나는 단어를 쓰세요.

1) pertaining to the study of the non-medical problems of the aged (adj) G ______

2) growing old (adj) S ______

3) pertaining to handwriting as an artistic expression (adj) C ______

4) one who uses ugly, illegible handwriting C ______

5) mentally and physically deteriorated from old age S ______

6) pertaining to the analysis of handwriting (adj) G ______

7) possessed of beautiful or shapely buttocks C ______

REVIEW

챕터복습

1. 다음 정의에 맞는 단어를 고르세요.

1) Practitioner trained in Freudian techniques
ⓐ psychologist ⓑ psychoanalyst ⓒ psychotherapist

2) Foot doctor
ⓐ podiatrist ⓑ osteopath ⓒ chiropractor

3) Handwriting analyst
ⓐ graphologist ⓑ chirographer ⓒ cacographer

4) Mentally or emotionally disturbed
ⓐ psychological, ⓑ psychopathic ⓒ psychic

5) Originating in the emotions
ⓐ psychic ⓑ psychogenic ⓒ psychoanalytic

6) Describing bodily ailments tied up with the emotions
ⓐ psychosomatic ⓑ psychopathic ⓒ psychiatric

7) Gum specialist
ⓐ periodontist ⓑ pedodontist ⓒ endodontist

8) Specialist in tooth extraction
ⓐ orthodontist ⓑ exodontist ⓒ endodontist

9) Blood-pressure apparatus
ⓐ barometer ⓑ thermometer ⓒ sphygmomanometer

10) Prediction by palm reading
ⓐ chirography ⓑ chiropody ⓒ chiromancy

11) Possessed of a shapely posterior
ⓐ calligraphic ⓑ callipygian ⓒ adolescent

12) Artistic handwriting
ⓐ calligraphy ⓑ chirography ⓒ graphology

13) Growing old
ⓐ senile ⓑ geriatric ⓒ senescent

14) Medical specialty dealing with the aged
ⓐ gerontology ⓑ geriatrics ⓒ chiropractic

15) Antisocial person who may commit criminal acts
ⓐ psychopath ⓑ sociopath ⓒ osteopath

2. 다음 어근에 맞는 의미를 쓰세요.

	어근	의미	파생어
1)	psyche		psychiatry
2)	iatreia		podiatry
3)	soma		psychosomatic
4)	pathos		osteopath
5)	orthos		orthodontia
6)	paidos(ped-)		pedodontist
7)	odontos		exodontist
8)	pous, podos		platypus
9)	cheir(chiro-)		chiropodist
10)	okto		octopus
11)	graphein		graphology
12)	kallos		calligraphy
13)	pyge		callipygian
14)	kakos		cacography
15)	photos		photography
16)	tele-		telegraph
17)	bios		biography
18)	geras		geriatrics
19)	geron		gerontology
20)	senex		senate

QUESTION

어원심화

1. 라틴어 octoginta는 그리스어에서 '8'을 뜻하는 okto에 해당되는 어근입니다. octogenarian은 몇 살일까요?

2. cacography에서 kakos가 '나쁜, 조잡한'이란 뜻인 걸 알았고, phonograph에서는 phone이 '소리'를 뜻한다는 걸 배웠습니다. '거칠고 불쾌한 소리harsh, unpleasant sound'를 뜻하며 y로 끝나는 단어를 만들어보세요. 그리고 그 단어를 발음해보세요.

3. callipygian을 예로 삼아 '못생기고 볼품없는 엉덩이'를 뜻하는 단어를 만들어보세요. 그리고 그 단어를 발음해보세요.

4. a) '먼 거리'를 뜻하는 접두어 tele-를 사용해서 멀리 떨어진 곳을 보게 해주는 망원경을 뜻하는 단어를 생각해보세요.

   b) 두 번째로, 소리를 멀리까지 전달하는 도구는 뭐라고 할까요?

   c) 끝으로 아주 멀리 떨어진 곳에서 일어나는 일을 우리의 눈앞에서 일어나는 일처럼 보게 해주는 장치는 무엇이라고 할까요?

ADVICE

단어를 의식하게 되면

반복해서 말했듯이 여러분이 이 책을 지금까지 열심히 공부했다면 자신에게 일어나는 흥미로운 현상을 눈치챘을 것입니다. 예를 들면 다음과 같은 현상입니다. 잡지에서 어떤 기사를 읽다 보면 얼마 전에 배운 단어들이 갑자기 눈에 들어옵니다. 책을 펼치면 지금까지 공부한 몇몇 단어들을 만나게 되고요. 요컨대 어떤 글을 읽어도 여러분이 지금까지 공부한 단어들에 주의가 쏠리는 듯한 기분이 드는 겁니다. 왜 그럴까요? 작가들 사이에서 갑자기 인기가 폭발한 단어들을 불가사의한 선견지명으로 골라낸 것일까요? 전혀 그렇지 않습니다.

여러분이 변했기 때문입니다. 단어들을 눈여겨보기 시작했고, 어떤 단어들에 대하여 심리학에서 말하는 '마음가짐mind-set'이 달라졌습니다. 따라서 글을 읽는 동안 그런 단어들을 만나면 특별히 눈여겨보게 되는 것이죠. 전에도 똑같은 단어들을 자주 보았지만, 그 단어들이 여러분에게 별다른 의미를 제공하지 않았기 때문에 여러분도 그 단어들에 별다른 주의를 기울이지 않고 건성으로 넘겼던 것입니다. 비유적으로 말하면, 여러분은 거의 장님처럼 그 단어들을 보지 못했습니다.

여러분이 새 차를 샀던 때, 혹은 새 차를 사려고 살펴보던 때를 기억합니까? 도요타 자동차였다고 해봅시다. 갑자기 주변에서 온통 도요타 자동차만 보이기 시작합니다. 여러분이 도요타에 정신이 팔렸다는 뜻입니다.

마음가짐이 달라지면 삶에 새로운 변화가 생깁니다. 마음가짐이 달라졌다는 것은 새로운 경험이 여러분의 삶에서 현실화되고 아주 중요해져서 없어서는 안 될 것이 됐다는 뜻입니다.

여러분이 배운 단어들이 갑자기 눈에 띄기 시작한다면, 어휘력을 향상시키려는 목표를 향해 순조롭게 전진하고 있는 것입니다. 과거와는 다른 새로운 지적 환경에서 살아가기 시작한 셈이죠. 한편 이런 현상을 아직 경험하지 못했더라도 실망할 것은 없습니다. 조만간 그런 현상을 경험하게 될 테니까요. 여기서는 그 가능성을 미리 알려주는 것뿐입니다. 그런 현상이 일어나면 곧바로 알아채고 기꺼이 받아들이세요.

쉬어가기 3

HOW GRAMMAR CHANGES

문법은 어떻게 변할까

문법이 정밀한 학문이라 생각하는 사람에게는 놀라운 얘기가 될지도 모르니 마음의 준비를 단단히 하세요. 문법이 학문인 것은 사실입니다. 그러나 전혀 정밀하지 않습니다. 불변의 법칙도 없고, 절대적으로 엄밀하게 적용되는 규칙도 없으며, 변하지 않는 원칙도 없습니다. 정확한 표현은 시대에 따라 변하고, 교과서에 쓰인 규칙보다는 지역과 사회계층 및 집단적인 인간의 변덕에 더 크게 좌우됩니다.

정밀 학문인 수학에서 5+5는 미국 북부와 남부와 서부, 로스앤젤레스와 코럴 게이블즈와 뉴욕 등 어디에서나 10입니다. 두 개의 답이 있을 수 없습니다. 우리가 아는 한 수학에서는 보편적이고 논쟁의 여지가 없는 사실을 다룹니다.

그러나 문법에서는 개개의 사실이 변화에 무척 민감하기 때문에 유행의 흐름에서 눈을 떼지 말아야 합니다. 요즘 교양 있는 사람들은 어떻게 말하나요? 교양 있는 계층에서는 어떤 표현이 주로 사용되고 인정받으며, 또 어떤 표현이 상대적으로 교육 수준이 떨어지는 계층에 국한되어 사용되나요? 이런 질문들에 대한 대답이 미국에서 현재 사용되는 어법의 경향입니다. 따라서 그런 경향이 어떤 학문적 규칙과 충돌할 때 그 학문적 규칙은 더 이상 중요하지 않습니다.

문법은 교육받은 계층의 대다수가 사용하는 언어 습관을 따릅니다. 그 반대가 아닙니다. 반드시 명심해야 할 중요한 사실입니다.

문법적으로 논쟁의 여지가 있는 표현들에 대해 올바른 결정을 내리는 데 도움이 주기 위해 현대 어법의 추세에 대해 몇 가지를 설명하려 합니다.

▸ 다음 문장에서 이탤릭체로 쓰인 단어나 구를 특별히 눈여겨보기 바랍니다. 여러분이 알고 있는 문법과 표현이 일치하나요? 다음 문장이 올바로 쓰였는지 선택하고, 뒤에 나오는 설명과 여러분의 선택을 비교해보세요.

1. Let's keep this between you and *I*. RIGHT / WRONG
2. I'm your best friend, *ain't* I? RIGHT / WRONG
3. Five and five *is* ten. RIGHT / WRONG
4. I never saw a man get so *mad*. RIGHT / WRONG
5. Every one of his sisters *are* unmarried. RIGHT / WRONG
6. He visited an *optometrist* for an eye operation. RIGHT / WRONG
7. Do you *prophecy* another world war? RIGHT / WRONG
8. *Leave* us not mention it. RIGHT / WRONG
9. If you expect to *eventually succeed*, you must keep trying. RIGHT / WRONG

1. Let's keep this between you and *I*.

이것을 당신과 나 사이의 비밀로 합시다.

Wrong! 어린아이들은 me라고 말할 때마다 부모나 선생님에게 틀렸다는 말을 빈번히 듣기 때문에 me를 아예 잘못된 단어로 생각하더라도 아이들만을 탓할 일은 아닙니다. 다음과 같은 대화들은 많은 가정에서 흔히 일어나는 예입니다.

Son "엄마, 나와 조니가 밖에 나가 놀아도 돼요?"
Mother, can me and Johnnie go out and play?

Mother "안 돼. 네가 말을 똑바로 할 때까지는. '조니와 내가 밖에 나가 놀아도 될까요? **May Johnnie and I go out to play?**'라고 말해야지."

Mother "사과 젤리 먹고 싶은 사람?"

Son "나요!" **Me!**

Mother "그럼 올바른 단어를 써야지."

Son "저요!" **Me, please!**

Mother "아니, 얘야, **me**를 쓰면 안 돼."

Son "아차, **I, please?**"

이때 '올바른proper' 단어와 '부적절한improper' 단어가 너무 많은 것 같아 아이는 약간 혼란스러워합니다. 또한, 'I, please'라는 말은 아이의 귀에 무척 이상하게 들리고, 자기의 언어 감각에 위배되지만 사과 젤리를 원하기 때문에 마지못해 따릅니다.

Mother "내가 가장 아끼는 꽃병을 누가 깼어?"

Son "나는 아니에요!" **It wasn't me!**

Mother "조니, 그게 올바른 영어니?"

Son "알았어요, **it wasn't I.** 하지만 엄마, 정말로 **it wasn't me.** 나는 만지지도 않았어요!"

따라서 그런 끝없는 교정을 이겨낼 정도로 강한 아이라도 의심의 여지가 있을 때마다 I를 사용하는 편이 더 낫다고 생각하기 마련입니다.

어린 시절에 위와 같은 잘못된 교정에 길들여진 사람은 어른이 된 후에도 'between you and I'가 더 격조 있는 표현이라고 믿을 가능성이 크지만, 대부분의 교양 있는 성인들은 전치사 뒤에는 목적격 대명사를 쓴다는 규칙을 지키면서 'between you and me'라고 말합니다.

2. I'm your best friend, *ain't* I?

내가 너의 가장 친한 친구지, 그렇지 않니?

Wrong! 언어학자들이 흔히 지적하듯이, ain't I가 교양 있는 어법에서 거의 쓰이지 않는 현상은 안타까울 뿐입니다. 이 표현은 오랫동안 느껴온 빈 곳을 채워주는 표현이기 때문입니다. am I not?은 현실적인 사람들에게 너무 까다롭게 들리고, amn't I?는 우스꽝스럽게 들립니다. aren't I는 영국에서 흔히 쓰이지만 미국에서 실질적으로 쓰인 적이 없었습니다. 이와 같은 문장은 언어의 덫이라 할 수 있습니다. 교양 없는 표현이나 지나치게 까다로운 표현, 혹은 우스꽝스런 표현 중 하나를 선택하지 않으면 빠져나갈 도리가 없기 때문입니다.
언어학자 월러스 라이스는 언젠가 "am I not? 대신 ain't I를 쓴다고 문제될 것이 무엇인가. 같잖은 문법학자들이 반대하는 걸 제외하면 문제될 것이 전혀 없다. 우리 귀에서 편견을 치워버리면 ain't I?는 기분 좋게 들린다"라고 말했습니다. 라이스의 지적은 타당하지만, ain't I?가 전염병이라도 되는 양 교양 있는 사람들은 그 표현을 피합니다. 따라서 솔직하게 말하면, 재밌게 말하려는 경우를 제외하고는 ain't I?를 사용하지 않는 게 좋습니다. 그럼 안전한 표현은 무엇일까요? 아무리 생각해도 안전한 표현은 없는 것 같습니다. 따라서 언어적 재주를 부려서라도 그런 선택을 해야 할 경우를 피하는 게 최선입니다. 그렇지 않으면 선택을 해도 욕을 먹고, 선택을 하지 않아도 욕을 먹는 처지에 빠지고 말 것입니다.

3. Five and five ***is*** ten.

5 더하기 5는 10이다.

Right! 그러나 Five and five are ten이 틀린 문장이라고 성급히 결론짓지는 마세요. 이 문장과 유사한 문장에서 is와 are는 둘 다 똑같이 허용됩니다. 가령 five-and-five를 하나의 수학적 개념으로 생각하면 동사는 is가 됩니다. 반면에 five and five를 복수 개념으로 파악하는 게 더 합리적이라 여겨지면 동사는 are입니다. 나는 이 문제를 여러 교사에게 물어보았고, 그들의 대답은 거의 반반이었습니다. 따라서 우리도 마찬가지일 거라고 생각합니다. 요컨대 여러분의 논리 감각에 따라 어떤 동사를 선택해도 상관없습니다.

4. I never saw a man get so ***mad***.

나는 그렇게 화를 내는 사람을 본 적이 없다.

Right! 많은 작가와 편집자에게 mad를 angry의 동의어로 인정하느냐고 물어본 적이 있습니다. 그들은 대체로 "그렇다, mad를 그렇게 사용한다. 하지만 mad를 쓸 때마다 약간은 꺼림칙하다"라고 대답했습니다.
대부분의 사람이 mad를 사용하지만 mad의 사용이 잘못되었다고 지적하는 영어 선생은 없는 듯합니다. mad가 훌륭하고 적절한 단어라는 뜻입니다. mad가 정확히 어떤 의미라는 걸 모두가 알고 있다는 뜻이기도 합니다. mad는 angry보다는 훨씬 강하지만, furious나 enraged만큼 격한 상태를 나타내지는 않습니다. 요컨대 mad는 영어에서 어떤 단어로도 표현할 수 없는 특별한 의미를 갖습니다. 따라서 교양 있는 사람들도 경우에 따라 mad를 사용하며, 조금도 나무랄 데가 없는 단어입니다. 사실 위의 말은 올바른 표현이기 때문에 모든 권위 있는 사전에서 이 표현이 종종 사용됩니다. mad가 '정신 나간insane'이란 뜻이 아닐 때는 오늘부터 그런 사소한 것으로 골치를 썩일 이유가 전혀 없습니다.

5. Every one of his sisters ***are*** unmarried.

그의 누이들 모두가 결혼하지 않았다.

Wrong! 그에게 누이가 둘 이상이고 그들 모두가 결혼하지 않았다는 뜻이므로 논리적으로 are를 써야 할 것 같습니다. 하지만 교양 있는 어법에서는 동사를 주어에 일치시키는 경향이 있습니다. 따라서 여기에서 every one은 단수 주어이므로 is를 선택하는 게 더 낫습니다.

6. He visited an ***optometrist*** for an eye operation.

그는 눈 수술을 받으려고 검안사를 찾아갔다.

Wrong! 주어로 쓰인 인물에게 정말로 수술이 필요하다면 그는 엉뚱한 의사를 찾아간 셈입니다. 대부분의 주에서 검안사가 수술을 하거나 약을 투여하는 건 법적으로 금지돼 있으니까요. 검안사는 안경을 처방하고 맞추어줄 뿐입니다. 검안사는 의료 행위를 하는 의사가 아닙니다. 눈에 관련된 질병을 전문적으로 치료하고 필요한 경우에 수술을 할 수 있는 의사는 ophthalmologist안과 의사입니다.

7. Do you ***prophecy*** another world war?

당신은 다시 세계 전쟁이 있을 거라고 예언합니까?

Wrong! prophecy는 '예언prediction'이란 뜻, 즉 명사로만 사용해야 합니다. 이 문장처럼 동사 '예언하다predict'라는 뜻으로는 prophesy를 써야 맞습니다. 둘은 완전히 다릅니다. 따라서 "His prophecy (prediction) turned out true그의 예언은 사실로 판명됐다"라고 말하지만, 실은 "He really seems able to prophesy (predict) political trends그는 정세가 어떻게 돌아갈지 예언할 수 있는 듯하다"라고 말해야 합니다. 둘은 발음에서도 차이가 있습니다. prophecy는 [PROF'-ə-see]로 발음되지만, prophesy는 [PROF'-ə-sī]로 발음됩니다.

8. ***Leave*** us not mention it.

그 문제를 언급하지 맙시다.

Wrong! 상대적으로 세련되지 못한 어법에서는 leave가 let을 대신해 자주 쓰입니다. 그러나 교양 있는 계층에서는 let은 '허용하다allow'의 뜻으로, leave는 '떠나다depart'란 뜻으로 엄격히 구분해서 사용합니다. 관용어구에서 이 규칙을 벗어나는 예외가 있지만 큰 문제는 아닙니다. 가장 일상적인 어법에서도 Let me go가 Leave me go보다 더 바람직한 표현입니다. 따라서 Leave us not mention it은 표준 영어로 인식되지 않습니다.

9. If you expect to ***eventually succeed***, you must keep trying.

성공하기를 바란다면 꾸준히 노력해야 한다.

Right! 어리둥절하게 생각되겠지만 학교 문법에서 악명 높은 골칫거리, 분리 부정사의 예입니다. 부정사는 to succeed, to fail, to remember처럼 원형동사 앞에 to가 쓰인 것입니다.

부정사를 분리하기는 조금도 어렵지 않습니다. to eventually succeed, to completely fail, to quickly remember 등과 같이 to와 원형동사 사이에 어떤 단어를 끼워 넣기만 하면 됩니다.

이제 부정사를 분리하는 법을 알았습니다. 그런데 "부정사를 그렇게 분리하는 게 규칙에 맞는 것인가?"라는 중요한 문제가 남습니다. 분명히 말하지만, 그런 분리는 규칙에 합당할 뿐 아니라 윤리적이기도 하며 때로는 분리하지 않는 경우보다 더 효과적입니다. 벤저민 프랭클린, 워싱턴 어빙, 나다니엘 호손, 시어도어 루스벨트, 우드로 윌슨 등 많은 작가가 무의식적으로 부정사를 분리시켰습니다. 현대 작가들도 그들 못지않게 분리 부정사를 즐겨 사용합니다.

나는 분리 부정사 이론을 최근 추세에 맞게 정리하기 위해서 상당수의 편집자에게 분리 부정사에 대한 입장을 물었습니다. 그들의 대답은 크게 둘로 나뉘었습니다.

더블데이 앤 컴퍼니 출판사의 편집자는 "내 생각에 분리 부정사에 대한 제약은 모든 문법 규칙 중에서 가장 부자연스러운 듯합니다. 내가 보기엔 대부분의 교양인이 입말에서는 부정사를 습관적으로 분리시키지만 글을 다시 매끄럽게 다듬을 때에는 글에서 분리 부정사를 배제합니다"라고 말했습니다.

「리더스 다이제스트」의 편집자는 "나는 분리 부정사의 사용을 옹호하고 싶습니다. 분리 부정사는 문장에 힘을 더해줍니다. 또한 간결하고 명쾌합니다. 나는 기회가 있을 때마다 부정사를 분리한다고 분명히 말할 수 있습니다"라고 했습니다.

끝으로 뉴욕 대학의 심리학자이자 '알기 쉬운 글', '읽기 쉬운 글'의 권위자인 루돌프 플레슈가 『명료한 대화의 기술』에서 인용한 유머작가 제임스 서버는 "어떤 이유인지는 몰라도, 분리 부정사는 어떤 경우에나 잘못이라는 말이 나돌고 있습니다. 이런 말은 여자를 때리는 건 어떤 경우에나 잘못이라는 시대착오적인 생각과 조금도 다르지 않습니다"라고 말했습니다.

내 생각에 증거는 확실한 듯합니다. 부정사를 분리함으로써 문장에 힘이 더해지고 의미가 한층 명료해진다면 언제든지 의식적으로 부정사를 분리하는 것은 결코 틀린 표현이 아닙니다.

CHAPTER 4

HOW TO TALK ABOUT SCIENCE AND SCIENTISTS
과학과 과학자들

인류의 발전, 천체와 지구, 식물과 동물의 삶, 곤충의 형태, 언어와 심리, 사회 조직 등을 연구하는 학자를 뜻하는 어휘들을 공부합니다.

Preview

다음과 같은 연구를 하는 과학자를 가리키는 단어는 무엇인가요?

- is interested in the development of the human race?
  인류의 발전에 관심이 있나요?
- is a student of the heavens?
  천체를 연구하는 학자인가요?
- explores the physical qualities of the earth?
  지구의 물리적 특성을 탐구하나요?
- studies all living matter?
  모든 생명체를 연구하나요?
- is a student of plant life?
  식물의 삶을 연구하는 학자인가요?
- is a student of animal life?
  동물의 삶을 연구하는 학자인가요?
- is professionally involved in insects?
  곤충을 전문적으로 연구하나요?
- is a student of language?
  언어를 연구하는 학자인가요?
- is a student of the psychological effects of words?
  말의 심리적 효과를 연구하는 학자인가요?
- studies the culture, structure, and customs of different societies?
  다양한 사회의 문화와 구조와 풍습을 연구하나요?

LESSON 1

진정한 과학자는 '아는 사람'이란 명칭의 어원적 의미에 부끄럽지 않은 삶을 살아갑니다. 과학적인 것은 사실에 근거를 둡니다. 더 정확히 말하면, 기록하고 실험으로 검증하여 확증하는 관찰 가능한 사실에 근거합니다.
따라서 과학은 인간의 지식을 다룹니다. 적어도 지금까지는 그랬습니다. 한두 세기 전부터 과학은 눈부시게 발전했습니다. 추측과 바람, 현실적인 근거가 없는 이론, 또 세상은 어떠해야만 한다는 관념에서 생각을 시작하지 않고, 세상을 있는 그대로 탐구하기 시작했습니다. 나아가 이 세상만이 아니라 우주 전체를 연구하기 시작했습니다. 이탈리아 피사에 있는 어떤 탑 꼭대기에서 최초의 망원경으로 관찰한 갈릴레오부터, 현미경으로 미생물을 관찰한 파스퇴르를 거쳐, 수학으로 우주의 수수께끼를 파헤친 아인슈타인에 이르기까지, 인간은 미지의 영역으로 남아 있던 분야들을 마침내 채워가기 시작했습니다.
상대적으로 중요한 지식의 탐구자들은 누구이며, 그런 탐구자들을 무엇이라 부를까요?

IDEA
개념정리

1 whither mankind? → **An anthropologist**
인류는 어디로? **인류학자**

The field is all mankind—how we developed in mind and body from primitive cultures and early forms.
연구 분야는 인류 전체입니다. 우리는 원시 문화와 초기 모습에서 정신과 몸을 어떻게 발전시켰을까요?

2 what's above? → **An astronomer**
저 위에는 무엇이 있을까? **천문학자**

The field is the heavens and all that's in them—planets, galaxies, stars, and other universes.
연구 분야는 천체와 천체에 있는 모든 것, 즉 행성과 은하와 별 그리고 그 밖의 우주입니다.

3 and what's below? → **A geologist**
그럼 우리 발 밑에는 무엇이 있을까? **지질학자**

The field is the comparatively little and insignificant whirling ball on which we live—

the earth. How did our planet come into being, what is it made of, how were its mountains, oceans, rivers, plains, and valleys formed, and what's down deep if you start digging?
연구 분야는 우리가 살고 있는 상대적으로 작고 보잘것없는 회전하는 구체, 즉 지구입니다. 지구는 어떻게 존재하게 됐고, 무엇으로 이루어져 있을까요? 산, 바다와 강, 평야와 계곡은 어떻게 형성됐고, 땅을 파내려가면 그 안에 무엇이 있을까요?

4 what is life? → A biologist
생명이란 무엇인가? **생물학자**

The field is all living organisms—from the simplest one-celled amoeba to the amazingly complex and mystifying structure we call a human being. Plant or animal, flesh or vegetable, denizen of water, earth, or air—if it lives and grows, this scientist wants to know more about it.
가장 단순한 단세포 아메바부터 인간이라는 지극히 복잡하고 신비로운 구조물까지 살아 있는 모든 유기체를 연구하는 분야입니다. 식물이나 동물, 짐승이나 풀 등 물, 땅과 공중에서 서식하는 생명체를 다룹니다. 이 과학자는 생명을 가지고 성장하는 것이라면 그에 관해 더 많은 것을 알고 싶어 합니다.

5 flora → A botanist
식물군 **식물학자**

Biology classifies life into two great divisions—plant and animal. This scientist's province is the former category—flowers, trees, shrubs, mosses, marine vegetation, blossoms, fruits, seeds, grasses, and all the rest that make up the plant kingdom.
생물학은 생물을 크게 식물과 동물로 나눕니다. 이 과학자의 분야는 식물입니다. 꽃, 나무와 떨기나무, 이끼와 해양식물, 꽃나무, 열매와 씨, 풀 및 식물계에 속한 모든 것이 연구 대상입니다.

6 and fauna → A zoologist
동물군 **동물학자**

Animals of every description, kind, and condition, from birds to bees, fish to fowl, reptiles to humans, are the special area of exploration of this scientist.
새부터 벌까지, 어류부터 가금류까지, 또 파충류에서 인간까지 온갖 종류와 유형과 조건에 있는 동물이 이 과학자의 연구 분야입니다.

7 and all the little bugs → An entomologist
그리고 온갖 작은 벌레들 **곤충학자**

There are over 650,000 different species of insects, and millions of individuals of every species—and this scientist is interested in every one of them.
이 세상에는 약 65만 종의 곤충이 있으며, 각 종마다 수백만의 개체가 존재합니다. 이 과학자는 온갖 종류의 벌레에 관심을 가집니다.

8 tower of Babel → A philologist
바벨탑 언어학자

This linguistic scientist explores the subtle, intangible, elusive uses of that unique tool that distinguishes human beings from all other forms of life—to wit: language. This person is, in short, a student of linguistics, ancient and modern, primitive and cultured, Chinese, Hebrew, Icelandic, Slavic, Teutonic, and every other kind spoken now or in the past by human beings, not excluding that delightful hodgepodge known as "pidgin English," in which a piano is described as "big box, you hit 'um in teeth, he cry," and in which Hamlet's famous quandary, "To be or not to be, that is the question...," is translated into "Can do, no can do—how fashion?"
인간을 다른 모든 생명체와 구분해주는 유일한 도구, 즉 언어의 미묘하고 막연해서 파악하기 어려운 용례를 연구합니다. 요컨대 이 학자는 고대 언어와 현대 언어, 원시 언어와 개량된 언어를 연구합니다. 중국어, 히브리어, 아이슬란드어, 슬라브어, 튜턴어를 비롯해 인간이 현재와 과거에 말했던 온갖 유형의 언어가 연구 대상입니다. '피진 영어(pidgin English)'로 알려진 재밌는 혼합어도 연구합니다. 피진 영어에서 피아노는 '이빨을 때리면 우는 소리를 내는 커다란 상자'로 표현되고, 고뇌에 사로잡힌 햄릿의 유명한 독백 "사느냐 죽느냐, 그것이 문제로다"는 "할 수 있느냐 할 수 없느냐, 어떻게 할까?"로 번역됩니다.

9 what do you really mean? → A semanticist
정말로 뜻하는 게 뭐야? 의미론자

This linguistic scientist explored the subtle, intangible, elusive relationship between language and thinking, between meaning and words; and is interested in determining the psychological causes and effects of what people say and write.
이 언어학자는 언어와 생각, 의미와 단어 간의 미묘하고 막연해서 파악하기 어려운 관계를 연구하며, 인간의 말과 글에 담긴 심리적인 인과관계를 파악하는 데 관심을 가집니다.

10 who are your friends and neighbors? → A sociologist
너의 친구와 이웃은 누구인가? 사회학자

This scientist is a student of the ways in which people live together, their family and community structures and customs, their housing, their social relationships, their forms of government, and their layers of caste and class.
사람들이 더불어 살아가는 방법을 연구하는 학자입니다. 가족과 공동체의 구조와 풍습, 주거 문화와 사회적 관계, 지배 형태, 세습적이고 사회적인 계급을 연구합니다.

EXERCISE

연습문제

1. 다음 단어를 정확히 발음해보세요.

1) **anthropologist**	an´-thrə-POL´-ə-jist	2) **astronomer**	ə-STRON´-ə-mər
3) **geologist**	jee-OL´-ə-jist	4) **biologist**	bī-OL´-ə-jist
5) **botanist**	BOT´-ə-nist	6) **zoologist**	zō-OL´-ə-jist
7) **entomologist**	en´-tə-MOL´-ə-jist	8) **philologist**	fə-LOL´-ə-jist
9) **semanticist**	sə-MAN´-tə-sist	10) **sociologist**	sō-shee(혹은 see)-OL´-ə-jist

2. 다음 단어와 연관되는 내용을 보기에서 고르세요.

보기

a. community and family life
b. meanings and psychological effects of words
c. development of the human race
d. celestial phenomena
e. language
f. insect forms
g. the earth
h. all forms of living matter
i. animal life
j. plant life

1) **anthropologist** ______________ 2) **astronomer** ______________
3) **geologist** ______________ 4) **biologist** ______________
5) **botanist** ______________ 6) **zoologist** ______________
7) **entomologist** ______________ 8) **philologist** ______________
9) **semanticist** ______________ 10) **sociologist** ______________

3. 다음을 보고 생각나는 단어를 쓰세요.

1) insects

E ______________

2) language

P ______________

3) social conditions

S ______________

4) history of development of mankind

A ______________

5) meanings of words

S ______________

6) plants

B ______________________

7) the earth

G ______________________

8) the heavenly bodies

A ______________________

9) all living things

B ______________________

10) animals

Z ______________________

LESSON 2

ORIGIN
어원탐구

people and the stars 사람과 별

anthropologist는 앞에서 살펴본 어근들, 즉 '인류mankind'를 뜻하는 anthropos와 '학문science, study'을 뜻하는 logos로 이루어진 단어입니다. anthropologist가 연구하는 학문은 anthropology입니다. 이 단어의 형용사는 무엇인가요? ________.

astronomer는 그리스어에서 '별star'을 뜻하는 astron과 '배열arrangement', '법칙law', '질서order'를 뜻하는 nomos가 결합하여 만들어진 단어입니다. astronomer는 별을 비롯한 천체의 배열에 관심을 가집니다. 해당 학문은 astronomy입니다. 형용사는 astronomical로 '천문학적인 규모의 국가 부채the astronomical size of the national debt'와 같이 천체와 관계없는 의미로도 자주 쓰입니다. 예컨대 태양은 지구에서 9,300만 마일이나 떨어져 있고, 별에서 지구로 전해지는 빛의 속도는 초속 186,000마일입니다. 이처럼 astronomy는 엄청나게 멀리 떨어진 거리를 다루기 때문에 형용사 astronomical은 어마어마하게 큰 수를 상징합니다.

'별'이란 뜻의 astron이 logos와 결합하여 astrology가 만들어졌습니다. astrology는 행성과 별이 인간사에 미치는 영향을 판단

anthropologist [an'-thrə-POL'-ə-jist] 인류학자
anthropology [an'-thrə-POL'-ə-jee] 인류학

astronomer [ə-STRON'-ə-mər] 천문학자
astronomy [ə-STRON'-ə-mee] 천문학
astronomical [as'-trə-NOM'-ə-kəl] 천문학의, 천문학적인

astrology [ə-STROL'-ə-jee] 점성학
astrologer [ə-STROL'-ə-jər] 점성가

하며, 그런 판단을 하는 사람을 astrologer라고 합니다. 형용사는 무엇인가요? ________.

어원적으로 astronaut는 별들 사이를 항해하는 사람, 즉 우주 비행사입니다. 그리스어에서 nautes는 '항해사sailor'라는 뜻입니다. 러시아인들은 좀 덜 과장해서 이런 사람을 cosmonaut라 칭합니다. kosmos는 그리스어로 '우주universe'라는 뜻입니다. '선원의, 선박의, 항해의'란 뜻인 nautical도 nautes에서 파생된 단어입니다. nautes는 '선박ship'을 뜻하는 그리스어 naus에서 파생됐습니다. naus는 nausea라는 단어에서도 사용된 어근입니다. nausea는 '뱃멀미ship-sickness or seasickness'란 뜻입니다.

astronaut [AS'-trə-not'] 우주 비행사
cosmonaut [KOZ'-mə-not'] 우주 비행사
nautical [NOT'-ə-kəl] 선원의, 선박의, 항해의

aster는 과꽃, 즉 '별 모양의 꽃star shaped flower'이며, asterisk는 별 모양의 상징, 즉 별표 '*'로 글이나 인쇄물에서 독자에게 각주를 참조하도록 알려주는 데 사용합니다. astrophysics는 천체heavenly body를 연구하는 물리학의 한 분야입니다.

aster [AS'-tər] 별 모양의 꽃
asterisk [AS'-tə-risk] 별표
astrophysics [as'-trə-FIZ'-iks] 천체물리학

disaster와 disastrous도 '별'을 뜻하는 astron에서 파생된 단어입니다. 옛날에는 별들이 인간의 운명을 좌우한다고 믿었습니다. 따라서 누군가에게 닥친 불행과 재앙은 별들이 반대하기 때문이라고 여겼습니다. dis-는 많은 의미를 지닌 접두어로 여기서는 '……에 반대하는against'이란 뜻입니다.

disaster [də-ZAS'-tər] 재해, 재앙
disastrous [də-ZAS'-trəs] 파멸적인

한편 '배열arrangement, 법칙law, 질서order'란 뜻의 nomos는 다음 두 개의 흥미로운 단어에서도 찾을 수 있습니다. 예컨대 여러분이 혼자 힘으로 자신만의 법칙을 만들 수 있고, 일에서 누구에게도 책임질 필요가 없다면, 즉 여러분이 누구에게도 영향을 받지 않는 독립된 존재라면, 여러분은 autonomy를 즐기는 셈입니다. autonomy는 '법칙law'을 뜻하는 nomos와 '자신self'을 뜻하는 autos가 결합된 단어이므로 '자율self-law'과 '자치self-government'란 의미를 지닙니다. 미국의 주들은 상당히 autonomous하지만 완전히 자치적이지는 않습니다. 물론, 미국이 1776년 혁명을 일으킨 큰 이유 중 하나는

autonomy [aw-TON'-ə-mee] 자치권, 자율성
autonomous [aw-TON'-ə-məs] 자치적인

영국의 지배보다 autonomy를 원했기 때문입니다.

피아노를 처음 시작하는 사람들이 박자를 맞추기 위해서 사용하는 도구가 무엇일까요? 진자pendulum가 좌우로 움직이고, 방향을 바꿀 때마다 짤깍거리는 소리를 내며 연주자가 박자를 맞추는 데 도움을 줍니다. 이 도구를 metronome이라고 합니다. nomos와 '측정measurement'을 뜻하는 metron이 결합된 단어입니다.

metronome
[MET'-rə-nōm'] 메트로놈

the earth and its life 지구와 그 생명체

geologist는 그리스어에서 '지구earth'를 뜻하는 gegeo-에서 파생된 단어이며, 연구 분야는 geology입니다. 형용사는 무엇일까요?

______________.

geologist
[jee-OL'-ə-jist] 지질학자
geology
[jee-OL'-ə-jee] 지질학

geometry는 geo와 metron이 결합된 단어이므로 어원적으로 '지구의 측정measurement of the earth'을 뜻하며, 입체와 평면을 측정하고 속성을 연구하는 수학의 한 분야입니다. 예컨대 각, 삼각형, 사각형, 구체, 각기둥 등을 연구합니다. 어원을 보면 geometry라는 학문이 원래 대지와 공간을 측정하는 것과 관련이 있었다는 걸 알 수 있습니다. geometry를 연구하는 수학자는 geometrician이고, 형용사는 geometric입니다. geography는 지구에 대해 뭔가를 쓰거나 지도로 구현하는 학문, 즉 지리학입니다. graphein은 '쓰다to write'란 뜻입니다. 이 학문을 연구하는 학자는 geographer이고, 형용사는 geographic입니다. 조지George란 이름도 geo에 '일work'을 뜻하는 ergon이 더해져 만들어졌습니다. 따라서 최초의 조지는 흙에서 일하는 사람, 즉 농부였을 것입니다.

geometry
[jee-OM'-ə-tree] 기하학
geometrician
[jee'-ə-mə-TRISH'-ən] 기하학자
geometric
[jee'-ə-MET'-rik] 기하학의
geography
[jee-OG'-rə-fee] 지리학
geographer
[jee-OG'-rə-fər] 지리학자
geographic
[jee-ə-GRAF'-ik] 지리학의

biologist는 '생명life'을 뜻하는 bios와 '학문'을 뜻하는 logos가 결합된 단어입니다. 해당 학문은 biology이고, 형용사는 ______________ 입니다.

biologist
[bī-OL'-ə-jist] 생물학자
biology[bī-OL'-ə-jee] 생물학

'생명'이란 뜻의 bios는 어떤 사람의 삶에 대해 쓴 biography, 자신의 삶에 대한 이야기를 직접 쓴 autobiography에서도 찾아볼

biography
[bī-OG'-rə-fee] 전기
autobiography
[aw'-tə-bī-OG'-rə-fee] 자서전

수 있습니다. 의학적 검사와 관찰medical examination or view을 뜻하는 biopsy도 마찬가지입니다. opsis, optikos는 '관찰view', '시력vision'이란 뜻을 가지고 있습니다. biopsy는 현미경으로 생체 조직을 검사하는 작업이며, 흔히 암으로 의심되는 조직에 행합니다. 감염된 부위에서 작은 조직을 떼어내, 그 조직의 세포를 현미경으로 관찰해 악성의 징후가 있나 조사합니다. biopsy와 대조되는 단어로 autopsy가 있습니다. autopsy는 사인을 밝히기 위해 시신을 의학적으로 조사하는 작업입니다. autopsy의 autos는 '자신self'을 뜻합니다. 따라서 어원적으로 말하면, autopsy에서 외과 의사나 병리학자는 이론에 기대지 않고 "직접 보거나 관찰함으로써by viewing or seeing for oneself" 시신이 그처럼 통탄할 상태에 이른 이유를 찾아냅니다.

biopsy[BĪ'-op-see] 생체 검사
autopsy[AW'-top-see] 부검

botanist는 '식물plant'을 뜻하는 그리스어 botane에서 파생된 단어입니다. 연구 분야는 botany이고, 형용사는 botanical입니다. zoologist는 '동물animal'을 뜻하는 그리스어 zoion에서 파생된 단어입니다. 연구 분야는 zoology입니다. 형용사는 무엇일까요? ____________. o가 연속으로 쓰였기 때문에 많은 사람이 이 단어의 처음 세 문자를 한 음절로, 즉 zoo동물원의 경우와 같이 발음하려 합니다. 하지만 두 개의 o는 co-operate협력하다처럼 분리해 발음해야 합니다. 하지만 o의 분리를 표시하기 위해 철자에서 연결부호가 사용되지는 않습니다. zoo는 zoological gardens동물원의 단축형이며, 물론 한 음절로 발음됩니다.

botanist [BOT'-ə-nist] 식물학자
botany[BOT'-ə-nee] 식물학
botanical [bə-TAN'-ə-kəl] 식물학의
zoologist [zō-OL'-ə-jist] 동물학자
zoology[zō-OL'-ə-jee] 동물학
zoological [zō-ə-LOJ'-ə-kəl] 동물학의

zodiac은 astrology에서 사용되는 도형으로 태양과 달과 행성들의 행로가 그려져 있습니다. 도형에는 여러 동물들의 라틴어 이름이 쓰여 있습니다. scorpio는 scorpion전갈, leo는 lion사자, cancer는 crab게, taurus는 bull황소, aries는 ram숫양, pisces는 fish물고기입니다. 따라서 zodiac은 '동물'을 뜻하는 zoion에서 파생된 단어입니다. 형용사는 zodiacal입니다.

zodiac [ZŌ'-dee-ak] 황도 12궁 별자리
zodiacal [zō-DĪ'-ə-kəl] 황도 12궁의

QUIZ

어원복습

단어의 어원적 구조를 정확히 파악하면 훨씬 효과적으로 단어를 정복할 수 있습니다. 지금까지 배운 접두어와 어근, 접미어를 복습하는 의미로 풀어보는 것이므로 따로 정답은 없습니다. 자유롭게 생각나는 단어를 써보세요.

	접두어/어근	의미	파생어
1	anthropos	mankind	
2	logos	science, study	
3	astron	star	
4	nautes	sailor	
5	naus	ship	
6	dis-	against	
7	nomos	arrangement, law, order	
8	autos	self	
9	metron	measurement	
10	ge(geo-)	earth	
11	graphein	to write	
12	bios	life	
13	opsis, optikos	view, vision, sight	
14	botane	plant	
15	zoion	animal	

EXERCISE
연습문제

1. 다음 단어를 정확히 발음해보세요. 

1) anthropology an´-thrə-POL´-ə-jee
2) anthropological an´-thrə-pə-LOJ´-ə-kəl
3) astronomy ə-STRON´-ə-mee
4) astronomical as´-trə-NOM´-ə-kəl
5) astrology ə-STROL´-ə-jee
6) astrological as´-trə-LOJ´-ə-kəl
7) astronaut AS´-trə-not´
8) cosmonaut KOZ´-mə-not´
9) nautical NOT´-ə-kəl
10) aster AS´-tər
11) asterisk AS´-tə-risk
12) disaster də-ZAS´-tər
13) disastrous də-ZAS´-trəs

2. 다음 단어를 정확히 발음해보세요. 

1) geology jee-OL´-ə-jee
2) geological jee´-ə-LOJ´-ə-kəl
3) geometry jee-OM´-ə-tree
4) geometrician jee´-ə-mə-TRISH´-ən
5) geometric jee-ə-MET´-rik
6) geography jee-OG´-rə-fee
7) geographer jee-OG´-rə-fər
8) geographical jee´-ə-GRAF´-ə-kəl
9) biology bī-OL´-ə-jee
10) biological bī´-ə-LOJ´-ə-kəl
11) biography bī-OG´-rə-fee
12) biographer bī-OG´-rə-fər
13) biographical bī´-ə-GRAF´-ə-kəl

3. 다음 단어를 정확히 발음해보세요. 

1) autonomy aw-TON´-ə-mee
2) autonomous aw-TON´-ə-məs
3) metronome MET´-rə-nōm´
4) autobiography aw´-tə-bī-OG´-rə-fee
5) autobiographer aw´-tə-bī-OG´-rə-fər
6) autobiographical aw-tə-bī´-ə-GRAF´-ə-kəl
7) biopsy BĪ´-op-see
8) autopsy AW´-top-see
9) botany BOT´-ə-nee
10) botanical bə-TAN´-ə-kəl
11) zoology zō-OL´-ə-jee
12) zoological zō-ə-LOJ´-ə-kəl
13) zodiac ZŌ´-dee-ak
14) zodiacal zō-DĪ´-ə-kəl

4. 다음 단어와 연관되는 내용을 보기에서 고르세요.

보기

a. theory of the influence of planets and stars on human events
b. science of earth-mapping
c. science of all living matter
d. science of human development
e. science of plants
f. science of the composition of the earth
g. science of animal life
h. science of the heavens
i. mathematical science of figures, shapes, etc.

1) **anthropology** ______ 2) **astronomy** ______
3) **astrology** ______ 4) **geology** ______
5) **biology** ______ 6) **geometry** ______
7) **botany** ______ 8) **zoology** ______
9) **geography** ______

5. 다음 단어와 연관되는 내용을 보기에서 고르세요.

보기

a. "sailor among the stars"
b. star-shaped flower
c. story of one's own life
d. dissection and examination of a corpse to determine the cause of death
e. great misfortune
f. "sailor of the universe"
g. story of someone's life
h. diagram of paths of sun, moon, and planets
i. instrument to measure musical time
j. self-rule
k. examination of living tissue

1) **autopsy** ______ 2) **biopsy** ______
3) **biography** ______ 4) **autobiography** ______
5) **zodiac** ______ 6) **astronaut** ______
7) **cosmonaut** ______ 8) **aster** ______
9) **disaster** ______ 10) **autonomy** ______
11) **metronome** ______

6. 다음 질문을 읽고 YES/NO로 대답하세요.

1) Are *anthropological* studies concerned with plant life? YES / NO
2) Are *astronomical* numbers extremely small? YES / NO

3) Is an *astrologer* interested in the time and date of your birth? YES / NO

4) Are *nautical* maneuvers carried on at sea? YES / NO

5) Does a *disastrous* earthquake take a huge toll of life and property? YES / NO

6) Do *geological* investigations sometimes determine where oil is to be found? YES / NO

7) Does a *geometrician* work with mathematics? YES / NO

8) Do *geographical* shifts in population sometimes affect the economy of an area? YES / NO

9) Does a *biographical* novel deal with the life of a real person? YES / NO

10) Is *botany* a biological science? YES / NO

11) Is the United States politically *autonomous*? YES / NO

12) Is a *biopsy* performed on a dead body? YES / NO

13) Is a *metronome* used in the study of mathematics? YES / NO

14) Is an *autopsy* performed to correct a surgical problem? YES / NO

15) Does an author write an *autobiography* about someone else's life? YES / NO

7. 다음을 보고 생각나는 단어를 쓰세요.

1) pertaining to the science of animals (adj)

Z ____________

2) pertaining to the science of plants (adj)

B ____________

3) dissection of a corpse to determine the cause of death

A ____________

4) story of one's life, self-written

A ____________

5) pertaining to the science of all living matter (adj)

B ____________

6) science of the measurement of figures

G ____________

7) pertaining to the science of the earth's composition (adj)

G ____________

8) branch of physics dealing with the composition of celestial bodies

A ____________

9) star-shaped flower

A ____________

10) very high in number; pertaining to the science of the heavens (adj)

A ____________

11) science of heavenly bodies

A ______

12) science of the development of mankind

A ______

13) person who believes human events are influenced by the paths of the sun, moon, and planets

A ______

8. 다음을 보고 생각나는 단어를 쓰세요.

1) microscopic examination of living tissue

B ______

2) self-government

A ______

3) time measurer for music

M ______

4) voyager among the stars

A ______

5) traveler through the universe

C ______

6) great misfortune

D ______

7) mapping of the earth (n)

G ______

8) self-governing (adj)

A ______

9) diagram used in astrology

Z ______

10) pertaining to such a diagram (adj)

Z ______

11) pertaining to ships, sailing, etc. (adj)

N ______

12) star-shaped symbol

A ______

13) story of a person's life

B ______

LESSON 3

ORIGIN
어원탐구

cutting in and out 안팎의 절단

파리, 벌, 딱정벌레, 말벌 및 그 밖의 곤충들은 머리, 가슴, 배로 나뉜 절지동물입니다. 상상력이 풍부한 사람의 눈에는 결합되는 곳이 몸 '안으로 절단된cutting in' 것처럼 보였나 봅니다.

따라서 곤충을 연구하는 이 분야가 '안in'을 뜻하는 그리스어 en과 '절단cutting'을 뜻하는 tome이 더해져 entomology라고 불리게 되었습니다. 형용사는 entomological입니다.

entomology
[en′-tə-MOL′-ə-jee] 곤충학
entomological
[en′-tə-mə-LOJ′-ə-kəl] 곤충학의

'곤충insect'이란 단어도 마찬가지입니다. 라틴어에서 '안'을 뜻하는 in과 '자르다to cut'를 뜻하는 sectus가 결합하여 만들어진 단어입니다.

접두어 ec-는 그리스어 ek에서 파생된 것으로 '밖out'이란 뜻입니다. 뒤에서 다루겠지만 라틴어에서 같은 뜻의 접두어는 ex-입니다. 어떤 부위를 잘라내거나cut out 제거하는 외과적 처치를 뜻하는 단어를 만들기 위해서는 ec-와 tome을 결합시키면 됩니다. 편도선tonsil에는 편도선 절제술tonsillectomy, 맹장appendix에는 맹장 절제술appendectomy, 유방breast에는 유방 절제술mastectomy, 자궁uterus에는 자궁 절제술hysterectomy, 전립선prostate에는 전립선 절제술

prostatectomy 등이 있습니다.

eccentric은 ec-와 '중심center'을 뜻하는 그리스어 kentron이 결합된 단어입니다. 라틴어에서는 centrum입니다. '중심에서 벗어난out of the center' 것이므로 '행동과 태도 등이 정상에서 벗어났거나 상궤에서 벗어난, 괴상한, 이상한'이란 뜻이 됩니다. 명사는 eccentricity입니다.

eccentric
[ək-SEN'-trik] 괴상한, 이상한
eccentricity
[ek'-sən-TRIS'-ə-tee] 기행, 기벽

more cuts 더 많은 절단

그리스어에서 a-는 어근의 뜻을 부정하는 접두어입니다. 예컨대 atom은 원소에서 더 이상 쪼갤 수 '없는' 가장 작은 입자로 여겼기 때문에 그렇게 이름이 붙었습니다. 물론 atom은 이미 오래 전에 더 작은 입자로 쪼개졌고, 대부분의 과학 기술 발전과 마찬가지로 바람직한 결과와 나쁜 결과를 낳았습니다. 형용사는 atomic입니다.

atom[AT'-əm] 원자
atomic[ə-TOM'-ik] 원자의

그리스어 접두어 ana-에는 많은 의미가 있습니다. 그중 하나가 '위up'입니다. anatomy는 원래 식물이나 동물의 구조를 알기 위해 '잘라 꺼내는 행위cutting up'였고, 훗날 신체의 구조를 알기 위해서도 적용됐습니다. 형용사는 anatomical입니다.

anatomy
[ə-NAT'-ə-mee] 해부
anatomical
[an'-ə-TOM'-ə-kəl] 해부학의

여러 권으로 이루어진 대작 가운데 한 권은 원래 tome이라고 불렸습니다. 따라서 tome은 어원적으로 전체에서 잘라낸 일부가 됩니다. 오늘날 tome은 주로 경멸적인 말투로 '예외적으로 방대한 책', 혹은 '내용이 무겁고 따분한 책'을 가리킵니다.

tome[TŌM] 두꺼운 책

그리스어에서 접두어 dicha-는 '둘로in two'란 뜻입니다. dichotomy는 접두어 dicha와 tome이 결합된 단어입니다. 둘로 쪼갠다는 뜻으로 천문학, 생물학, 식물학, 논리학에서 사용되는 전문용어입니다. 물론 전문용어가 아닌 개념으로도 사용됩니다. 예컨대 낮에는 공무원으로 일하고, 퇴근한 후에는 야학 선생으로 일하는 사람의 삶을 dichotomy라 한다면, 그의 삶은 어떤 의미에서 두 부

dichotomy
[dī-KOT'-ə-mee] 양분, 이분
dichotomize
[dī-KOT'-ə-mīz'] 양분하다
dichotomous
[dī-KOT'-ə-məs] 이분법적인

분으로 분할된 것입니다. 동사는 dichotomize이고, 형용사는 dichotomous입니다. dichotomous thinking이분법적 사고은 모든 것을 둘로 나누는 사고방식입니다. 즉 모든 것을 선이냐 악이냐, 흑이냐 백이냐, 민주당원이냐 공화당원이냐 하는 식으로 나눕니다. 이름이 전해지지 않는 현인이 dichotomous thinking에 대해 "두 종류의 사람이 있다. 모든 것을 둘로 나누는 사람과 그렇지 않는 사람이다"라는 교훈적인 얘기를 남겼습니다.

어떤 책이나 복잡하고 두툼한 보고서, 혹은 공들여 쓴 문서가 있다고 해봅시다. 비유적으로 말해 그 문서를 잘라서 파고들면 거기에 담긴 핵심적 내용에 이를 수 있습니다. 그렇게 해서 얻은 결과는 전체를 압축시킨 epitome입니다. '위on, upon'를 뜻하는 epi-와 tome이 결합된 단어입니다. epitome는 개요summary, 압축condensation, 요약본abridgment을 가리킵니다. 예를 들면 "Let me have an epitome of the book이 책의 요약본을 주십시오", "Give me the epitome of his speech그분 연설의 개요를 주십시오"라고 말합니다. epitome과 동사 epitomize는 "She is the epitome of kindness그녀는 친절의 요약본이다", "That one act epitomizes her philosophy of life그 한 번의 행동이 그녀의 생활 철학을 압축한다" 같은 문장에서 더 흔히 쓰입니다. '핵심적essential'인 부분에 도달하기 위해서 나머지를 잘라내면, 핵심이 전체를 대표하는 단면이 됩니다. 따라서 친절의 epitome인 여자는 친절한 사람들 전부를 대표합니다. 또한 삶의 철학을 epitomize한 행위는 그 자체로 완전한 철학을 대변합니다.

epitome[ə-PIT'-ə-mee]
개요, 압축, 요약본
epitomize[ə-PIT'-ə-mīz']
요약하다, 압축하다

love and words 사랑과 언어

logos는 '학문science' 혹은 '연구study'를 뜻합니다. 또한 philology에서 보듯이 '말word, speech'을 뜻할 수도 있습니다. philology는 어원적으로 '말에 대한 사랑'이란 뜻이기 때문입니다. philology

philology[fə-LOL'-ə-jee]
문헌학, 언어학
linguistics[ling-GWIS'-tiks]
언어학

는 그리스어에서 '사랑하다to love'를 뜻하는 philein과 logos가 결합된 단어이며, 요즘에는 linguistics라고 흔히 불립니다. linguistics는 언어에 대한 학문, 즉 언어학이란 뜻으로 라틴어에서 '혀tongue'를 뜻하는 lingua에서 파생된 단어입니다.

philology의 형용사는 무엇인가요? ________.

more love 더 많은 사랑

philanthropy는 어원적으로 '인류에 대한 사랑'을 뜻합니다. philanthropy에 자신을 바친 사람은 philanthropist입니다. 이 단어는 1장에서 이미 배운 바 있습니다. 형용사는 philanthropic입니다.

philanthropy
[fə-LAN'-thrə-pee] 박애, 자선
philanthropist
[fə-LAN'-thrə-pist] 자선가
philanthropic
[fil-ən-THROP'-ik]
인자한, 박애의

동사 philander는 '성적으로 놀아나다play around sexually', '문란하게 살다be promiscuous', '혼외관계를 갖다have extramarital relations'라는 뜻으로, philein과 '남성'을 뜻하는 andros가 결합된 단어입니다. philandering은 여기에서 파생된 단어이지만, 남성에게만 적용되는 것은 아닙니다. 이 단어는 1500~1600년대 희곡과 소설에서 관례적으로 여성의 남자 애인에게 붙이는 고유명사에서 유래했습니다. 문란한 행위에 열중하는 사람을 philanderer라고 합니다.

philander
[fə-LAN'-dər] 엽색하다
philanderer
[fə-LAN'-dər-ər] 여자와 노닥거리는 사람, 바람둥이

어원적으로 philosophy는 '지혜에 대한 사랑'입니다. 그리스어에서 sophos는 '현명한wise'이란 뜻입니다. Philadelphia는 '형제애의 도시City of Brotherly Love'입니다. 그리스어에서 adelphos는 '형제brother'를 뜻합니다. 따라서 그리스어의 philharmonic은 '음악 혹은 조화에 대한 사랑'을 의미하고, 형용사로는 '음악을 좋아하는', 명사로는 '교향악단'입니다. philter는 거의 사용되지 않는 단어로 성욕을 일으키는 미약love potion이란 뜻입니다. 요즘에는 성욕을 일으키는 최음제를 aphrodisiac이라 부릅니다. 그리스 신화에서 사랑과 미의 여신인 Aphrodite아프로디테에서 파생된 단어입니다. aphrodisiac은 명사인 동시에 형용사이지만, aphrodisiacal

philter[FIL'-tər] 미약
aphrodisiac
[əf'-rə-DIZ'-ee-ak'] 최음제
aphrodisiacal
[af'-rə-də-ZĪ'-ə-kəl] 최음제의

도 형용사로 쓰입니다.

bibliophile은 책의 장정과 인쇄된 자체, 삽화, 희소성 등을 높이 평가하고, 책을 사랑하는 마음에서 수집하는 애서를 말합니다. '책book'을 뜻하는 그리스어 biblion과 philein이 결합된 단어입니다. Anglophile은 영국 사람과 영국의 관습, 문화 등을 좋아하는 사람을 가리킵니다. 라틴어에서 '영국English'을 뜻하는 Anglus와 결합된 단어입니다.

bibliophile
[BIB'-lee-ə-fīl'] 애서가
Anglophile
[ANG'-glə-fīl'] 영국 예찬자

words and how they affect people
단어가 사람에게 어떻게 영향을 미칠까

semanticist는 semantics를 전문적으로 연구하는 학자입니다. 형용사는 semantic 혹은 semantical입니다.

orthopedics정형외과, pediatrics소아과, obstetrics산과학와 마찬가지로 semantics도 s로 끝나지만 단수 명사입니다. 따라서 "Semantics is an exciting study의미론은 재밌는 학문이다"라고 말하지, are를 쓰지 않습니다. 그러나 이 규칙은 semantics가 학문의 뜻으로 쓰일 때만 해당됩니다. 다음의 문장에서 semantics는 복수로 사용되었습니다. "The semantics of your thinking are all wrong.당신의 생각에 담긴 의미들은 모두 틀렸다."

semanticist
[sə-MAN'-tə-sist] 의미론자
semantics
[sə-MAN'-tiks] 의미론
semantic
[sə-MAN'-tik] 의미론적인
semantical
[sə-MAN'-tə-kəl] 의미론적인

how people live 우리는 어떻게 사는가

sociologist의 연구 분야는 sociology입니다. 형용사를 쓰고 발음해보세요. ____________. sociology는 '동료companion'를 뜻하는 라틴어 socius와 '학문'을 뜻하는 logos가 결합된 단어입니다. 여기서 companion의 어원도 무척 흥미롭습니다. 라틴어에서 '함께with'를 뜻하는 com과 '빵bread'을 뜻하는 panis가 결합된 단어입니다. 여러분이 사회적인 사람이라면 동료들과 기꺼이 빵을 함께 나눠 먹지 않겠습니까. pantry식품 저장실에는 빵만 저장하는 게 아니지만 이 단어도 panis에서 파생됐습니다.

sociologist
[sō-shee(혹은 see)-OL'-ə-jist] 사회학자
sociology
[sō'-shee(혹은 see)-OL'-ə-jee] 사회학

socius는 associate동료, 조합원, social사회의, socialize사회화하다, society사회, sociable사교적인, antisocial반사회적인 등과 같이 흔히 쓰이는 단어들의 어근입니다. socius에 부정의 뜻을 지닌 접두어 a-가 더해진 asocial도 마찬가지입니다.

antisocial한 사람은 사람들을 적극적으로 싫어해서, 사회나 사회질서에 해를 끼치거나 파괴적인 방향으로 행동합니다. anti-는 '……에 반대하는against'이란 뜻입니다.

반면에 asocial한 사람은 내향적이고 자기중심적이어서 다른 사람들과 접촉하는 걸 피하며, 사회의 이익과 행복에 철저하게 무관심합니다. asocial한 사람은 '관련되는 것get involved'을 원하지 않습니다.

asocial [ay-SŌ'-shəl]
비사교적인

QUIZ

어원복습

단어의 어원적 구조를 정확히 파악하면 훨씬 효과적으로 단어를 정복할 수 있습니다. 지금까지 배운 접두어와 어근, 접미어를 복습하는 의미로 풀어보는 것이므로 따로 정답은 없습니다. 자유롭게 생각나는 단어를 써보세요.

	접두어/어근	의미	파생어
1	en-	in	
2	tome	a cutting	
3	in-	in	
4	sectus	cut	
5	kentron(centrum)	center	
6	a-	not, negative	
7	ana-	up	
8	dicha-	in two	
9	epi-	on, upon	
10	logos	word, speech	
11	lingua	tongue	
12	philein	to love	
13	sophos	wise	
14	adelphos	brother	
15	biblion	book	
16	Anglus	English	
17	socius	companion	
18	anti-	against	

EXERCISE
연습문제

1. 다음 단어를 정확히 발음해보세요.

1) **entomology** en´-tə-MOL´-ə-jee
2) **entomological** en´-tə-mə-LOJ´-ə-kəl
3) **eccentric** ek-SEN´-trik
4) **eccentricity** ek´-sən-TRIS´-ə-tee
5) **atom** AT´-əm
6) **atomic** ə-TOM´-ik
7) **anatomy** ə-NAT´-ə-mee
8) **anatomical** an´-ə-TOM´-ə-kəl
9) **tome** TŌM
10) **dichotomy** dī-KOT´-ə-mee
11) **dichotomous** dī-KOT´-ə-məs
12) **dichotomize** dī-KOT´-ə-mīz´

2. 다음 단어를 정확히 발음해보세요.

1) **epitome** ə-PIT´-ə-mee
2) **epitomize** ə-PIT´-ə-mīz´
3) **philology** fə-LOL´-ə-jee
4) **philological** fil´-ə-LOJ´-ə-kəl
5) **linguistics** ling-GWIS´-tiks
6) **philanthropy** fə-LAN´-thrə-pee
7) **philanthropist** fə-LAN´-thrə-pist
8) **philanthropic** fil´-ən-THROP´-ik
9) **philander** fə-LAN´-dər
10) **philanderer** fə-LAN´-dər-ər

3. 다음 단어를 정확히 발음해보세요.

1) **philter** FIL´-tər
2) **aphrodisiac** af´-rə-DIZ´-ee-ak´
3) **aphrodisiacal** af´-rə-də-ZĪ´-ə-kəl
4) **bibliophile** BIB´-lee-ə-fīl´
5) **Anglophile** ANG´-glə-fīl´
6) **semantics** sə-MAN´-tiks
7) **semantic** sə-MAN´-tik
8) **semantical** sə-MAN´-tə-kəl
9) **sociology** sō´-shee(혹은 see)-OL´-ə-jee
10) **sociological** sō´-shee(혹은 see)-ə-LOJ´-ə-kəl
11) **asocial** ay-SŌ´-shəl

4. 다음 단어와 연관되는 내용을 보기에서 고르세요.

보기

a. physical structure
b. summary; representation of the whole
c. science of the meanings and effects of words
d. linguistics
e. science dealing with insects
f. science of social structures and customs
g. charitable works
h. that which causes sexual arousal
i. strangeness; oddness; unconventionality
j. condition or state of being split into two parts

1) entomology ______________ 2) eccentricity ______________
3) anatomy ______________ 4) dichotomy ______________
5) epitome ______________ 6) philology ______________
7) semantics ______________ 8) sociology ______________
9) aphrodisiac ______________ 10) philanthropy ______________

5. 다음 단어와 연관되는 내용을 보기에서 고르세요.

보기

a. dull, heavy book
b. love potion; aphrodisiac
c. pertaining to the study of language
d. one fond of British people, customs, etc.
e. pertaining to the science of group cultures, conventions, etc.
f. to split in two
g. withdrawn from contact with people
h. book collector
i. to summarize
j. to engage in extramarital sex

1) dichotomize ______________ 2) epitomize ______________
3) philander ______________ 4) philter ______________
5) bibliophile ______________ 6) Anglophile ______________
7) asocial ______________ 8) tome ______________
9) philological ______________ 10) sociological ______________

6. 다음 질문을 읽고 YES/NO로 대답하세요.

1) Is a *philanderer* likely to be faithful to a spouse? YES / NO
2) Did Dr. Jekyll-Mr. Hyde lead a *dichotomous* existence? YES / NO
3) Is an egoist the *epitome* of selfishness? YES / NO
4) Is a *philanthropist* antisocial? YES / NO
5) Is an *aphrodisiac* intended to reduce sexual interest? YES / NO
6) Is a *bibliophile*'s chief aim the enjoyment of literature? YES / NO
7) Does a *philologist* understand etymology? YES / NO
8) Is a *semanticist* interested in more than the dictionary meanings of words? YES / NO
9) Is an *asocial* person interested in improving social conditions? YES / NO
10) Is a light novel considered a *tome*? YES / NO

7. 다음을 보고 생각나는 단어를 쓰세요.

1) pertaining to the study of social customs (adj)

S______________

2) pertaining to the psychological effects of words (adj)

S ________, S ________

3) lover and collector of books

B ________

4) make love promiscuously

P ________

5) pertaining to the science of linguistics (adj)

P ________

6) pertaining to the study of insects (adj)

E ________

7) one who admires British customs

A ________

8) smallest particle, so-called

A ________

9) pertaining to the structure of a body (adj)

A ________

10) a dull, heavy book

T ________

11) split in two (adj)

D ________

12) to split in two

D ________

13) a condensation, summary, or representation of the whole

E ________

14) to stand for the whole; to summarize

E ________

15) pertaining to charitable activities (adj)

P ________

16) out of the norm; odd

E ________

17) one who "plays around"

P ________

18) arousing sexual desire (adj)

A ________, A ________

19) science of the manner in which groups function

S ________

20) self-isolated from contact with people

A ________

REVIEW

챕터복습

1. 다음 정의에 맞는 단어를 고르세요.

1) Student of the stars and other heavenly phenomena

ⓐ geologist ⓑ astronomer ⓑ anthropologist

2) Student of plant life

ⓐ botanist ⓑ zoologist ⓑ biologist

3) Student of insect life

ⓐ sociologist ⓑ entomologist ⓑ etymologist

4) Student of the meaning and psychology of words

ⓐ philologist ⓑ semanticist ⓑ etymologist

5) Analysis of living tissue

ⓐ autopsy ⓑ biopsy ⓑ autonomy

6) That which arouses sexual desire

ⓐ zodiac ⓑ bibliophile ⓑ aphrodisiac

7) Self-governing

ⓐ autobiographical ⓑ autonomous ⓑ dichotomous

8) Part that represents the whole

ⓐ epitome ⓑ dichotomy ⓑ metronome

9) One who physically travels in space

ⓐ astronomer ⓑ astrologer ⓑ astronaut

10) One who has extramarital affairs

ⓐ cosmonaut ⓑ philanderer ⓑ philanthropist

2. 다음 어근에 맞는 의미를 쓰세요.

	어근	의미	파생어
1)	anthropos		anthropology
2)	logos		philology
3)	astron		astronomy
4)	nautes		astronaut
5)	nomos		metronome

6)	autos		autonomy
7)	ge(geo-)		geology
8)	graphein		biography
9)	opsis, optikos		autopsy
10)	zoion		zodiac
11)	tome		entomology
12)	sectus		insect
13)	lingua		linguistics
14)	philein		philanthropy
15)	sophos		philosophy
16)	biblion		bibliophile
17)	Anglus		Anglophile
18)	socius		sociology
19)	logos		biology
20)	bios		biopsy

QUESTION

어원심화

1. '현명한'이란 뜻의 어근 sophos와 영어에서 '멍청이'를 뜻하는 moron라는 단어를 이용해서 고등학교나 대학교에서 2학년을 뜻하는 단어를 만들어보세요.

____

어원적으로 이 단어의 뜻은 무엇인가요?

____

2. sophos를 어근으로 하여, '세상물정에 밝은worldly-wise'을 뜻하는 단어는 무엇인가요?

____

3. bibliophile의 의미를 바탕으로 bibliomaniac의 뜻을 정의해보세요.

____

4. '혀'를 뜻하는 lingua에서 파생된 아래의 세 단어는 앞에서 배운 접두어들을 사용하고 있습니다. 각 단어의 뜻을 정의해볼 수 있나요?

a) monolingual : ______________________
b) bilingual : ______________________
c) trilingual : ______________________

multilingual의 뜻을 짐작할 수 있나요?

____

linguist는 무슨 뜻인가요?

____

라틴어 어근 multus는 무슨 뜻인가요? multitude를 생각해보세요.

____

5. Anglophile을 바탕으로 아래의 사람들은 어떤 나라, 어떤 나라의 사람과 관습을 좋아하는지 유추해보세요.

a) Francophile : ______________________
b) Russophile : ______________________
c) Hispanophile : ______________________

d) Germanophile : ______________________

e) Nipponophile : ______________________

f) Sinophile : ______________________

6. Bibliophile을 바탕으로 지금까지 배운 어원을 사용해서 다음에 해당되는 단어를 만들어보세요.

a) one who loves males : ______________________

b) one who loves women : ______________________

c) one who loves children : ______________________

d) one who loves animals : ______________________

e) one who loves plants : ______________________

ADVICE

어디에서 새로운 개념을 얻을까

앞에서도 말했지만 어휘력이 풍부한 사람은 개념을 많이 아는 사람입니다. 어휘력이 줄어들면 개념도 줄어들기 마련입니다. 개념은 언어화되지 않고는 존재할 수 없기 때문입니다. 새로운 개념을 생각해낸 프로이트는 그 개념을 세상에 알리기 위해서 완전히 새로운 단어를 만들어야 했습니다. 프로이트의 이론에 정통한 사람들은 그 이론을 설명하는 단어들, 예컨대 unconscious무의식, ego자아, id 이드, 본능적 충동의 근원, superego초자아, rationalization합리화, Oedipus complex오이디푸스 콤플렉스 등의 뜻을 압니다. 원자를 쪼개는 것은 옛날에는 새로운 개념이었지만 이제 그 개념에 정통한 사람들은 fission핵분열, isotope동위원소, radioactive방사능, cyclotron사이클로트론, 소립자 연구용 이온 가속 장치에 대해 아는 사람입니다. 어휘력은 정신의 반응력과 적응 폭을 나타냅니다. 어휘력은 우리가 세상에서 돌아가는 일을 얼마나 이해하는가를 보여주는 척도입니다. 우리가 지적으로 성장하는 정도와 어휘력의 수준은 비례합니다. 지금까지 이 책에서는 수백 단어를 다루었습니다. 그 단어들을 배운 후 여러분은 같은 수의 새로운 개념들에 대해 생각하기 시작했습니다. 새로운 단어는 여러분 머릿속을 복잡하게 만드는 또 하나의 음절 덩어리에 불과한 것이 아닙니다. 그것은 여러분에게 생각하는 힘을 키워주고 다른 사람의 생각을 이해하도록 도와주며, 여러분이 자신의 생각을 적절하게 표현하고 한층 지적인 삶을 살도록 도와주는 새로운 개념입니다. 이런 사실을 알기 때문에 여러분은 조바심을 낼지도 모르겠습니다. 빈틈없고 지적으로 성숙한 성인이 알아야 할 모든 개념을 책 한 권이 어떻게 담아낼 수 있을까 의심할 것입니다. 이런 의심은 당연한 것입니다.

이 책의 목적 중 하나는 여러분에게 일단 첫발을 내딛게 하는 데 있습니다. 여러분이 탄력을 받아 계속 공부하도록 충분한 추진력을 제공하고, 자신만의 개념을 수집하겠다는 의욕을 갖도록 자극하는 데 있습니다.

어디에서 새로운 개념을 얻을 수 있을까요? 바로 새로운 주제를 다룬 좋은 책에서 얻을 수 있습니다. 어떻게 새로운 개념을 얻어야 할까요? 바로 새로운 생각거리를 광범위하게 읽어

야 합니다.

이번 장에서는 심리학, 정신의학, 정신분석학이 언급됐습니다. 이 가운데 어느 하나에 호기심이 발동했다면 그 분야를 다룬 책에서 시작하면 됩니다. 여러분이 원하는 만큼 깊고 넓게 읽을 수 있습니다. 이제 시작해보세요.

현재까지 여전히 가치 있고 타당성을 지닌 고전들

Karl A . Menninger, 『The Human Mind』

Flanders Dunbar, 『Mind and Body』

Eric Berne, 『The Mind in Action』

Leland E . Hinsie, 『Understandable Psychiatry』

Sigmund Freud, 『A General Introduction to Psychoanalysis』

O. Spurgeon English & Gerald H. J. Pearson, 『Emotional Problems of Living』

심리학에 새로운 접근을 시도한 책

Jess Lair, Ph.D., 『I Ain't Well-But I Sure Am Better』

Nathaniel Brandon, 『The Disowned Self』

Adelaide Bry, 『A Primer of Behavioral Psychology』

Thomas A. Harris, M.D., 『I'm OK? You're OK』

Everett L. Shostrum, 『Freedom to Be and Man the Manipulator』

Eric Berne, M.D., 『Games People Play』

Alexander Lowen, M.D., 『Love and Orgasm, Pleasure and The Language of the Body』

Sydney M. Jourard, 『The Transparent Self』

Herbert Fensterheim & Jean Baer, 『Don't Say Yes When You Want to Say No』

Frederick S. Perls, 『Gestalt Therapy Verbatim』

Muriel James & Dorothy Jongeward, 『Born to Win』

William C . Schutz, 『Joy and Here Comes Everybody』

Robert Lindner, 『The Fifty-Minute Hour』

쉬어가기 4

HOW TO AVOID BEING A PURIST

원칙주의자에서 벗어나려면

여러분도 알고 있겠지만, 현대의 삶은 무척 복잡합니다. 하지만 원칙을 고수하는 영어 교재들과 원칙주의에 사로잡힌 영어 교사들이 더욱 복잡하게 만들려고 애쓰는 듯합니다. 그들은 우리가 일상생활에서 자연스럽고 편하게 사용하는 표현들을 '부적절한 영어, 틀린 문법, 상스럽고, 교양 없는' 표현이라고 지적하며 현대인의 삶을 복잡하게 만드는 데 한몫을 합니다.

학교 문법의 '규범thou shalt nots'과 과거의 제약들이 이제 무용지물이 된 건 사실입니다. 대부분의 교양인이 그런 규범과 제약을 무시합니다. 리오 혼도 대학에서 내게 문법 강의를 받는 학생들은 문장의 적합성이 교재에 쓰인 규칙에 따라 결정되지 않고, 선생의 지시로도 강요될 수 없다는 걸 알고는 당혹스러워하며 "어딘가에서 선을 그어야 하지 않을까요?"라고 묻습니다.

어떤 한 사람이 '선을 긋는다'는 것은 가능하지도 않고 필요하지도 않습니다. 그런 결정은 전국에 흩어져 사는 수많은 교양인들에 의해 상당히 효율적으로 이루어집니다. 물론 어떤 표현은 '틀렸고' '저속하며' '부적절한' 문법으로 여길 수 있습니다. 하지만, 원칙을 어겼기 때문에 그렇게 여기는 것은 아닙니다. 교양인들이 사용하더라도 아주 드물게만 사용하기 때문에 그렇게 여기는 것입니다. 요컨대 언어의 적합성은 교양인들의 현재 어법으로 결정됩니다.

문법적으로 논쟁의 여지가 있는 표현들에 대해 올바른 결정을 내리는 데 도움이 될 만한 현대 어법의 추세에 대해 짤막하게나마 설명해보겠습니다.

▸ 아래의 문장을 읽을 때마다 이탤릭체로 쓰인 단어나 구를 특별히 눈여겨보기 바랍니다. 여러분이 알고 있는 문법과 그 표현이 일치하나요? 여러분은 생각을 정확히 표현하려고 하나요? 다음 문장이 올바로 쓰였는지 선택하고, 뒤에 나온 설명과 여러분의 선택을 비교해봅시다.

1. Let's not walk any *further* right now. RIGHT / WRONG
2. Some people admit that their *principle* goal in life is to become wealthy. RIGHT / WRONG
3. What a *nice* thing to say! RIGHT / WRONG
4. He's *pretty* sick today. RIGHT / WRONG
5. I feel *awfully* sick. RIGHT / WRONG
6. Are you going to invite Doris and *I* to your party? RIGHT / WRONG

1. Let's not walk any *further* right now.

이제 그만 걷자.

Right! 19세기 문법학자들이 영어 문법을 라틴어로 번역하려 했을 때 farther와 further를 인위적으로 구분했습니다. 즉 farther는 공간을 가리키고, further는 '더 크게' 혹은 '추가된'을 뜻하는 것으로 말입니다. 따라서 오늘날에도 많은 교사가 이 엄격한 구분을 받아들여 두 단어를 헷갈려 사용하면 틀린다고 주장합니다.

이런 구분에 대한 현재의 입장을 확인해보려고 나는 많은 사전 편찬자와 작가 및 영어 교수들에게 위의 문장을 보내, further가 거리를 가리킬 수 있는지에 대한 의견을 물었습니다. 87명의 교수 중 60명, 즉 응답자의 3분의 2가 그런 사용을 무조건 인정했습니다. 12명의 사전 편찬자 중에서는 11명이 further를 인정했고, 작가의 경우에는 23명 중 13명이 거리를 표현하는 데 further를 사용할 수 있다고 대답했습니다. 코넬 대학교의 영어학 교수는 "오늘날 further와 farther를 구분해야 할 어떤 명분도 없다"라고 말했고, 펑크 앤드 와그널스 사전의 편찬고문은 "이 문제에 대해서는 논란의 여지가 없다. 공간적 거리를 표현할 때 further와 farther는 오래전부터 아무런 차이도 없이 사용되어 왔다"라고 답했습니다. 저명한 작가이기도 한 칼럼니스트는 "나는 further와 farther를 모두 좋아한다. 어느 쪽이 어느 쪽인지, 왜 여기에는 farther를 쓰고 저기에는 further를 써야 하는지 구분하지 못하기 때문이다"라고 간단히 요약한 대답을 들려주었습니다.

2. Some people admit that their *principle* goal in life is to become wealthy.

어떤 사람은 삶의 주된 목표가 부자가 되는 것이란 걸 인정한다.

Wrong! 말을 할 때 우리는 principal과 principle을 마음대로 사용할 수 있습니다. 그런다 해도 누구도 그 차이를 눈치채지 못합니다. 두 단어의 발음이 똑같기 때문입니다. 하지만 글에서는 철자 때문에 실수가 확연히 드러납니다.

두 단어를 구분하는 데 어려움을 겪는 사람들을 위해 둘의 차이를 기억하는 간단한 요령을 언급해볼까 합니다. rule규칙과 principle원칙은 둘 모두 le로 끝납니다. 게다가 principle은 rule이란 뜻이기도 합니다. 한편 principal주된에는 a가 있고, main주된도 마찬가지입니다. principal은 main이란 뜻입니다. 이렇게 정리하면 principal과 principle을 혼동할 일이 없습니다.

학교의 우두머리를 principal교장이라고 합니다. 그가 학교라는 교육 기관에서 main주된, 으뜸가는 사람이기 때문입니다. 여러분이 은행에 묻어둔 돈은 principal원금이라 합니다. 여러분에게 main주된 금융자산이기 때문입니다. 연극의 주인공들도 principal주역이라 합니다. main주된 배우이기 때문입니다.

따라서 Some people admit that their principal(main) goal in life is to become wealthy이지만, Such a principle(rule) is not guaranteed to lead to happiness그런 원칙이 행복을 보장해주지는 않는다라고 할 수 있습니다.

3. What a *nice* thing to say!

말한다는 것은 얼마나 멋진 일인가!

Right! 원칙주의자들은 nice를 pleasant, agreeable, delightful의 동의어로 사용하는 걸 마뜩찮게 생각합니다. 그래서 nice를 exact정확한나 subtle섬세한처럼 신중하고 학구적인 뜻으로 제한시키려 합니다. 다행히 그들의 고집은 별다른 호응을 얻지 못하고 있습니다.

나는 저명한 작가들에게 일상 대화에서 nice를 통속적인 뜻으로 사용해도 상관없는지 물어보았고 그들은 이구동성으로 괜찮다고 했습니다. 내 질문에 응답한 23명의 작가 중 한 사람도 반대하지 않았습니다. 그중 한 사람은 "nice는 약 150년 전부터 그렇게 사용됐다"라고 대답했습니다.

잡지와 신문의 편집자들은 약간 보수적인 경향을 띠었습니다. 69명 중 60명만이 nice의 그런 용례를 인정했습니다. 한 편집자는 "요즘에는 nice를 정확히 사용할 필요가 없는 듯하다. 이제는 누구도 일상의 대화에서 nice가 pleasant, enjoyable, kind, courteous의 동의어라는 걸 부인할 수 없다. nice는 어휘의 팔방미인이다.

누가 봐도 그렇다"라고 지적했습니다. nice가 일부 사람들에게 지나치게 과용된다는 반대의 목소리는 귀담아들을 만하지만, 이런 현상은 문법의 문제가 아니라 어휘력의 빈약함을 보여주는 증거입니다.

한 편집자와 비서가 나눈 유명한 이야기를 예로 들어보겠습니다.

"There are two words I wish you would stop using so much. One is 'nice' and the other is 'lousy' 자네가 지나치게 사용하지 않기를 바라는 두 단어가 있네. 하나는 nice이고, 다른 하나는 lousy(불결한)이네." 비서는 편집자의 기분을 맞춰주려고 대답했습니다. "Okay. What are they?알겠습니다. 그 두 단어가 뭔가요?"

비서는 편집자의 말을 "하나는 좋은 것이고 다른 하나는 나쁜 것이다"라는 뜻으로 받아들인 겁니다.

4. He's *pretty* sick today.

그는 오늘 무척 아프다.

Right! 원칙주의자들이 흔히 공격하는 대상 중 하나는 위의 문장에서 사용된 pretty입니다. 하지만 요즘에 발간된 모든 사전이 pretty의 이와 같은 사용을 용인합니다. 위스콘신 대학교의 한 교수가 실시한 조사에서도 올바른 영어로 입증됐습니다.

5. I feel *awfully* sick.

나는 지독히 아프다.

Right! 사전들은 이 용례를 일상 대화에서 인정합니다. 또한 위스콘신 대학교의 조사에서도 이 용례가 올바른 영어로 입증됐습니다. 교양인의 말에서 awfully가 자주 사용되는 이유는 이 단어가 형용사에 더해주는 강력하면서도 독특한 힘 때문인 듯합니다. very, quite, extremely, severely를 대신 쓰면 힘이 현격하게 떨어집니다. 그러나 I feel awful sick이라고 말하면 교양 있는 말로 여겨지지 않습니다. What an awfully pretty child정말 예쁜 아이로구나, That book is awfully interesting저 책은 기막히게 재밌다라는 표현처럼 강조하기 위해 awfully를 사용하는 추세는 아직 논란의 여지가 있지만, 시간이 지날수록 점점 강해지고 있습니다.

6. Are you going to invite Doris and *I* to your party?

당신 파티에 도리스와 나를 초대할 겁니까?

Wrong! 이런 문장에서 대명사 I를 써야만 한다고 생각하는 사람이 적지 않습니다. 그러나 이 문장에서 I의 사용은 올바른 문법 규칙을 위반한 것일 뿐만 아니라 교양인이 이런 문장 구조에서 I를 사용하는 경우는 거의 없습니다. 물론 어떤 형태의 대명사를 사용하든 문장의 의미는 똑같이 확실합니다. 하지만 이 문장에서 I를 선택하는 사람은 상대적으로 적기 때문에 I를 사용하면 무식한 사람으로 낙인찍히기 십상입니다.

이런 식으로 생각해봅시다. 일반적인 경우에는 Are you going to invite me to your party?당신 파티에 나를 초대할 겁니까?라고 말할 것입니다. 따라서 Are you going to invite Doris and me to your party?라고 말해야 올바른 표현입니다.

CHAPTER 5

HOW TO TALK ABOUT LIARS AND LYING

거짓말쟁이와 거짓말

**거짓말쟁이와 거짓말의 다양한 유형을 정확히 구분하는 어휘들과
명성, 예술적 재능, 개혁, 유전, 시간과 공간, 고통 등에 관련된 개념들을 알아봅시다.**

Preview

다음과 같은 사람은 어떤 유형의 거짓말쟁이인가요?

- have developed a reputation for falsehood?
  거짓말로 명성을 얻었나요?
- are particularly skillful?
  무척 교묘하게 거짓말을 하나요?
- cannot be reformed?
  행실을 고치지 못하나요?
- have become habituated to your vice?
  나쁜 버릇이 습관화됐나요?
- started to lie from the moment of your birth?
  태어나면서부터 거짓말을 시작했나요?
- always lie?
  항상 거짓말을 하나요?
- cannot distinguish fact from fancy?
  사실과 공상을 구분하지 못하나요?
- suffer no pangs of conscience?
  양심의 가책을 느끼지 않나요?
- are suspiciously smooth and fluent in your lying?
  믿기지 않을 정도로 술술 유창하게 거짓말을 하나요?
- tell vicious lies?
  악의적인 거짓말을 하나요?

LESSON 1

그리스의 유명한 철학자 디오게네스는 손에 등불을 들고 정직한 사람을 찾아 아테네 거리를 헤맸습니다. 2000년 전의 일이지만, 디오게네스가 오늘날 다시 같은 시도를 한다 해도 성공할 가능성은 희박한 듯합니다. 거짓말은 인간의 빼놓을 수 없는 약점이니까요. 지금까지 살면서 조금이라도 거짓말을 해본 적이 없다고 주장할 만큼 뻔뻔한 사람은 거의 없지 않을까 생각합니다. 언어는 남을 속일 목적으로 만들어진 것이라는 이론을 내세우는 언어학자도 있을 법합니다. 어쩌면 정말 그럴지도 모릅니다. 동물이 인간보다 정직해 보이는 건 부인할 수 없는 사실입니다.
왜 인간은 거짓말을 할까요? 그들이 중요하다고 생각하는 걸 강조하기 위해서, 벌을 면하기 위해서, 목적을 이루기 위해서 거짓말을 합니다. 오랜 습관 때문에, 때로는 사실과 공상을 구분하지 않기 때문에 거짓말을 하기도 합니다. 사람들에게 어쩔 수 없이 사실을 왜곡하게 만들려는 동기도 있고, 나름대로 그럴듯한 동기인 것도 분명합니다. 단도직입적으로 말해서, 무엇이 진실이고 무엇이 거짓인지 어떻게 우리가 항상 확신할 수 있을까요?
거짓말이 보편적이고 너무나 인간적인 현상이라면 당연히 여러 유형의 거짓말쟁이를 재밌게 표현한 단어들도 상당할 것입니다. 여러분이 거짓말쟁이라고 해봅시다. 여러분이 정말 그렇다는 건 아니고, 개념과 단어에 몰입하는 데 도움이 되기 위한 것일 뿐입니다. 자, 여러분은 어떤 유형의 거짓말쟁이인가요?

IDEA

개념정리

1 you don't fool even some of the people → **A notorious liar**
이제 그의 말을 누구도 믿지 않는다 → **악명 높은 거짓말쟁이**

Everybody knows your propensity for avoiding facts. You have built so solid and unsavory a reputation that only a stranger is likely to be misled—and then, not for long.

사실을 회피하는 그의 버릇을 모두가 압니다. 그에 대한 나쁜 평판이 너무도 확실해서, 그를 모르는 사람만이 그의 말에 현혹되지만 그것도 오래가지 않습니다.

2 to the highest summits of artistry → **A consummate liar**
교묘함의 최고봉 → **완벽한 거짓말쟁이**

Your ability is top-drawer—rarely does anyone lie as convincingly or as artistically as you do. Your skill has, in short, reached the zenith of perfection. Indeed, your mastery

of the art is so great that your lying is almost always crowned with success—and you have no trouble seducing an unwary listener into believing that you are telling gospel truth.
그의 능력은 최고입니다. 그만큼 설득력 있고 교묘하게 거짓말을 하는 사람은 거의 없습니다. 간단히 말해서, 그의 거짓말 기술은 완벽의 정점에 이르렀습니다. 그의 기술은 실로 대단해서 거의 언제나 성공의 월계관을 씁니다. 경계하지 않는 사람을 어렵지 않게 속이고, 자신이 절대적 진실을 말하고 있다고 믿게 만듭니다.

3 beyond redemption or salvation → An incorrigible liar
구제나 구원이 어렵다 **구제할 수 없는 거짓말쟁이**

You are impervious to correction. Often as you may be caught in your fabrications, there is no reforming you—you go right on lying despite the punishment, embarrassment, or unhappiness that your distortions of truth may bring upon you.
그는 교정을 받아들이지 않습니다. 거짓말이 들통 나더라도 교화시킬 수 없습니다. 진실을 왜곡한 대가로 벌을 받거나 난처하고 불미스런 상황에 빠지더라도 얼마 못 가 다시 거짓말을 시도합니다.

4 too old to learn new tricks → An inveterate liar
새로운 습관을 들이기에는 너무 오래되다 **상습적인 거짓말쟁이**

You are the victim of firmly fixed and deep-rooted habits. Telling untruths is as frequent and customary an activity as brushing your teeth in the morning, or having toast and coffee for breakfast, or lighting up a cigarette after dinner(if you are a smoker). And almost as reflective.
그는 마음 깊이 새겨진 뿌리 깊은 습관의 희생자입니다. 거짓말을 하는 것이 아침에 이를 닦고, 아침 식사로 커피와 토스트를 먹으며, (흡연자라면) 식사 후에 담뱃불을 붙이는 것만큼이나 빈번하고 습관적인 행위입니다. 거의 반사적이지요.

5 an early start → A congenital liar
어린 나이에 시작하다 **타고난 거짓말쟁이**

You have such a long history of persistent falsification that one can only suspect that your vice started when you were reposing in your mother's womb. In other words, and allowing for a great deal of exaggeration for effect, you have been lying from the moment of your birth.
오랫동안 집요하게 거짓말을 해온 까닭에, 어머니의 자궁 속에 있을 때부터 시작된 악습일 거라고 생각될 지경입니다. 달리 말하면, 요컨대 과장해서 말하면 그는 태어난 순간부터 거짓말을 해왔습니다.

6 no letup → A chronic liar
그칠 줄 모른다 **고질적인 거짓말쟁이**

You never stop lying. While normal people lie on occasion, and often for special reasons, you lie continually—not occasionally or even frequently, but over and over.
그는 쉴 새 없이 거짓말을 해댑니다. 보통 사람은 가끔 특별한 이유로 거짓말을 하지만 그는 가끔, 심지어 빈번하게도 아니고 반복해서 끊임없이 거짓말을 합니다.

7 a strange disease → A pathological liar
이상한 병 **병적인 거짓말쟁이**

You are not concerned with the difference between truth and falsehood; you do not bother to distinguish fact from fantasy. In fact, your lying is a disease that no antibiotic can cure.
그는 진실과 거짓의 차이에 관심이 없습니다. 사실과 공상을 번거롭게 구분하지도 않습니다. 그의 거짓말은 어떤 항생제로도 치료할 수 없는 병입니다.

8 no regrets → An unconscionable liar
후회는 없다 **비양심적인 거짓말쟁이**

You are completely without a conscience. No matter what misery your fabrications may cause your innocent victims, you never feel the slightest twinge of guilt. Totally unscrupulous, you are a dangerous person to get mixed up with.
그에겐 양심이라곤 없습니다. 자신의 거짓말 때문에 죄 없는 사람에게 어떤 곤경이 닥쳐도 눈곱만큼의 죄책감도 느끼지 않습니다. 파렴치하기 그지없는 그는 함께 어울려 살기에 위험한 사람입니다.

9 smooth! → A glib liar
매끄럽게! **구변 좋은 거짓말쟁이**

Possessed of a lively imagination and a ready tongue, you can distort facts as smoothly and as effortlessly as you can say your name. But you do not always get away with your lies.
Ironically enough, it is your very smoothness that makes you suspect: your answers are too quick to be true. Even if we can't immediately catch you in your lies, we have learned from unhappy past experience not to suspend our critical faculties when you are talking. We admire your nimble wit, but we listen with a skeptical ear.
기막힌 상상력과 달변의 능력을 지닌 그는 자신의 이름을 말하는 것만큼이나 쉽고 능수능란하게 사실을 왜곡할 수 있습니다. 그러나 그의 거짓말이 항상 성공하는 것은 아닙니다.
얄궂게도 기막힌 말솜씨 때문에 의심을 받습니다. 한순간도 망설하지 않고 대꾸하기 때문에 상대에게 곧이곧대로 들리지 않습니다. 상대방은 그의 말에서 거짓의 증거를 곧바로 잡아내지는 못하지만, 그가 이야기할 때는 비판적인 귀를 잠시라도 늦추어서는 안 된다는 걸 과거의 불미스런 경험을 통해 잘 알고 있습니다. 상대방은 그의 유창한 말솜씨를 높이 평가하지만 경계심을 늦추지 않습니다.

10 outstanding! → An egregious liar
지독히 악의적이다! **흉악한 거짓말쟁이**

Lies, after all, are bad—they are frequently injurious to other people, and may have a particularly dangerous effect on you as a liar. At best, if you are caught you suffer some embarrassment. At worst, if you succeed in your deception your character becomes warped and your sense of values suffers. Almost all lies are harmful; some are no less than vicious.
If you are one type of liar, all your lies are vicious-calculatedly, predeterminedly, coldly, and advisedly vicious. In short, your lies are so outstandingly hurtful that people gasp in amazement and disgust at hearing them.

이러니저러니 해도 거짓말은 나쁩니다. 거짓말은 남에게 피해를 주기 일쑤이고, 거짓말하는 사람에게 치명적으로 위험한 결과를 안길 수도 있습니다. 거짓말이 들통 나서 약간 난처한 지경에 빠지는 정도로 끝난다면 천만다행입니다. 거짓말이 성공해도 성품이 뒤틀리고 가치관이 병들어간다면 여간 유감스런 일이 아닙니다. 거의 모든 거짓말이 해롭지만 악의적인 거짓말도 있습니다. 그가 이런 유형의 거짓말쟁이라면 그의 거짓말은 언제나 악의적입니다. 계획적이고 의도적이며, 냉혹하고 고의적인 악의입니다. 요컨대 그의 거짓말은 지독히 마음을 다치게 해서, 그 거짓말을 들은 사람은 모두가 놀라 입을 다물지 못하고 넌더리를 냅니다.

이 장에서 소개된 10개의 기본단어는 하나의 핵심어를 중심으로 전개됩니다. 하지만 각각의 단어가 독특하고 고유한 의미를 지니며, 특별히 함축된 의미도 있습니다. 그 차이를 눈여겨보세요.

	거짓말쟁이의 유형	함축된 의미
1	notorious	famous for lying 거짓말로 유명한, infamous for lying 거짓말로 악명 높은, tendency to falsify is well-known 진실을 왜곡하는 성향이 널리 알려졌다
2	consummate	great skill 뛰어난 재주
3	incorrigible	too far gone to be reformed 너무 진행되어 개조하기 어렵다 impervious to rehabilitation 갱생이 불가능하다
4	inveterate	lying has become a deep-rooted habit 거짓말이 뿌리 깊은 습관이 됐다
5	congenital	lying had very early beginnings—as if from birth 거짓말을 아주 일찍부터 시작했다. 과장해서 말하면 태어날 때부터
6	chronic	over and over 반복해서
7	pathological	an irresistible compulsion to lie—often for no rational reason 합리적인 이유도 없이 거짓말을 하고 싶은 이겨낼 수 없는 충동 lying is a disease 거짓말이 병이다
8	unconscionable	lack of regret or remorse 후회나 양심의 가책이 없다
9	glib	great smoothness 무척 매끄럽다
10	egregious	viciousness of the lies 거짓말의 사악한 면

물론 10개의 기본 형용사가 거짓말이나 거짓말쟁이에게 국한되어 쓰이는 것은 아닙니다. 다음과 같은 일반적인 의미로도 쓰입니다.

	일반적인 유형	일반적인 의미
1	notorious	well-known for some bad quality 나쁜 면으로 유명한 예 a **notorious** philanderer 악명 높은 바람둥이
2	consummate	perfect, highly skilled 완전한, 재주가 뛰어난 예 **consummate** artistry at the keyboard 예술의 경지에 이른 건반을 다루는 솜씨
3	incorrigible	beyond reform 구제할 길 없는 예 an **incorrigible** optimist 구제할 길이 없는 낙관주의자
4	inveterate	long-accustomed 상습적인, deeply habituated 습관으로 굳어버린 예 an **inveterate** smoker 습관적인 흡연가 (notorious처럼 inveterate도 부정적인 뜻을 내포한다)
5	congenital	happening at 타고난, during birth 선천적인 예 a **congenital** deformity 선천성 기형
6	chronic	going on far a long time 오랫동안 계속된, occurring again and again 만성적인 예 **chronic** appendicitis 만성 충수염
7	pathological	diseased 병적인 예 a pathological condition 병적인 상황
8	unconscionable	without pangs of conscience 양심의 가책이 없는, 파렴치한 예 **unconscionable** cruelty to children 파렴치할 정도로 어린아이에게 잔혹한 행위
9	glib	smooth 매끄러운, suspiciously fluent 의심스러울 정도로 구변이 좋은 예 a **glib** witness 입심 좋은 증인
10	egregious	outstandingly bad 무척 나쁜, vicious 사악한 예 an **egregious** error 터무니없는 실수

consummate와 congenital의 경우는 예외가 있지만 10개의 형용사 모두에 경멸의 뜻이 담겨 있어, 관련된 사람이나 성격 혹은 상황을 부정적으로 묘사할 때 사용합니다.

EXERCISE
연습문제

1. 다음 단어를 정확히 발음해보세요.

1) **notorious**	nə-TAWR´-ee-əs	2) **consummate**	kən-SUM´-ət
3) **incorrigible**	in-KAWR´-ə-jə-bəl	4) **inveterate**	in-VET´-ə-rət
5) **congenital**	kən-JEN´-ə-təl	6) **chronic**	KRON´-ik
7) **pathological**	path´-ə-LOJ´-ə-kəl	8) **unconscionable**	un-KON´-shə-nə-bəl
9) **glib**	GLIB	10) **egregious**	ə-GREE´-jəs

2. 다음 단어와 연관되는 내용을 보기에서 고르세요.

보기

a. beyond reform	b. continuing over a long period of time; recurring
c. diseased	d. from long-standing habit
e. suspiciously smooth	f. without conscience or scruples
g. outstandingly bad or vicious	h. unfavorably known
i. from birth	j. finished, perfect, artistic

1) **notorious** ______________ 2) **consummate** ______________
3) **incorrigible** ______________ 4) **inveterate** ______________
5) **congenital** ______________ 6) **chronic** ______________
7) **pathological** ______________ 8) **unconscionable** ______________
9) **glib** ______________ 10) **egregious** ______________

3. 다음 질문을 읽고 YES/NO로 대답하세요.

1) Do people become *notorious* for good acts? YES / NO
2) Is Beethoven considered a *consummate* musical genius? YES / NO
3) If a criminal is truly *incorrigible*, is there any point in attempting rehabilitation? YES / NO
4) Does an *inveterate* smoker smoke only occasionally? YES / NO
5) Is a *congenital* deformity one that occurs late in life? YES / NO
6) Is a *chronic* invalid ill much of the time? YES / NO
7) Is a *pathological* condition normal and healthy? YES / NO
8) If a person commits an *unconscionable* act of cruelty, is there any regret, remorse, or guilt? YES / NO
9) Is a *glib* talker awkward and hesitant in speech? YES / NO
10) Is an *egregious* error very bad? YES / NO

4. 다음을 보고 생각나는 단어를 쓰세요.

1) outstandingly vicious; so bad as to be in a class by itself

E ________________

2) starting at birth

C ________________

3) happening over and over again; continuing for a long time

C ________________

4) widely and unfavorably known
(as for antisocial acts, character weaknesses,
immoral or unethical behavior, etc.)

N ________________

5) beyond correction

I ________________

6) smooth and persuasive; unusually, almost suspiciously, fluent

G ________________

7) long addicted to a habit

I ________________

8) perfect in the practice of an art; extremely skillful

C ________________

9) unscrupulous; entirely without conscience

U ________________

10) diseased

P ________________

5. 빈칸에 맞는 단어를 쓰세요.

1) This person has gambled, day in and day out, for as long as anyone can remember—gambling has become a deep-rooted habit.

An ________________ *gambler*

2) Born with a clubfoot

A ________________ *deformity*

3) Someone known the world over for criminal acts

A ________________ *criminal*

4) An invading army kills, maims, and tortures without mercy, compunction, or regret.

________________ *acts of cruelty*

5) The suspect answers the detective's questions easily, fluently, almost too smoothly.

________________ *responses*

6) A person reaches the acme of perfection as an actress or actor.

A ________________ *performer*

7) No one can change someone's absurdly romantic attitude toward life.

An ________________ *romantic*

8) A mistake so bad that it defies description

An ________________ *blunder*

9) Drunk almost all the time, again and again and again—periods of sobriety are few and very, very far between

A ________________ *alcoholic*

10) Doctors find a persistent, dangerous infection in the bladder

A ________________ *condition*

LESSON 2

ORIGIN
어원탐구

well-known 유명한

notorious는 보통 '널리 그러나 바람직하지 않게 알려진'으로 정의합니다. notorious liar악명 높은 거짓말쟁이가 신뢰할 수 없는 말로 유명하듯이, notorious gambler악명 높은 도박꾼, notorious thief악명 높은 도둑, notorious killer악명 높은 살인자는 반사회적인 행동으로 널리 명성을 얻은 사람입니다. 명사는 notoriety입니다.

notorious [nə-TAWR´-ee-əs] 악명 높은
notoriety [nō-tə-RĪ'-ə-tee] 악명, 악평

'알려진known'을 뜻하는 라틴어 notus에서 파생된 단어로, noted저명한도 이 어근에서 파생됐습니다. 이처럼 음절의 변화로 단어에 내포된 감정이 변할 수 있다는 사실이 흥미롭습니다. 따라서 어떤 경영자를 존경하는 사람은 그를 noted industrialist저명한 기업가라고 하겠지만, 그를 달갑게 생각하지 않는 적은 notorious exploiter악명 높은 착취자라고 부를 것입니다. 이와 마찬가지로, 우리가 어떤 사람의 순진한 태도를 높이 평가한다면 그를 childlike순진한라며 칭찬하지만, 그런 태도를 언짢게 느낀다면 경멸의 뜻이 담긴 childish유치한라고 표현합니다. -like를 -ish로 바꾸었을 뿐인데 단어에 담긴 감정이 완전히 바뀝니다.

plenty of room at the top 정상의 널찍한 공간

산의 정상을 가리키는 summit는 '가장 높은highest'를 뜻하는 라틴어 summus에서 파생된 단어이고, 수학에서 '합계'를 뜻하는 sum도 이 어근에서 파생됐습니다. 형용사로 쓰인 consummate artist완벽한 예술가는 최고 경지에 이른 예술가입니다. 동사로서 결혼, 사업상 거래, 계약 등을 consummate하는 것은 그것들을 정점에 이르게 한다는 의미죠. 달리 말하면, 계약에 마지막 손질을 가해 완성한다는 뜻입니다. 형용사로 쓰인 consummate와 동사로 쓰인 to consummate의 발음이 확연히 다른 것에 주의하세요.

consummate
adj [kən-SUM'-ət] 완벽한
v [KON'-sə-mayt'] 완성하다

명사는 형용사에 명사형 접미어 -ness를 더해 만들어집니다. sweet→sweetness달콤함, simple→simpleness단순함, envious→enviousness부러움 등이 대표적인 예입니다.

그러나 많은 형용사가 여러 명사형을 갖기도 합니다. 예를 들어 형용사 consummate를 명사로 만들려면 -ness나 -acy를 덧붙여 consummateness 혹은 consummacy가 됩니다.

consummateness
[kən-SUM'-ət-nəs] 완벽, 완성
consummacy
[kən-SUM'-ə-see] 완벽, 완성

-ate로 끝나는 동사는 예외 없이 명사형 접미어 -ion을 덧붙여 명사를 만듭니다. create→creation창조, evaluate→evaluation평가처럼 말입니다. 이제 동사 consummate의 명사형을 써보세요.

______________.

no help 도울 방법이 없다

어떤 일을 지나치게 해서 바로잡거나 고쳐보려는 노력이 아무런 보람도 거두지 못하는 사람을 두고 incorrigible하다고 말합니다. 예컨대 incorrigible idealist구제할 길 없는 이상주의자, incorrigible criminal구제할 길 없는 범죄자, incorrigible optimist구제할 길 없는 낙관주의자, incorrigible philanderer구제할 길 없는 바람둥이가 있습니다. 이 단어는 라틴어에서 '바로잡다to correct, set straight'를 뜻하는 corrigo에 부정적인 의미를 띤 접두어 in-이 더해져 파생된 단어입니다.

incorrigible
[in-KAWR'-ə-jə-bəl]
구제할 길 없는

접두어 in-은 함께 쓰이는 어근에 따라 부정적인 의미를 띨 수도 있고, invaluable 매우 소중한처럼 어근의 뜻을 강조하기도 합니다. 또한 '안in'을 뜻할 수도 있습니다. 명사는 incorrigibility 또는 incorrigibleness입니다.

incorrigibility [in-kawr'-ə-jə-BIL'-ə-tee] 고칠 수 없음, 개선할 수 없는 상태

veterans 노련한 베테랑

라틴어에서 '늙은old'을 뜻하는 vetus에서 파생된 inveterate에는 일반적으로 부정적인 뜻이 담겨 있습니다.

inveterate [in-VET'-ə-rət] 상습적인
inveteracy [in-VET'-ər-ə-see] 숙원, 만성, 고질

senile 노쇠한, senescent 늙은의 라틴어 어원 senex도 old란 뜻입니다. inveterate에서 in-은 '안in'을 뜻합니다. incorrigible의 in-처럼 부정적인 뜻이 아닙니다.

inveterate gambler 상습적인 도박꾼는 어원적으로 풀이하면 도박이란 습관과 함께 나이를 먹은 사람입니다. inveterate drinker 상습적인 술꾼는 오랜 세월 동안 술을 마셔온 탓에 음주가 습관으로 굳은 사람입니다. inveterate liar 상습적인 거짓말쟁이도 오랫동안 거짓말을 해서 습관이 깊게 뿌리내려 언제 진실을 말했는지 기억조차 못할 지경인 사람을 말합니다. 명사는 inveteracy 혹은 inveterateness입니다.

veteran은 군대에서 쓰일 때 나라에 봉사하며 나이를 먹은 노병老兵, 혹은 퇴역 군인을 뜻합니다. 게임 등에서는 노련한 사람, 솜씨가 좋은 사람을 뜻합니다. veteran은 명사뿐 아니라 형용사로도 쓰입니다. 예를 들어 veteran at 혹은 in swimming, tennis, police work, business, negotiations, diplomacy 수영, 테니스, 경찰 업무, 사업, 협상, 외교에 경험이 많은 사람에서는 명사로 쓰였고, veteran actor, teacher, diplomat, political reformer 노련한 배우, 교사, 외교관, 정치 개혁가에서는 형용사로 쓰였습니다.

veteran [VET'-ə-rən]
ⓝ 퇴역 군인, 전문가
adj 노련한

birth 탄생

그리스어에서 '탄생birth' 혹은 '기원origin'을 뜻하는 genesis는 3장

에서 psychogenic심인성의을 공부할 때 이미 보았습니다. 이 어근에서 파생된 영어 단어가 무척 많습니다.

genetics[jə-NET'-iks] 유전학
geneticist[jə-NET'-ə-sist] 유전학자
genetic[jə-NET'-ik] 유전학의
gene[JEEN] 유전자

genetics는 부모로부터 자식에게 전해지는 유전형질을 연구하는 학문, 즉 유전학입니다. 이 분야를 전문적으로 연구하는 과학자는 geneticist이며, 형용사는 genetic입니다. 또, 유전형질이 들어 있는 생식세포의 염색체는 gene이라고 합니다.

genealogy[jeen'-ee-AL'-ə-jee] 계통학
genealogist[jeen'-ee-AL'-ə-jist] 계보학자

genealogy는 가계도나 조상의 기원을 연구하는 학문, 즉 계통학입니다. 이 분야를 연구하는 전문가는 genealogist입니다. 형용사를 만들고 발음해보세요. ________________.

genital[GEN'-ə-təl] 생식기의
genesis[JEN'-ə-sis] 탄생, 기원

genital organs생식기관 혹은 sexual organs는 임신과 출산 과정에 관여합니다. 구약 성경의 첫 권인 Genesis창세기에는 우주의 창조, 즉 탄생에 대한 이야기가 실려 있습니다.

congenital[kən-JEN'-ə-təl] 선천적인, 타고난
hereditary[hə-RED'-ə-taĭr'-ee] 유전성의

congenital은 '함께with, together'를 뜻하는 접두어 con-과 '탄생'을 뜻하는 어근 genesis가 결합하여 만들어진 단어입니다. 따라서 congenital defect, deformity, condition선천성 결함, 기형, 조건은 9개월간의 임신 과정, 전문용어로 말하면 period of gestation임신기간에 일어난 사건을 뜻합니다. 한편 hereditary characteristics유전형질는 임신하는 순간에 획득됩니다. 따라서 눈동자의 색, 코의 모양, 머리카락의 결을 비롯해 많은 특징이 hereditary입니다. 그런 특징들은 부모의 생식세포에 있는 유전자에 의해 결정됩니다. 그러나 임신한 여성이 약물을 잘못 복용하거나 과용하여 생긴 기형아의 경우는 congenital이라고 부릅니다. congenital은 이렇게 문자 그대로 직설적으로도 쓰이지만 비유적으로도 쓰입니다. 비유적으로는 어떤 특징이 아주 이른 때부터 존재했다는 걸 강조하고 효과를 극대화하기 위해 쓰입니다. congenital liar타고난 거짓말쟁이, congenital fear of the dark선천적 어둠 공포증 등이 그 예입니다.

QUIZ

어원복습

단어의 어원적 구조를 정확히 파악하면 훨씬 효과적으로 단어를 정복할 수 있습니다. 지금까지 배운 접두어와 어근, 접미어를 복습하는 의미로 풀어보는 것이므로 따로 정답은 없습니다. 자유롭게 생각나는 단어를 써보세요.

	접두어/어근	의미	파생어
1	notus	known	
2	summus	highest	
3	corrigo	to correct, set straight	
4	vetus	old	
5	senex	old	
6	genesis	birth, origin	
7	logos	science, study	
8	in-	부정 접두어	

EXERCISE
연습문제

1. 다음 단어를 정확히 발음해보세요.

1) **notoriety** nō-tə-RĪ′-ə-tee
2) **to consummate** Ⓥ KON′-sə-mayt′
3) **consummacy** kən-SUM′-ə-see
4) **consummation** kon′-sə-MAY′-shən
5) **incorrigibility** in-kawr′-ə-jə-BIL′-ə-tee
6) **inveteracy** in-VET′-ə-rə-see
7) **veteran** VET′-ə-rən
8) **genetics** jə-NET′-iks
9) **geneticist** jə-NET′-ə-sist
10) **genetic** jə-NET′-ik
11) **gene** JEEN
12) **genealogy** jee′-nee-AL′-ə-jee
13) **genealogist** jee′-nee-AL′-ə-jist
14) **genealogical** jee′-nee-ə-LOJ′-ə-kəl
15) **genital** JEN′-ə-təl
16) **genesis** JEN′-ə-sis
17) **hereditary** hə-RED′-ə-tair′-ee

2. 다음 단어와 연관되는 내용을 보기에서 고르세요.

보기

a. state of artistic height
b. state of being long established in a habit
c. beginning, origin
d. science of heredity
e. bring to completion; top off
f. study of ancestry
g. referring to characteristics passed on to offspring by parents
h. referring to reproduction, or to the reproductive or sexual organs
i. ill fame
j. particle that transmits hereditary characteristics
k. state of being beyond reform or correction

1) **notoriety** ____________
2) **to consummate** Ⓥ ____________
3) **consummacy** ____________
4) **incorrigibility** ____________
5) **inveteracy** ____________
6) **genetics** ____________
7) **genealogy** ____________
8) **genital** ____________
9) **genesis** ____________
10) **hereditary** ____________
11) **gene** ____________

3. 다음 질문을 읽고 YES/NO로 대답하세요.

1) Does *notoriety* usually come to perpetrators of mass murders? YES / NO

2) Is the product of a *consummately* skillful counterfeiter likely to be taken as genuine? YES / NO

3) Is *incorrigibility* in a criminal a sign that rehabilitation is possible? YES / NO

4) Is a *geneticist* interested in your parents' characteristics? YES / NO

5) Does *inveteracy* suggest that a habit is new? YES / NO

6) When you *consummate* a deal, do you back out of it? YES / NO

7) Is a *veteran* actress long experienced at her art? YES / NO

8) Do *genes* determine heredity? YES / NO

9) Is a *genealogist* interested in your family origins? YES / NO

10) Are the *genital* organs used in reproduction? YES / NO

11) Is the *genesis* of something the final point? YES / NO

12) Are *hereditary* characteristics derived from parents? YES / NO

4. 다음을 보고 생각나는 단어를 쓰세요.

1) sexual; reproductive

G ______________

2) to complete

C ______________

3) wide and unfavorable reputation

N ______________

4) particle in the chromosome of a cell that transmits a characteristic from parent to offspring

G ______________

5) completion

C ______________

6) inability to be reformed

I ______________

7) the science that deals with the transmission of characteristics from parents to children

G ______________

8) referring to a quality or characteristic that is inherited (adj)

H ______________

9) beginning or origin

G ______________

10) student of family roots or origins

G ______________

11) height of skill or artistry

C ______________, C ______________

12) transmitted by heredity

G ______________

13) quality of a habit that has been established over many years

I ______________, I ______________

14) a person long experienced at a profession, art, or business

V ______________

15) pertaining to a study of family origins (adj)

G ______________

LESSON 3

ORIGIN
어원탐구

of time and place 시간과 장소에 대하여

chronic liar는 끊임없이 반복해서 거짓말을 합니다. chronic invalid만성적인 환자는 자주, 걸핏하면 아픕니다. chronic는 '시간 time'을 뜻하는 그리스어 chronos에서 파생됐고, 명사는 chronicity입니다.

chronic [KRON'-ik] 만성적인
chronicity [krə-NIS'-ə-tee] 만성

anachronism은 시대나 시기에 맞지 않는, 즉 시대착오적인 사람이나 사물을 뜻합니다. 접두어 ana-는 부정을 뜻하고, 형용사는 anachronous 혹은 anachronistic입니다.

anachronism [ə-NAK'-rə-niz-əm] 시대착오적인 사람, 사물
anachronous [ə-NAK'-rə-nəs] 시대에 맞지 않는, 시대착오적인
anachronistic [ə-nak'-rə-NIS'-tik] 시대착오의

일요일 아침 맨해튼의 59번가와 센트럴파크를 거닐다 보면, 실크 모자를 쓴 마부가 끄는 마차를 볼 수 있습니다. 1800년대의 유물입니다. 수많은 자동차와 현대식 고층 건물에 에워싸인, 지나간 시대의 이 낭만적인 운송 수단은 anachronous라고 할 수 있습니다.

19세기를 배경으로 하는 영화에서 텔레비전이 등장하는 소설을 읽고 있다면 그야말로 anachronism입니다. 여러분의 친구가 셰익스피어의 시대에 사는 것처럼 말하고 생각하며 옷을 입고 행동한다면, 그것도 anachronism입니다. 과학소설은 의도적으로 anachronous합니다. 아득한 미래에 있을 법한 현상과 장치와 성

과를 다루기 때문입니다.

anachronism은 '시대에 어울리지 않는out of time' 것입니다. 장소에 어울리지 않는out of place' 것은 incongruous입니다. 이 단어는 부정 접두어 in-, '더불어with, together'를 뜻하는 접두어 con-, 그리고 '일치하다, 부합하다agree, correspond'를 뜻하는 라틴어 동사가 결합하여 만들어졌습니다. 따라서 격식을 갖춘 결혼식에 스웨터나 헐거운 바지를 입으면 incongruous한 것이고, 18세기처럼 허리가 잘록한 옷과 유난스런 코르셋을 입고 가루를 뿌린 가발을 쓴다면 anachronous한 것입니다. 명사는 incongruity입니다.

incongruous
[in-KONG'-groo-əs]
어울리지 않는, 모순된
incongruity
[in-kəng-GROO'-ə-tee]
부조화, 모순, 부적합

chronological은 '올바른 시대 순서의in correct time order'란 뜻으로 역시 chronos에서 파생된 단어입니다. 어떤 이야기를 chronologically하게 말한다는 것은 사건이 일어난 순서대로 말한다는 뜻입니다. chronology는 사건들이 일어난 순서와 정확한 시기를 연구하는 학문, 즉 연대학을 뜻합니다. 이 분야를 연구하는 전문가는 chronologist입니다. 또한 chronology는 이미 일어났거나 앞으로 일어날 사건들을 시간 순으로 배열한 결과, 즉 연대기 혹은 연표를 뜻하기도 합니다.

chronological
[kron-ə-LOJ'-ə-kəl]
올바른 시대 순서의
chronology
[krə-NOL'-ə-jee]
연대학, 연대기, 연표
chronologist
[krə-NOL'-ə-jist] 연대학자

chronometer는 chronos와 '측정measurement'을 의미하는 metron이 결합된 단어로 초정밀 시계timepiece를 뜻하며, 주로 선박에서 사용됩니다. chronometry는 시간 측정을 뜻하고, 형용사는 chronometric입니다.

chronometer
[krə-NOM'-ə-tər] 초정밀 시계
chronometry
[krə-NOM'-ə-tree] 시간 측정
chronometric
[kron'-ə-MET'-rik] 시간 측정의

chronos에 '함께with, together'를 뜻하는 접두어 syn-과 동사의 접미어 -ize를 더해서 synchronize란 동사가 만들어졌습니다. synchronize는 어원적으로 '시간을 똑같이 일치시키다to time together', '동시에 혹은 같은 속도로 움직이거나 일어나다, 또는 일어나게 하다'라는 뜻입니다. 예컨대 여러분과 친구가 시계를 synchronize한다는 것은 두 시계를 똑같은 시간에 맞춘다는 뜻입니다. 또 수영할 때 synchronize한다는 것은 팔다리를 동시에

synchronize
[SIN'-krə-nīz'] 동시에 발생하다
synchronous
[SIN'-krə-nəs] 동시에 발생하는
synchronization
[sin'-krə-nə-ZAY'-shən] 동기화

같은 속도로 움직인다는 뜻입니다. 형용사는 synchronous이고, 명사형은 synchronization입니다.

⊖ disease, suffering, feeling 질병, 고통, 감정

pathological은 '병든diseased'이란 뜻입니다. pathological condition병든 상태에서 보듯이 이 단어에서는 '학문'이란 뜻의 logos가 별다른 역할을 하지 못합니다. pathology는 질병의 특징과 원인 및 치료법 등을 연구하는 학문, 즉 병리학을 뜻합니다. 하지만 병에 걸리거나 병에 관련된 비정상적인 신체의 상태를 뜻하기도 합니다. 요컨대 "This case involves so many kinds of pathology that several different specialists are working on it이 사례에는 많은 종류의 병이 관련되어 있어 여러 전문의가 연구하고 있다"라는 문장에서는 단순히 '질병disease'을 뜻합니다. pathologist는 부검이나 생체검사로 조직을 확인해서 질병을 진단하고 유발 원인을 해석하는 전문가, 즉 병리학자입니다.

pathological
[path'-ə-LOJ'-ə-kəl] 병든
pathology
[pə-THOL'-ə-jee] 병리학, 질병
pathologist
[pə-THOL'-ə-jist] 병리학자

pathos는 '감정feeling'이란 뜻으로 몇몇 단어에서 쓰입니다. 예컨대 누군가를 동정하거나 그 사람 때문에 마음이 아프다면 여러분은 sympathetic한 것입니다. sym-은 '함께with, together'라는 뜻인 그리스어 syn-이 p 앞에서 변형된 것입니다. 명사는 sympathy이고 동사는 sympathize입니다. 예를 들자면 해산을 앞둔 부인의 산통을 남편들도 sympathetic할 수 있다고 합니다.

접두어 anti-는 '……에 반대하여against'란 뜻입니다. 어떤 사람이나 사물에 antipathy를 경험한다는 것은 그에게 반하는 감정을 느끼는 것입니다. 달리 말해, 강한 '반감dislike'이나 '혐오감hostility'을 느끼는 것이죠. 형용사는 antipathetic이며, antipathetic reaction to an authority figure권위적인 인물에 반발하는 행동처럼 쓰입니다.

sympathetic
[sim-pə-THET'-ik]
동정적인, 마음이 통하는
sympathy
[SIM'-pə-thee] 동정
sympathize
[SIM'-pə-thīz] 동정하다
antipathy
[an-TIP'-ə-thee] 반감, 혐오감
antipathetic
[an'-tə-pə-THET'-ik]
반감을 가진, 비위에 맞지 않는

그러나 여러분은 아무런 감정을 느끼지 않을 수도 있습니다. 냉담할 뿐입니다. 아무런 관심이나 반응이 없고, 좋거나 싫다는 표정도 보이지 않습니다. 아주 전형적이고 예측된 반응을 보이는 경우도 있습니다. 이런 경우에 여러분은 apathetic합니다. a-는 부정을 뜻하는 접두어입니다. 명사는 apathy입니다. voter apathy유권자의 무관심, student apathy학생의 무관심 등과 같이 쓰입니다.

apathetic
[ap-ə-THET'-ik] 무관심한
apathy
[AP'-ə-thee] 무감동, 무관심

반대로 여러분이 무척 민감하고 예민해서 다른 사람의 감정을 이해하는 수준에 그치지 않고 그 감정에 깊이 공감하며identify, 순간적으로 그 사람이 된 것처럼 그 감정을 고스란히 받아들인다면 empathy를 한 것입니다. 동사는 empathize이고, 형용사는 empathetic 혹은 empathic입니다. em-은 '안in'을 뜻하는 그리스어 en-이 p 앞에서 변형된 형태입니다.

empathy
[EM'-pə-thee] 감정이입
empathize [EM'-pə-thīz']
감정이입하다, 공감하다
empathetic
[em-pə-THET'-ik] 공감하는
empathic
[em-PATH'-ik] 공감하는

고통받는 사람은 pathetic합니다. 그런 사람은 우리에게 동정sympathy이나 연민pity을 불러일으킵니다. 혹은 antipathy반감를 불러일으킬 수도 있습니다. pathetic story는 괴로움에 관한 이야기이기 때문에 슬픔, 비애, 연민을 불러일으키기 십상입니다.

pathetic
[pə-THET'-ik] 애처로운, 불쌍한

오래 전 듀크 대학교의 J. B. 라인 박사와 연구원들이 초감각적 지각extrasensory perception, ESP에 대해 흥미로운 연구를 시도했습니다. 공간적으로 수 킬로미터 떨어진 두 사람이 전화나 전보, 우편물을 사용하지 않고 서로 의사소통을 할 수 있을까요? telepathy를 믿는 사람들은 가능하다고 말하지만, 그 방법까지 안다고 주장하지는 않습니다. 다른 사람의 마음을 어떻게 읽어낼 수 있을까요? 물론 telepathic하면 됩니다. 그러나 누구도 telepathy의 화학적 과정이나 생물학적 과정을 설명하지는 못합니다. telepathy는 '느낌feeling'을 뜻하는 pathos와 '거리distance'를 뜻하는 접두어 tele-가 결합하여 만들어진 단어입니다. tele-는 telephone전화, telegraph전보, telescope망원경에서도 쓰입니다. 초감각적 지각력을 지닌 사람들이 멀리 떨어져서도 서로의 생각을 느낀다면 telepathic communication을 한다고 말할 수 있습니다.

telepathy
[tə-LEP'-ə-thee] 텔레파시
telepathic
[tel-ə-PATH'-ik] 정신감응의

QUIZ

어원복습

단어의 어원적 구조를 정확히 파악하면 훨씬 효과적으로 단어를 정복할 수 있습니다. 지금까지 배운 접두어와 어근, 접미어를 복습하는 의미로 풀어보는 것이므로 따로 정답은 없습니다. 자유롭게 생각나는 단어를 써보세요.

	접두어/어근/접미어	의미	파생어
1	chronos	time	
2	ana-, a-	부정 접두어	
3	con-	with, together	
4	in-	부정 접두어	
5	logos	science, study	
6	metron	measurement	
7	syn-, sym-	with, together	
8	-ize	동사형 접미어	
9	pathos	disease, suffering, feeling	
10	anti-	against	
11	en-, em-	in	
12	tele-	distance	

EXERCISE
연습문제

1. 다음 단어를 정확히 발음해보세요.

1) **chronicity**	krə-NIS′-ə-tee	2) **anachronism**	ə-NAK′-rə-niz-əm
3) **anachronous**	ə-NAK′-rə-nəs	4) **anachronistic**	ə-nak′-rə-NIS′-tik
5) **incongruous**	in-KONG′-grōō-əs	6) **incongruity**	in′-kəng-GRŌŌ′-ə-tee
7) **chronological**	kron′-ə-LOJ′-ə-kəl	8) **chronology**	krə-NOL′-ə-jee
9) **chronologist**	krə-NOL′-ə-jist	10) **chronometer**	krə-NOM′-ə-tər
11) **chronometry**	krə-NOM′-ə-tree	12) **chronometric**	kron′-ə-MET′-rik
13) **synchronize**	SIN′-krə-nīz′	14) **synchronization**	sin′-krə-nə-ZAY′-shən
15) **synchronous**	SIN′-krə-nəs		

2. 다음 단어를 정확히 발음해보세요.

1) **pathology**	pə-THOL′-ə-jee	2) **pathologist**	pə-THOL′-ə-jist
3) **sympathy**	SIM′-pə-thee	4) **sympathetic**	sim-pə-THET′-ik
5) **sympathize**	SIM′-pə-thīz	6) **antipathy**	an-TIP′-ə-thee
7) **antipathetic**	an′-tə-pə-THET′-ik	8) **apathy**	AP′-ə-thee
9) **apathetic**	ap-ə-THET′-ik	10) **empathy**	EM′-pə-thee
11) **empathize**	EM′-pə-thīz′	12) **empathetic**	em-pə-THET′-ik
13) **empathic**	em-PATH′-ik	14) **pathetic**	pə-THET′-ik
15) **telepathy**	tə-LEP′-ə-thee	16) **telepathic**	tel′-ə-PATH′-ik

3. 다음 단어와 연관되는 내용을 보기에서 고르세요.

보기

a. something, or state of being, out of place
b. timepiece; device that measures time very accurately
c. condition of continual or repeated recurrence
d. act of occuring, or of causing to occur, at the same time
e. calendar of events in order of occurrence
f. something, or someone, out of time
g. measurement of time
h. a sharing or understanding of another's feeling
i. ESP; communication from a distance
j. disease; study of disease

1) **chronicity** ________ 2) **anachronism** ________
3) **incongruity** ________ 4) **chronology** ________

5) **chronometer** ____________ 6) **chronometry** ____________
7) **synchronization** ____________ 8) **pathology** ____________
9) **sympathy** ____________ 10) **telepathy** ____________

4. 다음 단어와 연관되는 내용을 보기에서 고르세요.

보기

a. identification with another's feelings
b. share another's feelings so strongly as to experience those feelings oneself
c. out of time
d. one who examines tissue to diagnose disease
e. occuring at the same time or rate
f. relating to extrasensory perception
g. suffering; arousing sympathy or pity
h. lack of feeling; non-responsiveness
i. out of place
j. happen, or cause to happen, at the same time or rate
k. hostility; strong dislike

1) **pathologist** ____________ 2) **antipathy** ____________
3) **apathy** ____________ 4) **empathy** ____________
5) **synchronize** ____________ 6) **empathize** ____________
7) **anachronous** ____________ 8) **incongruous** ____________
9) **synchronous** ____________ 10) **pathetic** ____________
11) **telepathic** ____________

5. 다음 질문을 읽고 YES/NO로 대답하세요.

1) Are these dates in *chronological* order? 1492, 1941, 1586 YES / NO
2) Is *pathology* the study of healthy tissue? YES / NO
3) Is *telepathic* communication carried on by telephone? YES / NO
4) Does a *sympathetic* response show an understanding of another's feelings? YES / NO
5) Is one *antipathetic* to things, ideas, or people one finds agreeable? YES / NO
6) Do *apathetic* people react strongly? YES / NO
7) Does an *empathic* response show identification with the feelings of another? YES / NO
8) Is a swimsuit *incongruous* attire at a formal ceremony? YES / NO
9) Is an *anachronistic* attitude up to date? YES / NO
10) Are *synchronous* movements out of time with one another? YES / NO

6. 다음을 보고 생각나는 단어를 쓰세요.

1) in order of time

C ______________

2) out of place

I ______________

3) out of time

A ______________ , A ______________

4) something, or state of being, out of place

I ______________

5) lack of feeling

A ______________

6) measurer of time

C ______________

7) study of disease

P ______________

8) feeling of hostility or dislike

A ______________

9) to occur, or cause to occur, at the same time or rate

S ______________

10) evoking sorrow or pity

P ______________

11) something out of time

A ______________

12) state of recurring again and again

C ______________

13) extransensory perception

T ______________

14) one who examines tissue to diagnose disease

P ______________

15) identification with the feelings of another

E ______________

16) happening at the same time or rate (adj)

S ______________

17) skillful at thought transference without sensory communication

T ______________

18) calendar of events in time sequence

C ______________

19) referring to the measurement of time (adj)

C ______________

LESSON 4

ORIGIN
어원탐구

knowing 알다

psychopath는 반사회적이고 '비양심적인unconscionable' 짓을 합니다. 또 자신이 한 짓 때문에 양심conscience, 죄의식guilt, 가책remorse 등으로 괴로워하지 않습니다.

unconscionable
[un-KON´-shə-nə-bəl]
비양심적인
unconscionability
[un-kon'-shə-nə-BIL'-ə-tee]
비양심

unconscionable과 conscience의 기원은 밀접한 관계가 있습니다. unconscionable은 라틴어에서 '알다to know'를 뜻하는 scio에서, conscience는 '앎knowing'을 뜻하는 sciens에서 파생됐고, 둘 모두에 '함께with together'를 뜻하는 접두어 con-이 더해졌습니다.

따라서 어원적으로 conscience는 옳고 그름에 대한 도덕의식이 더해진 여러분의 지식을 뜻합니다. 여러분이 unconscionable하다면 여러분의 conscience가 작동하지 않거나 여러분에게 conscience가 없다는 뜻입니다. 명사형은 unconscionableness 혹은 unconscionability입니다.

conscious도 con-과 scio가 결합된 단어로 자신의 정서나 감각작용, 혹은 주변에서 일어나는 일에 대해 알고 자각하는 능력, 즉 '의식하는'이란 뜻입니다.

science는 sciens가 어근이고, 예컨대 믿음, 신념, 직관, 추측 등에 반대되는 체계화된 '지식knowledge'을 뜻합니다. sciens에 '모두all'을 뜻하는 라틴어 omnis가 더해지면 omniscient가 만들어지고, 이 단어는 '모든 것을 아는, 무한한 지식을 지닌all-knowing, possessed of infinite knowledge'이란 뜻입니다. 명사는 omniscience입니다.

omniscient[om-NISH'-ənt] 모든 것을 아는, 무한한 지식을 지닌
omniscience [om-NISH'-əns] 전지, 박식

sciens 앞에 접두어 pre-를 더하면 prescient가 되고, 이 단어는 어떤 사건이 일어나기 '전에before' 그에 대해 아는 것, 즉 '미리 아는, 비범한 예언의 능력을 지닌'이란 뜻입니다. 명사는 prescience입니다.

prescient [PREE'-shənt] 선견지명이 있는
prescience [PREE'-shəns] 선견지명, 통찰

끝으로 sciens에 부정 접두어 ne-를 더하면 nescient가 되고, 이 단어는 '모르는not knowing, 무지한ignorant'를 뜻합니다. 그러면 nescient의 명사는 무엇일까요? ____________.

nescient [NESH'-ənt] 모르는, 무지한

fool some of the people... 누군가를 속이다

glib은 '미끄러지는slippery'을 뜻하는 고대 영어의 어근에서 파생됐습니다. glib liar 혹은 glib talker는 말솜씨가 유창하고 매끄럽습니다. 어떤 질문에나 능숙하게 대답하고 유창한 언변을 지녔으며 설득력도 있습니다. 그러나 진지함과 확신이 없기 때문에 the most nescient무지한 사람들를 기만할 뿐입니다. 명사는 glibness입니다.

glib[GLIB] 입심 좋은, 언변이 유창한
glibness[GLIB'-nəs] 입심 좋음, 말뿐임

herds and flocks 무리와 떼

egregious는 라틴어에서 '무리, 떼herd, flock'를 뜻하는 grex, gregis에서 파생됐습니다. egregious한 거짓말, 행동, 범죄, 실수 등은 너무 악독해서 온갖 나쁜 짓들 중에서 눈에 띄게 두드러져stand out 보입니다. 따라서 '밖으로out'를 뜻하는 접두어 ex-의 단축형인 e-가 더해진 형태입니다. 명사는 egregiousness입니다.

egregious[ə-GREE'-jəs] 지독한
egregiousness [ə-GREE'-jəs-nəs] 지독함, 터무니없음

반면, 교제를 좋아하고 무리와 함께 있는 것을 즐기며 친구를 사귀려 애쓰고 사람들과 어울릴 때 가장 행복을 느낀다면 gregarious한 사람입니다. 외향적인 사람extrovert들은 gregarious합니다. 그들은 혼자 지내는 것보다 사람들과 만나 대화하고 웃고 관계 맺는 걸 더 좋아합니다. 접미어 -ness는 형용사에 붙어 명사를 만듭니다. gregarious의 명사를 써보세요. ____________.

gregarious
[grə-GAIR'-ee-əs]
떼 지어 사는, 사교적인

'함께with, together'를 뜻하는 접두어 con-이 grex, gregis에 더해지면 동사 congregate가 만들어집니다. 같은 어근에 '분리, 따로따로apart'를 의미하는 접두어 se-가 더해지면 동사 segregate가 되고, '……를 향하여toward'란 뜻의 ad-가 더해지면 동사 aggregate가 됩니다. ad-는 g-로 시작하는 어근 앞에서 ag-로 변형됩니다.

congregate
[KONG'-grə-gayt'] 모이다
segregate[SEG'-rə-gayt']
나누다, 격리시키다
aggregate
[AG-rə-gayt'] 모으다
congregation
[cong'-grə-GAY'-shən]
신자들, 무리
aggregate[AG'-rə-gət] 합계

어디 한 번 복습해봅시다. 사람이 무리를 지어 모이면 그들은 __________동사형한 것입니다. 명사형은 congregation이며, 특히 종교적인 '무리herd'를 뜻합니다. 사람이나 사물을 '무리'에서 떼어내면 여러분은 그를 __________동사형한 것입니다. 적절한 명사형 접미어를 덧붙여 명사를 만들어보세요. ____________.

무리에게로 어떤 개체를 끌고 들어오면 여러분은 그것을 ________동사형한 것입니다. 이 동사의 명사형은 무엇일까요? ____________.

동사 aggregate는 '무리를 향해 오다to come together to or toword the herd', 즉 '모여서 전체가 되다to gather into a mass or whole'라는 뜻입니다. 이 뜻이 확대되면 '합계가 ……이 되다 to total or amount to'를 의미합니다. 따라서 aggregate는 명사로 쓰이면 하나의 전체로 여겨지는 개체의 합을 뜻하게 됩니다. 예를 들어 "People in the aggregate...전체 인원은……"처럼 쓰입니다.

QUIZ

어원복습

단어의 어원적 구조를 정확히 파악하면 훨씬 효과적으로 단어를 정복할 수 있습니다. 지금까지 배운 접두어와 어근, 접미어를 복습하는 의미로 풀어보는 것이므로 따로 정답은 없습니다. 자유롭게 생각나는 단어를 써보세요.

	접두어/어근/접미어	의미	파생어
1	grex, gregis	herd, flock	
2	e-(ex-)	out	
3	-ness	명사형 접미어	
4	con-	with, together	
5	ad-, ag-	to, toward	
6	un-	부정 접두어	
7	scio	to know	
8	sciens	knowing	
9	omnis	all	
10	pre-	before	
11	ne-	부정 접두어	
12	se-	apart	
13	-ion	동사에 붙는 명사형 접미어	

EXERCISE
연습문제

1. 다음 단어를 정확히 발음해보세요.

1) **unconscionability** un-kon´-shə-nə-BIL´-ə-tee
2) **omniscient** om-NISH´-ənt
3) **omniscience** om-NISH´-əns
4) **prescient** PREE´-shənt
5) **prescience** PREE´-shəns
6) **nescient** NESH´-ənt
7) **nescience** NESH´-əns
8) **glibness** GLIB´-nəs
9) **egregiousness** ə-GREE´-jəs-nəs
10) **gregarious** grə-GAIR´-ee-əs
11) **gregariousness** grə-GAIR´-ee-əs-nəs
12) **congregate** KONG´-grə-gayt´
13) **congregation** kong´-grə-GAY´-shən
14) **segregate** SEG´-rə-gayt´
15) **segregation** seg´-rə-GAY´-shən
16) **aggregate**ⓥ AG´-rə-gayt
17) **aggregate**ⓝ AG´-rə-gət
18) **aggregation** ag´-rə-GAY´-shən

2. 다음 단어와 연관되는 내용을 보기에서 고르세요.

보기

a. ignorance
b. outstanding badness or viciousness
c. religious group; a massing together
d. total; mass; whole
e. exclusion from the herd; a setting apart
f. infinite knowledge
g. friendliness; enjoyment of mixing with people
h. lack of conscience
i. suspiciously smooth fluency
j. foreknowledge

1) **unconscionability** ________
2) **omniscience** ________
3) **prescience** ________
4) **nescience** ________
5) **glibness** ________
6) **egregiousness** ________
7) **gregariousness** ________
8) **congregation** ________
9) **segregation** ________
10) **aggregate**ⓝ ________

3. 다음 질문을 읽고 YES/NO로 대답하세요.

1) Is *unconscionability* one of the signs of the psychopath? YES / NO
2) Can anyone be truly *omniscient*? YES / NO
3) Does a *prescient* fear indicate some knowledge of the future? YES / NO
4) Is *nescience* a result of learning? YES / NO

5) Does *glibness* make someone sound sincere and trustworthy? YES / NO

6) Is *egregiousness* an admirable quality? YES / NO

7) Do *gregarious* people enjoy parties? YES / NO

8) Do spectators *congregate* at sports events? YES / NO

9) Do we often *segregate* hardened criminals from the rest of society? YES / NO

10) Is an *aggregation* of problems a whole mass of problems? YES / NO

4. 다음을 보고 생각나는 단어를 쓰세요.

1) enjoying groups and companionship

G ______________

2) ignorant

N ______________

3) state of not being held back from antisocial behavior by one's conscience

U ______________, U ______________

4) having knowledge of an event before it occurs (adj)

P ______________

5) a religious "flock"

C ______________

6) a total, whole, or mass

A ______________, A ______________

7) to separate from the rest

S ______________

8) suspiciously smooth fluency

G ______________

9) all-knowing (adj)

O ______________

10) to come together into a group or mass

C ______________

REVIEW

챕터복습

1. 다음 정의에 맞는 단어를 고르세요.

1) Highly skilled

ⓐ consummate ⓑ inveterate ⓒ notorious

2) Beyond reform

ⓐ inveterate ⓑ incorrigible ⓒ glib

3) Dating from birth

ⓐ inveterate ⓑ congenital ⓒ psychopathic

4) Outstandingly bad

ⓐ egregious ⓑ unconscionable ⓒ chronic

5) Science of heredity

ⓐ pathology ⓑ genetics ⓒ orthopedics

6) Out of time

ⓐ incongruous ⓑ anachronous ⓒ synchronous

7) Study of disease

ⓐ pathology ⓑ telepathy ⓒ antipathy

8) Fond of company, friends, group activities, etc.

ⓐ apathetic ⓑ gregarious ⓒ chronological

9) Indifferent

ⓐ antipathetic ⓑ pathetic ⓒ apathetic

10) Long accustomed in habit

ⓐ incorrigible ⓑ notorious ⓒ inveterate

11) Study of family ancestry

ⓐ genealogy ⓑ genetics ⓒ genesis

12) To complete, finish, top off

ⓐ synchronize ⓑ consummate ⓒ empathize

13) Accurate timepiece

ⓐ anachronism ⓑ chronology ⓒ chronometer

14) Identification with the feelings of another

ⓐ sympathy ⓑ apathy ⓒ empathy

15) Thought transference; extrasensory perception

ⓐ telepathy ⓑ empathy ⓒ omniscience

16) Ignorance

ⓐ omniscience ⓑ prescience ⓒ nescience

17) To gather into a group

ⓐ congregate ⓑ segregate ⓒ synchronize

2. 다음 어근에 맞는 의미를 쓰세요.

	어근	의미	파생어
1)	notus		notorious
2)	summus		summit
3)	corrigo		incorrigible
4)	vetus		veteran
5)	senex		senile
6)	genesis		congenital
7)	logos		genealogy
8)	chronos		chronic
9)	metron		chronometer
10)	pathos		pathology
			pathetic
			empathy
11)	grex, gregis		gregarious
12)	scio		unconscionable
13)	sciens		prescience
14)	omnis		omniscient

QUESTION

어원심화

1. "She was one of many *notables* who attended the convention그녀는 집회에 참석한 많은 notbles 중 하나였습니다"에서 이탤릭체로 쓰인 단어가 어근 notus에서 파생됐다면 known을 사용해서 명사 notable의 뜻을 정의해보세요.

   ____

2. notify와 notice는 같은 어근에서 파생된 단어입니다. 역시 known을 사용해서 두 단어를 정의해보세요. notify에서 동사의 접미어 -fy의 뜻을 짐작할 수 있나요? simplify, clarify, liquefy에 대해서도 생각해 봅시다.

   notify : ______________________

   notice : ______________________

   -fy : ______________________

3. 어근 chronos와 graphein에 대해서 배웠습니다. 책을 읽던 중에 chronograph라는 단어를 보게 됐다고 합시다. 이 단어의 뜻에 대해서 짐작해보세요.

   ____

4. 동사 generate의 어근은 genesis입니다. 이 단어를 정의해보세요.

   ____

   regenerate도 정의해보세요.

   ____

   접두어 re-의 의미를 쓰세요.

   ____

5. omnipotent와 omnipresent에는 어근 omnis가 사용됐습니다. 두 단어를 정의해보세요.

   omnipotent : ______________________

   omnipresent : ______________________

형용사 omniscient에서 명사를 어떻게 유도했는지 기억한다면 다음 형용사의 명사형도 써보세요.

omnipotent : ______________________

omnipresent : ______________________

6. anachronism에서 부정 접두어를 찾아보고 명사 aphrodisiac에 대해서 생각해보세요. 이 둘을 바탕으로 '성적인 욕망을 억제하거나 제거하는 것'을 뜻하는 단어를 생각해보세요.

____

ADVICE

4가지 지속적인 이득

지금쯤 여러분은 근면하고 영리하게 공부한다면 어휘력을 쉽게 향상시킬 수 있다는 사실을 알게 됐을 것입니다. 먼저 근면하게 공부하는 것이 중요합니다. 이 책을 드문드문 들척거린다면 뚜렷한 목표 없이 배우는 것과 같습니다. 더불어 영리하게 접근하는 것도 중요합니다. 새로운 단어를 핵심적인 개념의 상징으로 받아들여야 완벽하게 이해하고 영원히 기억할 수 있습니다. 개별적인 단어들의 긴 목록으로 기억한다면 완전한 내 것으로 만들기 어렵습니다.

여러분은 단어만 배운 것이 아닙니다. 제대로 공부했다면 느낄 수 있을 것입니다. 여러분은 300~350개에 달하는 중요한 단어의 의미와 발음과 배경 및 용법 이외에 다음과 같은 이득을 덤으로 얻었습니다.

지적인 감각에 변화가 찾아왔습니다. 많은 단어, 또 그 단어 뒤에 감추어진 개념을 바탕으로 생각하기 시작했습니다. 말을 하고 글을 쓸 때 그 단어들을 사용하고, 글을 읽을 때도 그 단어들의 쓰임새에 주목하게 됐습니다.

생각의 표현 수단으로 단어에 새로운 관심을 갖기 시작했습니다.

남들과 대화할 때 듣거나, 글을 읽을 때 만나는 새로운 단어를 의식하기 시작했습니다.

단어들 간의 관계를 새로운 관점에서 받아들이기 시작했습니다. 많은 단어가 다른 언어에서 파생됐고, 같은 어근에서 파생된 단어들과 밀접한 관계가 있다는 걸 깨달았습니다.

TEST 1

현재까지 여러분은 300~350개의 고급 단어를 배우고 그 의미를 다시 알게 됐습니다. 수십 개의 중요한 라틴어, 그리스어의 접두어, 어근과 접미어도 배웠습니다. 자제력과 자기주도적인 학습이라는 소중한 습관을 갖게 됐습니다. 문법과 현대 어법에 대한 자신의 태도를 되돌아보고, 동시에 단어 사용에서 정확성이란 문제에 대해 가끔 느꼈을 혼란을 떨쳐냈습니다. 끝으로는 궁극적인 목표, 즉 더 낫고 더 풍부하며 더 정확한 어휘, 한마디로 고급 어휘를 향상시키겠다는 목표를 향해 바람직한 방향으로 큰 걸음을 뗐습니다.

이쯤에서 여러분이 배운 단어들을 복습하고 점검하는 기회를 가져봅시다. 정기적으로 꼼꼼하게 복습하지 않으면 상당 부분 잊게 된다는 걸 명심하기 바랍니다. 점수를 매기는 방법과 점수의 의미는 테스트의 끝에서 설명하겠습니다.

1. 다음 어근에 맞는 의미를 쓰세요.

어근	의미	파생어
ego	1) ______	egoism
misein	2) ______	misanthrope
gamos	3) ______	bigamy
gyne	4) ______	gynecology
derma	5) ______	dermatology
orthos	6) ______	orthodontia
psyche	7) ______	psychotic
neuron	8) ______	neurology
logos	9) ______	biology
bios	10) ______	biopsy
opsis, optikos	11) ______	autopsy, optical
algos	12) ______	neuralgia
agogos	13) ______	demagogue
pedis	14) ______	pedestrian
paidos(ped-)	15) ______	pediatrician

demos	16) ______	democracy
oculus	17) ______	oculist
iatreia	18) ______	podiatrist
metron	19) ______	optometrist
geras	20) ______	geriatrics
soma	21) ______	psychosomatic
pathos	22) ______	osteopath
odontos	23) ______	exodontist
pous, podos	24) ______	octopus, podium
cheir(chiro-)	25) ______	chirography

2. 다음 어근에 맞는 의미를 쓰세요.

어근	의미	파생어
graphein	1) ______	graphology
kallos	2) ______	calligrapher
pyge	3) ______	callipygian
kakos	4) ______	cacophony
senex	5) ______	senescent
anthropos	6) ______	anthropology
astron	7) ______	astronomy
nautes	8) ______	astronaut
ge(geo-)	9) ______	geology
zoion	10) ______	zodiac
lingua	11) ______	bilingual
philein	12) ______	Philadelphia
biblion	13) ______	bibliophile
autos	14) ______	autonomous
socius	15) ______	asocial
notus	16) ______	notorious
summus	17) ______	consummate
vetus	18) ______	inveterate
genesis	19) ______	congenital
chronos	20) ______	chronic
pathos	21) ______	empathy

grex, gregis	22) ______	egregious
sciens	23) ______	prescient
omnis	24) ______	omniscient
nomos	25) ______	metronome

3. 다음 단어의 관계를 SAME/OPPOSITE로 대답하세요.

1) egoistic—altruistic SAME / OPPOSITE
2) misanthropic—philanthropic SAME / OPPOSITE
3) misogamous—polygamous SAME / OPPOSITE
4) dexterous—skillful SAME / OPPOSITE
5) sinister—threatening SAME / OPPOSITE
6) optical—visual SAME / OPPOSITE
7) notorious—infamous SAME / OPPOSITE
8) consummate(adj)—unskilled SAME / OPPOSITE
9) chronic—acute SAME / OPPOSITE
10) glib—halting SAME / OPPOSITE
11) ophthalmologist—oculist SAME / OPPOSITE
12) geriatric—pediatric SAME / OPPOSITE
13) endodontist—exodontist SAME / OPPOSITE
14) calligraphy—cacography SAME / OPPOSITE
15) astronaut—cosmonaut SAME / OPPOSITE
16) biopsy—autopsy SAME / OPPOSITE
17) dichotomous—cut in two SAME / OPPOSITE
18) congenital—hereditary SAME / OPPOSITE
19) veteran—"old hand" SAME / OPPOSITE
20) anachronous—timely SAME / OPPOSITE

4. 다음 내용과 연관되는 단어를 보기에서 고르세요.

보기

a. entomologist	b. taxidermist
c. egomaniac	d. bibliophile
e. ophthalmologist	f. psychopath
g. philologist	h. anthropologist
i. psychotic	j. misogynist

1) dislikes women ______
2) is pathologically self-interested ______
3) studies the development of the human race ______

4) is an expert on insects ______
5) collects books ______
6) mounts and stuffs animal skins ______
7) is an eye doctor ______
8) is a student of linguistics ______
9) has “split off” from reality ______
10) commits antisocial acts without guilt or pangs of conscience ______

5. 다음 내용과 연관되는 단어를 보기에서 고르세요.

보기

a. pediatrician	b. cardiologist
c. psychiatrist	d. podiatrist
e. dermatologist	f. periodontist
g. obstetrician	h. neurologist
i. orthopedist	j. gynecologist

1) delivers babies ______
2) treats female ailments ______
3) treats infants ______
4) treats skin diseases ______
5) treats skeletal deformities ______
6) is a heart specialist ______
7) treats mental or emotional disturbances ______
8) treats disorders of the nervous system ______
9) treats minor ailments of the feet ______
10) treats ailments of the gums ______

6. 다음을 보고 생각나는 단어를 쓰세요.

1) ruthless; without conscience U______
2) suspiciously fluent or smooth G______
3) outstandingly bad; vicious E______
4) out of place I______
5) study of the family tree; specialty of tracing ancestry G______
6) science of heredity G______
7) in correct order of time C______
8) socially awkward G______
9) record of heart action C______
10) equally skillful with both the right and left hand A______

11) social scientist who deals with the problems of aging G__________
12) extrasensory perception T__________
13) branch of dentistry specializing in the care of children's teeth P__________
14) blood-pressure apparatus S__________
15) growing old (adj) S__________
16) palm reader C__________
17) that which arouses sexual desire A__________
18) representation of the whole E__________
19) diseased; pertaining to the study of disease (adj) P__________
20) measurement of time C__________
21) hostility; strong dislike; aversion A__________
22) to occur, or cause to occur, at the same time or rate S__________
23) ignorant N__________
24) knowledge of an occurrence beforehand P__________
25) enjoying being with the herd; liking companionship G__________
26) to identify strongly with the feelings of another E__________
27) instrument to measure atmospheric pressure B__________
28) to separate from the herd S__________
29) possessed of shapely buttocks C__________
30) ugly, illegible handwriting C__________

점수 계산법

한 문제당 **1점**으로 계산하세요. 여러분이 받은 총점의 의미는 다음과 같습니다.

00~34점 : 노력하면 더 잘할 수 있습니다. 굳은 결의와 단호한 마음으로 공부를 계속하기 바랍니다.
35~49점 : 기준에 턱없이 모자랍니다. 복습을 철저히 한 후 진도를 나아가기 바랍니다.
50~60점 : 기준선을 겨우 넘었습니다. 더 열심히 공부해야 합니다.
65~79점 : 평균입니다. 상당한 학습 성과를 거두었지만 각 단원이 끝난 후에 복습을 철저히 해야 합니다.
80~99점 : 우수합니다. 이번 복습이 아주 유익했습니다.
100~120점 : 탁월합니다. 올바른 방향으로 어휘력을 향상시킬 준비를 갖추었습니다.

TEST 1 : __________ / 120

Part 2

Chapter 6~9

CHAPTER 6

HOW TO TALK ABOUT ACTIONS
행위

인간의 중요한 행위를 정확히 표현하는 동사를 비롯하여
선과 악, 행동과 말, 바람과 호감 등을 표현하는 어휘들을 공부합니다.

Preview

다음과 같은 행동를 가리키는 동사는 무엇인가요?

- belittle?
  업신여기나요?
- be purposely confusing?
  의도적으로 얼버무리나요?
- tickle someone's fancy?
  상대의 변덕에 맞춰주나요?
- flatter fulsomely?
  역겨울 정도로 아첨하나요?
- prohibit some food or activity?
  어떤 음식이나 행동을 금지하나요?
- make unnecessary?
  불필요하게 만드나요?
- work against?
  반대하나요?
- spread slander?
  허위 선전을 하나요?
- give implicit forgiveness for a misdeed?
  못된 짓을 무조건 용서하나요?
- change hostility to friendliness?
  적의를 호의로 바꾸나요?

LESSON 1

동사의 중요성은 말로 다 표현하기 힘들 정도입니다. 여러분이 생각하고 말하고, 읽고 쓰는 문장에는 언제나 하나의 동사가 있기 마련입니다. 개념에 담긴 행위, 움직임, 힘을 전달하는 단어가 동사이기 때문입니다.
어렸을 때 여러분은 무척 일찍부터 동사를 사용했습니다. 물론 우리가 말을 배우면서 주변에 있는 사물이나 사람을 하나씩 알아갈 때 처음 사용한 단어들은 일반적으로 명사입니다. Mama엄마, Dad아빠, doll인형, baby아기, bottle병 등이 입 밖에 낸 최초의 기본적인 음절이었을 것입니다. 구체적인 사물이나 실제 사람에게 이름을 붙이는 단계가 언어 발달에서 첫 단계이기 때문입니다. 그리고 곧 무형의 개념을 표현하게 됐고, 그 후에는 go가다, stop멈추다, stay머물다, want원하다, eat먹다, sleep잠자다 같은 단순한 동사를 사용하기 시작했습니다. 나이를 먹으면서 여러분은 한층 복잡한 행위들을 동사로 표현했습니다. 그리고 성인이 된 지금, 여러분은 상당히 복잡한 행동까지 간단한 음절로 표현할 수 있습니다. 물론, 적절한 단어들을 많이 알고 마음대로 구사할 수 있어야 하겠지만요.
동사를 폭넓고 풍부하게 안다면 여러분의 행동과 반응, 의견과 감정을 훨씬 정확하고 효과적으로 전달할 수 있습니다. 동사에 대해 구체적으로 공부해봅시다.

IDEA
개념정리

1 playing it down
업신여기다

Ready to go back thirty or more years? Consider some post-World War II American political history:
Harry Truman couldn't win the 1948 election. The pollsters said so, the Republicans heartily agreed, even the Democrats, some in high places, believed it. Mr. Truman himself was perhaps the only voter in the country who was not entirely convinced.
Came the first Tuesday after the first Monday in November—well, if you were one of those who stayed up most of the night listening to the returns, and then kept your ear to the radio most of the next day, you recall how you reacted to the unique Truman triumph.
It was no mean accomplishment, thought many people. Pure accident, said others. If one out of twelve voters in a few key states had changed his ballot, Harry could have gone back to selling ties, one Republican apologist pointed out. It wasn't anything

Truman did, said another; it was what Dewey didn't do. No credit to Truman, said a third; it was the farmers—or labor—or the Republicans who hadn't bothered vote—or the ingenious miscounting of ballots. No credit to Truman, insisted a fourth; it was Wallace's candidacy—it was Democrats—it was Republican overconfidence—it was sunspots—it was the Communists—it was the civil service workers who didn't want to lose their cushy jobs—it was really Roosevelt who won the election.
Anyway Harry didn't accomplish a thing—he was just a victim of good fortune.

30년 혹은 그 이전으로 돌아가볼까요? 제2차 세계대전 이후의 미국 정치사를 잠시 생각해봅시다.
해리 트루먼은 1948년의 선거에서 승리할 가능성이 없었습니다. 여론이 그렇게 말했고 공화당원들은 전적으로 동의했지요. 민주당의 고위층도 그렇게 믿었습니다. 트루먼만이 미국에서 그 사실을 받아들이지 않은 유일한 유권자였습니다.
11월 첫 월요일이 지나고 화요일이 됐을 때, 여러분이 선거 결과에 귀를 기울이며 밤을 지새우고, 다음날에도 대부분의 시간을 라디오에 귀를 기울인 사람이었다면, 트루먼의 기적 같은 승리에 어떻게 반응했는지 지금도 기억할 것입니다.
많은 사람의 생각처럼 트루먼의 승리가 훌륭한 업적은 아니었습니다. 일부에서는 순전한 우연이라고 말합니다. 한 공화당 지지자의 지적대로, 일부 핵심 주에서 12명의 유권자 중 한 명이라도 달리 투표했다면 트루먼은 넥타이 장사꾼으로 돌아가야 했습니다. 다른 공화당 지지자의 주장에 따르면, 선거의 승리는 트루먼이 해낸 일이 아니라 듀이가 해내지 못한 것이었습니다. 또 다른 공화당 지지자는 트루먼의 공로가 아니라 농부와 노동자의 공로였고, 귀찮다며 투표를 하지 않은 공화당원, 교묘한 부정 개표 덕분이라고 말했습니다. 또 다른 공화당 지지자도 트루먼의 공로가 아니라 월러스가 출마한 때문이고, 민주당원의 결집과 공화당의 자만, 태양의 흑점, 공산주의자, 편안한 일자리를 잃고 싶지 않았던 공무원들 덕분에 트루먼이 선거에 승리한 것이며, 선거에서 실질적으로 승리한 사람은 루스벨트라고 주장했습니다.
여하튼 트루먼의 공로는 아무것도 없었습니다. 그는 행운의 희생자였습니다.

What were the apologists for Dewey's failure doing?
듀이의 패배를 변명하는 사람들은 무엇을 하고 있나요?

→ **They were *disparaging* Truman's achievement.**
그들은 트루먼의 승리를 깎아내리고 있습니다.

2 playing it safe
안전을 꾀하다

Willing to look at some more history of the late 1940s?
Of course, Dewey did campaign, in his own way, for the presidency. As the Republican aspirant, he had to take a stand on the controversial Taft-Hartley Act.
Was he for it? He was for that part of it which was good. Naturally, he was against any of the provisions which were bad. Was he for it? The answer was yes—and also no. Take whichever answer you wanted most to hear.

1940년대 말 미국의 역사를 좀더 살펴볼까요?
물론 듀이도 대통령이 되기 위해서 나름대로 선거운동을 했습니다. 공화당 후보자로서 그는 논란이 많던 태프트-하틀리 법안에 대한 입장을 밝혀야 했습니다.
그는 그 법안을 찬성했던가요? 그는 그 법안에서 바람직한 부분에 찬성했고, 나쁜 부분에 대해서는 당연히 반대했습니다. 그럼 그가 그 법안에 찬성했던 것일까요? 대답은 '그렇다'이기도 하고 '그렇지 않다'이기도 합니다. 대답이 어떤 쪽이든 원하는 대로 해석할 수 있습니다.

What was Dewey doing? 듀이는 어떻게 행동했나요?

→ **He was *equivocating*.** 그는 애매한 태도를 취했습니다.

3 enjoying the little things
사소한 것들을 즐기다

Have you ever gone through a book that was so good you kept hugging yourself mentally as you read? Have you ever seen a play or motion picture that was so charming that you felt sheer delight as you watched? Or perhaps you have had a portion of pumpkin-chiffon pie, light and airy and mildly flavored, and with a flaky, delicious crust, that was the last word in gustatory enjoyment?

Now notice the examples I have used. I have not spoken of books that grip you emotionally, of plays and movies that keep you on the edge of your seat in suspense, or of food that satisfies a ravenous hunger. These would offer quite a different, perhaps more lasting and memorable, type of enjoyment. I have detailed, rather, mental or physical stimuli that excite enjoyably but not too sharply—a delightful novel, a charming play, a delicious dessert.

마음속으로 몹시 즐거워하면서 읽을 정도로 기막힌 책에 푹 빠져본 적이 있나요? 너무 재밌어서 관람하는 동안 한없이 즐거웠던 연극이나 영화를 본 적이 있나요? 가볍고 폭신하며 부드럽고 바삭거리는 맛있는 껍질이 더해져서 식도락의 결정판인 호박 시폰 파이 한 조각을 먹어보았나요?

내가 앞에서 언급한 예들을 다시 생각해봅시다. 여러분의 마음을 사로잡는 책이나, 의자에 제대로 앉지 못할 정도로 가슴을 졸이며 관람하는 연극과 영화, 혹은 격심한 굶주림을 채워주는 음식에 대해 말한 것이 아닙니다. 이런 것들은 상당히 다른 즐거움, 요컨대 더 지속적이고 기억에도 오래 남는 유형의 즐거움일 것입니다. 따라서 앞에서 나는 흥겹기는 하지만 가슴이 아릴 정도의 흥분은 아니면서도 정신적인 혹은 육체적인 자극에 대해 열거한 것입니다. 즉 재밌는 소설, 매혹적인 연극, 맛있는 디저트를 나열했습니다.

How do such things affect you? 이런 것들이 여러분에게 어떤 영향을 주나요?

→ **They *titillate* you.** 흥을 돋웁니다.

4 playing it way up
지나치게 높이다

You know how the teenagers of an earlier generation adored, idolized, and overwhelmed Frank Sinatra, Elvis Presley, the Beatles?

And of course you know how certain people fall all over visiting celebrities—best-selling authors, much publicized artists, or famous entertainers. They show them ingratiating, almost servile attention, worship and flatter them fulsomely.

(Fulsome does not mean, despite its appearance, fully or completely, but rather, offensive because of excessiveness or insincerity, often in reference to compliments, praise, admiration, or flattery.)

이전 세대의 10대들은 프랭크 시나트라, 엘비스 프레슬리, 비틀즈를 어떻게 숭배하고 우상화했으며 당황하게 만들었는지 알고 있나요?

물론, 요즘 일부 사람들이 베스트셀러 작가, 널리 알려진 예술가, 유명한 연예인 등 유명인사들에게 어떻게 기를 쓰고 달려드는지 알 것입니다. 그들은 유명인들에게 싹싹하고 거의 맹종적인 관심을 보이며, 역겨울 정도로 지나치게 숭배하고 추어올립니다.

(fulsome은 단어의 생김새와 달리 '전적으로'나 '완전히'와 같은 뜻이 아닙니다. 칭찬, 찬양, 동경, 아첨 등에서 '과장되고 진지하지 못하기 때문에 비위에 거슬리는'이라는 의미를 가지고 있습니다.)

How do we say it in a single word? 이런 모습을 한 단어로 뭐라고 말할까요?

→ **They *adulate* such celebrities.** 그들은 유명인사들을 추종합니다.

5 accentuating the negative
부정적인 면을 강조하다

What does the doctor say to you if you have low blood sugar? "No candy, no pastries, no chocolate marshmallow cookies, no ice cream!", your morale dropping lower and lower as each favorite goody is placed on the forbidden list.

여러분의 혈당이 낮다면 의사가 뭐라고 말할까요? "사탕도 먹지 말고 빵도 먹지 마십시오. 초콜릿 마시멜로나 아이스크림도 안 됩니다!"라고 할 것입니다. 좋아하는 음식이 하나씩 금지 목록에 올라갈 때마다 여러분의 사기는 뚝뚝 떨어집니다.

What, in one word, is the doctor doing?
의사의 말을 한 단어로 요약하면 무엇인가요?

→ **The doctor is *proscribing* harmful items in your diet.**
의사는 식단에서 해로운 음식을 금지합니다.

6 accentuating the affirmative
긍정적인 면을 강조하다

You are warm, friendly, enthusiastic, outgoing, easy to please; you are quick to show appreciation, yet accept, without judgment or criticism, the human weaknesses of others.
You are a fascinating talker, an even better listener.
You believe in, and practice, honest self-disclosure; you feel comfortable with yourself and therefore with everyone else; and you have a passionate interest in experiencing, in living, in relating to people.

당신은 따뜻하고 친절하며, 정열적이고 외향적이며 다정다감한 사람입니다. 고마움을 표시하는 데 인색하지 않고, 다른 사람을 판단하거나 비판하지 않고 인간적인 약점을 받아들입니다.
당신은 매력적으로 말하지만, 상대의 말을 듣는 데도 무척 뛰어납니다. 자신을 정직하게 드러내야 한다고 믿고, 그렇게 실천합니다. 자신을 편안하게 느끼기 때문에 다른 사람들도 편안하게 느낍니다. 사람들과 더불어 살면서 관계를 맺는 데 관심이 무척 많습니다.

Need you have any fears about making friends? Obviously not.
당신은 친구를 사귀는 데 두려움을 느낄까요? 절대 그렇지 않습니다.

→ **Your characteristics and temperament *obviate* such fears.**
당신의 성격과 기질이 그런 두려움을 미리 제거합니다.

7 playing it wrong
엉뚱하게 행동하다

Theodor Reik, in his penetrating book on psychoanalysis *Listening with the Third Ear*, talks about neurotic people who unconsciously wish to fail. In business interviews they say exactly the wrong words, they do exactly the wrong things, they seem intent (as, unconsciously, they actually are) on insuring failure in every possible way, though consciously they are doing their best to court success.

테오도르 라이크는 정신분석학에 대한 통찰력 있는 저서 『제3의 귀로 들어라』에서 무의식적으로 실패하기를 바라는 신경증 환자를 다루었습니다. 그런 사람들은 취업 인터뷰에서 어김없이 엉뚱한 말과 행동을 해서, 가능한 모든 방법으로 실패를 확실히 하려는 듯 보입니다. 실제로 그들은 '무의식적으로' 그런 의도를 갖고 있지만 의식적으로는 성공하려고 최선을 다합니다.

What effect does such a neurotic tendency have?
이런 신경증적 경향은 어떤 결과를 낳을까요?

→ **It *militates* against success.**
성공에 불리한 영향을 미칩니다.

8 playing it dirty
비열하게 행동하다

"Harry? He's a closet alcoholic. Maud? She's sleeping around—and her stupid husband doesn't suspect a thing. Bill? He's embezzling from his own company. Paul? He's a child molester. Sally? You don't know that she's a notorious husband-beater?"
"해리? 그 자식은 알려지지 않은 알코올 중독자야. 모드? 그 여자는 아무 남자랑 잠자리를 하지. 그 여자의 멍청한 남편은 아무런 눈치도 못 채고 있어. 빌? 그놈은 회사 돈을 횡령했어. 폴? 그놈은 아동 성폭력범이야. 샐리? 그 여자가 남편을 상습적으로 때리는 악명 높은 여자란 걸 자네는 모를 거야."

What is this character doing? 이 사람은 어떻게 하고 있나요?

→ **He's *maligning* everyone.** 그는 모든 사람을 헐뜯습니다.

9 giving the benefit of any doubt
미심쩍은 점을 선의로 해석하다

Do you think it's all right to cheat on your income taxes? At least just a little? It's wrong, of course, but doesn't everybody do it?
How do you feel about marital infidelity? Are you inclined to overlook the occasional philandering of the male partner, since, after all, to invent a cliché, men are essentially polygamous by nature?
소득세를 속여도 괜찮다고 생각하나요? 적어도 아주 조금 속이는 것이라면 상관없다고 생각하나요? 물론 잘못된 짓입니다. 그러나 모두가 그렇게 하고 있잖아요?
불륜을 어떻게 생각하나요? 널리 알려진 사실이지만 새삼스레 말하면 남자는 본질적으로 일부다처적인 속성을 띠기 때문에 간혹 저지르는 남편의 외도를 눈감아주나요?

If your answers are in the affirmative, how are you reacting to such legal or ethical transgressions?
위의 질문들에 여러분이 긍정적으로 답한다면 여러분은 법이나 윤리의 위반에 어떻게 반응하는 것인가요?

→ **You *condone* them.**
위반들을 눈감아줍니다.

10 changing hostility

적대감을 바꾸다

Unwittingly you have done something that has aroused anger and resentment in your best friend. You had no desire to hurt him, yet he makes it obvious that he feels pretty bitter about the whole situation. (Perhaps you failed to invite him to a gathering he wanted to come to; or you neglected to consult him before making a decision on a matter in which he felt he should have some say.) His friendship is valuable to you and you wish to restore yourself in his good graces.

가장 절친한 친구에게 분노와 원망을 자극하는 짓을 자신도 모르게 저질렀습니다. 친구의 마음에 상처를 줄 의도는 없었지만, 전체적인 상황을 고려할 때 친구가 상당히 마음 아파했을 것이 분명합니다. (예컨대 친구가 꼭 참석하던 모임에 그를 초대하지 않았거나, 친구가 조언을 해주어야겠다고 생각하던 문제에 대해 결정을 내리기 전에 그를 찾아가 상의하지 않았습니다.) 그의 우정은 무척 소중해서 그의 우호적인 마음을 회복시키고 싶습니다.

What do you do? 어떻게 해야 하나요?

→ **You try to *placate* him.** 그를 달래야 합니다.

EXERCISE

연습문제

1. 다음 단어를 정확히 발음해보세요.

1) **disparage**	dis-PAIR′-əj	2) **equivocate**	ee-KWIV′-ə-kayt′
3) **titillate**	TIT′-ə-layt′	4) **adulate**	AJ′-ə-layt′
5) **proscribe**	prō-SKRĪB′	6) **obviate**	OB′-vee-ayt′
7) **militate**	MIL′-ə-tayt	8) **malign**	mə-LĪN′
9) **condone**	kən-DŌN′	10) **placate**	PLAY′-kayt′

2. 다음 단어와 연관되는 내용을 보기에서 고르세요.

보기

a. flatter lavishly
b. work against
c. prohibit
d. forgive
e. change hostility to friendliness
f. purposely talk in such a way as to be vague and misleading
g. slander
h. play down
i. make unnecessary
j. tickle; stimulate pleasurably

1) **disparage**	______	2) **equivocate**	______
3) **titillate**	______	4) **adulate**	______
5) **proscribe**	______	6) **obviate**	______
7) **militate**	______	8) **malign**	______
9) **condone**	______	10) **placate**	______

3. 다음 질문을 읽고 YES/NO로 대답하세요.

1) Do you normally *disparage* something you admire? YES / NO
2) Do you *equivocate* if you think it unwise to take a definite stand? YES / NO
3) Do pleasant things *titillate* you? YES / NO
4) Do emotionally mature people need constant *adulation*? YES / NO
5) Is sugar *proscribed* for diabetics? YES / NO
6) Does a substantial fortune *obviate* financial fears? YES / NO
7) Does a worker's inefficiency often *militate* against his keeping his job? YES / NO
8) Do people enjoy being *maligned*? YES / NO
9) Do we generally *condone* the faults of those we love? YES / NO
10) Can you sometimes *placate* a person by apologizing? YES / NO

4. 빈칸에 맞는 단어를 쓰세요.

어떤 단어든 말과 글에서 실제로 활용해보는 것이 완벽하게 습득하는 지름길입니다. 다음 상황에 가장 적합한 단어를 써보세요.

1) You've been asked to take a stand on a certain issue, but you don't have the courage to be either definitely for or against.
어떤 쟁점에 대한 입장을 밝히라는 요구를 받았지만 찬성한다거나 반대한다고 단정 지어 말할 용기가 없다.

You ______________________.

2) You spread around an unpleasant story that you know will blacken someone's reputation.
어떤 사람의 평판을 더럽힐 거라는 걸 알면서도 바람직하지 않은 얘기를 퍼뜨린다.

You ______________________ that person.

3) Your friend is justifiably angry—you asked him to go to a party with you, ignored him all evening, and then finally left with someone else. What must you do if you wish to restore the relationship?
친구가 화를 낼 만한 상황이다. 그에게 파티에 함께 가자고 부탁했으면서 저녁 내내 그를 무시했고, 나중에는 다른 사람과 파티장을 나왔다. 그 친구와의 관계를 회복하고 싶다면 어떻게 해야 할까?

You must try to ______________________ him.

4) You virtually worship your therapist. You express your admiration in lavish flattery; you praise her in such excessive terms that she appears devoid of all human frailty.
당신은 자신의 심리치유사를 거의 숭배한다. 동경하는 마음을 아낌없이 아부하듯 쏟아낸다. 그 치유사에게 인간적 약점이라고는 없는 것처럼 과장되게 그녀를 칭송한다.

You ______________________ her.

5) You are crowding 260 on the scales, so your doctor warns against high-calorie meals, rich desserts, second helpings, excessive carbohydrates, etc.
당신의 체중은 거의 260에 육박한다. 그래서 의사가 고칼로리 음식, 기름진 디저트, 규정 외의 추가 식사, 과도한 탄수화물 등을 경계하라고 말한다.

The doctor ______________________ these foods.

6) Your child Johnnie has smacked the neighbor's kid—entirely without provocation, you are forced to admit. But after all, you think, tomorrow the other kid will, with equal lack of provocation, probably smack Johnnie.
당신의 아이, 조니가 이웃집 아이를 때렸다. 아무런 이유도 없이! 당신이 인정할 수밖에 없는 사실이다. 하지만 당신은 다음 날이면 이웃집 아이가 똑같이 아무런 이유도 없이 조니를 때릴 수도 있다고 생각한다.

You ______________________ Johnnie's behavior.

7) When your son, understandably expecting praise, mentions the three B's and two A's he earned in his courses, you respond, callously, "Is that the best you can do? What stopped you from getting all A's?"
아들이 세 과목에서 B, 두 과목에서 A를 받았다며 칭찬을 기대할 때 당신은 무뚝뚝하게 "그게 네가 가장 잘할 수 있는 성적이니? 왜 전부 A를 받지 못했지?"라고 말한다.

You ______________________ his accomplishment.

8) You have run out of cash and plan to go to the bank to make a withdrawal; then unexpectedly you discover a twenty-dollar bill you secreted in your desk drawer months ago.

현금이 한 푼도 없다. 그래서 은행에 가서 돈을 인출할 계획이다. 그런데 2개월 전 서랍에 몰래 넣어두었던 20달러짜리 지폐 하나를 뜻밖에 발견한다.

Your find ____________________ a trip to the bank.

9) You are the soul of honesty, but unfortunately, you have a sneaky, thievish, sinister look—and no one ever trusts you.

당신의 성격은 정직하기 이를 데 없지만 안타깝게도 외모가 비열하고 도둑 같은 느낌에 험상궂어 보인다. 그래서 아무도 당신을 믿지 않는다.

Your appearance ____________________ against you.

10) The centerfold of *Playboy* or *Playgirl* provides a mild and agreeable stimulation.

「플레이보이」나 「플레이걸」에서 누드 사진을 반으로 접어 끼워넣은 페이지는 적당히 기분 좋은 자극을 준다.

The centerfold ____________________ you.

5. 다음을 보고 생각나는 단어를 쓰세요.

1) change hostility into friendliness

P ____________________

2) make unnecessary

O ____________________

3) belittle

D ____________________

4) overlook or forgive a transgression

C ____________________

5) tickle; delight; stimulate pleasurably

T ____________________

6) spread malicious rumors about

M ____________________

7) purposely use language susceptible of opposite interpretations

E ____________________

8) act to disadvantage of

M ____________________

9) forbid

P ____________________

10) worship; flatter fulsomely

A ____________________

LESSON 2

ORIGIN
어원탐구

equality 동등

골프를 치는 사람이라면 코스나 홀마다 허용된 타수, 즉 어떤 '기준 par'이 있다는 것을 압니다. 각 코스에서 여러분이 이루어낸 결과는 기준at par, 기준 이상above par, 기준 이하below par가 됩니다. 이와 마찬가지로 여러분의 기분이 좋은feel up to par 날도 있고, 기분이 가라앉는feel below par 날도 있기 마련입니다.

par는 '동등한equal'을 뜻하는 라틴어입니다. 골프를 칠 때 여러분은 전문가의 성적에 도달하려고to equal 애씁니다.

농부에게 parity를 지급한다는 뜻은 합의된 해를 기준으로 소득의 '동등치equality'를 보상해주는 것을 의미합니다. 따라서 여러분이 disparage한다면 누군가의 par기준나 feeling of equality동등감를 낮게 평가한다는 뜻입니다. dis-는 부정을 뜻하는 접두어입니다. 명사는 disparagement이고, 형용사는 disparaging입니다. 예를 들면, "Why do you always make disparaging remarks about me?왜 너는 항상 나를 얕보는 말만 하니?"처럼 쓰입니다.

parity는 명사로 '동등equality'을 뜻하고, disparity는 '다름, 차이difference'를 뜻합니다. 물론 약속과 행위의 차이에서도 dis-

disparage
[dis-PAIR'-əj] 얕보다
disparagement
[dis-PAIR'-əj-mənt] 경멸
disparaging
[dis-PAIR'-əj-ing] 얕보는, 헐뜯는
parity [PAIR'-ə-tee] 동등
disparity
[dis-PAIR'-ə-tee] 다름, 차이
disparate [DIS'-pə-rət]
본질적으로 혹은 완전히 다른

parity를 쓸 수 있고, 어린아이와 어른의 어휘력 상승률의 차이에서도 disparity가 쓰입니다. 형용사는 disparate는 "Our philosophies are so disparate that we can never come to any agreement on action 우리 사이는 철학이 너무 달라 행동에 어떤 합의도 이룰 수 없다"라는 예에서 보듯이 '본질적이거나 완전한 차이essential or complete difference나 inequality를 뜻합니다.

동사 compare와 그에 관련된 모든 단어, 예컨대 comparable 비교할 만한과 comparative 상대적인 등은 '동등한'을 뜻하는 par에서 파생됐습니다. 두 물건이 동등하거나 유사한 특징을 가질 때 서로 비교됩니다. 접두어 con-, com-은 '함께, 더불어'라는 뜻입니다.

pair와 peer도 par에서 파생된 단어입니다. shoes 신발, socks 양말, gloves 장갑 등과 같이 '짝pair'을 이루는 물건들은 동등하거나 비슷합니다equal or similar. peer는 연령, 지위, 계급, 능력 등에서 여러분과 동등한 사람을 말합니다. 여기에서 to be judged by a jury of one's peers 동등한 사람들로 이루어진 배심원단에게 재판받다라는 표현이 생겼습니다. 그러나 영국에서 peer는 noble 귀족을 뜻하기 때문에 언어의 모순을 보여줍니다.

peer [PEER] 동등한 사람, 동료

how to say yes and no

긍정하면서도 부정하는 식으로 말하는 법

equivocate도 '동등한, 같은equal'을 뜻하는 라틴어 aequus와 '목소리voice'를 뜻하는 vox, vocis가 결합하여 형성된 단어입니다. aequus는 영어에서 언제나 equ-로 쓰입니다.

여러분이 equivocate하다면 equal voice 똑같은 목소리, 의견로 긍정하는 동시에 부정하는 것처럼 들립니다. 따라서 equivocal한 대답은 의도적으로 막연하고 불분명하게 대답한 것으로 모순된 해석을 낳을 수 있습니다. 따라서 '그렇다!', '아니다!', '농담이 아니야!'라는 식의 unequivocal한 대답과는 확연히 다릅니다.

equivocate [ə-KWIV'-ə-kayt'] 애매하게 말하다
equivocal [ə-KWIV'-ə-kəl] 불확실한, 애매한
unequivocal [un'-ə-KWIV'-ə-kəl] 뚜렷한
equivocation [ə-kwiv'-ə-KAY'-shən] 애매한 말씨

직업적인 정치인들은 equivocation의 달인입니다. 그들은 무척 중요한 쟁점에서 mugwump분명한 입장을 밝히지 않는 사람입니다. mug머그잔를 이쪽에 내밀고 저쪽에서 wump쿵 하는 소리를 내며 형세를 관망합니다. 공직에 출마한 후보자들이 공개 석상에서 '당선되면……을 하겠다'라고 unequivocally하게 약속하는 걸 흔히 듣습니다. 그 후에 그들은 "Let me be perfectly frank with you여러분에게 솔직하게 말하겠습니다"라고 말하는 사람들처럼 equivocate하기 시작하고, 결국에는 거침없이 능수능란하게 거짓말을 뱉어냅니다.

statements of various kinds 다양한 유형의 말

equivocal과 ambiguous를 혼동해서는 안 됩니다. equivocal statement는 어떤 목적을 띠고 사전에 계획된 악의를 가지고 상대를 속이려고 내뱉은 발언인 반면에, ambiguous statement는 '뜻하지 않게accidentally' 그렇게 되었다는 표현입니다. 요컨대 equivocal은 ambiguous의 뜻에 의도성이 더해진 것입니다.

ambiguous
[am'-BIG'-yo͞o-əs] 모호한
ambiguity
[am'-bə-GYO͞O-ə-tee] 모호함

ambivert양향성 성격자와 ambidextrous양손잡이의, 다재다능한에서 보았듯이 ambi-는 '양쪽both'을 뜻하는 어근입니다. ambiguous한 것은 하나의 뜻과 또 하나의 뜻을 동시에 갖습니다. 예컨대 "That sentence is the height of ambiguity이 문장은 모호함의 극치이다"라고 말한다면 이 문장은 긍정과 부정 모두로 해석 가능하거나 두 가지 다른 뜻으로 해석되기 때문에 막연하다는 뜻입니다. 아예 단어 자체가 두 가지 해석의 가능성을 갖는 경우도 있습니다. suggestive암시적인, 선정적인, risqué외설스런, 위험한, sexy외설적인, 성적 매력이 있는 등이 대표적입니다. 이런 단어들은 double entendre입니다. 이 표현은 프랑스어에서 유래한 것으로 직역하면 '이중의 의미double meaning'를 뜻합니다. 발음도 프랑스어에 최대한 가깝게 [DO͞OB'-ləhn-TAHN'-drə]로 발음합니다. n은 비음화되고, r은 약간 목구멍 뒤에서 발음되기 때문에 마지막 음절은 귀에 거의 들리지 않습니다.

double entendre
[DO͞OB'-ləhn-TAHN'-drə]
두 가지로 해석되는 말

QUIZ

어원복습

단어의 어원적 구조를 정확히 파악하면 훨씬 효과적으로 단어를 정복할 수 있습니다. 지금까지 배운 접두어와 어근, 접미어를 복습하는 의미로 풀어보는 것이므로 따로 정답은 없습니다. 자유롭게 생각나는 단어를 써보세요.

	접두어/어근/접미어	의미	파생어
1	par	equal	
2	-ment	동사에 붙는 명사형 접미어	
3	-ity	동사에 붙는 명사형 접미어	
4	dis-	부정 접두어	
5	con-, com-	with, together	
6	aequus(equ-)	equal	
7	vox, vocis	voice	
8	-ate	동사형 접미어	
9	-ion	-ate로 끝나는 동사에 붙는 명사형 접미어	
10	-ous	형용사형 접미어	
11	ambi-	both	

EXERCISE
연습문제

1. 다음 단어를 정확히 발음해보세요.

1) **parity**	PAIR′-ə-tee	2) **disparity**	dis-PAIR′-ə-tee
3) **disparate**	DIS′-pə-rət	4) **disparagement**	dis-PAIR′-əj-mənt
5) **disparaging**	dis-PAIR′-əj-ing	6) **peer**	PEER
7) **equivocate**	ə-KWIV′-ə-kayt′	8) **equivocation**	ə-kwiv′-ə-KAY′-shən
9) **equivocal**	ə-KWIV′-ə-kəl	10) **unequivocal**	un′-ə-KWIV′-ə-kəl
11) **ambiguous**	am-BIG′-yōō-əs	12) **ambiguity**	am′-bə-GYŌŌ′-ə-tee
13) **double entendre**	DŌŌB′-ləhn-TAHN′-drə		

2. 다음 단어와 연관되는 내용을 보기에서 고르세요.

보기

a. belittlement
b. act of being deliberately vague or indirectly deceptive; statement that is deceptive or purposely open to contrary interpretations
c. quality of being open to misinterpretation; statement with this quality
d. statement or word with two meanings, one of them risqué, indelicate, or of possible sexual connotation
e. inequality　　f. equality　　g. one's equal

1) **parity** ____________　　2) **disparity** ____________
3) **disparagement** ____________　　4) **peer** ____________
5) **equivocation** ____________　　6) **ambiguity** ____________
7) **double entendre** ____________

3. 다음 질문을 읽고 YES/NO로 대답하세요.

1) Is there a *disparity* in age between a grandfather and his granddaughter? YES / NO
2) Is an *equivocal* statement clear and direct? YES / NO
3) Is an *unequivocal* answer vague and misleading? YES / NO
4) Are politicians often masters of *equivocation*? YES / NO
5) Are *ambiguous* sentences somewhat confusing? YES / NO
6) Are people with *disparate* perceptions of life likely to experience reality in the same way? YES / NO
7) Is a *disparaging* look one of admiration? YES / NO
8) When people *equivocate*, are they evading the issue? YES / NO

9) Is the deliberate use of *double entendres* likely to shock puritanical people? YES / NO

10) Are supervisors and their subordinates *peers*? YES / NO

4. 다음을 보고 생각나는 단어를 쓰세요.

1) accidentally vague

A ____________

2) purposely vague

E ____________

3) equality

P ____________

4) word or statement one meaning of which may be interpreted as risqué

D ____________

5) lack of equality

D ____________

6) belittlement

D ____________

7) clear; direct; capable of only one interpretation

U ____________

8) essentially or widely unequal or different

D ____________

9) one's equal in age, rank, etc.

P ____________

10) to use words in a calculated effort to mislead or to be ambiguous

E ____________

LESSON 3

ORIGIN
어원탐구

more on equality 동등에 대해 더 깊이 알아봅시다

영어에서 equ-로 쓰이는 어근 aequus에서 다음과 같은 단어들이 파생됩니다.

equity : '정의justice', '공정함fairness', 즉 '동등한 대우equal treatment'를 뜻합니다. 의미를 확대해서, 금융시장의 주식도 equity로 표현됩니다. 또 주택이나 다른 재산을 담보로 빌린 대출금을 제외한 가치, 즉 순자산액도 equity입니다. 형용사는 equitable입니다.

equity
[EK'-wə-tee] 동등한 대우, 주식
equitable
[EK'-wə-tə-bəl] 공평한, 정당한

inequity : '불공정injustice', '불공평unfairness'이란 뜻입니다. equity에 부정을 의미하는 접두어 in-이 더해진 단어입니다. 형용사는 inequitable입니다.

inequity
[in-EK'-wə-tee] 불공정, 불공평
inequitable
[in-EK'-wə-tə-bəl]
불공정한, 불공평한

iniquity : 재밌으면서도 놀라운 언어의 변덕스런 특징의 하나로 문자 e를 i로 바꾸었을 뿐인데 단어의 의미가 완전히 달라졌습니다. 삶이 공평하다고 생각하는 사람에게 '부정injustice'과 '불공정unfairness'은 사악한 죄악입니다. 따라서 den of iniquity악의 소굴는 악이 판을 치는 곳입니다. iniquity는 '죄악sin'과 '악덕vice', 한마디로 '부도덕한 행위immoral act'를 말하며, '사악한 짓wickedness'이자

iniquity
[in-IK'-wə-tee] 부도덕한 행위
iniquitous
[in-IK'-wə-təs] 부정한, 사악한

'죄짓는 행위sinfulness'입니다. 형용사는 iniquitous입니다.

equinox : 어원적으로 '똑같은 밤equal night'을 뜻합니다. aequus와 '밤night'을 뜻하는 nox, noctis가 결합된 단어입니다. 낮과 밤의 길이가 똑같은 주야 평분시, 즉 분점equinox은 1년에 두 번 춘분과 추분에 생깁니다. 형용사는 equinoctial입니다. nocturnal은 nox, noctis에서 파생된 단어로 낮 시간보다 밤에 활동적으로 움직이는 사람, 동물, 식물을 가리킵니다. 고양이와 올빼미owl는 nocturnal한 동물이고, moonflower밤나팔꽃는 밤에 꽃을 피웁니다. night people야행성 사람의 생체리듬은 해가 떨어진 후에 더 잘 기능하도록 맞춰져 있어, 밤에는 일하다가 오전 나절에야 잠을 잡니다. nocturne은 꿈결 같은 선율을 지닌 음악 작품인 야상곡이나, 밤의 경치를 그린 야경화를 뜻합니다.

equinox
[EE'-kwə-noks'] 주야 평분시
equinoctial
[ee'-kwə-NOK'-shəl]
주야 평분시의
nocturnal
[nok-TURN'-əl] 야행성의
nocturne
[NOK'-turn] 야상곡, 야경화

equanimity : 어원적으로 aequus에 '마음mind'을 뜻하는 animus가 더해진 단어이므로 '똑같은 마음equal mind'을 뜻합니다. 주변 사람들이 흥분하고 광란에 들뜨더라도 equanimity를 유지한다면, 즉 '마음의 평정'과 '침착함'을 유지한다면 여러분이 감정을 조절하려고 엄청나게 노력한다고 생각하는 사람도 있겠지만 여러분을 대단한 사람이라 여길 것입니다. '마음'을 뜻하는 animus로 이루어진 단어에 대해서는 이후에 자세히 공부할 예정입니다.

equability : equanimity와 비슷한 뜻을 지닌 동의어입니다. equable한 기질을 지닌 사람은 성격적으로 차분하고 조용하며 동요하지 않고 침착합니다.

equanimity
[ee'-kwə-NIM'-ə-tee] 혹은
[ek'-wə-NIM'-ə-tee]
평정심, 침착함
equability
[ee'-kwə-BIL'-ə-tee] 혹은
[ek'-wə-BIL'-ə-tee]
한결같음
equable
[EE'-kwə-bəl] 혹은 [EK'-wə-bəl]
한결같은

equilibrium : aequus에 '저울balance, 무게weight, 파운드pound'라는 뜻을 지닌 libra가 결합된 단어로 '똑같은 저울equal balance', 즉 '평형, 균등한 힘'을 뜻합니다. Libra는 12궁도에서 일곱 번째 자리인 천칭자리a pair of scales입니다. 무게 단위인 pound파운드가 lb로 줄여 표시되고, 영국 화폐 단위인 pound파운드가 £로 표시되는 이유가 궁금했다면 이제 알았을 것입니다. equilibrium은 반대되

equilibrium
[ee'-kwə-LIB'-ree-əm]
평형, 균등한 힘
Libra [LĪ'-brə] 천칭자리

는 두 세력간의 '물리적인 균형physical balance' 상태를 뜻합니다. 예컨대 여러분이 지나치게 취했다면 자신의 equilibrium을 유지하기 어렵습니다. 똑바로 서 있으려는 자신의 역량보다 중력의 힘이 더 강하기 때문입니다.

그렇다면 이제 equilibrist의 뜻을 쉽게 짐작할 수 있을 것입니다. 팽팽히 연결한 줄 위를 전문적으로 걷는 사람, 즉 '줄타기 곡예사tightrope walker'를 뜻합니다. 요컨대 높은 곳에 설치한 가느다란 줄 위에서 balance를 유지함으로써 중력의 힘에 도전하는 곡예사입니다. equator적도는 지구를 동등한 절반equal halves으로 나눕니다. equation방정식, equivalent동등한 가치의, equidistant등거리의, equiangular등각의, equilateral등변의 등과 같은 단어들의 뜻도 쉽게 짐작할 수 있을 것입니다. equilateral에서 lateral은 '변side'을 뜻하는 라틴어 latus, lateris에서 왔습니다.

equilibrist
[ə-KWIL'-ə-brist] 줄타기 곡예사

∞ not to be confused with horses

말(馬)과 혼동해서는 안 됩니다

equestrian은 말에 탄 사람, 즉 '기수'를 뜻합니다. 앞에서 나온 단어인 pedestrian이 '보행자'인 것과 비교해 기억하면 쉽습니다. 또 굳이 남녀를 구분해야 한다면 말을 탄 여자, '여자 기수'는 equestrienne입니다. equine은 '겉모습이나 성격에서 말과 같은like a horse as in appearance or characteristics' 혹은 '말에 관한descriptive of horse'이란 뜻입니다.

equestrian
[ə-KWES'-tree-ən] 기수, 말에 탄

equestrienne
[ə-kwes'-tree-EN'] 여자 기수

equine
[EE'-kwīn] 말과 같은, 말

equestrian은 '말에 탄horseback riding'을 뜻하는 형용사로도 쓰입니다. equestrian statue기마상가 대표적인 예입니다. equine이 명사로 쓰이면 '말horse'을 뜻합니다.

따라서 '말horse'을 뜻하는 라틴어 equus에서 유래한 equ-를 앞에서 배운 equ-와 혼동해서는 안 됩니다. 후자의 equ-는 '동등한equal'을 뜻하는 aequus에서 온 것입니다. 또한 '발foot'을 뜻하는 라틴어 pedis에서 파생된 pedestrian의 ped-와 '어린이child'를 뜻하는 그리스어 paidos에서 파생된 pediatrician소아과 의사의 ped-를 혼동해서도 안 됩니다.

hear voices? 목소리가 들리나요?

equivocal은 aequus와 '목소리voice'를 뜻하는 vox, vocis가 결합된 단어입니다. vox, vocis가 '지탱하다to bear'나 '운반하다to carry'를 뜻하는 fero와 결합되면 vociferous가 만들어지고, 이 단어는 어원적으로 '큰 목소리를 운반하는'이란 의미이므로 '목소리가 큰loud', '떠들썩한noisy', '시끄러운clamorous'을 뜻합니다. vociferous demand떠들썩한 요구는 조용하거나 은근한 요구와는 전혀 다릅니다. 텔레비전에 열중할 때는 조용한 아이들이 광고로 프로그램이 중단될 때면 vociferous play시끌벅적한 놀이로 시끄러워집니다. vociferous는 뒤에서 다시 다루겠습니다.

당신이 vocal하다는 말은 '의견을 거리낌 없이 마음대로 말한다'는 뜻이며, vocal sound는 '유성음'이란 의미입니다. 또 vocal music은 '성악'이란 뜻입니다. vocal cord성대가 어디에 쓰이는 것인지 모르는 사람은 없을 것입니다.

vocalize는 '목소리를 내다give voice to' 혹은 '음악에서 vocal을 노래하다'는 뜻입니다. "Vocalize your anger, don't hold it in!화를 표출해라, 안에 담아두지 말고!"처럼 사용할 수 있습니다. 동사 vocalize의 명사형을 쓸 수 있나요? ____________. vocalist는 '노래하는 사람, 가수singer'라는 뜻입니다. Magnavox는 라디오와 텔레비전의 상표 이름으로 vox와 '큰large'을 뜻하는 magnus가 결합된 단어입니다.

vociferous [vō-SIF'-ər-əs] 목소리가 큰, 떠들썩한, 시끄러운
vocal [VŌ'-kəl] 목소리의, 발성의
vocalize [VŌ'-kə-līz] 목소리를 내다, 노래하다
vocalist [VŌ'-kə-list] 가수

QUIZ

어원복습

단어의 어원적 구조를 정확히 파악하면 훨씬 효과적으로 단어를 정복할 수 있습니다. 지금까지 배운 접두어와 어근, 접미어를 복습하는 의미로 풀어보는 것이므로 따로 정답은 없습니다. 자유롭게 생각나는 단어를 써보세요.

	접두어/어근/접미어	의미	파생어
1	aequus(equ-)	equal	
2	in-	부정 접두어	
3	nox, noctis	night	
4	animus	mind	
5	-ity	명사형 접미어	
6	libra	balance, weight, pound	
7	-ist	person who	
8	latus, lateris	side	
9	equus	horse	
10	-ine	like, descriptive of	
11	pedis	foot	
12	paidos(ped-)	child	
13	vox, vocis	voice	
14	fero	to bear, carry	
15	magnus	large	

EXERCISE
연습문제

1. 다음 단어를 정확히 발음해보세요.

1) **equity** EK´-wə-tee
2) **equitable** EK´-wə-tə-bəl
3) **inequity** in-EK´-wə-tee
4) **inequitable** in-EK´-wə-tə-bəl
5) **iniquity** in-IK´-wə-tee
6) **iniquitous** in-IK´-wə-təs
7) **equinox** EE´-kwə-noks´
8) **equinoctial** ee´-kwə-NOK´-shəl
9) **nocturnal** nok-TURN´-əl
10) **nocturne** NOK´-turn

2. 다음 단어를 정확히 발음해보세요.

1) **equanimity** ee´-kwə(혹은 ek´-wə)-NIM´-ə-tee
2) **equability** ee´-kwə(혹은 ek´-wə)-BIL´-ə-tee
3) **equable** EE´-kwə(혹은 EK´-wə)-bəl
4) **equilibrium** ee´-kwə-LIB´-ree-əm
5) **equilibrist** ee-KWIL´-ə-brist
6) **equilateral** ee-kwə-LAT´-ər-əl
7) **equestrian** ə-KWES´-tree-ən
8) **equine** EE´-kwīn
9) **vociferous** vō-SIF´-ər-əs
10) **vocal** VŌ´-kəl
11) **vocalize** VŌ´-kə-līz´
12) **vocalization** vō´-kə-lə-ZAY´-shən
13) **vocalist** VŌ´-kə-list

3. 다음 단어와 연관되는 내용을 보기에서 고르세요.

보기

a. time when night and day are of equal length
b. balance of mind; composure; calmness under trying circumstances
c. horseback rider
d. a horse
e. sinfulness; wickedness; immoral act; sin
f. unfairness, injustice
g. tightrope walker
h. singer
i. fairness, justice
j. balance, especially between opposing forces
k. night music

1) **equity** ____________
2) **inequity** ____________
3) **iniquity** ____________
4) **equinox** ____________
5) **nocturne** ____________
6) **equanimity** ____________
7) **equilibrium** ____________
8) **equestrian** ____________
9) **equilibrist** ____________
10) **equine** ____________
11) **vocalist** ____________

4. 다음 단어와 연관되는 내용을 보기에서 고르세요.

보기

a. descriptive of time when night and day are of equal length
b. give voice to; sing
c. having equal sides
d. using, or referring to, the voice; freely expressing by voice
e. noisy, loud, clamorous
f. calm, unruffled, even-tempered
g. fair, just
h. referring or pertaining to, or active at, night
i. sinful, wicked, immoral
j. unfair, unjust

1) **equitable**	______	2) **inequitable**	______
3) **iniquitous**	______	4) **equinoctial**	______
5) **nocturnal**	______	6) **equable**	______
7) **equilateral**	______	8) **vociferous**	______
9) **vocal**	______	10) **vocalize**	______

5. 다음 질문을 읽고 YES/NO로 대답하세요.

1) Is life always *equitable*? YES / NO
2) Does the cynic expect more *inequity* than *equity* in life? YES / NO
3) Do ethical people practice *iniquity*? YES / NO
4) Does the *equinox* occur once a month? YES / NO
5) Are *nocturnal* animals active at night? YES / NO
6) If you generally preserve your *equanimity*, do you often get very excited? YES / NO
7) Is it easy to maintain your *equilibrium* on icy ground? YES / NO
8) Is *equability* the mark of a calm, even-tempered person? YES / NO
9) Does an *equilateral* triangle have equal sides? YES / NO
10) Is an *equine* a dog? YES / NO
11) If you demand something *vociferously*, do you make a lot of noise? YES / NO
12) If you are *vocal*, do you have difficulty expressing yourself? YES / NO
13) Is a *vocalist* the same as an instrumentalist? YES / NO

6. 다음을 보고 생각나는 단어를 쓰세요.

1) to give voice to; to express aloud; to sing

V ______

2) tightrope walker

E ______

3) active or flourishing at night

N ________________

4) descriptive or characteristic of, or like, a horse

E ________________

5) referring to the voice; skillful or fluent
in expressing by voice

V ________________

6) calm and unflappable in temperament

E ________________

7) wicked, sinful

I ________________

8) night music

N ________________

9) fairness, justice

E ________________

7. 다음을 보고 생각나는 단어를 쓰세요.

1) loud, noise, clamorous

V ________________

2) person on horseback

E ________________, E ________________

3) calmness or evenness of temper

E ________________, E ________________

4) unfair, unjust

I ________________

5) sin; wickedness; grossly immoral behavior

I ________________

6) time when day and night are of equal length

E ________________

7) fair, just, evenhanded

E ________________

8) physical balance; balance between opposing forces

E ________________

9) having equal sides

E ________________

10) singer

V ________________

LESSON 4

ORIGIN
어원탐구

how to tickle 기분 좋게 하는 방법

titillate는 '즐겁게 해주다tickle'를 뜻하는 라틴어 동사에서 파생된 단어로 직설적으로나 비유적으로 사용됩니다. 직설적인 뜻으로는 '효과적인 곳을 부드러운 손길로 간질이다'라는 뜻입니다. 그렇게 해서 상대에게 육체적으로 기분 좋은 반응을 불러일으킵니다. 한편 비유적으로는 외적인 매력, 슬기로운 말, 재치, 약속 등 상상할 수 있는 모든 수단으로 상대의 마음과 공상과 미각을 '기분 좋게 자극하다'라는 뜻입니다. titillation은 그 외에 '가벼운 성적인 자극'이란 뜻도 있습니다. 명사와 동사의 철자에서 l이 둘인 것에 주의하세요.

titillate [TIT'-ə-layt] 즐겁게 해주다, 간질이다
titillation [tit'-ə-LAY'-shən] 간질임, 기분 좋음

how to flatter 아첨하는 방법

compliment는 상냥하고 정중하게 표현된 '칭찬praise'입니다. flattery아첨, 감언는 compliment보다 더 강한 칭찬으로 대체로 진실하지 않게 여깁니다. adulation은 터무니없이 과도한 아첨과 추종을 뜻합니다. 대대적인 adulation을 받는 공인公人들로 연예인, 음악가, 정부 관리 등이 있습니다. 그러나 대중의 눈에 띄지 않는 사람들도 adulate를 받을 수 있습니다. 예컨대 학생이 선생님에게,

adulation [aj'-ə-LAY'-shən] 아첨, 추종
adulate [AJ'-ə-layt] 알랑거리다
adulatory [aj'-ə-lə-TAWR'-ee] 아첨하는

부인이 남편에게남편이 부인에게, 환자가 의사에게 adulate를 할 수 있습니다. adulate는 '아첨하다to fawn upon'를 뜻하는 라틴어 동사에서 파생됐습니다.

형용사 adulatory는 처음으로 등장하는 접미어 -ory로 끝납니다. 그 밖에 형용사의 접미어로는 -al, -ic, -ical, -ous가 있습니다.

∞ ways of writing 글을 쓰는 방법

proscribe는 '금지하다to forbid'라는 뜻으로 의학 · 종교 · 법적인 금지를 뜻하는 데 주로 사용됩니다. 의사는 환자에게 해로운 음식이나 약, 혹은 행동을 proscribe합니다. 교회는 교구민들에게 해를 주는 행위들을 proscribe하거나, proscription한다고 발표합니다. 법은 공공복지에 해로운 행동을 proscribe합니다.

누구나 인정하듯이, 일반적으로 proscribed activities금지된 행동들은 재밌는 행동들입니다. 저널리스트인 알렉산더 울코트가 말했듯이, 유쾌하고 즐거운 것은 비도덕적이거나 불법적인 것이고 살을 찌게 하는 것입니다.

proscribe는 '앞before'을 뜻하는 접두어 pro-에 '쓰다to write'를 의미하는 scribo, scriptus가 더해져 파생된 단어입니다. 고대 로마 시대에 어떤 사람이 재산이나 목숨을 빼앗길 만한 범죄를 저지르면 이름이 공공 게시판에 쓰였습니다. 따라서 올바르게 사는 로마 시민들은 그를 피해 다닐 수 있었습니다. 비슷한 행동으로 의사는 환자의 건강을 해치는 범죄와도 같은 음식이나 일을 게시판에 써주었습니다. 따라서 환자는 해로운 음식이나 활동을 피할 수 있었죠.

scribo, scriptus라는 어근에서 많은 영어 단어가 파생되었습니다. scribe필경사, scribble휘갈겨 쓰다, prescribe규정하다, 처방하다, describe묘사하다, subscribe기부하다, 출자하다, script필적, 각본, the Scriptures성서, manuscript필사본, typescript타이핑한 원고 등입니

proscribe [prō-SKRĪB] 금지하다
proscription [pro-SKRIP'-shən] 금지

다. describe에서는 '아래down'를 뜻하는 접두어 de-가 사용됐습니다. describe는 어원적으로 '써내려가다to write down'라는 뜻입니다. manuscript는 '손hand'을 뜻하는 manus와 scriptus가 결합된 단어로, '손으로 쓰인 것something handwritten'을 의미합니다. The Scriptures는 '성서holy writings'를 뜻합니다. 잡지의 경우에 subscribe는 주문서나 계약서 아래쪽에 이름을 쓴다는 뜻이므로 '구독하다'라는 뜻입니다. sub-는 '아래under'를 뜻하는 접두어로 subway지하철, subsurface표면 아래 등에서 쓰입니다. 한편 철학이나 원칙에 subscribe한다는 것은 어떤 철학이나 원칙의 선언문에 자신의 이름을 쓴다는 의미로 '동의하다, 찬성하다'라는 뜻입니다. inscribe는 책, 금속, 돌 등의 '안in, into'에 쓴다는 뜻이므로 '새기다, 기입하다'라는 뜻이 됩니다. postscript는 주요 내용이 작성된 후에 쓰인 것, 즉 '추신, 후기'를 의미합니다. post는 라틴어로 '이후after'라는 뜻입니다.

동사 -scribe가 명사와 형용사에서는 어떻게 변하는지 눈여겨보기 바랍니다.

동사	명사	형용사
prescribe	prescription	prescriptive
subscribe	subscription	subscriptive

이 패턴을 따라 다음 동사의 명사와 형용사를 써봅시다.

describe ⓝ ________ adj ________

inscribe ⓝ ________ adj ________

proscribe ⓝ ________ adj ________

it's obvious 명백하다

via라는 단어를 자주 보았을 것입니다. '……을 거쳐서by way of'라는 뜻인 via는 '길road'을 가리키는 라틴어에서 유래됐습니다. Via Appia아피아 가도는 고대 로마 시대에 가장 유명한 간선도로 중 하나

obviate [OB'-vee-ayt] 제거하다, 미리 방지하다
obviation [ob'-vee-AY'-shən] 제거, 사전 방지

였습니다. obvious한 것은 어원적으로 길 한가운데에 있어 안 보려야 안 볼 수 없는 것입니다. 따라서 쉽게 보이고, 감춰지지 않은 것이며, 눈에 잘 띕니다. 길에서 장애물을 만나, 그 장애물을 곧바로 치운다면 obviate라는 동사가 뜻하는 행위를 한 것입니다. 만일 대학에서 배우는 어떤 과목을 매일 복습한다면, 학기말에 미친 듯한 '벼락공부cramming'를 obviate할 수 있습니다. 많은 소득이 꾸준히 들어오면 금전적 불안에 대한 두려움을 obviate합니다. 일찍 출근하면 지각에 대한 걱정을 obviate할 수 있습니다. 따라서 obviate는 어떤 사건, 느낌, 필요조건에 대한 효과적인 대책이나 조치를 취하여 그것들을 불필요하게 만들고 제거하며 예방한다는 뜻입니다. 명사는 obviation입니다.

놀랍게 들리겠지만 trivial의 어근도 '길'을 뜻하는 via입니다. tri-는 '3'을 뜻합니다. 3개의 길이 만나는 곳은 교통이 혼잡하고 사람이 많이 다닐 가능성이 큽니다. 요컨대 상당히 공개된 장소일 것입니다. 따라서 그런 곳에서는 남들이 엿들을까봐 누구도 중요하고 은밀한 문제에 대해 얘기하지 않을 것입니다. 대신 trivial한 것을 얘기하게 됩니다. 요컨대 중요하지 않은 것, 큰 의미가 없는 것을 얘기할 것입니다. 대화를 trivialities와 trivia 즉 insignificant trifle무의미하고 하찮은 것에 국한시킬 것입니다. trivia는 복수로도 사용합니다.

trivial [TRIV'-ee-əl] 사소한
trivialities [trill-ee-AL'-o-teez] 사소한 것들
trivia [TRIV'-ee-ə] 하찮은 것

war 전쟁

militate는 '군인soldier'이나 '전사fighting man'를 뜻하는 라틴어 명사 중 하나인 militis에서 파생된 단어입니다. 누군가에 맞서 militate하는 것은 그를 굴복시키려 하는 것입니다. 즉 그에게 불리하게 작용하는 것입니다. 따라서 그의 소심한 성격은 친구를 사귀는 데 불리한 '영향을 미칩니다militate'. militate는 항상 전치사 against와 함께 사용되고, obviate처럼 사람을 주어로 취하지 않

militate [MIL'-ə-tayt] 작용하다, 영향을 미치다

습니다. 예를 들면, you don't militate against anyone이라 말하지 않고, 어떤 습관이나 행위 혹은 성향이 누군가에게 혹은 무엇에게 militate against불리하게 작용하다하다고 표현합니다.

형용사 militant도 같은 어근에서 파생된 단어입니다. militant reformer는 개혁을 위해서 싸우는 사람이고, militant campaign은 공격적이고 단호하게 행하는 선거운동입니다. 명사는 militancy이고, militant는 명사로도 사용되어 '투사'라는 뜻으로 사용됩니다. 예를 들어, "Sally is a militant in the Women's Liberation movement샐리는 여성해방운동의 투사다"처럼 쓰입니다. military군인와 militia시민군도 militis라는 어원에서 파생됐습니다.

militant[MIL'-ə-tənt]
adj 전투적인, n 투사
militancy
[MIL'-ə-tən- see] 호전적임, 투지

first the bad news 나쁜 소식 먼저

'나쁜bad, 사악한evil'을 뜻하는 malus에서 파생된 malign은 '……에 대하여 나쁘게 말하다', '비방하다to defame', '명예를 훼손시키다to slander'라는 뜻입니다. malign은 형용사로도 쓰이며 '나쁜bad', '유해한harmful', '사악한evil', '가증스런hateful'을 뜻합니다. the malign influence of his unconscious will to fail실패하려는 무의식적 의지의 나쁜 영향처럼 쓰입니다. 또 다른 형용사로는 malignant가 있습니다. 예컨대 malignant glance는 지독한 증오심을 드러낸 눈빛이고, malignant growth는 암처럼 나쁜 종양입니다.

malign[mə-LĪN']
v 비방하다, adj 나쁜
malignant[mə-LIG'-nənt]
악의에 찬, 지극히 유해한

malignant의 명사는 malignancy로 의학적으로 '악성 종양cancerous growth'을 뜻하고, 일반적으로 '악의, 심술, 적의' 등을 뜻합니다. malign의 명사는 malignity입니다.

malignancy
[mə-LIG'-nən-see]
악성 종양, 적의
malignity[mə-LIG'-nə-tee]
악의, 원한

malus가 다른 라틴어 어근과 결합하여 단어들을 어떻게 형성하는지 잠시 살펴봅시다.

'말하다to say, tell'를 뜻하는 어근 dico, dictus를 더하면 '저주curse', 즉 사악한 말을 의미하는 malediction이 됩니다. 형용사는 maledictory입니다.

malediction
[mal'-ə-DIK'-shən] 사악한 말
maledictory
[mal'-ə-DIK'-tə-ree]
저주의, 악담의

또한 '원하다to wish', '의도하다to will', '기꺼이 …… 하다to be willing'를 의미하는 volo를 더하면 '불행이나 손해를 바라는'이란 뜻의 형용사 malevolent가 됩니다. malevolent glance, attitude, feeling적의에 찬 눈빛, 태도, 느낌 등의 형태로 쓰입니다. 명사는 malevolence입니다.

malevolent[mə-LEV'-ə-lent] 악의 있는, 적의에 찬
malevolence [mə-LEV'-ə-ləns] 적의

'해가 되는, 상처를 주는'이란 뜻의 형용사 maleficent는 '행하다 to do', '만들다to make'를 뜻하는 어근 facio, factus가 더해진 단어입니다. 이 어근은 영어에서 fec-, fic-, factus 등과 같은 철자로 쓰이며, 동사에서는 -fy로 끝납니다. maleficent acts, deeds, behavior해가 되는 행위, 행동, 태도의 형태로 쓰입니다. maleficent의 명사형을 쓰고 발음해보세요. ____________.

maleficent[mə-LEF'-ə-sənt] 해가 되는, 상처를 주는

malefactor는 '범인wrongdoer', '악인evildoer', '범죄자criminal'란 뜻입니다. malefactor는 malefaction 즉 '범죄crime', '나쁜 짓evil deed'을 저지릅니다.

malefactor[MAL´-ə-fak´-tər] 범죄자
malefaction [mal'-ə-FAK'-shən] 나쁜 짓, 범죄

프랑스어는 로망스어Romance language 로마어, 라틴어에서 발전한 언어입니다. 스페인어, 포르투갈어, 이탈리아어, 루마니아어도 마찬가지입니다. 라틴어 malus는 프랑스어에서 '나쁜bad'을 뜻하는 mal이 됐습니다. mal은 어원상으로는 '나쁜 오른손'을 뜻하는 maladroit의 어근으로 쓰였으며 '서툰clumsy', '어설픈bungling', '미숙한awkward', '솜씨 없는unskillful'을 뜻합니다. 이 단어를 보면 1장에 나온 adroit가 생각날 것입니다. 명사는 maladroitness입니다.

maladroit [mal'-ə-DROYT'] 서툰, 솜씨 없는
malaise [mə-LAYZ'] 불안감, 불쾌감

역시 프랑스어 mal에서 파생된 단어로 malaise가 있습니다. malaise는 가벼운 질병으로 혹은 질병의 징후로 몸에서 막연하게 느껴지는 불편함, 즉 '으스스한 느낌'을 뜻합니다. 어원적으로는 disease가 '편안함이 없음dis-ease 즉, lack of ease'을 뜻하듯이 malaise는 '나쁜 편안함bad ease'을 뜻합니다.

malicious악의적인, malice악의, 적의, malady질병도 라틴어 malus에

서 파생된 단어입니다. maladjusted잘못 조정된, malcontent불평하는, malpractice부정행위, malnutrition영양실조 등은 malus가 접두어로 사용된 단어들로 모두 '불량한 상태badness'를 뜻합니다. 그럼 좋은 소식good news은 무엇일까요? 다음 과에서 살펴보겠습니다.

QUIZ

어원복습

단어의 어원적 구조를 정확히 파악하면 훨씬 효과적으로 단어를 정복할 수 있습니다. 지금까지 배운 접두어와 어근, 접미어를 복습하는 의미로 풀어보는 것이므로 따로 정답은 없습니다. 자유롭게 생각나는 단어를 써보세요.

	접두어/어근/접미어	의미	파생어
1	-ory	형용사형 접미어	
2	scribo, scriptus	to write	
3	de-	down	
4	manus	hand	
5	sub-	under	
6	in-	in, into	
7	post	after	
8	via	road	
9	tri-	three	
10	militis	soldier	
11	malus	bad, evil	
12	dico, dictus	to say, tell	
13	volo	to wish	
14	facio(fec-, fic-, -fy)	to do, make	
15	-ence, -ancy	명사형 접미어	

EXERCISE
연습문제

1. 다음 단어를 정확히 발음해보세요.

1) **titillation**	tit′-ə-LAY′-shən	2) **adulation**	aj′-ə-LAY′-shən
3) **adulatory**	AJ′-ə-lə-tawr′-ee	4) **proscription**	prō-SKRIP′-shən
5) **proscriptive**	prō-SKRIP′-tiv	6) **obviation**	ob′-vee-AY′-shən
7) **trivial**	TRIV′-ee-əl	8) **trivialities**	triv′-ee-AL′-ə-teez
9) **trivia**	TRIV′-ee-ə	10) **militant**	MIL′-ə-tənt
11) **militancy**	MIL′-ə-tən-see	12) **malign** adj	mə-LĪN′
13) **malignity**	mə-LIG′-nə-tee	14) **malignant**	mə-LIG′-nənt
15) **malignancy**	mə-LIG′-nən-see		

2. 다음 단어를 정확히 발음해보세요.

1) **malediction**	mal′-ə-DIK′-shən	2) **maledictory**	mal′-ə-DIK′-tə-ree
3) **malevolent**	mə-LEV′-ə-lənt	4) **malevolence**	mə-LEV′-ə-ləns
5) **maleficent**	mə-LEF′-ə-sənt	6) **maleficence**	mə-LEF′-ə-səns
7) **malefactor**	MAL′-ə-fak′-tər	8) **malefaction**	mal′-ə-FAK′-shən
9) **maladroit**	mal′-ə-DROYT′	10) **maladroitness**	mal′-ə-DROYT′-nəs
11) **malaise**	mə-LAYZ′		

3. 다음 단어와 연관되는 내용을 보기에서 고르세요.

보기

a. prohibition
b. hatefulness; harmfulness
c. clumsiness
d. quality of wishing evil; ill-will
e. prevention; fact or act of making unnecessary or of doing away with
f. worship; excessive flattery
g. vague feeling of bodily discomfort
h. pleasurable stimulation; tickling
i. a curse
j. aggressiveness

1) **titillation**	________	2) **adulation**	________
3) **proscription**	________	4) **militancy**	________
5) **malignity**	________	6) **malediction**	________
7) **maladroitness**	________	8) **obviation**	________
9) **malevolence**	________	10) **malaise**	________

4. 다음 단어와 연관되는 내용을 보기에서 고르세요.

보기

a. aggressive; "fighting"
b. of no great consequence
c. bearing ill-will; wishing harm
d. of the nature of curses
e. clumsy, awkward
f. worshipful, adoring
g. bad, harmful, hurtful
h. relating or pertaining to prohibitions

1) **adulatory** ______________
2) **proscriptive** ______________
3) **militant** ______________
4) **malign** ______________
5) **trivial** ______________
6) **maledictory** ______________
7) **malevolent** ______________
8) **maladroit** ______________

5. 다음 질문을 읽고 YES/NO로 대답하세요.

1) Does a *malignant* look indicate kindly feelings? YES / NO
2) Is a cancer sometimes called a *malignancy*? YES / NO
3) Are *trivialities* important? YES / NO
4) If your house is cluttered with *trivia*, are these objects of great value? YES / NO
5) Do people enjoy having *maledictions* hurled at them? YES / NO
6) Is a *maleficent* act likely to cause harm or hurt? YES / NO
7) Does *maladroitness* show skill? YES / NO
8) Is a *malefactor* a wrongdoer? YES / NO
9) Does an *adulatory* attitude show exaggerated admiration? YES / NO
10) Is *militancy* the same as passiveness? YES / NO

6. 다음을 보고 생각나는 단어를 쓰세요.

1) clumsy, awkward

M ______________

2) bearing ill-will; wishing harm

M ______________

3) pleasurable stimulation

T ______________

4) a person aggressively fighting for a cause

M ______________

5) prohibition against something injurious

P ______________

6) excessive flattery; exaggerated admiration

A ______________

7) vague feeling of general physical discomfort

M ______________

8) a criminal; a wrongdoer

M ______________________

9) a curse

M ______________________

10) a crime; bad or evil act of behavior

M ______________________

7. 다음을 보고 생각나는 단어를 쓰세요.

1) fact or act of making unnecessary or
of taking effective steps toward prevention

O ______________________

2) aggressive attitude

M ______________________

3) harmful, hurtful, bad

M ______________________, M ______________________, M ______________________

4) unimportant, insignificant

T ______________________

5) unimportant, insignificant things; trifles

T ______________________, T ______________________

6) cursing; of the nature of, or relating to, curses (adj)

M ______________________

7) worshipful

A ______________________

LESSON 5

ORIGIN

어원탐구

so now what's the good news?

그럼 좋은 소식이란 무엇인가요?

malus는 '나쁜bad'이란 뜻이고 bonus는 '좋은good'이란 뜻입니다. 라틴어 형용사 bonus에서 파생된 부사는 bene입니다. bene는 앞에서 공부한 mal-로 이루어진 단어들과 대조되는 단어에서 어근으로 쓰입니다.

따라서 benign과 benignant는 '친절한kindly', '인자한good-natured', '좋은 영향을 주는not harmful'이란 뜻이며 benign neglect 호의적인 방관, benign judge 인자한 판사, benign tumor 악성이 아닌 양성 종양, 범인과 악당에 대한 benignant attitude 호의적인 태도로 쓰입니다. 관련된 명사는 benignity와 benignancy입니다. malediction은 '저주curse'이고, benediction은 '축복blessing', 즉 '좋게 한 말saying good'입니다. 형용사는 benedictory입니다.

benign [bə-NĪN'] 친절한, 인자한
benignant [bə-NIG'-nənt] 친절한, 인자한
benignity [bə-NIG'-nə-tee] 친절, 인자함
benignancy [bə-NIG'-nən-see] 자애로움
benediction [ben'-ə-DIK'-shən] 축복
benedictory [ben'-ə-DIK'-tə-ree] 축복의
beneficent [bə-NEF'-ə-sənt] 자선을 행하는

maleficent와 달리 beneficent는 '자선을 행하는'이란 뜻입니다. 명사는 무엇일까요? ____________.

malefactor의 반의어는 benefactor, 즉 '남에게 선행을 베푸는 사람'입니다. 도움을 주고, 재정적인 지원과 원조를 제공하

benefactor [BEN'-ə-fak'-tər] 후원자

며, 곤경에 처한 사람을 구조하러 달려가는 사람입니다. 굳이 남녀를 구분해야 한다면, 선행을 베푸는 여자는 benefactress입니다. 나아가 benefaction을 받는 사람, 즉 돈이나 도움을 받는 사람은 beneficiary입니다. benefit와 beneficial은 bene와 '행하다do', '만들다make'를 뜻하는 facio가 결합하여 만들어진 단어입니다. 남들이 malevolent하게 내버려두고, 그들에게 benevolent함으로써 그들을 당황하게 만드세요. 명사는 무엇일까요? ___________.

benefactress [BEN'-ə-fak'-trəs] 후원자의 여성형
benefaction [ben-ə-FAK'-shən] 기부금, 후원
beneficiary [ben'-ə-FISH'-ər-ee(혹은 ee-air-ee)] 수혜자
benevolent [bə-NEV'-ə-lənt] 호의적인

'좋은'이란 뜻의 라틴어 형용사 bonus는 영어에서도 bonus로 쓰입니다. '상여금extra payment'인 bonus는 이론적으로는 훌륭한 행위에 대해 주지만 반드시 그런 것도 아닙니다. bonus는 '사탕'을 뜻하는 bonbon과 bona fide에서도 쓰입니다. bonbon은 프랑스어로 '좋아, 좋아good-good'라는 뜻입니다. bona fide는 어원적으로 '성실하게in good faith'를 뜻하며 '타당한valid', '허세, 기만, 속이려는 의도가 없는without pretense, deception, or fraudulent intent'이란 뜻입니다. 따라서 bona fide offer성실한 제의, bona fide effort to negotiate differences차이를 조정하려는 진지한 노력 등과 같이 쓰입니다. fides는 '믿음faith'이나 '신뢰trust'를 뜻하는 라틴어로 fidelity의 어근입니다. 반려견에게 흔히 붙이는 이름인 Fido는 '충실한 친구'란 뜻이며, infidel은 올바른 신앙이나 종교를 갖지 않은 '이단자'나 종교가 아예 없는 '무신론자'를 의미합니다. 라틴어에서 in-은 '부정not'의 뜻입니다. infidelity는 '불성실unfaithfulness'이란 뜻으로, 특히 결혼 서약에 불성실한 행위를 가리키면 '불륜'이 됩니다.

bona fide [BŌ'-nə-FĪD'(혹은 FĪ'-dee)] 타당한, 성실한
fidelity [fə-DEL'-ə-tee] 충실
infidel [IN'-fə-dəl] 이단자, 무신론자
infidelity [in'-fə-DEL'-ə-tee] 불성실, 불륜

say, do, and wish 말하고 행하고 소망하라

benediction과 malediction은 '말하다to say, tell'를 뜻하는 dico, dictus에서 파생된 단어들입니다. dictate받아쓰게 하다, dictator독재

dictatorial [dik'-tə-TAWR'-ee-əl] 독재자의

자, dictation받아쓰기, dictatorial독재자의은 모두 남에게 무엇을 하라고 명령하는 행위를 뜻하며, dico에서 파생된 단어들입니다. '예언하다tell beforehand', 즉 어떤 일이 일어나기 전에 그런 일이 닥칠 거라고 앞서 말하는 predict도 마찬가지입니다. prescient선견지명이 있는에서와 마찬가지로 pre-는 '앞, 미리before'란 뜻입니다.

속기용 구술 녹음기의 상표 이름인 Dictaphone은 dico와 '소리sound'를 뜻하는 phone이 결합된 단어입니다. contradict는 '반박하다, 반대 주장을 하다'라는 뜻으로 dico와 '반대againt, opposite'를 뜻하는 contra-가 결합된 단어입니다. "Don't contradict me!내 말에 반박하지 마라!", "That contradicts what I know그것은 내가 아는 것과 다르다"와 같이 쓰입니다. addiction은 '중독'이란 뜻으로, 어원적으로 '……의 쪽으로 말함saying to or toward' 혹은 '어떤 습관을 긍정하고 싶은 충동compulsion to say "yes" to a habit'을 뜻하며, dico와 '……을 향하여to, toward'란 뜻의 ad-가 결합된 단어입니다.

malefactor, benefactor에서 보았듯이 '행하다to do', '만들다to make'란 뜻인 facio, factus는 영어에서 철자가 변형되어 fec-, fic-로 쓰이고 동사에서는 -fy로 끝납니다.

따라서 factory는 물건들을 만드는 곳, 즉 '공장'입니다. -ory는 '장소place'를 뜻한 접미어입니다. fact는 '행해진 것something done', 실제로 일어나 존재하는 것이므로 '사실'입니다. fiction은 꾸미거나 지어낸 것입니다. manufacture는 '손으로 만들다to make by hand'는 뜻입니다. manuscript, manual에서 보았듯이 manus는 '손hand'을 뜻합니다. manufacture는 기계가 발명되기 전에 쓰인 단어입니다.

artificial은 자연에서 일어난 현상이 아니라 '인간의 기술human art'로 만든 것이므로 '인위적'이란 뜻입니다. artificial flower조화가 좋은 예입니다. -fy로 끝나는 대표적인 예로는 clarify분명히 하다, simplify단순화하다, liquefy액화하다, magnify확대하다 등이 있습니다.

malevolent, benevolent에서 보았듯이 '원하다to wish', '의도하다to will', '기꺼이 ……하다to be willing'란 뜻의 volo는 voluntary 자발적인, involuntary본의 아닌, volunteer자원자의 어근으로 쓰였습니다. 뜻을 정의할 필요도 없이 너무 친숙하게 쓰이는 단어들로 모두 '바람wish'이나 '자발적 의지willingness'가 분명히 드러난 단어들입니다. 흔히 쓰이지는 않지만 같은 어근에서 파생된 단어인 volition은 of her own volition그녀 자신의 의지로, 자발적으로이나 against her volition그녀의 의지와는 달리라는 쓰임에서 보듯 '의지의 작용', '의지력'을 뜻합니다.

volition [vō-LISH'-ən]
의지, 의지력

if you please! 좋으시다면!

placate는 라틴어에서 '즐겁게 해주다to please'와 '달래다, 진정시키다to appease, soothe, pacify'를 뜻하는 동사에서 유래한 어근 plac-에서 파생된 단어입니다. 화난 동료를 placate하는 데 성공했다는 것은 그의 적대적인 태도를 우호적이고 호의적인 태도로 바꿔놓았다는 뜻입니다. 명사는 placation이고, 형용사는 placative, placatory입니다. 화나게 만든 사람에게 more placatory attitude를 보여주면 그의 우정을 다시 얻을 가능성이 큽니다. 또 부부나 연인들이 말다툼을 할 때, 둘 중 하나가 싸움을 계속한다고 해서 얻을 게 없다고 생각해 placative gesture를 취한다면 그는 다음 날 아침에 placatory mood로 일어나게 될 것입니다.

placate [PLAY'-kayt] 달래다
placation [play-KAY'-shən] 화를 달램
placative [PLAK'-ə(혹은 PLAY'-kə)-tiv] 화를 달래는
placatory [PLAK'-ə(혹은 PLAY'-kə)-taw-ree] 화를 달래는

그러나 인생은 그런 것이어서, 상대방은 그때에도 implacable할 수 있습니다. 부정을 뜻하는 접두어 in-은 p 앞에서 im-으로 바뀝니다. placable한 사람은 화를 진정시키고 적대감을 호의로 바꿀 수 있습니다. implacable에는 '간청이나 동정심에 굽히지 않는unyielding to entreaty or pity', '무정한harsh', '가혹한relentless'이란 뜻도 있습니다. "The governor was implacable in his refusal to grant clemency주지사는 무정하게 감형을 허용하지 않았다"에서 보면 '무

implacable [im-PLAK'-ə(혹은 PLAY'-kə)-bəl] 화해하기 어려운, 무정한
placable [PLAK'-ə(혹은 PLAY'-kə)-bəl] 달래기 쉬운
implacability [im-plak'-ə(혹은 play'-kə)-BIL'-ə-tee] 달래기 어려움

정한, 가혹한'이란 뜻으로 쓰였습니다. implacable의 명사는 implacability입니다. placable의 명사형을 쓰고 발음해보세요. ______________.

여러분이 placid하다면 여러분은 조용하고 느긋하며 차분하고 평온한 사람입니다. 어원적으로 말하면, 현재의 상황에 만족하는 사람입니다. 호수나 바다의 표면도 placid할 수 있고, 어떤 장소의 분위기도 placid할 수 있습니다. 명사는 placidity입니다.

placid [PLAS'-id] 잔잔한, 차분한
placidity [plə-SID'-ə-tee] 차분함

여러분이 complacent하다면 '자신에 만족하는' 사람입니다. com-은 '함께, 더불어'를 뜻하는 con-이 변형된 형태입니다. 사실 이 단어에 내포된 뜻대로 여러분은 잘난 체하고, 자신의 지위나 사소한 성취에 지나치게 즐거워하며, 또 너무 쉽게 자기만족에 빠집니다. 명사는 complacence 혹은 complacency입니다.

complacent [kəm-PLAY-sənt] 자신에 만족하는
complacence [kəm-PLAY'-səns] 자기만족
complacency [kəm-PLAY'-sən-see] 자기만족

how to give—and forgive 주는 법, 그리고 용서하는 법

condone은 죄 혹은 반사회적이고 불법적인 행동을 '용서하다forgive', '묵인하다overlook', '눈감아주다pardon', '비판하지 않다be uncritical'라는 뜻입니다. 여러분은 그런 반사회적인 행동에 탐닉할 수도 있고 그렇지 않을 수도 있습니다. 또 그런 죄를 저지를 수도 있고 그렇지 않을 수도 있습니다. 그런 짓을 한 다른 사람에게 항의하거나, 비난과 처벌을 요구하고픈 충동을 전혀 느끼지 않을 수 있습니다. 여러분은 스스로 법을 철저하게 준수하지만 다른 사람이 소득세를 속이고, 가게에서 물건을 들치기하며, 제한속도를 넘긴 것을 condone할 수 있습니다. 명사는 condonation입니다.

condone [kən-DŌN'] 용서하다, 묵인하다
condonation [kon'-dō-NAY'-shən] 용서, 묵과

condone은 '주다to give'란 뜻을 지닌 라틴어 dono에서 파생된 단어입니다. '주는 사람, 기증자'를 뜻하는 donor, '주다'란 뜻의 donate, '기증품'이란 뜻의 donation도 dono에서 파생되었습니다.

QUIZ

어원복습

단어의 어원적 구조를 정확히 파악하면 훨씬 효과적으로 단어를 정복할 수 있습니다. 지금까지 배운 접두어와 어근, 접미어를 복습하는 의미로 풀어보는 것이므로 따로 정답은 없습니다. 자유롭게 생각나는 단어를 써보세요.

	접두어/어근/접미어	의미	파생어
1	bonus, bene	good, well	
2	fides	faith	
3	dico, dictus	to say, tell	
4	pre-	before, beforehand	
5	phone	sound	
6	contra-	against, opposite	
7	ad-	to, toward	
8	facio, factus, fec-, fic-, -fy	to make or do	
9	-ory	place where	
10	manus	hand	
11	volo	to wish, to will, to be willing	
12	plac-	to please, appease, soothe, pacify	
13	-ive	형용사형 접미어	
14	-ory	형용사형 접미어	
15	im-(in-)	부정 접두어	
16	com-(con-)	with, together	
17	dono	to give	

EXERCISE
연습문제

1. 다음 단어를 정확히 발음해보세요.

1) **benign** bə-NĪN′
2) **benignity** bə-NIG′-nə-tee
3) **benignant** bə-NIG′-nənt
4) **benignancy** bə-NIG′-nən-see
5) **benediction** ben′-ə-DIK′-shən
6) **benedictory** ben′-ə-DIK′-tə-ree
7) **beneficent** bə-NEF′-ə-sənt
8) **beneficence** bə-NEF′-ə-səns
9) **benefactor** BEN′-ə-fak′-tər
10) **benefaction** ben′-ə-FAK′-shən
11) **beneficiary** ben′-ə-FISH′-ər-ee(혹은 ee-air-ee)
12) **benevolent** bə-NEV′-ə-lənt
13) **benevolence** bə-NEV′-ə-ləns
14) **bona fide** BŌ′-nə FĪD′(혹은 FĪ′-dee)
15) **fidelity** fə-DEL′-ə-tee
16) **infidelity** in′-fə-DEL′-ə-tee
17) **infidel** IN′-fə-dəl

2. 다음 단어를 정확히 발음해보세요.

1) **dictatorial** dik′-tə-TAWR′-ee-əl
2) **volition** vō-LISH′-ən
3) **placation** play-KAY′-shən
4) **placative** PLAK′-ə(혹은 PLAY′-kə)-tiv
5) **placatory** PLAK′-ə(혹은 PLAY′-kə) -tawr-ee
6) **placable** PLAK′-ə(혹은 PLAY′-kə)-bəl
7) **implacable** im-PLAK′-ə(혹은 PLAY′-kə)-bəl
8) **placability** plak′-ə(혹은 play′-kə)-BIL′-ə-tee
9) **implacability** im-plak′-ə(혹은 play′-kə)-BIL′-ə-tee
10) **placid** PLAS′-id
11) **placidity** plə-SID′-ə-tee
12) **complacent** kəm-PLAY′-sənt
13) **complacence** kəm-PLAY′-səns
14) **complacency** kəm-PLAY′-sən-see
15) **condonation** kon′-dō-NAY′-shən

3. 다음 단어와 연관되는 내용을 보기에서 고르세요.

보기

a. wishing good things (for another); well disposed
b. domineering; giving orders in a manner permitting no refusal
c. not to be soothed or pacified; unyielding to pity or entreaty
d. tending, or intended, to pacify, to soothe, or to change hostility to friendliness
e. kindly, good-natured; not cancerous
f. calm, unruffled, undisturbed
g. self-satisfied; smug
h. of the nature of, or relating to, blessings
i. in good faith; sincere; valid

1) **benign** ______
2) **benedictory** ______

3) **benevolent** ______________ 4) **bona fide** ______________

5) **dictatorial** ______________ 6) **placatory** ______________

7) **implacable** ______________ 8) **placid** ______________

9) **complacent** ______________

4. 다음 단어와 연관되는 내용을 보기에서 고르세요.

보기

a. recipient of money, kindness, etc. b. free will
c. act of overlooking, or of forgiving, an offense or transgression
d. faithfulness e. self-satisfaction; smugness
f. calmness
g. act of pacifying, or of turning hostility or anger into friendly feelings
h. attitude of wishing good things for another
i. faithlessness j. good deed; act of charity or kindness

1) **benevolence** ______________ 2) **benefaction** ______________

3) **beneficiary** ______________ 4) **infidelity** ______________

5) **volition** ______________ 6) **placation** ______________

7) **fidelity** ______________ 8) **condonation** ______________

9) **placidity** ______________ 10) **complacency** ______________

5. 다음 질문을 읽고 YES/NO로 대답하세요.

1) Are *benedictions* given in houses of worship? YES / NO

2) Is it pleasant to be the recipient of a *beneficent* act? YES / NO

3) Are kind people *benevolent*? YES / NO

4) Do *placatory* gestures often heal wounds and soothe disgruntled friends? YES / NO

5) Are some unambitious people *complacent*? YES / NO

6) Does *benignity* show malice? YES / NO

7) Is a *benefaction* an act of philanthropy? YES / NO

8) Is an *implacable* foe of corruption likely to *condone* corrupt acts? YES / NO

9) Is a *bona fide* offer made insincerely? YES / NO

10) Does a *benignant* attitude indicate hostility? YES / NO

6. 다음 단어의 관계를 SAME/OPPOSITE로 대답하세요.

1) benign—hateful SAME / OPPOSITE

2) benignant—kindly SAME / OPPOSITE

3) benediction—malediction SAME / OPPOSITE

4) benefactor—evildoer SAME / OPPOSITE

5) beneficiary—giver SAME / OPPOSITE

6) benevolent—well disposed SAME / OPPOSITE

7) bona fide—valid SAME / OPPOSITE

8) fidelity—unfaithfulness SAME / OPPOSITE

9) infidel—true believer SAME / OPPOSITE

10) dictatorial—submissive SAME / OPPOSITE

11) placative—pacifying SAME / OPPOSITE

12) implacable—unyielding SAME / OPPOSITE

13) placid—calm SAME / OPPOSITE

14) complacent—discontented SAME / OPPOSITE

15) condonation—forgiveness SAME / OPPOSITE

7. 다음을 보고 생각나는 단어를 쓰세요.

1) tending to give orders

D ____________

2) act of overlooking (an offense, etc.)

C ____________

3) unyieldingly hostile; beyond soothing; relentless; pitiless

I ____________

4) intended to soothe or pacify (adj)

P ____________, P ____________

5) one's desire, wishes, or unforced will

V ____________

6) calmness

P ____________

7) self-satisfaction; smugness

C ____________, C ____________

8) non-believer in the "true" religion

I ____________

9) kindly; well disposed

B ____________, B ____________, B ____________

10) unfaithfulness

I ____________

11) involving a blessing (adj)

B ____________

12) doing something good or kind (adj)

B ____________

13) faithfulness

F ______________________

14) sincere; valid; in good faith

B ______________________

15) one who does something good, kind, or charitable (for another)

B ______________________

16) a kind or charitable deed

B ______________________

17) recipient of kindness, gift, etc.

B ______________________

18) able to be soothed or pacified

P ______________________

REVIEW
챕터복습

1. 다음 정의에 맞는 단어를 고르세요.

1) To belittle

ⓐ titillate ⓑ disparage ⓒ adulate

2) To be purposely confusing

ⓐ equivocate ⓑ obviate ⓒ proscribe

3) To work to the disadvantage of

ⓐ malign ⓑ militate ⓒ placate

4) To slander

ⓐ malign ⓑ condone ⓒ placate

5) Lack of equality

ⓐ parity ⓑ disparity ⓒ ambiguity

6) Phrase that may have two interpretations, one of them indelicate or off-color

ⓐ equivocation ⓑ ambiguity ⓒ double entendre

7) Hateful

ⓐ malignant ⓑ benignant ⓒ malaise

8) Ill will

ⓐ malaise ⓑ malevolence ⓒ maleficence

9) Kindly

ⓐ benevolent ⓑ placid ⓒ complacent

10) Inflexibly hostile

ⓐ implacable ⓑ placatory ⓒ militant

11) Giving orders imperiously

ⓐ benedictory ⓑ dictatorial ⓒ adulatory

12) Self-satisfaction

ⓐ complacency ⓑ placation ⓒ placidity

2. 다음 어근에 맞는 의미를 쓰세요.

	어근	의미	파생어
1)	par		parity
2)	aequus(equ-)		equivocal
3)	vox, vocis		vocal

4)	nox, noctis		nocturnal
5)	libra		equilibrist
6)	latus, lateris		equilateral
7)	equus		equine
8)	pedis		pedestrian
9)	paidos(ped-)		pedagogue
10)	fero		vociferous
11)	magnus		magnify
12)	scribo, scriptus		proscribe
13)	manus		manuscript
14)	post		postscript
15)	via		trivial
16)	militis		militate
17)	malus		malefactor
18)	dico, dictus		dictatorial
19)	volo		volition
20)	facio(fec-, fic-, -fy)		benefactor
			fiction
			simplify
21)	bonus		bona fide
22)	fides		fidelity
23)	phone		Dictaphone
24)	plac-		placate
25)	dono		donation

QUESTION

어원심화

1. equanimity의 어근 animus, Magnavox와 magnify의 어근 magnus, 이 두 어근을 이용해서 어원적으로 '넉넉한 마음'을 뜻하는 명사를 만들어보세요. 그 명사의 형용사형은 무엇일까요? -ous로 끝나도록 만들어보세요.

2. equilateral이 '등변의'라는 뜻이라면 '두 변의'란 뜻의 형용사는 무엇일까요?

3. trans-는 'across……을 가로질러'라는 뜻의 접두어입니다. '가로질러 글을 쓰다', 즉 어떤 언어를 다른 언어로 '옮겨쓰다'라는 뜻을 지닌 동사는 무엇일까요? 이 동사의 명사형도 써보세요.

4. '나쁜 공기bad air'가 발병의 원인으로 잘못 알려진 질병은 무엇인가요?

5. facio는 영어에서 fec-의 형태로 쓰일 수 있습니다. '함께'라는 뜻을 지닌 접두어 con-을 이용해서 사탕, 케이크, 아이스크림의 동의어로 쓰이는 명사, 즉 어원적으로 '함께 만들어진 것'이란 뜻을 지닌 명사를 써보세요.

ADVICE

단어를 내 것으로 만들어가는 즐거움

지금까지 공부하면서 여러분의 어휘력에는 수백 단어가 더해졌습니다. 수백여 접두어, 어근과 접미어를 습득함으로써 여러분은 앞으로 글을 읽으면서 생소한 단어들의 의미까지 추측할 수 있게 됐습니다.

시간이 흐르면서 글을 읽거나 강의, 라디오, 텔레비전을 접할 때마다 이미 공부한 단어들이 점점 더 많이 눈이나 귀에 들어오게 될 텐데, 그런 인식의 즐거움 이외에 복잡한 개념을 즉시 이해한다는 사실도 무척 중요합니다. 대화 중에도 단어들이 귀에 들릴 것이고, 여러분 생각을 정확히 표현하기 위해 그런 단어들을 무의식적으로 사용하기 시작할 것입니다.

계속 공부하세요! 이처럼 보상이 분명한 학습에 몰두하면 궁극적으로 여러분의 지적인 능력도 고양될 것입니다.

쉬어가기 5

HOW TO SPEAK NATURALLY

어떻게 하면 자연스럽게 말할 수 있을까

"등장인물들의 대화를 문법적으로 정확히 쓴다면, 그들은 잘난 체하고 현실과 동떨어진 인물로 보이게 될 것이다"라는 유명한 소설가 루이스 브롬필드의 말을 곱씹어봅시다. 문학평론가 자크 바전도 비슷한 관점에서 "결국 말은 어느 정도 인격의 표현이다. 말을 사용할 때의 융통성은 친구와 로봇을 구분짓는 좋은 방법이다"라고 말했습니다. 클래런스 대로는 약간 장난기 섞인 말투로 "정확한 영어를 말하는 법을 배우더라도 누구에게 그런 영어로 말할 것인가?"라고 했습니다.

학교 문법의 엄격한 규칙에 대한 영어 전문가들의 대체적인 반응은 이렇습니다. 현직에서 영어를 가르치는 선생들도 똑같은 식으로 생각할까요? 그들의 대답도 대체로 똑같습니다. E. A. 크로스 교수는 "전문가와 권위자는 논리적으로든 비논리적으로든 정확성에 대해 어떤 결정도 내리지 않고 규칙도 만들어내지 않는다. 그들은 교육받은 교양인들의 언어 습관을 관찰해서 그 결과를 보고할 뿐이다"라고 말했습니다. 스티븐 리콕은 『글을 쓰는 방법How To Write』에서 "문법은 사실에 대한 분석, 즉 어법에 대한 사후분석일 뿐이다. 현재 사용되는 어법이 먼저이고, 그 어법이 규칙이다"라고 말했습니다.

현재 사용되는 어법을 찾아내는 방법 중의 하나는 언어를 직업적으로 사용하는 사람들에게 일상 대화에서 논란이 많은 특정한 표현의 용인 가능성에 대해 의견을 묻는 조사를 실시하는 것입니다. 내가 최근에 시도한 질문들에 대해 전문가 82명이 답을 보내주었습니다. 작가 31명, 평론가 7명, 편집자 33명, 영어 교수 11명이었습니다. 대부분이 그렇듯이 여러분도 올바른 영어는 변하지 않으며 문법규칙에 절대적으로 따라야 한다고 믿어왔다면, 조사 결과가 무척 충격적으로 보일 것입니다.

▶ 다음 문장에서 이탤릭체로 쓰인 단어나 구를 특별히 눈여겨보기 바랍니다. 여러분이 알고 있는 문법과 표현이 일치하나요? 다음 문장이 올바로 쓰였는지 선택하고, 뒤에 나오는 설명과 여러분의 선택을 비교해보세요.

1. Californians boast of the *healthy* climate of their state. RIGHT / WRONG
2. Her new novel is not *as* good as her first one. RIGHT / WRONG
3. We *can't* hardly believe it. RIGHT / WRONG
4. This is *her*. RIGHT / WRONG
5. *Who* are you waiting for? RIGHT / WRONG
6. Please take care of *whomever* is waiting. RIGHT / WRONG
7. *Whom* would you like to be if you weren't yourself? RIGHT / WRONG
8. My wife has been *robbed*. RIGHT / WRONG
9. Is this *desert* fattening? RIGHT / WRONG

1. Californians boast of the ***healthy*** climate of their state.
캘리포니아 사람들은 건강에 좋은 기후를 자랑한다.

Right! 학교 문법에서는 healthy와 healthful을 구분합니다. 규칙에 따르면, 어떤 사람의 건강이 좋으면 그 사람은 healthy합니다. 그러나 기후는 건강에 도움이 되는conducive한 것이므로 기후는 healthful이어야 합니다. 이런 구분이 지금도 간혹 글에서는 지켜지지만, 일상 대화에서는 거의 지켜지지 않습니다. 사전에서도 이미 두 단어를 엄격하게 구분하지 않습니다. 요컨대 우리가 두 의미 중 어떤 의미로 사용하든 상관없이 healthy를 사용할 수 있다는 뜻입니다. 질문에 답한 33명의 편집자 중 26명, 7명의 평론가 중 6명, 11명의 영어 교수 중 9명, 31명의 작가 중 20명이 healthy climate건강에 좋은 기후란 표현을 교양 있는 어법이라 인정했습니다. 과거의 구분은 급속히 사라지고 있습니다.

2. Her new novel is not ***as*** good as her first one.
그녀의 신작 소설은 처녀작만큼 훌륭하지 않다.

Right! 학교 문법을 공부한 사람이라면 동사의 부정 표현 뒤에는 as보다 so를 써야 적절하다고 배웠을 것입니다. 교육받은 사람들이 아직도 이 규칙을 준수할까요? 거의 지키지 않습니다. 위의 문장에 대해서 작가인 토머스 W. 던컨은 "나는 말을 할 때나 글을 쓸 때나 항상 as를 사용해서 출판사의 편집자를 곤란하게 만든다. 하지만 그 편집자는 가엾은 원칙주의자일 뿐이다"라고 말했습니다. as의 이런 사용에 대한 결과를 보면, 74명이 찬성했고 8명만이 반대했습니다.

3. We ***can't*** hardly believe it.
우리는 그것을 좀처럼 믿을 수 없다.

Wrong! 질문에 답한 82명의 전문가 중에서 76명이 이 문장을 틀렸다고 대답했습니다. can't hardly는 교양 있는 어법으로 인정받지 못한다는 뜻입니다. 올바른 표현은 We can hardly believe it입니다.

4. This is ***her***.
내가 그 여자입니다.

Wrong! she가 쓰여야 할 곳에 her를 사용한 이 문장에 대해 82명의 응답자 중 57명이 틀린 문장이라 대답했습니다. 모순으로 들리겠지만 It's me와 This is me는 교양 있는 어법으로 완전히 자리 잡은 반면에 This is her는 대다수의 교양인에게 아직 틀린 표현으로 여겨집니다. 하지만 내 생각에 보통 사람들은 This is she라는 표현도 꽤 거북하게 느낄 것 같습니다. 지나치게 멋을 부린 말로 들리기 때문입니다. 이 문제는 단순히 학문의 문제만이 아닙니다. 전화로 얘기하는 상대방이 "제인 도한국식으로 말하면 아무개 씨와 통화하고 싶습니다"라고 말한다면, 안타깝지만 여러분은 정말 지독한 진퇴양난에 빠지게 됩니다. This is she라고 대답하면 까다로운 여자처럼 들릴 것이고, This is her라고 대답하면 교육받지 못한 여자라는 인상을 줄 수도 있기 때문입니다. 그렇다고 딱히 선택할 다른 표현도 마땅치 않습니다. 집에서 전화를 받으면서 "Talking!말씀하세요!"이라고 대답한다면 너무 사무적입니다. "I am Jane Doe내가 제인 도입니다"라고 대답한다면 고등학교 학예회에서 개회사를 하는 기분일 수도 있습니다. 하루에도 몇 번씩 어떤 식으로든 결정을 내려야 할 상황이 닥칩니다. 유감스럽지만 영어가 불완전해서 크게 도움이 되지 않는다고 말하는 수밖에 없습니다. 그저 여러분이 싹싹하게 응대한다면 어떨까 싶습니다.

5. ***Who*** are you waiting for?
당신은 누구를 기다리고 있나요?

Right! 학교 문법에 따르면 whom만이 인정될 뿐 아니라 어순까지 For whom are you waiting?으로 바꿔야 합니다. 일상의 대화에서 이런 원칙을 지키려고 애쓰면서 친구를 얼마나 오랫동안 곁에 둘 수 있는지 생각해봅시다. 문법 구조가 무엇이든 간에 who는 문장의 첫 단어로 흔히 쓰이는 정상적인 단어입니다. 저명한 편집자 카일 크라이튼의 의견이 대다수 교양인의 생각을 대변할 것 같습니다. 크라이튼은 "적어도 나에게 영어에서 가장 짜증나는 단어는 whom입니다. whom을 어떻게 사용하느냐를 보고 얼치기 교양인을 골라낼 수 있습니다. whom으로 말을 시작하는 사람은 잘난 체하는 무식쟁이어서 나는 그런 사람을 친구로 삼지 않을 것이입니다"라고 말했습니다. who로 시작된 이 문장을 82명 중 66명이 용인 가능하다고 대답했습니다. 잘난 체하지 않는 대부분의 교양인처럼 여러분도 일상 대화에서 whom보다 who를 선호한다면, 혹은 크라이튼만큼이나 whom을 달갑게 생각하지 않는다면 여러분은 현대 영어의 흐름을 따라가고 있는 것입니다.

6. Please take care of ***whomever*** is waiting.

누가 기다리고 있든 돌봐주시기 바랍니다.

Wrong! whomever는 이 문장에서 어울리지도 않고 약간 어이없기도 합니다. 프랭클린 P. 애덤스가 문법에 대해 지적한 유명한 말, "시릴은 'Whom are you?'라고 물었다. 그가 야간학교에 다녔기 때문이다"까지 생각날 지경입니다. 위의 문장은 문법 규칙에도 어긋납니다. 이런 문장 구조에서 whomever를 사용하는 사람들은 앞에 쓰인 of 때문에 그런 실수를 범한 것입니다. 전치사는 목적격 대명사와 함께 쓰인다는 원칙에 따라 그들은 문법에 맞게 말하는 것이라 생각하겠지만, 이 문장에서 whomever는 전치사 of의 목적어가 아니라 동사 is waiting의 주어입니다. 따라서 올바른 형태는 Please take care of whoever is waiting이 돼야 합니다.

7. ***Whom*** would you like to be if you weren't yourself?

당신이 지금의 당신이 아니라면 어떤 사람이 되고 싶나요?

Wrong! whom에 대한 과도한 공경심이 순박한 사람의 어법에 해를 입힌 또 하나의 전형적인 예입니다. 문법 규칙에서도 whom은 잘못된 선택입니다. 동사 to be는 who를 보어로 요구하기 때문입니다. 일상적인 대화에서도 whom은 불합리합니다. whom의 사용은 우아하게 보이려는 노력에서 비롯되지만 그런 노력은 실패로 끝날 뿐입니다.

8. My wife has been ***robbed***.

내 부인은 강도를 당했다.

Right! 부인의 물건이 절도를 당했다면, "내 부인은 강도를 당했다"라고 해석하면 맞는 표현입니다. 그러나 부인이 납치를 당했다면, 혹은 부인이 당신을 떠나도록 어떤 식으로든 설득을 당했다면, stolen된 것이지 robbed된 것이 아닙니다. rob은 뭔가의 내용물을 갖고 도망치는 행위이고, steal은 물건 자체를 갖고 사라지는 행위입니다. 새삼스레 말할 것도 없겠지만, 두 행위 모두 반사회적이고 불법적인 행위입니다.

9. Is this ***desert*** fattening?

이 디저트는 살찌게 하나요?

Wrong! 살을 찌게 하는 디저트는 dessert로 s가 둘입니다. s가 하나밖에 없는 desert는 사하라 사막처럼 '사막'을 뜻합니다. 허리 둘레가 허락하는 한 언제라도 2인분을 먹겠다고 생각한다면, 디저트의 철자에 s가 둘이라는 걸 연결해 쉽게 기억할 수 있지 않을까요?

CHAPTER 7

HOW TO TALK ABOUT VARIOUS SPEECH HABITS
말투

말과 침묵의 종류와 정도를 정확히 구분해서 표현하는 어휘들을 알아봅시다.

Preview

다음과 같은 사람을 적절히 표현한 형용사는 무엇일까요?

- are disinclined to conversation?
  대화하는 걸 싫어하는 사람인가요?
- are brief and to the point in their speech?
  간결하고 요령있게 말하는 사람인가요?
- are blocked or incoherent in their speech?
  말을 제대로 이어가지 못하고 조리없게 말하는 사람인가요?
- show by their speech that they are trite and unimaginative?
  말에서 고리타분하고 상상력이라곤 없는 걸 드러내는 사람인가요?
- use more words than necessary?
  필요 이상으로 말을 많이 하는 사람인가요?
- are forcefully compelling and logical in their speech?
  흡인력 있고 논리적으로 말하는 사람인가요?
- talk rapidly and fluently?
  빠르고 유창하게 말하는 사람인가요?
- are noisy and clamorous?
  시끄럽고 요란한 사람인가요?
- are talkative?
  말하는 걸 좋아하는 사람인가요?

LESSON 1

여러분에게 가장 값지고 만족스런 경험은 오랫동안 대화를 나눌 수 있는 사람과 함께 있을 때였을 것입니다. 말을 할 때는, 전에는 사용하지 않던 개념과 감정이 샘물처럼 흘러나옵니다. 스스로 알고 있으리라곤 생각조차 못했던 것들까지 말하는 소리가 자신의 귀에 들립니다. 어떤 유형의 사람과 대화를 나누나요? 여기에서는 말과 관련하여 10가지 유형의 사람들을 조사하고, 각 유형을 적절히 표현하는 형용사까지 알아보겠습니다.

IDEA

개념정리

1 saying little → **taciturn**

말이 거의 없다 **말이 없는**

There are some people who just don't like to talk. It's not that they prefer to listen. Good listeners hold up their end of the conversation delightfully—with appropriate facial expressions; with empathetic smiles, giggles, squeals, and sighs at just the right time; and with encouraging nods or phrases like "Go on!", "Fantastic!", "And then what happened?"

These people like neither to talk nor to listen—they act as if conversation is a bore, even a painful waste of time. Try to engage them, and the best you may expect for your efforts is a vacant stare, a noncommittal grunt, or an impatient silence. Finally, in frustration, you give up, thinking. "Are they self-conscious? Do they hate people? Do they hate me?"

말하는 걸 좋아하지 않는 사람이 있습니다. 듣는 걸 더 좋아하는 사람이기 때문은 아닙니다. 훌륭한 경청자는 대화의 끝머리를 즐겁게 이어갑니다. 적절한 표정을 짓고, 공감하는 미소를 띠며, 적절한 때에 맞춰 낄낄거리고 비명을 지르며 한숨까지 내쉽니다. 또 고개를 끄덕이거나, "계속해!", "굉장해!", "그래서 다음엔 어떻게 됐는데?"라고 말하며 말하는 사람을 신이 나게 해줍니다.

그런데 말하는 것도 듣는 것도 좋아하지 않는 사람들이 있습니다. 그들은 대화가 귀찮고 고통스런 시간 낭비인 것처럼 행동합니다. 그런 사람을 대화에 끌어들이려고 노력해봐도, 그런 노력에서 기대할 수 있는 것은 기껏해야 멍한 시선, 애매한 불평, 조바심나는 침묵입니다. 결국 실망한 여러분은 포기해버리고, "이 사람들은 수줍음이 많은가? 사람을 싫어하나? 나를 싫어하는 건가?"라고 생각할 것입니다.

2 saying little—meaning much → **laconic**

말은 적지만 많은 의미가 담겼다 **짤막하면서 의미심장한**

There is a well-known anecdote about Calvin Coolidge, who, when he was President, was often called (though probably not to his face) "Silent Cal": A young newspaperwoman was sitting next to him at a banquet, so the story goes, and turned to him mischievously. "Mr. Coolidge," she said, "I have a bet with my editor that I can get you to say more than two words to me this evening." "You lose," Coolidge rejoined simply.

대통령으로 재임할 때 그의 면전에서는 감히 입에 올리지 못했지만 '침묵하는 칼'로 불렸던 캘빈 쿨리지에 대한 유명한 일화가 있습니다. 연회장에서 그의 옆에 앉아 있던 젊은 여기자가 장난기 어린 얼굴로 그에게 말했습니다. "쿨리지 씨, 오늘 저녁에 당신이 제게 두 마디 이상을 말하도록 하겠다고 편집장하고 내기를 했어요." 쿨리지는 간결하게 대꾸했습니다. "당신이 졌소."

3 when the words won't come → inarticulate
적절한 말이 떠오르지 않을 때 **똑똑히 말을 못하는**

Under the pressure of some strong emotion—fear, rage, anger, for example—people may find it difficult, or even impossible, to utter words, to get their feelings unjumbled and untangled enough to form understandable sentences. They undoubtedly have a lot they want to say, but the best they can do is sputter!

예컨대 두려움, 격정, 분노 등과 같은 감정이 강렬하게 밀려오면 대부분은 말을 제대로 못합니다. 감정을 조리 있고 논리적으로 풀어내며 이해할 수 있는 문장을 만들어내지 못합니다. 말하고 싶은 건 많지만 기껏해야 알 수 없는 소리만 내뱉을 뿐입니다.

4 much talk, little sense → garrulous
말은 많지만 의미는 거의 없다 **수다스러운**

Miss Bates, a character in *Emma*, a novel by Jane Austen:

"So obliging of you! No, we should not have heard, if it had not been for this particular circumstance, of her being able to come here so soon. My mother is so delighted! For she is to be three months with us at least. Three months, she says so, positively, as I am going to have the pleasure of reading to you. The case is, you see, that the Campbells are going to Ireland. Mrs. Dixon has persuaded her father and mother to come over and see her directly. I was going to say, but, however, different counties, and so she wrote a very urgent letter to her mother, or her father, I declare I do not know which it was, but we shall see presently in Jane's letter..."

제인 오스틴의 소설 『엠마』에 등장하는 베이츠 양은 다음과 같이 말합니다.

"정말 친절하시군요! 이런 특별한 상황이 없었다면 그녀가 그렇게 일찍 여기에 올 수 있다는 소식을 우리는 듣지 못했을 거예요. 내 어머니는 무척 기뻐하세요! 그녀가 적어도 우리랑 석 달을 함께 있을 테니까요. 제가 나중에 당신에게 기꺼이 읽어드리겠지만 그녀는 분명히 그렇게 말했어요. 석 달이라고! 캠벨 가족이 아일랜드에 갈 거라는 것도 사실이에요. 딕슨 부인이 자기 부모에게 자기를 직접 찾아와 달라고 간곡히 부탁했거든요. 내가 말하려고 했지만 다른 나라에 있어서, 그녀는 급하게 편지를 썼어요. 엄마한테 썼는지 아버지에게 썼는지 확실히 모르겠지만, 어쨌든 조만간 제인의 편지가 도착하면 알 수 있을 거예요……."

5 unoriginal → banal
진부하다 **진부한**

Some people are completely lacking in originality and imagination—and their talk shows it. Everything they say is trite, hackneyed, commonplace, humorless—their speech patterns are full of clichés and stereotypes, their phraseology is without sparkle.

독창성이나 상상력이 현격하게 부족한 사람들이 있습니다. 그들의 말에서도 그런 면이 나타납니다. 그들이 말하는 건 한결같이 고리타분하고 진부하며 따분하고 재미도 없습니다. 상투적이고 판에 박힌 방식으로 말을 끌어가고, 말투에서도 재치라고는 찾아볼 수 없습니다.

6 words, words, words! → **verbose**
말, 말, 말! **장황한**

They talk and talk and talk—it's not so much the quantity you object to as the repetitiousness. They phrase, rephrase, and re-rephrase their thoughts—using far more words than necessary, overwhelming you with words, drowning you with them, until your only thought is how to escape, or maybe how to die.

그들은 말하고 또 말하고 끝없이 말합니다. 여러분이 싫어하는 것은 말이 많다는 게 아닙니다. 똑같은 말이 되풀이된다는 것입니다. 그들은 자신의 생각을 단어만 바꿔 반복합니다. 필요 이상으로 너무 많은 말을 합니다. 말로 여러분을 질식시킬 지경으로, 결국 여러분은 어떻게 하면 그 사람에게서 벗어날까, 심지어 어떻게 죽일까 생각할 정도입니다.

7 words in quick succession → **voluble**
막히지 않고 술술 연결되는 말 **유창한**

They are rapid, fluent talkers, the words seeming to roll off their tongues with such ease and lack of effort, and sometimes with such copiousness, that you listen with amazement.

그들은 막힘없이 유창하게 말합니다. 쉽고 편안하게 그들의 혀에서 말이 술술 흘러나옵니다. 때로는 엄청나게 오래 말합니다. 그들의 말을 듣고 있으면 놀랍기만 합니다.

8 words that convince → **cogent**
설득하는 말 **설득력 있는**

They express their ideas persuasively, forcefully, brilliantly, and in a way that calls for wholehearted assent and agreement from an intelligent listener.

그들은 자신의 생각을 설득력 있고 효과적으로 재치있게, 즉 진지하게 듣는 사람에게 진심 어린 동의와 승낙을 받아내는 방식으로 말합니다.

9 the sound and the fury → **vociferous**
소리와 격분 **고함치는**

Their talk is loud, noisy, clamorous, vehement. What may be lacking in content is compensated for in force and loudness.

그들은 큰 소리로 시끄럽고 떠들썩하며 격정적으로 말합니다. 알맹이가 없는 말을 힘과 큰 소리로 메웁니다.

10 quantity → **loquacious**
(말의) 양 **달변의**

They talk a lot—a whole lot. They may be voluble, vociferous, garrulous, verbose, but never inarticulate, taciturn, or laconic. No matter. It's the quantity and continuity that are most conspicuous. "Were you vaccinated with a phonograph needle?" is the question you are tempted to ask as you listen.

그들은 말을 많이 합니다. 말이 무척 많습니다. 유창한 데다 목소리까지 크고, 군말이 많아 장황합니다. 그러나 발음이 분명하고, 과묵하거나 간결하지도 않습니다. 이런 건 별 문제가 아닙니다. 가장 눈에 띄는 특징은 말의 양과 연속입니다. 그들의 말을 듣고 있으면 "축음기 바늘로 예방접종을 했소?"라고 묻고 싶을 정도입니다.

말을 하고 말을 하지 않는 다양한 유형과 방법을 중심으로 10개의 단어를 살펴보았습니다. 대다수의 형용사가 비슷한 뜻이지만 저마다 고유한 특징을 띠고 있습니다.

	특징	형용사
1	침묵, 무반응 silence, unresponsiveness	taciturn
2	경제성, 간결성, 의미심장함 economy, brevity, meaningfulness	laconic
3	앞뒤가 맞지 않음, 다급함, 횡설수설 awkwardness, sputtering, incoherence	inarticulate
4	두서없이 재잘거림 rambling chatter	garrulous
5	진부하고 독창성 없는 말투 hackneyed, unoriginal phraseology	banal
6	장황함, 반복 wordiness, repetitiousness	verbose
7	유창함, 빠름 fluency, rapidity	voluble
8	논리적이고 명쾌함, 설득력 있음 logic, clarity, persuasiveness	cogent
9	시끄럽고 격정적임 noise, vehemence	vociferous
10	말하기를 좋아하고 말이 많음 talkativeness	loquacious

EXERCISE
연습문제

1. 다음 단어를 정확히 발음해보세요.

1) **taciturn**	TAS´-ə-turn	2) **laconic**	lə-KON´-ik
3) **inarticulate**	in´-ahr-TIK´-yə-lət	4) **garrulous**	GAIR´-ə-ləs
5) **banal**	BAY´-nəl	6) **verbose**	vər-BŌS´
7) **voluble**	VOL´-yə-bəl	8) **cogent**	KŌ´-jənt
9) **vociferous**	vō-SIF´-ər-əs	10) **loquacious**	lō-KWAY´-shəs

2. 다음 단어와 연관되는 내용을 보기에서 고르세요.

보기

a. chattering meaninglessly
b. wordy
c. trite, hackneyed, unoriginal
d. fluent and rapid
e. noisy, loud
f. sputtering unintelligibly
g. talkative
h. brilliantly compelling, persuasive
i. unwilling to engage in conversation
j. using few words packed with meaning

1) **taciturn** ____________ 2) **laconic** ____________
3) **inarticulate** ____________ 4) **garrulous** ____________
5) **banal** ____________ 6) **verbose** ____________
7) **voluble** ____________ 8) **cogent** ____________
9) **vociferous** ____________ 10) **loquacious** ____________

3. 다음 질문을 읽고 YES/NO로 대답하세요.

1) Do *taciturn* people usually make others feel comfortable and welcome? YES / NO
2) Does a *laconic* speaker use more words than necessary? YES / NO
3) Does rage make some people *inarticulate*? YES / NO
4) Is it interesting to listen to *garrulous* old men? YES / NO
5) Do *banal* speakers show a great deal of originality? YES / NO
6) Is *verbose* a complimentary term? YES / NO
7) Is it easy to be *voluble* when you don't know the subject you are talking about? YES / NO
8) Do unintelligent people usually make *cogent* statements? YES / NO
9) Is a *vociferous* demand ordinarily made by a shy, quiet person? YES / NO
10) Do *loquacious* people spend more time talking than listening? YES / NO

4. 다음을 보고 생각나는 단어를 쓰세요.

1) talkative

L ______________

2) noisy, vehement, clamorous

V ______________

3) incoherent; sputtering

I ______________

4) gabbing ceaselessly and with little meaning

G ______________

5) disinclined to conversation

T ______________

6) talking in hackneyed phraseology

B ______________

7) showing a fine economy in the use of words

L ______________

8) forceful and convincing

C ______________

9) talking rapidly and fluently

V ______________

10) using more words than necessary

V ______________

LESSON 2

ORIGIN

어원탐구

about keeping one's mouth shut

입을 다물고 있는 경우에 대하여

여러분이 알고 있는 taciturn한 사람들에 대해 생각해보면, 그들이 너무 말하는 걸 싫어하기 때문에 성미가 까다롭고 무뚝뚝하며 불친절하게 보인다는 걸 알게 될 것입니다. 캘빈 쿨리지의 taciturnity는 세계적으로도 유명해서, 누구도 그를 유쾌하고 다정하며 사교적인 사람이라 생각하지 않았을 것입니다. 이처럼 세상에 대해 뭐라고 말하는 걸 거부한 데는 많은 이유가 있습니다. 자신감의 부족, 적대감, 과도하게 진지하거나 내성적인 성격도 원인이지만, 단지 말할 것이 없는 경우도 있습니다. 쿨리지의 경우에는 말을 아꼈던 것으로 여겨집니다. 그는 1928년 '출마하지 않기로 결심'한 후 뉴욕의 「헤럴드 트리뷴」에 매일 칼럼을 쓰며 한 단어에 2달러를 받았다고 알려져 있습니다. 모두가 민주당원이었겠지만 대부분의 평론가에 따르면, 쿨리지는 침묵할 때 더 현명하게 보였던 모양입니다. 쿨리지는 뉴잉글랜드 출신이었습니다. 많은 사람이 말하듯이, 그 지역에서는 taciturnity를 미덕으로 여겼습니다. 경우에 따라서 과묵함의 원인이 심리적인 이유보다는 지리적이고 기후적인 이

taciturn [TAS´-ə-turn] 과묵한
taciturnity [tas-ə-TURN'-ə-tee] 과묵함

유일 수도 있습니다.

taciturn은 라틴어에서 '침묵하다to be silent'라는 뜻의 동사 taceo에서 파생됐고, 음절의 조합만으로는 의미가 완전히 드러나지 않는 단어 중 하나입니다. 많은 동의어가 있지만 silent, uncommunicative, reticent, reserved, secretive, close-lipped, close-mouthed가 대표적인 예입니다. 그러나 이 단어들은 taciturn에 내포된 permanent, habitual, and temperamental disinclination to talk 영속적이고 습관적이며 기질적으로 말하기를 싫어하는 경향를 나타내지 못합니다.

better left unsaid 말하지 않는 게 더 낫다

tacit [TAS'-it] 무언의

tacit도 taceo에서 파생된 단어입니다. 암으로 죽어가는 사람이 있다고 해봅시다. 그는 자신이 어떤 병에 걸렸는지 짐작하고, 물론 다른 사람들도 정확히 알고 있습니다. 하지만 그는 그 끔찍한 단어를 언급하지 않고, 면회 오는 사람들도 그가 듣는 곳에서는 그 단어의 첫 글자도 입에 올리지 않습니다. 그 단어를 언급하지 않는 것을 관련자 모두 tacitly하게 합의한 것입니다. 그러나 요즘에는 반드시 이런 것은 아닙니다. 환자에게 의사와 가족들이 모든 걸 정직하게 알리는 경향이 짙어지고 있습니다.

이번에는 다른 상황을 예로 들어보겠습니다. 한 중역이 비서와 바람을 피우고 있다고 해봅시다. 하지만 근무 시간에는 여느 사람처럼 일정한 거리를 두고 공식적으로 지냅니다. 누구도 상대에게 "이것 봐, 우리는 오후 5시 이후에는 연인 관계이지만 9시부터 5시까지는 최대한 예절을 지켜야 해, 알았지?"라고 말한 적이 없습니다. 그런 말, 그런 약속은 불필요한 것입니다. 따라서 그 둘은 근무 시간에는 상관-부하의 관계를 완벽하게 유지하기로 tacit agreement무언의 약속를 맺은 거라 할 수 있습니다. 즉 어떤 말도 실제로 말한 적이 없습니다.

tacit한 것은 언급된 것도 아니고 언어로 표현된 것도 아닙니다. tacit는 agreement합의, arrangement타협, acceptance수락, rejection거절, assent동의, refusal거부 등과 함께 쓰이지, 사람과 함께 쓰이지는 않습니다. 명사는 tacitness입니다.

tacitness [TAS'-it-nəs] 무언

어근 taceo에서 a를 i로 바꾸고, '다시again'를 뜻하는 접두어 re-와 형용사형 어미 -ent를 덧붙이면 reticent란 단어가 탄생합니다. 부끄럼이나 어색함 때문이든 또는 드러내지 않아야 할 것이 드러날지도 모른다는 두려움 때문이든 침묵하는 걸 좋아하는 사람은 reticent합니다. 접두어에 담긴 '다시'라는 뜻은 이 단어의 현대적 의미에서 사라졌습니다.

reticent [RET'-ə-sənt] 말을 삼가는

우리는 앞에서 -ent로 끝나는 형용사를 명사로 만들어보았습니다. reticent의 명사형 두 개를 써봅시다. ____________와 덜 흔한 명사로 ____________가 있습니다.

talk, talk, talk! 말하고, 말하고, 또 말한다!

loquacious한 사람은 말하는 걸 좋아합니다. loquacious가 반드시 경멸적인 뜻으로 사용되는 것은 아닙니다. 어떤 사람이 loquacious하다고 말할 때는 자기도 끼어들 틈이 있도록 그가 가끔씩 숨을 고르기를 바란다는 뜻이 내포돼 있습니다. 명사는 loquacity 혹은 loquaciousness입니다.

loquacious [lō-KWAY'-shəs] 달변의, 말이 많은
loquacity [lō-KWAS'-ə-tee] 수다
loquaciousness [lō-KWAY'-shəs-nəs] 말이 많은

loquacious는 '말하다to speak'를 뜻하는 라틴어 loquor에서 파생됐습니다. loquor에서 파생된 그 밖의 단어로는 다음 단어들이 있습니다.

soliloquy : 자신에게 하는 말, 즉 '독백'입니다. loquor에 '혼자alone'를 뜻하는 solus가 더해져, 어원적으로 '혼자일 때 하는 말'이란 뜻입니다. 우리는 종종 혼잣말을 합니다. 그러나 대체로 소리 없이 말하기 때문에 말이 머릿속에서 맴돌지 실제로 입 밖으로

soliloquy [sə-LIL'-ə-kwee] 독백
soliloquist [sə-LIL'-ə-kwist] 독백자
soliloquize [sə-LIL'-ə-kwīz'] 독백하다

나오지 않습니다. soliloquy는 주로 연극에서 등장인물이 생각을 큰 소리로 내뱉는 말을 가리킵니다. 따라서 청중은 그 인물의 생각을 추측할 필요가 없습니다. soliloquist는 혼자일 수도 있고, 다른 등장인물들이 무대에 있을 수도 있습니다. 그러나 다른 인물들은 알지 못하는 걸로 약속되어 있기 때문에 그의 말을 듣지 못합니다. 유진 오닐은 자신의 작품 『상복喪服이 어울리는 엘렉트라』에서 soliloquy를 새로운 기법으로 사용해 등장인물들이 자신의 감정과 생각을 관객에게는 솔직하게 드러내는 동안 다른 등장인물들은 무대에 있지 않게 했습니다. 동사는 soliloquize입니다.

ventriloquist : '복화술사', 듣는 사람이 말하는 사람이 아닌 다른 곳에서 목소리가 들리는 거라고 생각하도록 목소리를 낼 수 있는 사람입니다. 라틴어에서 '배belly'를 뜻하는 venter, ventris가 결합된 단어입니다. ventriloquism은 어원적으로 '배에서부터 말하는 기술', 즉 복화술이란 뜻입니다. 형용사는 ventriloquistic입니다. 그럼 동사를 추측해볼까요? ____________.

ventriloquist
[ven-TRIL'-ə-kwist] 복화술사
ventriloquism
[ven-TRIL'-ə-kwiz-əm] 복화술
ventriloquistic
[ven-tril'-ə-KWIS'-tik] 복화술의

colloquial : '말하다to speak'라는 뜻의 loquor에 접두어 con-이 붙은 단어입니다. con-은 l로 시작되는 어근 앞에서 col-로 바뀌고, m, p, b로 시작되는 어근 앞에서는 com-으로 바뀝니다. 사람들과 함께 말한다는 것은 대화에 참여한다는 뜻입니다. 이때 말투는 글을 쓸 때나 대중 앞에서 연설할 때보다 문법에 구애받지 않고 형식을 따지지 않습니다. colloquial한 언어는 완전히 올바른 언어이지만 형식에 구애받지 않고 일상 대화에 적합합니다. 따라서 colloquialism은 '구어적 표현conversational-style expression'이란 뜻입니다. "He hasn't got any그는 아무것도 없다", "Who are you going with너는 누구와 갔니?"라는 표현은 형식을 갖춘 문어적 표현으로 바꾸면 "He has none", "With whom are you going?"이 됩니다. colloquial English구어체 영어는 우리가 일상에서 말하는 영어이지 속어나 저속하며 문법에 어긋나는 영어가 아닙니다.

colloquial
[kə-LŌ'-kwee-əl] 구어의
colloquialism
[kə-LŌ'-kwee-ə-liz-əm] 구어적 표현

circumlocution : 어원적으로 '에둘러 말하다'라는 뜻입니다. circum-은 '둘레around'를 뜻하는 접두어입니다. 어떤 생각을 우회적이고 간접적으로 말하는 방식은 circumlocutory입니다. -ory가 형용사에 흔히 사용되는 접미어라는 건 앞에서도 언급한 바 있습니다.

circumlocution
[sur-kəm-lō-KYŌŌ'-shən]
에둘러 말하기

circumlocutory
[sur'-kəm-LOK'-yə-tawr'-ee]
우회적인

QUIZ

어원복습

단어의 어원적 구조를 정확히 파악하면 훨씬 효과적으로 단어를 정복할 수 있습니다. 지금까지 배운 접두어와 어근, 접미어를 복습하는 의미로 풀어보는 것이므로 따로 정답은 없습니다. 자유롭게 생각나는 단어를 써보세요.

	접두어/어근/접미어	의미	파생어
1	taceo	to be silent	
2	-ity	명사형 접미어	
3	-ness	명사형 접미어	
4	-ent	형용사형 접미어	
5	-ence, -ency	명사형 접미어	
6	re-	again	
7	loquor	to speak	
8	solus	alone	
9	-ist	one who	
10	-ize	verb suffix	
11	venter, ventris	belly	
12	-ic	형용사형 접미어	
13	-ous	형용사형 접미어	
14	con-, col-, com-, cor-	with, together	
15	-al	형용사형 접미어	
16	-ism	명사형 접미어	

EXERCISE
연습문제

1. 다음 단어를 정확히 발음해보세요.

1) **taciturnity**	tas-ə-TURN´-ə-tee	2) **tacit**	TAS´-it
3) **tacitness**	TAS´-ət-nəs	4) **reticent**	RET´-ə-sənt
5) **reticence**	RET´-ə-səns	6) **reticency**	RET´-ə-sən-see
7) **loquaciousness**	lō-KWAY´-shəs-nəs	8) **loquacity**	lō-KWAS´-ə-tee
9) **soliloquy**	sə-LIL´-ə-kwee	10) **soliloquist**	sə-LIL´-ə-kwist
11) **soliloquize**	sə-LIL´-ə-kwīz´	12) **ventriloquist**	ven´-TRIL´-ə-kwist
13) **ventriloquism**	ven-TRIL´-ə-kwiz-əm	14) **ventriloquistic**	ven-tril´-ə-KWIS´-tik
15) **ventriloquize**	ven-TRIL´-ə-kwīz´	16) **colloquial**	kə-LŌ´-kwee-əl
17) **colloquialism**	kə-LŌ´-kwee-ə-liz-əm	18) **circumlocution**	sur´-kəm-lō-KYŌŌ´-shən
19) **circumlocutory**	sur´-kəm-LOK´-yə-tawr´-ee		

2. 다음 단어와 연관되는 내용을 보기에서 고르세요.

보기

a. unwillingness to talk, or disclose, out of fear, shyness, reserve, etc.
b. talking, or a speech, "to oneself"
c. art of throwing one's voice
d. unwillingness to engage in conversation
e. informal expression used in everyday conversation
f. state of being understood though not actually expressed
g. a talking around; method of talking indirectly or in a roundabout way
h. talkativeness

1) **taciturnity**	______	2) **tacitness**	______
3) **reticence**	______	4) **loquacity**	______
5) **soliloquy**	______	6) **ventriloquism**	______
7) **colloquialism**	______	8) **circumlocution**	______

3. 다음 문장을 읽고 TRUE/FALSE로 대답하세요.

1) A *tacit* understanding is put into words. TRUE / FALSE
2) Inhibited people are seldom *reticent* about expressing anger. TRUE / FALSE
3) A *soliloquist* expresses his thoughts aloud. TRUE / FALSE
4) A *ventriloquistic* performance on stage involves a dummy who appears to be talking. TRUE / FALSE
5) A *colloquial* style of writing is ungrammatical. TRUE / FALSE

6) *Circumlocutory* speech is direct and forthright. TRUE / FALSE

7) *Inarticulate* people are generally given to *loquaciousness*. TRUE / FALSE

8) A *soliloquy* is a dialogue. TRUE / FALSE

4. 다음을 보고 생각나는 단어를 쓰세요.

1) to speak to oneself

S ____________________

2) to throw one's voice

V ____________________

3) unwillingness to engage in conversation

T ____________________

4) unspoken

T ____________________

5) referring to an indirect, roundabout style of expression adj

C ____________________

6) suitable for informal conversation

C ____________________

7) talkativeness

L ____________________, L ____________________

8) reluctance to express one's feelings or thoughts

R ____________________, R ____________________

9) a speech to oneself, especially in a play

S ____________________

10) an indirect, roundabout expression

C ____________________

LESSON 3

ORIGIN
어원탐구

a Spartan virtue 스파르타의 미덕

고대 스파르타는 처음에 Laconia라는 명칭으로 알려졌습니다. 스파르타 시민들은 참을성 있고 냉정하며 금욕적이고 군인 정신에 투철했지만, 말을 절약한 것으로 훨씬 더 유명했습니다. 전설에 따르면, 마케도니아의 왕이 스파르타의 성문을 향해 돌진하기 전에, 완전히 포위당한 스파르타 왕에게 "우리가 당신의 도시를 점령하면 도시를 불태워 쑥대밭을 만들 것이다"라는 통지를 보냈습니다. 그러자 스파르타 왕에게서 "if"라는 한 단어만 쓰인 답신이 왔습니다. 역사는 마케도니아 왕의 반응에 대해 아무런 기록도 남겨놓지 않았지만 왕은 분명 말문이 막혔을 것입니다.

laconic
[lə-KON'-ik]
짧으면서 의미심장한

Laconia라는 이름에서 laconic 짧으면서 의미심장한이란 단어가 파생됐습니다. 함축성 있고 간결하며, 퉁명스럽게 여겨질 정도로 말의 사용을 아낀다는 뜻입니다. '장황한verbose'과 정반대인 단어입니다. 간이 식당에서 햄 샌드위치를 주문한 사람과도 같습니다. 햄 샌드위치가 준비되자 직원이 공손하게 "여기에서 드시겠습니까, 갖고 가실 겁니까?"라고 물었습니다. 그는 "둘 모두!"라고 대답했습니다. laconic한 대답이었습니다.

또는 한 술집에서 드라이 마티니를 퍼마시는 술꾼을 지켜보는 여인과도 같습니다. 그 술꾼은 칵테일 잔에 담긴 내용물을 단숨에 들이켜고는 동그란 잔을 우아하게 조금씩 씹어 삼켰습니다. 끝내는 잔을 뒤집어 받침을 먹어버렸고, 남은 기둥 부분은 구석에 던졌습니다. 그 놀라운 공연은 30분간 계속됐고, 마침내 12개의 기둥이 구석에 나뒹굴었습니다. 그런데 그가 갑자기 그녀를 돌아보더니 "나를 멍청한 놈이라고 생각하시지요?"라고 싸울 듯이 물었습니다. 여인은 "물론이죠, 기둥 부분이 가장 맛있는데"라고 laconic한 대답을 했습니다.

한 신사가 취한 상태에서 캘리포니아 비벌리 힐스의 윌셔 거리를 따라 비틀거리면서 걷고 있다가, 상점 진열창의 물건을 구경하려고 메르세데스 벤츠에서 막 내린 말쑥하게 차려입은 젊은 여자와 부딪칠 수도 있다는 걸 깨달았지만 이미 너무 늦고 말았습니다. 그는 재빨리 왼쪽으로 비켜섰지만 그 여자도 같은 방향으로 비켜서는 바람에 충돌하게 될 것 같았습니다. 그 술꾼은 능숙하게 오른쪽으로 방향을 바꾸었고, 여자 역시 같은 방향으로 움직였습니다. 결국 두 사람은 가까스로 몸을 가누었고, 서로 15센티미터도 떨어지지 않은 채 얼굴을 마주보고 멈추어 섰습니다. 술 냄새가 젊은 여자의 콧속을 파고들었습니다. 그녀는 술 냄새를 풍기면서 비틀거리는 남자에게 경멸 어린 목소리로 빈정거렸습니다. "Oh! How gauche!허튼 수작 말아요!" 남자는 "Fine! How goesh with you?좋습니다! 아가씨는 어때요?"라고 흥겹게 대답했습니다. 하지만 이 대답은 laconic한 것이 아니라 상대의 말을 잘못 알아들은 것이었습니다.

-ness, -ity, -ism은 형용사를 명사로 전환시키는 접미어라는 것은 앞에서 배웠습니다. 세 접미사 모두 laconic과 함께 쓰일 수 있습니다.

'with characteristic laconicness특유의 간결한 말투로', 'her usual laconicity평소대로 간결한 그녀의 말투', 'his habitual laconism그의 습관적인

laconicness
[lə-KON'-ək-nəs] 간결, 간명
laconicity
[lak'-ə-NIS'-ə-tee] 간결, 간명
laconism
[LAK'-ə-niz-əm] 간결한 표현
laconicism
[lə-KON'-ə-siz-əm] 간결한 표현

간결한 말투', 'with, for him, unusual laconicism그에게는 이례적인 간결한 말투로'과 같이 쓰입니다.

laconism은 제2차 세계대전 당시 한 해군 사령관의 유명한 보고서 "Saw sub, sank same잠수함 발견, 격침"처럼 간결하고 압축적인 표현 자체를 뜻합니다.

brilliant 재치가 넘치는

cogent는 칭찬이 함축된 단어입니다. cogent한 주장은 '설득력 있고', '재치가 조금도 부족하지 않은' 주장입니다. cogency는 '빈틈없는 정신', '명쾌하고 논리적으로 생각하는 능력'을 뜻합니다. 이 단어는 라틴어에서 '함께 밀다to drive together', '강요하다to compel', '억지로 밀어붙이다to force'를 뜻하는 동사 cogo에서 파생됐습니다. cogent한 주장은 그 논리성과 설득력 및 이성을 움직이는 호소력으로 수락을 '강요합니다compel'.

cogent [KŌ'-jənt] 설득력 있는
cogency [KŌ'-jən-see] 타당성, 설득력

back to talk 다시 말로 돌아가자

'말하다to speak'라는 뜻의 loquor가 loquacity, soliloquy, ventriloquism, colloquialism, circumlocution의 어근으로 사용됐다는 건 기억할 것입니다. 이 어근은 eloquent, magniloquent, grandiloquent에서도 사용됐습니다.

eloquent한 사람은 거리낌 없이 말하고, 표현력이 뛰어나며, 유창하고 힘차며 설득력 있게 말합니다. the prosecutor's eloquent plea to the jury배심원을 향한 검사의 설득력 있는 논고와 같은 예에서 쓰입니다. eloquent는 cogent와 부분적으로 같은 뜻이지만, cogent에는 논박할 수 없는 논리적인 추론과 지적인 명민함이 함축된 반면에 eloquent는 듣는 사람을 감동시키는 예술적인 표현, 강력한 정서적 호소력, 언어 구사력을 가리킵니다.

eloquent [EL'-ə-kwənt] 유창한, 웅변을 잘하는

magniloquent와 grandiloquent의 뜻은 똑같습니다. magnus는 '큰large'의 뜻이고 grandis는 '큰grand'의 뜻입니다. magniloquence와 grandiloquence는 과장되고 젠체하며 허풍을 떠는 말입니다. 또 고상하고 화려하며 지나치게 격조를 갖춘 말투를 가리킵니다. 가정은 'place of residence거주의 장소', 부인은 'helpmate, helpmeet, better half협력자, 배우자, 더 나은 절반', 여자는 'fair sex아름다운 성', 자식은 'offspring, progeny자손, 계승자', 의사는 'member of the medical fraternity의료 단체의 일원', 사람은 'species Homo sapiens호모 사피엔스 종' 등으로 표현하는 것을 가리킵니다.

magniloquent
[mag-NIL'-ə-kwənt]
호언장담하는
magniloquence
[mag-NIL'-ə-kwəns]
호언장담, 허풍
grandiloquent
[gran-DIL'-ə-kwənt] 허풍을 떠는
grandiloguence
[gran-DIL'-ə-kwəns] 허풍

loquacious, verbose, voluble, garrulous한 사람들은 한결같이 말하기를 좋아합니다. 그러나 각 유형마다 고유한 특징이 있습니다. 여러분이 loquacious하다면, 말하기를 좋아하고 할 말도 많기 때문에 말을 많이 합니다. 여러분이 verbose하다면, 지나치게 많은 말로 여러분의 생각을 짐작조차 못하게 만들어, 듣는 사람을 혼란에 빠뜨리거나 아예 잠들어버리게 만듭니다. 여러분이 voluble하다면, 빠르고 거침없이 입심 좋게 말합니다. 망설이지도 않고 더듬거리지도 않고 혼잣말처럼 웅얼거리지도 않습니다. 청산유수로 말을 술술 풀어내면서도 발음이 명료합니다. 여러분이 garrulous하다면, 쉴 새 없이 말합니다. 별다른 목적도 없이 무의미하게 하찮은 문제에 대해 끊임없이 말합니다. 이 단어는 garrulous old man잔소리가 심한 노인, garrulous old woman잔소리가 심한 노파라는 표현으로 흔히 사용됩니다. 나이가 들면 정신이 오락가락해서 중요한 것과 중요하지 않은 것, 흥미로운 것과 따분한 것을 구분하는 능력이 떨어지기 때문입니다.

loquacious
[lō-KWAY'-shəs] 말이 많은
verbose
[vər-BŌS']장황한
verbosity
[vər-BOS'-ə-tee] 장황함
voluble
[VOL'-yə-bəl] 열변을 토하는
volubility
[vol'-yə-BIL'-ə-tee] 달변
garrulous [GAIR'-ə-ləs]
수다스러운, 말이 많은
garrulity
[gə-ROO͞L'-ə-tee] 수다

verbose는 라틴어에서 '말word'을 뜻하는 verbum에서 파생됐습니다. verbose한 사람은 말이 많습니다. voluble은 라틴어에서 '구르다to roll'를 뜻하는 volvo, volutus에서 파생됐습니다. 따라서 voluble한 사람의 혀에서는 말이 쉽게 흘러나옵니다.

garrulous는 라틴어에서 '재잘거리다to chatter'를 뜻하는 garrio에서 파생됐습니다. garrulous한 수다쟁이는 원숭이처럼 재잘거립니다. 이 모든 형용사에 접미어 -ness를 덧붙이면 명사가 됩니다. -ity로 끝나는 명사형을 갖기도 합니다.

∞ at large 큼직하게

magnavox라는 단어를 다룰 때 '큰big', '거대한great'을 뜻하는 magnus를 살펴보았습니다. 이 어근이 사용된 단어들이 의외로 많습니다.

magnanimous : '통이 큰', '관대한', '너그러운'이란 뜻으로 어원적으로는 '큰 마음의great-minded'입니다. magnus와 '마음mind'을 뜻하는 animus가 결합된 단어입니다. 이 단어에 대해서는 이후 다시 자세히 살펴보기로 합시다.

magnanimous
[mag-NAN'-ə-məs]
관대한, 너그러운

magnate : '막강한 힘과 영향력을 지닌 사람', '실력자big wheel'를 뜻합니다. 예를 들어 business magnate기업계의 실력자로 사용됩니다.

magnate
[MAG'-nayt] 거물, 실력자

magnify: '확대하다', '더 크게 보이게 하다'라는 뜻입니다. magnus와 '만들다to make'라는 뜻의 facio에서 파생된 -fy가 결합된 단어입니다. magnify your problems당신의 문제를 확대하다처럼 사용됩니다.

magnificent : magnus와 facio에서 파생된 fic-이 결합된 단어로 '장려한', '격조 높은'이란 뜻입니다.

magnitude : magnus에 명사형 접미어 -tude가 더해진 단어로 '큼, 중대함'이란 뜻입니다. fortitude불굴의 정신, multitude다수, gratitude감사의 경우도 마찬가지입니다.

magnum : 샴페인이나 포도주에 관련해 쓰이며 '큰 병large bottle'을 가리킵니다.

magnum opus : 어원적으로 '큰 작품big work'이라는 뜻이고, 실제로는 '화가, 작가, 작곡가 등의 대표작, 걸작'을 의미합니다.

magnum opus
[MAG'-nəm Ō'-pes] 큰 작품

opus는 라틴어로 '작품work'을 뜻합니다. opus의 복수가 영어에서 opera오페라로 사용됩니다. opera는 어원적으로 '많은 작품'을 뜻하므로 현실에서는 서곡, 노래 등 여러 형태의 음악, 즉 많은 음악 작품으로 이루어진 음악극을 가리킵니다. '일하다to work'를 뜻하는 동사 opero는 operate작동하다, co-operate협조하다, operator조작자 등에서 사용됩니다.

words, words, words! 말, 말, 말!

라틴어 verbum은 '단어word'를 의미합니다. verb동사는 문장에서 무척 중요한 단어이고, verbatim은 '축어적으로word-for-word'란 뜻입니다. verbatim report는 '축어적 보고서'가 됩니다.

형용사형 접미어 -al로 끝나는 verbal은 좁게는 verb, 일반적으로는 말에 관련된 것입니다. 예를 들면 verbal fight말싸움처럼 말이죠. 더 넓게는 '구두의oral', '말로 표현한spoken'을 뜻할 수도 있습니다. 여하튼 글로 쓰인 것은 아닙니다. verbal agreement구두 합의, verbal contract구두 계약로 사용합니다. 또는 she is quite verbal그녀는 상당히 달변이다과 같이 사람의 특징을 묘사하는 형용사로 쓰여 감정이나 생각을 쉽게 말로 표현하는 능력을 가리킵니다.

verbal에 일반적인 동사형 접미어를 더해 '말로 나타내다put in words'를 뜻하는 단어를 만들어보세요. ____________.

verbiage에는 2가지 뜻이 있습니다. 하나는 Such verbiage!정말 말이 많네!처럼 '말이 많음'으로 쓰이고, 다른 하나는 '단어를 사용하는 방법', 즉 '말씨'라는 뜻을 가지고 있습니다. medical verbiag의사들의 말투, military verbiage군대식 말투로 사용합니다.

verbatim
[vər-BAY'-tim] 축어적으로

verbal
[VUR'-bəl] 구두의, 말로 표현한

verbiage
[VUR'-bee-əj] 말이 많음, 말씨

roll on, and on! 굴러라, 계속 굴러라!

voluble의 어근은 '구르다to roll'를 뜻하는 volvo, volutus입니다. voluble은 영어에서 많은 단어의 어근으로 쓰입니다.

revolve는 '다시 돌다, 계속 회전하다, 순환하다'라는 뜻입니다. 바퀴가 revolve하고, 지구는 태양을 중심으로 revolve합니다. revolver연발권총의 탄창이 revolve합니다. 여기에서 접두어 re-는 '뒤로back' 혹은 '다시again'의 뜻입니다. 명사는 revolution입니다. revolution은 '완전한 일회전'을 뜻하고, 그 뜻을 확대하면 '급격한 변화'가 됩니다. 예를 들면 TV was responsible for a revolution in the entertainment industry텔레비전은 오락산업의 획기적 변화를 이끈 주역이었다와 같이 쓰입니다.

revolve[rə-VOLV'] 다시 돌다, 회전하다
revolution[rev-ə-LOO'-shən] 완전한 일회전, 혁명
revolutionary [rev'-ə-LOO'-shən-air'-ee] 혁명적인, 회전하는

특히 American Revolution미국 독립혁명이나 French Revolution프랑스 대혁명처럼 정치적인 면에서 사용되면 '혁명'이란 뜻입니다. 형용사 revolutionary에서는 새로운 접미어 -ary가 사용됩니다. contrary반대의, disciplinary훈련의, stationary정지한, imaginary상상의 등에서도 쓰입니다. 그러나 -ary는 때때로 명사의 접미어로도 쓰입니다. dictionary사전, commentary논평가 대표적인 예입니다.

volvo에 다른 접두어를 덧붙여 두 단어를 더 만들어봅시다.

involve : 어원적으로 '안으로 구르다roll in'라는 뜻이므로 '포함하다'가 됩니다. 명사는 involvement입니다. I didn't want to get involved!나는 관련되고 싶지 않았어!로 사용합니다.

involve[in-VOLV'] 포함하다

evolve : 어원적으로 '밖으로 구르다roll out'라는 뜻이므로 '전개하다', '점진적으로 발전하다'라는 의미가 됩니다. The final plan evolved from some informal discussions최종 계획안은 비공식적인 토론에서부터 시작됐다 혹은 The political party evolved from a group of interested citizens who met frequently to protest government actions그 정당은 정부의 조치에 항의하려고 자주 만난 관련 시민들의 모임으로부터 발전했다와 같이 쓰입니다. revolve에서 파생된 형태에서 유추해 evolve의 명사와 형용사를 써보세요.

evolve[ə-VOLV'] 전개하다, 발전하다

명사형은 ___________, 형용사형은 ___________입니다.

QUIZ

어원복습

단어의 어원적 구조를 정확히 파악하면 훨씬 효과적으로 단어를 정복할 수 있습니다. 지금까지 배운 접두어와 어근, 접미어를 복습하는 의미로 풀어보는 것이므로 따로 정답은 없습니다. 자유롭게 생각나는 단어를 써보세요.

	접두어/어근/접미어	의미	파생어
1	Laconia	Sparta	
2	-ness	명사형 접미어	
3	-ism	명사형 접미어	
4	-ity	명사형 접미어	
5	e-(ex-)	out	
6	-ent	형용사형 접미어	
7	-ence	명사형 접미어	
8	magnus	big	
9	grandis	grand	
10	verbum	word	
11	volvo, volutus	to roll	
12	garrio	to chatter	
13	animus	mind	
14	-fy	to make	
15	-tude	명사형 접미어	
16	opus	work	
17	opero	to work	
18	-al	형용사형 접미어	
19	-ize	동사형 접미어	
20	re-	again, back	
21	-ary	형용사형 접미어	
22	in-	in	

EXERCISE
연습문제

1. 다음 단어를 정확히 발음해보세요.

1) **laconicity**	lak′-ə-NIS′-ə-tee	2) **laconism**	LAK′-ə-niz-əm
3) **laconicism**	lə-KON′-ə-siz-əm	4) **eloquent**	EL′-ə-kwənt
5) **eloquence**	EL′-ə-kwəns	6) **magniloquent**	mag-NIL′-ə-kwənt
7) **magniloquence**	mag-NIL′-ə-kwəns	8) **grandiloquent**	gran-DIL′-ə-kwənt
9) **grandiloquence**	gran-DIL′-ə-kwəns	10) **verbosity**	vər-BOS′-ə-tee
11) **volubility**	vol′-yə-BIL′-ə-tee	12) **garrulity**	gə-RŌŌ′-lə-tee
13) **cogency**	KŌ′-jən-see		

2. 다음 단어를 정확히 발음해보세요.

1) **magnanimous**	mag-NAN′-ə-məs	2) **magnate**	MAG′-nayt
3) **magnum opus**	MAG′-nəm Ō′-pəs	4) **verbatim**	vər-BAY′-tim
5) **verbal**	VUR′-bəl	6) **verbalize**	VUR′-bə-līz′
7) **verbiage**	VUR′-bee-əj	8) **revolve**	rə-VOLV′
9) **revolution**	rev′-ə-LŌŌ′-shən	10) **revolutionary**	rev′-ə-LŌŌ′-shə-nair′-ee
11) **evolve**	ə-VOLV′	12) **evolution**	ev′-ə-LOO′-shən
13) **evolutionary**	ev′-ə-LŌŌ′-shə-nair′-ee		

3. 다음 단어와 연관되는 내용을 보기에서 고르세요.

보기

a. floweriness, pompousness, or elegance in speech
b. incessant chatter with little meaning
c. big wheel; important or influential person
d. great artistic work; masterpiece
e. a gradual unfolding or development; "a rolling out"
f. "a rolling round"; radical change; political upheaval
g. great economy in speech
h. fluency, ease, and/or rapidity of speech
i. great, artistic, or emotional expressiveness
j. wordiness
k. persuasiveness through logic; keen-mindedness in reasoning

1) **laconicity** ______________ 2) **eloquence** ______________
3) **magniloquence** ______________ 4) **verbosity** ______________
5) **volubility** ______________ 6) **garrulity** ______________

7) **magnum opus** ____________ 8) **magnate** ____________

9) **revolution** ____________ 10) **evolution** ____________

11) **cogency** ____________

4. 다음 단어와 연관되는 내용을 보기에서 고르세요.

보기

a. word for word
b. to put into words
c. causing, or resulting from, radical change; new and totally different
d. resulting or developing gradually from (something)
e. expressive; emotionally moving
f. pithiness or economy of expression; word or phrase packed with meaning
g. big-hearted; generous, forgiving
h. referring or pertaining to, or involving, words; oral, rather than written
i. using flossy, flowery, elegant, or impressive phraseology
j. wordiness; style of manner of using words; type of words

1) **laconism** ____________ 2) **verbiage** ____________

3) **verbalize** ____________ 4) **verbal** ____________

5) **verbatim** ____________ 6) **revolutionary** ____________

7) **evolutionary** ____________ 8) **grandiloquent** ____________

9) **eloquent** ____________ 10) **magnanimous** ____________

5. 다음 질문을 읽고 YES/NO로 대답하세요.

1) Is *laconicism* characteristic of a verbose speaker? YES / NO
2) Does a *magniloquent* speaker use short, simple words? YES / NO
3) Does a frog *evolve* from a tadpole? YES / NO
4) Is an *eloquent* speaker interesting to listen to? YES / NO
5) Do verbose people use a lot of *verbiage*? YES / NO
6) Is *volubility* characteristic of an inarticulate person? YES / NO
7) Does *verbosity* show a careful and economical use of words? YES / NO
8) Is a *verbal* person usually inarticulate? YES / NO
9) Is a *magnun opus* one of the lesser works of a writer, artist, or composer? YES / NO
10) Is a *magnanimous* person selfish and petty-minded? YES / NO

6. 다음을 보고 생각나는 단어를 쓰세요.

1) gradually unfolding, resulting, or developing (adj)

E____________

2) causing, or resulting from, radical change (adj)

R ______

3) quality of conciseness and economy in the use of words

L ______, L ______, L ______,

L ______

4) expressiveness in the use of words

E ______

5) turn round and round

R ______

6) important person, as in the commercial world

M ______

7) unselfish; generous; noble in motive; big-hearted; forgiving

M ______

8) using words easily; vocal; articulate; referring to, or involving, words; oral, rather than written

V ______

9) style of word usage; type of words; overabundance of words

V ______

10) wordiness; quality of using excess words

V ______

11) elegance in word usage

M ______, G ______

12) quality of chattering on and on about trivia, or with little meaning

G ______

13) fluency and ease in speech

V ______

14) word for word

V ______

15) masterpiece; great artistic work

M ______ O ______

16) persuasiveness and forcefulness in speech or writing through closely reasoned logic

C ______

LESSON 4

ORIGIN
어원탐구

front and back–and uncles 앞과 뒤—그리고 삼촌

ventriloquist복화술사는 입술을 통해서가 아니라 배로 말하는 것처럼 보입니다. venter, ventris와 loquor가 결합된 단어로, 이 단어를 처음 사용한 사람이 그렇게 인식했던 모양입니다.

'배belly'를 뜻하는 venter, ventris는 ventral과 ventricle의 어근이기도 합니다. 예컨대 한 동물의 ventral한 면은 앞쪽, 즉 '배쪽'입니다. ventricle은 '빈 기관, 강腔 hollow organ, cavity'을 뜻하므로 심장의 두 심실 중 하나, 혹은 뇌의 네 개의 뇌실 중 하나도 belly라고 생각할 수 있습니다. 심장의 ventricles아래쪽에 위치한 방는 auricle위쪽에 있는 방들에서 피를 받아들입니다. auricle은 '심이心耳'라는 뜻으로, 귀 모양과 비슷하기 때문에 '귀'를 의미하는 라틴어 auris를 어근으로 하여 이름이 붙여졌고, veins정맥에서 피를 받습니다. auricle은 ventricle로 보내고, ventricle은 다시 피를 artery동맥로 밀어냅니다. 무척 복잡하지만 원활하게 작동합니다.

ventricle의 형용사는 ventricular로 '심실의'란 뜻이며, '배처럼 불룩한'을 뜻할 수도 있습니다. ventricular가 ventricle에서 어떻게 형성됐는지 참고하여 auricle의 형용사도 짐작해보세요.

ventral [VEN'-trəl] 배 쪽의
ventricle [VEN'-trə-kəl] 심실
auricle [AW'-rə-kəl] 심방
ventricular [ven-TRIK'-yə-lər] 심실의

__________. vehicle의 형용사는 무엇일까요? __________. 또 circle의 형용사는 무엇일까요? __________.

틀림없이 auricular, vehicular, circular라고 썼을 것이고, 따라서 -cle로 끝나는 명사의 형용사는 -cular로 변한다는 사실도 알게 됐습니다. 이제 여러분은 여러분 주변에서 다음 명사의 파생 형용사를 짐작해낼 수 있는 최초의 사람이 될 차례입니다.

auricular [aw-RIK'-yə-lər] 귀의, 청각의

clavicle 쇄골 : ______________________________

cuticle 표피 : ______________________________

vesicle 소낭 : ______________________________

testicle 고환 : ______________________________

uncle 삼촌 : ______________________________

답은 clavicular, cuticular, vesicular, testicular입니다. 그리고 uncle에 대해서는 "No fair!비겁하군!"라 소리칠 만합니다. 하지만 삶이 공정하다고 어디 쓰여 있던가요?

uncle에 해당되는 라틴어는 avunculus정확히 말하면 어머니 쪽의 삼촌이고, 여기에서 uncle과 관련된 형용사 avuncular가 파생됩니다. 그럼 uncle은 어떤 사람인가요? 전통적이고 전형적인 uncle은 대체로 친절하고 너그러우며 관대한 보호막입니다. 또 유익한 조언을 종종 해줍니다. 따라서 다른 사람, 특히 상대적으로 어린 사람에게 이런 특징을 보여주는 사람은 avuncular한 모습으로 행동합니다.

avuncular [ə-VUNG'-kyə-lər] 인정 많은 아저씨 같은

이제 다시 ventral로 돌아가봅시다. 앞면이나 복부가 있으면 해부학적으로 뒷면reverse, 즉 등back도 있기 마련입니다. 여기를 dorsal한 면이라 합니다. dorsal은 라틴어 dorsum에서 파생됐고, 동사 endorse의 어근이기도 합니다. 수표에 endorse한다는 것은 수표의 뒷면에 서명을 한다는 뜻입니다. 어떤 계획이나 생각에 endorse한다는 것은 그 계획을 '지지하다, 승인하다'라는 뜻입니다. 명사는 endorsement입니다.

dorsal [DAWR'-səl] 등의
endorse [en-DAWRS'] 지지하다, 배서하다
endorsement [en-DAWRS'-mənt] 지지, 보증

the noise and fury 소음과 격분

vociferous는 라틴어에서 '목소리voice'를 뜻하는 vox, vocis와 '지탱하다to bear', '운반하다to carry'를 뜻하는 fero가 결합하여 만들어진 단어입니다. vociferous는 격렬하고 시끄럽고, 떠들썩하며 소란스럽습니다. 명사는 vociferousness이고, 동사는 vociferate입니다. 이 동사에서 파생된 명사를 써보세요. ____________.

vociferous [vō-SIF'-ər-əs] 소리 높여 표현하는
vociferousness [vō-SIF'-ə-rəs-nəs] 큰 소리로 외침
vociferate [vō-SIF'-ə-rayt'] 큰 소리로 고함치다, 호통치다

to sleep or not to sleep—that is the question 자느냐 마느냐, 그것이 문제로다

어근 fero는 somniferous에서 보입니다. '잠을 오게 하는carrying, bearing or bringing sleep'이란 뜻으로, somniferous한 강의는 재미없고 따분해서 잠을 오게 합니다. fero와 '잠sleep'을 뜻하는 somnus와 결합된 단어가 somniferous입니다. 접미어 -ous는 어떤 품사를 만들고 있는지 써보세요. ____________.

somniferous [som-NIF'-ə-rəs] 잠을 오게 하는

부정 접두어 in-을 somnus에 덧붙이면, 잠을 자고 싶은데도 잠들지 못하는 비정상적인 상태인 '불면'을 뜻하는 insomnia가 됩니다. 이런 상태를 겪는 '불면증 환자'는 insomniac이고, 형용사형은 insomnious입니다. 따라서 여러분이 앞의 질문에 제대로 답하지 못했다면 이제는 -ous가 형용사의 접미어라는 걸 알게 됐을 것입니다.

insomnia [in-SOM'-nee-ə] 불면, 불면증
insomniac [in-SOM'-nee-ak] 불면증 환자
insomnious [in-SOM-nee-əs] 불면증이 있는

'졸리는sleepy', '잠이 오는drowsy'을 뜻하는 somnolent는 somnus에 또 다른 형용사형 접미어가 덧붙여진 단어입니다. somnolent의 명사형은 무엇일까요? ____________ 혹은 ____________입니다.
somnus에 '걷다to walk'를 뜻하는 ambulo를 더하면 '잠든 상태에서 돌아다니기walking in one's sleep, 몽유'란 뜻의 somnambulism이 만들어집니다. 지금쯤이면 어원을 이용해서 단어를 만들어내는 능력이 향상됐을 테니 '몽유병자'를 뜻하는 단어를 만들어봅시다. ____________. 이번에는 우리가 배운 형용사 접미어 중 두 자로 이

somnolent [SOM-nə-lənt] 거의 잠든, 조는
somnambulism [som-NAM'-byə-liz-əm] 몽유병

루어진 접미어를 이 단어에 덧붙여보세요. ___________.

a walkaway 누워서 떡 먹기처럼 쉬운 일

ambulatory한 환자는 침상에서 나와 '걸을 수 있는' 정도로 회복된 환자입니다. perambulator는 미국보다 영국에서 더 많이 사용되고 대체로 pram이라 줄여 발음되는 단어로 '유모차baby carriage'를 뜻합니다. per-는 '통과하여through'란 뜻입니다. perambulate는 어원적으로 '통과해 걷다'는 뜻이므로 '이리저리 거닐다', '산책하다stroll around'라는 뜻이 됩니다. 이 동사의 명사형을 써보세요. ___________.

ambulatory [AM'-byə-lə-taw'-ree] 보행의, 이동하는
perambulator [pə-RAM'-byə-lay'-tər] (영국식)유모차, 거리 측정계
perambulate [pə-RAM'-byə-layt'] 순회하다, 답사하다

amble은 '목적 없이 걷다to walk aimlessly'라는 뜻입니다. ambulance는 원래 전쟁터에서 부상당한 군인을 데리고 나오던 들것 운반병 두 사람을 지칭했기 때문에 그런 이름이 붙었습니다. preamble은 어원적으로 '앞에서 걷는 것'이란 뜻이므로, '서문introduction', '전문introduction statement'을 뜻합니다. 'We the people...우리 국민은……'로 시작되는 the preamble to the U. S. Constitution미국 헌법의 전문이나 preamble to the speech연설의 서론가 대표적인 예입니다. An increase in inflationary factors in the economy is often a preamble to a drop in the stock market경제에서 인플레이션 요인의 증가는 주식시장이 하락할 거라는 '서막'이다에서 preamble은 어떤 사건이 있기 전에 닥치는 사건을 뜻합니다.

amble [AM'-bəl] 느긋하게 걷다
preamble [PREE'-am-bəl] 서문, 서두, 어떤 사건이 있기 전에 닥치는 사건, 전조

back to sleep 다시 잠으로

somnus도 라틴어에서 '잠sleep'을 뜻하지만 sopor도 같은 뜻을 지닌 라틴어 단어입니다. soporific한 강의, 연사, 연설 방식은 청중을 졸리게 합니다. fic-은 '만들다'를 뜻하는 facio에서 파생됐습니다. soporific은 '수면제sleeping pill'를 뜻하기도 합니다.

soporific [sop'-ə-RIF'-ik] 졸리운, 수면제

noun suffixes 명사를 만드는 접미어들

-ness가 어떤 형용사에나 덧붙어 명사를 만든다는 건 앞에서 배웠습니다. inarticulate의 명사형을 써봅시다. ___________.

inarticulate는 라틴어에서 '이음매joint'를 뜻하는 articulus에 부정 접두어 in-이 덧붙여진 단어입니다. inarticulate한 사람은 단어들을 조리 있게 이어가지 못합니다. 그러나 여러분이 상당히 articulate하다면, 단어들을 쉽게 이어가기 때문에 또렷하게 말을 잘하고 심지어 수다스러울 수도 있습니다. 동사 articulate는 단어들을 이어간다는 뜻으로, Please articulate more clearly! 좀 더 분명하게 말씀해주세요!의 예처럼 '조리 있게 말하다, 명료하게 발음하다'라는 뜻이 됩니다. 동사 articulate에서 파생된 명사를 써볼까요? ___________.

articulate
adj [ahr-TIK'-yə-lət]
분명한, 잘 표현하는
v [ahr-TIK'-yə-layt']
분명히 표현하다

또 형용사에 흔히 붙는 또 하나의 명사형 접미어로는 -ity가 있습니다. 따라서 banal의 명사는 banalness도 가능하지만, banality가 더 흔히 쓰입니다.

banality [bə-NAL'-ə-tee]
따분함, 시시한 일

끝으로 -ness와 -ity는 형용사에 붙는 명사형 접미어이고, -ion 혹은 -ation은 주로 동사에 붙는 명사형 접미어라는 사실을 꼭 기억해두기 바랍니다. to articulate → articulation, to vocalize → vocalization, to perambulate → perambulation이 그 예입니다.

QUIZ

어원복습

단어의 어원적 구조를 정확히 파악하면 훨씬 효과적으로 단어를 정복할 수 있습니다. 지금까지 배운 접두어와 어근, 접미어를 복습하는 의미로 풀어보는 것이므로 따로 정답은 없습니다. 자유롭게 생각나는 단어를 써보세요.

	접두어/어근/접미어	의미	파생어
1	venter, ventris	belly	
2	loquor	to speak	
3	auris	ear	
4	avunculus	uncle	
5	dorsum	back	
6	vox, vocis	voice	
7	fero	to carry, bear	
8	somnus	sleep	
9	-ous	형용사형 접미어	
10	in-	부정 접두어	
11	ambulo	to walk	
12	-ory	형용사형 접미어	
13	per-	through	
14	pre-	before, beforehand	
15	sopor	sleep	
16	fic-(facio)	to make or do	
17	-ness	명사형 접미어	
18	-ity	명사형 접미어	
19	-ion(-ation)	동사에 붙는 명사형 접미어	
20	-ent	형용사형 접미어	
21	-ence, -ency	명사형 접미어	

EXERCISE
연습문제

1. 다음 단어를 정확히 발음해보세요.

1) **ventral**	VEN′-trəl	2) **ventricle**	VEN′-trə-kəl
3) **auricle**	AWR′-ə-kəl	4) **ventricular**	ven-TRIK′-yə-lər
5) **auricular**	aw-RIK′-yə-lər	6) **avuncular**	ə-VUNG′-kyə-lər
7) **dorsal**	DAWR′-səl	8) **endorse**	en-DAWRS′
9) **endorsement**	en-DAWRS′-mənt	10) **vociferousness**	vō-SIF′-ə-rəs-nəs
11) **vociferate**	vō-SIF′-ə-rayt′	12) **vociferation**	vō-sif′-ə-RAY′-shən

2. 다음 단어를 정확히 발음해보세요.

1) **somniferous**	som-NIF′-ər-əs	2) **insomnia**	in-SOM′-nee-ə
3) **insomniac**	in-SOM′-nee-ak′	4) **insomnious**	in-SOM′-nee-əs
5) **somnolent**	SOM′-nə-lənt	6) **somnolence**	SOM′-nə-ləns
7) **somnolency**	SOM′-nə-lən-see	8) **somnambulism**	som-NAM′-byə-liz-əm
9) **somnambulist**	som-NAM′-byə-list	10) **somnambulistic**	som-nam′-byə-LIST′-ik

3. 다음 단어를 정확히 발음해보세요.

1) **ambulatory**	AM′-byə-lə-tawr′-ee	2) **perambulator**	pə-RAM′-byə-lay′-tər
3) **perambulate**	pə-RAM′-byə-layt′	4) **perambulation**	pə-ram′-byə-LAY′-shən
5) **amble**	AM′-bəl	6) **preamble**	PREE′-am-bəl
7) **soporific**	sop-ə-RIF′-ik	8) **inarticulateness**	in′-ahr-TIK′-yə-lət-nəs
9) **articulate**	ahr-TIK′-yə-lət	10) **banality**	bə-NAL′-ə-tee

4. 다음 단어와 연관되는 내용을 보기에서 고르세요.

보기

a. unable to fall asleep
b. pertaining to sleepwalking
c. drowsy
d. able to walk, after being bedridden
e. verbal, vocal
f. like an uncle; kindly; protective
g. pertaining to one of the chambers of the heart
h. referring to the front or belly side
i. sleep-inducing
j. referring to the back side

1) **ventral** ____________ 2) **dorsal** ____________
3) **somniferous** ____________ 4) **insomnious** ____________
5) **somnolent** ____________ 6) **somnambulistic** ____________

7) **ambulatory** ______ 8) **articulate** ______

9) **ventricular, auricular** ______ 10) **avuncular** ______

5. 다음 단어와 연관되는 내용을 보기에서 고르세요.

보기

a. inability to fall asleep
b. sleepwalking
c. introduction; preliminary or introductory occurrence
d. incoherence; sputtering; inability to get words out
e. chamber of the heart
f. sleeping pill
g. support; approval
h. lack of originality; lack of imagination
i. drowsiness
j. baby buggy; stroller
k. loudness; clamorousness

1) **ventricle, auricle** ______ 2) **endorsement** ______

3) **vociferousness** ______ 4) **insomnia** ______

5) **somnolence** ______ 6) **somnambulism** ______

7) **perambulator** ______ 8) **preamble** ______

9) **soporific** ______ 10) **inarticulateness** ______

11) **banality** ______

6. 다음 단어와 연관되는 내용을 보기에서 고르세요.

보기

a. one who cannot fall asleep
b. sleepwalker
c. walk aimlessly
d. stroll through; walk around
e. to sign on the back; support; approve of
f. drowsiness
g. say loudly and with great vehemence
h. causing sleep
i. wakeful; unable to fall asleep

1) **endorse** ______ 2) **vociferate** ______

3) **insomniac** ______ 4) **somnolency** ______

5) **somnambulist** ______ 6) **perambulate** ______

7) **amble** ______ 8) **soporific** ______

9) **insomnious** ______

7. 다음 질문을 읽고 YES/NO로 대답하세요.

1) Does an *insomniac* often need a *soporific*? YES / NO

2) Does a *somnambulist* always stay in bed when asleep? YES / NO

3) Are *ambulatory* patients bedridden? YES / NO

4) Does a *preamble* come after another event? YES / NO

5) Are *articulate* people verbal? YES / NO

6) Does *banality* show creativeness? YES / NO

7) Does an *avuncular* attitude indicate affection and protectiveness? YES / NO

8) Is *vociferation* habitual with quiet, shy people? YES / NO

9) Is a *somnolent* person wide awake? YES / NO

10) Is a *somniferous* speaker stimulating and exciting? YES / NO

8. 다음을 보고 생각나는 단어를 쓰세요.

1) lack of imagination or originality in speech, actions, or style of life; hackneyed or trite phraseology

B ____________

2) sleep-inducing

S ____________, S ____________

3) unable to fall asleep (adj)

I ____________

4) verbal, vocal, speaking fluently

A ____________

5) acting like an uncle

A ____________

6) referring to the front; anterior

V ____________

7) referring to the back; posterior

D ____________

8) approve of; support; sign on the back of

E ____________

9) shout vehemently

V ____________

10) one who cannot fall asleep

I ____________

11) drowsy; sleepy

S ____________

12) sleepwalker

S ____________

13) now able to walk, though previously bedridden

A ____________

14) walk aimlessly

A ____________

15) introduction; introductory event

P ____________

16) incoherence

I ____________

REVIEW

챕터복습

1. 다음 정의에 맞는 단어를 고르세요.

1) Disinclined to conversation
ⓐ loquacious ⓑ laconic ⓒ taciturn

2) Trite
ⓐ inarticulate ⓑ banal ⓒ verbose

3) Rapid and fluent
ⓐ voluble ⓑ verbose ⓒ garrulous

4) Forceful and compelling
ⓐ vociferous ⓑ cogent ⓒ laconic

5) Unspoken
ⓐ verbatim ⓑ eloquent ⓒ tacit

6) Using elegant and impressive words
ⓐ verbose ⓑ grandiloquent ⓒ colloquial

7) Back
ⓐ dorsal ⓑ ventral ⓒ somniferous

8) Sleep-inducing
ⓐ soporific ⓑ somnolent ⓒ ventral

9) Inability to fall asleep
ⓐ somnambulism ⓑ ambulatory ⓒ insomnia

10) Talkativeness
ⓐ reticence ⓑ ventriloquism ⓒ loquacity

11) Expressing indirectly or in a roundabout way
ⓐ circumlocutory ⓑ colloquial ⓒ laconic

12) Elegance in expression
ⓐ magniloquence ⓑ grandiloquence ⓒ verbiage

13) Wordiness
ⓐ laconism ⓑ cogency ⓒ verbosity

14) Big-hearted, generous, unselfish
ⓐ grandiloquent ⓑ magnanimous ⓒ garrulous

15) Causing radical changes
ⓐ evolutionary ⓑ revolutionary ⓒ ventricular

16) To shout vehemently

ⓐ endorse ⓑ perambulate ⓒ vociferate

17) Like an uncle

ⓐ ventricular ⓑ auricular ⓒ avuncular

18) Drowsy

ⓐ somniferous ⓑ somnolent ⓒ soporific

19) Sleepwalking

ⓐ insomnia ⓑ somnolency ⓒ somnambulism

20) Introduction

ⓐ preamble ⓑ perambulator ⓒ evolution

2. 다음 어근에 맞는 의미를 쓰세요.

	어근	의미	파생어
1)	taceo		taciturn
2)	loquor		loquacity
3)	solus		soliloquize
4)	venter, ventris		ventral
5)	magnus		magniloquent
6)	grandis		grandiloquent
7)	verbum		verbatim
8)	volvo, volutus		revolution
9)	garrio		garrulous
10)	animus		magnanimous
11)	opus		magnum opus
12)	opero		operator
13)	auris		auricle
14)	avunculus		avuncular
15)	dorsum		dorsal
16)	vox, vocis		vociferate
17)	fero		somniferous
18)	ambulo		preamble
19)	sopor		soporific
20)	somnus		somnolency

QUESTION
어원심화

1. 라틴어에서 '일하다'를 뜻하는 opero의 현재분사형은 operans입니다. operandi는 of working일하기의이란 뜻입니다. 어떤 범죄자가 사용한 특징적인 수법이나 수단을 뜻할 때 가끔 쓰이는 표현, modus operandi의 뜻을 짐작해보세요.

____

2. 앞에서 배웠듯이 circum-은 '주변의around'라는 뜻입니다. circumlocution완곡 어법, circumference원둘레, circumcision할례, 포경수술, circumnavigation세계일주 등에서 쓰였습니다. '쓰다to write'를 뜻하는 어근 scribo, scriptus을 바탕으로 '무언가의 가장자리 주변에 쓰인 것'을 뜻하는 단어를 생각해보세요.

____

3. 어근 somnus와 loquor에 대해서는 이미 알고 있습니다. 두 어근을 결합시켜 '잠자는 상태에서 말하는'을 뜻하는 형용사를 만들 수 있나요? 그 형용사의 명사도 써보세요.

____

____

4. auricle에서는 '귀'를 뜻하는 auris를 배웠습니다. aurist라고 불리는 의사의 전문 분야는 무엇일까요?

____

5. verbum에서 파생된 verbal은 '말'을 가리킵니다. '입mouth'을 의미하는 os, oris에서 파생된 oral은 '소리로 표현된 말', '구두의'라는 뜻입니다. 그렇다면 aural의 뜻을 짐작해보세요.

____

6. somnambulist는 잠자는 상태에서 걷는 사람입니다. 그렇다면, noctambulist는 무엇을 하는 사람일까요?

____

7. soporific는 '잠'을 뜻하는 sopor와 '만들다'를 뜻하는 facio에서 파생된 fic-이 결합하여 만들어진 단어로, '잠을 유발하는, 잠을 오게 하는'이라는 뜻입니다. '잠'을 뜻하는 또 하나의 어근 somnus를 이용해서 soporific과 유사한 형태를 띠며 똑같은 의미를 지닌 단어를 만들어보세요.

____

8. perambulate는 '답사하다, 순회하다'라는 뜻입니다. 다른 라틴어 접두어를 사용해 '주변을 걸어다니다'라는 의미의 동사를 만들어보세요.

____

ADVICE

새로운 개념에 민첩하게 대응하려면

앞에서 단어는 개념을 상징하는 부호이므로 어휘력을 향상시키는 가장 효과적인 방법은 새로운 개념들을 다룬 책을 읽는 것이라고 말했습니다.

책은 여러분을 개념의 세계에 가까이 다가가게 해줄 것이고, 그 결과 여러분의 어휘력을 한층 증진시키는 데도 도움이 되리라 믿습니다. 어떤 책이든 텔레비전을 시청하며 보내는 것보다 훨씬 보람 있고 재밌고 흥분되는 저녁시간을 보장해줄 것이고, 지식과 이해의 지평을 한층 넓혀줄 것입니다. 전에는 보지 못했지만 여러분에게 이미 익숙해진 어근에서 파생된 단어들도 만나게 될 것입니다. 어근과 접두어와 접미어를 꿰뚫어보는 수준에 이르면 가장 난해한 단어라도 그 의미를 어렵지 않게 추정해낼 수 있다는 사실을 아울러 깨닫게 될 것입니다.

의미론

S. I. Hayakawa, 『Language in Thought and Action』

Wendell Johnson, 『People in Quandaries』

교육과 학습

James Herndon, 『How to Survive in Your Native Land』

Brian V. Hill, 『Education and the Endangered Individual』

John Holt, 『How Children Fail』, 『What Do I Do Monday』

Jeffrey Schrank, 『Teaching Human Beings』

George B. Leonard, 『Education and Ecstasy』

George Isaac Brown, 『Human Teaching for Human Learning』

성, 사랑, 결혼

Gerald Walker Smith & Alice I. Phillips, 『Couple Therapy』

Marshall Bryant Hodge, 『Your Fear of Love』

George F. Gilder, 『Sexual Suicide』

Gina Allen & Clement G. Martin, M.D., 『Intimacy』

David Viscott, M.D., 『How to Live with Another Person』

George R. Bach & Ronald M. Deutsch, 『Pairing』

George R. Bach & Peter Wyden, 『The Intimate Enemy』

Allan Sherman, 『The Rape of the Ape』

Shere Hite, 『The Hite Report』

Eric Berne, M.D., 『Sex in Human Loving』

여성, 페미니즘 등

Judith Hole & Ellen Levine, 『Rebirth of Feminism』

M. Esther Harding, 『The Way of All Women』

Irene Claremont de Castillejo, 『Knowing Woman』

Karen De Crow, 『Sexist Justice』

The Boston Women's Health Book Collective, 『Our Bodies, Our Selves』

어린이, 양육 등

Dr. Haim Ginott, 『Between Parent and Child and Between Parent and Teenager』

Fritz Redl & David Wineman, 『Children Who Hate』

Dr. Thomas Gordon, 『Parent Effectiveness Training』

Dr. Fitzhugh Dodson, 『How to Parent』

John Holt, 『Escape from Childhood』

Dorothy W. Baruch, 『One Little Boy』

건강

David Reuben, M.D., 『Save Your Life Diet Book』

D. C. Jarvis, M.D., 『Folk Medicine』

Linda Clark, 『Get Well Naturally』

Adelle Davis, 『Let's Eat Right to Keep Fit』

철학

Alan W. Watts, 『The Way of Zen』, 『What Does It Matter?』

Norman O. Brown, 『Love's Body』

경영, 경제, 금융

John Kenneth Galbraith, 『The Affluent Society』

C. Northcote Parkinson, 『Parkinson's Law』

Laurence J. Peter, 『The Peter Principle』

Robert Townsend, 『Up the Organization』

사회학

Gail Sheehy, 『Passages』

Alvin Toffler, 『Future Shock』

Studs Terkel, 『Hard Times』

Alex Haley, 『Root』

죽음과 노화

Raymond A. Moody, Jr., M.D., 『Life After Life』

Elizabeth Kubler Ross, 『On Death and Dying』

쉬어가기 6

DO YOU ALWAYS USE THE PROPER WORD?

항상 적절한 단어를 사용하고 있나요?

문법이 나날이 자유로워지고 있다는 건 사실입니다. 우리 할머니들이라면 가장 친근한 대화에서도 감히 입에 올리지 못했던 많은 표현이 요즘에는 올바른 표현으로 인정됩니다. 예컨대 It is me나야, Have you got a cold?감기 걸렸어요?, It's a nice day화창한 날씨야, Can I have another piece of cake?케이크 한 조각을 더 먹을 수 있을까요?, She is a most aggravating child그애는 무척 짜증나는 아이야, Will everybody please remove their hats?모두 모자를 벗어주시겠습니까? 등 이런 표현이 요즘에는 일상 대화에서 올바른 문법으로 인정받습니다. 현대 문법을 조사한 보고서에서도 이런 표현들이 교육받은 계층에서 보편적으로 사용되고 있다는 게 확인됐습니다.

그러나 모든 규범이 철폐됐다는 뜻으로 해석해서는 안 됩니다. 예컨대 Can you learn me to swim?나한테 수영을 가르쳐줄 수 있겠니?, He don't live here no more그는 더 이상 여기에서 살지 않아, We ain't working so good우리는 그렇게 일을 잘하지 않아, Me and my husband are glad to see you나와 내 남편은 당신을 만나 기뻐요 등은 무지한 표현입니다. 교양 있는 사람이라면 반드시 지켜야 할 올바른 영어의 조건이 아직은 남아 있습니다.

여러분의 문법 실력은 어떻습니까? 스스로 신속하게 측정해볼 수 있는 문제들이 아래에 있습니다. 문제당 4점이고, 92~100점이면 탁월한 실력이고, 76~88점이면 우수하며, 68~72점이면 보통 수준입니다. 정답은 해답편에 있습니다.

1. What (effect, affect) does Farrah Fawcett-Majors have on you?
2. What's the sense (in, of) looking for a needle in a haystack?
3. She won't (leave, let) us meet her new boy friend.
4. What (kind of, kind of a) dress do you want?
5. Her (principle, principal) objection to neurotics is that they are difficult to live with.
6. The murderer was (hanged, hung) two hours before the governor's pardon arrived.
7. Many men feel great affection for their (mother-in-laws, mothers-in-law).
8. For a light cake, use two (spoonfuls, spoonsful) of baking powder.
9. Everyone likes you but (she, her).
10. Sally sent a gift for (him and me, he and I).
11. The criteria you are using (is, are) not valid.
12. The cost of new houses (is, are) finally stabilizing.
13. Irene as well as her husband (has, have) come to see you.
14. (Is, Are) either of your sisters working?
15. As soon as the editor or her secretary (comes, come) in, let me know.

16. One or two of her features (is, are) very attractive.
17. Can you visit Mary and (I, me) tonight?
18. He is totally (uninterested, disinterested) in your personal affairs.
19. She (laid, lay) on the beach while her son splashed at the water's edge.
20. (Who, Whom) would you rather be if you weren't yourself?
21. You should not (have, of) spoken so harshly.
22. She is one of those women who (believes, believe) that husbands should share in doing housework and taking care of the children.
23. Was it you who (was, were) here yesterday?
24. What we need in this country (is, are) honest politicians.
25. I'm smarter than Gladys, but she's richer than (I, me).

CHAPTER

8

HOW TO INSULT YOUR ENEMIES
적을 욕할 때

벽창호, 아첨꾼, 호사가, 도발적인 여자, 선동가, 불가지론자, 망상에 사로잡힌 사람 등을 표현하는 단어들과 온갖 유형의 살인, 성욕 등 각양각색의 광기와 공포증에 관련된 어휘들을 공부합니다.

Preview

다음과 같은 성향을 보이는 사람을 뭐라고 부르나요?

- insists on complete and blind obedience?
  완전하고 맹목적인 순종을 요구하는 사람인가요?
- toadies to the rich or influential?
  부자나 실세에게 알랑거리는 사람인가요?
- dabbles in the fine arts?
  예술을 취미 삼아 하는 사람인가요?
- is a loud-mouthed, quarrelsome woman?
  목소리가 크고 걸핏하면 싸우려 드는 여자인가요?
- has a one-track mind?
  외곬으로 생각하는 사람인가요?
- sneers at other people's cherished traditions?
  다른 사람의 소중한 전통을 빈정대는 사람인가요?
- does not believe in God?
  신을 믿지 않는 사람인가요?
- has imaginary ailments?
  상상으로 병을 앓는 사람인가요?

LESSON 1

따뜻하고 유익한 관계를 맺는 충만한 삶을 싫어하는 사람은 거의 없습니다.
심리학에서 말하듯이, 사랑하고 사랑받는 관계는 마음의 건강에 무척 중요한 요소입니다. 또한 적대감을 억제하는 것보다 밖으로 드러내는 것이 낫다고 말합니다. 분한 마음을 발산하고 나면 기분이 얼마나 좋아지는지 여러분도 알지 않나요? 또 분노와 원망과 짜증을 억누르는 대신에 솔직하게 발산하며 화를 터뜨리고 나면 그 상대와 훨씬 가까워질 수 있지 않나요?
여러분이 적대감을 폭발시키는 데 그치지 않고 상대의 적대감까지 받아들일 수 있다면 정서적으로 성숙했다는 증거입니다. 따라서 여기에서 다루는 10개의 기본단어에 완전히 몰입하기 위해서라도 아래의 짤막한 구절들이 여러분을 그대로 묘사하는 거라고 생각해보기 바랍니다. 여러분의 성격에 꼭 들어맞는 단어는 무엇인가요?

IDEA
개념정리

1 slave driver → A martinet
노예 감시인 **엄격한 사람**

You make everyone toe the mark—right down to the last centimeter. You exact blind, unquestioning obedience; demand the strictest conformity to rules, however arbitrary or tyrannical; and will not tolerate the slightest deviation from your orders. You are, in short, the very epitome of the army drill sergeant.

모두에게 규칙을 엄수하라고 강요합니다. 눈곱만큼의 위반도 허용하지 않습니다. 맹목적이고 절대적인 순종을 요구합니다. 규칙이 독단적이고 무도할지라도 규칙을 빈틈없이 따르라고 합니다. 명령을 조금이라도 어기면 용납하지 않습니다. 한마디로 군대 훈련 담당 하사관의 화신입니다.

2 bootlicker → A sycophant
아첨꾼 **아부꾼**

You toady to rich or influential people, catering to their vanity, flattering their ego. You are the personification of the traditional ward heeler, you out-yes the Hollywood yes men. And on top of all these unpleasant characteristics, you're a complete hypocrite. All your servile attentions and unceasing adulation spring from your own selfish desires to get ahead, not out of any sincere admiration. You cultivate people of power or property so that you can curry favor at the opportune moment.

부자나 영향력 있는 사람에게 알랑거립니다. 그들의 허영심에 맞장구치며 그들의 자존심을 추어올립니다. 정치 건달의 전형이며, 할리우드 영화에 나오는 윗사람에게 맹종하는 사람이 무색해질 정도입니다. 이런 꼴사나운 특징 이외에 철저한 위선자이기도 합니다. 비굴한 친절과 끝없는 아부는 출세하겠다는 이기적인 욕망에서 비롯된 것이지 진정한 존경심이 아닙니다. 적절한 순간에 환심을 사려고 권력이나 돈 있는 사람들과 어울립니다.

3 dabbler → A dilettante

취미 삼아 하는 사람 **예술 애호가**

Often, though not necessarily, a person of independent income, you engage superficially in the pursuit of one of the fine arts—painting, writing, sculpturing, composing, etc. You do this largely for your own amusement and not to achieve any professional competence; nor are you at all interested in monetary rewards. Your artistic efforts are simply a means of passing time pleasantly.

모두 그런 것은 아니지만 넉넉히 살아갈 만한 소득을 지닌 사람은 그림, 글쓰기, 조각, 작곡 등 예술 분야를 피상적으로 추구하는 경우가 종종 있습니다. 예술을 추구하는 이유가 순전히 여흥을 위한 것이지 전문가적인 역량을 쌓으려는 것이 아닙니다. 금전적인 보상에 대해서도 전혀 관심이 없습니다. 예술을 향한 노력은 시간을 즐겁게 보내기 위한 수단일 뿐입니다.

4 battle-ax → A virago

잔소리가 심한 여자 **사나운 여자**

You are a loud-mouthed, shrewish, turbulent woman; you're quarrelsome and aggressive, possessing none of those gentle and tender qualities stereotypically associated with femininity. You're strong-minded, unyielding, sharp-tongued, and dangerous. You can curse like a stevedore and yell like a fishwife–and often do.

목소리가 크고 입버릇이 고약하며 소란스런 여자입니다. 걸핏하면 싸우려 들고 공격적이며, 여자에게 일반적으로 기대하는 부드럽고 나긋한 면이 전혀 없습니다. 강단 있고 고집스러우며 독설을 퍼붓는 위험한 여자입니다. 또 부두 노동자처럼 욕을 하고 생선장수처럼 고함을 질러댈 수 있으며 실제로도 종종 그렇게 합니다.

5 superpatriot → A chauvinist

광신적인 애국자 **쇼비니스트**

Anything you own or belong to is better—simply because you own it or belong to it, although you will be quick to find more justifiable explanations. Your religion, whatever it may be, is far superior to any other; your political party is the only honest one; your neighborhood puts all others in the city in the shade; members of your own sex are more intelligent, more worthy, more emotionally secure, and in every way far better than people of the opposite sex; your car is faster, more fun to drive, and gets better gas mileage than any other, no matter in what price range; and of course your country and its customs leave nothing to be desired, and inhabitants of other nations are in comparison barely civilized. In short, you are exaggeratedly, aggressively, absurdly, and excessively devoted to your own affiliations—and you make no bones about advertising such prejudice.

자신이 소유하거나 자신에게 속한 것이면 무엇이나 더 좋은 것입니다. 자신이 그것을 소유하고, 그것이 자신에게 속한 것이기 때문이지 다른 이유는 없습니다. 하지만 그렇게 생각하는 그럴듯한 이유를 금방 찾아낼 수 있습니다. 자신의 종교가 다른 어떤 종교보다 우월합니다. 자신의 정당이 유일하게 정직한 정당입니다. 자신의 이웃은 같은 도시에 사는 모든 사람을 무색하게 만듭니다. 자신이 속한 성(性)이 이성보다 더 똑똑하고 가치 있으며, 감정적으로도 안정된 존재여서, 모든 면에서 훨씬 낫습니다. 자신의 자동차는 가격을 불문하고 어떤 자동차보다 빠르고 운전하는 것도 재밌으며, 연비도 높습니다. 물론 자신의 조국과 풍습에는 더 이상 바랄 것이 없는 데 반하여, 다른 나라 사람들은 문명화되지도 못했습니다. 요컨대 자신과 관련된 것들에 과장되고 과도하게, 또 무모하게 애착을 갖습니다. 또 그런 편견을 드러내는 걸 꺼리지 않습니다.

6 fanatic → A monomaniac
광신자 **편집광**

You have a one-track mind—and when you're riding a particular hobby, you ride it hard. You have such an excessive, all-inclusive zeal for one thing (and it may be your business, your profession, your husband or wife, your children, your stomach, your money, or whatever) that your obsession is almost absurd. You talk, eat, sleep that one thing—to the point where you bore everyone to distraction.

외골수로 생각합니다. 특정한 취미에 빠지면 다른 것을 거들떠보지도 않습니다. 사업, 직업, 남편이나 부인, 자식, 위장, 돈 등 무엇이든 간에 하나에 지나치게 모든 열정을 쏟아부어, 무모할 정도입니다. 오로지 그 하나만을 위해서 말하고 먹고 잠을 잡니다. 그 때문에 다른 사람들을 미치게 만들 정도입니다.

7 attacker → An iconoclast
공격하는 사람 **인습 타파론자**

You are violently against established beliefs, revered traditions, cherished customs—such, you say, stand in the way of reform and progress and are always based on superstition and irrationality. Religion, family, marriage, ethics—you weren't there when these were started and you're not going to conform simply because most unthinking people do.

당신은 기존의 믿음, 공경받는 전통, 소중한 풍습에 완강히 반대합니다. 그런 것들은 개혁과 성장을 방해하고, 미신과 불합리성에 근거한 것이라고 공공연히 말합니다. 종교와 가족, 결혼과 윤리 등이 시작됐을 때 자신은 태어나지도 않았고, 또 지각없는 사람들이 따른다고 해서 무작정 따르지는 않을 거라고 말합니다.

8 skeptic → An atheist
의심 많은 사람 **무신론자**

There is no God—that's your position and you're not going to budge from it.

신은 없다. 이것이 기본 입장이고, 이 입장에서 한걸음도 물러서지 않습니다.

9 self-indulger → A lecher
방종한 사람 **호색가**

You are, as a male, lascivious, libidinous, lustful, lewd, wanton, immoral—but more important, you promiscuously attempt to satisfy (and are often successful in so doing) your sexual desires with any woman within your arm's reach.

호색하고 음란하며, 음탕하고 방탕하며, 바람둥이이고 비도덕적인 남자입니다. 더 중요한 사실은, 손이 닿는 곳에 있는 여자이면 어떤 여자하고라도 무분별하게 성적 욕망을 채우려고 한다는 점입니다.

10 worrier 잔걱정을 많이 하는 사람 → A hypochondriac 건강 염려증 환자

You are always sick, though no doctor can find an organic cause for your ailments. You know you have ulcers, though medical tests show a healthy stomach. You have heart palpitations, but a cardiogram fails to show any abnormality. Your headaches are caused (you're sure of it) by a rapidly growing brain tumor—yet X rays show nothing wrong. These maladies are not imaginary, however; to you they are most real, non-existent as they may be in fact. And as you travel from doctor to doctor futilely seeking confirmation of your imminent death, you become more and more convinced that you're too weak to go on much longer. Organically, of course, there's nothing the matter with you. Perhaps tensions, insecurities, or a need for attention is talking the form of simulated bodily ills.

항상 아픕니다. 하지만 어떤 의사도 신체적인 원인을 찾아내지 못합니다. 궤양이 있다고 확신하지만, 의료 검진에서는 위가 건강한 걸로 판명이 났습니다. 심장이 빨리 뛴다고 느끼지만, 심전도는 아무런 이상을 찾아내지 못합니다. 또 뇌에 종양이 자라기 때문에 두통이 있는 거라고 확신하지만, 엑스레이에서는 아무런 이상이 없습니다. 하지만 이런 질병들은 상상이 아닙니다. 실제로 존재하지 않지만 자신에게는 너무나 현실적입니다. 따라서 곧 죽을 것이라는 진단을 받으려고 덧없이 의사들을 전전하면서 더 이상 계속하지 못할 정도로 지독히 약해졌다는 확신을 쌓아갑니다. 물론 신체 기관에는 아무런 이상도 없습니다. 긴장과 불안정, 관심받고 싶은 욕심이 상상의 질병으로 나타난 것이라 여겨집니다.

EXERCISE
연습문제

1. 다음 단어를 정확히 발음해보세요.

1) **martinet** mahr-tə-NET´
2) **sycophant** SIK´-ə-fənt
3) **dilettante** dil´-ə-TAN´-tee
4) **virago** və-RAY´-gō
5) **chauvinist** SHŌ´-və-nist
6) **monomaniac** mon´-ə-MAY´-nee-ak
7) **iconoclast** ī-KON´-ə-klast´
8) **atheist** AY´-thee-ist
9) **lecher** LECH´-ər
10) **hypochondriac** hī´-pə-KON´-dree-ak

2. 다음 단어와 연관되는 내용을 보기에서 고르세요.

보기

a. superficiality
b. patriotism
c. godlessness
d. single-mindedness
e. antitradition
f. sex
g. illness
h. discipline
i. turbulence
j. flattery

1) **martinet** ________
2) **sycophant** ________
3) **dilettante** ________
4) **virago** ________
5) **chauvinist** ________
6) **monomaniac** ________
7) **iconoclast** ________
8) **atheist** ________
9) **lecher** ________
10) **hypochondriac** ________

3. 다음 질문을 읽고 YES/NO로 대답하세요.

1) Does a *martinet* condone carelessness and neglect of duty? YES / NO
2) Is a *sycophant* a sincere person? YES / NO
3) Is a *dilettante* a hard worker? YES / NO
4) Is a *virago* sweet and gentle? YES / NO
5) Is a *chauvinist* modest and self-effacing? YES / NO
6) Does a *monomaniac* have a one-track mind? YES / NO
7) Does an *iconoclast* scoff at tradition? YES / NO
8) Does an *atheist* believe in God? YES / NO
9) Is a *lecher* misogynous? YES / NO
10) Does a *hypochondriac* have a lively imagination? YES / NO

4. 다음을 보고 생각나는 단어를 쓰세요.

1) a person whose emotional disorder is reflected in non-organic or imaginary bodily ailments H ______

2) a strict disciplinarian M ______

3) a lewd and sexually aggressive male L ______

4) a toady to people of wealth or power S ______

5) a disbeliever in God A ______

6) a dabbler in the arts D ______

7) a shrewish, loud-mouthed female V ______

8) a scoffer at tradition I ______

9) person with a one-track mind M ______

10) a blatant superpatriot C ______

5. 다음을 보고 생각나는 단어를 쓰세요.

1) She scoffs at beliefs you have always held dear. ______

2) You know he's hale and hearty—but he constantly complains of his illness. ______

3) She insists her political affiliation are superior to yours. ______

4) She insists on her subordinates toeing the mark. ______

5) He makes sexual advances to everyone else's wife —and is too often successful. ______

6) He cultivates friends that can do him good—financially. ______

7) She dabbles with water colors. ______

8) She insists there is no Deity. ______________

9) She's a shrew, a harridan, a scold, and a nag. ______________

10) His only interest in life is his fish collection—and he is fanatically, almost psychotically, devoted to it. ______________

LESSON 2

ORIGIN
어원탐구

the French drillmaster 프랑스 훈련교관

장 마르티네는 루이 14세 치하에서 군 감찰관이었습니다. 그는 프랑스 역사상 유례가 없을 정도로 엄격하고 열정적인 훈련 감독관이었습니다. 그때부터 엄격한 규율에 대한 프랑스군의 명성이 시작됐고, 그의 이름에서부터 martinet라는 영어 단어가 유래했습니다. 이 단어는 항상 경멸적인 뜻으로 사용되기 때문에 사용자의 원망과 분노가 내포돼 있습니다. 예컨대 상관을 그렇게 부르는 비서, 남편을 그렇게 부르는 부인, 또 감독관을 그렇게 부르는 일꾼은 자신들에게 순종하라고 요구하는 과도하고 비인간적인 규율에 대해 경멸의 마음을 가진 사람들입니다.

martinet는 사람의 이름에서 유래했기 때문에 같은 어근에서 파생된 관련어는 없습니다. 형용사로 martinetish가 있고, 또 다른 명사로 martinetism이 있지만 두 단어 모두 드물게 쓰입니다.

martinet [mahr-tə-NET′] 엄격한 사람
martinetish [mahr-tə-NET′-ish] 엄한

a Greek "fig-shower" 그리스의 아첨꾼

sycophant는 그리스인들로부터 전해집니다. 좋은 점수를 받고 싶은 학생이 사과를 반질반질하게 닦아 선생님 책상 위에 올려놓습

sycophant [SIK′-ə-fənt] 아첨꾼

니다. 반 친구들은 그런 아첨꾼을 '사과 닦는 놈apple-shiner'이라 부릅니다. 더 험하게 말하는 지역에서는 '장화를 핥는 놈bootlicker'이라 합니다. 그리스 시대에 그런 사람을 일컫는 단어가 있었습니다. '무화과를 보여주는 사람fig-shower'이란 단어였습니다. sycophant는 그리스어에서 '무화과fig'를 뜻하는 sykon과 '보여주다to show'를 뜻하는 phanein이 결합된 단어로, 신성한 숲에 있는 무화과가 몰래 반출되거나 스미르나의 무화과 장사꾼들이 관세를 빼돌릴 때 담당관에게 알리는 사람을 가리켰습니다. 따라서 sycophant는 동료 범죄자들을 '밀고peach'함으로써 경찰관들의 환심을 샀을 것이므로 일종의 '끄나풀stool pigeon'이었을 것입니다. sycophant는 이런 식으로 공동체의 실력자들에게 알랑거립니다. 또 아첨하고 비굴할 정도로 공손하게 행동하며, 상대의 환심을 사려고 발버둥칩니다. sycophant의 행위는 sycophancy라 하며, 형용사는 sycophantic입니다. 이 단어들에는 경멸의 뜻이 담겼기 때문에 신중하게 사용해야 합니다.

sycophancy
[SIK'-ə-fən-see] 아첨
sycophantic
[sik-ə-FAN'-tik] 아첨하는

옷감의 소재가 섬세하고 가늘면 뒤쪽이 비쳐 보일 수 있습니다. 그리스어 접두어 dia-는 '통과하여through'란 뜻이고, 앞에서 말했듯이 phanein은 '보여주다'라는 뜻입니다. 따라서 그런 옷감은 diaphanous라 합니다. 하지만 '투명한sheer, transparent' 모든 물질에 이 형용사를 사용해서는 안 됩니다. 예컨대 유리는 속이 훤히 비쳐 보이더라도 diaphanous라고 하지 않습니다. 보드랍고 얇은 물질, 또 투명하거나 실제로 비쳐 보이는 물질에만 diaphanous가 사용되며, 주로 여성의 잠옷이나 네글리제 등에 사용됩니다.

diaphanous [dī-AF'-ə-nəs]
속이 비치는, 투명한

just for one's own amusement

자신의 즐거움만을 위하여

dilettante는 이탈리아어에서 '즐거워하다to delight'를 뜻하는 동사 dilettare에서 유래한 단어입니다. dilettante는 그림을 그리고 글을 쓰며, 작곡을 하고 악기를 연주합니다. 심지어 과학 실험도

dilettante [dil'-ə-TAN'-tee]
예술 애호가
dilettantish [dil-ə-TAN'-tish]
예술을 애호하는

하지만 순전히 자신의 즐거움을 위한 것이지 돈을 벌거나 유명해지기 위한 것은 아닙니다. 창조적 충동을 충족시키기 위한 행위는 더욱 아닙니다. 내 생각이지만, 직업적으로 활동하는 화가, 작가, 작곡가, 연주자, 시인, 과학자 등이 각자의 작업에 쏟는 시간이 정당화되는 이유는 그런 창조적 충동을 충족시키려는 행위이기 때문입니다. dilettantish한 태도는 '피상적superficial'이고, '아마추어적unprofessional'입니다. dilettantism은 직업적인 화가나 과학자가 시간과 정력을 온통 쏟는 일을 '틈나는 대로 피상적으로 시도하는 취미'를 뜻합니다.

dilettantism [dil-ə-TAN'-tiz-əm] 취미로 하는 예술

dilettante와 tyro를 혼동해서는 안 됩니다. dilettante는 선천적 재주native talent나 능력을 지닌 사람이지만, tyro는 예술 경험이 전혀 없고 시작한 지도 얼마 되지 않은, 열정과 적극성과 활력으로 충만한 사람입니다. 따라서 어떤 사람을 tyro라고 부른다면, 그가 어떤 예술이나 과학 등 전문적인 분야를 갓 시작해서 기술을 연마할 시간이 많지 않아 실력이 그다지 뛰어나지는 않은 '초심자, 초보자'라는 뜻이 내포돼 있습니다. dilettante는 일반적으로 상당한 솜씨를 지녔지만 그 솜씨를 자주 발휘하지는 않습니다. 반면에 예술 분야, 일반적으로 음악과 관련된 분야에서 완숙한 솜씨에 이른 사람은 virtuoso라 불립니다. 바이올린에서는 하이페츠, 메뉴인, 피아노에서는 호로비츠, 루빈스타인 등과 같은 연주자입니다. virtuoso를 일반적인 규칙에 맞추어 복수로 만들면 virtuosos가 됩니다. 세련되게 말하고 싶다면 유럽식으로 virtuosi라 해도 괜찮습니다. 이와 마찬가지로 dilettante의 복수형도 dilettantes, dilettanti입니다.

tyro [TĪ'-rō] 초보자
virtuoso [vur-chōō-Ō'-sō] 대가, 거장
virtuosi [vur'-chōō-Ō'-see] virtuoso의 복수형
dilettanti [dil-ə-TAN'-tee] dilettante의 복수형

i로 끝나는 복수형은 이탈리아식이고 음악계에서 주로 쓰입니다. 예컨대 '오페라 대본'인 libretto는 libretti로, '협주곡'을 뜻하는 concerto는 concerti로 복수화될 수 있습니다. 그러나 영어식의 복수인 librettos와 concertos로 써도 무방합니다. 상황에 맞추어 적절한 복수형을 선택하기를 바랍니다.

libretto [lə-BRET'-ō] 오페라 대본
libretti [lə-BRET'-ee] libretto의 복수형
concerto [kən-CHUR'-tō] 협주곡
concerti [kən-CHUR'-tee] concerto의 복수형

“masculine” women ‘남성적인’ 여성

virago는 이상하게 들리겠지만 라틴어에서 ‘남자man’를 뜻하는 vir에서 파생된 단어입니다. 하지만 이런 파생 과정이 그다지 이상하지는 않습니다. virago는 결코 전형적인 여성이 아닙니다. 오히려 전형적인 남성상에 가까워 거칠고 전투적이며 목소리도 큽니다. termagant와 harridan도 virago만큼이나 경멸적인 뜻이 담긴 단어입니다. virago, termagant, harridan은 똑같은 뜻으로 시끄러운 여자를 부를 때 사용할 수 있습니다.

virago [və-RAY'-gō]
여장부, 사나운 여자
termagant [TUR'-mə-gənt]
입심 사나운 여자
harridan [HAIR'-ə-dən]
심술궂은 노파

the old man 노인

프랑스 제국의 군인이던 니콜라 쇼뱅은 보나파르트 나폴레옹을 향한 존경심을 요란하게 끊임없이 떠벌리고 다녀 온 유럽의 웃음거리가 됐습니다. 그 후, ‘시끄럽고 요란한 애국자exaggerated and blatant patriot’는 chauvinist로 불리게 되었고, 오늘날까지 쓰이고 있습니다. chauvinism은 자연스레 의미가 확대되면서 자신의 조국만이 아니라 소속된 단체에 대한 노골적인 존경이나 자랑까지 뜻하게 됐습니다.

patriotic하다는 것은 자신의 조국을 자랑스레 생각하며 조국에 충성한다는 뜻입니다. 반면에 chauvinistic하다는 것은 그런 자부심과 충성을 불쾌할 정도로 드러낸다는 뜻입니다.

여기에서 잠깐 본론에서 벗어나, patriotic의 어원을 조사해봅시다. patriotic은 라틴어에서 ‘아버지father’를 뜻하는 pater, patris에서 파생된 단어입니다. 어떤 의미에서, 자신이 속한 나라는 ‘아버지의 나라fatherland’입니다. 이 어근에서 파생된 다른 재밌는 단어들을 공부해봅시다.

chauvinist
[SHŌ'-və-nist] 맹목적 애국주의자
chauvinism
[SHŌ'-və-niz-əm] 맹목적 애국심
chauvinistic
[shō'-və-NIS'-tik]
광신적 애국주의(자)의

patrimony : ‘아버지에게 물려받은 것’입니다. -mony는 money와 같은 어근, 즉 재물의 신전을 지키던 로마의 여신 Juno Moneta에서 유래했습니다. 형용사는 patrimonial입니다.

patrimony [PAT'-rə-mō-nee]
세습, 유산
patrimonial
[pat'-rə-MŌ'-nee-əl]
조상 전래의, 세습의

patronymic : '아버지의 이름에서 온 이름'이란 뜻입니다. Johnson son of John, 존의 아들, Martinson, Aaronson 등이 대표적인 예입니다. 이 단어는 pater, patris와 '이름 name'을 뜻하는 그리스어 onyma가 더해진 단어입니다. onyma에 그리스어에서 '함께 with, togather'를 뜻하는 접두어 syn-이 붙는 단어가 synonym, 즉 '동의어'이고, 어원적으로는 '함께하는 이름'이란 뜻입니다. onyma에 '반대 against'란 뜻의 접두어 anti-가 덧붙여진 단어는 antonym, 즉 '반의어', 어원적으로는 '반대되는 이름'을 의미합니다. onyma에 '같은 same'을 뜻하는 그리스어 homos가 더해지면 homonym, '소리는 같지만 뜻과 철자가 다른 단어'인 '동음이의어'가 됩니다. 예컨대 bare 노출된–bear 곰, way 길–weigh 무게를 달다, to–too–two의 관계입니다. 어원적으로 '같은 이름'이란 뜻입니다. 좀더 정확히 표현하자면 homophone 동음이의어이 돼야 합니다. 이 단어는 '같은'을 뜻하는 homos와 '소리'를 뜻하는 phone이 결합된 단어입니다. synonym의 형용사형은 synonymous입니다. 그렇다면 다음 명사의 형용사형을 써보고 발음해보세요.

patronymic [pat'-rə-NIM'-ik] 아버지의 이름을 딴 이름
synonym [SIN'-ə-nim] 동의어
antonym [AN'-tə-nim] 반의어
homonym [HOM'-ə-nim] 동음이의어
homophone [HOM'-ə-fōn'] 동음이의어
synonymous [sə-NON'-ə-məs] 같은(비슷한) 뜻을 갖은, 동의어의

ⓝ antonym → ⓐⓓⓙ ____________

ⓝ homonym → ⓐⓓⓙ ____________

ⓝ homophone → ⓐⓓⓙ ____________

paternity : '아버지임, 부권'이란 뜻입니다. question someone's paternity 친부권을 의심하다, to file a paternity suit in order to collect child support from the assumed, accused, or self-acknowledged father 아버지로 추정되거나 아버지임을 인정하도록 고소당하거나 스스로 아버지라고 인정한 사람으로부터 양육비를 받기 위해서 친부 확인 소송을 제기하다라는 예에서 쓰입니다. 형용사는 paternal입니다. paternalism은 한 나라의 통치 철학이나 지배 방식, 혹은 기업이나 기관을 운영하는 방식으로 '온정주의, 가부장적 태도'를 뜻합니다. 이런 구조에서 시민, 고용인, 직원은 부자 관계와 비슷한 형태로 취급됩니다. 이런 체계

paternity [pə-TUR'-nə-tee] 아버지인 상태, 부권
paternal [pə-TUR'-nəl] 아버지의
paternalism [pə-TUR'-nə-liz-əm] 온정주의, 가부장주의
paternalistic [pə-turn'-ə-LIS'-tik] 온정주의적인, 가부장적인

는 온정적이고 안전하게 들리고 실제로 그런 경우도 종종 있지만, 아랫사람들의 진취성과 독립심 및 창의성을 억누릅니다. 형용사는 paternalistic입니다.

patriarch : '덕망 있는 아버지 같은 노인', '지배적이고 아버지 같은 위치에 있는 노인', 쉽게 말하면 '원로, 가부장'을 뜻합니다. pater, patris와 그리스어에서 '지배하다to rule'를 뜻하는 어근 archein이 결합된 단어입니다. 형용사는 patriarchal이고, 관련된 제도인 '가부장제'는 patriarchy입니다.

patriarch[PAY'-tree-ark'] 원로, 가부장
patriarchal [pay'-tree-AHR'-kəl] 가부장적인
patriarchy [PAY'-tree-ahr'-kee] 가부장제

patricide : '부친 살해'라는 뜻입니다. pater, patris와 라틴어에서 '죽이다to kill'를 뜻하는 동사 caedo에서 파생된 접미어 -cide가 결합된 단어입니다. 형용사는 patricidal입니다.

patricide [PAT'-rə-sīd'] 부친 살해
patricidal [pat-rə-SĪ'-dəl] 부친 살해의

여기에서 다룬 단어들이 '아버지'란 뜻의 pater에서 파생된 단어의 전부는 아니지만, 많은 영어 단어가 밀접하게 관련돼 있다는 걸 보여주는 데는 충분했을 것이라 생각합니다. 앞으로 책을 읽으면서 pater나 patr가 포함된 단어들을 만나게 될 때마다 어근이 '아버지'라는 걸 안다면 그 단어들의 뜻을 어렵지 않게 추측해낼 수 있을 것입니다. 도전하고 싶은 의욕이 넘친다면, 다음 단어들이 '아버지'라는 개념과 어떤 관계에 있는지 짐작해보고, 여러분의 언어적 직관이 얼마나 정확한지 사전에서 확인해보기 바랍니다.

· patrician · patron · patronize
· patronizing · paterfamilias · padre

the old lady 노부인

pater, patris는 '아버지father'이고, mater, mains는 '어머니mother'입니다. 구체적인 예를 들어봅시다.

matriarch : '여자 통치자'라는 뜻입니다. 대가족, 부족, 국가를 통치하는 '어머니 같은 사람'입니다. patriarch와 마찬가지로 이 단어도 '지배하다to rule'를 뜻하는 archein에서 파생됐습니다. 엘

matriarch [MAY'-tree-ahrk'] 여자 가장, 통치자
matriarchy [MAY'-tree-ahr'-kee] 모계 사회

리자베스 여왕이나 빅토리아 여왕이 통치하던 시기에 영국은 '여성이 지배하는 국가', 즉 matriarchy였습니다. 형용사는 무엇일까요? ________.

maternity : '어머니인 상태, 모권'이란 뜻입니다.

maternal : '어머니의'라는 뜻입니다.

matron : '어머니 역할을 하기에 충분히 성숙한 여인, 나이가 지긋한 여자'를 뜻합니다. 형용사 matronly는 이제 청춘의 열정은 꺼지고 바람직하지 않은 곳에 군살이 붙은 여인의 모습을 떠올리게 합니다. 따라서 이 단어는 조심스럽게 사용해야 합니다. 여러분이 matronly라고 묘사한 여자가 사나운 성격이고 virago라도 된다면 여러분은 위험에 처할 수도 있습니다.

maternity [mə-TUR'-nə-tee] 어머니인 상태, 모권
maternal [mə-TURN'-əl] 어머니의
matron [MAY'-trən] 나이 지긋한 부인, (구식)양호 교사
matronly [MAY'-trən-lee] 아줌마 같은

alma mater : alma가 '영혼soul'을 뜻하므로 어원적으로 '영혼의 어머니'를 뜻하고, 실제로는 졸업한 학교, 즉 '모교'를 가리킵니다. 또 어떤 의미에서는 '지적인 어머니'를 가리킵니다.

alma mater [AL'(혹은 AHL')-mə MAY'-tər] 모교

matrimony : '결혼'이란 뜻입니다. 이 단어는 patrimony와 철자가 비슷하지만, money와는 아무런 관계도 없습니다. 사람들이 돈을 보고 결혼한다고 생각할 정도로 냉소적인 사람이 아니라면 그렇습니다. 언어가 발달하면서 결혼과 자식은 한통속이 됐습니다. 따라서 marriage를 뜻하는 단어가 라틴어에서 '어머니'를 뜻하는 단어에서 파생됐다고 놀랄 것은 없습니다. 물론 시대는 변했지만 영어의 성차별적인 면은 변하지 않았습니다. 명사형 접미어 -mony는 '상태state', '상황condition', '결과result'를 가리킵니다. sanctimony신성한 체함, parsimony인색 등에서도 찾아볼 수 있습니다. 형용사는 matrimonial입니다.

matrimony [MAT'-rə-mō'-nee] 결혼
matrimonial [mat'-rə-MŌ'-nee-əl] 결혼 생활의, 부부간의

matricide : '모친 살해'입니다. 형용사는 무엇일까요? ________.

matricide [MAT'-rə-sīd'] 모친 살해

murder most foul... 가장 악랄한 살인

안타깝게도 살인은 인간의 삶에서 빼놓을 수 없는 부분입니다. 따

라서 우리가 생각해낼 수 있는 온갖 유형의 살인에 해당되는 단어가 존재합니다. 그 단어들 중 몇 가지를 공부해봅시다.

suicide : '의도적인 자살'입니다. -cide에 '스스로of oneself'를 뜻하는 sui가 결합된 단어입니다. suicide는 '자살'이란 행위인 동시에, 그 행위를 완벽하게 성공적으로 해낸 사람인 '자살자'를 가리킵니다. 자살에는 '부분적으로partially'란 말은 통하지 않습니다. 일상 대화에서 suicide는 동사로도 사용됩니다. 형용사는 무엇일까요? __________.

suicide[SOO'-ə-sīd'] 자살

fratricide : '형제 살해'입니다. -cide와 '형제brother'를 뜻하는 frater, fratris가 결합된 단어입니다. 형용사는 __________ 입니다.

fratricide[FRAT'-rə-sīd'] 형제 살해

sororicide : '누이 살해'입니다. -cide에 '누이sister'를 뜻하는 soror가 결합된 단어입니다. 형용사는 무엇일까요? __________.

sororicide[sə-RAWR'-ə-sīd'] 누이 살해

homicide : '인간 살해', 즉 '살인'입니다. -cide에 '인간person'을 뜻하는 homo가 결합된 단어입니다. 법에서 homicide는 살상을 뜻하는 포괄적 용어입니다. 의도와 계획이 입증되면 그 행위는 살인murder이 되고, 그에 합당한 처벌을 받습니다. 죽일 의도가 없었다면 그 행위는 과실치사manslaughter가 되고 상대적으로 가벼운 처벌을 받습니다. 동료, 연인, 배우자가 여러분을 참을 수 없을 정도로 괴롭힌다고 해서 어느 날 아침 그의 커피에 몰래 비소를 넣었다면 여러분은 murder를 범한 것입니다. 반면에 여러분이 자동차나 자전거 혹은 휠체어 사고로 죽일 의도 없이 어떤 사람을 치었는데 그가 죽었다면 여러분은 manslaughter로 기소당합니다. 즉, 살해 의도가 없었다는 걸 입증할 수 있다면 manslaughter가 됩니다. 하지만 그걸 입증하기는 상당히 힘들기 때문에, 정당방위에 의한 살인이란 생각마저 머릿속에서 지워버리는 것이 최선입니다. 형용사는 무엇일까요? __________.

homicide[HOM-ə-sīd'] 살인

regicide : '국왕, 대통령, 정부 관리를 죽이는 행위'입니다. 부스

regicide[REJ-ə-sīd'] 국왕 살해, 시해

는 에이브러햄 링컨을 암살함으로써 regicide를 저질렀습니다. 형용사는 무엇일까요? ___________. 라틴어에서 '왕king'을 뜻하는 rex, regis에 -cide가 결합된 단어입니다.

uxoricide : '아내 살해'입니다. 라틴어로 '부인wife'을 뜻하는 uxor와 -cide가 결합된 단어입니다. 형용사는 ___________ 입니다.

uxoricide [uk-SAWR'-ə-sīd']
아내 살해

mariticide : '남편 살해'입니다. 라틴어로 '남편husband'을 뜻하는 maritus와 -cide가 결합된 단어입니다. 형용사는 무엇일까요? ___________.

mariticide [mə-RIT'-ə-sīd']
남편 살해

infanticide : '유아 살해'를 말합니다. '아기baby'를 뜻하는 라틴어 infans, infantis에 -cide가 더해진 단어입니다. 형용사는 ___________입니다.

infanticide [in-FAN'-tə-sīd']
유아 살해

genocide : '한 종족이나 민족 전체의 살상'으로 '집단 살상'을 뜻합니다. 상대적으로 최근에 생긴 단어로, 1944년 라파엘 렘킨이란 유엔 관리가 히틀러의 명령으로 자행된 유대인, 폴란드인 등의 '대량 살육'을 뜻하려고 만들어냈습니다. 그리스어에서 '인종race', '종류kind'를 뜻하는 genos에 -cide가 더해진 단어입니다. 형용사는 무엇일까요? ___________.

genocide [JEN'-ə-sīd']
집단 학살

parricide : '부모 중 한쪽 혹은 둘 모두를 살해한 행위', 즉 '존속 살해'란 뜻입니다. 형용사를 써보세요. ___________. 1890년 리지 보든은 parricide의 혐의로 기소돼 재판을 받았지만 유죄판결을 받지 않았습니다. 다음은 당시 어린 여자아이들이 줄넘기를 하면서 불렀다는 노래의 일부입니다.

parricide [PAIR'-ə-sīd']
존속 살해

Lizzie Borden took an ax 리지 보든이 도끼를 집어들고
And gave her mother forty whacks— 엄마를 마흔 번이나 내리쳤다네.
And when she saw what she had done, 리지는 자기가 한 짓을 알고서는
She gave her father forty-one. 아빠를 마흔한 번이나 내리쳤다네.

QUIZ

어원복습

단어의 어원적 구조를 정확히 파악하면 훨씬 효과적으로 단어를 정복할 수 있습니다. 지금까지 배운 접두어와 어근, 접미어를 복습하는 의미로 풀어보는 것이므로 따로 정답은 없습니다. 자유롭게 생각나는 단어를 써보세요.

	접두어/어근/접미어	의미	파생어
1	sykon	fig	
2	phanein	to show	
3	dia-	through	
4	vir	man(male)	
5	pater, patris	father	
6	syn-	with, together	
7	onyma	name	
8	anti	against	
9	homos	the same	
10	phone	sound	
11	-ity	명사형 접미어	
12	-ism	명사형 접미어	
13	-al	형용사형 접미어	
14	-ic	형용사형 접미어	
15	archein	to rule	
16	-cide	killing	
17	mater, matris	mother	
18	alma	soul	
19	-mony	명사형 접미어	
20	sui	of oneself	
21	frater, fratris	brother	
22	soror	sister	
23	homo	person, human	
24	rex, regis	king	
25	uxor	wife	
26	maritus	husband	
27	infans, infantis	baby	
28	genos	race, kind	

EXERCISE
연습문제

1. 다음 단어를 정확히 발음해보세요.

1) martinetish	mahr-tə-NET´-ish	2) sycophancy	SIK´-ə-fən-see
3) sycophantic	sik´-ə-FAN´-tik	4) diaphanous	dī-AF´-ə-nəs
5) dilettanti	dil´-ə-TAN´-tee	6) dilettantism	dil-ə-TAN´-tiz-əm
7) dilettantish	dil-ə-TAN´-tish	8) tyro	TĪ´-rō
9) virtuoso	vur´-cho͞o-Ō´-sō	10) virtuosi	vur´-cho͞o-Ō´-see
11) termagant	TUR´-mə-gənt	12) harridan	HAIR´-ə-dən

2. 다음 단어를 정확히 발음해보세요.

1) chauvinism	SHŌ´-və-niz-əm	2) chauvinistic	shō-və-NIS´-tik
3) patrimony	PAT´-rə-mō-nee	4) patronymic	pat´-rə-NIM´-ik
5) synonym	SIN´-ə-nim	6) synonymous	sə-NON´-ə-məs
7) antonym	AN´-tə-nim	8) antonymous	an-TON´-ə-məs
9) homonym	HOM´-ə-nim	10) homonymous	hə-MON´-ə-məs
11) homophone	HOM´-ə-fōn	12) homophonous	hə-MOF´-ə-nəs

3. 다음 단어를 정확히 발음해보세요.

1) paternity	pə-TUR´-nə-tee	2) paternal	pə-TUR´-nəl
3) paternalism	pə-TUR´-nə-liz-əm	4) paternalistic	pə-turn´-ə-LIS´-tik
5) patriarch	PAY´-tree-ahrk´	6) patriarchal	pay´-tree-AHR´-kəl
7) patriarchy	PAY´-tree-ahr´-kee	8) patricide	PAT´-rə-sīd´
9) patricidal	pat´-rə-SĪ´-dəl		

4. 다음 단어를 정확히 발음해보세요.

1) matriarch	MAY´-tree-ahrk´	2) matriarchy	MAY´-tree-ahr´-kee
3) matriarchal	may´-tree-AHR´-kəl	4) maternity	mə-TUR´-nə-tee
5) maternal	mə-TURN´-əl	6) matron	MAY´-trən
7) matronly	MAY´-trən-lee	8) alma mater	AL´(혹은 AHL´)-mə MAY´-tər
9) matrimony	MAT´-rə-mō-nee	10) matrimonial	mat-rə-MŌ´-nee-əl
11) matricide	MAT´-rə-sīd´	12) matricidal	mat-rə-SĪ´-dəl

5. 다음 단어를 정확히 발음해보세요.

1) **suicide**	SŌŌ′-ə-sīd′	2) **suicidal**	sōō-ə-SĪ′-dəl
3) **fratricide**	FRAT′-rə-sīd′	4) **fratricidal**	frat-rə-SĪ′-dəl
5) **sororicide**	sə-RAWR′-ə-sīd′	6) **sororicidal**	sə-rawr′-ə-SĪ′-dəl
7) **homicide**	HOM′-ə-sīd′	8) **homicidal**	hom′-ə-SĪ′-dəl
9) **regicide**	REJ′-ə-sīd′	10) **regicidal**	rej′-ə-SĪ′-dəl

6. 다음 단어를 정확히 발음해보세요.

1) **uxoricide**	uk-SAWR′-ə-sīd′	2) **uxoricidal**	uk-sawr′-ə-SĪ′-dəl
3) **mariticide**	mə-RIT′-ə-sīd′	4) **mariticidal**	mə-rit′-ə-SĪ′-dəl
5) **infanticide**	in-FAN′-tə-sīd′	6) **infanticidal**	in-fan′-tə-SĪ′-dəl
7) **genocide**	JEN′-ə-sīd	8) **genocidal**	jen′-ə-SĪ′-dəl
9) **parricide**	PAIR′-ə-sīd′	10) **parricidal**	pair′-ə-SĪ′-dəl

7. 다음 단어와 연관되는 내용을 보기에서 고르세요.

보기

a. murder of one's father
b. excessive patriotism
c. murder of one's ruler
d. inheritance from one's father
e. murder of one's sister
f. murder of one's brother
g. murder of a person
h. toadying
i. murder of one's mother
j. dabbling

1) **sycophancy** ____________
2) **dilettantism** ____________
3) **chauvinism** ____________
4) **patrimony** ____________
5) **patricide** ____________
6) **matricide** ____________
7) **fratricide** ____________
8) **sororicide** ____________
9) **homicide** ____________
10) **regicide** ____________

8. 다음 단어와 연관되는 내용을 보기에서 고르세요.

보기

a. marriage
b. killing of one's child
c. fatherhood
d. mother-ruler
e. killing of one's wife
f. older woman
g. one's school or college
h. motherhood
i. old man in governing position
j. killing of whole groups of people

1) **uxoricide** ____________
2) **infanticide** ____________
3) **genocide** ____________
4) **matrimony** ____________
5) **matriarch** ____________
6) **maternity** ____________
7) **matron** ____________
8) **alma mater** ____________
9) **paternity** ____________
10) **patriarch** ____________

9. 다음 단어와 연관되는 내용을 보기에서 고르세요.

보기

a. catering to people of power or position
b. name from father
c. dabblers
d. an accomplished musician
e. filmy, gauzy
f. blatantly overpatriotic
g. loud-mouthed woman
h. a beginner
i. killing of either or both parents

1) **parricide** ____________
2) **patronymic** ____________
3) **chauvinistic** ____________
4) **sycophantic** ____________
5) **diaphanous** ____________
6) **dilettanti** ____________
7) **tyro** ____________
8) **virtuoso** ____________
9) **termagant** ____________

10. 다음 단어와 연관되는 내용을 보기에서 고르세요.

보기

a. system in which those in power have a father-child relationship with subordinates
b. like a strict disciplinarian
c. self-killing
d. fatherly
e. referring to or like, those who "play at" an art
f. words that sound alike but are spelled differently and have unrelated meanings
g. words of similar meaning
h. referring to, or like, an older woman
i. husband-killing
j. words of opposite meaning

1) **synonyms** ____________
2) **antonyms** ____________
3) **homonyms** ____________
4) **paternalism** ____________
5) **suicide** ____________
6) **mariticide** ____________
7) **martinetish** ____________
8) **dilettantish** ____________
9) **paternal** ____________
10) **matronly** ____________

11. 다음 단어와 연관되는 내용을 보기에서 고르세요.

보기

a. motherly
b. similar in meaning
c. referring to a system in which older men are in power
d. the same in sound but not in spelling or meaning
e. likely to kill; referring to the killing of a person
f. referring to a system in which older women are in power
g. virago
h. opposite in meaning
i. referring to marriage
j. words that sound the same

1) **harridan** ____________
2) **homophones** ____________

3) maternal ______________

4) matrimonial ______________

5) synonymous ______________

6) antonymous ______________

7) homonymous ______________

8) patriarchal ______________

9) matriarchal ______________

10) homicidal ______________

12. 다음 질문을 읽고 YES/NO로 대답하세요.

1) Does a *sycophantic* attitude show sincere admiration? YES / NO

2) Is a *diaphanous* gown revealing? YES / NO

3) Does *dilettantism* show firmness and tenacity? YES / NO

4) Is a *tyro* particularly skillful? YES / NO

5) Is a violin *virtuoso* an accomplished musician? YES / NO

6) Is a *termagant* a pleasant person? YES / NO

7) Does *chauvinism* show modesty? YES / NO

8) Does a substantial *patrimony* obviate financial insecurity? YES / NO

9) If you know a person's *patronymic* can you deduce his father's name? YES / NO

10) Is a *patriarch* a male? YES / NO

11) Does a *matriarch* have a good deal of power? YES / NO

12) Does *fratricide* mean murder of one's sister? YES / NO

13) Did the assassin of Abraham Lincoln commit *regicide*? YES / NO

14) Do dictators and tyrants sometimes commit *genocide*? YES / NO

15) Are an *uxoricidal* husband and his *mariticidal* wife likely to have a peaceful and affectionate marriage? YES / NO

13. 다음을 보고 생각나는 단어를 쓰세요.

1) father-killing (n)

P______________

2) wife-killing (n)

U______________

3) mature woman

M______________

4) toadying to people of influence (adj)

S______________

5) skilled musician

V______________

6) exaggerated patriotism

C______________

7) turbulent female

T ______________, H ______________, V ______________

8) name derived from father's name

P ______________

9) powerful father figure in a ruling position

P ______________

10) powerful mother figure in a ruling position

M ______________

11) motherly

M ______________

12) motherhood

M ______________

13) marriage

M ______________

14) one's school or college

A ______________

15) attitude of catering to wealth or prestige ⓝ

S ______________

16) killing of a race or nation

G ______________

17) dabbling in the fine arts ⓝ

D ______________

18) a beginner in a field

T ______________

19) plural of virtuoso (Italian form)

V ______________

20) having an attitude of excessive patriotism (adj)

C ______________

21) inheritance from father

P ______________

22) sheer, transparent

D ______________

23) mother-killing ⓝ

M ______________

24) brother-killing ⓝ

F ______________

25) sister-killing ⓝ

S ______________

26) killing of a human being

H ______________

27) killing of one's ruler

R ______________

28) killing of a baby

I ______________

29) killing of one's husband

M ______________

30) killing of either parent or of both parents

P ______________

14. 다음을 보고 생각나는 단어를 쓰세요.

1) words of similar meaning

S ______________ s

2) words of opposite meaning

A ______________ s

3) words of the same sound

H ______________ s, H ______________ s

4) fatherly

P ______________

5) protective and fatherly toward one's subordinates (adj)

P ______________

6) older woman

M ______________

7) self-destructive

S ______________

8) meaning the same (adj)

S ______________

9) having opposite meanings (adj)

A ______________

10) sounding the same but spelled differently (adj)

H ______________, H ______________

LESSON 3

ORIGIN
어원탐구

brothers and sisters, wives and husbands 형제와 자매, 부인과 남편

frater는 '형제brother'란 뜻이고, soror는 '자매sister'란 뜻입니다. uxor는 '아내wife', maritus는 '남편husband'을 의미합니다. 이 어근들에서 많은 단어가 파생됐습니다.

fraternize : 어원적으로 '……와 형제 관계를 맺다'라는 뜻입니다. Members of the faculty often fraternized after school hours수업이 끝난 후 교수들은 종종 우정을 나누었다라는 예문에서 보듯이, 이 동사는 성별에 구애받지 않고 사람들 간의 친교를 뜻하기도 합니다. 게다가 조직 내에서 부하 직원, 혹은 이른바 열등한 사람과 사회적 관계를 맺는다는 뜻으로도 흔히 쓰입니다. 예를 들면 The president of the college was reluctant to fraternize with faculty members, preferring to keep all her contacts with them on an exclusively professional basis학장은 교수들과 '친분을 나누는 것'을 꺼려하고, 전적으로 직무 차원에서만 그들과 만나려고 한다, The artist enjoyed fraternizing with thieves, drug addicts, prostitutes, and pimps, partly out of social perversity,

fraternize[FRAT'-ər-nīz']
……와 형제 관계를 맺다

partly to find interesting faces to put in his paintings 그 화가는 도둑, 마약 중독자, 창녀, 뚜쟁이 들과 '우정을 나누는 것'을 좋아했다. 그들이 사회적으로 타락한 존재이기 때문이기도 했지만, 그림에 담을 만한 흥미로운 얼굴을 찾기 위한 것이기도 했다 등과 같이 쓰입니다. fraternize에는 제2차 세계대전 동안 새로운 의미가 추가됐습니다. 점령군들이 정복한 나라의 여자들과 성관계를 맺자, Military personnel were strictly forbidden to fraternize with the enemy군 요원들이 적과 '성관계를 맺는 것'을 엄격히 금지했다라는 표현이 등장했습니다. 이 이상 에둘러 말할 수 있을까요? fraternize의 명사형은 무엇일까요? ___________.

fraternal : '형제의'라는 뜻입니다. '이란성 쌍둥이non-identical twins'를 뜻하기도 합니다.

fraternal [frə-TUR'-nəl] 형제의

fraternity : '고등학교나 대학교에서 남자들로 이루어진 동아리'를 뜻하고, Gamma · Delta · Epsilon 등 그리스 문자로 모임의 이름을 붙이는 경우가 적지 않습니다. medical fraternity의사 동우회, financial fraternity금융인 동우회처럼 '비슷한 이해관계나 직업을 지닌 사람들의 모임'을 뜻하기도 합니다.

fraternity [frə-TUR'-nə-tee] (미국 대학의) 남학생 사교 클럽, 형제애

sorority : '고등학교나 대학교에서 여자들로 이루어진 동아리'를 뜻하고, 역시 주로 그리스 문자로 이름을 붙였습니다. '여성들의 사교 클럽'을 뜻하기도 합니다.

sorority [sə-RAWR'-ə-tee] (미국 대학의) 여학생 사교 클럽

uxorious : 과도하게, 부인의 비위를 맞추고, 부인을 사랑하고 숭배하며, 터무니 없는 요구까지 들어주는 남자를 가리키는 형용사로 '애처가의'로 번역됩니다. uxorious는 henpecked와는 다릅니다. henpecked husband는 약하고 부인을 무서워하기 때문에 억눌려 사는 '공처가'인 반면에, uxorious husband는 '애처가'입니다. 부인은 남편의 uxoriousness아내 사랑를 재밌게 혹은 골칫거리로 생각할지도 모릅니다. 좋은 것도 지나치면 달갑지 않을 수 있으니까요!

uxorious [uk-SAWR'-ee-əs] 애처가의

uxoriousness [uk-SAWR'-ee-əs-nəs] 아내 사랑

uxorial: '아내에 관한', '아내다운', '아내에 어울리는'이란 뜻입니

uxorial [uk-SAWR'-ee-əl] 아내에 관한, 아내의

다. uxorial duties아내의 의무, uxorial privileges아내의 특권, uxorial attitudes아내다운 마음가짐처럼 사용됩니다.

marital : 어원적으로 '남편에 관한', '남편다운'이란 뜻이지만, 그 의미가 변해서 '남편과 아내의 부부 관계'를 가리킵니다. 따라서 marital duties부부 간의 의무, marital obligations부부 간의 책무, marital privileges부부의 특혜, marital arguments부부 싸움로 쓰입니다. 따라서 extramarital는 '혼외의outside the marriage'라는 뜻으로, extramarital affair는 배우자가 아닌 사람과 부적절한 성관계를 맺는 사건, '혼외정사', '불륜'이 됩니다. 라틴어 접두어 pre-는 '미리before'라는 뜻으로 premarital은 결혼 전에 일어난 사건을 가리키며, premarital sex혼전 성교, 재산 분할에 대한 premarital agreement혼전 계약 등에서 쓰입니다.

marital [MAIR'-ə-təl] 결혼(부부 생활)의
extramarital [ek'-strə-MAIR'-ə-təl] 혼외(婚外)의

∞ of cabbages and kings (without the cabbage) '캐비지와 왕'에 대하여

rex, regis는 라틴어에서 '왕king'을 뜻하는 단어입니다. Tyrannosaurus rex티라노사우루스 렉스는 공룡의 왕, 즉 가장 큰 공룡이었습니다. 개들에게도 Rex란 이름을 종종 붙입니다. regal은 '왕의', '왕다운'이란 뜻입니다. 따라서 regal bearing or manner, regal mansion, regal reception 등에서 보듯이 regal은 '장엄한', '위엄 있는', '전제적인', '호화로운' 등의 의미도 갖습니다. 명사는 regality입니다.

regalia는 복수형 명사로 과거에는 '왕권의 표장이나 휘장 및 복장'을 가리켰습니다. 요즘에는 '중후한 예복', 더 일반적으로는 '어떤 계급이나 직책, 관직, 사교 단체 등의 휘장이나 제복'을 뜻하며, The Shriners were dressed in full regalia슈라이너 회원들은 완전한 정장을 갖추어 입었다, The five-star general appeared in full regalia 5성 장군은 완전한 제복 차림으로 나타났다처럼 쓰입니다.

regal [REE'-gəl] 왕의, 장엄한
regality [rə-GAL'-ə-tee] 왕권, 왕위
regalia [rə-GAYL'-yə] 왕권의 상징물들, 휘장, 예복

"madness"of all sorts 온갖 '광기'들

monomaniac은 특정한 하나의 것에 비정상적으로 집착하지만, 그 외의 것에서는 정상입니다. mono는 그리스어로 '하나one'란 뜻입니다. monomania는 그 자체로 '집착obsession'이고 '편집증obsessiveness'입니다. 형용사는 monomaniacal입니다. monomaniacal은 다른 광기mania의 형용사와 마찬가지로 발음하기 까다롭습니다. 따라서 더듬대지 않고 올바로 발음하려면 충실히 연습해야 합니다.

심리학은 여러 비정상적인 상태들을 구분하지만 모두 강박관념에서 비롯된 것이므로, 관련된 단어들이 '광기madness'를 뜻하는 그리스어 mania에서 파생됐습니다.

monomaniac
[mon′-ə-MAY′-nee-ak] 편집광
monomania
[mon'-ə-MAY'-nee-ə]
집착, 편집증
monomaniacal
[mon'-ə-mə-NĪ'-ə-kəl]
편집광적인

dipsomania : 알코올 음료를 계속 마시려는 병적인 충동인 '발작성 음주벽', '알코올 중독'입니다. 그리스어에서 dipsa는 '갈증thirst'이란 뜻입니다. 따라서 dipsomaniac은 '1,000잔도 충분하지 않을 정도로 술을 지나치게 많이 마시는 사람', 즉 '음주광'을 의미합니다. 최근의 조사에 따르면, dipsomania, 즉 '알코올 중독'의 원인이 반드시 불안이나 좌절감은 아닙니다. 신진대사나 생리적인 장애가 알코올 중독의 원인일 수도 있습니다. 형용사는 dipsomaniacal입니다.

dipsomania
[dip'-sə-MAY'-nee-ə] 알콜 중독
dipsomaniac
[dip′-sə-MAY′-nee-ak]
알코올 중독자
dipsomaniacal
[dip'-sə-mə-NĪ'-ə-kəl]
알코올 중독의

kleptomania : 뭔가를 훔치고 싶은 병적인 충동, '병적인 도벽'입니다. 경제적인 이유가 아니라, 남의 물건을 취하고 싶은 충동을 이겨내지 못하기 때문입니다. 그리스어로 '도둑thief'이란 뜻의 klepte에서 나온 kleptomaniac은 부자일 수도 있지만, 강박관념에 사로잡혀 뭔가를 훔치는 '도벽광'입니다. 심리학자들이 아직도 논쟁을 벌이는 이유 중 하나가 kleptomaniac은 남자보다 여자가 많다는 것 때문입니다. 가장 친한 친구의 하찮은 장신구를 슬쩍하고, 식당에서 싸구려 재떨이나 소금통을 훔칩니다. 그 물건이 필요하거나 그 물건을 갖

kleptomania
[klep'-tə-MAY'-nee-ə] 병적 도벽
kleptomaniac
[klep′-tə-MAY′-nee-ak] 도벽광

고 싶어서 훔치는 것이 아닙니다. 훔치고 싶은 충동을 억누르지 못하기 때문입니다. 집에 돌아와서 그 물건을 다른 전리품들이 들어 있는 서랍에 던져넣고는 다시 거들떠보지도 않습니다. 이 단어의 형용사를 써보세요. ____________.

pyromania : 불을 지르고 싶은 병적인 충동, '방화벽'입니다. pyromania를 incendiarism과 혼동해서는 안 됩니다. incendiarism은 다른 사람의 재산을 악의적이고 의도적으로 불지르는 '방화' 행위이지, 불꽃을 보면서 뜨거운 열기와 연기의 짜릿한 기분을 즐기려는 충동적 욕구가 아닙니다. pyromaniac이 의용 소방대에 가입해서, 자신이 방화를 저지른 후 그 불을 용감하게 진압하는 경우도 있습니다. incendiary방화범는 반사회적이어서, 주로 복수심에 불을 지릅니다. 둘 모두 위험하기는 마찬가지여서 일상 대화에서는 방화범, 방화광firebug이라 불립니다. 경제적 이득을 얻을 목적에서 다른 사람이나 자신의 재산에 불을 지르는 행위는 arson이며, 중대한 범죄입니다. pyromaniac은 전율감을 즐기려고 불을 지르고, incendiary는 복수하려고 불을 지르지만, arsonist는 돈을 노리고 불을 지릅니다. pyromania는 '불fire'을 뜻하는 그리스어 pyros에서, incendiarism은 '불을 지르다to set fire'를 뜻하는 라틴어 incendo, incensus에서, arson은 '불태우다to burn'를 뜻하는 라틴어 ardo, arsus에서 파생된 단어들입니다. pyromaniac의 형용사를 써보세요. ____________.

pyromania [pī'-rə-MAY'-nee-ə] 방화벽
incendiarism [in-SEN'-dee-ə-riz-əm] 악의적인 방화
incendiary [in-SEN'-dee-air-ee] 방화범
arson [AHR'-sən] 방화
arsonist [AHR'-sə-nist] 방화범

megalomania : 권력, 중요한 위치, 신성함 등을 향한 병적인 과대망상입니다. 정부의 수반들을 megalomania라고 비난하는 유머는 무척 흔합니다. 1940년대에 유행하던 오래된 농담 하나를 소개하겠습니다.

megalomania [meg'-ə-lə-MAY'-nee-ə] 과대망상증, 과도한 권력욕
megalomaniac [meg'-ə-lə-MAY'-nee-ak] 과대망상증 환자

Churchill, Roosevelt, and Stalin were talking about their dreams.
Churchill : I dreamed last night that God had made me

Prime Minister of the whole world.
Roosevelt : I dreamed that God had made me President of the whole world.
Stalin : How could you gentlemen have such dreams? I didn't dream of offering you those positions!

처칠과 루스벨트와 스탈린이 각자의 꿈에 대해 얘기하고 있었습니다.

처칠: 어젯밤 꿈을 꾸었는데 하느님이 나를 세계의 수상에 임명했습니다.

루스벨트: 나는 하느님이 나를 전 세계의 대통령으로 임명하는 꿈을 꾸었습니다.

스탈린: 두 분이 어떻게 그런 꿈을 꾸었단 말인가요? 나는 두 분에게 그런 자리를 주는 꿈을 꾸지 않았는데!

히틀러와 나폴레옹과 알렉산더 대왕은 megalomaniac이라 불렸습니다. 셋 모두 무적이란 망상에 사로잡힌 게 확실했습니다. megalomaniac의 형용사를 쓰고 발음해봅시다. ________.

megalomania는 그리스어에서 '큰large', '굉장한big', '위대한great'을 뜻하는 megas와 mania가 결합된 단어입니다. 목소리를 더 크게 들리게 하기 위해서 입을 대고 말하는 기구를 뜻하는 단어는 무엇일까요? ____________.

nymphomania : 성관계를 끝없이 하고 싶은 여자의 병적이고 억제할 수 없는 강렬한 욕구, 성욕이상항진증입니다. 그리스어에서 '신부bride'를 뜻하는 nymphe에 mania가 더해진 단어입니다. 이런 욕구에 시달리는 사람은 무엇이라고 하나요? ____________. 형용사는 무엇인가요? ____________.

nymphomania
[nim'-fə-MAY'-nee-ə] 색정증

satyromania : 남자가 똑같이 병적으로 끝없이 시달리는 성적인 욕구를 가리킵니다. 그리스어에서 '호색가satyr'를 뜻하는 satyros에 mania가 더해진 단어입니다. 이런 욕구에 시달리는 사람은 무엇이라고 하나요? __________. 형용사는 무엇일까요? ____________. satyr는 그리스 신화에서 호색하기로 악명 높은 신이었습니다. 뿔과 뾰족한 귀가 달렸고, 다리는 염소 다리였습니다. 나머지 부분은 인간의 형상이었습니다. satyromania는 satyriasis라 불리기도 합니다.

satyromania
[sə-teer'-ə-MAY'-nee-ə] (병적으로 성적 욕구를 느끼는) 호색가

satyr [SAY'-tər] (그리스 신화에서 호색하기로 악명 높은 신)사티로스

satyriasis
[sat'-ə-RĪ'-ə-sis] (남자의) 음란증

and now phobias 이번에는 공포증에 대하여

maniac에 대해서는 이쯤에서 끝내도록 하겠습니다. 동전에는 양면이 있는 법! 성격장애가 어떤 사물이나 행위절도, 불, 권력, 섹스 등에 병적으로 끌리는 원인인 것처럼, 정서적 질환은 어떤 상태나 사물 및 상황을 병적으로 격렬하게 배척하는 원인이 될 수 있습니다. 예컨대 고양이, 개, 불, 숫자 13, 뱀, 천둥이나 번개, 특정 색 등을 특별한 근거도 없이 무서워하는 사람들이 있습니다. 희귀한 공포증에 대해서는 공포증 사전p.524을 참고하세요. 이런 '병적인 두려움이나 공포'를 심리학에서는 phobia라 합니다. 가장 흔한 세 가지 공포증을 잠시 살펴봅시다.

phobia[FŌ'-bee-ə] 공포증

claustrophobia : 물리적으로 포위된 상태, 밀폐된 공간, 군중 등에 대한 병적인 두려움, 즉 '폐소공포증'입니다. 라틴어에서 '밀폐된 공간enclosed place'을 뜻하는 claustrum과 그리스어에서 '병적인 두려움morbid dread'을 뜻하는 phobia가 결합된 단어입니다. 이런 사람을 claustrophobe라고 합니다. 형용사는 claustrophobic입니다.

claustrophobia [klaw'-strə-FŌ'-bee-ə] 폐소공포증
claustrophobe [KLAW'-strə-fōb'] 폐소공포증 환자
claustrophobic [klaw'-strə-FŌ'-bik] 폐소공포증을 앓는

agoraphobia : 열린 공간에 대한 병적인 두려움으로 claustrophobia와는 정반대입니다. agoraphobia에 시달리는 사람은 가능하면 집에서 꼼짝하지 않으려 하고, 널찍한 들판이나 큰 공공건물, 공항 터미널 등과 같은 곳에서는 두려움에 사로잡힙니다. 그리스어에서 '장터market place'를 뜻하는 agora에 phobia가 더해진 단어입니다. 이런 사람은 무엇이라고 할까요? ____________. 형용사를 추측해보세요. ____________.

agoraphobia [ag'-ə-rə-FŌ'-bee-ə] 광장공포증

acrophobia : 높은 곳에 대한 병적인 두려움, '고소공포증'입니다. 이런 두려움에 시달리는 사람들은 사다리나 나무에 올라가지 못하고, 가구 위에 서 있지도 못합니다. 그들은 건물 지붕에 올라가지도 않고, 높은 층에서 창밖을 내다보지도 않습니다. 그리스어에

acrophobia [ak'-rə-FŌ'-bee-ə] 고소공포증

서 '가장 높은highest'을 뜻하는 akros에 phobia가 더해진 단어입니다. 이런 사람은 무엇이라고 할까요? ____________________.

형용사를 써보세요. ____________.

QUIZ

어원복습

단어의 어원적 구조를 정확히 파악하면 훨씬 효과적으로 단어를 정복할 수 있습니다. 지금까지 배운 접두어와 어근, 접미어를 복습하는 의미로 풀어보는 것이므로 따로 정답은 없습니다. 자유롭게 생각나는 단어를 써보세요.

	접두어/어근/접미어	의미	파생어
1	frater, fratris	brother	
2	soror	sister	
3	uxor	wife	
4	maritus	husband	
5	rex, regis	king	
6	mania	madness	
7	monos	one	
8	-ac	one who 명사형 접미어	
9	-al	형용사형 접미어	
10	dipsa	thirst	
11	klepte	thief	
12	pyros	fire	
13	incendo, incensus	to set fire	
14	ardo, arsus	to burn	
15	mega	great, large, big	
16	phone	sound	
17	satyros	satyr	
18	nymphe	bride	
19	claustrum	enclosed place	
20	agora	market place	
21	akros	highest	
22	-ic	형용사형 접미어	
23	phobia	morbid dread	
24	pre-	before	
25	extra-	outside	

EXERCISE
연습문제

1. 다음 단어를 정확히 발음해보세요.

1) **fraternize**	FRAT´-ər-nīz´	2) **fraternization**	fart´-ər-nə-ZAY´-shən
3) **fraternal**	frə-TUR´-nəl	4) **fraternity**	frə-TUR´-nə-tee
5) **sorority**	sə-RAWR´-ə-tee	6) **uxorious**	uk-SAWR´-ee-əs
7) **uxorial**	uk-SAWR´-ee-əl	8) **marital**	MAIR´-ə-təl
9) **extramarital**	ek´-strə-MAIR´-ə-təl	10) **premarital**	pree-MAIR´-ə-təl
11) **regal**	REE´-gəl	12) **regality**	rə-GAL´-ə-tee
13) **regalia**	rə-GAYL´-yə		

2. 다음 단어와 연관되는 내용을 보기에서 고르세요.

보기

a. pertaining to, characteristic of, or befitting, a wife
b. outside the marriage
c. kingly, royal; splendid, stately, magnificent, etc.
d. referring to marriage
e. before marriage
f. socialize
g. excessively indulgent to, or doting on, one's wife
h. brotherly
i. badges, insignia, dress, etc. of rank or office
j. sisterhood

1) **fraternize** ________	2) **fraternal** ________
3) **sorority** ________	4) **uxorious** ________
5) **uxorial** ________	6) **marital** ________
7) **extramarital** ________	8) **premarital** ________
9) **regal** ________	10) **regalia** ________

3. 다음 단어를 정확히 발음해보세요.

1) **monomania**	mon´-ə-MAY´-nee-ə	2) **monomaniac**	mon´-ə-MAY´-nee-ak
3) **monomaniacal**	mon´-ə-mə-NĪ´-ə-kəl	4) **dipsomania**	dip´-sə-MAY´-nee-ə
5) **dipsomaniac**	dip´-sə-MAY´-nee-ak	6) **dipsomaniacal**	dip´-sə-mə-NĪ´-ə-kəl
7) **kleptomania**	klep´-tə-MAY´-nee-ə	8) **kleptomaniac**	klep´-tə-MAY´-nee-ak
9) **kleptomaniacal**	klep´-tə-mə-NĪ´-ə-kəl	10) **pyromania**	pī´-rə-MAY´-nee-ə
11) **pyromaniac**	pī´-rə-MAY´-nee-ak	12) **pyromaniacal**	pī´-rə-mə-NĪ´-ə-kəl

4. 다음 단어와 연관되는 내용을 보기에서 고르세요.

보기

a. obsession for alcohol
b. obsession for setting fires
c. obsession in one area
d. obsession for thievery

1) monomania ______________ 2) dipsomania ______________
3) kleptomania ______________ 4) pyromania ______________

5. 다음 단어를 정확히 발음해보세요.

1) **incendiarism**	in-SEN´-dee-ə-riz-əm	2) **incendiary**	in-SEN´-dee-air-ee
3) **arson**	AHR´-sən	4) **arsonist**	AHR´-sə-nist
5) **megalomania**	meg´-ə-lə-MAY´-nee-ə	6) **megalomaniac**	meg´-ə-lə-MAY´-nee-ak
7) **megalomaniacal**	meg´-ə-lə-mə-NĪ´-ə-kəl	8) **nymphomania**	nim´-fə-MAY´-nee-ə
9) **nymphomaniac**	nim´-fə-MAY´-nee-ak	10) **nymphomaniacal**	nim´-fə-mə-NĪ´-ə-kəl
11) **satyromania**	sə-teer´-ə-MAY´-nee-ə	12) **satyromaniacal**	sə-teer´-ə-mə-NĪ´-ə-kəl
13) **satyriasis**	sat´-ə-RĪ´-ə-sis		

6. 다음 단어를 정확히 발음해보세요.

1) **claustrophobia**	klaw´-strə-FŌ´-bee-ə	2) **claustrophobe**	KLAW´-strə-fōb´
3) **claustrophobic**	klaw´-strə-FŌ´-bik	4) **agoraphobia**	ag´-ə-rə-FŌ´-bee-ə
5) **agoraphobe**	AG´-ə-rə-fōb´	6) **agoraphobic**	ag´-ə-rə-FŌ´-bik
7) **acrophobia**	ak´-rə-FŌ´-bee-ə	8) **acrophobe**	AK´-rə-fōb´
9) **acrophobic**	ak´-rə-FŌ´-bik		

7. 다음 단어와 연관되는 내용을 보기에서 고르세요.

보기

a. delusions of grandeur
b. compulsive sexual needs on the part of a male
c. morbid dread of open spaces
d. morbid dread of enclosed places
e. malicious setting of fires, as for revenge, etc.
f. morbid dread of heights
g. compulsive sexual needs on the part of a female
h. felony of setting fire for economic gain

1) incendiarism ______________ 2) arson ______________
3) megalomania ______________ 4) nymphomania ______________
5) satyromania ______________ 6) claustrophobia ______________
7) agoraphobia ______________ 8) acrophobia ______________

8. 다음 단어와 연관되는 내용을 보기에서 고르세요.

보기

a. one who has delusions of greatness or power
b. male compulsion for sexual intercourse
c. one who fears shut-in or crowded places
d. one who sets fires out of malice
e. one who fears heights
f. one who fears large or open spaces
g. one who sets fires for economic and illegal profit
h. woman with compulsive, incessant sexual desire

1) **incendiary** ______________
2) **arsonist** ______________
3) **megalomaniac** ______________
4) **nymphomaniac** ______________
5) **satyriasis** ______________
6) **claustrophobe** ______________
7) **agoraphobe** ______________
8) **acrophobe** ______________

9. 다음 질문을 읽고 YES/NO로 대답하세요.

1) Is a *sorority* a men's organization? YES / NO
2) Is an *uxorious* husband likely to be psychologically dependent on his wife? YES / NO
3) Are *extramarital* affairs adulterous? YES / NO
4) Do VIPs often receive *regal* treatment? YES / NO
5) Is an admiral of the fleet in *regalia* informally dressed? YES / NO
6) Do *monomaniacal* people have varied interests? YES / NO
7) Can a *dipsomaniac* safely indulge in social drinking? YES / NO
8) Do people of *pyromaniacal* tendencies fear fire? YES / NO
9) Is *incendiarism* an uncontrollable impulse? YES / NO
10) Does an *arsonist* expect a reward for his actions? YES / NO
11) Is it necessary to seduce a *nymphomaniac*? YES / NO
12) Do *megalomaniacs* have low opinions of themselves? YES / NO
13) Is a *satyromaniac* lecherous? YES / NO
14) Are *satyriasis* and *asceticism* compatible condition? YES / NO
15) Does a *claustrophobe* enjoy cramped quarters? YES / NO
16) Would an *agoraphobe* be comfortable in a small cell-like room? YES / NO
17) Does an *acrophobe* enjoy mountain-climbing? YES / NO

10. 다음을 보고 생각나는 단어를 쓰세요.

1) to socialize

F ______________

2) excessively indulgent to, and doting on, one's wife

U ______________

3) full dress, with ribbons, insignia, badges of office, etc.

R ______________

4) obsessed in one area or with one overriding interest (adj)

M ______________

5) having a compulsion to set fires (adj)

P ______________

6) having a psychological compulsion to steal (adj)

K ______________

7) person who sets fires for revenge

I ______________

8) felony of putting the torch to property for economic profit

A ______________

9) obsessive need for sexual gratification by a male

S ______________, S ______________

10) morbidly dreading enclosed or cramped places (adj)

C ______________

11) morbidly dreading heights (adj)

A ______________

12) morbidly dreading wide-open spaces (adj)

A ______________

13) having delusions of grandeur or power (adj)

M ______________

14) referring to a female who obsessively needs sexual gratification (adj)

N ______________

15) alcoholism

D ______________

16) stealing for thrills or out of psychological compulsion (adj)

K ______________

17) brotherly

F ______________

18) characteristic of, or befitting, a wife

U ______________

19) referring to, characteristic of, or involved in, the matrimonial relationship

M ______________

20) kingly; royal; splendid; etc.

R ______________

21) outside the marriage (adj)

E ______________

22) before marriage (adj)

P ______________

LESSON 4

ORIGIN

어원탐구

no reverence 존경심이 없다

iconoclast는 관습과 전통을 비웃고, 사람들이 소중하게 여기는 믿음과 전통 및 일반적인 사고방식을 속임수라고 무시하려 합니다. 멘켄은 1920년대의 위대한 iconoclast였고, 『캔디색의 탄제린-유선형의 괴상한 아기The Kandy-Kolored Tangerine-Flake Streamline Baby』라는 수필집을 쓴 톰 울프는 1960년대의 iconoclast였습니다. 혼란스럽고 반항적인 시기인 사춘기adolescence에는 iconoclasm이 정상으로 여겨집니다. 실제로 어느 정도 iconoclastic하지 않은 청년들은 미성숙하거나 부적응자로 여겨질 수 있습니다. 이 단어는 '종교적 형상religious image'을 뜻하는 eikon과 '깨다to break'라는 뜻의 klaein이 결합된 단어입니다. iconoclasm는 종교에만 국한하여 사용하지는 않습니다.

iconoclasm
[ī-KON'-ə-klaz'-əm]
인습 타파, 우상파괴주의

iconoclastic
[ī-kon'-ə-KLAST'-ik]
인습 타파주의적인

is there a God? 신은 존재하는가?

atheist는 그리스어의 부정 접두어 a-와 '신God'을 뜻하는 theos가 결합된 단어입니다. atheism과 agnosticism을 혼동해서는 안 됩니다. agnosticism은 신을 알 수 없는 존재라고 주장하는 철

atheism
[AY'-thee-iz-əm] 무신론

agnosticism
[ag-NOS'-tə-siz-əm] 불가지론

agnostic
[ag-NOS'-tik] 불가지론자

학입니다. 신이 존재할 수도 있고 존재하지 않을 수도 있으며, 인간은 신에 대해 궁극적인 결론에 결코 도달할 수 없다고 주장하는 철학, 즉 불가지론입니다. agnostic은 신성의 존재를 부인하지 않는다는 점에서 atheist와 다릅니다. agnostic은 신의 존재를 어떤 방법으로도 입증할 수 없다고 주장할 뿐입니다.

how to know 어떻게 알 것인가

형용사로도 사용되는 agnostic은 그리스어에서 '깨달은known'을 뜻하는 어근 gnostos에 부정 접두어 a-가 붙은 단어입니다. agnostic은 구체적인 현상 이외에는 어떤 것도 실제로 알 수 없는 것이라고 주장합니다.

diagnosis
[dī-əg-NŌ'-sis] 진단
prognosis
[prog-NŌ'-sis] 예언, 예상, 예후

diagnosis는 그리스어에서 '앎knowledge'을 뜻하는 합성어근 gnosis에 '통과하여through'란 뜻의 dia-가 결합된 단어로, '조사나 시험을 통하여 앎', 즉 '진단'이란 의미입니다. 한편 prognosis는 어원적으로 '미리 앎'이란 뜻이므로, 일반적으로 '예언'을 뜻하지만, 질병의 치료 과정에 대한 '예후'란 뜻으로 좁게 쓰이기도 합니다. 그리스어에서 '미리before'를 뜻하는 접두어 pro-와 gnosis가 결합된 단어입니다.

예컨대 의사를 찾아가 "diagnosis은 어떻습니까?"라고 묻습니다. "당뇨입니다." 그럼 여러분은 "prognosis가 어떻게 되지요?"라고 묻습니다. "인슐린을 복용하고 식이요법을 지키면 완전히 좋아질 겁니다." 의사의 prognosis는 질병을 치료한 뒤의 변화나 추세를 예측합니다. 의사는 과거의 유사한 사례를 통해 어떤 변화가 있을지 미리 알고 있습니다.

diagnose
[dī'-əg-NŌS'] 진단하다
prognosticate
[prog-NOS'-tə-kayt'] 예언하다

diagnosis의 동사형은 diagnose이고, prognosis의 동사형은 prognosticate입니다. prognosticate를 정확히 사용하기 위해서는 징후나 상황을 고려해서 그 이후의 전개 과정을 예측한다는 의미가 포함돼야 합니다. 몸이나 정신, 정치나 경제, 심리 등 어떤 문제든 마찬가지입니다.

학교를 다닐 때 diagnostic test진단 평가를 치렀던 것을 기억할 것입니다. 학기 동안에 배우기로 한 내용을 측정하려는 시험이 아니라, 어떤 분야에 대한 일반적 지식 수준을 측정해서 선생님이 어떤 개선책을 취해야 하는가를 판단하기 위한 시험이었습니다. 의사들이 처방할 약이나 치료법을 결정하기 위해 diagnosis에 의존하는 것과 다를 바가 없습니다.

diagnostic
[dī'-əg-NOS'-tik] 진단의

독서 지도 센터에서는 다양한 diagnostic한 장치와 시험을 사용해서, 지도 학생의 독서에서 무엇이 잘못됐고 독서 효율성을 향상시키기 위해 어떤 대책이 필요한지 지도자들이 판단합니다.

diagnosis를 전문으로 하는 의사는 diagnostician이라고 합니다. prognosticate의 명사는 prognostication입니다.

diagnostician
[dī'-əg-nos-TISH'-ən]
진단 전문의

prognostication
[prog-nos'-tə-KAY'-shən] 예언

getting back to God 다시 신으로 돌아가자

'신God'을 뜻하는 theos는 다음과 같은 단어들의 어근으로도 쓰였습니다.

monotheism : 하나의 신만을 믿는 '일신론'입니다. '하나'를 뜻하는 monos와 '신'을 뜻하는 theos가 결합된 단어입니다. atheism, atheist, atheistic을 본보기로 활용해서 '하나의 신만을 믿는 사람'을 뜻하는 단어를 써보세요. ____________. 형용사는 무엇일까요? ____________.

monotheism
[MON'-ə-thee-iz-əm] 일신론

polytheism : 고대 그리스나 로마에서처럼 많은 신을 믿는 '다신론'입니다. '많은many'을 뜻하는 polys와 theos가 결합된 단어입니다. 이런 믿음을 지닌 사람은 무엇이라고 하나요? ____________. 형용사는 무엇일까요? ____________.

polytheism
[POL'-ee-thee-iz-əm] 다신론

pantheism : 신은 인간의 형상을 하지 않고 우주의 모든 힘이 결집된 존재라고 믿는 '범신론'입니다. '모두all'를 뜻하는 pan과 theos가 결합된 단어입니다. 이렇게 믿는 사람은 무엇이라고 할까

pantheism
[PAN'-thee-iz-əm] 범신론

요? ______________. 형용사는 무엇일까요? _________.

theology : 신과 종교에 대해 연구하는 '신학'을 가리킵니다. theos와 '학문'을 뜻하는 logos가 결합된 단어입니다. 이를 연구하는 학자는 theologian이고, 형용사는 theological입니다.

theology
[thee-OL'-ə-jee] 신학
theologian
[thee'-ə-LŌ'-jən] 신학자
theological
[thee'-ə-LOJ'-ə-kəl] 신학의

of sex and the tongue 섹스와 혀에 대하여

lecher는 lechery, 즉 '음란한 행위'를 합니다. 고대 프랑스에서 '핥다to lick'를 뜻하는 lechier에서 유래했습니다. 형용사 lecherous에는 비슷한 뜻, 혹은 그다지 비슷하지 않은 뜻을 지닌 동의어가 많고 대부분이 l로 시작된다는 점이 눈에 띕니다. l은 감각의 중심점이라 여겨지는 혀로 형성되는 음입니다.

lechery [LECH'-ər-ee]
음란(한 행위), 호색

lecherous [LECH'-ə-rəs]
호색의, 색을 밝히는

libidinous : '쾌락pleasure'을 뜻하는 libido에서 파생된 단어로 '음란한'이란 뜻입니다.

libidinous
[lə-BID'-ə-nəs] 호색의

lascivious : '음란함wantonness'을 뜻하는 lascivia에서 파생되었습니다. '음탕한', '선정적인'을 의미합니다.

lascivious
[lə-SIV'-ee-əs] 음탕한

lubricious : '미끄러운slippery'를 뜻하는 lubricus에서 파생됐고, lubricate기름칠하다와 같은 어근입니다. 뜻은 '음란한', '호색한'이고, 명사는 lubricity입니다.

lubricious
[lōō-BRISH'-əs] 음란한
lubricity
[lōō-BRIS'-ə-tee] 음란

licentious : '허락됨to be permitted'을 뜻하는 licere에서 파생됐고 '부도덕한', '방탕한'이라는 의미입니다. 같은 어근에서 어원적으로 '허락'을 뜻하는 license면허, 또 어원적으로 '허락되지 않은'을 뜻하는 illicit위법의가 파생됐습니다.

licentious
[lī-SEN'-shəs] 방탕한, 부도덕한

lewd : 앞의 네 단어는 라틴어에서 파생됐지만 lewd는 앵글로색슨어에서 '비열한vile'을 뜻하는 lewed에서 파생됐습니다.

lewd
[LŌŌD] 외설적인, 선정적인

lustful : '쾌락', '욕망'을 뜻하는 앵글로색슨어에서 파생됐고 '탐욕스런', '음탕한'이란 뜻이며, 명사는 lust입니다.

lustful
[LUST'-fəl] 탐욕스런, 음탕한
lust [LUST] 성욕

libidinous, lascivious, lubricious, licentious, lewd, lecherous, lustful은 모두 성적 욕망과 성행위를 가리키는 형용

사입니다. 이 일곱 단어에는 모두 경멸적인 뜻이 담겨 있습니다. 모든 형용사가 명사형 접미어 -ness를 덧붙여 명사를 만듭니다. lubricity와 lust는 두 형용사의 또 다른 명사일 뿐입니다.

of sex and the itch 섹스와 견디기 힘든 욕망에 대하여

prurient는 라틴어에서 '못견디게 바라다to itch', '갈망하다to long for'를 뜻하는 prurio에서 파생됐고, 성적인 호기심, 열망, 갈망에 시달리는 사람을 가리키며, '호색의', '병적으로 갈망하는'이란 뜻입니다. 명사는 무엇일까요? ___________.

prurient [PROOR'-ee-ənt] 호색의, 병적으로 갈망하는

pruritis는 같은 어근에서 파생됐고, 피부가 무척 가렵지만very itchy 발진이나 부스럼이 없는 의학적 상태로 '가려움증'이라 합니다. 물론 긁고 싶어 견딜 수 없어 마구 긁는다면 발진 같은 것이 나타나겠죠. 형용사는 pruritic입니다.

pruritis [proor-Ī-tis] 가려움증, 피부염
pruritic [proor-IT'-ik] 가려움증의, 가려움증을 일으키는

under and over 아래와 위

hypochondria는 그리스어 어근인 '아래under'를 뜻하는 hypos와 '가슴뼈breastbone'를 뜻하는 chondros가 결합된 단어입니다. 가슴뼈 아래에 배가 있다는 사실을 알 때까지는 이런 조합이 억지스럽게 느껴질 수 있습니다. 고대 그리스인들은 자신의 건강에 대한 병적인 불안이 배에서 비롯된다고 믿었습니다. hypochondriac은 자신의 건강을 끊임없이 부정적으로 걱정하는 사람입니다. hypochondriac은 형용사로도 사용됩니다. 이보다 더 흔히 사용되는 형용사는 hypochondriacal입니다.

hypochondria [hī-pə-KON'-dree-ə] 건강염려증
hypochondriacal [hī'-pə-kən-DRĪ'-ə-kəl] 건강염려증 환자의

'아래'를 뜻하는 hypos는 알아두면 무척 유익한 어근입니다. hypodermic needle피하주사 바늘은 피부의 '아래'로 들어가고, hypothyroid person갑상선 기능부전증인 사람은 갑상선이 제대로 기능하지 못하는 사람이며, hypotension은 비정상적으로 낮은 혈압, 즉 '저혈압'을 뜻합니다.

hypotension [hī'-pō-TEN'-shən] 저혈압

반면에 hyper는 그리스어에서 '위over'를 뜻하는 어근입니다. hypercritical person은 집요하게 결함을 찾아내어 '지나치게 비판하는' 사람이고, hyperthyroidism은 갑상선이 지나치게 일하는 '갑상선기능항진'입니다. hypertension은 '고혈압'이란 뜻입니다. 이쯤이면 hyperacidity, hyperactive, hypersensitive의 뜻을 쉽게 짐작할 수 있을 것입니다.

hypotension과 hypertension의 형용사형은 각각 hypotensive와 hypertensive입니다.

hypertension
[hī´-pər-TEN´-shən] 고혈압

hypotensive
[hī´-pō-TEN´-siv]
저혈압의, 저혈압인 사람

hypertensive
[hī´-pər-TEN´-siv]
고혈압의, 고혈압인 사람

QUIZ

어원복습

단어의 어원적 구조를 정확히 파악하면 훨씬 효과적으로 단어를 정복할 수 있습니다. 지금까지 배운 접두어와 어근, 접미어를 복습하는 의미로 풀어보는 것이므로 따로 정답은 없습니다. 자유롭게 생각나는 단어를 써보세요.

	접두어/어근/접미어	의미	파생어
1	eikon	religious image	
2	klaein	to break	
3	a-	부정 접두어	
4	theos	God	
5	gnostos	known	
6	-ism	명사형 접미어	
7	-ic	형용사형 접미어	
8	gnosis	knowledge	
9	dia-	through	
10	pro-	before	
11	-ate	동사형 접미어	
12	-ion	-ate로 끝나는 동사의 명사형 접미어	
13	-ician	one who; expert	
14	monos	one	
15	polys	many	
16	pan	all	
17	logos	science, study	
18	-al	형용사형 접미어	
19	prurio	to itch, to long for	
20	hypos	under	
21	hyper	over	
22	-ive	형용사형 접미어	

EXERCISE
연습문제

1. 다음 단어를 정확히 발음해보세요.

1) iconoclasm	ī-KON′-ə-klaz-əm	2) iconoclastic	ī-kon′-ə-KLAS′-tik
3) atheism	AY′-thee-iz-əm	4) atheistic	ay′-thee-IS′-tik
5) agnostic	ag-NOS′-tik	6) agnosticism	ag-NOS′-tə-siz-əm
7) diagnosis	dī′-əg-NŌ′-sis	8) diagnose	DĪ′-əg-nōs′
9) diagnostic	dī′-əg-NOS′-tik	10) diagnostician	dī′-əg-nos-TISH′-ən
11) prognosis	prog-NŌ′-sis	12) prognostic	prog-NOS′-tik
13) prognosticate	prog-NOS′-tə-kayt′	14) prognostication	prog-nos′-tə-KAY′-shən

2. 다음 단어를 정확히 발음해보세요.

1) monotheism	MON′-ə-thee-iz-əm	2) monotheist	MON′-ə-thee′-ist
3) monotheistic	mon′-ə-thee-IS′-tik	4) polytheism	POL′-ee-thee-iz-əm
5) polytheist	POL′-ee-thee′-ist	6) polytheistic	pol′-ee-thee-IS′-tik
7) pantheism	PAN′-thee-iz-əm	8) pantheist	PAN′-thee-ist
9) pantheistic	pan′-thee-IS′-tik	10) theology	thee-OL′-ə-jee
11) theologian	thee′-ə-LŌ′-jən	12) theological	thee′-ə-LOJ′-ə-kəl

3. 다음 단어를 정확히 발음해보세요.

1) lechery	LECH′-ər-ee	2) lecherous	LECH′-ər-əs
3) libidinous	lə-BID′-ə-nəs	4) lascivious	lə-SIV′-ee-əs
5) lubricious	lo͞o-BRISH′-əs	6) lubricity	lo͞o-BRIS′-ə-tee
7) licentious	lī-SEN′-shəs	8) lewd	LO͞OD
9) lustful	LUST′-fəl	10) lust	LUST

4. 다음 단어를 정확히 발음해보세요.

1) prurient	PRO͝OR′-ee-ənt	2) prurience	PRO͝OR′-ee-əns
3) pruritis	pro͝or-Ī′-tis	4) pruritic	pro͝or-IT′-ik
5) hypochondria	hī-pə-KON′-dree-ə	6) hypochondriacal	hī′-pə-kən-DRĪ′-ə-kəl
7) hypotension	hī′-pō-TEN′-shən	8) hypertension	hī′-pər-TEN′-shən
9) hypotensive	hī′-pō-TEN′-siv	10) hypertensive	hī′-pər-TEN′-siv

5. 다음 단어와 연관되는 내용을 보기에서 고르세요.

보기

a. lack of seriousness in an art or profession
b. harridan, shrew
c. excessive patriotism
d. name from father
e. venerable and influential old man
f. beginner
g. brilliant performer
h. bootlicking
i. inheritance from father
j. strict disciplinarian

1) **martinet** ______
2) **sycophancy** ______
3) **dilettantism** ______
4) **tyro** ______
5) **virtuoso** ______
6) **termagant** ______
7) **chauvinism** ______
8) **patrimony** ______
9) **patronymic** ______
10) **patriarch** ______

6. 다음 단어와 연관되는 내용을 보기에서 고르세요.

보기

a. mother-killing
b. tending to fixate obsessively on one thing
c. wife-killing
d. father-killing
e. tending to set fires
f. alcoholic
g. wife-doting
h. school or college from which one has graduated
i. tending to delusions of grandeur
j. brother-killing

1) **patricide** ______
2) **alma mater** ______
3) **matricide** ______
4) **fratricide** ______
5) **uxoricide** ______
6) **uxorious** ______
7) **monomaniacal** ______
8) **pyromaniacal** ______
9) **megalomaniacal** ______
10) **dipsomaniacal** ______

7. 다음 단어와 연관되는 내용을 보기에서 고르세요.

보기

a. disbelief in God
b. belief in many gods
c. lewd
d. belief that God is nature
e. morbid anxiety about health
f. belief in one God
g. study of religion
h. obsessive thievery
i. abnormal male sexual needs
j. skepticism about God

1) **kleptomania** ______
2) **libidinous** ______
3) **atheism** ______
4) **agnosticism** ______
5) **polytheism** ______
6) **monotheism** ______
7) **theology** ______
8) **pantheism** ______
9) **satyriasis** ______
10) **hypochondria** ______

8. 다음 단어와 연관되는 내용을 보기에서 고르세요.

보기

a. high blood pressure
b. malicious fire-setting
c. abnormally low blood pressure
d. fire-setting for illegal gain
e. to forecast (probable developments)
f. a determination through examination or testing of the nature, type, causes, etc. of a condition
g. one who claims that ultimate reality is unknowable
h. sexually immoral
i. a foretelling of probable developments
j. a scoffing at tradition

1) **hypotension** ____________
2) **lascivious** ____________
3) **hypertension** ____________
4) **agnostic** ____________
5) **incendiarism** ____________
6) **arson** ____________
7) **iconoclasm** ____________
8) **prognosticate** ____________
9) **diagnosis** ____________
10) **prognosis** ____________

9. 다음 단어와 연관되는 내용을 보기에서 고르세요.

보기

a. abnormal need for sexual intercourse by a male
b. fear of enclosed places
c. student of religion
d. sexual longing or curiosity
e. fear of heights
f. fear of open spaces
g. having, or referring to, abnormally low blood pressure
h. itching
i. having, or referring to, high blood pressure
j. sexually immoral; lewd
k. beset by anxieties about one's health

1) **prurience** ____________
2) **satyromania** ____________
3) **agoraphobia** ____________
4) **claustrophobia** ____________
5) **acrophobia** ____________
6) **theologian** ____________
7) **lubricious** ____________
8) **hypochondriacal** ____________
9) **hypotensive** ____________
10) **hypertensive** ____________
11) **pruritis** ____________

10. 다음을 보고 생각나는 단어를 쓰세요. 광기와 공포증 manias and phobias

1) single fixed obsession

M ____________

2) irresistible compulsion to set fires

P ____________

3) unceasing desire, on the part of a woman, for sexual intercourse

N ____________

4) obsessive desire to steal

K ______________

5) delusions of grandeur

M ______________

6) alcoholism

D ______________

7) compulsion for sexual intercourse by a male

S ______________, S ______________

8) dread of heights

A ______________

9) dread of open spaces

A ______________

10) dread of cramped quarters

C ______________

11. '성적으로 비도덕적인, 욕망하는' 이라는 뜻으로 쓰이는 L로 시작하는 7개의 형용사를 쓰고, '성적인 호기심을 보이는, 갈망하는'을 뜻하고 P로 시작하는 형용사 하나를 쓰세요.

1) L ______________ 2) L ______________

3) L ______________ 4) L ______________

5) L ______________ 6) L ______________

7) L ______________ 8) P ______________

12. 다음을 보고 생각나는 단어를 쓰세요. 신 God

1) study of religion

T ______________

2) belief that God is the sum total of natural forces

P ______________

3) belief that there is no God

A ______________

4) belief that God's existence is unknowable

A ______________

5) belief in one God

M ______________

6) belief in many gods

P ______________

13. 다음을 보고 생각나는 단어를 쓰세요.

1) morbid anxiety about one's health H

2) high blood pressure H

3) malicious fire-setting I

4) the felony of setting fire for economic gain A

5) sneering contempt for convention or tradition I

6) a forecast of development(of a disease, etc.) P

7) designed to discover causes or conditions adj D

8) abnormally low blood pressure H

9) to forecast (probable future developments) by examining present conditions P

10) to determine the nature of a disease, condition, or state by examination D

11) the act of forecasting (probable future development) by examining present conditions P

12) doctor who is an expert at recognizing the nature of a disease or condition D

13) possessed of, or referring to, high blood pressure H

14) possessed of, or referring to, abnormally low blood pressure H

15) one who studies religion T

REVIEW

챕터복습

1. 다음 정의에 맞는 단어를 고르세요.

1) Disciplinarian
ⓐ martinet ⓑ virago ⓒ dilettante

2) Bootlicker
ⓐ chauvinist ⓑ sycophant ⓒ lecher

3) Scoffer at tradition
ⓐ monomaniac ⓑ hypochondriac ⓒ iconoclast

4) Disbeliever in God
ⓐ agnostic ⓑ atheist ⓒ chauvinist

5) Accomplished musician
ⓐ tyro ⓑ dilettante ⓒ virtuoso

6) Sheer, flimsy
ⓐ diaphanous ⓑ uxorious ⓒ paternal

7) Abusive woman
ⓐ termagant ⓑ virtuoso ⓒ matriarch

8) Murder of one's wife
ⓐ genocide ⓑ uxoricide ⓒ sororicide

9) Old man in ruling position
ⓐ matriarch ⓑ patricide ⓒ patriarch

10) Morbid compulsion to steal
ⓐ dipsomania ⓑ nymphomania ⓒ kleptomania

11) Delusions of grandeur
ⓐ megalomania ⓑ egomania ⓒ pyromania

12) Lewd, lustful
ⓐ prurient ⓑ agnostic ⓒ hypochondriac

13) Belief in many gods
ⓐ polytheism ⓑ monotheism ⓒ agnosticism

14) Setting fire for economic gain
ⓐ pyromania ⓑ incendiarism ⓒ arson

15) Morbid fear of heights
ⓐ agoraphobia ⓑ acrophobia ⓒ claustrophobia

16) High blood pressure
ⓐ hypotension ⓑ hypertension ⓒ hypochondria

17) Abnormal need for sexual intercourse by a male
ⓐ lechery ⓑ lubricity ⓒ satyriasis

2. 다음 어근에 맞는 의미를 쓰세요.

	어근	의미	파생어
1)	sykon		sycophant
2)	phanein		diaphanous
3)	vir		virago
4)	pater, patris		paternal
5)	onyma		synonym
6)	homos		homonym
7)	phone		homophone
8)	archein		matriarchy
9)	mater, matris		maternity
10)	alma		alma mater
11)	sui		suicide
12)	caedo(-cide)		parricide
13)	frater, fratris		fraternity
14)	soror		sorority
15)	homo		homicide
16)	rex, regis		regal
17)	uxor		uxorious
18)	maritus		marticide
19)	infans, infantis		infanticide
20)	genos		genocide
21)	mania		egomania
22)	monos		monomania
23)	dipsa		dipsomania
24)	klepte		kleptomania
25)	pyros		pyromania
26)	incendo, incensus		incendiarism
27)	ardo, arsus		arson
28)	mega		megalomaniac
29)	satyros		satyriasis
30)	nymphe		nymphomaniac
31)	claustrum		claustrophobia

32)	agora		agoraphobia
33)	akros		acrophobia
34)	phobia		zoophobia
35)	eikon		iconoclastic
36)	klaein		iconoclasm
37)	theos		monotheism
38)	gnostos		agnostic
39)	gnosis		prognosis
40)	polys		polytheism
41)	pan		pantheism
42)	logos		theology
43)	prurio		pruritis
44)	hypos		hypotension
45)	hyper		hypertension

QUESTION

어원심화

1. patronymic이 아버지의 이름에서 파생된 이름을 뜻한다면 어머니의 이름에서 파생된 이름을 뜻하는 단어는 무엇일까요?

____

2. '불을 지르다'라는 뜻인 incendo, incensus는 형용사 incendiary, 명사 incense, 동사 incense의 어근입니다.

a) incendiary한 발언이나 연설은 무슨 뜻일까요?

____

b) 사람들이 incense를 사용하는 이유는 무엇이고, 그것을 incense라 칭하는 이유는 무엇일까요?

____

____

c) 어떤 사람이 여러분을 incenses하게 한다면, 즉 여러분이 incensed한 기분이라면, 그 어근에서 파생된 동사의 뜻은 무엇일까요?

____

3. '불태우다'라는 뜻의 ardo, arsus는 ardent와 ardor의 어근입니다. 이 어근을 근거로 다음 두 단어의 뜻을 설명해보세요.

a) ardent : ______________________

b) ardor : ______________________

4. 소리를 더 크게 들리게 하기 위해서 어떤 기구를 사용하나요? '큰'과 '소리'를 뜻하는 어근을 이용해서 그 단어를 생각해보세요.

____

5. metropolis는 그리스어에서 '어머니'를 뜻하는 meter와 '도시, 국가'를 뜻하는 polis가 결합된 단어로, 어원적으로 '어머니 도시mother city'를 뜻합니다. '과대망상'을 뜻하는 megalomania를 이용해서 '큰 도시'를 뜻하는 단어를 생각해보세요.

____

6. '도시, 국가'를 뜻하는 polis는 도시나 국가를 지키는 제복을 입은 사람들을 뜻하는 단어의 어근이기도 합니다. 그에 해당되는 영어 단어는 무엇일까요?

같은 어근을 이용해서 도시나 국가를 지배하는 기술을 의미하는 단어는 무엇인지 생각해보세요.

7. a) bibliokleptomaniac의 뜻은 무엇일까요?

b) 여자를 훔치고 싶은 병적인 충동에 시달리는 사람을 뜻하는 단어를 만들어보세요.

c) 어린아이를 훔치고 싶은 병적인 충동에 시달리는 사람을 뜻하는 단어는 무엇일까요? 라틴어가 아니라 그리스어에서 '어린아이'를 뜻하는 어근을 이용하세요.

d) 수컷을 훔치고 싶은 병적인 충동에 시달리는 사람을 뜻하며 그리스어 어근을 이용한 단어는 무엇일까요?

e) 사람을 훔치고 싶은 병적인 충동에 시달리는 사람을 뜻하며 그리스어 어근을 이용한 단어는 무엇일까요?

8. a) 가장 높은 곳에 오르려는 강박관념을 지닌 사람을 뜻하는 단어를 만들어보세요.

b) 장터, 즉 널찍한 곳에 있으려는 강박관념에 시달리는 사람을 무엇이라고 하나요?

c) 밀폐된 공간에 있으려는 강박관념을 지닌 사람은 무엇이라고 하나요?

9. a) 절도를 병적으로 무서워하는 사람을 뜻하는 단어를 만들어보세요.

b) 불을 병적으로 두려워하는 사람은 무엇이라고 하나요?

c) 여자를 병적으로 두려워하는 사람은 무엇이라고 하나요?

____

d) 수컷을 병적으로 두려워하는 사람은 무엇이라고 하나요?

____

e) 사람을 병적으로 두려워하는 사람은 무엇이라고 하나요?

____

10. 지금까지 배운 어근을 바탕으로 gnosiology의 뜻을 짐작해보세요.

____

11. Wolfgang Amadeus Theophilus Gottlieb Mozart볼프강 아마데우스 테오필루스 고티브 모차르트는 18세기의 유명한 오스트리아 작곡가였습니다. Theophilus에 어떤 어근이 쓰였는지 알아낼 수 있나요? 다른 두 중간 이름은 Theophilus와 어떻게 유사한가요?

____

12. 어근 phanein을 바탕으로 cellophane의 뜻을 정의해보세요.

____

13. a) 어근 hypos를 근거로 hypoglycemia의 뜻을 정의해 보세요.

____

b) hypoglycemia와 반대되는 뜻의 단어를 써보세요.

____

14. Pantheon, pandemonium, panorama에서는 '모두'라는 뜻을 지닌 pan이 쓰였습니다. 세 단어의 뜻을 짐작해보세요.

a) Pantheon : ______________________

b) pandemonium : ______________________

c) panorama : ______________________

15. monarchy에 쓰인 어근들을 근거로 이 단어의 뜻을 정의해보세요.

____

ADVICE

어휘력 향상에 유익한 잡지들

칼슘을 보충할 때는 비타민 D가 풍부한 식이요법을 병행해야 합니다. 비타민 D가 칼슘의 흡수를 가능하게 해주기 때문입니다. 많은 새로운 단어를 습득해 어휘력을 향상시키려 할 때도 이해하고 기억하는 데 도움을 주는 비타민을 복용해야 합니다. 그것은 독서입니다. 이 책에서 우리가 지금껏 다루었던 단어들이 책과 잡지에 담겨 있습니다. 단어들이 책이나 잡지에서 어떻게 쓰이고 있는가를 보지 않고 무작정 새로운 단어를 배운다면 절반의 학습이며 결국 여러분은 단어들을 점점 잊어갈 가능성이 큽니다. 어휘력을 증강하는 동시에 독서량을 증가시키면 두 배로 확실하게 어휘력을 향상시킬 수 있습니다.

우리가 지금까지 다룬 단어들과 어근들을 확실히 습득했다면, 독서를 할 때마다 새로운 단어들이 눈에 띌 것입니다. 책이나 잡지에서 그런 단어들이 사용된 맥락을 볼 때마다 여러분은 그 단어를 더 확실히 이해하고, 직접 사용하는 수준을 향해 큰 걸음을 뗀 것입니다.

잡지로는 다음과 같은 잡지들을 추천하고 싶습니다. 이 잡지들을 통해 여러분은 지금 배우는 새로운 단어들을 눈여겨보게 되고, 기억에 뚜렷이 각인시킬 수 있을 것입니다.

- Harper's Magazine
- Time
- Psychology Today
- Signs
- Human Nature
- Atlantic Monthly
- Newsweek
- Ms.
- National Geographic
- Scientific American
- The New Yorker
- Esquire
- Mother Jones
- Smithsonian
- Natural History

이 잡지들은 영민하고 언어적으로 세련된 교양 있는 독자들을 위한 읽을거리입니다. 이 책에서 공부한 단어들의 대부분을 이 잡지들에서 틀림없이 확인할 수 있을 것입니다. 또한 여러분의 어휘력에 덧붙이고 싶은 다른 소중한 많은 단어도 만나게 될 것이며, 그 단어들의 어원론적 구조를 파악한다면 뜻을 어렵지 않게 짐작할 수 있을 것입니다.

쉬어가기 7

SOME INTERESTING DERIVATIONS

흥미진진한 말의 유래

인명에서 유래한 단어들

블루머스

Bloomers

엘리자베스 스미스 밀러 부인이 1849년 고안한 옷으로, 유명한 여성인권 옹호자였던 '아멜리아 J. 블루머Amelia J. Bloomer'에게 실제 모형을 보여주었습니다. 아멜리아는 고상하면서도 간편한 옷에 매료돼 곧바로 후원하고 나섰습니다. 당시 그 옷은 발목까지 내려왔습니다.

보이코트

Boycott

'찰스 C. 보이코트Charles C. Boycott'는 아일랜드 농부들에게 높은 소작료를 걷는 영국의 토지관리인이었습니다. 이에 대한 항의로 아일랜드 농부들은 그를 따돌렸고, 그가 마을에서 물건을 구입하거나 농작물을 수확하려고 일꾼을 고용하는 것까지 막았습니다.

마르셀식 미용법

Marcel

'마르셀 그라토Marcel Grateau'는 솜씨가 뛰어난 파리의 미용사였습니다. 그는 1875년 유행한 버튼 컬을 개량해 마르셀식 웨이브를 창안해냈고 그로 인해 많은 돈을 벌었습니다.

실루엣

Silhouette

프랑스 대혁명 직전에 프랑스의 재무장관을 지낸 '에티엔 드 실루엣Etienne de Silhouette'은 '단순한' 삶을 주장했습니다. 따라서 남는 돈이 사치스런 삶에 쓰이지 않고 국고로 들어올 수 있었습니다. 이와 관련시켜 생각해보면 얼굴의 윤곽은 '가장 단순한' 형태의 초상화입니다.

데릭

Derrick

'데릭Derrick'이라는 이름으로만 알려진 17세기 영국의 교수형 집행인은 당시 가장 악명높은 범죄자들을 기중기 비슷한 것으로 끌어올려 죽였습니다.

새디스트
Sadist
18세기 프랑스의 사드 백작은 친구들과 정부情婦들을 괴롭히는 데서 가장 큰 즐거움을 느꼈기 때문에 그의 이름에서 '가학성 변태 성욕자'란 뜻의 sadist가 유래했습니다. 그는 작품을 통해 자신의 병적이고 피에 굶주린 듯한 잔혹성을 놀라울 정도로 솔직하게 표현해 프랑스만이 아니라 전 세계를 놀라게 했습니다.

갈바니즘
Galvanism
이탈리아의 생리학자, '루이지 갈바니Luigi Galvani'는 전기를 띤 메스가 죽은 개구리의 근육에 경련을 일으킬 수 있다는 걸 우연히 발견했습니다. 실험을 거듭한 끝에 그는 화학적으로 생성되는 전기의 원리를 알아냈습니다. 그의 이름은 galvanism직류전기요법, galvanized iron함석, galvanometer검류계 등과 같은 전문용어에도 쓰였지만, galvanized in action행동하도록 자극을 받은 등과 같은 표현으로도 사용됩니다.

구피
Guppy
1868년 트리니다드의 과학 협회 회장, '레크미어 구피R. J. Lechmere Guppy'가 조그만 열대어 표본을 대영박물관에 보냈습니다. 그 이후로 그 종의 열대어는 구피라고 불립니다.

니코틴
Nicotine
400년 전 프랑스의 대사였던 '장 니코Jean Nicot'가 플랑드르 무역상에게 담배 씨앗을 약간 샀습니다. 그 식물을 유럽에 성공적으로 보급시키는 데 노력한 공로로 니코는 자신의 이름을 언어에 남겨 지금까지 기억됩니다.

지명에서 유래한 단어들

프랑스 베이용
Bayonne, France
소총의 총구 끝에 꼭 맞는 단검처럼 생긴 무기가 처음 제작됐을 때 'bayonet총검'로 불렸습니다.

이탈리아 칸탈루포
Cantalupo, Italy
맛있는 멜론이 유럽에서 처음 재배된 곳이어서 'cantaloupe칸탈루프 멜론'라는 이름이 붙었습니다.

인도 캘리컷
Calicut, India
'calicot무늬를 날염한 무명천, 사라사'라고 불리는 무명천을 처음 수입한 도시입니다.

뉴욕 턱시도 공원
Tuxedo Park, New York
부자들만이 회원제로 모이는 사교 클럽에서 남자들은 꼬리가 없는 짤막한 야회복, 즉 'tuxedo턱시도'를 입는 게 유행이었습니다.

이집트
Egypt
울긋불긋한 옷을 입고 점을 치는 방랑자, 즉 'Gypsy집시'는 한때 이집트 출신이라고 여겨졌습니다.

시리아 다마스쿠스
Damascus, Syria
정교한 무늬로 짜인 비단, 'damask다마스크직 비단'가 처음 만들어진 곳입니다.

중국 추팅
Tzu-t'ing, Chia
한때 복건성의 큰 항구였습니다. 마르코 폴로는 그곳을 자이툰이라 불렀고, 따라서 그곳에서 생산된 비단은 'satin공단'이라 불렸습니다.

독일 프랑크푸르트
Frankfurt, Germany
한때 이 도시의 주민들은 훈제한 쇠고기와 돼지고기 소시지를 무척 즐겼습니다. 오늘날 우리는 이런 소시지를 식료품점과 슈퍼마켓에서 'frankfurter, frank, hot dog'란 이름으로 찾습니다.

CHAPTER 9

HOW TO FLATTER YOUR FRIENDS
친구의 비위를 맞출 때

우정, 활력, 정직, 지적인 영민함, 용기, 매력 등을 뜻하는 단어들과 먹고 마시는 방법, 믿음과 불신, 관찰과 이해, 과거와 현재와 미래에 대처하는 방법, 도시와 시골에서의 삶 등에 관련된 어휘들을 공부합니다.

Preview

다음과 같은 성향을 보이는 사람을 적절히 표현하는 형용사는 무엇인가요?

- friendly and easy to get along with?
  친절해서 함께 지내기가 편한가요?
- tireless?
  지칠 줄 모르나요?
- simple, frank, aboveboard?
  단순하고 솔직하며 공명정대하나요?
- keen-minded?
  영민하고 날카롭나요?
- generous, noble, and forgiving?
  너그럽고 기품 있으며 관대한가요?
- able to do many things skillfully?
  많은 것을 능숙하게 해내나요?
- unflinching in the face of pain or disaster?
  고통이나 재난 앞에서도 움츠리지 않나요?
- brave, fearless?
  대담하고 두려움이 없나요?
- charming and witty?
  매력적이고 재치 있나요?
- smooth, polished, cultured?
  붙임성이 있고 우아하고 교양 있나요?

LESSON 1

단어는 개념만이 아니라 감정까지 표현하는 기호입니다. 어조로 감정을 전달할 수 있습니다. 어떻게 말하느냐에 따라 You're silly너는 바보다라는 말이 욕이나 비난, 혹은 사랑의 표현으로 해석됩니다. 또한 단어로도 감정을 드러낼 수 있습니다. 예컨대 childish와 childlike는 본질적으로 똑같은 특징을 나타내지만, 그 특징을 높이 평가하느냐 달갑지 않게 생각하느냐에 따라 다르게 쓰입니다.

여기에서는 진심 어린 칭찬을 표현하는 10개의 형용사가 소개됩니다. 아래에서 설명하는 유형을 생각해보고, 각 유형을 정확히 묘사하는 형용사가 무엇인지 눈여겨보기 바랍니다.

IDEA
개념정리

1 put the kettle on, Polly → convivial
폴리, 주전자를 불에 올려라 　 **쾌활한**

They are friendly, happy, extroverted, and gregarious—the sort of people who will invite you out for a drink, who like to transact business around the lunch table, who put the coffee to perking as soon as company drops in. They're sociable, genial, cordial, affable—and they like parties and all the eating and drinking that goes with them.

친절하고 다정하며 외향적이고 남과 어울리는 걸 좋아합니다. 이런 유형의 사람들은 여러분에게 함께 한잔을 하자면서 초대하고, 점심을 함께 먹으며 거래하는 걸 좋아합니다. 친구가 찾아오면 곧바로 커피를 끓입니다. 사교적이고 다정다감하며 상냥하고 싹싹합니다. 파티를 좋아하고, 파티에서도 먹고 마시는 걸 좋아합니다.

2 you can't tire them → indefatigable
누구도 그들을 지치게 할 수 없다 　 **지치지 않는**

Arnold Bennett once pointed out that we all have the same amount of time—twenty-four hours a day. Strictly speaking, that's as inconclusive an observation as Bennett ever made. It's not time that counts, but energy—and of that wonderful quality we all have very different amounts, from the persons who wake up tired, no matter how much sleep they've had, to lucky, well-adjusted mortals who hardly ever need to sleep.

Energy comes from a healthy body, of course; it also comes from a psychological balance, a lack of conflicts and insecurities.

Some people apparently have boundless, illimitable energy—they're on the go from morning to night, and often far into the night, working hard, playing hard, never tiring, never "pooped" or "bushed"—and getting twice as much done as any three other human beings.

아널드 베넷이 언젠가 지적했듯이, 우리 모두에게는 똑같은 양의 시간, 즉 하루에 24시간이 주어집니다. 엄밀하게 말해서, 이 말은 베넷의 말답지 않게 알맹이가 없습니다. 중요한 것은 시간이 아니라 활력입니다. 이 놀라운 자질의 양은 사람마다 무척 다릅니다. 아무리 잠을 많이 자도 피곤에 지쳐 잠을 깨는 사람부터, 잠을 거의 자지 않아도 괜찮은 운좋은 사람까지 아주 다양합니다.

물론 활력은 건강한 몸에서 옵니다. 또한 심리적인 균형, 즉 갈등과 불안이 없는 상태에서도 활력을 얻습니다.

무한하고 끝없는 활력을 보여주는 사람들이 있습니다. 그들은 아침부터 밤까지 끊임없이 움직이고, 때로는 한밤중까지 열심히 일하거나 열심히 놉니다. 결코 지치지 않고, 녹초가 되거나 파김치가 되어 뻗지도 않습니다. 세 사람이 해내는 일보다 두 배나 많은 일을 해냅니다.

3 no tricks, no secrets → ingenuous
속임수도 없고 비밀도 없다 **천진한**

They are pleasingly frank, utterly lacking in pretense or artificiality, in fact quite unable to hide their feelings or thoughts—and so honest and aboveboard that they can scarcely conceive of trickery, chicanery, or dissimulation in anyone. There is, then, about them the simple naturalness and unsophistication of a child.

시원시원하게 솔직하고, 허세를 부리거나 꾸미지 않습니다. 속내나 생각을 감추지 못합니다. 정직하고 공명정대해서 누구에게도 속임수나 책략을 꾸미지 않고 아무것도 감추지 않습니다. 따라서 어린아이처럼 단순하고 천진하며 순진하게 보입니다.

4 sharp as a razor → perspicacious
면도날처럼 날카로운 **명석한**

They have minds like steel traps; their insight into problems that would confuse or mystify people of less keenness or discernment is just short of amazing.

예민하고 이해력이 빠릅니다. 영민하지 못하고 판단력이 떨어지는 사람이라면 혼란스러워하고 당황할 문제를 꿰뚫어보는 통찰력이 놀라울 정도입니다.

5 no placating necessary → magnanimous
달랠 필요가 없다 **관대한**

They are most generous about forgiving a slight, an insult, an injury. Never do they harbor resentment, store up petty grudges, or waste energy or thought on means of revenge or retaliation. How could they? They're much too big-hearted.

무척 너그러워서 모욕이나 창피, 부당한 취급을 당해도 용서합니다. 원한을 품지 않고, 사소한 불만을 쌓아두지 않습니다. 복수나 보복할 방법에 대한 생각으로 정력을 낭비하지도 않습니다. 어떻게 그럴 수 있을까요? 한없이 통이 큰 사람들입니다.

6 one-person orchestras → versatile
1인 교향악단 **다재다능한**

The range of their aptitudes is truly formidable. If they are writers, they have professional facility in poetry, fiction, biography, criticism, essays—you just mention it and they've done it, and very competently. If they are musicians, they can play the oboe, the bassoon, the French horn, the bass viol, the piano, the celesta, the xylophone, even the clavichord if you can dig one up. If they are artists, they use oils, water colors, gouache, charcoal, pen and ink—they can do anything! Or maybe the range of their abilities cuts across all fields, as in the case of Michelangelo, who was an expert sculptor, painter, poet, architect, and inventor. In case you're thinking "Jack of all trades. . .," you're wrong—they're masters of all trades.

그 능력의 범위는 정말 경이롭습니다. 작가라면 시, 소설과 전기, 비평과 수필 등에서 전문가에 버금가는 솜씨를 보여줍니다. 뭐든 제시만 하면 그들은 아주 능란하게 해냅니다. 또 연주자라면 오보에와 바순, 프렌치 호른, 콘트라베이스, 피아노와 첼레스타, 실로폰, 게다가 클라비코드까지 연주할 수 있습니다. 화가라면 유화와 수채화, 구아슈화(불투명한 수채화 물감으로 그리는 방법), 목탄화, 펜화 등 어떤 그림이든 그려냅니다. 혹은 뛰어난 조각가와 화가였고, 시인, 건축가와 발명가로도 활약한 미켈란젤로의 경우처럼 그들의 능력 범위가 온갖 분야를 망라하기도 합니다. 이런 사람들을 두고 "팔방미인……"이라고 생각한다면 잘못된 생각입니다. 그들은 모든 분야의 '대가'입니다.

7 no grumbling → **stoical**
투덜거리지 않는다 **초연한**

They bear their troubles bravely, never ask for sympathy, never yield to sorrow, never wince at pain. It sounds almost superhuman, but it's true.

어떤 어려움이든 담대하게 견디며, 동정을 구하지 않습니다. 낙담하지 않고, 고통에도 움츠러들지 않습니다. 거의 초인적인 얘기로 들리지만 사실입니다.

8 no fear → **intrepid**
두려워하지 않는다 **대담무쌍한**

There is not, as the hackneyed phrase has it, a cowardly bone in their bodies. They are strangers to fear, they're audacious, dauntless, contemptuous of danger and hardship.

진부한 표현을 빌자면, 그들의 몸에는 비겁한 뼈가 없습니다. 두려움을 모릅니다. 대담하고 겁이 없으며, 위험과 곤경을 대수롭지 않게 여깁니다.

9 no dullness → **scintillating**
둔하지 않다 **재기 발랄한**

They are witty, clever, delightful; and naturally, also, they are brilliant and entertaining conversationalists.

재치가 있고 영리하며 즐거움을 줍니다. 그들과는 재밌고 흥미진진하게 얘기를 나눌 수 있습니다.

10 city slickers → **urbane**
도시 물이 든 사람 **도시적인, 세련된**

They are cultivated, poised, tactful, socially so experienced, sophisticated, and courteous that they're at home in any group, at ease under all circumstances of social intercourse. You cannot help admiring (perhaps envying) their smoothness and self-assurance, their tact and congeniality.

교양 있고 자신만만하며 재치가 넘칩니다. 사회적으로도 경험이 많고 세련되고 예절바르기 때문에 어떤 모임에서나 편하게 행동하며, 어떤 상황의 사교 모임에서도 여유롭습니다. 느긋한 태도와 자신감, 재치와 적응력에 감탄하지 않을 수 없고, 그런 면이 내심 부럽기도 합니다.

EXERCISE

연습문제

1. 다음 단어를 정확히 발음해보세요.

1) **convivial**	kən-VIV′-ee-əl	2) **indefatigable**	in′-də-FAT′-ə-gə-bəl
3) **ingenuous**	in-JEN′-yo͞o-əs	4) **perspicacious**	pur′-spə-KAY′-shəs
5) **magnanimous**	məg-NAN′-ə-məs	6) **versatile**	VUR′-sə-təl
7) **stoical**	STŌ′-ə-kəl	8) **intrepid**	in-TREP′-id
9) **scintillating**	SIN′-tə-layt-ing	10) **urbane**	ur-BAYN′

2. 다음 단어와 연관되는 내용을 보기에서 고르세요.

보기

a. frank	b. unflinching
c. noble	d. capable in many directions
e. tireless	f. fearless
g. keen-minded	h. witty
i. friendly	j. polished, sophisticated

1) **convivial** ________	2) **indefatigable** ________
3) **ingenuous** ________	4) **perspicacious** ________
5) **magnanimous** ________	6) **versatile** ________
7) **stoical** ________	8) **intrepid** ________
9) **scintillating** ________	10) **urbane** ________

3. 다음 문장을 읽고 TRUE/FALSE로 대답하세요.

1) *Convivial* people are unfriendly. TRUE / FALSE
2) Anyone who is *indefatigable* tires easily. TRUE / FALSE
3) An *ingenuous* person is artful and untrustworthy. TRUE / FALSE
4) A *perspicacious* person is hard to fool. TRUE / FALSE
5) A *magnanimous* person is easily insulted. TRUE / FALSE
6) A *versatile* person does many things well. TRUE / FALSE
7) A *stoical* person always complains of his hard lot. TRUE / FALSE
8) An *intrepid* explorer is not easily frightened. TRUE / FALSE
9) A *scintillating* speaker is interesting to listen to. TRUE / FALSE
10) Someone who is *urbane* is always making enemies. TRUE / FALSE

4. 다음 단어의 관계를 SAME/OPPOSITE로 대답하세요.

1) convivial—hostile SAME / OPPOSITE
2) indefatigable—enervated SAME / OPPOSITE
3) ingenuous—worldly SAME / OPPOSITE
4) perspicacious—obtuse SAME / OPPOSITE
5) magnanimous—petty SAME / OPPOSITE
6) versatile—well-rounded SAME / OPPOSITE
7) stoical—unemotional SAME / OPPOSITE
8) intrepid—timid SAME / OPPOSITE
9) scintillating—banal SAME / OPPOSITE
10) urbane—rural SAME / OPPOSITE

5. 다음을 보고 생각나는 단어를 쓰세요.

1) witty

S ________

2) noble, forgiving

M ________

3) capable in many fields

V ________

4) keen-minded

P ________

5) uncomplaining

S ________

6) friendly

C ________

7) poised; polished

U ________

8) courageous

I ________

9) tireless

I ________

10) simple and honest; frank

I ________

LESSON 2

ORIGIN

어원탐구

eat, drink, and be merry 먹고 마시고 즐거워하라

라틴어에서 '살다to live'를 뜻하는 동사vivo와 '삶life'을 뜻하는 명사 vita에서 파생된 영어 단어는 무척 많습니다. convivo는 '함께 살다'를 뜻하는 라틴어 동사입니다. 라틴어에서는 이 동사로부터 명사 convivium이 파생됩니다. '향연feast', '연회banquet'를 뜻하는 convivium에서 영어 convivial이 파생됐습니다. 연회와 향연에 참석하는 걸 좋아하고, 즐겁고 유쾌한 친교를 즐기고, 그런 모임을 제공하는 사람을 가리키는 형용사입니다. 접미어 -ity를 이용해서 convivial의 명사형을 쓰고 발음해보세요. __________.

convivial
[kən-VIV'-ee-əl] 명랑한

living it up 즐거이 놀며 지내다

'살다'를 뜻하는 라틴어 vivo에서 파생된 대표적인 영어 단어를 공부해봅시다.

vivacious : '삶의 기쁨으로 가득한', '활발한', '활기찬'이라는 뜻입니다. 예를 들면 vivacious personality명랑한 성격이라고 쓰입니다. 명사는 vivacity입니다. 이미 알겠지만, 형용사에 -ness를 덧

vivacious
[vī-VAY'-shəs] 명랑한, 쾌활한
vivacity
[vī-VAS'-ə-tee] 생기, 활기

붙이면 명사가 됩니다. vivacious의 또 다른 명사형을 써보세요. ______________.

vivid : '삶의 생기를 지닌', '강렬한', '선명한'을 의미합니다. vivid imagination생생한 상상, vivid color선명한 색와 같이 쓰입니다. -ness를 덧붙여 명사형을 써보세요. ______________.

vivid [VIV'-id] 삶의 생기를 지닌, 강렬한, 선명한

revive : '되살아나다'라는 뜻입니다. 1960년대에는 1920년대에 유행하던 남성복 패션이 revive됐습니다. 명사는 revival입니다.

revive [rə-VĪV'] 되살아나다
revival [rə-VĪ'-vəl] 부활, 재기

vivisection : 살아 있는 동물에 대한 수술로 '생체해부실험'을 뜻합니다. sect-는 '자르다to cut'를 뜻하는 라틴어 동사에서 나왔습니다. vivisection은 질병의 원인과 치료법을 알아내기 위해서 살아 있는 동물에 실험하는 과정입니다. vivisection을 통해서 우리는 중요한 의학적 발견을 많이 이루어냈지만 antivivisectionist동물 실험 반대자는 그런 행위를 반대합니다.

vivisection [vīv'-ə-SEK'-shən] 생체해부(실험)
antivivisectionist [an'-tee(혹은 tī)-viv'-ə-SEK'-shən-ist] 동물 실험 반대자

viviparous: '아기를 낳는', '태생胎生의'란 뜻입니다. 인간을 비롯한 대부분의 동물은 viviparous입니다. viviparous는 '알을 낳는, 난생의'란 뜻인 oviparous와 비교됩니다. 대부분의 어류와 가금 및 하등동물은 oviparous입니다. 두 형용사에서 공통으로 쓰인 어근은 '낳다to give birth'를 뜻하는 라틴어 pareo입니다. parent도 같은 어근에서 파생됐습니다. oviparous의 경우 처음 두 음절은 '알egg'을 뜻하는 라틴어 ovum에서 파생됐습니다. ovum은 '알처럼 생긴', '타원형의'를 뜻하는 oval과 ovoid의 어근이기도 합니다. ovulate는 ovary난소에서 알을 배출하다라는 뜻이므로 '배란하다'가 됩니다. 암컷의 생식세포인 ovum은 정자에 의해 수정될 때 embryo배胚로, 다시 fetus태아로 발달하고, 인간의 경우에는 280일 가량이 지나면 갓난아기로 태어납니다. ovary의 형용사는 ovarian이고, fetus의 형용사는 fetal입니다. 동사 ovulate의 명사형을 써보세요. ______________. 이 말을 들으면 놀랄 수도 있겠지만 love도 ovum에서 나왔습니다. 물론, 여러분이 머릿

viviparous [vī-VIP'-ər-əs] 살아 있는 아기를 낳는, 태생(胎生)의
oviparous [ō-VIP'-ər-əs] 알을 낳는, 난생의
ovum [Ō-vəm] 알, 난자
ovulate [Ō'-vyə-layt'] 배란하다
ovary [Ō'-və-ree] 난소
ovarian [ō-VAIR'-ee-ən] 난소의
fetus [FEE'-təs] 태아
fetal [FEE'-təl] 태아의

속에 떠올린 그런 사랑은 아닙니다. 라틴어 ovum은 프랑스어에서 oeuf알가 됐습니다. 영어의 the에 해당되는 정관사가 여기에 붙으면 l'oeufthe egg가 되며 [LOOF]로 발음됩니다. zero는 알과 비슷한 모양입니다. 따라서 테니스 경기 중 여러분이 15점을 얻고, 상대의 점수가 zero라면, 여러분은 승리감에 들떠 "Fifteen love! Let's go!15:0! 해보자!"라고 소리칩니다.

more about life 다시 삶에 대하여

라틴어에서 '삶life'을 뜻하는 vita에서 다음과 같은 단어들이 파생됐습니다.

vital : '생명에 반드시 필요한', '무척 중요한'이라는 뜻입니다. vital matter중대한 문제와 같이 쓰입니다. 또한 '활기 있는', '힘찬', '팔팔한'이라는 의미로도 쓰입니다. 접미어 -ity를 덧붙이면 명사가 됩니다. __________. 동사형 접미어를 덧붙여 '……에 생기를 불어넣다to give life to'라는 뜻의 동사를 만들어보세요. __________. 끝으로, 앞에서 만든 동사에서 파생된 명사를 써보세요. __________.

vital [Vī'-təl] 생명 유지에 반드시 필요한, 필수적인, 활력 있는

revitalize : '다시again, back'라는 뜻의 접두어 re-와 어근 vita, 동사형 접미어로 이루어졌습니다. 무슨 뜻인가요? __________. 이 동사에서 파생되는 명사는 무엇일까요? __________.

revitalize [ree-Vī'-tə-līz'] 새로운 활력을 주다

접두어 de-에는 많은 의미가 있습니다. 그중 하나가 defrost성에를 제거하다, decompose분해하다, declassify비밀 제한을 해제하다에서 짐작할 수 있듯이 근본적인 부정입니다. 이 접두어를 사용해 '……에게서 생명을 빼앗다to rob of life', '생명을 취하다to take life from'를 뜻하는 동사를 만들어보세요. ____________. 이 동사의 명사형은 무엇일까요? ____________.

vitamin : 생명을 유지하는 데 필요한 많은 영양소 중 하나인 '비타민'입니다. 좋은 시력을 유지하려면 비타민 A예를 들면 당근가 필

vitamin [Vī'-tə-min] 비타민

요하고, 뼈를 튼튼하게 하려면 비타민 D햇빛과 간유가 필요합니다. vitalize, revitalize, devitalize는 상징적인 뜻으로도 사용됩니다. 예컨대 어떤 프로그램이나 계획이 어떻게 다루어지느냐에 따라서 vitalized, revitalized, devitalized됩니다.

vitalize[VĪ´-tə-līz] 생명을 주다, 생기를 불어넣다
devitalize[dee-VĪ´-tə-līz] 생명을 빼앗다

French life 프랑스적인 삶

때로는 영어가 라틴어에서 직접 파생되지 않고, 라틴어에서 파생된 언어나 로망스어를 통해 파생되기도 했습니다. 앞에서도 언급했듯이 프랑스어, 스페인어, 이탈리아어, 포르투갈어, 루마니아어 등과 같은 로망스어는 원래 고대 로마어의 방언이었기 때문에 그렇게 불립니다. 그런데 영어는 로망스어가 아니라 튜턴어입니다. 영어는 초기 영국의 역사에서 앵글족, 색슨족, 주트족이 토착민에게 강요한 독일 방언에서 발전된 언어입니다. 영어가 라틴어에서 50퍼센트 이상, 그리스어에서 약 30퍼센트를 어근과 접두어로 받아들였지만 기본적인 뿌리는 독일어인 것입니다.

프랑스어는 '살다to live'를 뜻하는 라틴어 어근 vivo를 이용해 영어에서도 많이 쓰이는 두 구절을 만들어냈습니다. 물론 프랑스어 발음은 까다롭습니다. 따라서 프랑스어에 조금이라도 익숙하지 않은 사람이 발음하면 교양 있는 사람의 귀에는 어색하게 들릴 수 있겠지만 그래도 시도해봅시다.

joie de vivre : [zhwahd'-VEEV']와 비슷하게 발음됩니다. [zh]는 pleasure에서 s의 발음과 똑같습니다. 직역하면 joy of living삶의 기쁨이라는 뜻인 이 구절은 살아 있는 한없는 기쁨, 인간의 모든 일상 활동에 대한 강렬한 열정을 뜻하기도 합니다. joie de vivre를 지닌 사람은 결코 우울하거나 낙담하지 않으며, 지루해 하거나 냉담하지 않습니다. 정반대로 그들은 생기에 넘치고, 단체 활동에 적극적으로 참여하며, 더더욱 중요한 것은 어떤 일을 하더라도 즐겁게 하는 것처럼 보인다는 점입니다. joie de vivre는 ennui의 반

joie de vivre [zhwahd´-VEEV´] 삶의 기쁨
ennui [AHN´-wee] 따분함, 권태

의어입니다. 역시 프랑스어에서 기원한 단어이지만 발음하기는 쉽습니다. ennui는 넌더리가 날 정도로 고급을 바라는 욕망에서, 때로는 삶 자체를 따분하고 재미없게 생각하는 데서 비롯되는 '권태', '욕구불만', '지루함'을 뜻하고, 때로는 그에 더해서 육체적인 나른함과 전반적인 무기력까지 뜻합니다. 어린아이와 단순한 사람은 ennui를 느끼는 경우가 거의 없습니다. 그들에게 삶은 언제나 재밌고 새롭습니다.

bon vivant : [BŌNG'-vee-VAHNG']과 비슷하게 발음됩니다. [-NG]는 sing에서 -ng처럼 약한 콧소리로 발음합니다. bon vivant은 '사치스럽게 사는 사람high liver'입니다. 특히 맛있는 음식, 좋은 술, 값비싼 극장식 파티, 오페라 및 상류계급의 삶에 필요한 것들을 즐기는 사람입니다. bon vivant은 직역하면 '만족스레 사는 사람'이란 뜻이지만, 실제로는 high liver, 즉 사치스럽게 사는 사람을 뜻합니다. 따라서 bon vivant는 실크해트를 쓰고 정식 야회복이나 턱시도를 입고 지팡이를 들어 택시를 부르는 신사를 연상시킵니다. 물론 이브닝드레스를 입고 세련되게 보이는 아름다운 부인이 다이아몬드와 모피 옷을 번쩍이며 그 신사의 옆에 서 있다면 금상첨화입니다. 그들은 터무니없이 비싼 식당에서 샴페인을 곁들여 자고새 요리로 저녁식사를 할 것입니다. 그 밖에도 사치스런 삶을 나름대로 생각해봅시다. 물론 bon vivant은 convivial한 사람입니다. 또한 gourmet일 가능성이 큽니다. gourmet도 프랑스어에서 기원한 단어입니다.

bon vivant
[BŌNG'-vee-VAHNG']
인생을 즐기며 사는 사람
gourmet [gōōr-MAY'] 미식가

food and how to enjoy it 요리와, 요리를 즐기는 법

gourmand는 음식을 먹으며 감각적인 즐거움을 느낍니다. gourmand에게 하루에서 가장 즐거운 시간은 아침, 점심, 저녁을 먹는 때입니다. 요컨대 그들은 먹는 걸 좋아하지만 음식이 훌륭해야 합니다. 동사형 gormandize는 의미가 퇴색하여 '돼지처럼 우겨넣

gourmand [GŌŌR'-mənd]
대식가
gormandize
[GAWK'-mən-dīz']
돼지처럼 우겨넣다,
게걸스레 먹다

다, 게걸스레 먹다'를 뜻하게 되었습니다.

gourmand 역시 '미식가'로 번역되지만 gourmet와는 많이 다릅니다. gourmet도 음식과 술에 관심이 많지만 훨씬 까다롭고 감식가적 성격을 띱니다. 따라서 미묘한 맛과 향의 차이를 구분하는 민감한 미각을 지닙니다. 벌새의 혀 같은 요리처럼 희귀한 진미를 특히 좋아하고, 음식 전체를 감각적이면서도 과학적인 관점에서 접근합니다. gourmet는 언제나 칭찬하는 뜻으로 쓰이지만 gourmand는 그런 정도가 덜해서 '대식가'라는 의미를 지닙니다. 무엇이든 가리지 않고 그저 속을 채울 목적으로만 게걸스레 먹는 사람은 glutton이라고 부릅니다. 이런 사람은 흔히 I know haven't had enough to eat till I feel sick속이 거북할 때까지 먹지 않으면 충분히 먹은 것 같지 않다이라고 말합니다. glutton은 경멸적인 뜻으로 쓰입니다. 동사 gluttonize는 gormandize보다 강도가 더 셉니다. 형용사 gluttonous는 혐오감을 느낄 정도로 게걸스런 식습관을 지닌 사람에게 붙일 수 있는 가장 강한 수식어입니다. 돈과 섹스, 학대 등에 집착하는 사람도 glutton……에 끈덕진 사람이라 불립니다.

glutton [GLUT'-ən]
대식가, 폭식가, 식충이

gluttonize [GLUT'-ə-nīz']
대식하다, 포식하다

gluttonous [GLUT'-ə-nəs]
게걸스런, 많이 먹는

QUIZ

어원복습

단어의 어원적 구조를 정확히 파악하면 훨씬 효과적으로 단어를 정복할 수 있습니다. 지금까지 배운 접두어와 어근, 접미어를 복습하는 의미로 풀어보는 것이므로 따로 정답은 없습니다. 자유롭게 생각나는 단어를 써보세요.

	접두어/어근/접미어	의미	파생어
1	vivo	to live	
2	-ous	형용사형 접미어	
3	re-	again, back	
4	sectus	cut	
5	anti-	against	
6	pareo	to give birth, produce	
7	ovum	egg	
8	vita	life	
9	-ize	동사형 접미어	
10	-ation	-ize로 끝나는 동사에 붙는 명사형 접미어	
11	de-	부정 접두어	
12	bon	good	
13	-ate	동사형 접미어	

EXERCISE
연습문제

1. 다음 단어를 정확히 발음해보세요.

1) **conviviality**	kən-viv′-ee-AL′-ə-tee	2) **vivacious**	vī-VAY′-shəs
3) **vivacity**	vī-VAS′-ə-tee	4) **vivid**	VIV′-id
5) **vividness**	VIV′-id-nəs	6) **revive**	rə-VĪV′
7) **revival**	rə-VĪV′-əl	8) **vivisection**	viv′-ə-SEK′-shən
9) **antivivisectionist**	an′-tee(혹은 tī)-viv′-ə-SEK′-shən-ist	10) **viviparous**	vī-VIP′-ər-əs
11) **oviparous**	ō-VIP′-ər-əs	12) **oval**	Ō′-vəl
13) **ovoid**	Ō′-voyd′	14) **ovary**	Ō′-və-ree
15) **ovarian**	ō-VAIR′-ee-ən	16) **ovulate**	Ō-vyə-layt′
17) **ovulation**	ō-vyə-LAY′-shən		

2. 다음 단어를 정확히 발음해보세요.

1) **vital**	VĪ′-təl	2) **vitality**	vī-TAL′-ə-tee
3) **vitalize**	VĪ′-tə-līz′	4) **vitalization**	vī′-tə-lə-ZAY′-shən
5) **revitalize**	ree-VĪ′-tə-līz′	6) **revitalization**	ree-vī′-tə-lə-ZAY′-shən
7) **devitalize**	dee-VĪ′-tə-līz′	8) **devitalization**	dee-vī′-tə-lə-ZAY′-shən
9) **joie de vivre**	zhwahd′-VEEV′	10) **ennui**	AHN′-wee
11) **bon vivant**	BŌNG′-vee-VAHNG′	12) **gourmand**	GOOR′-mənd
13) **gourmet**	goor-MAY′	14) **gormandize**	GAWR′-mən-dīz′
15) **glutton**	GLUT′-ən	16) **gluttonous**	GLUT′-ə-nəs
17) **gluttonize**	GLUT′-ə-nīz′	18) **vitamin**	VĪ′-tə-min

3. 다음 단어와 연관되는 내용을 보기에서 고르세요.

보기

a. peppy
b. bearing live young
c. strong, sharp
d. piggish; greedy
e. egg-shaped
f. bearing young in eggs
g. give new life to

1) **oval, ovoid** ________
2) **revitalize** ________
3) **gluttonous** ________
4) **vivacious** ________
5) **vivid** ________
6) **viviparous** ________
7) **oviparous** ________

4. 다음 단어와 연관되는 내용을 보기에서 고르세요.

보기

a. release of the egg
b. a “high liver”
c. experimentation on live animals
d. one who is a connoisseur of good food
e. effervescence; joy of living
f. one who enjoys food
g. one who eats greedily; one who is greedy (as for punishment, etc.)
h. boredom
i. congeniality
j. strength, vigor
k. one who is against experimentation on live animals

1) **conviviality** ______
2) **vivisection** ______
3) **antivivisectionist** ______
4) **ovulation** ______
5) **vitality** ______
6) **joie de vivre** ______
7) **ennui** ______
8) **bon vivant** ______
9) **gourmand** ______
10) **gourmet** ______
11) **glutton** ______

5. 다음 단어와 연관되는 내용을 보기에서 고르세요.

보기

a. rob of life or strength
b. nutritional element necessary for life
c. important, crucial
d. stuff oneself like a pig
e. breathe life into
f. bring back to life

1) **revive** ______
2) **vital** ______
3) **vitalize** ______
4) **devitalize** ______
5) **gluttonize** ______
6) **vitamin** ______

6. 다음 단어의 관계를 SAME/OPPOSITE로 대답하세요.

1) conviviality—asceticism SAME / OPPOSITE
2) vivacious—apathetic SAME / OPPOSITE
3) vivid—dull SAME / OPPOSITE
4) revive—kill SAME / OPPOSITE
5) revitalize—rejuvenate SAME / OPPOSITE
6) ennui—boredom SAME / OPPOSITE
7) bon vivant—“man about town” SAME / OPPOSITE
8) gormandize—starve SAME / OPPOSITE
9) glutton—ascetic SAME / OPPOSITE
10) joie de vivre—boredom SAME / OPPOSITE

7. 다음 단어의 관계를 SAME/OPPOSITE로 대답하세요.

1) vivacity—liveliness SAME / OPPOSITE
2) revival—renewal SAME / OPPOSITE
3) vivisection—experimentation on corpses SAME / OPPOSITE
4) ovulation—egg-releasing SAME / OPPOSITE
5) devitalize—reinvigorate SAME / OPPOSITE
6) vitality—fatigue SAME / OPPOSITE
7) gluttonous—greedy SAME / OPPOSITE
8) gourmand—ascetic SAME / OPPOSITE
9) ovoid—egg-shaped SAME / OPPOSITE

8. 다음 문장을 읽고 TRUE/FALSE로 대답하세요.

1) Humans are *viviparous*. TRUE / FALSE
2) Cows are *oviparous*. TRUE / FALSE
3) *Ovulation* takes places in females only when they are married. TRUE / FALSE
4) An *antivivisectionist* believes in experimenting on live animals. TRUE / FALSE
5) *Vitamins* are essential to good health. TRUE / FALSE
6) A *bon vivant* lives like a hermit. TRUE / FALSE
7) A *gourmet* stuffs himself with food. TRUE / FALSE
8) It is normal for young children to be overwhelmed with *ennui*. TRUE / FALSE
9) People who are keenly alive possess *joie de vivre*. TRUE / FALSE

9. 다음을 보고 생각나는 단어를 쓰세요.

1) bearing young by eggs (adj)

O ____________________

2) bearing live young (adj)

V ____________________

3) good-fellowship

C ____________________

4) operating on live animals

V ____________________

5) one who is opposed to such an activity

A ____________________

6) the process of releasing an egg from the ovary

O ____________________

7) to remove life or vigor from

D ____________________

8) joy of living

J ______________

9) one who eats like a pig

G ______________

10) a "high liver"

B ______________

11) one who is a connoisseur of good food

G ______________

12) one who gets a sensual enjoyment from good food

G ______________

13) to stuff oneself like a pig; to eat greedily

G ______________, G ______________

14) boredom; discontent; tedium

E ______________

15) liveliness, pep

V ______________, V ______________, V ______________

16) egg-shaped

O ______________, O ______________

17) to bring renewed life or vigor to

R ______________, R ______________

18) referring to the ovary (adj)

O ______________

19) essential to life; crucial; of utmost importance

V ______________

LESSON
3

ORIGIN
어원탐구

no fatigue 피곤은 없다

indefatigable은 fatigue피로에서 파생된 단어입니다. in-은 부정 접두어이고, 접미어 -able은 '할 수 있는'을 뜻합니다. 따라서 indefatigable을 직역하면 '피곤할 줄 모르는unable to be fatigued'이 됩니다. 명사는 indefatigability입니다.

indefatigable [in'-də-FAT'-ə-gə-bəl] 포기할 줄 모르는
indefatigability [in'-də-fat'-ə-gə-BIL'-ə-tee] 인내, 참을성

how simple can one be? 우리는 얼마나 단순할 수 있을까?

ingenuous는 칭찬할 때 쓰이고, 그 동의어인 naive, gullible, credulous에는 경멸의 뜻이 담겼습니다. 어떤 사람을 ingenuous하다고 한다면, 그가 '솔직하고', '숨김없고', '꾸밈없는' 사람이란 뜻입니다. 달리 말하면, 그는 남을 속이려 하지 않고, 세상물정에 밝은 사람이라면 감추는 게 현명하고 적절하며 편하다고 생각할 만한 느낌이나 생각까지 감추지 않습니다.

ingenuous [in-JEN'-yōō-əs] 순진한, 솔직한
ingenious [in-JEEN'-yəs] 기발한, 재간이 많은

ingenuous를 ingenious와 혼동해서는 안 됩니다. 철자는 조금밖에 다르지 않지만 뜻은 완전히 달라져서 '약삭빠른shrewd', '영리한clever', '독창적인inventive'이라는 의미를 띱니다. ingenuous의 명사는 ingenuousness이고, ingenious의 명사는 ingenuity

ingenuousness [in-JEN'-yōō-əs-ness] 솔직함, 천진난만함
ingenuity [in'-jə-NŌŌ'-ə-tee] 기발한 재주

혹은 ingeniousness입니다.

어떤 사람을 naive하다고 한다면, 그가 세상물정을 모르는 사람, 따라서 이상주의자여서 안전을 위협받을 정도로 남을 믿는 사람이라는 뜻입니다. 이런 이상주의와 믿음은 무지와 무경험에서 비롯됩니다. 명사는 naivete입니다.

naive[nah-EEV'] 순진해 빠진, 순진무구한
naivete [nah-eev-TAY'] 천진난만

credulous는 터무니없는 것까지 거의 어떤 것이나 믿으려는 마음, 즉 '쉽게 믿는'이라는 뜻입니다. credulity는 naivete와 마찬가지로 무지와 무경험에서, 혹은 인간은 거짓말하는 동물이라는 걸 미처 생각하지 못한 데서 비롯됩니다. gullible은 '쉽게 속는', '잘 속는', '곧이곧대로 듣는'이라는 의미입니다. credulous보다 강한 뜻이고, 훨씬 경멸적인 의도에서 쓰입니다. gullibility는 무지나 무경험보다 우둔함에서 비롯됩니다. ingenuous, naive, credulous, gullible은 동의어로 뜻이 무척 비슷하지만, 꼭 기억해둬야 할 차이가 있습니다. 그 차이를 살펴보면 다음과 같습니다.

credulous [KREJ'-ə-ləs] 잘 믿는
credulity [krə-JOO'-lə-tee] 쉽게 믿음
gullible [GUL'-ə-bəl] 남을 잘 믿는, 쉽게 속아넘어가는
gullibility [gul'-ə-BIL'-ə-tee] 잘 속음, 속기 쉬움.

ingenuous : not given to concealment감추지 않는, frank솔직한

naive : unsophisticated세상 물정에 어두운, inexperienced경험이 없는, trusting잘 믿는

credulous : not suspicious or skeptical의심하지 않는, willing to believe기꺼이 믿는

gullible : easily tricked쉽게 속는

∞ belief and disbelief 믿음과 불신

credulous는 '믿다to believe'를 뜻하는 라틴어 credo에서 파생된 단어입니다. credo는 credit에서도 쓰였습니다. 사람들이 여러분의 정직함을 믿는다면 여러분에게 credit을 확대해줄 것이고, 여러분의 말을 credit할 것입니다. -ous는 형용사형 접미어로 '……로 가득한full of'이라는 뜻으로 쓰일 때가 많습니다. 따라서 엄격히 말하면 credulous는 '믿는 마음으로 가득한'이라는 뜻입니다.

credulous를 credible과 혼동해서는 안 됩니다. credible은 '믿다'라는 뜻의 어근 credo와 '할 수 있다'를 뜻하는 -ible이 결합된 단어입니다. 따라서 credible한 것은 '믿을 수 있는' 것입니다. 그 차이를 정리해봅시다.

credible [KRED'-ə-bəl] 믿을 만한, 믿을 수 있는

credulous listeners : those who fully believe what they hear 듣는 것을 그대로 믿는 사람들

a credible story : one that can be believed 믿을 수 있는 이야기

an incredulous attitude : an attitude of skepticism, of non-belief 의심하고 믿지 않는 태도

an incredible story : one that cannot be believed 믿을 수 없는 이야기

incredible characters : persons who are so unique that you can scarcely believe they exist 너무 특이해서 그런 존재가 있는지조차 믿기지 않는 사람들

incredulous [in-KREJ'-ə-ləs] 믿지 않는
incredible [in-KRED'-ə-bəl] 믿을 수 없는, 믿기 힘든

명사는 다음과 같습니다.

credulous → credulity

incredulous → incredulity

credible → credibility

incredible → incredibility

credulity [krə-JOO'-lə-tee] 쉽게 믿음
incredulity [in-krə-JOO'-lə-tee] 의심 많음, 불신
credibility [kred'-ə-BIL'-ə-tee] 신뢰성
incredibility [in-kred'-ə-BIL'-ə-tee] 믿어지지 않음, 신용할 수 없음

이런 차이를 얼마나 이해했는지 점검하기 위해서 다음 문제를 풀어봅시다. credulous, credible과 각 부정형, 명사를 사용해서 다음 문장을 완성해봅시다. 정답은 해답편에 있습니다.

1) She listened ________ ly to her husband's confession of his frequent infidelity, for she had always considered him a paragon of moral uprightness.
2) He told his audience an ________ and fantastic story of his narrow escapes.
3) He'll believe you–he's very ________.

4) Make your characters more __________ if you want your readers to believe in them.

5) We listened dumb-struck, full of __________, to the shocking details of corruption and vice.

6) He has the most __________ good luck.

7) The __________ of it! How can such things happen?

8) Naïve people accept with complete __________, whatever anyone tells them.

9) "Do you believe me?" "Sure–your story is __________ enough."

10) I'm not objecting to the total __________ of your story, but only to your thinking that I'm __________ enough to believe it!

what people believe in 사람들이 믿는 것

'믿다'라는 뜻인 credo는 영어에서 흔히 쓰이는 다음 단어의 어근으로도 쓰였습니다.

credo : '개인적인 믿음', '윤리 규범', '행동 원칙'을 뜻합니다.

creed : credo의 동의어로 가톨릭, 유대교, 개신교, 힌두교 등과 같은 종교적 믿음을 가리킵니다.

credo [KREE'-do]
신조, 개인적인 믿음

creed [KREED]
(종교적) 신념, 신조

credence : I place no credence in his stories그의 이야기에는 믿을 구석이 없다, Why should I give any credence to what you say?왜 내가 당신 말을 믿어야 하는가?처럼 '믿음', '신뢰'의 뜻을 가지고 있습니다.

credence [KREE'-dəns]
신빙성, 믿음

credentials : 지위나 자격에 대한 어떤 사람의 권리, 즉 신임을 받을 권리를 입증해주는 서류로 '신임장', '보증서'를 뜻합니다. The new ambassador presented his credentials to the State Department새 대사가 국무부에 신임장을 제출했다와 같이 쓰입니다.

credentials [krə-DEN'-shəls]
보증서, 신임장

heads and tails 머리와 꼬리

이 책을 덮기 전에 ingenuous의 이면을 살펴봐야 합니다. ingenuous가 '솔직한', '숨김없는'이란 뜻이라면, disingenuous는 '솔직하지 않은', '숨기는'이라는 뜻이 돼야 합니다. 그러나 disingenuous한 사람은 단순히 ingenuous하지 않은 사람이 아닙니다. 그는 간교하고crafty 교활하며cunning 부정직하고dishonest 불성실해서insincere 신뢰할 수 없는untrustworthy 사람입니다. 이 모든 면을 지녔으면서도 순진하고 솔직하며 공명정대한 척합니다. 양의 탈을 쓴 이리가 생각나나요? 그렇습니다, 딱 떨어지는 비유입니다. 진술, 의견, 고백 등 말에 대해서 disingenuous를 사용할 수 있습니다.

disingenuous
[dis-in-JEN'-yōō-əs]
솔직하지 못한
(특히 아는 것을 모른다고 하는)

disingenuous에 -ness를 덧붙이면 명사형이 됩니다. 빈칸에 써 보세요. ______________.

QUIZ

어원복습

단어의 어원적 구조를 정확히 파악하면 훨씬 효과적으로 단어를 정복할 수 있습니다. 지금까지 배운 접두어와 어근, 접미어를 복습하는 의미로 풀어보는 것이므로 따로 정답은 없습니다. 자유롭게 생각나는 단어를 써보세요.

	접두어/어근/접미어	의미	파생어
1	in-	부정 접두어	
2	-ness	명사형 접미어	
3	credo	to believe	
4	-ous	형용사형 접두어	
5	-ible	can be; able to be	
6	-ity	명사형 접미어	
7	-ence	명사형 접미어	
8	dis-	부정 접두어	

EXERCISE
연습문제

1. 다음 단어를 정확히 발음해보세요.

1) **indefatigability**	in´-də-fat´-ə-gə-BIL´-ə-tee	2) **ingenuousness**	in-JEN´-yōō-əs-ness
3) **ingenious**	in-JEEN´-yəs	4) **ingenuity**	in´-jə-NŌŌ´-ə-tee
5) **naive**	nah-EEV´	6) **naiveté**	nah-eev-TAY´
7) **credulous**	KREJ´-ə-ləs	8) **incredulous**	in-KREJ´-ə-ləs
9) **gullible**	GUL´-ə-bəl	10) **gullibility**	gul´-ə-BIL´-ə-tee
11) **credible**	KRED´-ə-bəl	12) **incredible**	in-KRED´-ə-bəl
13) **credulity**	krə-JŌŌ´-lə-tee	14) **incredulity**	in´-krə-JŌŌ´-lə-tee
15) **credibility**	kred´-ə-BIL´-ə-tee	16) **incredibility**	in-kred´-ə-BIL´-ə-tee
17) **credo**	KREE´-dō´	18) **creed**	KREED
19) **credence**	KREE´-dəns	20) **credentials**	krə-DEN´-shəlz
21) **disingenuous**	dis´-in-JEN´-yōō-əs		
22) **disingenuousness**	dis´-in-JEN´-yōō-əs-nəs		

2. 다음 단어와 연관되는 내용을 보기에서 고르세요.

보기

a. cunning
b. skepticism
c. personal code of ethics
d. frankness
e. belief, trust
f. tirelessness
g. believability
h. inexperience; unworldliness

1) **indefatigability** ________
2) **ingenuousness** ________
3) **disingenuousness** ________
4) **naiveté** ________
5) **credibility** ________
6) **incredulity** ________
7) **credence** ________
8) **credo** ________

3. 다음 단어와 연관되는 내용을 보기에서 고르세요.

보기

a. easily tricked
b. religious belief
c. inexperienced; unworldly
d. document proving privileges, identity, etc.
e. unbelievable
f. shrewdness; cleverness
g. clever; inventive; shrewd
h. willing to believe

1) **ingenious** ________
2) **credulous** ________
3) **gullible** ________
4) **incredible** ________
5) **creed** ________
6) **credentials** ________
7) **ingenuity** ________
8) **naive** ________

4. 다음 질문을 읽고 YES/NO로 대답하세요.

1) Is *indefatigability* a sign of physical and emotional health? YES / NO

2) Is *ingenuousness* a normal quality of young childhood? YES / NO

3) Is *ingenuity* a characteristic of inventors? YES / NO

4) Are some adolescents *naive*? YES / NO

5) Are unintelligent people often *gullible*? YES / NO

6) Is *incredulity* the mark of the agnostic? YES / NO

7) Does an *incredible* story invite belief? YES / NO

8) Do people generally live by a *credo*? YES / NO

9) Does our Constitution guarantee certain rights to Americans irrespective of their *creed*? YES / NO

10) Are *ingenious* people sometimes *disingenuous*? YES / NO

11) Do we generally give *credence* to *incredible* statements? YES / NO

5. 다음을 보고 생각나는 단어를 쓰세요.

1) inexperience; unsophistication N________

2) believing (adj) C________

3) religious belief C________

4) believable C________

5) great reservoir of energy I________

6) frankness I________

7) crafty; dishonest D________

8) inventive; clever I________

9) easily tricked G________

10) skeptical I________

11) unbelievable I________

12) personal code C________

LESSON 4

ORIGIN
어원탐구

how to look 보는 방법

'보다to look'를 뜻하는 라틴어 specto는 spectacle구경거리, spectator구경꾼, inspect조사하다, retrospect되돌아보다, prospect전망 등의 많은 영어 단어에서 어근으로 쓰입니다. 철자가 변형된 형태인 spic-도 conspicuous눈에 잘 띄는, perspicacious, perspicuous 등에서 볼 수 있습니다.

perspicacious
[pur'-spə-KAY'-shəs]
통찰력 있는, 명석한

perspicuous
[pər-SPIK'-yōō-əs]
이해하기 쉬운, 명료한

perspicacious한 사람은 영리하고 지적으로 날카로우며 영민합니다. per-는 '통과하는through'이란 뜻의 접두어입니다. 따라서 perspicacious는 어원적으로 '뭔가를 정신적으로 날카롭게 꿰뚫어 보는looking through (matters, etc.) keenly, intelligently'이란 뜻입니다. 명사는 perspicacity입니다. -ness로 끝나는 또 다른 명사를 써보세요. ______________.

perspicacity
[pur'-spə-KAS'-ə-tee]
통찰력, 명민

acumen [a-KYŌŌ'-mən]
혜안, 통찰력

perspicacity는 acumen의 동의어입니다. acumen은 '정신적인 예리함mental sharpness', '혜안keenness', '빠른 이해력quickness'을 의미합니다. 어근은 라틴어에서 '날카롭게 하다to sharpen'란 뜻을 지닌 acuo입니다.

sharpness 날카로움

'날카롭게 하다'를 뜻하는 acuo에서 acute와 acupuncture가 파생됐습니다. acute는 acute pain극심한 통증, acute attack of appendicitis급성 맹장염, acute reasoning날카로운 추리 등과 같이 쓰입니다. acupuncture는 뾰족한 바늘을 의료 목적으로 몸에 꽂는 '침술'을 뜻합니다. 정신과 생각에 관련된 뜻에서 acute의 명사는 acuteness 혹은 acuity이고, 그 밖의 경우에는 acuteness를 씁니다.

acute[ə-KYOOT'] 날카로운, 격심한, 급성의
acupuncture [AK'-yoo-punk'-chər] 침술
acuity [ə-KYOO-ə-tee] 명민함, 예리함

acupuncture는 '날카롭게 하다'라는 뜻의 acuo와 '점', '날카로운 끝point'을 뜻하는 punctus가 결합된 단어입니다. 문장에 punctuate한다는 것은 마침표period, 쉼표comma 등의 점을 필요한 곳에 찍는다는 뜻입니다. 번개가 폭풍을 punctuate하거나, 침묵이 경찰의 요란한 사이렌에 punctuate한다는 것도 어원적으로는 점들이 대기나 정적을 깨뜨린다는 뜻입니다.

punctuate[PUNK'-choo-ayt'] 간간이 끼어들다

여러분이 punctual한 사람이라면 시간을 정확히 지키는 사람입니다. 명사는 punctuality입니다. punctilious한 사람은 '정확하고 꼼꼼하며', 행동이나 절차에서 조심스레 정확한 점을 지키는 '격식을 따지는' 사람입니다. 명사는 punctiliousness입니다. 물론 뭔가를 puncture하기 위해서는 날카로운 '끝'으로 구멍을 내야 합니다. 예컨대 누군가의 타이어에 puncture한다고 쓰기도 하며, 상징적인 뜻으로는 착각, 환상, 자아에 puncture한다고 씁니다. pungent는 punctus의 변형으로 '날카롭게 꿰뚫다to pierce sharply'를 뜻하는 pungo에서 유래한 단어입니다. 따라서 pungent한 냄새나 맛은 얼얼하고 향료가 많아, '코나 미뢰를 찌릅니다'. pungent wit는 날카로운 유머감각입니다. 이 형용사의 명사형은 무엇일까요? ________________.

punctilious [punk-TIL'-ee-əs] 꼼꼼한
puncture[PUNK'-chər] 구멍을 내다, 구멍이 나다
pungent[PUN'-jənt] 톡 쏘는 듯한, 날카로운

some more looking 보는 방법에 대해서 다시 한 번

perspicacious를 perspicuous와 혼동해서는 안 됩니다. 둘은 완전히 다른 뜻입니다.

perspicacious는 '영리한smart', '명석한sharp', '꿰뚫어보고 재빨리 이해하는able to look through and understand quickly'의 뜻을 지니고 있습니다. 이 형용사는 사람, 추리력, 정신에 대해 쓰입니다. 반면에 perspicuous는 동전의 앞면이라 할 수 있습니다. 즉 '한 번 보고도 쉽게 이해되는easily understood from one look'이라는 뜻으로 글과 문체, 책 등과 같이 이해해야 할 대상을 수식할 때 쓰입니다. 따라서 perspicuous의 동의어로는 clear, simple, lucid가 있습니다. 여러분이 perspicuous style로 글을 쓰면, 여러분의 글은 명쾌해서 이해하기 쉽습니다. perspicacious한 사람은 재빨리 쉽게 이해하는 사람입니다. perspicuous의 명사는 perspicuity이고, 물론 perspicuousness도 가능합니다.

perspicuous [pər-SPIK'-yōō-əs] 명쾌한, 명료한
perspicuity [pur'-spə-KYŌŌ'-ə-tee] 명쾌, 명확함

spectacle은 '보이는 것'을 뜻합니다. spectacles안경는 세상을 편하고 뚜렷하게 보기 위한 도구입니다. spectacular한 것은 어원적으로 '볼 만한', '구경거리의'라는 뜻입니다. spectator는 눈앞에서 일어나는 일을 보는 사람, 즉 '구경꾼', '목격자'입니다.

inspect는 뭔가의 '안in'까지 들여다본다는 뜻에서 '조사하다'이고, retrospect는 '뒤돌아봄backward look'을 뜻합니다. 일반적으로 이 단어는 전치사 in과 함께 쓰입니다. 예를 들어 His life in retrospect seemed dreary and dull되돌아보면 그의 삶은 쓸쓸하고 단조로웠던 것으로 보였다, Most experiences seem more enjoyable in retrospect than in actuality대부분의 경험은 당시보다 되돌아볼 때 더 즐거운 듯하다에서와 같이 retro-는 '뒤로backward'라는 뜻입니다.

retrospect [RET'-rə-spekt'] 돌아보다

prospect는 앞을 보는 '전망'입니다. 형용사는 prospective입니다. 인플레이션, 세계 평화, 국내 에너지 공급의 prospect는 어떻나요? prospective mother-in-law는 여러분이 결혼할 때 가

prospect [PROS'-pekt'] 전망
prospective [prə-SPEK'-tiv] 장래의

지게 되는 사람, 즉 '장래의 장모 혹은 시어머니'입니다. 마찬가지로 여러분의 prospective한 신부, 신랑, 자식, 직업, 휴가 등은 미래에 기대하는 사람이나 행위입니다. 접두어 pro-는 '앞', '미리forward, ahead, before'라는 뜻입니다.

상징적으로 말해서 여러분이 자신을 쳐다보는 걸 좋아한다는 것은 여러분의 정신작용이나 정서적 반응을 introvert처럼 면밀하게 살펴보는 걸 좋아한다는 뜻입니다. 마음의 눈이 안으로 향해서 여러분의 성격과 개성 및 행동, 즉 자신을 분석하는 데 많은 시간을 보냅니다. 따라서 inward안쪽으로를 보기 때문에 여러분은 introspective입니다. 접두어 intro-는 '안쪽inside', '내부within'를 뜻합니다. 따라서 introspect하다는 것은 '안'을 보면서 내면의 반응을 살펴본다는 뜻입니다. 지나친 introspection이나 introspectiveness는 불행하고 우울한 생각이나 불안감을 불러일으킬 수 있습니다. 자신의 모습을 있는 그대로 지켜보는 용기를 가진 사람은 별로 없습니다.

introspective [in'-trə-SPEK'-tiv] 내향적인
introspect[in'-trə-SPEKT'] 내면을 살피다, 자기 반성하다
introspection [in'-trə-SPEK'-shən] 내성, 자기성찰

'주변around'을 신중하게 지켜봐야 할 때가 있습니다. 그때 여러분은 circumspect, 즉 '용의주도하고 신중하며 조심해야watchful, cautious, alert' 합니다. 명사는 circumspection 혹은 circumspectness입니다.

circumspect [SUR'-kəm-spekt'] 신중한
circumspection [sur'-kəm-SPEK'-shən] 신중, 용의주도

겉으로는 훌륭하고 좋아 보이지만 실제로는 그렇지 않은 것을 specious한 것이라 합니다. specious한 주장은 그럴싸하게 들리지만 실제로는 오류와 잘못된 생각 혹은 거짓에 근거한 것입니다. 명사는 speciousness입니다.

specious [SPEE'-shəs] 그럴듯한, 허울뿐인

QUIZ

어원복습

단어의 어원적 구조를 정확히 파악하면 훨씬 효과적으로 단어를 정복할 수 있습니다. 지금까지 배운 접두어와 어근, 접미어를 복습하는 의미로 풀어보는 것이므로 따로 정답은 없습니다. 자유롭게 생각나는 단어를 써보세요.

	접두어/어근/접미어	의미	파생어
1	specto	to look	
2	per-	through	
3	acuo	to sharpen	
4	punctus	point	
5	-ate	동사형 접미어	
6	-al	형용사형 접미어	
7	pungo	to pierce sharply	
8	-ent	형용사형 접미어	
9	-ence, -ency	명사형 접미어	
10	-ness	명사형 접미어	
11	-ity	명사형 접미어	
12	retro-	backward	
13	pro-	forward, ahead, before	
14	intro-	inside, within	
15	-ion	명사형 접미어	
16	-ive	형용사형 접미어	
17	circum-	around	

EXERCISE
연습문제

1. 다음 단어를 정확히 발음해보세요.

1) **perspicacious**	pur´-spə-KAY´-shəs	2) **perspicacity**	pur´-spə-KAS´-ə-tee
3) **acumen**	ə-KYOO´-mən	4) **acute**	ə-KYOOT´
5) **acuity**	ə-KYOO´-ə-tee	6) **acupuncture**	AK´-yoo-punk´-chər
7) **punctuate**	PUNK´-choo-ayt´	8) **punctilious**	punk-TIL´-ee-əs
9) **puncture**	PUNK´-chər	10) **pungent**	PUN´-jənt
11) **pungence**	PUN´-jəns	12) **pungency**	PUN´-jən-see

2. 다음 단어를 정확히 발음해보세요.

1) **perspicuous**	pər-SPIK´-yoo-əs	2) **perspicuity**	pur´-spə-KYOO´-ə-tee
3) **retrospect**	RET´-rə-spekt´	4) **prospect**	PROS´-pekt´
5) **prospective**	prə-SPEK´-tiv	6) **introspective**	in´-trə-SPEK´-tiv
7) **introspect**	in´-trə-SPEKT´	8) **introspection**	in´-trə-SPEK´-shən
9) **circumspect**	SUR´-kəm-spekt´	10) **circumspection**	sur´-kəm-SPEK´-shən
11) **specious**	SPEE´-shəs		

3. 다음 단어와 연관되는 내용을 보기에서 고르세요.

보기

a. extremely careful, exact, or proper in procedure
b. clear; easy to understand
c. a forward look
d. looking inside, or examining or analyzing, oneself
e. keen-minded
f. sharp; spicy; piercing
g. careful, watchful, wary, cautious; “looking around”
h. sharpness of mind or thinking
i. a backward look
j. medical insertion of needles

1) **perspicacious**	______	2) **acumen**	______
3) **acupuncture**	______	4) **punctilious**	______
5) **pungent**	______	6) **perspicuous**	______
7) **retrospect**	______	8) **prospect**	______
9) **introspective**	______	10) **circumspect**	______

4. 다음 단어와 연관되는 내용을 보기에서 고르세요.

보기

a. pierce; make a hole in; (noun) a small hole
b. clarity; lucidity; ability to be understood quickly and easily
c. sounding plausible, or looking right, but actually false or untrue
d. in the future; describing that which, or one who, can be looked forward to
e. care; watchfulness; caution
f. sharp; sudden; keen-minded
g. tending to examine and to think about one's motives, feelings, etc.
h. interrupt sharply or suddenly
i. sharpness or spiciness of taste, smell, wit, etc.
j. keenness of mind, thinking, or intellect

1) **acute** ______ 2) **acuity** ______
3) **punctuate** ______ 4) **puncture** ______
5) **pungence, pungency** ______ 6) **perspicuity** ______
7) **prospective** ______ 8) **introspective** ______
9) **circumspection** ______ 10) **specious** ______

5. 다음 단어의 관계를 SAME/OPPOSITE로 대답하세요.

1) perspicacious—dull-witted SAME / OPPOSITE
2) acumen—stupidity SAME / OPPOSITE
3) acute—sharp SAME / OPPOSITE
4) acuity—perspicacity SAME / OPPOSITE
5) punctilious—casual SAME / OPPOSITE
6) pungent—flat, dull SAME / OPPOSITE
7) perspicuous—clear SAME / OPPOSITE
8) retrospect—backward look SAME / OPPOSITE
9) prospect—expectation SAME / OPPOSITE
10) introspective—extroverted SAME / OPPOSITE
11) prospective—in the past SAME / OPPOSITE
12) circumspect—careless SAME / OPPOSITE
13) specious—true SAME / OPPOSITE

6. 다음을 보고 생각나는 단어를 쓰세요.

1) plausible, but false or incorrect

S ______

2) spiciness, sharpness; piercing quality

P ______, P ______

3) clear; easily understood

P ______________

4) sharpness of mind or of intelligence

A ______________, A ______________, A ______________

5) care and caution; wariness

C ______________, C ______________

6) piercing of the skin with needles for medical purposes

A ______________

7) tending to examine one's motives, etc.; looking inward (adj)

I ______________

8) exact in the observance of proper procedure

P ______________

9) to pierce and make a small hole in

P ______________

10) a backward look or view

R ______________

7. 다음을 보고 생각나는 단어를 쓰세요.

1) keenness of mind

P ______________, P ______________

2) sharp; sudden; keen-minded

A ______________

3) to interrupt suddenly

P ______________

4) spicy; piercing in taste, smell, wit, etc.

P ______________

5) clarity; clearness of style or language

P ______________, P ______________

6) keen-minded; perceptive

P ______________

7) a look forward

P ______________

8) act or process of looking inward

I ______________

9) carefully looking around; cautious; wary

C ______________

10) anticipated; "to be"; looked forward to (adj)

P ______________

LESSON 5

ORIGIN
어원탐구

the great and the small 큰 것과 작은 것

앞에서 '마음mind'을 뜻하는 라틴어 animus에 대해서 공부했습니다. 그에 관련된 어근으로 '생명의 원리life principle', '영혼soul', '정령spirit'을 뜻하는 anima는 animus와 함께 animal동물, animate생명을 주다, animation생기의 어원이 됩니다. 어근의 뜻을 알면 그 어근에서 파생된 단어들의 뜻을 파악하기가 쉽습니다.

magnanimous는 '정신'을 뜻하는 animus와 '큰large, great'을 뜻하는 어근 magnus가 결합된 단어입니다. magnus란 어근은 magniloquent에서 이미 보았습니다. magnanimous한 사람들은 관대하고 고결한 마음과 영혼을 지녀 사소한 보복을 생각하지 않는 '아량 있는' 사람들입니다. 명사는 magnanimity입니다.

magnanimous [mәg-NAN'-ә-mәs] 아량이 넓은
magnanimity [mag'-nә-NIM'-ә-tee] 아량

한편 좁쌀처럼 조그만 마음이나 영혼을 지닌 사람들은 pusillanimous합니다. 라틴어에서 '작은tiny'을 뜻하는 pusillus가 어근입니다. 그런 사람들은 경멸받을 정도로 쩨쩨하고 비열합니다. 명사는 pusillanimity입니다.

pusillanimous [pyōō'-sә-LAN'-ә-mәs] 소심한
pusillanimity [pyōō'-sә-lә-NIM'-ә-tee] 소심, 비겁

그 밖에 animus를 어근으로 한 단어들을 살펴보면 다음과 같습니다.

unanimous : '한마음의', '만장일치의of one mind'란 뜻입니다. 라틴어에서 unus는 '하나one'라는 뜻으로, 대법원이 unanimous한 의견을 내놓았다는 것은 모든 판사가 한마음인 것입니다. 명사는 unanimity입니다.

unanimous
[yōō-NAN'-ə-məs]
한 마음의, 만장일치의
unanimity
[yōō'-nə-NIM'-ə-tee] 만장일치

equanimity : 어원적으로 '한결같은 혹은 균형잡힌 마음equal(or balanced) mind'입니다. 따라서 '평온하고 차분한 마음', '침착함'을 뜻합니다. 힘든 상황에서도 equanimity를 유지한다는 것은 노여움을 참고 당황하지 않는다는 뜻입니다. 요컨대 차분한 마음을 유지하는 것입니다. 라틴어에서 aequus는 '똑같은equal'이란 뜻입니다.

equanimity
[ee'-kwə(혹은 ek'-wə)-NIM'-ə-tee] 침착함

animus : '적의hostility', '악의ill will', '원한malevolence'이란 뜻입니다. 어원적으로 animus는 단순히 '마음mind'이란 의미이지만, 퇴색해서 '비우호적인 마음'을 뜻하게 됐습니다. animus는 흔히 I bear you no animus, even though you have tried to destroy me 나는 당신에게 어떤 원한도 품지 않고 있지만 당신은 나를 파멸시키려고 애썼다라는 식으로 쓰입니다. 그런데 이런 말이야말로 진정한 magnanimity를 보여주는 게 아닐까요!

animus
[AN'-ə-məs] 적의, 악의, 원한

animosity : 뜻은 '악의ill will', '적대감hostility'입니다. animus의 동의어이며, 더 자주 쓰입니다. You feel a good deal of animosity, don't you? 상당한 적대감을 느끼지 않나요, 그렇죠?, There is real animosity between Bill and Ernie 빌과 어니 사이에는 깊은 원한이 있다, If you bear me no animosity, why do you treat me so badly? 당신이 내게 아무런 적대감도 없다면 왜 나를 그렇게 학대하십니까?와 같은 문장에서 쓰입니다.

animosity
[an'-ə-MOS-ə-tee] 악의, 적대감

turning 돌리기

versatile은 '돌다to turn'라는 뜻의 verto, versus에서 파생된 단어입니다. versatile한 사람은 많은 것을 능숙하게 해낼 수 있습니다. 명사는 versatility입니다.

versatile
[VUR-sə-təl] 다재다능한
versatility
[vur'-sə-TIL'-ə-tee] 다재다능

Zeno and the front porch 제논과 현관

먼 옛날 고대 그리스에서 철학자 제논이 지금도 인간의 마음을 괴롭게 하는 주제, 즉 '어떻게 해야 행복한 삶을 살 수 있을까?'에 대해 가르쳤습니다. 제논은 드나드는 문의 입구porch에 서서, 다음과 같이 열변을 토했습니다. 사람이라면 격해지기 쉬운 감정에서 해방되고, 기쁨과 슬픔에 흔들리지 말며, 피할 수 없는 것이라면 불평 없이 받아들여야 한다고 말입니다. 제논이 서서 연설한 porch를 그리스어로 하면 stoa입니다.

오늘날 심리학자들은 거의 정반대로 말합니다. 감정을 솔직히 드러내고 사랑이나 적대감을 표현하며, 감정을 억누르지 말라고 가르칩니다. 그러나 기원전 4세기, 제논이 자신의 믿음을 설파했을 때 열정을 억제하라는 그의 철학을 받아들이는 사람들이 많았습니다. 제논의 추종자들은 그가 강연했던 '스토아stoa'에서 파생된 이름, Stoic스토아학파, 금욕주의자으로 불렸습니다.

stoical한 사람은 고통이나 슬픔을 불평 없이 견디는 사람을 뜻합니다. 그런 사람은 불굴의 정신으로 역경을 이겨냅니다. 누구나 인정하겠지만 상당히 고결하게 들립니다. 그러나 현대 심리학에 따르면 stoical하지 않는 것이 건강에 더 좋습니다. stoicism은 칭찬할 만한 미덕일 수 있지만 지나치면 몸이 상할 수 있습니다.

Stoic [STŌ'-ik]
스토아학파, 금욕주의자
stoical [STŌ'-ə-kəl] 금욕적인
stoicism [STŌ'-ə-siz-əm]
스토아주의, 금욕주의

fear and trembling 두려움과 전율

intrepid는 '전율하다to tremble'를 뜻하는 라틴어 trepido에서 파생됐습니다. intrepid한 사람은 '대담하고 두려움을 모르는' 용기를 보여줍니다. 여러분이나 나라면 겁쟁이처럼 도망칠 위험을 맞닥뜨렸을 때도 그는 전혀 떨지 않습니다. 여기에서 in-은 부정 접두어로 쓰였습니다. 명사는 intrepidity 혹은 intrepidness입니다. trepido는 trepidation의 어근으로도 쓰였고, trepidation은 '큰 두려움great fear', '전율trembling', '불안alarm'이란 뜻입니다.

intrepid [in-TREP'-id]
대담한, 두려움을 모르는
intrepidity [in'-trə-PID'-ə-tee]
대담, 용맹
trepidation
[trep'-ə-DAY'-shən]
큰 두려움, 전율, 불안

quick flash 순식간의 섬광

scintilla는 라틴어에서 '순식간에 일어나는 밝은 불꽃quick, bright spark'을 뜻합니다. 영어에서도 scintilla는 '불꽃spark'을 가리킬 수 있지만 일반적으로는 There was not a scintilla of evidence against him그에게 불리한 증거는 눈꼽만큼도 없다라는 예에서 보듯이 '아주 적은 양'을 뜻합니다. 어떤 의미에서 불꽃이 그렇기는 합니다.

동사 scintillate에도 불꽃이란 개념이 남아 있습니다. scintillate하는 사람은 매력과 재치가 번뜩이고, 유머가 빛나는 사람입니다. 명사는 scintillation입니다.

scintilla
[sin-TIL'-ə] 아주 적은 양
scintillate [SIN'-tə-layt']
번뜩이다, 불꽃을 내다
scintillation
[sin'-tə-LAY'-shən]
불꽃, 섬광, 번뜩임

city and country 도시와 시골

대도시에 사는 사람들은 극장에 가고 오페라를 관람하며 박물관과 미술관을 둘러봅니다. 서점에서 책을 뒤적거리고 로빈슨, 블루밍데일, 마셜 필드 등과 같은 대형 백화점에서 쇼핑도 합니다. 이런 행위들로 그들은 교양을 쌓고 세련미를 더해갑니다.

또한 그들은 혼잡한 지하철이나 버스로 이동하며, 꽉 찬 엘리베이터에 비집고 들어갑니다. 수많은 자동차들 사이로 길을 건너고, 영화관 앞에서 끈기 있게 줄을 서며, 로비에 들어가서는 빈자리가 날 때를 기다립니다. 출퇴근하는 데 하루에 2시간을 허비합니다. 따라서 도시에 사는 사람들은 세련되고 우아하며 예절바릅니다. urbane의 어원 urbs가 그렇게 말해줍니다. urbs는 '도시city'를 뜻하는 라틴어입니다. 그런데 정말 그렇게 믿는다면 여러분은 완전히 gullible잘 속아넘어가는하지는 않더라도 어처구니없이 credulous잘 믿는 한 사람입니다. 명사는 urbanity입니다.

urban은 형용사로 단순히 '도시의'라는 뜻입니다. urban affairs도시 문제, urban areas도시 지역, urban populations도시 인구, urban life도시 생활, urban development도시 발전 등과 같이 쓰입니다.

이쯤에서 접두어를 생각해봅시다. sub-는 '가까운near', inter-는

urbane [ur-BAYN]
도시적인, 세련된, 우아한
urbanity [ur-BAN'-ə-tee]
도시풍, 세련, 도회 생활
urban [UR'-bən] 도시의

‘사이에between’, intra-는 ‘안쪽inside, within’, ex-는 ‘밖out’이란 뜻입니다. 이 접두어들과 어근 urbs을 붙이고, 형용사형 접미어 -an을 더해봅시다.

sub__________ : near the city도시 가까이
inter__________ : between cities도시들 사이에
intra__________ : within a city도시 내에
ex__________ : out of the city도시로부터

suburb는 대도시에 인접한 거주지역이나 작은 공동체입니다. 라치몬트는 뉴욕시의 suburb이고, 휘티어는 로스엔젤레스의 suburb입니다. suburbia는 suburb들을 하나의 집합으로 지칭하는 단어이며, suburban residents교외 거주자, suburbanites를 지칭하기도 합니다. 또한 suburban 거주자들의 전형적인 생활방식과 관습을 뜻하기도 합니다.

suburb [sə-BUR′-b] 교외
suburbia [sə-BUR′-bee-ə] 도시 교외의 생활 방식, 교외 거주자
suburbanites [sə-BUR′-bə-nīts′] 교외 거주자
interurban [in′-tər-UR′-bən] 도시 간의
intraurban [in′-trə-UR′-bən] 도시 내의
exurb [EKS′-urb] 준도시

interurban bus는 도시들 사이between를 운행하고, intraurban bus는 한 도시 내within에서만 운행합니다.

exurb는 대도시에서 상당히 떨어진 곳에 위치하며, 일반적으로 부유한 사람들이 거주하는 지역으로 ‘준도시’라 합니다. exurb는 suburb와 유사한 방식으로 형태가 변합니다. exurb에서 파생되는 단어들을 생각해볼까요? 복수 명사는 __________, 형용사는 __________입니다. 거주자는 __________, 집합, 혹은 생활 방식과 관습 등은 __________입니다.

라틴어에서 rus, ruris는 ‘시골country’, 즉 농지와 들판을 뜻합니다. 따라서 rural은 시골이나 농촌 혹은 농업에 관련된 것을 가리킵니다. wealthy rural area부유한 농촌지역와 같이 쓰입니다.

rural [ROO͝R′-əl] 시골의, 지방의

rustic은 형용사로, 대충 다듬은 목재로 만든 가구나 집, 혹은 농가에서 쓰는 물건을 가리킬 때는 ‘거친 나무로 만든’이란 뜻이고, 사람에게 쓰일 때는 ‘세련되지 못한’, ‘촌스러운’, ‘사교적 예의

rustic [RUS′-tik]
adj 촌스러운, 교양 없는
n 시골뜨기

가 없는', '교양 없는'이란 뜻입니다. urbane의 반대말이지요. 명사는 rusticity입니다. rustic도 명사로 쓰일 때는 앞에서 나열한 특징을 지닌 사람, 즉 '시골뜨기', '거친 사람'을 뜻합니다. He was considered a rustic by his classmates, all of whom cultured and wealthy backgrounds그는 급우들에게 촌뜨기로 여겨졌다. 급우들 모두가 교양 있고 부유한 집안 출신이었기 때문이다와 같이 쓰입니다. urbane과 rustic은 사람에게 쓰일 때 감정이 담겨, urbane은 칭찬하는 말이 되고 rustic은 경멸하는 말이 됩니다. 덧붙여 말하면, bitch암캐, piggish돼지 같은, glutton폭식가, idiot멍청이 등과 같이 경멸적인 뜻으로 사용되는 단어를 pejorative경멸어라고 합니다. 그러나 She spoke in pejorative terms about her ex-huband그녀는 옛 남편에 대해 비방하는 식으로 말했다에서 보듯이 pejorative경멸어는 형용사로도 쓰입니다. '더 나쁜worse'을 뜻하는 라틴어 pejor에서 파생된 단어입니다.

rusticity [rus-TIS'-ə-tee] 시골 생활, 소박, 투박
pejorative [pe-JAWR'-ə-tiv] 경멸어, 경멸적인

rusticate는 대도시의 소란스럽고 긴장되는 삶에서 떨어져 시골에서 시간을 보낸다는 뜻입니다. 그렇다면 명사형은 무엇일까요? _______________.

rusticate [RUS'-tə-kayt'] 시골에서 살다

QUIZ

어원복습

단어의 어원적 구조를 정확히 파악하면 훨씬 효과적으로 단어를 정복할 수 있습니다. 지금까지 배운 접두어와 어근, 접미어를 복습하는 의미로 풀어보는 것이므로 따로 정답은 없습니다. 자유롭게 생각나는 단어를 써보세요.

	접두어/어근/접미어	의미	파생어
1	animus	mind	
2	anima	soul, spirit, life principle	
3	magnus	large, great	
4	pusillus	tiny	
5	unus	one	
6	aequus(equ-)	equal	
7	verto, versus	to turn	
8	stoa	porch	
9	in-	부정 접두어	
10	trepido	to tremble	
11	scintilla	a spark	
12	urbs	city	
13	sub-	near, close to, under	
14	inter-	between	
15	intra-	within, inside	
16	ex-	out	
17	rus, ruris	country, farmlands	
18	-ate	동사형 접미어	
19	-ion	-ate로 끝나는 동사에 붙는 명사형 접미어	

EXERCISE
연습문제

1. 다음 단어를 정확히 발음해보세요.

1) **magnanimity** mag′-nə-NIM′-ə-tee
2) **pusillanimous** pyōō′-sə-LAN′-ə-məs
3) **pusillanimity** pyōō′-sə-lə-NIM′-ə-tee
4) **unanimous** yōō-NAN′-ə-məs
5) **unanimity** yōō-nə-NIM′-ə-tee
6) **equanimity** eek′(혹은 ek′)-wə-NIM′-ə-tee
7) **animus** AN′-ə-məs
8) **animosity** an′-ə-MOS′-ə-tee
9) **versatility** vur′-sə-TIL′-ə-tee
10) **stoic** STŌ′-ik
11) **stoicism** STŌ′-ə-siz-əm

2. 다음 단어를 정확히 발음해보세요.

1) **intrepidity** in′-trə-PID′-ə-tee
2) **trepidation** trep′-ə-DAY′-shən
3) **scintilla** sin-TIL′-ə
4) **scintillate** SIN′-tə-layt′
5) **scintillation** sin′-tə-LAY′-shən
6) **urbanity** ur-BAN′-ə-tee
7) **suburbia** sə-BUR′-bee-ə
8) **interurban** in′-tər-UR′-bən
9) **intraurban** in′-trə-UR′-bən
10) **exurbs** EKS′-urbz
11) **exurban** eks-UR′-bən
12) **exurbanite** eks-UR′-bən-īt′
13) **exurbia** eks-UR′-bee-ə

3. 다음 단어를 정확히 발음해보세요.

1) **rural** ROŌR′-əl
2) **rustic** RUS′-tik
3) **rusticity** rus-TIS′-ə-tee
4) **rusticate** RUS′-tə-kayt′
5) **rustication** rus′-tə-KAY′-shən
6) **pejorative** pə-JAWR′-ə-tiv

4. 다음 단어와 연관되는 내용을 보기에서 고르세요.

보기

a. calmness, composure
b. ability either to do many different things well, or to function successfully in many areas
c. fearlessness; great courage
d. unemotionality; bearing of pain, etc. without complaint
e. big-heartedness; generosity; quality of forgiving easily
f. a sparkling with wit or cleverness
g. fear and trembling; alarm
h. complete agreement, all being of one mind
i. petty-mindedness
j. anger, hostility, resentment, hatred

1) magnanimity ______________ 2) pusillanimity ______________

3) unanimity ______________ 4) equanimity ______________

5) animosity ______________ 6) versatility ______________

7) stoicism ______________ 8) intrepidity ______________

9) trepidation ______________ 10) scintillation ______________

5. 다음 단어와 연관되는 내용을 보기에서 고르세요.

보기

a. referring to the countryside
b. word with negative or derogatory connotation; describing such a word or words
c. to spend time in the country
d. residential areas near big cities; customs, etc. of the inhabitants of such areas
e. residential areas far from big cities; customs, etc. of the inhabitants of such areas
f. between cities
g. roughhewn, farmlike; unsophisticated, uncultured
h. sophistication, courtesy, polish, etc.
i. anger, hatred, hostility
j. within one city

1) urbanity ______________ 2) suburbia ______________

3) exurbia ______________ 4) animus ______________

5) interurban ______________ 6) intraurban ______________

7) rural ______________ 8) rustic ______________

9) rusticate ______________ 10) pejorative ______________

LESSON 6

지금까지 공부한 것을 복습해봅시다. 집중할 준비가 됐나요?
공부하고 공부하고, 또 공부하세요. 이것이 단어를 철저하게 습득하는 중요한 비결입니다.
복습하고 복습하고 또 복습하세요. 이것이 지금까지 배운 새로운 단어들을 모두 기억하고 받아들여 영원히 여러분의 것으로 간직하는 비결입니다. 그러니 이제부터는 화끈하게 복습을 해봅시다. 아래에서 제시된 문제들은 모두 이번 장에서 배운 모든 단어들로 이루어졌습니다. 준비됐나요?

1. 다음 단어와 연관되는 내용을 보기에서 고르세요.

보기

a. complete agreement	b. pettiness
c. malevolence	d. backward look
e. calmness	f. ability in many fields
g. mental keenness	h. generosity

1) **retrospect** ______ 2) **acumen** ______
3) **magnanimity** ______ 4) **pusillanimity** ______
5) **unanimity** ______ 6) **equanimity** ______
7) **animosity** ______ 8) **versatility** ______

2. 다음 단어와 연관되는 설명한 내용을 보기에서 고르세요.

보기

a. fearlessness	b. sparkle
c. inward look	d. uncomplaining attitude to pain or trouble
e. falsity	f. polish, cultivation
g. care, cautiousness	h. fear

1) **stoicism** ______ 2) **intrepidity** ______
3) **trepidation** ______ 4) **scintillation** ______
5) **urbanity** ______ 6) **introspection** ______
7) **circumspection** ______ 8) **speciousness** ______

3. 다음 단어와 연관되는 설명한 내용을 보기에서 고르세요.

보기

a. of one mind
b. ill will
c. pertaining to the city
d. petty
e. self-analytical
f. regions far from the city
g. cautious
h. false, though plausible
i. countrified

1) **exurbs** ______
2) **pusillanimous** ______
3) **unanimous** ______
4) **animus** ______
5) **rustic** ______
6) **urban** ______
7) **introspective** ______
8) **circumspect** ______
9) **specious** ______

4. 다음 단어와 연관되는 설명한 내용을 보기에서 고르세요.

보기

a. clearness
b. to be witty
c. spend time in the country
d. one who controls his emotions
e. to look inward
f. a very small amount
g. keen intelligence
h. clear, understandable
i. keen-minded
j. pertaining to the country

1) **perspicacity** ______
2) **perspicuity** ______
3) **stoic** ______
4) **scintilla** ______
5) **scintillate** ______
6) **rural** ______
7) **rusticate** ______
8) **introspect** ______
9) **perspicuous** ______
10) **perspicacious** ______

5. 다음 질문을 읽고 YES/NO로 대답하세요.

1) Does life often seem pleasanter in *retrospect*? YES / NO
2) Are people of *acuity* gullible? YES / NO
3) Is *perspicacity* a common characteristic? YES / NO
4) Is a person of *acumen* likely to be naive? YES / NO
5) Is a *perspicuous* style of writing easy to read? YES / NO
6) Should all writers aim at *perspicuity*? YES / NO
7) Is *magnanimity* a characteristic of small-minded people? YES / NO
8) Does a person of *pusillanimous* mind often think of petty revenge? YES / NO
9) Is a *unanimous* opinion one in which all concur? YES / NO

6. 다음 질문을 읽고 YES/NO로 대답하세요.

1) Is it easy to preserve one's *equanimity* under trying circumstances? YES / NO
2) Do we bear *animus* toward our enemies? YES / NO
3) Do we usually feel great *animosity* toward our friends? YES / NO
4) Do we admire *versatility*? YES / NO
5) Does a *stoic* usually complain? YES / NO
6) Is *stoicism* a mark of an uninhibited personality? YES / NO
7) Do cowards show *intrepidity* in the face of danger? YES / NO
8) Do cowards often feel a certain amount of *trepidation*? YES / NO
9) Is a *scintilla* of evidence a great amount? YES / NO
10) Do dull people *scintillate*? YES / NO
11) Is *urbanity* a characteristic of boorish people? YES / NO

7. 다음 질문을 읽고 YES/NO로 대답하세요.

1) Is New York City a *rural* community? YES / NO
2) Is a village an *urban* community? YES / NO
3) Do you *rusticate* in the city? YES / NO
4) Are extroverts very *introspective*? YES / NO
5) Does an introvert spend a good deal of time in *introspection*? YES / NO
6) In dangerous circumstances, is it wise to be *circumspect*? YES / NO
7) Do *specious* arguments often sound convincing? YES / NO

8. 다음 단어의 관계를 SAME/OPPOSITE로 대답하세요.

1) retrospect—prospect SAME / OPPOSITE
2) acute—perspicacious SAME / OPPOSITE
3) acumen—stupidity SAME / OPPOSITE
4) perspicuous—confused SAME / OPPOSITE
5) magnanimous—noble SAME / OPPOSITE
6) pusillanimous—petty SAME / OPPOSITE
7) unanimous—divided SAME / OPPOSITE
8) equanimity—nervousness SAME / OPPOSITE
9) animosity—hostility SAME / OPPOSITE
10) animus—friendliness SAME / OPPOSITE
11) versatility—monomania SAME / OPPOSITE
12) stoicism—cowardice SAME / OPPOSITE
13) intrepidity—fear SAME / OPPOSITE
14) trepidation—courage SAME / OPPOSITE

15) scintilla—slight amount SAME / OPPOSITE

16) urbanity—refinement SAME / OPPOSITE

17) rustic—crude SAME / OPPOSITE

18) rural—urban SAME / OPPOSITE

19) introspective—self-analytic SAME / OPPOSITE

20) circumspect—careless SAME / OPPOSITE

21) specious—true SAME / OPPOSITE

9. 다음을 보고 생각나는 단어를 쓰세요.

1) ability in many fields

V ______________

2) pertaining to the city adj

U ______________

3) to spend time in the country

R ______________

4) merest spark; small amount

S ______________

5) courage

I ______________

10. 다음을 보고 생각나는 단어를 쓰세요.

1) unflinching fortitude

S ______________

2) countrified; unpolished

R ______________

3) pertaining to the countryside adj

R ______________

4) a looking back to the past

R ______________

5) nobleness of mind or spirit

M ______________

11. 다음을 보고 생각나는 단어를 쓰세요.

1) keen-mindedness

A ______________

2) clear, lucid

P ____________

3) petty, mean

P ____________

4) all of one mind or opinion

U ____________

5) ill will

A ____________, A ____________

12. 다음을 보고 생각나는 단어를 쓰세요.

1) keenness of mind

P ____________, P ____________

A ____________, A ____________, A ____________

2) clearness of style or language

P ____________

3) one who keeps his emotions, during times of trouble, hidden

S ____________

4) sophistication, courtesy, refinement

U ____________

13. 다음을 보고 생각나는 단어를 쓰세요.

1) pettiness of character

P ____________

2) noun form of *unanimous*

U ____________

3) mental calmness, balance

E ____________

4) fear and trembling

T ____________

5) to sparkle with wit and humor

S ____________

14. 다음을 보고 생각나는 단어를 쓰세요.

1) a looking inward; an examining of one's mental processes or emotional reactions　　I ________

2) cautious　　C ________

3) seemingly true, actually false　　S ________

4) to think of one's mental processes　　I ________

5) care, watchfulness　　C ________

15. 다음 단어와 연관되는 내용을 보기에서 고르세요.

보기

a. frank	b. noble, forgiving
c. unflinching; unemotional	d. courteous; polished; suave
e. companionable, gregarious	f. witty
g. capable in many directions	h. brave
i. keen-minded	j. tireless

1) **convivial** ________　　2) **indefatigable** ________

3) **ingenuous** ________　　4) **perspicacious** ________

5) **magnanimous** ________　　6) **versatile** ________

7) **stoical** ________　　8) **intrepid** ________

9) **scintillating** ________　　10) **urbane** ________

16. 다음 단어의 관계를 SAME/OPPOSITE로 대답하세요.

1) vivacious—sluggish　　SAME / OPPOSITE

2) vital—crucial　　SAME / OPPOSITE

3) ennui—boredom　　SAME / OPPOSITE

4) bon vivant—gourmet　　SAME / OPPOSITE

5) gourmet—ascetic　　SAME / OPPOSITE

6) ingenuous—crafty　　SAME / OPPOSITE

7) naive—sophisticated　　SAME / OPPOSITE

8) credulous—skeptical　　SAME / OPPOSITE

9) disingenuous—insincere　　SAME / OPPOSITE

10) credo—belief　　SAME / OPPOSITE

17. 다음 형용사를 명사로 바꾸세요. -ness로 끝나는 명사는 제외하세요.

1) indefatigable ______________________

2) perspicacious ______________________

3) stoical ______________________

4) urbane ______________________

5) naive ______________________

6) incredulous ______________________

7) incredible ______________________

8) perspicuous ______________________

9) magnanimous ______________________

10) pusillanimous ______________________

REVIEW

챕터복습

1. 다음 정의에 맞는 단어를 고르세요.

1) Tireless

ⓐ convivial ⓑ indefatigable ⓒ versatile

2) Frank, unsophisticated

ⓐ ingenuous ⓑ ingenious ⓒ intrepid

3) Unflinching, uncomplaining

ⓐ perspicacious ⓑ urbane ⓒ stoical

4) Noble, forgiving, generous

ⓐ pusillanimous ⓑ unanimous ⓒ magnanimous

5) Between cities

ⓐ interurban ⓑ intraurban ⓒ exurban

6) Giving birth to live young

ⓐ oviparous ⓑ ovulation ⓒ viviparous

7) Tedium, boredom

ⓐ ennui ⓑ joie de vivre ⓒ vitality

8) Connoisseur of choice food

ⓐ gourmet ⓑ gourmand ⓒ glutton

9) Inexperienced in the ways of the world

ⓐ credulous ⓑ naive ⓒ credible

10) Easily tricked

ⓐ gullible ⓑ incredulous ⓒ ingenious

11) Backward look

ⓐ prospect ⓑ retrospect ⓒ introspection

12) Clearness

ⓐ perspicacity ⓑ perspicuity ⓒ intrepidity

13) Resentment

ⓐ animosity ⓑ stoicism ⓒ urbanity

14) Countrified

ⓐ rustic ⓑ specious ⓒ circumspect

2. 다음 어근에 맞는 의미를 쓰세요.

	어근	의미	파생어
1)	vivo		vivacious
2)	sectus		vivisection
3)	pareo		viviparous
4)	ovum		oviparous
5)	vita		vital
6)	bon		bon vivant
7)	credo		credible
8)	specto		spectator
9)	acuo		acupuncture
10)	punctus		punctuate
11)	pungo		pungent
12)	animus		animosity
13)	pusillus		pusillanimous
14)	magnus		magnanimous
15)	unus		unanimous
16)	aequus(equ-)		equanimity
17)	verto, versus		versatile
18)	stoa		stoical
19)	trepido		trepidation
20)	scintilla		scintillate
21)	urbs		urban
22)	rus, ruris		rural, rustic

QUESTION

어원심화

1. '살다'를 뜻하는 어근 vivo을 이용해서 '계속 살아가다to live on'를 뜻하는 단어를 생각해보고, 명사형도 써 봅시다.

2. vivarium이라는 단어에 대해 설명해보세요.

3. 라틴어 vita의 의미를 고려할 때, 여러분이 취업을 위해 면접을 받기 전에 여러분의 vita를 요구받았다면 vita의 뜻을 무엇이라 이해해야 할까요?

4. unus는 '하나'를 뜻하는 라틴어입니다. 이 어근을 이용해서 다음을 뜻하는 단어들을 생각해보세요.

   a) animal with one horn하나의 뿔을 가진 동물 :

   b) of one form하나의 형태인 :

   c) to make one하나로 만들다 :

   d) oneness단일성:

   e) one-wheeled vehicle바퀴가 하나뿐인 수송수단 :

5. annus는 '해, 년year'을 뜻하는 라틴어이고, verto, versus는 '돌다'라는 뜻입니다. 이 어근들을 이용해서 anniversary의 뜻을 설명해보세요.

6. universe와 university를 어근의 관점에서 설명해보세요. unus는 '하나'라는 뜻이고, verto, versus는 '돌다'라는 뜻입니다.

a) universe : ______________________

b) university : ______________________

7. '사이에'라는 뜻을 지닌 inter-를 이용해서 다음의 뜻을 가진 단어를 만들어봅시다.

a) between states (adj) :

____

b) between nations (adj) :

____

c) in the middle between elementary and advanced (adj) :

____

d) to break in (between people conversing) :

____

e) between persons (adj) :

____

8. '내부', '안쪽'이라는 의미의 지닌 intra-를 이용해서 다음의 뜻을 가진 단어를 만들어보세요. 모두 형용사입니다.

a) within one state :

____

b) within one nation :

____

c) within one's own person or mind :

____

d) within the muscles :

____

ADVICE

단어는 사고에 영향을 미친다!

지금까지 우리는 수많은 중요 단어와, 다수의 중요한 그리스어와 라틴어 어근을 철저히 살펴보았습니다. 공부하는 과정에서 우리는 종종 학습을 멈추고, 어휘력에 덧붙여야 할 단어들을 크게 읽어보고 생각하며 활용하는 과정을 통해 기억하려 애썼습니다. 따라서 지금쯤 여러분이 새롭게 배운 단어들이 이제는 오래된 친구처럼 느껴질 것입니다. 또한 여러분의 생각에 영향을 미치기 시작했고, 대화하는 도중에 불쑥 튀어나오기도 했을 것이며, 책을 읽으면서 여러 단어들이 확연히 눈에 들어왔을 것입니다. 요컨대 단어들이 여러분의 지적 분위기를 변화시키는 효과를 발휘했다는 뜻입니다.

다시 학습을 중단하고, 여러분이 지금껏 얼마나 효과적으로 공부했는지 점검해봅시다. 다음 장은 두 번째 중간 점검 테스트입니다. 쉽게 느껴지더라도 모든 문제를 차분히 풀어보기 바랍니다. 필요하다고 생각되면 잠시 시간을 내서 앞의 6~9장을 복습하세요.

TEST 2

여러분의 영어 실력은 어느 정도인가요? me라고 말하고 "혹시 I라고 말해야 했던 건 아닐까"라고 생각해본 적이 있나요? lay와 lie, who와 whom을 두고 헷갈린 적은 없습니까? 또 effect와 affect, principal과 principle, childish와 childlike의 차이를 확실히 구분하지 못한 때는 없었나요?
다음 3가지 테스트를 통해 여러분이 알맞은 곳에 적절한 단어를 얼마나 능숙하게 사용하는지, 또 여러분의 언어 능력이 평균에 비해 어느 정도인지 확인해봅시다.

1. 다음 어근에 맞는 의미를 쓰세요.

어근	의미	파생어
scribo, scriptus	1) ______	proscribe
aequus(equ-)	2) ______	equivocal
malus	3) ______	malign
dico, dictus	4) ______	malediction
volo	5) ______	malevolent
facio	6) ______	malefactor
bonus, bene	7) ______	benevolent
fides	8) ______	infidelity
dono	9) ______	condone
nox, noctis	10) ______	equinox
equus	11) ______	equestrian
libra	12) ______	equilibrium
taceo	13) ______	taciturn
loquor	14) ______	loquacious
solus	15) ______	soliloquy
venter, ventris	16) ______	ventral
magnus	17) ______	magniloquence
verbum	18) ______	verbatim

volvo, volutus	19) ______	voluble
animus	20) ______	pusillanimous
dorsum	21) ______	endorse
vox, vocis	22) ______	vocal
fero	23) ______	vociferous
ambulo	24) ______	somnambulist
somnus	25) ______	somnolent

2. 다음 어근에 맞는 의미를 쓰세요.

어근	의미	파생어
phanein	1) ______	sycophant
vir	2) ______	virago
pater, patris	3) ______	patricide
onyma	4) ______	synonym
homos	5) ______	homonym
phone	6) ______	homophone
archein	7) ______	matriarch
mater, matris	8) ______	matron
caedo(-cide)	9) ______	suicide
homo	10) ______	homicide
uxor	11) ______	uxorious
maritus	12) ______	mariticide
pyros	13) ______	pyromania
theos	14) ______	atheist
vivo	15) ______	viviparous
credo	16) ______	credulous
pungo	17) ______	pungency
unus	18) ______	unanimous
trepido	19) ______	intrepid
scintilla	20) ______	scintillate
urbs	21) ______	urbanity
rus, ruris	22) ______	rural, rustic
gnosis	23) ______	prognosis
pan	24) ______	patheism
omnis	25) ______	omniscient

3. 다음 단어의 관계를 SAME/OPPOSITE로 대답하세요.

1) disparage—praise SAME / OPPOSITE
2) proscribe—prohibit SAME / OPPOSITE
3) placate—irritate SAME / OPPOSITE
4) taciturn—talkative SAME / OPPOSITE
5) cogent—brilliant SAME / OPPOSITE
6) atheistic—religious SAME / OPPOSITE
7) convivial—unfriendly SAME / OPPOSITE
8) ingenuous—naive SAME / OPPOSITE
9) perspicacious—keen-minded SAME / OPPOSITE
10) intrepid—fearful SAME / OPPOSITE
11) malign—praise SAME / OPPOSITE
12) inarticulate—verbal SAME / OPPOSITE
13) verbose—laconic SAME / OPPOSITE
14) tyro—virtuoso SAME / OPPOSITE
15) megalomania—modesty SAME / OPPOSITE
16) satyriasis—nymphomania SAME / OPPOSITE
17) claustrophobia—agoraphobia SAME / OPPOSITE
18) indefatigability—tirelessness SAME / OPPOSITE
19) credulous—skeptical SAME / OPPOSITE
20) animosity—hostility SAME / OPPOSITE

4. 다음 설명에 맞는 단어를 보기에서 고르세요.

보기

a. chauvinist	b. sycophant
c. dilettante	d. iconoclast
e. lecher	f. tyro
g. virtuoso	h. termagant
i. matriarch	j. kleptomaniac

1) is lewd and lustful ______________
2) caters to the rich ______________
3) is an accomplished musician ______________
4) sneers at traditions ______________
5) is the mother-ruler of a family tribe, or nation ______________
6) has an irresistable urge to steal ______________
7) is excessively patriotic ______________
8) is a loud-mouthed woman ______________
9) is a beginner ______________
10) is a dabbler ______________

5. 다음 내용에 연관되는 단어를 보기에서 고르세요.

보기

a. dipsomaniac
b. pyromaniac
c. agnostic
d. hypochondriac
e. gourmet
f. stoic
g. malefactor
h. somnambulist
i. nymphomaniac
j. incendiary

1) does not know whether or not God exists ______________
2) is a criminal ______________
3) is a connoisseur of good food ______________
4) sets fires for revenge ______________
5) meets adversity or pain without flinching ______________
6) walks in his sleep ______________
7) is obsessively addicted to drink ______________
8) has imaginary ailments ______________
9) compulsively sets fires ______________
10) is a woman who is sexually insatiable ______________

6. 다음을 보고 생각나는 단어를 쓰세요.

1) to make unnecessary

O______________

2) to flatter fulsomely

A______________

3) to spread slander about

M______________

4) economical in speech

L______________

5) trite and hackneyed

B______________

6) word for word

V______________

7) killing of masses of people

G______________

8) inheritance from one's father

P______________

9) belief in many gods

P______________

10) a person aggressively fighting for a cause

M ______

11) sincere; valid; in good faith

B ______ F ______

12) babbling ceaselessly about trivia (adj)

G ______

13) to speak to oneself, as in a play

S ______

14) masterpiece

M ______ O ______

15) unselfish; not revengeful

M ______

16) able to walk after being bedridden

A ______

17) inability to fall asleep

I ______

18) morbid fear of heights

A ______

19) the killing of one's brother

F ______

20) opposite in meaning (adj)

A ______

21) "joy of life"

J ______ D ______ V ______

22) to rob of life or vigor

D ______

23) inexperience, unsophistication

N ______

24) scrupulously careful in the observance of proper procedure

P ______

25) clear, understandable(of style or language)

P ______

26) wary, cautious, watchful

C ______

27) a backward look

R ______

28) all of one mind adj

U ____________________

29) uncomplaining in face of pain, misfortune, or emotional difficulties adj

S ____________________

30) between cities adj

I ____________________

점수 계산법

한 문제당 **1점**으로 계산하세요. 여러분이 받은 총점의 의미는 다음과 같습니다.

00~34점 : 노력하면 더 잘할 수 있습니다. 굳은 결의와 단호한 마음으로 공부를 계속하기 바랍니다.
35~49점 : 기준에 턱없이 모자랍니다. 복습을 철저히 한 후 진도를 나아가기 바랍니다.
50~60점 : 기준선을 겨우 넘었습니다. 더 열심히 공부해야 합니다.
65~79점 : 평균입니다. 상당한 학습 성과를 거두었지만 각 단원이 끝난 후에 복습을 철저히 해야 합니다.
80~99점 : 우수합니다. 이번 복습이 아주 유익했습니다.
100~120점 : 탁월합니다. 올바른 방향으로 어휘력을 향상시킬 준비를 갖추었습니다.

첫 번째 점검 테스트에서 몇 점을 받았는지 확인해보세요. 이번에는 더 나아졌나요? 비교를 위해서, 또 앞으로 치르게 될 세 번째 점검 테스트에서 달성할 목표를 정하기 위해서라도 두 점수를 기록해두세요.

TEST 1 : ____________ / 120
TEST 2 : ____________ / 120

Part 3

Chapter 10~12

CHAPTER 10

HOW TO TALK ABOUT COMMON PHENOMENA AND OCCURRENCES
일반적인 현상과 사건

가난과 부유함, 직·간접적인 감정, 에두른 표현, 여러 유형의 농담, 동물에 빗댄 만족감, 향수병, 육식, 여러 형태의 비밀 등을 가리키는 단어들과 좋은 시절, 진부한 어법, 동물과 인간의 유사성, 다양한 종류의 소리 등을 뜻하는 어휘들을 알아보겠습니다.

Preview

다음을 적절하게 표현하는 단어는 무엇인가요?

- dire poverty?
  끔찍한 가난인가요?
- emotion experienced without direct participation?
  직접 참여하지 않으면서 경험하는 감정인가요?
- something which lasts a very short time?
  아주 짧은 기간만 지속되는 것인가요?
- an inoffensive word for an unpleasant idea?
  불쾌한 생각을 악의 없이 표현하는 말인가요?
- light and easy banter?
  가볍고 편하게 던지는 농담인가요?
- someone who is cowlike in his stolidity?
  소처럼 무신경한 사람인가요?
- homesickness?
  향수병인가요?
- harsh sound?
  귀에 거슬리는 소리인가요?
- a meat-eating animal?
  살코기를 먹는 동물인가요?
- something kept secret?
  비밀로 지켜지는 것인가요?

LESSON 1

로버트 루이스 스티븐슨은 이 세상에는 수많은 것이 넘치도록 많기 때문에 우리 모두가 왕만큼 행복해야 한다고 주장했습니다. 제 머리로는 선뜻 이해가 되지 않는 논리이지만요.

저는 행복이 외부에서 오는 것이고, 왕이 반드시 행복하다고 생각하지는 않습니다. 그러나 이 세상에는 수많은 것이 넘치도록 많다는 스티븐스의 생각에는 동의합니다. 예컨대 가난과 재난, 일반 병원과 정신병원, 빈민가와 인종차별, 남벌된 숲과 한때는 비옥했지만 점점 척박하게 변해가는 농토, 전쟁과 죽음과 세금, 무능한 외교관들……. 스티븐슨이 다른 의도로 그렇게 말했다는 것을 압니다. 낭만주의 시인들은 장밋빛 색안경을 끼고 세상을 보는 경향이 있었기 때문이죠. 하지만 때로 극단에는 극단으로 맞받아치는 것이 필요하다고 생각합니다.

이 장에서 우리는 이 세상과 이 세상을 살아가는 사람들의 마음에 존재하는 많은 것에 대해 살펴보려 합니다. 가난과 부, 간접적인 감정, 시간의 상대성, 다양한 형태의 칭찬, 잡담, 잡담을 즐기는 법, 동물, 과거에 대한 향수, 갖가지 소리, 식습관, 비밀의 종류와 조건 등에 대해 알아보겠습니다. 앞에서도 보았듯이 개념을 살펴보는 첫 단계에서는 앞으로 이야기가 어떻게 전개될지 아무도 모르지만 말입니다.

IDEA

개념정리

1 for want of the green stuff → in penury

돈이 없어서 → **빈궁하게**

There are those people who are forced (often through no fault of their own) to pursue an existence not only devoid of such luxuries as radios, television sets, sunken bathtubs, electric orange juice squeezers, automobiles, Jacuzzis, private swimming pools, etc., but lacking also in many of the pure necessities of living—sufficient food, heated homes, hot water, vermin- and rodent-free surroundings, decent clothing, etc. Such people live: in penury.

라디오, 텔레비전, 욕조, 오렌지 주스 짜는 기계, 자동차, 거품 목욕 욕조, 개인 수영장 같은 사치품이 없는 것은 물론이고 순수한 생필품조차 없이 사는 사람들이 있습니다. 예컨대 넉넉한 음식, 난방 되는 집, 뜨거운 물, 벌레와 설치류가 없는 주변 환경, 적절한 의복조차 부족한 삶을 사는 것이죠. 그들의 잘못 때문이 아닌데도 말입니다.

이런 사람들은 '빈궁하게' 삽니다.

2 at least watch it → vicarious feelings

적어도 볼 수는 있다 → **대상 감정**

All normal people want and need love and at least a modicum of excitement in their lives—so say the psychologists. If no one loves them, and if they can find no one on whom to lavish their own love, they may often satisfy their emotional longings and needs by getting their feelings secondhand—through reading love stories, attending motion pictures, watching soap operas, etc.

There are: vicarious feelings.

정상적인 사람이라면 살면서 사랑을 원하고 또 사랑받아야 합니다. 적어도 약간의 설렘이 있어야 하는 거죠. 심리학자들은 이렇게 말합니다. 누구에게도 사랑받지 못하고 또 마음껏 사랑을 쏟을 상대도 없다면, 그런 사람은 감정적인 욕망과 욕구를 어떻게 만족시킬까요? 연애소설을 읽고, 영화를 관람하고, 연속극을 보면서 간접적으로 그런 감정들을 맛봅니다.

이런 감정들을 '대상 감정'이라고 합니다.

3 time is fleeting → ephemeral

시간은 나는 듯이 지나간다 **덧없는**

During the late winter and early spring of 1948-49, great numbers of people went practically berserk joining and forming "pyramid clubs." If you have not heard of this amazing phenomenon, I won't attempt to describe it in any of its multifarious ramifications, but the main point was that you paid two dollars, treated some people to coffee and doughnuts, and shortly thereafter (if you were gullible enough to fall for this get-rich-quick scheme) supposedly received a return of some fantastic amount like $2,064 for your investment.

For a short time, pyramid clubs were a rage—soon they had vanished from the American scene.

Anything that lasts for but a short time and leaves no trace is: ephemeral.

1948년 늦겨울부터 1949년 이른 봄 사이에 엄청나게 많은 사람이 거의 미친 듯이 '피라미드 클럽'에 가입해 끊임없이 조직을 형성해갔습니다. 그 놀라운 현상에 대해 들어본 적이 없더라도 여기에서 그 복잡다단한 현상을 다시 설명하지는 않겠습니다. 다만 요점만 말해보도록 하지요. 요점은 여러분이 2달러를 내고 몇몇 사람에게 커피와 도넛을 대접하면, 얼마 후에 그 투자의 대가로 2,064달러라는 엄청난 액수를 받게 된다는 것이었습니다(물론 여러분이 그런 일확천금 수법에 속을 만큼 순진한 사람이어야 하겠지만요).

한동안 피라미드 클럽은 열병처럼 번졌지만, 곧 미국에서 사라졌습니다.

이처럼 잠시 동안만 지속되고 흔적 없이 사라지는 것은 '덧없는' 것이죠.

4 how not to call a spade... → euphemism

직설적으로 말하지 않는 법 **완곡 어구**

Words are only symbols of things—they are not the things themselves. (This, by the way, is one of the basic tenets of semantics.) But many people identify the word and the thing so closely that they fear to use certain words that symbolize things that are unpleasant to them.

I know that this is confusing, so let me illustrate.

Words having to do with death, sex, certain portions of the anatomy, excretion, etc. are avoided by certain people.

These people prefer circumlocutions—words that "talk around" an idea or that mean or imply something but don't come right out and say so directly.

For example:

WORD	CIRCUMLOCUTION
die	expire; depart this life; pass away; leave this vale of tears
sexual intercourse	(intimate) relations; "playing house"; "shacking up"
prostitute	lady of the evening; fille de joie; painted woman; lady of easy virtue; fill de nuit; streetwalker; hooker
house of prostitution	house of ill-fame; bawdyhouse; house of ill-repute; bagnio; brothel; bordello; "house"; "massage parlor"
buttocks, behind	derrière; rear end; butt; tail
breasts	bosom; bust; curves
toilet	powder room; little girl's room; facilities; washroom; lavatory; head

The left-hand column is the direct, non-pussyfooting word. The right-hand column is made up of: euphemisms.

단어는 사물을 가리키는 상징적 부호일 뿐입니다. 단어는 사물 자체가 아니란 뜻이죠. (덧붙여 말하면, 이런 개념은 의미론의 기본 원리 중 하나입니다.) 그러나 많은 사람이 단어와 사물을 거의 동일시하며, 마음에 들지 않는 현상이나 사물을 상징하는 단어를 사용하길 꺼려합니다.

무슨 뜻인지 이해되지 않는 사람도 있을 텐데요, 구체적인 예를 들어 설명해보겠습니다.

죽음, 섹스, 우리 몸의 일부 기관, 배설물 등에 관련된 단어들을 쉽게 입에 담지 못하는 사람들이 있습니다. 이런 사람들은 우회적인 표현을 좋아하죠. 어떤 개념을 '에둘러서 말하는' 표현, 즉 어떤 것의 뜻만을 암시적으로 전달할 뿐 노골적이고 직접적으로 드러내지 않는 표현을 즐겨 사용합니다.

예를 들면,

단어	우회적인 표현
죽다	숨을 거두다, 이 땅을 떠나다, 작고하다, 눈물의 계곡을 떠나다
성행위	(친밀한) 관계, '소꿉장난', '동침하다'
창녀	밤의 숙녀, 기쁨을 주는 여자, 짙게 화장한 여자, 몸가짐이 헤픈 여자, 밤의 딸, 거리의 여자, 매춘부
창녀집	오명의 집, 음란한 집, 악명의 집, 갈보집, 매음굴, 매춘굴, '집', '마사지 가게'
엉덩이	둔부, 뒤끝, 방둥이, 꽁지
유방	젖가슴, 버스트, 만곡부
변소	화장실, 소녀의 방, 편의시설, 세면실, 세면대, 먼데

왼쪽 칸의 표현은 직접적이고 얼버무리지 않은 단어들이고, 오른쪽 칸은 '완곡한 표현'들로 이루어져 있습니다.

5 small talk → **badinage**
잡담 **농담**

"Whenever I'm in the dumps, I get a new suit."
"Oh, so that's where you get them!"

"Lend me a dime—I want to phone one of my friends?"
"Here's a quarter—call them all."

"The doctor says I have snoo in my blood!"
"Snoo? What's snoo?"
"Not a darn! What's new with you?"

"What are twins?"
"Okay, what are twins?"
"Womb mates!"

"I took a twip yesterday."
"A twip?"
"Yes, I took a twip on a twain!"

These are examples of: badinage.

"나는 기분이 울적할 때마다 새 옷을 사지."
"저런, 쓰레기장에서 옷을 구한단 말인가!"

"10센트만 빌려줘. 친구 하나에게 전화를 해야 하거든."
"25센트야. 친구 모두에게 전화하게."

"의사 말로는 내 피에 snoo가 있대."
"snoo? snoo가 뭔데?"
"아무것도 없다고! 자넨 어때?"

"쌍둥이가 뭐지?"
"글쎄, 쌍둥이가 뭘까?"
"자궁 친구!"

"어제 twip을 했어."
"twip?"
"응, twain(train, 기차)을 타고 twip(trip, 여행)을 했어."

이런 예들은 '농담'이죠.

6 everything but give milk → bovine
우유 주는 걸 빼고는 무엇이나 **소처럼 둔한**

You've seen a cow contentedly munching its cud. Nothing seems capable of disturbing this animal-and the animal seems to want nothing more out of life than to lead a simple, vegetable existence.
Some people are like a cow-calm, patient, placid, phlegmatic, vegetable-like. They are: bovine.
Remember Ogden Nash's delightful definition?
The cow is of the bovine ilk, One end moo, the other end milk.
젖소가 느긋하게 되새김질하는 걸 보았을 겁니다. 어떤 것도 젖소를 방해할 수 없을 것만 같죠. 젖소는 단순하게 식물 같은 삶을 살아가는 것 외에는 그 어떤 것도 삶에서 바라지 않는 것 같습니다.
젖소처럼 조용하고 느긋하며 자기만족에 젖어 차분하게 식물처럼 살아가는 사람들이 있습니다. 그들은 '소처럼 둔한' 사람들이죠.
오그덴 내슈의 재밌는 정의를 기억하나요?
젖소는 솟과에 속한다. 한쪽 끝에서는 음매하고 울고, 반대쪽 끝에서 젖을 낸다.

7 good old days → nostalgia
좋았던 옛 시절 향수

Do you sometimes experience a keen, almost physical, longing for associations or places of the past?
When you pass the neighborhood in which you were born and where you spent your early years, do you have a sharp, strange reaction, almost akin to mild nausea?
When you are away from home and friends and family, do pleasant remembrances crowd in on your mind to the point where your present loneliness becomes almost unbearable, and you actually feel a little sick? This common feeling is called: nostalgia.
과거의 인연이나 장소가 간절히, 거의 몸으로 느껴질 정도로 그리웠던 때가 있었나요?
여러분이 태어난 곳, 어린 시절을 보낸 곳을 지날 때 이상하게도 격렬한 반응, 예컨대 가벼운 구역질과 비슷한 현상이 일어나진 않던가요?
고향과 친구와 가족으로부터 멀리 떨어져 있을 때, 즐거운 추억들이 머릿속에 쉴 새 없이 떠오르며 지금의 외로움을 거의 견딜 수 없고 실제로 몸까지 약간 아픈 것처럼 느껴지진 않았나요? 흔히 있는 이런 감정을 '향수'라고 부릅니다.

8 sounds that grate → cacophonous
삐걱거리는 소리 불협화음

Some sounds are so harsh, grating, and discordant that they offend the ear. They lack all sweetness, harmony, pleasantness. Traffic noises of a big city, electronic rock music, chalk squeaking on a blackboard….
Such blaring, ear-splitting, or spine-tingling sounds are called: cacophonous.
어떤 소리들은 너무 거칠고 삐걱거리며 불협화음을 일으켜 귀에 거슬립니다. 이런 소리들에는 상쾌하고 조화로우며 밝은 면이 없지요. 대도시의 교통 소음, 전자음을 들어간 록 음악, 칠판에 분필이 긁히는 소리…….
이처럼 시끄럽고 귀청을 찢을 듯하고 가슴을 두근거리게 하는 소리를 '불협화음'이라 합니다.

9 eating habits → carnivorous
식습관 육식성

Lions, tigers, wolves, and some other mammals subsist entirely on flesh. No spinach, salad greens, whole-wheat cereals, sugar, or spices—just good, red meat.
These mammals are: carnivorous.
사자, 호랑이, 늑대 및 그 밖의 몇몇 포유동물은 완전히 살코기만을 먹고 삽니다. 시금치, 채소, 통밀 시리얼, 설탕, 양념류는 먹지 않고 오로지 신선한 붉은 살코기만을 먹지요. 이런 포유동물은 '육식성'입니다.

10 private and public → clandestine
사적인 것과 공적인 것 은밀하게

There are certain things most of us do in private, like taking a bath. Some people like to engage in other activities in complete privacy—eating, reading, watching TV, sleeping, for example. The point is that, while these activities may be conducted in privacy, there is never any reason for keeping them secret.
But there are other activities that are kept not only private, but well-shrouded in secrecy and concealed from public knowledge. These activities are unethical, illegal,

or unsafe—like having an affair with someone whose spouse is your best friend, betraying military secrets to the enemy, trading in narcotics, bribing public officials, etc.

Arrangements, activities, or meetings that fall under this category are called: clandestine.

목욕처럼 혼자서만 하는 것들이 있습니다. 적잖은 사람들이 식사, 독서, 텔레비전 시청, 수면 같은 것을 온전히 혼자 하길 좋아합니다. 이런 활동들은 개인적인 차원에서 행해질 수도 있지만 완전히 비밀로 유지해야 할 특별한 이유는 전혀 없지요.

그러나 개인적인 것으로 유지해야 할 뿐 아니라 은밀히 가리고 타인에게 알리지 않도록 감춰야 하는 행동들이 있습니다. 비윤리적이고 불법적이며 위험한 행위들이 흔히 그렇죠. 예컨대 가장 친한 친구의 배우자와 불륜을 저지르거나, 적에게 군사기밀을 누설하거나, 마약을 밀매하거나, 공무원에게 뇌물을 주는 등의 행동 말입니다.

이런 부류에 속하는 타협, 행위, 만남은 '은밀하게' 이루어집니다.

EXERCISE
연습문제

1. 다음 단어를 정확히 발음해보세요.

1) **penury**	PEN′-yə-ree	2) **vicarious**	vī-KAIR′-ee-əs
3) **ephemeral**	ə-FEM′-ə-rəl	4) **euphemism**	YOO′-fə-miz-əm
5) **badinage**	BAD′-ə-nəj	6) **bovine**	BŌ′-vīn′
7) **nostalgia**	nə-STAL′-jə	8) **cacophony**	kə-KOF′-ə-nee
9) **carnivorous**	kahr-NIV′-ər-əs	10) **clandestine**	klan-DES′-tin

2. 다음 단어와 연관되는 내용을 보기에서 고르세요.

보기

a. impermanent	b. banter
c. homesickness	d. meat-eating
e. circumlocution	f. harsh noise
g. poverty	h. secret
i. placid; stolid; cowlike	j. secondhand

1) **penury**	______	2) **vicarious**	______
3) **ephemeral**	______	4) **euphemism**	______
5) **badinage**	______	6) **bovine**	______
7) **nostalgia**	______	8) **cacophony**	______
9) **carnivorous**	______	10) **clandestine**	______

3. 다음 질문을 읽고 YES/NO로 대답하세요.

1) Do wealthy people normally live in *penury*? YES / NO
2) Is a *vicarious* thrill one that comes from direct participation? YES / NO
3) Do *ephemeral* things last a very short time? YES / NO
4) Is a *euphemism* the substitution of an inoffensive term for another of the same meaning that may sound offensive, vulgar, or indelicate? YES / NO
5) Does *badinage* show lighthearted frivolity? YES / NO
6) Are *bovine* people high-strung and nervous? YES / NO
7) Does one get a feeling of *nostalgia* for past occurrences and relationships? YES / NO
8) Is *cacophony* pleasant and musical? YES / NO
9) Do *carnivorous* animals eat meat? YES / NO
10) Is a *clandestine* meeting conducted in secrecy? YES / NO

4. 다음 단어의 관계를 SAME/OPPOSITE로 대답하세요.

1) penury—affluence SAME / OPPOSITE
2) vicarious—actual SAME / OPPOSITE
3) ephemeral—eternal SAME / OPPOSITE
4) euphemism—less offensive word SAME / OPPOSITE
5) badinage—light, teasing talk SAME / OPPOSITE
6) bovin—high-strung SAME / OPPOSITE
7) nostalgia—longing for the past SAME / OPPOSITE
8) cacophony—euphony SAME / OPPOSITE
9) carnivorous—herbivorous SAME / OPPOSITE
10) clandestine—hidden SAME / OPPOSITE

5. 다음을 보고 생각나는 단어를 쓰세요.

새로 등장한 단어들은 다음 과에서 배우겠습니다.

1) harsh sound C ______
2) having a short life E ______
3) dire poverty P ______
4) substitution of an indirect or pleasant word or phrase for a possibly offensive one of the same meaning E ______
5) experienced as a spectator, rather than as a participant V ______
6) acute feeling of homesickness N ______
7) light, half-teasing banter B ______
8) subsisting solely on meat C ______
9) cowlike; stolid B ______
10) secret; concealed C ______

LESSON 2

ORIGIN
어원탐구

money, and what it will buy 돈, 돈으로 무엇을 살까

오늘날 세계는 대부분의 경우 경제 구조로 이해됩니다. 따라서 부와 가난은 돈의 소유와 돈의 부족을 뜻하는 단어죠. 결핍상태need, 곤궁neediness을 뜻하는 라틴어 penuria에서 파생된 penury는 '극심하고 절망적인 가난', '금전적 자원의 턱없는 부족'을 뜻합니다. 영어에서 돈이 없다는 걸 의미하는 가장 강력한 두 단어 중 하나입니다. 형용사 penurious는 '가난에 찌든'을 뜻할 수도 있지만, 이상하게도 인색한stingy, 몹시 아끼는close-fisted, 쩨쩨한niggardly의 뜻으로 더 자주 쓰입니다. 따라서 남에게 penury하게 보일 정도로 돈을 쓰는 데 인색하다는 뜻이죠. penurious는 parsimonious의 동의어이지만 훨씬 강한 뜻이 함축돼 있습니다. parsimonious한 사람은 인색하지만 penurious한 사람은 두 배나 인색하다라는 뜻이 됩니다. 따라서 penury는 '가난poverty'을 뜻하고, penuriousness는 '인색함stinginess', '지나친 절약excessive frugality'을 뜻합니다. parsimonious의 명사는 parsimony입니다.

penury [PEN´-yə-ree] 극빈
penurious [pə-NYŎŎR'(혹은 NŎŎR')-ee-əs] 몹시 가난한, 극빈한
parsimony [PAHR'-sə-mō'-nee] 인색, 검약
parsimonious [pahr'-sə-MŌ'-nee-əs] (돈에 대해 지독히) 인색한
penuriousness [pə-NYŎŎR'(혹은 NŎŎR')-ee-əs-nəs] 인색함, 몹시 아낌, 궁핍함

가난에도 정도가 있다면, penury보다 정도가 약한 가난은 indigence입니다. indigent한 사람은 완전히 무일푼인 사람을 뜻하지는

indigence [IN'-də-jəns] 극심한 곤궁, 극빈
indigent [IN'-də-jənt] 궁핍한

않습니다. 그는 몰락한 환경에서 살고, 의식주 등 육체적 안락을 많이 포기하며, 부족한 돈에서 비롯되는 고난을 견디어야 하는 사람이죠.

한편 penury의 뜻에 가깝고 비슷한 정도의 가난을 뜻하는 단어는 destitution입니다. destitute한 사람은 생존을 위한 수단마저 없어 굶어죽기 직전일 수 있습니다. penury와 destitution은 단순히 돈에 궁한 상황이 아니라 '완전히 절망적인 상황'을 뜻합니다.

destitution
[des'-tə-TOO'-shən]
결핍, 극빈, 궁핍, 빈곤
destitute
[DES'-tə-toot] 극빈한, 궁핍한

이번에는 밝은 면으로 눈을 돌려볼까요. 돈의 소유, 특히 돈이 점점 늘어나는 상태는 affluence입니다. affluent한 사람, 즉 affluence을 누리며 affluent한 상황에서 사는 사람은 편안하게 사는 정도를 넘어섭니다. 게다가 그들의 재산이 점점 늘어난다는 뜻까지 있습니다. affluence를 누리며 사는 사람들은 크고 값비싼 집을 소유하고, 최신의 고급차를 굴리며 돈이 많이 드는 골프나 컨트리클럽에도 가입해 있을 것입니다.

affluence
[AF'-loo-əns]
풍요, 부유, 풍부함
affluent
[AF'-loo-ənt] 부유한

affluence보다 더 풍요로운 상태는 opulence입니다. affluence보다 훨씬 큰 부를 의미할 뿐 아니라, 돈을 흥청망청 쓰고 허세를 부리며 사치스런 물건들로 주변을 치장하는 것을 뜻합니다. opulence한 사람은 널찍한 땅을 소유하고 턱없이 비싼 차와 특별한 장치를 부착한 자동차들롤스로이스, 메르세데스 벤츠, 포르쉐 등만 타고 다닙니다. 또 집사를 비롯해 많은 하인을 두고, 골프와 요트와 컨트리클럽 등에도 가입합니다. 원하는 대로 환상을 수놓는 것이죠. opulent는 그런 사람, 주변 환경, 생활방식 등을 표현하는 데 쓰입니다.

opulence [OP'-yə-ləns]
부유, 풍부, 다량, 화려함
opulent [OP'-yə-lənt]
호화로운, 엄청나게 부유한

affluent는 '……을 향하여to, toward'를 뜻하는 접두어 ad와 라틴어에서 '흐르다to flow'를 뜻하는 동사 fluo가 결합된 단어입니다. 접두어 ad-는 f로 시작되는 어근 앞에서는 af-로 변합니다. affluence는 돈이 끊임없이 우리에게 흘러오며 누구도 막지 못하는 즐거운 상태입니다.

fluo에서 파생된 다른 단어로는 fluid유동체, influence영향, confluence합류, fluent말솜씨가 유창한 등이 있습니다. confluence의 경우 어원적으로는 '함께 흐르다'라는 뜻입니다.

opulent는 '부유한wealthy'를 뜻하는 라틴어 opulentus에서 파생됐습니다. 이 어근에서 파생된 다른 영어 단어는 없습니다.

doing and feeling 행동과 느낌

vicarious
[vī-KAIR'-ee-əs]
대리의

격렬한 운동 경기에서 정작 힘을 쓰는 사람은 선수들이지만 만약 여러분까지 지친다면, 그런 현상은 '남의 경험을 상상하여 느끼고 맛보는' vicarious fatigue입니다. 여러분 친구가 떠들썩하게 술을 마실 때, 그가 술을 계속 들이켜는 걸 지켜보면서 여러분도 술을 마신 것처럼 어지럽다면 그런 현상도 vicarious intoxication이죠. 영화나 비극적인 연극에서 어떤 어머니가 자식의 죽음으로 엄청난 고통을 겪는 장면을 보며 여러분까지 똑같은 고뇌를 겪는다면 그 현상은 vicarious torment입니다.

따라서 우리는 어떤 감정을 두 가지 방법으로 경험할 수 있습니다. 하나는 실질적인 참여를 통한 직접적 경험이고, 다른 하나는 다른 사람의 감정에 이입되어 vicariously하게 느끼는 감정입니다.

예컨대 따분하고 재미없는 삶을 사는 사람들이 있습니다. 하지만 그들은 자식을 통해서, 독서나 영화를 통해서, 변화무쌍하고 흥미진진한 삶을 살아가는 사람들이 느끼는 모든 감정을 경험할 수 있습니다. 이런 사람들은 간접적으로at second hand, 즉 그들은 vicariously하게 살아가는 것입니다.

time is relative 시간은 상대적이다

코끼리와 거북이는 거의 영원히 사는 듯합니다. 미국인의 평균 수명은 68~76세입니다. 하지만 질병이 점차 정복되면서 평균 수명이 꾸준히 늘어나는 추세이지요. 개는 7~10년을 살고, 일부 곤충은 몇 시간, 혹은 며칠밖에 살지 못합니다.

단명하는 생물 중 하나가 하루살이dayfly로, 그리스어로는 ephemera입니다. 하루도 넘기지 못할 정도로 단명하고 오래가지 못하는 것을 ephemeral이라고 말합니다. ephemeral의 동의어로는 evanescent가 있는데 '무상한', '잠깐 동안만 머무는', '사라져가는'이라는 뜻입니다. 감정처럼 실체가 없는 것은 evanescent합니다. 요컨대 금방 여기에 있었는데 미처 인식할 틈도 없이 사라져버립니다. 명사는 evanescence이고, 동사는 evanesce입니다.

evanescent는 '밖out'을 뜻하는 접두어 e-ex-와 '사라지다to vanish'를 뜻하는 어근 vanesco, 그리고 형용사형 접미어 -ent가 결합된 단어입니다.

접미어 -esce는 항상 그렇지는 않지만 대체로 '시작하다begin to'를 뜻하고, escent는 '변하는becoming', '시작하는beginning to'을 뜻합니다. 따라서 파생어는 adolescent어른이 되기 시작하는, 청소년기의, evanesce점점 소실되다, convalesce회복하기 시작하다, putrescent썩기 시작하는, obsolescent쇠퇴해 가는 등이 있습니다.

ephemeral [ə-FEM'-ə-rəl] 단명한, 덧없는, 수명이 짧은
evanescent [ev-ə-NES'-ənt] 쉬이 사라지는, 덧없는, 무상한, 무척 잠깐 동안만 머무는, 사라져가는, 감지할 수 없는
evanescence [ev'-ə-NES'-əns] 무상함, 덧없음, 소실
evanesce [ev-ə-NES'] (점점) 사라져가다, 소실되다, 사라지기 시작하다

an exploration of various good things

좋은 것들을 찾아서

euphemism은 남의 감정을 상하게 할 수 있는 말이나 표현을 대신하는 '완곡 어법voice'입니다. 그리스어에서 '좋은good'을 뜻하는 접두어 eu-와 '목소리voice'를 뜻하는 pheme, 그리고 명사형 접미어 -ism이 결합된 단어로 어원적으로는 '좋은 목소리로 말한 것'이라는 뜻입니다. 형용사는 euphemistic입니다. 접두어 eu-를 포함하는 대표적인 영어 단어로는 다음과 같은 것들이 있습니다.

euphemism [YOO'-fə-miz-əm] 완곡 어법
euphemistic [yoo'-fə-MIS'-tik] 완곡 어법의, 완곡한

euphony : '듣기 좋은 소리good sound', '즐겁고 쾌활한 곡조나 리듬'이라는 뜻입니다. 여기서 phone은 '소리sound'를 의미합니다. 형용사는 euphonic 혹은 euphonious입니다.

eulogy : 어원적으로 '좋은 발언'을 뜻합니다. 요즘에는 대체로 추

euphony [YOO'-fə-nee] (아름다운 목소리에 의해서) 듣기 좋은 음조
euphonic [yoo-FON'-ik] 좋은 음조에 의한, 음운 변화상의
eulogy [YOO'-lə-jee] 칭찬, 찬사, 추도 연설

도사에서 공식적으로 발언된 '칭찬', '찬사'를 가리킵니다. 여기에서 쓰인 logos는 philology문헌학, 언어학에서 보았듯이 '말word'이나 '발언speech'을 의미합니다. logos는 주로 '학문'이나 '연구'를 뜻하지만 eulogy, philology, monologue독백, dialogue대화, epilogue에필로그, 후기, prologue서문에서는 다른 뜻, 즉 '말'로 쓰입니다. 형용사는 eulogistic, 동사는 eulogize, eulogy를 발언하는 사람은 eulogist입니다.

euphonious
[yōō-FO'-nee-əs]
(소리 · 단어 등이) 듣기 좋은
eulogistic
[yōō-lə-JIS'-tik]
찬미의, 찬양하는
eulogize
[YŌŌ-lə-jīz] 칭송하다
eulogist
[YŌŌ-lə-jist] 칭송하는 사람

euphoria : '좋은 느낌', '정신적으로 고양된 기분', '육체적인 행복'을 뜻합니다. 형용사는 euphoric입니다.

euphoria[yōō-FAWR'-ee-ə]
(극도의) 행복감, 희열
euphoric[yōō-FAWR'-ik]
(병적인) 큰 기쁨의

euthanasia : '편안한 죽음'이란 뜻으로 어원적으로도 '좋은 죽음'을 뜻합니다. 불치의 병으로 고생하는 사람에게 고통 없이 죽게 하는 방법, 즉 '안락사'를 말합니다. 현행법으로는 금지되어 있지만 많은 사람이 옹호하고 있습니다. '죽음death'을 뜻하는 그리스어 thanatos에서 파생된 단어입니다.

euthanasia
[yōō-thə-NAY'-zhə]
안락사, 편안한 죽음

exploration of modes of expression
표현 방법에 대하여

badinage는 '가벼운 희롱', '악의가 없는 사소한 농담'으로 남에게 상처를 주지 않고 재밌게 해주려는 의도가 담겨 있습니다. 가까운 동의어로는 persiflage가 있습니다. 이 단어에는 조롱하고 경멸하며 무시하는 뜻이 약간 담겼지만 악의가 없는 것은 마찬가지입니다. badinage나 persiflage와 관련지어 반드시 알아둬야 할 단어로 cliché, bromide, platitude, anodyne이 있습니다.

badinage
[BAD'-ə-nəj] 친근한 농담
persiflage
[PUR'-sə-flahzh']
(심하지 않은) 조롱, 농담

cliché는 옛날에는 새롭고 신선했지만 이제는 너무 오래되고 낡아 시시해진, 상상력이라곤 없는 진부한 웅변가와 작가만이 사용하는 '상투적인 표현'을 뜻합니다. 예를 들면 fast and furious맹렬한 기세로, unsung heroes세상에 알려지지 않은 영웅들, by leaps and bounds급속도로, conspicuous by its absence그것이 없는 것이 오히려 이상하다, green with envy얼굴이 파랗게 질릴 만큼 몹시 부러워하는 등이 상투적인 표현들에 해

cliché[klee-SHAY']
상투적인 문구, 진부한 표현, 판에 박은 문구

당됩니다. 어떤 글에 It is full of clichés상투적인 말로 가득해!라고 한다면 가장 통렬한 비판이 될 것이고, 어떤 사람의 말투에 You speak in clichés당신 말은 진부하기 짝이 없어!라고 말하면 가장 신랄한 모욕일 것입니다.

bromide는 창의적인 흔적을 거의 찾아볼 수 없는 '케케묵고 따분하며, 심지어 논리적 오류까지 있는 말'을 가리킵니다. 따라서 듣는 사람은 말하는 사람에게 통찰력이라곤 없다고 확신하게 됩니다. 예컨대 신중하지만 우둔한 사람이 여러분에게 위험을 무릅쓰지 말라는 뜻으로 Remember it's better to be safe than sorry!나중에 후회하는 것보다 안전을 택하는 게 낫다는 걸 기억해라!라고 말한다면, 여러분은 Oh, that old bromide!지겹고 따분한 말!라고 비웃을 것입니다.

bromide
[BRŌ´-mīd]
ⓝ진정제
adj 따분한

platitude도 cliché나 bromide와 비슷하게 '따분하고 진부하며 케케묵고 상상력이 결여된 말'이란 뜻입니다. 하지만 설상가상으로 to add insult to injury, 이 표현도 cliché한 것이지요 말한 사람은 참신한 말을 생각해낸 것처럼 이 단어를 사용합니다. 그는 이 단어를 만들어낸 것처럼 말하지만 그렇게 똑똑한 사람은 절대 아닐 것입니다.

platitude[PLAT´-ə-tood]
진부한 이야기, 진부한 의견

anodyne은 의학적 용어로는 아스피린이나 모르핀처럼 통증을 완화시키는 '진통제'로 쓰입니다. 상징적으로 쓰이면 anodyne은 '상대의 두려움이나 불안을 가라앉혀 주는 말'이 됩니다. 화자는 그 말을 믿지 않지만, 상대를 믿게 하려는 의도입니다. Prosperity is just around the corner성공이 바로 지척에 있다라는 말은 1930년대에 유행한 anodyne이었습니다.

anodyne[AN´-ə-dīn]
ⓝ진통제
adj 온건한

bromide도 옛날에 진정제sedative로 사용된 약이었습니다. 진정제는 감각을 둔하게 만듭니다. 따라서 bromide라고 불리는 말은 따분하지만 그런대로 입담을 지닌 사람이 한 말이어서, 상대를 진정시키는 효과가 있습니다. 형용사는 bromidic으로, his bromidic way expressing himself진부하게 자신의 의사를 표현한 그 사람와 같이 쓰입니다.

bromidic[brō-MID´-ik]
흔해 빠진, 평범한, 진부한

platitude는 그리스어에서 '명백한broad', '기복 없는flat'을 뜻하는 platys에 명사형 접미어 -tude가 덧붙여진 단어입니다. plateau높고 평평한 땅, plate납작하고 둥근 접시, platter납작한 접시, platypus납작한 발, 오리너구리도 platitude밋밋한 말와 같은 어근에서 파생됐습니다. 요컨대 platitude는, 화자는 그 말에 큰 효과를 기대하지만 아무런 효과를 거두지 못하는 말입니다. 형용사는 platitudinous로 What a platitudinous remark지독히 상투적인 말이로군!와 같이 쓰입니다.

anodyne은 부정 접두어 an-과 그리스어에서 '고통pain'을 뜻하는 odyne이 결합된 단어입니다.

platitudinous
[plat′-ə-TOO̅′-də-nəs]
쓸데없는 말을 하는, (말이) 평범한, 하찮은

QUIZ

어원복습

단어의 어원적 구조를 정확히 파악하면 훨씬 효과적으로 단어를 정복할 수 있습니다. 지금까지 배운 접두어와 어근, 접미어를 복습하는 의미로 풀어보는 것이므로 따로 정답은 없습니다. 자유롭게 생각나는 단어를 써보세요.

	접두어/어근/접미어	의미	파생어
1	penuria	need, neediness	
2	ad-(af-)	to, toward	
3	fluo	to flow	
4	opulentus	wealthy	
5	ephemera	dayfly	
6	e-, ex-	out	
7	vanesco	to vanish	
8	-esce	begin to	
9	-ent	형용사형 접미어	
10	-ence	명사형 접미어	
11	eu-	good	
12	pheme	voice	
13	-ism	명사형 접미어	
14	phone	sound	
15	-ic	형용사형 접미어	
16	-ous	형용사형 접미어	
17	logos	word, speech	
18	-ize	동사형 접미어	
19	thanatos	death	
20	platys	broad or flat	
21	an-	부정 접두어	
22	odyne	pain	

EXERCISE
연습문제

1. 다음 단어를 정확히 발음해보세요.

1) **penurious** pə-NYO͝OR′(혹은 NO͝OR′)-ee-əs

2) **penuriousness** pə-NYO͝OR′(혹은 NO͝OR′)-ee-əs-nəs

3) **parsimonious** pahr′-sə-MŌ′-nee-əs

4) **parsimony** PAHR′-sə-mō′-nee

5) **indigence** IN′-də-jəns

6) **indigent** IN′-də-jənt

7) **destitution** des′-tə-TO͞O′-shən

8) **destitute** DES′-tə-to͞ot

9) **affluence** AF′-lo͞o′-əns

10) **affluent** AF′-lo͞o-ənt

11) **opulence** OP′-yə-ləns

12) **opulent** OP′-yə-lənt

2. 다음 단어를 정확히 발음해보세요.

1) **evanescent** ev′-ə-NES′-ənt

2) **evanescence** ev′-ə-NES′-əns

3) **evanesce** ev′-ə-NES′

4) **euphemistic** yo͞o-fə-MIS′-tik

5) **euphony** YOO′-fə-nee

6) **euphonic** yo͞o-FON′-ik

7) **euphonious** yo͞o-FŌ′-nee-əs

8) **eulogy** YOO′-lə-jee

9) **eulogistic** yo͞o′-lə-JIS′-tik

10) **eulogize** YO͞O′-lə-jīz′

3. 다음 단어를 정확히 발음해보세요.

1) **euphoria** yo͞o-FAWR′-ee-ə

2) **euphoric** yo͞o-FAWR′-ik

3) **euthanasia** yo͞o′-thə-NAY′-zha

4) **persiflage** PUR′-sə-flahzh′

5) **cliché** klee-SHAY′

6) **bromide** BRŌ′-mīd′

7) **bromidic** brō-MID′-ik

8) **platitude** PLAT′-ə-to͞od

9) **platitudinous** plat′-ə-TOO′-də-nəs

10) **anodyne** AN′-ə-dīn′

4. 다음 단어와 연관되는 내용을 보기에서 고르세요.

보기

a. poor; of limited means	b. inoffensive
c. flat, trite	d. feeling tiptop
e. wealthy	f. pleasant in sound
g. stingy; tight-fisted	h. fleeting

1) **penurious** ______

2) **indigent** ______

3) **affluent** ______

4) **evanescent** ______

5) **euphemistic** ______

6) **euphonious** ______

7) **euphoric** ______

8) **platitudinous** ______

5. 다음 단어와 연관되는 내용을 보기에서 고르세요.

보기

a. lavish luxury
b. painless death
c. pleasant sound
d. trite remark
e. impermanence
f. feeling of well-being
g. stinginess
h. poverty

1) **parsimony** ______
2) **destitution** ______
3) **opulence** ______
4) **evanescence** ______
5) **euphony** ______
6) **euphoria** ______
7) **euthanasia** ______
8) **platitude** ______

6. 다음 단어와 연관되는 내용을 보기에서 고르세요.

보기

a. light, teasing banter
b. tightfistedness
c. statement intended to allay anxiety
d. poverty, want
e. high, formal praise
f. wealth
g. trite statement

1) **anodyne** ______
2) **bromide** ______
3) **persiflage** ______
4) **eulogy** ______
5) **penuriousness** ______
6) **indigence** ______
7) **affluence** ______

7. 다음 단어와 연관되는 내용을 보기에서 고르세요.

보기

a. begin to vanish
b. stingy, frugal
c. highly praising
d. hackneyed phrase
e. ostentatiously wealthy
f. stilted in expression
g. pleasant-sounding
h. in want
i. secondhand
j. praise

1) **parsimonious** ______
2) **destitute** ______
3) **opulent** ______
4) **vicarious** ______
5) **euphonic** ______
6) **eulogistic** ______
7) **evanesce** ______
8) **eulogize** ______
9) **bromidic** ______
10) **cliché** ______

8. 다음 질문을 읽고 YES/NO로 대답하세요.

1) Do *penurious* people satisfy their extravagant desires? YES / NO
2) Is *penuriousness* the characteristic of a miser? YES / NO

3) If you are *parsimonious* with praise, do you lavish it on others? YES / NO

4) Are people with extremely low incomes forced to live a life of *parsimony*? YES / NO

5) Is *indigence* a sign of wealth? YES / NO

6) Are *indigent* people often aided by state welfare? YES / NO

7) If you live in a state of *destitution*, do you have all the money you need? YES / NO

8) Is a completely *destitute* person likely to have to live in want? YES / NO

9) Does a person of *affluence* generally have petty money worries? YES / NO

10) Are *opulent* surroundings indicative of great wealth? YES / NO

9. 다음 질문을 읽고 YES/NO로 대답하세요.

1) Can you engage in *vicarious* exploits by reading spy novels? YES / NO

2) Does an *evanescent* feeling remain for a considerable time? YES / NO

3) Do parents generally indulge in *euphemisms* in front of young children? YES / NO

4) Is poetry generally *euphonious*? YES / NO

5) Does a sincere *eulogy* indicate one's feeling of admiration? YES / NO

6) Is *euphoria* a feeling of malaise? YES / NO

7) Is *euthanasia* practiced on animals? YES / NO

8) Is *persiflage* an indication of seriousness? YES / NO

9) Does a liberal use of *clichés* show original thinking? YES / NO

10) Is an *anodyne* intended to relieve fears? YES / NO

10. 다음 질문을 읽고 YES/NO로 대답하세요.

1) Is a *platitude* flat and dull? YES / NO

2) If a person uses *bromides*, is he likely to be an interesting conversationalist? YES / NO

3) If you indulge in *persiflage*, are you being facetious? YES / NO

4) Are the works of Beethoven considered *euphonious*? YES / NO

5) Can parents receive a *vicarious* thrill from their children's triumphs? YES / NO

11. 다음을 보고 생각나는 단어를 쓰세요.

1) a statement, usually untrue, meant to alleviate fear

A ______________

2) light banter

P ______________

3) a hackneyed phrase

C ______________

4) fleeting—lasting a very short time (adj)

E ______________

5) laudatory—delivered in tones of formal praise (adj)

E ______________

6) process of painlessly putting to death a victim of an incurable disease

E ______________

7) stingy (adj)

P ______________, P ______________

8) in want (adj)

D ______________

9) wealth

A ______________

10) immense wealth

O ______________

11) adverb describing the manner of responding empathetically to another's acts

V ______________

12) stinginess (n)

P ______________, P ______________

13) poverty

I ______________, D ______________

14) impermanence

E ______________

15) pleasing sound

E ______________

16) substituting inoffensive words (adj)

E ______________

17) sense of well-being

E ______________

18) trite remark

B ______________

19) banal remark

P ______________

20) begin to vanish

E ______________

21) poverty-stricken (adj)

I ______________

22) wealthy (adj)

A ______________, O ______________

23) feeling tiptop (adj)

E ____________

24) pleasant in sound (adj)

E ____________, E ____________

25) formal praise

E ____________

26) trite (adj)

B ____________

27) flat, dull (adj)

P ____________

28) to praise

E ____________

LESSON 3

ORIGIN
어원탐구

people are the craziest animals
인간이 가장 무분별한 동물이다

'평온하고 무신경하며 끈기 있고 흥분하지 않는'이란 뜻인 bovine은 라틴어에서 '황소ox'나 '암소cow'를 뜻하는 bovis에 '비슷한like', '유사한similar to', '……의 특징을 띤characteristic of'이란 뜻의 접미어 -ine가 덧붙여진 단어입니다. 물론 어떤 사람을 bovine이라 부르는 말은 결코 칭찬이 아닙니다. 이 형용사는 phlegmatic무감각한보다 훨씬 강한 뜻이며, 약간 경멸하는 의도를 담은 단어이기도 합니다. bovine한 사람은 무위도식하는 사람과 조금 비슷합니다. 삶을 살지만 적극적인 의지라고는 없는 사람이죠.

bovine[BŌ´-vīn] 소의, 우둔한

다음에서 보듯이 인간은 때때로 동물에 비교되곤 합니다. 예를 들면 leonine, canine, feline라 쓰이고, 우아한 사람은 feline grace고양이처럼 우아한, 음흉한 사람은 경멸적인 뜻을 담아 feline temperament고양이 같은 기질이라 표현합니다. 인간의 송곳니canine teeth는 개의 이빨과 비슷하지요. porcine, vulpine, ursine, lupine, equine, piscine 등도 있습니다.

leonine[LEE´-ə-nīn] 사자 같은
canine[KAY´-nīn] 송곳니, 개와 같은, 개의
feline[FEE´-līn] 고양이 같은, 고양이과의
porcine[PAWR´-sīn] 돼지의, 돼지 같은
vulpine[VUL´-pīn] 여우의, 여우 같은
ursine[UR´-sīn] 곰의, 곰 같은
lupine[LŌŌ´-pīn] 늑대 같은, 늑대의

위의 모든 형용사는 관련된 동물을 가리키는 라틴어 단어에서 파

생되었습니다. 물론 각 형용사는 해당 동물뿐만 아니라, 그 동물에 비유된 사람의 특징을 가리킵니다. leo사자, canis개, felis고양이, porcus돼지, vulpus여우, ursus곰, lupus늑대, equus말, piscis물고기. pig에서 얻은 고기인 pork돼지고기는 당연히 porcus에서 유래했습니다. Ursa Major와 Ursa Minor, 즉 맑은 밤에 북쪽 하늘에서 뚜렷이 보이는 두 별자리인 큰곰자리와 작은곰자리는 별들의 배치가 곰의 윤곽을 닮아 그렇게 불립니다. 여성형 명사인 Ursula는 어원적으로 '작은 곰'을 뜻하기 때문에, 아기를 안고 다니기엔 이상한 이름인 것 같습니다. 피부병의 일종인 lupus낭창도 늑대처럼 살을 파먹기 때문에 그렇게 이름이 붙여졌답니다.

equine[EE'-kwīn] 말의, 말과 같은, 엄청나게 큰
piscine[PIS'-īn'] 물고기의, 물고기 같은, 물고기를 닮은

⊗ you can't go home again 고향에 다시 돌아갈 수 없다

nostalgia는 그리스에서 '귀향return'을 뜻하는 어근 nostos와 '고통pain'을 뜻하는 어근 algos가 결합된 단어입니다. algos는 neuralgia신경통, cardialgia심장통, 가슴앓이에서도 쓰였습니다. 실제로 경험하기 전에는 어떤 느낌인지 정확히 이해할 수 없는 감정이지만 어떤 외적인 자극으로 어린 시절의 장면들이 머릿속에 끝없이 떠오를 때 그런 감정을 경험했을 수도 있습니다.

삶은 되돌아볼 때 더 즐겁게 보인다는 걸 알고 있나요? 의식적인 기억은 과거의 즐거웠던 기억을 저장하려는 경향이 있습니다. 외상성 신경증과 불쾌했던 경험은 무의식에 묻어버립니다. 외롭고 불행할 때 우리는 그 즐거웠던 순간들을 되살려내기 시작합니다. 그때 우리는 흔히 nostalgia라 부르는 감정적인 고통과 그리움을 느낍니다. 형용사는 nostalgic입니다. 예를 들면, motion pictures that are nostalgic of the fifties 1950년대의 향수를 불러일으키는 영화들, 혹은 He feels nostalgic whenever he passes 138th Street and sees the house in which he grew up 그는 138번가를 지나며, 어린 시절을 보낸 집을 볼 때마다 향수를 느낀다처럼 쓸 수 있습니다.

nostalgia[nə-STAL'-jə] 향수
nostalgic [nos-TAL'-jik] 그리운

soundings 소리

cacophony는 그 자체로 귀에 거슬리는 단어입니다. 장단이 맞지 않고 삐걱거리며 귀에 거슬리는 소음을 정확히 표현한 유일한 단어로 '불협화음'이란 뜻을 가지고 있습니다. 이런 소리는 인간이 만든 환경에서 들을 가능성이 큽니다. 예컨대 요란한 소리를 내며 터널을 지나는 뉴욕의 지하철, 대도시 러시아워의 시끄러운 교통 소음, 제철소, 자동차 조립공장, 용광로 등이 그러한 예입니다. 형용사는 cacophonous입니다. 이 단어들은 그리스어에서 '나쁜bad', '거친harsh', '추악한ugly'을 뜻하는 어근 kakos와 '소리'란 뜻의 phone이 결합하여 만들어졌습니다. '소리sound'를 뜻하는 phone은 다음과 같은 단어에서도 찾아볼 수 있습니다.

cacophony [kə-KOF'-ə-nee] 불협화음
cacophonous [kə-KOF'-ə-nəs] 불협화음의, 귀에 거슬리는

telephone : 어원적으로 '멀리에서부터 들려오는 소리'라는 뜻입니다.

euphony : '기분 좋은 소리'라는 뜻입니다.

phonograph : 어원적으로는 '소리를 쓰는 사람'이며, '축음기'를 가리킵니다.

saxophone : 아돌프 삭스Adolphe Sax가 발명한 악기인 '색소폰'입니다.

xylophone : '실로폰'은 어원적으로는 '나무를 통해 나오는 소리'를 뜻합니다. 그리스어에서 xylon은 '나무wood'란 뜻입니다.

phonetics : 언어의 소리를 연구하는 학문, 즉 '음성학'을 지칭합니다. 형용사는 phonetic이고, '음성학자'는 phonetician이라고 합니다.

phonetics [fə-NET'-iks] 음성학
phonetic [fə-NET'-ik] 음성(발음)을 나타내는, 음성(말소리)의
phonetician [fō-nə-TISH-ən] 음성학자

phonics : 소리를 연구하는 학문으로 '음향학'입니다. 철자와 음절을 훈련시켜 읽기를 가르치는 방법인 '파닉스'란 뜻으로도 쓰입니다.

the flesh and all 살과 모든 것

carnivorous는 '살flesh'을 뜻하는 carnis와 '게걸스레 먹다to devour'란 뜻의 voro가 결합된 단어입니다. carnivorous animal, 즉 carnivore는 살코기를 주로 먹는 동물, 즉 '육식동물'입니다. '게걸스레 먹다'를 뜻하는 voro는 식습관에 관련된 단어들의 어근으로 쓰입니다.

carnivorous [kahr-NIV´-ər-əs] 육식성의, 육식 동물의
carnivore [KAHR'-nə-vawr'] 육식동물

herbivorous : 젖소, 사슴, 말처럼 곡물과 풀 같은 식물을 먹고 살아가는 '초식의'란 뜻입니다. 초식동물은 herbivore입니다. '풀herb'을 뜻하는 라틴어 herba와 voro가 결합된 단어입니다.

herbivorous [hur-BIV'-ər-əs] 초식성의
herbivore [HUR'-bə-vawr'] 초식동물

omnivorous : 살코기, 곡물과 풀, 물고기, 벌레 등 먹을 수 있는 것이면 '무엇이나 먹는', '잡식의'라는 뜻입니다. 먹는 것을 가리지 않는 종은 인간과 쥐뿐입니다. 사람과 함께 사는 고양이와 개도 먹는 것을 가리지 않는다는 점에서, 길들여지지 않은 사자와 호랑이, 스라소니와 늑대 등과 같은 feline고양잇과 동물이나 canine갯과 동물과는 다릅니다. '모두all'를 뜻하는 라틴어 omnis와 어근 voro에 형용사형 접미어 -ous가 덧붙여져 형성된 omnivorous는 음식에만 쓰이지는 않습니다. omnivorous reader는 책의 종류를 가리지 않고 많은 책을 읽는 사람입니다. 즉 온갖 종류의 읽을거리를 닥치는 대로 읽는 것이죠.

omnivorous [om-NIV'-ər-əs] 잡식성의

voracious : '게걸스레 먹는devouring'이라는 뜻입니다. 따라서 '탐욕스럽고 욕심이 많은'이란 뜻으로도 쓰입니다. 요컨대 음식만이 아니라 다른 습관을 가리키는 데도 사용됩니다. voracious eater 게걸스레 먹는 사람, voracious reader 책을 탐독하는 독서가, voracious in one's pursuit of money, pleasure, etc. 돈이나 쾌락 등을 탐욕스레 추구하는 등과 같이 쓰입니다. loquacious 수다스러운의 명사형이 둘이라는 걸 참고하여 voracious에서 파생된 명사형을 2개 써보세요.

voracious [vaw-RAY'-shəs] 게걸스러운, 열렬히 탐하는
voracity [vaw-RAS´-ə-tee] 폭식, 대식, 탐욕, 집착

_______________, _______________.

"allness" '전부'

라틴어 omnis는 다음과 같은 단어들의 어근으로도 쓰입니다.

omnipotent : '전능한all-powerful'이라는 뜻입니다. 주로 신과 관련해 쓰이지만, 약간 과장해서 무한한 권력을 지닌 지배자에게도 쓰입니다. 예컨대 11세기의 위대한 바이킹왕 크누트는 아첨하는 신하들에게 자신의 전능함을 과시하기 위해 파도에게 물러가라고 명령했지만 홀딱 젖고 말았지요! omnis에 '강력한powerful'이란 뜻의 라틴어 potens, potentis가 더해진 potentate는 '강력한 지배자', '세력가'라는 의미를 가지고 있습니다. impotent는 '무력한powerless', potent는 '강력한', potential은 '아직 행사되지 않은 힘이나 능력을 지닌', '잠재력이 있는'이란 뜻입니다. omnipotent의 명사형은 무엇일까요? ____________.

omnipotent [om-NIP'-ə-tənt] 전능한
impotent [IM'-pə-tənt] 무력한
impotence [IM'-pə-təns] 무력, 무기력, 허약, 노쇠
omnipotence [om-NIP'-ə-təns] 전능, 무한한 힘

omniscient : '모든 것을 알고 있는', '박식한all-knowing'이란 뜻입니다. 따라서 '무한히 현명한'이란 뜻으로 확대돼 쓰입니다. omnis에 '앎knowing'을 뜻하는 sciens가 더해진 단어입니다. 앞에서 이 형용사에 대해 공부했습니다. 따라서 어렵지 않게 명사형을 쓸 수 있을 겁니다. ____________.

omniscient [om-NISH'-ənt] 모든 것을 다 아는, 전지의
omniscience [om-NISH'-əns] 전지, 박식

omnipresent: '동시에 어디에나 존재하는'이란 뜻입니다. 제2차 세계 대전이 발발하기 직전 1939년 유럽에서는 두려움이 omnipresent했습니다. omnipresent의 동의어는 ubiquitous도처에 존재하는, 편재하는입니다. 이 단어는 '모든 곳everywhere'을 뜻하는 라틴어 ubique에서 파생되었습니다. 봄이 오면, ubiquitous한 아이스크림 행상인은 작은 종을 딸랑거리며 동시에 everywhere에 있는 듯합니다. 또 ubiquitous한 빨간 소형 트럭은 공항의 everywhere를 돌아다니며 출발을 앞둔 항공기에 연료를 공급합니다. 명사형은 ubiquity 혹은 ____________입니다.

omnipresent [om'-nə-PREZ'-ənt] 편재하는, 어디에나 있는
omnipresence [om'-nə-PREZ'-əns] 편재, 어디에나 있음
ubiquitous [yōō-BIK'-wə-təs] 어디에나 있는, 아주 흔한
ubiquity [yōō-BIK'-wə-tee] 편재, 도처에 있음
ubiquitousness [yōō-BIK'-wə-təs-nəs] 편재

예를 들면 Ubiquitous laughter greeted the press secretary's

remark 도처에 존재하는 웃음이 공보관의 말을 반겼다로 쓰입니다.

omnibus : 어원적으로는 '모두를 위한', '모두를 포함하는'이란 뜻입니다. 단축형인 bus는 돈을 내면 누구나 이용할 수 있는 공공 교통수단, '버스'지요. 존 골즈워디의 omnibus는 골즈워디의 '모든' 작품을 포함한 '작품집'이란 뜻입니다. omnibus한 법안은 다른 법들에서 다루지 않은 '모든' 잡다한 규정을 망라한 법안입니다.

omnibus [OM'-nə-bəs] 옴니버스, 작품집, 버스

more flesh 다시 살에 대하여

'살flesh'을 뜻하는 carnis가 다음에서 어떻게 쓰였는지 눈여겨보세요.

carnelian : 불그스름한 색, 붉은 flesh의 색을 뜻합니다.

carnival : 원래 사순절 직전의 축제 기간을 뜻했습니다. 그때 사람들은 마음껏 실컷 놀다가 "Carne vale! 오, 육신이여, 안녕!"이라 말하며 축제를 끝냈지요. 라틴어에서 vale는 '안녕farewell, goodbye'이란 뜻입니다. 오늘날 carnival은 경기, 놀이기구, 촌극, 많은 음식을 곁들인 야외 여흥을 뜻합니다. 또한 떠들썩하고 재밌는 잔치나 축제도 뜻하기도 합니다.

carnelian [kahr-NEEL'-yən] (보석)홍옥수, 적색

carnival [KAHR'-nə-vəl] 카니발, 축제

carnal : carnal pleasures 육체적 쾌락, carnal appetite 성욕 등의 표현으로 주로 쓰이며, 정신적인 면보다 육체flesh에 관련된 쾌락이나 욕망을 가리킵니다. 따라서 '색정적인sensual', '도발적인lecherous', '선정적인lascivious', '음탕한lubricious'이란 뜻으로 쓰입니다. 명사는 carnality입니다.

carnal [KAHR'-nəl] 육욕적인, 성욕의

carnality [kahr-NAL'-ə-tee] 육욕, 음탕, 세속성

carnage : 전쟁이나 대량살상에서 벌어지는 생명, 즉 인간 육신의 '대학살'을 뜻합니다.

carnage [KAHR'-nəj] 대학살

reincarnation : '환생', '다시 나타남'을 뜻합니다. reincarnation을 믿는 사람들은 자신의 영혼이 flesh를 떠난 후에도 지속되며, 결국에는 갓 태어나는 아이나 동물의 몸으로, 즉 다른 형태로 다시 태어난다고 주장합니다. 이 흥미로운 철학에 따르면, 우리 중 누군가는 옛날에 나폴레옹, 알렉산더 대왕, 클레오파트라 같은 사

reincarnation [ree'-in-kahr-NAY'-shən] 환생

reincarnate [ree-in-KAHR'-nayt] 환생하다

람이었을 겁니다. 동사는 reincarnate로 '다른 육신으로 되돌아오다', '환생하다'라는 뜻입니다.

incarnate : '육신을 갖춘'이란 뜻입니다. 이 형용사를 사용해서 누군가를 the devil incarnate악마의 화신라고 부른다면, '여기에 육신을 가진 악마가 있다'는 의미입니다. 또 누군가를 evil incarnate, 즉 악의 화신이라 부른다면 인간의 형상을 띤 악마라는 뜻이죠. 동사 incarnate는 '……에게 육체를 주다embody', '실현시키다make real'라는 의미입니다.

incarnate
형 [in-KAHR'-nat]
인간의 모습을 한
v [in-KAHR'-nayt]
(생각 · 특질을) 구현하다

dark secrets 숨겨진 비밀

clandestine은 '비밀리에secretly'를 뜻하는 라틴어 clam에서 파생된 단어로, 위험하고 불법적인 계획의 실행에 관련된 비밀이나 은폐를 뜻합니다. clandestine의 동의어는 surreptitious로, '남몰래 하는stealthy', '은밀한sneaky', '내밀한furtive'이란 의미입니다. 발각되는 걸 두려워하기 때문에 그렇게 행동한다는 뜻이 내포되어 있습니다. 하지만 두 단어를 항상 서로 바꾸어 쓰지는 않습니다. 예컨대 모임이나 약속에 대해서는 clandestine과 surreptitious가 모두 쓰이지만, 계획에는 clandestine, 행동이나 행위에는 surreptitious만이 쓰입니다. surreptitious의 명사형은 ____________입니다.

clandestine [klan-DES'-tin]
비밀리에 하는, 은밀한
surreptitious
[sur'-əp-TISH'-əs]
은밀한, 슬쩍 하는
surreptitiousness
[sur'-əp-TISH'-əs-nəs]
비밀, 은밀

QUIZ

어원복습

단어의 어원적 구조를 정확히 파악하면 훨씬 효과적으로 단어를 정복할 수 있습니다. 지금까지 배운 접두어와 어근, 접미어를 복습하는 의미로 풀어보는 것이므로 따로 정답은 없습니다. 자유롭게 생각나는 단어를 써보세요.

	접두어/어근/접미어	의미	파생어
1	-ine	like, similar to, characteristic of	
2	leo	lion	
3	felis	cat	
4	porcus	pig	
5	canis	dog	
6	vulpus	fox	
7	ursus	bear	
8	lupus	wolf	
9	equus	horse	
10	piscis	fish	
11	nostos	a return	
12	algos	pain	
13	-ic	형용사형 접미어	
14	kakos	bad, harsh, ugly	
15	phone	sound	
16	xylon	wood	
17	carnis	flesh	
18	voro	to devour	
19	herba	herb	
20	omnis	all	
21	-ous	형용사형 접미어	
22	potens, potentis	powerful	

23	sciens	knowing	
24	ubique	everywhere	
25	-ity	명사형 접미어	
26	vale	farewell	
27	-al	형용사형 접미어	
28	re-	again, back	
29	-ate	동사형 접미어	
30	in-	in	
31	clam	secretly	
32	-ent	형용사형 접미어	
33	-ence	명사형 접미어	

EXERCISE
연습문제

1. 다음 단어를 정확히 발음해보세요.

1) **leonine** LEE´-ə-nīn´
2) **canine** KAY´-nīn´
3) **feline** FEE´-līn´
4) **porcine** PAWR´-sīn´
5) **vulpine** VUL´-pīn´
6) **ursine** UR´-sīn´
7) **lupine** LO͞O´-pīn´
8) **equine** EE´-kwīn´
9) **piscine** PIS´-īn´
10) **nostalgic** nos-TAL´-jik

2. 다음 단어를 정확히 발음해보세요.

1) **cacophonous** kə-KOF´-ə-nəs
2) **phonetics** fə-NET´-iks
3) **phonetic** fə-NET´-ik
4) **phonetician** fō-nə-TISH-ən
5) **carnivore** KAHR´-nə-vawr´
6) **herbivore** HUR´-bə-vawr´
7) **herbivorous** hur-BIV´-ər-əs
8) **omnivorous** om-NIV´-ər-əs
9) **voracious** vaw-RAY´-shəs
10) **voracity** vaw-RAS´-ə-tee
11) **omnipotent** om-NIP´-ə-tənt
12) **impotent** IM´-pə-tənt
13) **impotence** IM´-pə-təns
14) **omnipotence** om-NIP´-ə-təns

3. 다음 단어를 정확히 발음해보세요.

1) **omniscient** om-NISH´-ənt
2) **omniscience** om-NISH´-əns
3) **omnipresent** om´-nə-PREZ´-ənt
4) **omnipresence** om´-nə-PREZ´-əns
5) **ubiquitous** yo͞o-BIK´-wə-təs
6) **ubiquity** yo͞o-BIK´-wə-tee
7) **ubiquitousness** yo͞o-BIK´-wə-təs-nəs
8) **omnibus** OM´-nə-bəs

4. 다음 단어를 정확히 발음해보세요.

1) **carnelian** kahr-NEEL´-yən
2) **carnal** KAHR´-nəl
3) **carnality** kahr-NAL´-ə-tee
4) **carnage** KAHR´-nəj
5) **reincarnation** ree´-in-kahr-NAY´-shən
6) **reincarnate** ree´-in-KAHR´-nayt
7) **incarnate** adj in-KAHR´-nət
8) **incarnate** v in-KAHR´-nayt
9) **surreptitious** sur´-əp-TISH´-əs
10) **surreptitiousness** sur´-əp-TISH´-əs-nəs

5. 다음 단어와 연관되는 내용을 보기에서 고르세요.

보기

a. doglike
b. greedy, devouring
c. foxlike
d. all-powerful
e. stealthy, clandestine
f. lionlike
g. all-knowing
h. bearlike
i. catlike
j. piglike

1) **leonine** ______
2) **canine** ______
3) **feline** ______
4) **porcine** ______
5) **vulpine** ______
6) **ursine** ______
7) **voracious** ______
8) **omnipotent** ______
9) **omniscient** ______
10) **surreptitious** ______

6. 다음 단어와 연관되는 내용을 보기에서 고르세요.

보기

a. harsh-sounding
b. eating everything
c. lewd, lecherous, lubricious
d. found everywhere
e. homesick
f. grass-eating
g. in the flesh

1) **nostalgic** ______
2) **cacophonous** ______
3) **herbivorous** ______
4) **omnivorous** ______
5) **ubiquitous** ______
6) **carnal** ______
7) **incarnate** ______

7. 다음 단어와 연관되는 내용을 보기에서 고르세요.

보기

a. universality
b. a color
c. infinite power
d. furtiveness; stealth; sneakiness
e. lechery, lasciviousness, lubricity
f. infinite wisdom
g. science of speech sounds
h. slaughter
i. a collection of all things
j. greediness
k. meat-eater
l. a return to life in a new body or form

1) **phonetics** ______
2) **carnivore** ______
3) **voracity** ______
4) **omnipotence** ______
5) **omniscience** ______
6) **omnipresence** ______
7) **omnibus** ______
8) **carnelian** ______
9) **carnality** ______
10) **carnage** ______
11) **surreptitiousness** ______
12) **reincarnation** ______

8. 다음 단어와 연관되는 내용을 보기에서 고르세요.

보기

a. fishlike
b. powerless
c. wolflike
d. bring back into a new body or form
e. occurrence, or existence, everywhere
f. horselike
g. expert in speech sounds
h. embody; make real; put into bodily form

1) **lupine** ______
2) **equine** ______
3) **piscine** ______
4) **phonetician** ______
5) **impotent** ______
6) **ubiquity** ______
7) **reincarnate** ______
8) **incarnate** ⓥ ______

9. 다음 문장을 읽고 TRUE/FALSE로 대답하세요.

1) A person of *leonine* appearance looks like a tiger. TRUE / FALSE
2) *Canine* habits refers to the habits of dogs. TRUE / FALSE
3) *Feline* grace means catlike grace. TRUE / FALSE
4) *Porcine* appearance means wolflike appearance. TRUE / FALSE
5) *Vulpine* craftiness means foxlike craftiness. TRUE / FALSE
6) *Ursine* means bearlike. TRUE / FALSE
7) *Nostalgic* feelings refer to a longing for past experiences. TRUE / FALSE
8) *Cacophonous* music is pleasant and sweet. TRUE / FALSE
9) An elephant is a *carnivore*. TRUE / FALSE
10) Deer are *herbivorous*. TRUE / FALSE

10. 다음 문장을 읽고 YES/NO로 대답하세요.

1) An *omnivorous* reader does very little reading. TRUE / FALSE
2) A *voracious* eater is gluttonous. TRUE / FALSE
3) True *omnipotence* is unattainable by human beings. TRUE / FALSE
4) No one is *omniscient*. TRUE / FALSE
5) Fear of economic ruin was practically *omnipresent* in the early nineteen-thirties. TRUE / FALSE
6) When an airplane lands for refueling, the *ubiquitous* little red gasoline wagon comes rolling up. TRUE / FALSE
7) An author's *omnibus* contains all his published writings. TRUE / FALSE
8) *Carnelian* is a deep blue color. TRUE / FALSE
9) *Carnality* is much respected in a puritanical society. TRUE / FALSE
10) There is considerable *carnage* in war. TRUE / FALSE
11) A *surreptitious* glance is meant to be conspicuous. TRUE / FALSE
12) A person who is evil *incarnate* is a vicious character. TRUE / FALSE

11. 다음을 보고 생각나는 부사를 쓰세요.

1) secretly

C ______________, S ______________

2) in a harsh and noisy manner

C ______________

3) in a homesick manner

N ______________

4) in a greedy, devouring manner

V ______________

12. 다음을 보고 생각나는 명사를 쓰세요.

1) greediness

V ______________

2) unlimited power

O ______________

3) infinite knowledge

O ______________

4) a gathering of all things

O ______________

5) lechery; indulgence in fleshly pleasures

C ______________

6) slaughter

C ______________

7) stealthiness; secretiveness

S ______________

8) harsh sound

C ______________

9) science of speech sounds

P ______________

10) a return to life in new form

R ______________

13. 다음을 보고 생각나는 형용사를 쓰세요.

1) lionlike

L ______________

2) doglike

C ______________

3) catlike

F ______________

4) cowlike

B ______________

5) foxlike

V ______________

6) bearlike

U ______________

7) homesick

N ______________

8) grating in sound

C ______________

9) meat-eating

C ______________

10) grass-eating

H ______________

11) all-eating; indiscriminate

O ______________

12) devouring; greedy

V ______________

13) in the flesh

I ______________

14. 다음을 보고 생각나는 형용사를 쓰세요.

1) all-powerful

O ______________

2) all-knowing

O ______________

3) present or existing everywhere

O ______________

4) found everywhere

U ______________

5) lewd, lascivious, lecherous

C ______________

6) secret

C ______________

15. 다음을 보고 생각나는 단어를 쓰세요.

1) wolflike

L ______________

2) horselike

E ______________

3) fishlike

P ______________

4) referring to speech sounds

P ______________

5) expert in speech sounds

P ______________

6) powerless

I ______________

7) existence everywhere

U ______________, U ______________, O ______________

8) to bring back into another body or form

R ______________

9) to embody, make real, or put into bodily form

I ______________

REVIEW

챕터복습

1. 다음 정의에 맞는 단어를 고르세요.

1) Utter want
ⓐ affluence ⓑ opulence ⓒ penury

2) Experienced secondhand
ⓐ ephemeral ⓑ vicarious ⓒ evanescent

3) Inoffensive circumlocution
ⓐ badinage ⓑ persiflage ⓒ euphemism

4) Homesick
ⓐ nostalgic ⓑ bromide ⓒ clandestine

5) Meat-eating
ⓐ herbivorous ⓑ voracious ⓒ carnivorous

6) Stingy
ⓐ indigent ⓑ parsimonious ⓒ opulent

7) Extreme financial need
ⓐ destitution ⓑ affluence ⓒ parsimony

8) Great and increasing wealth
ⓐ penuriousness ⓑ affluence ⓒ omnipresence

9) Remaining for a short time
ⓐ euphemistic ⓑ evanescent ⓒ eulogistic

10) Sweet-sounding
ⓐ euphonious ⓑ cacophonous ⓒ euphoric

11) Praise glowingly
ⓐ evanesce ⓑ eulogize ⓒ reincarnate

12) Sense of physical well-being
ⓐ euthanasia ⓑ euphoria ⓒ persiflage

13) Hackneyed expression
ⓐ anodyne ⓑ badinage ⓒ cliché

14) Catlike
ⓐ leonine ⓑ feline ⓒ canine

15) Bearlike
ⓐ vulpine ⓑ ursine ⓒ porcine

16) All-knowing
ⓐ omnipotent ⓑ omniscient ⓒ omnipresent

17) Found everywhere
ⓐ ubiquitous ⓑ omnivorous ⓒ omnibus

18) Destruction
ⓐ carnage ⓑ carnality ⓒ reincarnation

19) Stealthy
ⓐ voracious ⓑ surreptitious ⓒ incarnate

2. 다음 어근에 맞는 의미를 쓰세요.

	어근	의미	파생어
1)	penuria		penury
2)	fluo		affluent
3)	opulentus		wealthy
4)	ephemera		ephemeral
5)	vanesco		evanescent
6)	pheme		euphemism
7)	phone		phonetics
8)	logos		eulogy
9)	thanatos		euthanasia
10)	platys		platitude, platypus
11)	odyne		anodyne
12)	leo		leonine
13)	felis		feline
14)	porcus		porcine
15)	canis		canine
16)	vulpus		vulpine
17)	lupus		lupine
18)	equus		equine
19)	piscis		piscine
20)	nostos		nostalgia
21)	algos		nostalgic
22)	kakos		cacophonous
23)	xylon		xylophone
24)	carnis		carnivorous
25)	voro		omnivorous
26)	herba		herbivorous
27)	omnis		omnipotent
28)	potens, potentis		impotent
29)	sciens		omniscience
30)	ubique		ubiquitous
31)	vale		carnival
32)	clam		clandestine

QUESTION
어원심화

1. 미국의 시인 윌리엄 컬런 브라이언트는 1811년에 「Thanatopsis」라는 시를 썼습니다. 이 단어에 쓰인 두 어근을 잘 알고 있겠지요? 이 단어가 무슨 뜻인지 짐작해보세요.

____

2. 죽음이나 임종을 연구하는 학문을 뜻하는 단어를 만들어야 한다면 어떤 단어가 생각나나요?

____

3. euphemism에서 배웠듯이 pheme은 '목소리voice'를 뜻합니다. 이 어근은 '말하다'를 뜻하는 그리스어 동사 phanai에서 파생됐고, 그 이후에 라틴어, 고대 프랑스어, 중세 영어를 거쳐 마침내 phet-, phec-, phes-로 쓰이게 되었지요. 그리스어 접두어 pro-는 prognosis, prologue 등에서 보듯이 '미리, 앞서'를 뜻합니다. 이런 어근과 접두어를 결합시켜 다음을 뜻하는 단어를 생각해보세요.

a) 어떤 사건이 일어나기 전에 미리 말하다, 예언하다 :

____

b) 그런 사건의 예언 :

____

c) 예언하는 사람 :

____

4. 라틴어 접두어와 어근을 사용해서 다음의 뜻을 지닌 단어를 생각해보세요.

a) 예언하다 : ______________________

b) 예언하는 행위 : ______________________

5. 저명한 정신분석학자, 리처드 카프는 제2차 세계대전과 한국전쟁 및 베트남 전쟁에서 돌아온 퇴역군인 환자들에게서 진단한 정서장애를 가리키기 위해 nostopathy[nos-TOP'-ə-thee]라는 용어를 만들었습니다. 이 단어에 쓰인 두 어근에 대해서는 앞에서 배웠는데요, nostopathy가 무슨 뜻인지 짐작해보세요.

____

6. 다음의 뜻을 지닌 단어를 만들어보세요.

a) 여우를 죽임 : ____________________

b) 늑대를 죽임 : ____________________

c) 사자, 호랑이 등 고양잇과 동물을 죽임 : ____________________

d) 곰을 죽임 : ____________________

7. 다음의 뜻을 지닌 형용사를 생각해보세요.

a) 물고기를 먹는 : ____________________

b) 벌레를 먹는 : ____________________

8. 카나리아 제도가 '개'를 뜻하는 라틴어 어근 canis에서 이름을 따온 것이라고 생각해본 적이 있나요? 실제로 그랬습니다. 크고 사나운 개들이 그 지역에 살고 있었기 때문입니다. 고운 소리로 우는 예쁜 새도 많답니다. 그렇다면 그 새들은 어떻게 불렸을까요?

____

9. 라틴어 어근 potens, potentis을 바탕으로, '효능을 더 높이다', '다른 약의 효과를 증진시키다'라는 뜻의 동사가 새롭게 만들어졌습니다. 그 동사가 무엇인지 짐작해보세요.

____

ADVICE

새로운 단어에 익숙해지기 위하여

독서와 어휘력 향상의 밀접한 관계에 대해서는 이미 앞에서 수차례 언급했습니다. 좋은 책과 괜찮은 잡지는 여러분에게 여러 새로운 개념에 대해 알려줄 뿐 아니라, 이 책을 공부하면서 배운 수백 개의 단어를 더 완전하고 깊게 이해하도록 해줍니다. 독서를 충분히 했다면, 예컨대 최소한 일주일에 서너 권의 잡지, 한 달에 세 권의 책을 읽어왔다면, 여러분이 이 책에서 배웠던 새로운 단어들을 끊임없이 계속해서 만났을 것입니다. 이런 만남은 옛 친구들을 새로운 곳에서 다시 만나는 것과 같습니다. 친구들이 새로운 상황에 대응하는 걸 지켜볼 때 그들을 더 깊이 이해하게 됩니다. 이와 마찬가지로 여러분이 이 책에서 배운 단어들을 다른 맥락에서, 또 다른 곳에서 만날 때 그 단어들에 대한 이해가 훨씬 깊어집니다.

내가 앞에서 추천한 책들은 모두 논픽션이었습니다. 그러나 소설도 어휘력 향상에 도움을 주는 훌륭한 원천입니다. 그러나 소설을 읽는 동안 필연적으로 만나는 새로운 단어에 신경을 곤두세워야 한다는 조건이 필요합니다. 소설을 읽을 때 새로운 단어에 부딪치면 무시하고 싶은 것이 자연스런 반응입니다. 많은 단어의 뜻을 분명히 모르더라도 줄거리를 따라가는 데는 문제가 없기 때문입니다. 나는 여러분에게 소설을 읽는 동안 부딪치는 낯선 단어들을 무시하고 싶은 유혹을 이겨내라고 강력하게 충고합니다. 온 힘을 다해서 그 유혹을 이겨내야 합니다. 그렇게 할 때만 소설을 읽으면서 어휘력을 꾸준히 증진시킬 수 있기 때문입니다.

그럼 어떻게 해야만 할까요? 성급히 사전에 달려들지는 마십시오. 번거롭게 밑줄을 긋지도 마세요. 한꺼번에 찾아보겠다며 새로운 단어의 목록을 만들지도 마세요. 이런 일들은 힘들기도 하지만, 오랫동안 꾸준히 계속하기도 어렵습니다.

대신, 아주 간단하면서도 무척 효과적인 방법을 시도해봅시다. 새로운 단어를 만나면, 잠시 글을 읽는 걸 멈추고 문장에서 사용된 용례에 비추어, 혹은 여러분이 이미 배운 어근과 접두

ADVICE

어가 그 단어에 포함돼 있다면 그것들을 근거로 의미를 짐작해보세요. 그 단어를 머릿속에 기억하면서 한두 번 큰 소리로 읽어보세요. 그 후에 책을 계속 읽어가세요.

그렇게만 하면 됩니다. 물론, 이 책에서 공부한 단어들에 대해 가졌던 마음가짐을 새로운 단어에 대해서도 똑같이 적용해야 합니다. 그 결과는 당연히 똑같을 것입니다. 다른 책을 읽을 때 반복해서 나타나는 단어를 눈여겨보고, 또 다양한 맥락에서 그 단어를 만나게 될 것이기 때문에 그 단어에 함축된 뜻과 특징을 충분히 인식하기 시작하면서 결국에는 그 단어의 뜻을 정확히 파악하게 될 것입니다. 이런 식으로 계속하면 여러분은 이 책에서 공부한 단어들에 대해서는 물론이고, 그 밖의 중요하고 의미 있는 모든 단어들에 대해서도 주의를 게을리하지 않을 것입니다. 그럼 여러분의 어휘력은 꾸준히 향상되기 마련입니다.

그러나 꾸준히 독서할 때에만 어휘력도 더불어 향상됩니다! 나는 여기에서 특정한 소설이나 소설가를 추천하고 싶지는 않습니다. 개인마다 좋아하는 소설의 유형이 다르기 때문입니다. 물론 여러분은 자신이 어떤 유형의 소설을 좋아하는지 알고 있을 것입니다. 예컨대 추리소설, 공상과학소설, 스파이소설, 모험소설, 역사소설, 정치소설, 연애소설, 서부극, 전기소설 중 하나이거나 모든 유형을 좋아할 수도 있습니다. 아니면 아이디어가 번뜩이는 소설, 성적 무용담, 판타지, 여러분이 속한 사회와는 다른 사회의 삶을 다룬 소설을 좋아할 수도 있고요. 어떤 유형의 소설을 좋아하든 상관없습니다. 수천 권의 책을 뒤적이며 여러분의 마음에 드는 소설이나 소설가를 찾아내면 됩 니다.

그런 후에 책을 읽어보세요! 새로운 단어를 계속 눈여겨보세요. 그럼 수백, 수천 단어가 눈에 들어올 것입니다. 풍부한 어휘력을 지닌 사람은 어린 시절부터 종류를 가리지 않고 닥치는 대로 글을 읽어온 사람입니다. 빵 봉지와 시리얼 상자에 작은 글씨로 인쇄된 성분 표시도 예외가 아닌 읽을거리였습니다. 이런 사실을 잊어서는 안 됩니다.

쉬어가기 8

HOW TO SPELL A WORD

단어의 철자

영어 단어의 철자법은 헷갈리기 쉽고 쓸데없이 복잡합니다. 유머감각이 있는 사람에게는 완전히 코미디처럼 여겨지기도 합니다. 괴상망측한 방법으로 문자를 짜맞추어 단어를 만들어내는 방법에 여러분이 욕설을 퍼붓더라도 그 심정을 충분히 이해할 수 있습니다. 그러나 철자법은 어차피 우리가 감내해야 할 부분입니다.

철자법이 우리 삶과 얼마나 밀접한 관계가 있는지 극명하게 보여주는 사건이 1906년에 있었습니다. 박애주의자 앤드류 카네기가 75,000달러를 투자했던 약간은 우스꽝스런 사건이었죠.

존경받는 학자 브랜더 매튜스가 위원장을 맡았던 철자법 간소화 위원회는 카네기에게 5년간 기금을 받아 운영되었습니다. 혼란스럽기 그지없는 영어 철자법을 조금이라도 규칙화시키기 위한 권고안들을 1906년 발표했지만, 그들의 제안은 당시 약 50만 개의 단어 중에서 겨우 300단어에만 영향을 미쳤습니다. 몇 가지만 예를 들어보죠.

당시에 통용되던 철자	간소화된 철자
mediaeval 중세의	medieval
doubt 의심하다	dout
debtor 채무자	dettor
head 머리	hed
though ……에도 불구하고	tho
through ……을 통하여	thru
laugh 웃다	laf
tough 거친	tuf
knife 칼	nife
theatre 극장	theater
centre 중심	center
phantom 유령	fantom

이런 수정안은 당시 미국 대통령, 시어도어 루스벨트에게 무척 타당성 있게 받아들여진 듯합니다. 루스벨트는 이 300개의 단어가 이루어낼 새로운 영어에 몹시 기뻐하며, 곧바로 모든 정부 문서에 간소화된 철자법을 사용하라는 명령을 내렸습니다. 그 결과는 어땠을까요? 공화국의 선량한 시민과 전국의 편집자, 교사와 기업가 들로부터 원성

이 자자해지는 바람에 마침내 철자법 간소화라는 쟁점이 의사당에서 토론되기에 이르렀습니다. 상원의원과 하원의원 거의 모두가 그 계획에 반대하고 나섰습니다. 그러나 루스벨트는 지독한 고집쟁이였습니다. 하지만 대통령이 포기하지 않으면 의회가 백악관의 문방용품 지출을 중지시키겠다고 위협하자 루스벨트는 그 명령을 철회했습니다. 얼마 후에 루스벨트는 재선에 도전했지만 낙선되고 말았습니다. 철자법에 대한 그의 입장이 선거의 패배에 일조했는지는 상당히 의심스럽지만, 야당의 편에 섰던 뉴욕의 한 신문은 복수가 시작된 날에 퇴임 대통령에 대해 악의에 찬 사설을 실었습니다. 그 사설 제목은 간소화된 철자로 된 한 단어, 'THRU!다 끝났다!'였습니다.

루스벨트는 고약한 영어 철자법에 분노를 터뜨린 최초의 대통령은 아니었습니다. 그보다 100년 전에 앤드류 잭슨은 변변치 못한 철자법 실력 때문에 모욕을 받았습니다. 그때 잭슨은 "글쎄요, 단어의 철자를 하나밖에 생각해내지 못하는 사람이야말로 생각이 모자란 사람이 아니겠습니까!"라고 대답했던 것으로 알려집니다. 근거가 의심스럽기는 하지만 소문에 따르면, 잭슨의 야릇한 철자법에서 okay란 표현이 나왔다고도 전해집니다. 잭슨이 'all correct'좋아!를 'orl korrect'라 썼고, 공문서에 서명할 때 이 단어들의 약자로 O.K.를 사용했다는 것입니다.

오래 전, 영국의 극작가 조지 버나드 쇼는 영국의 세금을 줄이기 위한 극적인 제안을 했습니다. 까다로운 영어 철자에서 불필요한 글자를 없애기만 해도 종이값과 인쇄비가 엄청나게 절약되어 세율을 절반까지 줄일 수 있을 거라고 말했습니다. 그랬다면 분명히 효과가 있었겠지만 그 제안은 시험조차 되지 않았습니다. 현재 상황에 비추어 보면 그 제안은 앞으로도 시도되지 않을 듯합니다. 현재의 관행은 현재의 철자법이 나쁜 줄 알면서도 정확히 지키는 방향을 더 집요하게 고수하고 있기 때문입니다. 많은 사람이 실수를 범하면 그 실수를 허용하는 어법으로 변해야 하는 것이 과학적인 언어 법칙입니다. 이 법칙이 발음과 문법 및 단어의 뜻에는 적용되지만 철자법에는 적용되지 않습니다. 이런 현상은 활자화된 글에 대한 우리의 잘못된 믿음과 맹신에서 비롯된 것 같습니다. 어쩌면 입말은 끊임없이 변하지만 글말은 변하지 않는 경향을 띠기 때문일 수도 있습니다. 원인이 무엇이든 오늘날에도 철자법은 개혁의 논리적 필요성을 완강히 거부하고 있습니다. 소스타인 베블렌이 말했습니다. "영어 철자는 낭비의 법칙을 철저히 따르며 명성을 얻기 위한 모든 기준 조건을 만족시키고 있습니다. 영어 철자는 구태의연하고 번거로우며 비효율적입니다." 전적으로 맞는 말입니다. 하지만 누구도 여기에서 한 발짝도 나가지 못하고 있습니다.

여러분 주변의 가장 박식한 친구도 하와이 기타에 붙여진 이름의 철자를 정확히 써내지 못할 것입니다. 나는 유명한 대학 영문과 학생 6명에게 그 단어의 철자를 물었습니다. 예외없이 모두가 ukelele라고 대답했습니다. 하지만 정식으로 인정되는 철자는 ukulele입니다.

내가 리오 혼도 대학에서 가르친 경험을 근거로 판단해보면, 미국 국민의 절반 가량이 우쿨렐레의 철자를 alright 하게 쓴다고 생각할 것입니다. alright의 올바른 철자는 all right입니다. 내가 가르친 학생의 75퍼센트가 embarrassing난처하게 하는과 coolly냉정히의 철자를 쓸 줄 몰랐습니다. 사람들은 이 단어들의 철자를 계속 잘못 쓰겠지만, 공인된 철자는 변화할 조짐조차 보이지 않을 것입니다.

알라의 예언자 무함마드와 산에 관한 일화를 알 것입니다. 우리가 지난 80년 동안 철자법을 아주 조금이나마 현대화시킨 건 사실입니다. 예컨대 traveller, centre, theatre, mediaeval, labour, honour 대신에 요즘에는 거의 traveler, center, theater, medieval, labor, honor로 쓰입니다. 하지만, 변화에 대한 저항은 아직 약화되지 않았습니다. 십중팔구 바뀌지 않겠지만 철자법이 바뀌지 않는다면, 철자법에 서툴다고 생각하는 우리가 변하는 수밖에 없습니다. 우리가 일어서서 산을 향해 가는 수밖에 없습니다.

철자법에 정통하는 것이 그렇게 어려운 일일까요? 나는 강의 시간에, 정상적인 지능과 평균 수준의 교육을 받은 사람이면 누구든 아주 짧은 시간 내에 철자를 거의 완벽하게 습득할 수 있다는 걸 거듭해서 입증했습니다.

어떻게 해야 철자법을 쉽게 정복할 수 있을까요?

첫째, 연구조사에 따르면 교육받은 사람이 철자에서 흔히 저지르는 실수의 95퍼센트가 정확히 100단어에 집중되어 있었습니다. 우리 모두가 똑같은 단어의 철자를 실수할 뿐 아니라, 거의 똑같은 식으로 철자를 잘못 쓰고 있는 것입니다.

둘째, 올바른 철자는 전적으로 기억에 달려 있기 때문에 기억력을 가장 효과적으로 단련시키기 위해서 연상, 전문용어로 말하면 기억술mnemonics을 이용해야 합니다.

여러분이 철자법에 서툴고, 심지어 철자 실력이 끔찍하다고 생각한다면, 여기에서 다루는 100개의 단어 중 일부나 전부를 잘못 쓰고 있다는 이유만으로 열등감을 가질 가능성이 무척 큽니다. 그러나 여러분이 아래의 목록에 주어진 내용을 완전히 이해하고, 기억술을 이용해 철자를 기억하는 게 얼마나 쉬운가를 증명해 보인다면, 여러분을 괴롭히던 철자 문제의 95퍼센트가 해결될 것입니다.

먼저 아래에 주어진 25단어로 시작해보죠. 왼쪽에는 각 단어의 올바른 철자가 쓰여 있고, 오른쪽에는 올바른 철자를 여러분의 기억에 영원히 심어줄 간단한 기억 방법이 설명돼 있습니다.

	올바른 철자	기억하는 방법
1	all right 괜찮은, 틀림없는	무슨 뜻으로 쓰이든 두 단어입니다. 반대말이 all wrong이라고 기억하세요.
2	coolly 차분하게	물론 cool의 철자는 쉽게 쓸 수 있을 것입니다. 단순히 부사형 접미어 -ly를 덧붙였을 뿐입니다.
3	supersede 면직시키다	영어에서 -sede로 끝나는 유일한 단어입니다. 유일한 하나라는 걸 꼭 기억하세요. 이렇게 쓰이는 다른 단어는 없으니까요!
4	succeed 성공하다 proceed 진출하다 exceed 초과하다	영어에서 이 세 단어만이 -ceed로 끝납니다. 세 단어를 여기에서 주어진 순서로 기억하면 첫 문자들이 SPEED의 앞부분이 됩니다.
5	cede 양도하다 precede 앞서다 recede 물러나다, etc.	마지막 음절이 비슷하게 소리 나는 그 밖의 단어들은 모두 -cede로 끝납니다.
6	procedure 절차	proceed에서 두 e 중 하나가 명사인 procedure에서는 끝으로 옮겨갔습니다.
7	stationery 문방용품	종이를 뜻하는 단어이므로 paper의 -er을 빌려갔다고 생각하세요.
8	stationary 움직이지 않는	이 단어는 움직이지 않고 '서 있다stand'는 뜻이므로 stand의 -a를 생각하세요.
9	recommend 추천하다	commend추천하다, 맡기다의 철자는 대부분이 쓸 줄 압니다. 이 단어에 접두어 re-를 덧붙이세요.
10	separate 분리하다 comparative 비교의	두 단어에서 rat쥐를 찾아보세요.
11	ecstasy 환희	환희의 상태에서 sy(sigh한숨을 내쉬다).
12	analyze 분석하다 paralyze 마비시키다	전문용어가 아닌 단어로는 영어에서 유일하게 -yze로 끝나는 두 단어입니다.
13	repetition 반복	처음 네 문자는 동사인 repeat의 철자와 똑같습니다.
14	irritable 짜증내는 inimitable 흉내낼 수 없는	동사인 irritate와 imitate를 생각하세요.

15	absence 부재, 없음	형용사인 absent를 생각하면 abscence로 잘못 쓸 염려가 거의 없습니다.
16	superintendent 관리자	apartment아파트의 superintendent는 rent집세를 걷습니다. 이렇게 생각하면 superintendant로 잘못 쓸 염려가 없습니다.
17	conscience 의식	science에 접두어 con-을 덧붙이세요.
18	anoint 기름을 붓다	an ointment연고를 생각하세요. n을 두 번 쓰지 않습니다.
19	ridiculous 우스꽝스런	모두가 정확히 써내는 명사 ridicule을 관련지어 생각하면 rediculous로 쓰는 실수를 피할 수 있습니다.
20	despair 절망	역시 다른 형태인 desperate절망적인을 관련지어 생각하면 dispair로 쓰는 실수를 피할 수 있습니다.

여러분의 철자 실력이 어떻든 간에 여러분을 괴롭히는 위의 25단어 철자를 습득하는 데 오랜 시간이 걸리지 않을 것입니다. 철자가 헷갈리는 위의 단어들을 몇 분을 할애해 암기한 후 아래의 문제를 통해 얼마나 확실하게 기억하고 있는지 확인해보세요. 놀랍겠지만 어렵지 않게 높은 점수를 받을 수 있을 것입니다. 정답은 해답편에 있습니다.

학습 효과 테스트

앞의 목록에 주어진 단어들을 공부한 후에 아래에서 빠진 글자를 정확히 채워보세요.

1. a____ right
2. coo____y
3. super____
4. suc____
5. pro____
6. ex____
7. pre____
8. proc____dure
9. station____ry (paper)
10. station____ry (still)
11. sep____rate
12. compar____tive
13. re____o____end
14. ecsta____y
15. anal____e
16. paral____e
17. rep____tition
18. irrit____ble
19. inimit____ble
20. ab____ence
21. superintend____nt
22. con____nce
23. a____oint
24. r____diculous
25. d____spair

반복 연습만으로 철자를 정확히 기억하는 법을 터득하기는 힘듭니다. I have went라는 비문법적 표현을 습관적으로 사용했다는 이유로 방과 후에도 학교에 남아 공부해야 했던 어린 꼬마에 대한 얘기를 들어보았을 것입니다. 여선생은 극단적인 수단을 써서라도 그 꼬마에게 올바른 표현을 가르쳐주기로 결심했습니다. 그래서 꼬마에게 I have gone을 1000번 쓰라고 지시했고, "네가 쓴 걸 집에 가기 전에 내 책상에 갖다 놓거라. 내일 아침에 내가 와서 확인해보겠다"라고 말했죠. 이튿날 아침 여선생은 책상에서, I have gone이 1000번 깔끔하게 쓰인 20장의 과제물을 확인했습니다. 그런데 마지막 장에 꼬마가 남긴 편지가 있었습니다. 거기에는 "Dear Teacher, I have done the work and I have went선생님, 숙제를 다 했습니다. 집에 가겠습니다"라고 쓰여 있었답니다. 이런 일이 실제로 일어나지는 않았겠지만 논리적으로 생각하면 얼마든지 가능한 일입니다. 연습을 아무리 하더라도 정신을 몰두하지 않으면 학습 효과는 기대할 수 없기 때문이죠. 운전을 하거나 바느질을 할 때, 요컨대 손을 사용하는 익숙한 일을 할 때는 정신을 딴 데 두고도 두 손을 능숙하게 움직이며 일할 수 있습니다. 그러나 철자를 익히기 위해 어떤 단어를 반복해 쓰고 있다면 그런 시간 낭비를 당장 중단하세요. 그런 수고의 대가로 여러분이 얻는 것은 손가락 경련뿐일 테니까요.

지금 여러분을 괴롭히는 단어들의 철자를 완전히 습득하는 유일한 방법은 각 단어를 기억하는 방법을 고안해내는 것입니다.

indispensible인지 indispensable인지 확신할 수 없을 때 그 단어를 100번, 1000번, 100만 번이라도 써볼 수는 있습니다. 그런데 막상 문장에서 써야 할 때는 그 단어가 -ible로 끝나는지 -able로 끝나는지 여전히 망설여집니다. 하지만 able한 사람은 일반적으로 indispensable없어서는 안 되는하다고 단 한 번이라도 마음속으로 중얼거린다면, 그 단어의 철자를 써야 할 때마다 그 생각이 머릿속에 떠오를 것입니다. 말하자면, 몇 초 만에 여러분을 괴롭히던 단어 하나를 정복한 셈이죠. 이처럼 까다로운 단어의 구조를 파악해 기억하는 방법을 고안해낸다면, 단어의 올바른 철자를 빨리 외워 다시는 골치를 썩이는 일이 없을 것입니다.

즉시 시작해볼까요. 악마처럼 우리를 괴롭히는 100개의 단어 중 올바른 철자와 흔히 잘못 쓰는 철자 25개가 무작위로 아래에 주어졌습니다. 각 단어에 대해 올바르다고 생각되는 철자를 표시해보세요. 가능하면 신속하게 풀어보세요. 그럼 25단어 중 어떤 단어에서 망설였고 틀렸는지 확인할 수 있을 것입니다. 틀린 단어들을 기억하는 방법을 직접 고안해내고, 그렇게 생각해낸 결과를 여백에 써두세요. 기억하는 방법이 어리석게 느껴지더라도 신경 쓰지 마세요. 어리석게 느껴지는 방법이 다급한 경우에 더 잘 기억날 수도 있습니다. 제 학생 중 하나는 tranquillity고요함인지 tranquility인지, 요컨대 l이 몇 개인지 기억하기 힘들자, 머리를 최대한 짜내 "옛날에는 삶이 지금보다 tranquil했고, 만년필 대신에 quill새 깃의 깃대로 글을 썼다. 그래서 tranquillity!"라고 생각했죠. 또 irresistible이겨낼 수 없는이 -ible로 끝나는지 -able로 끝나는지 헷갈려서 머리 싸매던 한 여학생은 lipstick립스틱의 어떤 상표가 irresistible이라 불린다는 것을 불현듯 깨달은 후로는 그 단어를 떠올릴 때 아무런 어려움도 느끼지 않았습니다. lipstick에서 모음이 i뿐이기 때문에 -ible라고 기억했던 것이죠. 어처구니없지 않은가요? 그러나 그 방법들은 한결같이 효과가 있습니다. 바로 문제를 풀어보세요. 그리고 여러분이 얼마나 영리한지, 아니 어리석은지 확인해보세요.

철자 문제

1. 놀라게 하다	ⓐ supprise	ⓑ surprise
2. 예방접종하다	ⓐ inoculate	ⓑ innoculate
3. 명확히	ⓐ definitely	ⓑ definately
4. 특권	ⓐ priviledge	ⓑ privilege
5. 우연히	ⓐ incidently	ⓑ incidentally
6. 예측할 수 있는	ⓐ predictible	ⓑ predictable

7. 흩어지다	ⓐ dissipate	ⓑ disippate
8. 차별하다	ⓐ descriminate	ⓑ discriminate
9. 묘사	ⓐ description	ⓑ discription
10. 풍선, 기구	ⓐ baloon	ⓑ balloon
11. 발생, 사건	ⓐ occurence	ⓑ occurrence
12. 진실로	ⓐ truely	ⓑ truly
13. 주장	ⓐ arguement	ⓑ argument
14. 조수	ⓐ assistant	ⓑ asisstant
15. 문법	ⓐ grammer	ⓑ grammar
16. 평행하는	ⓐ parallel	ⓑ paralell
17. 취기	ⓐ drunkeness	ⓑ drunkenness
18. 돌연	ⓐ suddeness	ⓑ suddenness
19. 당황	ⓐ embarassment	ⓑ embarrassment
20. 기묘한	ⓐ weird	ⓑ wierd
21. 발음	ⓐ pronounciation	ⓑ pronunciation
22. 눈에 띄는	ⓐ noticeable	ⓑ noticable
23. 발전	ⓐ developement	ⓑ development
24. 사악한	ⓐ vicious	ⓑ viscious
25. 주장하는	ⓐ insistent	ⓑ insistant

이제 여러분은 철자법에서 우월감을 보일 만한 정도에 들어섰습니다. 그런 자신감을 드러낸다고 나쁠 것은 없습니다. 학생들을 가르치면서 경험한 바에 따르면, 학생들이 항상 실수하는 단어가 기껏해야 20개 안팎인 데도 오로지 그 때문에 당혹감에 빠져 철자에 대한 자신감을 완전히 상실한 채 실력이 형편없다고 자조합니다. 학생들은 그 밖의 다른 단어들의 철자는 완벽하게 쓰지만, 자신감을 회복할 때까지는 철자법에 서툰 지독한 얼간이라고 생각하지요. 따라서 자신감을 조금씩 회복하기 시작했다면 공부를 제대로 하고 있는 것입니다. 대부분의 사람이 가장 많이 철자를 틀리는 100개의 단어를 정복하면 철자법 경연대회에서 항상 우승할 거라고 보장할 수는 없지만, 글을 한결 깔끔하게 쓸 수 있을 것이고 자존심도 유지할 수 있습니다.

지금까지 철자가 까다로운 100단어 중에서 50단어를 살펴보았습니다. 이제 남은 50개에 도전해봅시다. 직접 시험해보거나 비밀을 지켜줄 수 있는 사람에게 여러분의 실력을 시험해달라고 부탁해서, 어떤 단어가 여러분의 약점인지 확인해보세요. 또 틀린 단어들은 하나하나가 공학적인 문제라 여기고 철저하게 연구하세요. 요컨대 각 단어가 어떻게 구성됐는지 눈여겨보고, 올바른 철자를 머릿속에 확실히 심을 수 있는 연상 방법을 어떻게든 찾아내야 합니다. 부디 좋은 성과가 있기를!

철자가 까다로운 단어들

이제 50개의 단어를 더해, 사람들이 가장 흔히 틀리는 단어 100개의 목록을 완성해보세요.

1. embarrassing 난처하게 하는
2. judgement 판단
3. indispensable 없어서는 안 되는
4. disappear 사라지다
5. disappoint 실망시키다
6. corroborate 확증하다
7. sacrilegious 신을 모독하는
8. tranquillity 고요함
9. exhilaration 상쾌
10. newsstand 신문 가판대
11. license 면허
12. irresistible 이길 수 없는
13. persistent 끈기 있는
14. dilemma 딜레마, 궁지
15. perseverance 인내
16. until (but till) …할 때까지(그러나 till은 l이 둘이다)
17. tyrannize 학대하다
18. vacillate 흔들리다
19. oscillate 왕복하다
20. accommodate 제공하다
21. dilettante 아마추어 예술가
22. changeable 변할 수 있는
23. accessible 접근할 수 있는
24. forty 40
25. desirable 바람직한
26. panicky 겁에 질린
27. seize 붙잡다
28. leisure 여가
29. receive 받다
30. achieve 성취하다
31. holiday 휴일
32. existence 존재
33. pursue 추구하다
34. pastime 기분전환
35. possess 소유하다
36. professor 교수
37. category 범주
38. rhythmical 율동적인
39. vacuum 진공
40. benefited 이익이 되는
41. committee 위원회
42. grievous 슬픈
43. conscious 의식적인
44. plebeian 대중의
45. tariff 관세, 운임표
46. sheriff 보안관
47. connoisseur 감정가
48. necessary 필요한
49. sergeant 하사관
50. misspelling 틀린 철자

CHAPTER

11

HOW TO TALK ABOUT WHAT GOES ON

당면한 상황

극심한 피로, 비판, 자기희생, 반복, 정신적 침체, 위장, 암시, 위로, 공감, 우유부단 등에 관련된 어휘들을 학습합니다.

Preview

다음 문장이 뜻하며 -ate로 끝나는 동사는 무엇일까요?

- to exhaust?
  기진맥진하게 하나요?
- to scold severely?
  엄하게 꾸짖나요?
- to deny oneself?
  자제하나요?
- to repeat the main points?
  요점을 되풀이하나요?
- to be a victim of mental or intellectual stagnation?
  지적이고 정신적인 침체의 희생자가 되었나요?
- to pretend?
  ……처럼 꾸미나요?
- to hint?
  넌지시 알리나요?
- to make (something) easier to bear?
  뭔가를 견디기 쉽게 해주나요?
- to show sympathy?
  동정심을 보이나요?
- to waver indecisively?
  우유부단하게 갈팡질팡하나요?

LESSON 1

우리는 성격 유형, 의사, 직업, 과학, 거짓말, 행위, 말, 욕, 칭찬 등의 개념과 10개의 기본단어가 갖는 의미와 사용법에 대해서 살펴보았습니다. 그 후 단어 하나하나를 공부하면서, 기본단어에서 연상되는 개념과 단어, 그리고 동일한 라틴어 어근이나 그리스어 어근에서 파생된 단어들까지 훑어보았습니다.
이처럼 자연스럽고 논리적인 방법을 통해서 여러분은 각 장마다 50~100개의 단어를 알 수 있었습니다. 따라서 서로 관련이 없는 단어는 하루에 5개도 익히기 힘들지만, 서로 관련된 단어는 쉽게 익힐 수 있다는 걸 지금쯤이면 깨달았을 것입니다.
여기에서는 현재 진행되고 있는 상황, 지금 눈앞에서 전개되고 있는 상황, 사람들이 서로 혹은 자신에게 행하는 행위, 또 다른 사람들이 그들에게 행하는 행위를 뜻하는 단어들에 대해 살펴보겠습니다.

IDEA
개념정리

1 complete exhaustion → to enervate
완전히 기진맥진 → 기력을 빼앗다

You have stayed up all night. And what were you doing? Playing poker, a very pleasant way of whiling away time? No. Engaging in some creative activity, like writing a short story, planning a political campaign, discussing fascinating questions with friends? No.
The examples I have offered are exciting or stimulating—as psychologists have discovered, it is not work or effort that causes fatigue, but boredom, frustration, or a similar feeling.
You have stayed up all night with a very sick husband, wife, child, or dear friend. And despite all your ministrations, the patient is sinking. You can see how this long vigil contains all the elements of frustration that contribute to mental, physical, and nervous fatigue.
And so you are bushed—but completely bushed. Your exhaustion is mental, it is physiological, it is emotional.
What verb expresses the effect of the night's frustrations on you?
여러분은 밤을 하얗게 샜습니다. 밤새 무엇을 했나요? 포커를 하면서 아주 재밌는 시간을 보냈나요? 아닙니다. 단편소설을 쓰거나, 정치 운동을 계획하거나, 친구들과 함께 흥미진진한 문제를 토론하면서, 요컨대 어떤 창조적인 행위를 하면서 시간을 보냈나요? 그렇지도 않습니다.
앞에서 제시한 예들은 재밌고 흥미진진합니다. 심리학자들이 밝혀낸 바에 따르면, 피로의 원인은 일이나 운동이 아니라 권태와 좌절 및 그와 유사한 감정입니다.
여러분은 심하게 앓고 있는 남편이나 부인, 자식이나 친구의 곁에서 밤을 꼬박 샜습니다. 여러분의 간호에도 불구하고 환자는 쇠약해져만 가죠. 따라서 이 기나긴 밤샘에 정신과 육체와 신경을 피로하게 만드는 좌절의 온갖 요인이 있다는 걸 누구나 충분히 짐작할 수 있습니다.
따라서 여러분은 지칩니다. 완전히 지치죠. 극심한 피로는 정신적이고 생리적이며 감정적인 것입니다.
밤에 겪는 좌절이 여러분에게 미친 영향을 어떤 동사로 적절하게 표현할 수 있을까요?

2 tongue-lashing → to castigate
호된 질책 → 엄하게 꾸짖다

You suddenly see the flashing red light as you glance in your rear-view mirror. It's the middle of the night, yet the police flasher is clear as day—and then you hear the low growl of the siren. So you pull over, knowing you were speeding along at 70 on the 55-mile-an-hour-limit freeway—after all, there was not another car in sight on the deserted stretch of road you were traveling.
The cop is pleasant, courteous, smiling; merely asks for your driver's license and registration; even says "please."
Feeling guilty and stupid, you become irritated. So what do you do?
You lash out at the officer with all the verbal vituperation welling up in you from your self-anger. You scold him harshly for not spending his time looking for violent criminals instead of harassing innocent motorists; you call into question his honesty, his ambition, his fairness, even his ancestry. To no avail, of course—you stare at the traffic ticket morosely as the police cruiser pulls away.
What verb describes how you reacted?
자동차 룸미러에 눈길을 던지자 번쩍이는 빨간 불빛이 갑자기 눈에 들어옵니다. 한밤중이지만, 경찰차의 점멸등은 대낮처럼 환합니다. 곧 나지막이 웽웽대는 사이렌 소리가 들립니다. 여러분은 제한속도가 88.5킬로미터인 간선도로에서 112킬로미터로 달렸다는 걸 알고 차를 갓길에 댑니다. 여러분은 황량한 도로를 달리고 있었기 때문에 눈에 띄는 자동차는 한 대도 없었습니다.
경찰은 상냥하고 예절바르고 미소까지 짓고 있습니다. 여러분에게 운전면허증과 등록증을 요구할 뿐이죠. 심지어 "실례인 줄 알지만"이란 말까지 덧붙였습니다.
여러분은 죄책감을 느끼고 바보 같은 짓을 했다는 기분에 짜증이 납니다. 그럼 여러분은 어떻게 할까요?
여러분은 자신에 대한 분노가 치밀어 욕설을 경찰에게 퍼붓습니다. 여러분은 폭력적인 범인들을 찾는 데 시간을 쓰지 않고 무고한 운전자들을 괴롭힌다며 경찰을 호되게 나무랍니다. 경찰의 정직성, 야망, 공정성, 심지어 혈통까지 의심합니다. 물론, 아무런 소용이 없죠. 순찰차가 떠날 때 여러분은 교통 위반 딱지를 시무룩한 얼굴로 쳐다볼 뿐입니다.
여러분이 보인 반응을 어떤 동사로 적절히 표현할 수 있을까요?

3 altruistic → to self-abnegate
이타적인 → 자기를 희생하다

Phyllis is selfless and self-sacrificing. Her husband's needs and desires come first—even when they conflict with her own. Clothes for her two daughters are her main concern—even if she has to wear a seven-year-old coat and outmoded dresses so that Paula and Evelyn can look smart and trim. At the dinner table, she heaps everyone's plate—while she herself often goes without. Phyllis will deny herself, will scrimp and save—all to the end that she may offer her husband and children the

luxuries that her low self-esteem does not permit her to give herself.
What verb expresses what Phyllis does?

필리스는 이기심이 없고 자기희생적입니다. 남편의 필요와 바람이 최우선이죠. 그녀의 욕구와 충돌할 때도 마찬가지입니다. 자신은 7년 된 낡은 코트와 유행이 지난 드레스를 입으면서도, 그녀의 주된 관심사는 두 딸에게 입힐 옷입니다. 따라서 폴라와 이블린은 단정하고 말쑥하게 보입니다. 저녁 식사를 할 때도 그녀는 다른 식구들의 접시에는 음식을 잔뜩 쌓아주지만, 그녀는 종종 굶기도 합니다. 필리스는 욕망을 억제하며 검소하게 삽니다. 그녀는 자존심을 굽히며 자신에게는 허락하지 않는 좋은 것들을 남편과 자식들에게 주고 싶어서 그런 것입니다.
필리스의 행동을 어떤 동사로 적절히 표현할 수 있을까요?

4 repetition → to recapitulate
반복 **요점을 되풀이하다**

You have delivered a long, complicated lecture to your class, and now, to make sure that they will remember the important points, you restate the key ideas, the main thoughts. You offer, in short, a kind of brief summary, step by step, omitting all extraneous details.
What verb best describes what you do?

여러분은 학생들에게 길고 복잡한 강의를 했습니다. 이제, 학생들이 중요한 요점을 확실히 기억하게 해주려고 핵심적인 개념, 중요한 내용을 다시 말합니다. 요컨대 여러분은 중요하지 않은 지엽적인 사항들을 생략하고 강의 내용을 간략하게 단계적으로 요약하는 것입니다.
이런 행위를 어떤 동사로 적절히 표현할 수 있을까요?

5 no joie de vivre → to vegetate
삶의 기쁨은 없다 **무기력하게 지내다**

Perhaps you wake up some gloomy Monday morning (why is it that Monday is always the worst day of the week?) and begin to think of the waste of the last five years. Intellectually, there has been no progress—you've read scarcely half a dozen books, haven't made one new, exciting friend, haven't had a startling or unusual thought. Economically, things are no better—same old debts to meet, same old hundred dollars in the bank, same old job, same old routine of the eight-to-five workdays, the tuna fish or chicken salad sandwich for lunch, the same dreary ride home. What a life! No change, nothing but routine, sameness, monotony—and for what? (By now you'd better get up—this type of thinking never leads anywhere, as you've long since learned.)
What verb describes how you think you live?

여러분은 월요일 아침 우울한 기분으로 잠자리에서 눈을 뜨면서 지난 5년을 헛되이 보냈다고 생각하기 시작합니다(그래서 월요일이 일주일 중 가장 울적한 날일까요?). 지적인 성장이 없었습니다. 책을 6권도 읽지 않았고, 재밌는 친구를 새로 사귀지도 못했으며, 번뜩이는 기발한 생각을 해내지도 못했습니다. 경제적으로도 나아진 게 없습니다. 갚아야 할 빚이 줄어들지도 않았고, 은행 잔고는 예전과 다름없이 수백 달러에 불과합니다. 하는 일도 똑같아 주중에는 8시부터 5시까지 일해야 하고, 점심 식사는 여전히 참치나 닭고기 샐러드 샌드위치이고, 퇴근길도 예전과 똑같이 쓸쓸합니다. 도무지 살맛이 안 나는 겁니다. 변화가 없이 판에 박힌 듯이 똑같고 단조롭니다. 왜 그럴까요? (이쯤에서 잠자리에서 일어나는 게 낫죠. 이미 오래 전에 터득했듯이 이런 식의 생각은 아무런 도움이 되지 않으니까요.)
이런 삶을 적절하게 표현하는 동사는 무엇인가요?

6 pretense → to simulate
겉치레 ……인 체하다

Your neighbor, Mrs. Brown, pops in without invitation to tell you of her latest troubles with (a) her therapist, (b) her hairdresser, (c) her husband, (d) her children, and/or (e) her gynecologist.
Since Florence Brown is dull to the point of ennui, and anyway you have a desk piled high with work you were planning to light into, you find it difficult to concentrate on what she is saying. However, you do not wish to offend her by sending her packing, or even by appearing to be uninterested, so you pretend rapt attention, nodding wisely at what you hope are the right places.
What verb describes this feigning of interest?

여러분의 이웃 브라운 부인이 선약도 없이 별안간 방문해서 (a) 그녀의 심리치료사, (b) 미용사, (c) 남편, (d) 자식들, (e) 의사와 최근에 부딪쳤던 문제들에 대해 늘어놓습니다.
플로렌스 브라운의 말이 지겨울 정도로 재미없는 데다 여러분은 처리하려고 마음먹은 일들이 책상에 잔뜩 쌓여 있기 때문에 브라운 부인의 말에 집중하기 힘듭니다. 하지만 그녀를 쫓아내거나 무관심한 반응을 보여 그녀를 화나게 하고 싶지는 않죠. 그래서 여러분은 적당한 대목에서 고개를 끄덕이며 열심히 듣는 척합니다.
이렇게 관심 있는 척하는 행위를 어떤 동사로 적절히 표현할 수 있을까요?

7 slight hint, no more → to intimate
약간의 실마리밖에 없다 암시하다

You are an author and are discussing with your editor the possible avenues of publicity and advertising for your new book. At one point in the conversation the editor makes several statements which might—or might not—be construed to mean that the company is going to promote the book heavily. For example, "If we put some real money behind this, we might sell a few copies," or "I wonder if it would be a good idea to get you on a few talk shows. . ." No unequivocal commitments, no clear-cut promises, only the slight and oblique mention of possibilities.
What verb expresses what the editor is doing?

여러분은 작가입니다. 새로 발표한 책을 알릴 방법에 대해 편집자와 상의하고 있습니다. 대화 중에 편집자는 출판사가 책을 대대적으로 홍보할 예정이란 뜻으로 해석될 수도 있고, 혹은 그렇지 않을 수도 있는 몇 가지 발언을 합니다. 예컨대 "우리가 이 책에 현금을 약간 투입한다면 꽤 많이 팔 수 있을 겁니다", "선생님을 좌담회에 출연시키는 게 좋은 생각일지 모르겠습니다"라고 말하는 것이죠. 분명한 언질도 없고 명확한 약속도 없습니다. 가능성을 완곡하게 언급할 뿐입니다.
편집자의 말투를 어떤 동사로 적절히 표현할 수 있을까요?

8 helpful → to alleviate
도움이 되는 완화시키다

Aspirin doesn't cure any diseases. Yet this popular and inexpensive drug is universally used to lighten and relieve various unpleasant symptoms of disease: aches and pains, fever, inflammations, etc.
What verb expresses the action of aspirin?

아스피린은 치료제가 아닙니다. 하지만 인기 있고 값도 비싸지 않은 이 약은 질병의 다양한 징후, 예컨대 통증과 고통, 열과 감염 등을 가볍게 해주고 완화시키기 위해 보편적으로 사용됩니다.
아스피린의 효능을 어떤 동사로 적절히 표현할 수 있을까요?

9 when the bell tolls → to commiserate
종이 울릴 때 가엾게 여기다

John Donne's lines (made famous by Ernest Hemingway):

No man is an Iland, intire of it selfe; every man is a peece of the Continent, a part of the maine; if a Clod bee washed away by the Sea, Europe is the lesse, as well as if a Promontorie were, as well as if a Mannor of thy friends or of thine owne were; any mans death diminishes me, because I am involved in Mankinde; And therefore never send to know for whom the bell tolls; It tolls for thee.

are truer than you may think; any person who views another's pain with complete detachment or indifference is shutting off important feelings.
When people have suffered a bereavement (as through death); when they have been wounded by life or by friends; this is the time they most need to feel that they are not alone, that you share their misery with them even if you cannot directly alleviate their sorrow. Your sympathy and compassion are, of course, alleviation enough.
What verb signifies this vicarious sharing of sorrow with someone who directly suffers?

어니스트 헤밍웨이 덕분에 유명해진 존 던의 시를 인용해볼까요.

인간은 누구도 그 자체로 완전한 섬이 아니다. 모두가 대륙의 한 부분이고 바다의 일부이다. 한 줌의 흙이 바다에 의해 씻겨 내려가면 유럽의 땅이 그만큼 줄어든다. 한 곶이 떨어져 나간 것처럼, 또 그대 친구의 영지나 그대의 영지가 씻겨 없어진 것처럼. 어떤 인간이든 그의 죽음은 나를 작아지게 한다. 내가 인류에 속해 있기 때문이다. 따라서 종이 누구를 위해 울리는지 알려고 사람을 보내지 마라. 종은 그대를 위해 울리기 때문이다.

위의 시는 여러분의 생각 이상으로 진실됩니다. 다른 사람의 고통을 완전히 초연하게, 혹은 무덤덤하게 생각하는 사람은 소중한 감정을 느끼지 못하는 사람입니다.
죽음으로 인해 사별의 고통을 겪을 때, 삶 자체나 친구에게 상처를 받았을 때는 혼자가 아니라는 걸 가장 절실하게 느끼고 싶은 순간입니다. 또 그들의 슬픔을 직접적으로 덜어줄 수는 없더라도 그 고통을 함께 나누어야 할 때입니다. 동정과 연민이 그들의 슬픔을 조금이나마 덜어주니까요.
직접적으로 고통받는 사람과 슬픔을 함께 나누는 이런 대리 행위를 어떤 동사로 적절히 표현할 수 있을까요?

10 when two men propose → to vacillate
두 사람이 구혼할 때 오락가락하다

Should you marry John or George? (You're strongly and equally attracted to both.) John is handsome, virile, tender; George is stable, reliable, dependable, always there when you need him. George loves you deeply; John is more exciting. You decide on John, naturally.
But wait—marrying John would mean giving up George, and with George you always know where you stand; he's like the Rock of Gibraltar (and sometimes almost as dull). So you change your mind—it's George, on more mature reflection.
But how happy can you be with a husband who is not exciting? Maybe John would be best after all. . .
The pendulum swings back and forth—you cannot make up your mind and stick to it. (You fail to realize that your indecision proves that you don't want to marry either one, or perhaps don't want to give either one up, or possibly don't even want to get married.) First it's John, then it's George, then back to John, then George again. Which is it, which is it?
What verb describes your pendulum—like indecision?

존과 결혼해야 할까요. 아니면 조지와 결혼해야 할까요? (당신은 두 남자 모두에게 똑같은 정도로 강렬하게 끌리고 있습니다.) 존은 잘생기고 남자다우며 온화합니다. 조지는 착실하고 믿음직하며 의지할 만하고, 당신이 원할 때는 언제나 곁에 있습니다. 조지는 당신을 지극히 사랑하고, 존은 조지보다 재밌죠. 따라서 당신이 자연스레 존으로 결정합니다.

그러나 잠깐만! 존과 결혼하는 것은 조지를 포기해야 한다는 뜻입니다. 조지와 함께 있으면 당신은 자신이 어디에 서 있어야 하는지를 압니다. 조지는 지브롤터의 바위와도 같거든요(그래서 때로는 그 바위처럼 따분하기도 하죠). 그래서 당신은 생각을 바꿉니다. 더 깊이 생각한 후 조지로 결정합니다.

그러나 재미없는 남편과 지내면서 행복할 수 있을까? 결국 존이 더 나은 남편감같기도…….

추가 좌우로 흔들거립니다. 마음을 결정하고 그 결정을 끝까지 유지할 수 없는 것입니다. (이런 우유부단이 당신이 둘 중 누구와도 결혼하기를 원하지 않고, 둘 중 누구도 포기하고 싶지 않으며, 어쩌면 결혼 자체를 원하지 않는다는 증거라는 사실을 깨닫지 못하고 있다는 뜻이죠.) 처음엔 존, 다음엔 조지, 다시 존에게, 다시 조지에게 마음이 돌아갑니다. 어느 쪽, 어느 쪽이어야 할까요?

이렇게 시계추처럼 결정을 내리지 못하는 마음을 어떤 동사로 적절히 표현할 수 있을까요?

EXERCISE
연습문제

1. 다음 단어를 정확히 발음해보세요.

1) **enervate**	EN´-ər-vayt´	2) **castigate**	KAS´-tə-gayt´
3) **self-abnegate**	self-AB´-nə-gayt´	4) **recapitulate**	ree´-kə-PICH´-ə-layt´
5) **vegetate**	VEJ´-ə-tayt´	6) **simulate**	SIM´-yə-layt´
7) **intimate**	IN´-tə-mayt´	8) **alleviate**	ə-LEE´-vee-ayt´
9) **commiserate**	kə-MIZ´-ə-rayt	10) **vacillate**	VAS´-ə-layt

2. 다음 단어와 연관되는 내용을 보기에서 고르세요.

보기

a. deny oneself	b. stagnate
c. suggest; hint	d. sympathize
e. waver	f. exhaust
g. lessen; lighten	h. summarize
i. pretend	j. censure; scold; slash at verbally

1) **enervate**	______	2) **castigate**	______
3) **self-abnegate**	______	4) **recapitulate**	______
5) **vegetate**	______	6) **simulate**	______
7) **intimate**	______	8) **alleviate**	______
9) **commiserate**	______	10) **vacillate**	______

3. 다음 질문을 읽고 YES/NO로 대답하세요.

1) Should you feel *enervated* after a good night's sleep? YES / NO
2) Do motorists who have been caught speeding sometimes start *castigating* the traffic officer? YES / NO
3) Do people who are completely *self-abnegating* say "No!" to their needs and desires? YES / NO
4) When you *recapitulate*, do you cover new material? YES / NO
5) Do people possessed of joie de vivre usually feel that they are *vegetating*? YES / NO
6) When you *simulate* alertness, do you purposely act somnolent? YES / NO
7) When you *intimate*, do you make a direct statement? YES / NO
8) Does aspirin often have an *alleviating* effect on pain? YES / NO
9) Do we naturally *commiserate* with people who have suffered a bereavement? YES / NO
10) Do decisive people often *vacillate*? YES / NO

4. 다음 단어의 관계를 SAME/OPPOSITE로 대답하세요.

1) enervate—exhilarated SAME / OPPOSITE
2) castigate—praise SAME / OPPOSITE
3) self-abnegate—deny oneself SAME / OPPOSITE
4) recapitulate—summarize SAME / OPPOSITE
5) vegetate—stagnate SAME / OPPOSITE
6) simulate—pretend SAME / OPPOSITE
7) intimate—hint SAME / OPPOSITE
8) alleviate—make worse SAME / OPPOSITE
9) commiserate—sympathize SAME / OPPOSITE
10) vacillate—decide SAME / OPPOSITE

5. 다음을 보고 생각나는 단어를 쓰세요.

1) pretend S________
2) scold C________
3) sacrifice one's desires S________
4) waver V________
5) exhaust E________
6) sympathize C________
7) summarize R________
8) lighten A________
9) hint I________
10) stagnate V________

LESSON 2

ORIGIN

어원탐구

more than fatigue 지독한 피곤

enervated한 때는 누구라도 신경이 찢겨나가는 것 같은 기분일 것입니다. 이 단어의 어원도 그런 뜻이죠. enervate는 '밖out'이란 뜻의 e-ex-와 라틴어에서 '신경nerve'을 뜻하는 nervus가 결합된 단어입니다. enervation은 '피곤'만이 아니라, 생명력을 마지막 한 방울까지 완전히 쥐어짠 것처럼, 또 기력이 마지막 한 조각까지 빠져나간 것처럼 육체적으로나 감정적으로나 정신적으로 '완전한 기력 상실'을 뜻합니다.

enervate
[EN'-ər-vayt'] 기력을 떨어뜨리다

enervation
[en'-ər-VAY'-shən] 완전한 기력 상실

겉보기에 energy는 enervation과 비슷하지만 거의 완전한 반대말입니다. energy는 그리스어 접두어 en-에 '일work'을 뜻하는 어근 ergon이 결합된 단어죠. erg는 물리학에서 에너지나 일의 단위를 가리킬 때 사용하는 용어로 '에르그'라 부릅니다. synergism은 '함께together, with'를 뜻하는 접두어 syn-과 ergon이 결합된 단어이며, 둘 이상의 물질이나 약이 함께 작용함으로써 그 물질들의 개별적인 효과를 합한 결과보다 더 큰 효과를 낳는 과정, 즉 '상승 작용'을 뜻합니다.

synergism
[SIN'-ər-jiz-əm] 상승 작용

예컨대 술은 진정제입니다. 바르비투르산염과 다른 수면제도 마찬가지고요. 술과 바르비투르산염은 synergistically하게 작용하여 둘을 함께 복용하면 효과가 증가합니다. 따라서 술을 마신 후 수면제를 복용하면 안 됩니다. 또 불면증 때문에 약을 복용해야 한다면 술을 마시지 마십시오. 이 둘이 결합되면 치명적이지는 않아도 여러분이 원하던 것보다 더 큰 결과가 닥칠 수 있기 때문입니다. 내친 김에 말하면, synergy는 synergism이 변형된 단어라 할 수 있습니다.

synergistically [sin'-ər-JIS'-tik'-lee] 상승 작용에 의해
synergy [SIN'-ər-jee] 동반 상승 효과

verbal punishment 언어 폭력

castigate는 '벌주다to punish'를 뜻하는 라틴어 동사에서 파생됐습니다. 현대 어법에서 이 동사는 대체로 '말로 매섭고 가혹하게 가하는 벌'을 가리킵니다. scold꾸짖다, criticize비난하다, rebuke징계하다, censure책망하다, reprimand견책하다, berate호되게 꾸짖다와 동의어 관계에 있지만 질책의 정도가 훨씬 강합니다. 오히려 rail at심하게 야단치다, rant at호통치다, slash at혹평하다, lash out at비난을 퍼붓다, tongue-lash크게 나무라다가 castigate의 뜻에 더 가깝습니다. 공직에 출마한 후보자들이 상대방을 castigate할 때는 점잖게 말하지 않습니다. castigate의 명사형은 __________입니다.

castigate [KAS'-tə-gayt'] 크게 책망하다, 혹평하다

saying "No!" to oneself 자신에게 "안 돼!"라고 말하다

abnegate는 라틴어에서 '떨어져서away'를 뜻하는 ab-와 '부인하다to deny'를 뜻하는 nego가 결합된 단어입니다. ab-의 경우 absent결석하다에서 쓰인 것을 볼 수 있습니다. 따라서 self-abnegation은 '자기부정', '자제'를 의미합니다. nego는 라틴어에서 not, no을 뜻하는 neg-와 '나는 말한다I say'란 뜻인 aio의 단축형입니다. self-abnegating한다는 것은 자신이 원하는 것에 "안 돼!"라고 말한다는 뜻입니다. 내면의 검열관이 감시의 눈을 번뜩이며 "안 돼, 너는 그것을 가질 수 없어. 너는 그것을 하면 안 돼. 너는 그것을 누릴 만

abnegate [AB'-nə-gayt'] 버리다, 끊다, 자제하다
self-abnegation [self-ab'-nə-GAY'-shən] 자기부정, 자제

한 자격이 없어. 너는 그것을 할 만큼 착하지 않아……"라고 말하는 듯합니다.

negate는 '……존재나 진실을 부정하다'라는 뜻으로, The atheist negates God무신론자는 신을 부정한다처럼 쓰입니다. 또 His indulgence in expensive hobbies negates all his wife's attempts to keep the family solvent그는 돈이 많은 드는 취미에 빠져서, 가정을 원만하게 유지하려는 아내의 노력을 무산시킨다라는 예에서 보듯이, 의미가 확대돼 '무효화하다'의 뜻도 갖습니다. 동사 negate의 명사형은 무엇일까요? ___________.

negate [nə-GAYT']
……존재나 진실을 부정하다

negative부정적인와 negativity부정성도 negate와 같은 어근에서 파생된 단어입니다.

heads and headings 머리와 표제

라틴어에서 caput, capitis는 '머리head'를 뜻합니다. captain은 어떤 무리의 우두머리head이고, capital은 어떤 주나 국가의 head city, 즉 '수도'입니다. decapitate는 어떤 사람의 머리를 베어내는 행위로 '참수하다'라는 뜻으로, 단두대가 발명된 이후 프랑스 대혁명 기간에 흔히 행해진 행위입니다. decapitate의 명사형을 써보세요. ___________.

decapitate
[dee-KAP'-ə-tayt'] 참수하다

라틴어 capitulum은 '작은 머리a little head'를 뜻하고, 의미가 확대돼 '어떤 장章의 표제나 제목'을 가리킵니다. 따라서 여러분이 recapitulate한다면, 장들의 제목을 다시re- 훑어본다는 뜻이거나 '요약하다summarize' 혹은 '요점들을 되짚어보다review the main points'라는 뜻입니다.

recapitulate
[ree'-kə-PICH'-ə-layt'] 요약하다, 요점들을 되짚어보다

앞에서 adulate아첨하다라는 단어를 공부했습니다. 이때 명사와 형용사를 어떻게 유도했는지 생각하여 recapitulate의 명사와 형용사를 써보세요. 명사는_________, 형용사는 _________입니다.

여러분이 capitulate한다면, 어원적으로는 '표제를 정리하다'라는

뜻입니다. 그러나 동사의 뜻이 자연스럽게 변해서, 어떤 군대가 사전에 협의된 조건에 따라 적군에게 capitulate하는 것처럼 항복 조건을 조정하기 마련이죠. 지금은 의미가 자연스레 확대되어 '저항을 중단하다, 포기하다'라는 뜻으로도 쓰입니다. He realized there was no longer any point in resisting her advances, so he reluctantly capitulated그는 그녀의 승진에 더 이상 반발해야 소용없다는 걸 깨닫고 마지못해 포기했다가 그 예입니다. capitulate의 명사형은 무엇일까요? ____________

capitulate [kə-PICH'-ə-layt'] 항복하다, 저항을 중단하다, 포기하다

mere vegetables 식물에 불과하다

vegetable은 '살다to live', '자라다to grow'를 뜻하는 라틴어 동사 vegeto에서 파생됐습니다. 하기야 식물은 살며 자라는 게 전부죠. 따라서 vegetate는 '식물처럼 자라다'라는 뜻이므로, 살아 있기는 하지만 판에 박힌 생활을 하면서 무기력하고 재미없게, 또 감정적으로나 지적으로 정체된 존재로서 '무기력하게 지내다'라는 의미로도 해석됩니다. vegetation은 '따분하고 수동적이며 활기 없는 삶'을 뜻합니다. 또한 the thick vegetation of a jungle정글의 울창한 초목이란 표현에서 보듯이 '식물의 생장'도 의미합니다.

vegetation [vej'-ə-TAY'-shən] 초목

QUIZ

어원복습

단어의 어원적 구조를 정확히 파악하면 훨씬 효과적으로 단어를 정복할 수 있습니다. 지금까지 배운 접두어와 어근, 접미어를 복습하는 의미로 풀어보는 것이므로 따로 정답은 없습니다. 자유롭게 생각나는 단어를 써보세요.

	접두어/어근/접미어	의미	파생어
1	e-(ex-)	out	
2	nervus	nerve	
3	en-	in	
4	ergon	work	
5	syn-	with, together	
6	-ic	형용사형 접미어	
7	-ion	명사형 접미어	
8	ab-	away	
9	nego	to deny	
10	caput, capitis	head	
11	de-	부정 접두어	
12	capitulum	little head, chapter heading	
13	re-	again	
14	-ory	형용사형 접미어	
15	vegeto	to live and grow	

EXERCISE
연습문제

1. 다음 단어를 정확히 발음해보세요.

1) **enervation**	en´-ər-VAY´-shən	2) **synergism**	SIN´-ər-jiz-əm
3) **synergy**	SIN´-ər-jee	4) **synergistic**	sin´-ər-JIS´-tik
5) **castigation**	kas´-tə-GAY´-shən	6) **self-abnegation**	self-ab´-nə-GAY´-shən
7) **negate**	nə-GAYT´	8) **negation**	nə-GAY´-shən
9) **decapitate**	dee-KAP´-ə-tayt´	10) **decapitation**	dee-kap´-ə-TAY´-shən
11) **recapitulation**	ree-kə-pich´-ə-LAY´-shən	12) **recapitulatory**	ree-kə-PICH´-ə-lə-tawr´-ee
13) **capitulate**	kə-PICH´-ə-layt´	14) **capitulation**	kə-pich´-ə-LAY´-shən

2. 다음 단어와 연관되는 내용을 보기에서 고르세요.

보기

a. tongue-lashing
b. denial; destruction
c. a lopping off of one's head
d. summary; review of main points
e. self-denial
f. utter exhaustion; mental, emotional, and physical drain
g. a working together for greater effect
h. surrender

1) **enervation** ________
2) **synergism, synergy** ________
3) **castigation** ________
4) **self-abnegation** ________
5) **negation** ________
6) **decapitation** ________
7) **recapitulation** ________
8) **capitulation** ________

3. 다음 단어의 관계를 SAME/OPPOSITE로 대답하세요.

1) enervating—refreshing SAME / OPPOSITE
2) synergistic—neutralizing SAME / OPPOSITE
3) castigation—scolding SAME / OPPOSITE
4) self-abnegation—egoism SAME / OPPOSITE
5) negate—accept SAME / OPPOSITE
6) decapitate—behead SAME / OPPOSITE
7) recapitulatory—summarizing SAME / OPPOSITE
8) capitulate—resist SAME / OPPOSITE

4. 다음을 보고 생각나는 단어를 쓰세요.

1) to give in

C ____________

2) working together for greater effect (adj)

S ____________

3) total fatigue

E ____________

4) for the purpose of summarizing or review (adj)

R ____________

5) self-denial

Self - A ____________

6) deny; render ineffective; nullify

N ____________

7) process by which two or more substances produce a greater effect than the sum of the individual effects

S ____________, S ____________

8) to cut off the head of

D ____________

9) strong censure

C ____________

10) to surrender

C ____________

LESSON 3

ORIGIN

어원탐구

not the real McCoy 진짜가 아니다

simulate는 '베끼다to copy'를 뜻하는 라틴어 simulo에서 파생됐고, simulo는 '비슷한like', '유사한similar'이란 뜻의 라틴어 형용사 similis에서 변형된 형태입니다. 따라서 simulation은 진짜를 모방하고, 비슷한 겉모습을 취해서 진짜인 척하는 행위를 가리킵니다. 예컨대 기분이 몹시 울적한데도 simulation of joy기쁜 척하는 것는 대단한 재주입니다.

simulate [SIM'-yə-layt] ……인 척하다, 가장하다

simulation [sim'-yə-LAY'-shən] 가장하기, 모의 실험

진짜 진주는 굴 안에서 자랍니다. simulated pearl은 모조품이지만 굴에서 자란 진짜 진주처럼 보입니다. 진주를 이에 대고 문질러보세요. 천연 진주는 껄끄럽게 느껴집니다. 따라서 genuine simulated pearls진짜 모조 진주의 뜻을 제대로 모르면, 그런 진주로 만든 값싼 목걸이의 광고에 속아 넘어가 진짜 모조품을 살 수도 있습니다.

dissimulation은 다른 것입니다! dissimulate한다는 것은 정반대의 감정인 척하면서 진짜 감정을 '속여 감추다'라는 뜻입니다. 이런 점에서 보면 완전히 상관없는 것은 아니죠!

dissimulation [də-sim'-yə-LAY'-shən] 숨기기, 은폐, 위선

아첨하는 사람은 대단한 dissimulator입니다. 그들은 속으로 상

대를 경멸하면서 겉으로는 존경하는 모습을 보입니다. 부정적인 생각을 하면서도 절대적으로 긍정하는 의견을 피력합니다.

dissimulate에 가까운 동의어로는 dissemble이 있습니다. dissemble도 정반대의 감정인 척하면서 진짜 감정을 '숨기다'라는 뜻입니다. 또 '속임수로 사실이나 진정한 의도를 감추다'라는 뜻도 가지며, 더 나아가서는 여러분이 충분히 알고 있으면서도 인정하고 싶지 않아 어떤 사실을 '모른 체하다'라는 의미도 갖습니다. 명사는 dissemblance입니다. dissimulate와 dissemble는 부정 접두어 dis- 때문에 대체로 경멸적인 뜻으로 사용됩니다.

dissimulate [də-SIM'-yə-layt'] (진짜 감정, 의도를) 감추다
dissemble [də-SEM'-bəl] (진짜 감정 · 의도를) 숨기다, 가식적으로 꾸미다
dissemblance [də-SEM'-bləns] (진짜 감정 · 의도를) 은폐, 서로 다름

hints and helps 단서와 도움

동사 intimate는 '가장 깊숙한innermost'을 뜻하는 라틴어 intimus에서 파생된 단어입니다. 형용사 intimate와 명사 intimacy도 마찬가지입니다. 그러나 세 단어는 어원적으로만 관계가 있을 뿐, 의미에서는 그렇지 않습니다. intimation은 중심에 깊이 파묻힌 채 단서만 살짝 보여준다는 뜻입니다. 우리는 나이를 먹으면, 죽음을 면할 수 없다는 intimation을 받기 마련입니다. 누군가 여러분을 45구경 권총으로 겨눌 때, 교차로에서 멍한 상태로 빨간불을 무시하고 달리는데 트럭이 여러분을 향해 돌진해올 때, 여러분은 죽음을 피할 수 없다는 걸 갑자기 확신하게 됩니다.

intimate [IN'-tə-mət] 암시하다, 친밀한
intimacy [IN'-tə-mə-see] 친밀
intimation [in'-tə-MAY'-shən] 암시, 시사

alleviate는 라틴어에서 '가벼운light'을 뜻하는 levis와 '향하여to'란 뜻인 접두어 ad-, 그리고 동사형 접미어가 결합돼 만들어진 단어입니다. ad-는 l로 시작하는 어근 앞에서 al-로 변합니다.

뭔가가 여러분의 고통을 alleviate한다는 것은 그것이 여러분의 고통을 '경감시킨다'라는 뜻입니다. 내가 여러분의 슬픔을 alleviate한다면 여러분이 슬픔을 수월하게 견디게 해준다는 의미입니다. 또 여러분에게 이런저런 문제로 어떤 alleviation이 필요하다면, 그런 문제들로 인한 부담을 가볍게 하고 덜어야 한다는 뜻입니다.

alleviate [ə-LEE'-vee-ayt'] 완화시키다
alleviation [ə-lee'-vee-AY'-shən] 경감, 완화
alleviative [ə-LEE'-vee-ay'-tiv] 완화하는

alleviate는 일시적으로 relieve완화시키다하는 행위이지, 완치하거나 완전히 없애는 게 아닙니다. relieve는 levis에 '다시again'를 뜻하는 접두어 re-가 더해져 만들어진 단어이며, '다시 가볍고 편하게 하다'라는 뜻입니다. alleviate의 형용사는 alleviative입니다. 아스피린은 alleviative drug입니다.

가벼운 것은 위로 올라갑니다. 따라서 '밖out'을 뜻하는 접두어 e-ex-와 levis를 결합시키면 동사 elevate가 만들어집니다. elevate는 어원적으로 '밖으로 올리다'라는 뜻이지만 실제로는 '들어올리다'는 뜻으로 쓰입니다. 예컨대 elevate one's spirits사기를 북돋워주다, elevate someone to a higher position누군가를 승진시키다이라는 식으로 쓰입니다. elevator승강기가 하는 역할도 똑같습니다.

사람이나 사물이 떠 있는 것처럼 공중에 올라가는 마술 공연을 본 적이 있나요? 이런 현상이 levitation이며, 눈에 보이지 않는 수단을 통해 공중에 뜨는 '공중부양'을 뜻합니다. 전 이런 마술을 10번도 넘게 보았지만 그 방법을 찾아내지 못했습니다. '공중에 뜨다'란 뜻의 동사는 levitate입니다.

levitation
[lev'-ə-TAY'-shən] 공중부양
levitate
[LEV'-ə-tayt'] 공중에 뜨다

그럼 levity는 무슨 뜻일까요? 역시 '가벼움'을 뜻하지만 다른 종류의 가벼움입니다. 경박, 경솔, 하찮은 것이란 뜻에서의 '가벼움'이죠. 특히 엄숙하고 품위를 지키며 형식을 갖추어야 할 때 '진지함이 부족'하다는 뜻입니다. tones of levity경박한 말투, Levity is out of place at a funeral, in a house of worship, at the swearing-in ceremonies of a President or Supreme Court Justice장례식, 예배당, 대통령이나 대법관의 취임식장에서 경박한 행위는 어울리지 않습니다, Okay, enough levity–now let's get down to business!자, 농담은 그만하고, 이제 본론에 들어가자고!와 같이 쓰입니다.

levity[LEV'-ə-tee] 경박, 경솔

∞ sharing someone's misery 남의 불행을 함께 나누다

라틴어에서 '불쌍한wretched'을 뜻하는 miser, '함께, 더불어'를 뜻하는 접두어 con-, 그리고 동사형 접미어 -ate가 결합된 단어가 commiserate동정하다입니다. 앞에서도 말했듯이 con-은 m-으로 시작된 어근 앞에서는 com-으로 변합니다. I commiserate with you나는 너를 동정한다는 "나는 너와 함께 불행하다. 그래서 내가 너의 불행을 함께 나눈다"라는 의미입니다. 명사형은 무엇일까요? ___________. miser구두쇠, miserly인색한, miserable불행한, misery곤궁도 같은 어근에서 파생된 단어들입니다.

commiserate
[kə-MIZ'-ə-rayt] 동정하다

swing and sway 흔들리고 또 흔들리다

vacillatec가 하나이고 l이 둘인 것에 주의는 '앞뒤로 흔들리다to swing back and forth'를 뜻하는 라틴어 동사 vacillo에서 파생되었습니다. 명사형은 무엇일까요? ___________.

vacillate[VAS'-ə-layt] 머뭇거리다, (의견 · 생각이 남이 볼 때 짜증스러울 정도로) 흔들리다

결정을 내리지 못하고 앞뒤로 흔들리는 사람, 또 우유부단한 사람, 안타깝게도 모든 문제의 양면, 심지어 서너 면까지 보기 때문에 결정을 내리는 데 어려움을 겪는 사람은 vacillatory합니다. 이런 사람들은 대체로 ambivalent하죠. 즉 동일한 사람이나 사물에 대해 동시에 '모순되는 감정을 갖는' 것입니다. 예컨대 어딘가에 가고 싶어 하면서도 그 자리에 머물고 싶어 하고, 뭔가를 사랑하면서도 미워합니다. 명사는 ambivalence로 '둘 모두both'를 뜻하는 ambi-에서 파생된 단어입니다. 코미디언 헨리 영맨이 말했던 장면, 즉 새로 산 캐딜락을 장모가 절벽 쪽으로 몰고 가는 장면을 지켜볼 때의 감정이 바로 ambivalence의 상태입니다.

vacillatory
[VAS'-ə-lə-tawr'-ee] 우유부단한

ambivalent[am-BIV'-ə-lənt] 모순되는 감정을 갖는

ambivalence
[am-BIV'-ə-ləns] 상반된 감정

vacillate는 정신적 · 감정적으로 흔들리는 상태를 뜻합니다. 반면 몸을 앞뒤로 혹은 좌우로 흔드는 상태는 oscillate입니다. '흔들림a swing'을 뜻하는 라틴어 oscillum에서 파생되었습니다. 시계추가 oscillate하고, 메트로놈의 팔이 oscillate하며, 술을 너무 많이 마신 사람이 걸으려고 할 때도 oscillate합니다. 명사형은 무엇일까요? ___________.

oscillate
[OS'-ə-layt'] 왕복하다, 흔들리다

QUIZ

어원복습

단어의 어원적 구조를 정확히 파악하면 훨씬 효과적으로 단어를 정복할 수 있습니다. 지금까지 배운 접두어와 어근, 접미어를 복습하는 의미로 풀어보는 것이므로 따로 정답은 없습니다. 자유롭게 생각나는 단어를 써보세요.

	접두어/어근/접미어	의미	파생어
1	simulo	to copy	
2	similis	like, similar	
3	dis-	부정 접두어(경멸, 비난)	
4	ad-(al-)	to, toward	
5	levis	light	
6	-ate	동사형 접미어	
7	-ion	명사형 접미어	
8	e-(ex-)	out	
9	intimus	innermost	
10	miser	wretched	
11	vacillo	to swing back and forth	
12	ambi-	both	
13	oscillum	a swing	

EXERCISE
연습문제

1. 다음 단어를 정확히 발음해보세요.

1) **simulation**	sim´-yə-LAY´-shən	2) **dissimulate**	də-SIM´-yə-layt´
3) **dissimulation**	də-sim´-yə-LAY´-shən	4) **dissemble**	də-SEM´-bəl
5) **dissemblance**	də-SEM´-bləns	6) **intimation**	in´-tə-MAY´-shən
7) **alleviation**	ə-lee´-vee-AY´-shən	8) **alleviative**	ə-LEE´-vee-ay´-tiv
9) **levitate**	LEV´-ə-tayt´	10) **levitation**	lev´-ə-TAY´-shən
11) **levity**	LEV´-ə-tee	12) **commiseration**	kə-miz´-ə-RAY´-shən
13) **vacillation**	vas´-ə-LAY´-shən	14) **vacillatory**	VAS´-ə-lə-tawr´-ee
15) **ambivalent**	am-BIV´-ə-lənt	16) **ambivalence**	am-BIV´-ə-ləns
17) **oscillate**	OS´-ə-layt´	18) **oscillation**	os´-ə-LAY´-shən

2. 다음 단어와 연관되는 내용을 보기에서 고르세요.

보기

a. hint
b. flippancy or joking when seriousness is required
c. a sharing of grief
d. physical swaying; swinging action, as of a pendulum
e. a swinging back and forth in indecision
f. pretense
g. conflicted and contrary feelings
h. rise in the air (as by magic or illusion)
i. pretend
j. a lightening; a making less severe

1) **simulation** ________ 2) **dissemble** ________
3) **intimation** ________ 4) **alleviation** ________
5) **levitate** ________ 6) **levity** ________
7) **commiseration** ________ 8) **vacillation** ________
9) **ambivalence** ________ 10) **oscillation** ________

3. 다음 단어와 연관되는 내용을 보기에서 고르세요.

보기

a. pretense of ignorance
b. a rising and floating in air
c. having simultaneous and contrary feelings
d. tending to swing back and forth in indecision
e. to swing back and forth like a pendulum
f. to hide real feelings by pretending opposite feelings
g. tending to ease (pain, burdens, suffering, etc.)

1) **dissimulate** ______________ 2) **dissemblance** ______________
3) **alleviative** ______________ 4) **levitation** ______________
5) **vacillatory** ______________ 6) **ambivalent** ______________
7) **oscillate** ______________

4. 다음 단어의 관계를 SAME/OPPOSITE로 대답하세요.

1) simulated—genuine SAME / OPPOSITE
2) dissimulate—pretend SAME / OPPOSITE
3) dissemble—be truthful SAME / OPPOSITE
4) intimation—hint SAME / OPPOSITE
5) alleviation—reduction SAME / OPPOSITE
6) levitate—sink SAME / OPPOSITE
7) levity—flippancy SAME / OPPOSITE
8) vacillation—decisiveness SAME / OPPOSITE
9) ambivalent—confused SAME / OPPOSITE
10) oscillate—sway SAME / OPPOSITE

5. 다음을 보고 생각나는 단어를 쓰세요.

1) to swing back and forth

O ______________

2) feeling both ways at the same time (adj)

A ______________

3) to conceal real feelings

D ______________, D ______________

4) pretense

S ______________

5) to pretend ignorance though knowing the facts

D ______________

6) joking; frivolity; flippancy

L ____________

7) indecisive

V ____________, V ____________

8) to rise in the air, as by illusion

L ____________

9) tending to ease (pain, etc.) (adj)

A ____________, A ____________

10) a sharing of another's grief (n)

C ____________

REVIEW

챕터복습

1. 다음 정의에 맞는 단어를 고르세요.

1) Complete exhaustion

ⓐ synergism ⓑ enervation ⓒ negation

2) Co-operation in producing effects

ⓐ synergy ⓑ castigation ⓒ capitulation

3) Lop off the head of

ⓐ castigate ⓑ capitulate ⓒ decapitate

4) deny; render ineffective

ⓐ castigate ⓑ negate ⓒ recapitulate

5) stagnate

ⓐ intimate ⓑ simulate ⓒ vegetate

6) concealment of true feelings

ⓐ simulation ⓑ dissimulation ⓒ dissemblance

7) sympathy

ⓐ levity ⓑ ambivalence ⓒ commiseration

8) indecisiveness

ⓐ vacillation ⓑ oscillation ⓒ dissimulation

9) aware of contrary feelings

ⓐ alleviative ⓑ dissimulating ⓒ ambivalent

2. 다음 어근에 맞는 의미를 쓰세요.

	어근	의미	파생어
1)	nervus		enervate
2)	ergon		energy
3)	nego		self-abnegation
4)	caput, capitis		decapitate
5)	capitulum		recapitulate
6)	vegeto		vegetate
7)	simulo		dissimulate
8)	similis		similarity

9)	levis		levity
10)	intimus		intimation
11)	miser		commiserate
12)	vacillo		vacillate
13)	ambi		ambivalent
14)	oscillum		oscillate

QUESTION

어원심화

'함께, 더불어'를 뜻하는 그리스어 접두어 syn-은 synonym함께하는 이름, 즉 동의어, sympathy함께 느낌, 즉 동정심, 그리고 synergism함께 일함, 즉 상승 작용에서 이미 보았습니다. syn-은 알아두면 무척 유용한 접두어입니다. 라틴어에서 '함께, 더불어'를 뜻하는 con-과 '향하여'를 뜻하는 ad-와 마찬가지로 syn-도 관련된 어근의 첫 문자에 따라 마지막 철자가 변합니다. 요컨대 b, m, p 앞에서 sym-으로 변합니다. syn-이나 sym-을 이용해 다음과 같은 뜻을 지닌 단어를 만들어보세요.

1. 어원적으로 유대인들은 예배당에서 함께 '인도agogos'받았습니다. 이런 예배를 위한 신전이나 장소를 뜻하는 단어를 생각해보세요.

____

2. 다른 유기체들은 서로 긴밀한 관계를 맺으면서 함께 '살고bios', 어떤 식으로든 서로 도움을 주고받는 상태입니다. 상어와 동갈방어처럼 말입니다. 이런 상태를 가리키며 -sis로 끝나는 단어는 무엇일까요? 또, 형용사는 무엇일까요?

____

____

3. '소리'를 뜻하는 그리스어 phone를 이용해서, 어원적으로 모든 악기가 조화로운 소리를 빚어내는 음악 작품을 가리키는 단어를 만들어보세요. 접미어 -ic를 이용해서 이 단어의 형용사형도 써보세요.

____

____

4. com-과 '측정'을 뜻하는 metron을 이용해 '양면의 모양이 비슷하다'를 뜻하는 단어를 만들어보세요. 이 단어의 형용사형도 써보세요.

____

____

5. syn-과 '달리기running'를 뜻하는 dromos가 결합되면 어떤 질병에서 동시에 발생하는 일련의 징후를 뜻하는 의학 용어가 만들어집니다. 이 단어는 무엇일까요?

____

6. '달리기'를 뜻하는 dromos와 '말horse'을 뜻하는 그리스어 hippos가 결합되면 고대 그리스에서 말이나 전차의 경주가 벌어지던 장소를 가리키는 단어가 만들어집니다. 무엇일까요?

____

7. '말'을 뜻하는 hippos와 그리스어에서 '강river'을 뜻하는 potamos가 결합되면, 앞에서 배운 후피 동물 중 하나를 가리키는 단어가 만들어집니다. 무엇일까요?

____

ADVICE

친구들의 두뇌를 빌려라

새로운 개념들에 점점 친숙해지고 잡지와 책을 읽을 때 만나는 새로운 단어들을 눈여겨보면 어휘력은 자연스레 향상됩니다. 하지만 또 하나의 생산적인 방법이 있습니다. 특히, 이 책을 공부하면서 배운 새로운 단어들에 적용하면 큰 효과를 기대할 수 있는 방법입니다. 바로 친구들의 두뇌를 빌리는 것입니다. 영리한 사람은 단어에 관심이 많습니다. 단어는 개념을 상징하는 부호이고, 주의력이 있는 사람은 언제나 개념에 관심이 많기 때문입니다.

아직 그런 경험이 없겠지만, 여러분이 어떤 사교 모임에 참석해서 "○○은 무슨 뜻인가?"라는 질문으로 열띤 토론을 벌일 수 있다는 걸 안다면 깜짝 놀랄 것입니다. 누군가는 그 뜻을 알 것이고, 또 거의 모두가 그 뜻을 추측해보려 할 것입니다. 그때부터 다른 사람들도 마음에 두던 단어들이나, 어떤 식으로든 최근에 배운 단어들에 대해 질문을 하기 시작하겠죠. 이런 식으로 토론이 계속될 때 여러분은 새로운 단어들을 알게 될 것이고, 또 여러분의 친구들이 상당한 어휘력을 지니고 있다면 여러분은 어휘력 향상을 위한 엄청난 광맥을 발견한 것으로 앞으로 많은 단어를 만나게 될 것입니다.

이처럼 친구들의 두뇌를 빌리는 방법이 특별히 효과적인 이유는, 여러분이 이 책이나 다른 읽을거리처럼 인쇄물에서가 아니라 현실을 살아가는 사람에게서 배우기 때문입니다. 달리 말하면, 어린아이들이 엄청난 속도로 어휘력을 증진시킬 때 사용하는 원천을 그대로 사용하기 때문입니다. 다른 사람에게 배우는 것보다 효과적인 학습은 없습니다. 인쇄물에 담긴 정보가 다른 사람에게 얻는 정보만큼 생생할 수는 없습니다. 따라서 친구를 통해 습득한 단어는 놀라울 정도로 여러분의 마음에 깊이 새겨지고, 머릿속에 오랫동안 각인됩니다.

새삼스레 말할 필요도 없겠지만, 여러분도 이 책을 지금까지 착실히 공부한 덕분에 만만찮은 어휘력을 보유하게 되었을 겁니다. 친구들의 어휘력을 향상시키는 데 더 많은 도움은 주지 못하더라도 받은 만큼은 도와줄 수 있습니다. 다른 사람에 뭔가를 준다는 것은 자존감의 최대 원천 중 하나이므로 친구에게 더 많은 도움을 주더라도 불평할 일은 아닙니다.

쉬어가기 9

TAKE THIS SPELLING TEST

철자법 테스트 I

정성들여 편집한 책에서 지극히 평범한 단어 철자를 어이없게 잘못 표기한 사례가 간혹 눈에 띕니다. 그런 오자가 편집장, 부편집장, 실무 편집자, 교정자의 번뜩이는 눈길을 어떻게 벗어났는지는 아무도 모릅니다. 독자는 그런 오자를 대번에 찾아내서 "여러분은 학교에 다니지 않았습니까?"라고 시작하는 분개의 편지를 보내기도 합니다.

물론 여러분도 학교에 다녔겠지만 아래에 주어진 문제들에서 철자가 잘못된 단어를 찾아내기는 쉽지 않을 겁니다. 문제 속의 단어들은 'sphygmomanometer혈압계'나 'piccalilli피커릴리, 인도의 향신료가 든 야채 절임'처럼, 사전에서 먼저 확인하지 않고는 누구도 확신하기 힘든 까다로운 철자의 단어들이 아닌데도 말이죠. 오히려 모든 단어가 너무 흔하게 쓰여, 사교 편지나 업무용 편지에서 매일 사용하고 있을 정도입니다.

그런데도 아래의 문제를 풀려면 10분 정도 진땀을 흘려야 할 겁니다. 철자가 유난히 헷갈리는 50개의 단어와 씨름해야 하기 때문입니다. 따라서 정신을 바짝 차리고 문제에 도전하기 바랍니다.

이 테스트를 치른 고등학교 선생들 중에서 6명만이 5문제를 정확히 맞혔답니다. 그보다 더 잘할 자신이 있나요? 6~7문제를 정확히 맞힌다면 아주 우수하고, 8~9문제를 맞히면 탁월한 실력입니다. 10문제 모두를 정확히 맞힌다면 영어 철자법의 완벽한 달인이라 자부하기에 손색이 없을 정도입니다. 정답은 해답편에 있습니다.

각 항에서 철자가 잘못된 단어 하나를 찾아보세요.

1. ⓐ surprise ⓑ disappear ⓒ innoculate ⓓ description ⓔ recommend
2. ⓐ privilege ⓑ separate ⓒ incidentally ⓓ dissipate ⓔ occurence
3. ⓐ analize ⓑ argument ⓒ assistant ⓓ comparative ⓔ truly
4. ⓐ grammar ⓑ drunkeness ⓒ parallel ⓓ sacrilegious ⓔ conscience
5. ⓐ precede ⓑ exceed ⓒ accede ⓓ procede ⓔ concede
6. ⓐ pronunciation ⓑ noticable ⓒ desirable ⓓ holiday ⓔ anoint
7. ⓐ wierd ⓑ seize ⓒ achieve ⓓ receive ⓔ leisure
8. ⓐ superintendent ⓑ persistent ⓒ resistant ⓓ insistent ⓔ perseverence
9. ⓐ accessible ⓑ permissible ⓒ inimitable ⓓ irresistable ⓔ irritable
10. ⓐ pursue ⓑ pastime ⓒ kidnapped ⓓ rhythmical ⓔ exhillarate

CHAPTER 12

HOW TO TALK ABOUT A VARIETY OF PERSONAL CHARACTERISTICS

인간의 다양한 특성

거짓 겸손, 불만, 속물 근성, 여성에게 호의적인 태도, 금전적 곤란, 슬픔 등을 표현하는 형용사들을 공부합니다.

Preview

다음과 같은 특성을 지닌 사람을 뜻하며 -ous로 끝나는 단어는 무엇일까요?

- fawning, servilely attentive, transparently self-ingratiating?
  알랑거리고 맹종적으로 친절하며 노골적으로 상대의 비위를 맞추는 사람인가요?
- nagging, dissatisfied, complaining?
  쟁쟁거리며 불평하고 끊임없이 불만을 늘어놓는 사람인가요?
- snobbish, haughtily contemptuous, arrogant?
  속물적 근성을 드러내면서 건방지고 남을 업신여기는 거만한 사람인가요?
- noisily troublesome, unmanageable?
  시끄러워 귀찮고 다루기 힘든 사람인가요?
- habitually short of cash?
  상습적으로 돈이 떨어지는 사람인가요?
- attentive and courteous to women?
  여자에게 친절하고 예의바른 사람인가요?
- harmless?
  해롭지 않은 사람인가요?
- fond of liquor?
  술을 좋아하는 사람인가요?
- pale, gaunt, haggard?
  창백하고 수척하며 초췌한 사람인가요?
- melancholy, sorrowful?
  슬픔에 젖어 우울한 사람인가요?

LESSON 1

'……로 가득한full of'을 뜻하는 라틴어 접미어 -ous로 끝나는 단어는 영어에서 수천 개가 넘습니다.

여기에서 공부할 단어들의 중심 주제는 '가득함fullness'이란 개념입니다. 곧 보겠지만 순종과 비굴한 노예 근성으로 가득한 사람, 불만투성이인 사람, 속물 근성으로 똘똘 뭉친 사람, 시끄럽게 소란을 피우는 사람, 주머니가 항상 텅텅 비어 있는 사람, 기사도 정신으로 무장한 사람, 조금도 남에게 피해를 주지 않는 사람, 끝없이 술을 마시는 사람, 죽은 사람처럼 얼굴이 해쓱한 사람, 슬픔에 파묻힌 사람들입니다.

영어에는 이런 개념 하나하나에 해당되는 단어가 있습니다. 풍부한 어휘력을 지닌 사람이라면 상대가 어떤 특성을 띤 사람인지 정확한 단어로 표현할 수 있을 겁니다.

IDEA
개념정리

1 compliance → obsequious
비굴함 → 고분고분한

The Latin root sequor means to follow—and those who follow rather than lead are usually in a menial, subordinate, or inferior position. People who engage in certain fields of endeavor—waiters, clerks, and servants, for example—are forced, often contrary to their natural temperaments, to act excessively courteous, pleasant, obliging, even subservient and humble. They must follow the lead of their customers or employers, bending their own wills according to the desires of those they serve. They are, etymologically, full of following after, or—obsequious.

라틴어 어근 sequor는 '따르다to follow'라는 뜻입니다. 앞장서기보다 따르는 사람은 대체로 하찮고 종속적이며 열등한 위치에 있습니다. 웨이터, 점원, 하인 등과 같이 남에게 봉사해야 하는 분야에서 일하는 사람들은 자신의 천성적인 기질과 달리 과도하게 예절을 차리고 상냥하며 친절하게 행동해야만 할 때가 적지 않습니다. 심지어 굽실거리고 비굴하게 행동하기도 해야 합니다. 그들은 고객이나 고용주의 지시를 따라야 하고, 그들이 섬기는 사람들의 욕구에 맞춰 자신의 의지를 꺾어야 합니다. 어원적으로 말하면 그런 사람들은 추종 정신으로 가득하며, 고분고분합니다.

| 관련 단어 |

① **obsequy(복수형 obsequies)** : 장례 행렬에서 조문객들은 시신의 '뒤를 따릅니다'. 따라서 obsequy는 '장례식'을 뜻합니다.

② **subsequent** : subsequent한 편지와 단락과 시간은 앞의 것을 '따르는' 것이므로 '다음의'라는 뜻입니다.

③ **sequel** : 소설처럼 같은 주제에 이어 동일한 인물들이나 장소 등을 다루며 전편을 '따르는' 문학 작품에서는 '속편'이라는 의미로 쓰입니다. 또는 "Just wait until you hear the sequel to the story!그 이야기의 결과를 듣게 될 때까지 기다려라!"라는 예에서처럼 어떤 사건에서 비롯된 사건, 즉 '결과'를 뜻하기도 합니다.

④ **sequence** : 순서에서 어떤 사항을 뒤따르는 사항으로 "The sequence of events of the next few days left him breathless그 이후 며칠 동안 사건이 연달아 일어나면서 그는 숨을 쉴 수 없었다"의 예에서 보듯이 '연속체'라는 뜻입니다. 어근 sequ-를 갖는 모든 단어는 '따르다'라는 개념과 밀접한 관계가 있습니다.

2 complaints → **querulous**
불평 **불만이 많은**

The Latin root queror means to complain—and anyone full of complaints, constantly nagging, harping, fretful, petulant, whining, never satisfied, may accordingly be called—querulous.

라틴어 어근 queror는 '불평하다to complain'라는 뜻입니다. 불만으로 가득해서 끊임없이 쟁쟁거리고 같은 말을 되풀이하며, 짜증내고 화를 내며, 투덜대고 결코 만족하지 않는 사람은 당연히 불만 많은 사람이라 불립니다.

3 snobbery → **supercilious**
속물 근성 **거만한**

The Latin root cilium means eyelid; super means above; and above the eyelid, as anyone can plainly see, is the eyebrow. Now there are certain obnoxious people who go around raising their eyebrows in contempt, disdain, and sneering arrogance at ordinary mortals like you and me. Such contemptuous, sneering, overbearingly conceited people are called—supercilious.

라틴어 어근 cilium은 '눈꺼풀eyelid'을 뜻하고, super는 '위above'를 뜻합니다. 누구나 분명히 볼 수 있듯이, 눈꺼풀 위에는 눈썹이 있죠. 경멸하고 멸시하는 태도로 눈썹을 추켜세우고, 여러분과 나 같은 보통 사람들을 거만하게 비웃으며 돌아다니는 불쾌한 사람들이 있습니다. 그런 오만하고 비웃는 태도로 꼴사납게 우쭐대는 사람들은 거만하다고 불립니다.

4 noise → **obstreperous**
소음 **막무가내**

The Latin root strepo means to make a noise. Anyone who is unruly, boisterous, resistant to authority, unmanageable—and in a noisy, troublesome manner—is obstreperous.

라틴어 어근 strepo는 '소란을 피우다make a noise'라는 뜻입니다. 규칙을 따르지 않고 소란스러우며, 권위에 무시해서 다루기 힘든 사람, 즉 시끄럽게 말썽을 피우는 사람은 '막무가내'인 사람입니다.

5 moneyless → **impecunious**
돈이 없는 **무일푼인**

The Latin root pecus means cattle—and at one time in human history a person's wealth was measured not by stocks and bonds but by stocks of domestic animals, which was a lot more logical, since you get milk and leather and meat from cattle—true wealth—and all you get from the stock market is a headache.

Someone who had lots of pecus, then, was rich—someone without pecus was indigent, destitute, "broke." And so today we call someone who is habitually without funds, who seems generally to be full of a complete lack of money—impecunious.

This word is not a synonym of indigent, destitute, or poverty-stricken; it does not necessarily imply living in reduced circumstances or want, but quite simply being short of cash—habitually.

라틴어 어근 pecus는 '축우cattle'를 뜻합니다. 인류의 역사에서 재산이 증권과 채권이 아니라 가축의 수로 평가되던 때가 있었습니다. 축우에서 우유, 가죽과 고기를 얻기 때문에 훨씬 합리적인 평가 방법이었습니다. 이런 것이야말로 진정한 재산이지, 증권시장에서 얻을 것은 두통밖에 없지 않나요!

당시에는 pecus를 많이 가진 사람이 부자였습니다. pecus가 없는 사람은 가난하고 궁핍했고, 빈털터리였습니다. 따라서 오늘날에도 상습적으로 주머니가 비어 있고, 거의 언제나 돈이 한푼도 없는 사람을 무일푼인 사람이라 부릅니다.

'무일푼인impecunious'은 '가난한indigent', '극빈한destitute', '가난에 찌든poverty-stricken'의 동의어가 아닙니다. 반드시 궁핍한 환경이나 빈곤한 상태에서 산다는 뜻이 아니라, 그저 거의 언제나 현금이 부족한 상황에 처해 있다는 뜻입니다.

| 관련 단어 |

① pecuniary : '금전의'라는 뜻으로, 금전적 고려pecuniary consideration, 금전적 문제pecuniary affairs 등으로 쓰입니다.

6 horses → chivalrous
말 기사다운

The French word cheval means horse; and in medieval times only gentlemen and knights rode on horses—common people walked. Traditionally (but not, I understand, actually) knights were courteous to women, attentive to female desires, and self-sacrificing when their own interests came in conflict with those of the fair sex. Hence, we call a modern man who has a knightly attitude to women—chivalrous.

프랑스어 cheval은 '말horse'을 뜻합니다. 중세시대에는 지위가 높은 사람과 기사만이 말을 타고 다녔고, 평민들은 걸어 다녔습니다. 지금은 그렇지 않지만, 옛날 기사들은 여자들에게 친절했고, 여자들의 바람에 신경을 썼으며, 여자의 이익이 자신의 이익과 충돌할 때는 기꺼이 자신을 희생했습니다. 따라서 요즘에도 우리는 여자에게 기사처럼 행동하는 사람을 기사답다고 말합니다.

| 관련 단어 |

'말'을 뜻하는 cheval은 라틴어에서 '열등한 말inferior horse'을 뜻하는 caballus(callabus)에서 파생됐습니다. 영어에서는 caval-로 쓰입니다.

① cavalcade : 말에 탄 사람들의 행렬, 즉 '기마 행렬'입니다.

② cavalier : 옛날에는 명사로 쓰여 '말에 탄 군인'을 뜻했습니다. 요즘에는 주로 형용사로 쓰여 거만하고, 남의 감정에는 개의치 않으며, 지나치게 불손한 행동이나 태도, 즉 권력을 쥔 사람에게서 흔히 엿볼 수 있는 속성을 뜻합니다. 따라서 "He answered in a cavalier manner그는 불손하게 대답했다"라는 말은 마치 질문자가 자신에게 질문하는 특권이라도 누리는 것처럼 그가 거만하게 대답했다는 뜻입니다. "After the cavalier treatment I received, I never wished to return 나를 막 대하는 대우를 받았기 때문에 돌아가고 싶지 않았다"라는 말은 내가 하찮고 열등한 사람이란 느낌을 받았다는 뜻입니다. 또 "After her cavalier refusal, I'll never invite her to another party그녀의 거만한 거절에 나는 그녀를 다시는 파티에 초대하지 않을 것이다"라는 말은 어떠한 해명도 없이 무례하게, 오만하고 퉁명스레 거절당했다는 뜻입니다.

③ cavalry : 말을 탄 군대, 즉 '기병대'를 뜻합니다.

④ chivalry : '기사다운chivalrous'의 명사형으로 '기사도 정신'을 가리킵니다. -ness로 끝나는 다른 명사형은 __________ 입니다.

⑤ chivalric : chivalrous와 같은 뜻이지만 상대적으로 덜 사용되는 형용사형입니다.

앞에서도 말했지만 '말'을 뜻하는 또 하나의 라틴어 어근은 equus로, 이 어근이 쓰인 단어들에 대해서는 이미 공부했습니다.

① equestrian : '말을 탄 사람, 기수'를 뜻합니다.

② equestrienne : '말을 탄 여자'를 가리킵니다.

③ equine : '말을 닮은'이라는 뜻입니다.

7 no harm done → innocuous
이상 없음 **무해한**

The Latin root noceo means to injure; someone who need cause you no fear, so harmless is that person, so unable to interfere, so unlikely to get you into trouble, is called—innocuous.

라틴어 어근 noceo는 '상처를 주다 to injure'를 뜻합니다. 여러분에게 공포심을 안겨줄 필요가 없는 사람, 따라서 전혀 해롭지 않고, 어떤 지장을 주지도 않으며 여러분을 곤경에 빠뜨릴 가능성도 없는 사람은 해가 없는 사람이라 불립니다.

| 관련 단어 |

① **innocent** : '죄 없는, 해가 없는'이라는 의미입니다.

② **noxious** : '해로운, 유독한, 불건전한'을 뜻합니다.

8 alcoholic → bibulous
술고래 **술고래인**

The Latin root bibo means to drink; and one who is generally found with one foot up on the brass rail, who likes to tipple beyond the point of sobriety—who, in short, has an overfondness for drinks with a pronounced alcoholic content, is called, usually humorously—bibulous.

라틴어 어근 bibo는 '마시다to drink'를 뜻합니다. 거의 언제나 술집에서 발견되고, 정신을 잃는 정도까지 술을 마셔대는 사람이 있지요. 요컨대 알코올 도수가 높은 술을 마시는 걸 지나치게 좋아하는 사람은 흔히 우스갯소리로 술독에 빠진 사람이라 불립니다.

| 관련 단어 |

① **imbibe**: '마시다, 빨아들이다, 흡수하다to drink in, soak up, absorb'의 뜻입니다. "He likes to imbibe그는 마시는 걸 좋아한다"처럼, 무엇을 마시는지 특별히 언급하지 않고 이 동사를 사용하면 당연히 술을 마신다는 뜻입니다. 그러나 imbibe는 "imbibe learning배운 것을 흡수하다", "In early infancy she imbibed a respect for her parents그녀는 아주 어렸을 때 부모에 대한 존경심을 배웠다"와 같은 문장에서도 사용됩니다.

② **bib** : 앞치마의 윗부분으로 '가슴받이', 어린아이의 목에 둘러주는 앞치마처럼 생긴 '턱받이'입니다. 어떤 뜻으로 쓰이든 bib는 마신 것이나 먹은 것이 착용자의 옷에 흘러내리는 걸 막아줍니다.

9 like death itself → cadaverous
죽음과도 같은 **송장 같은**

The Latin root cado means to fall—one's final fall is of course always in death, and so someone who looks like a corpse (figuratively speaking), who is pale, gaunt, thin, haggard, eyes deep-sunk, limbs wasted, in other words the extreme opposite of the picture of glowing health, is called—cadaverous.

라틴어 어근 cado는 '떨어지다to fall'를 뜻합니다. 인간의 마지막 추락은 언제나 죽음의 순간에 일어납니다. 따라서 상징적으로 말해서 시체처럼 보이는 사람, 얼굴이 창백하고 수척하고 마르고 초췌하며 눈이 움푹 들어가고 팔다리를 제대로 움직이지 못하는 사람, 달리 말하면 건강미가 넘치는 모습과는 정반대인 사람은 송장 같다고 합니다.

| 관련 단어 |

① **cadaver**: 문자 그대로 '시체'입니다. 특히 외과의 해부에 쓰이는 '시체'를 가리킵니다.

② **decadent**: 어원적으로 '추락한falling down'이란 뜻입니다. de-는 '내려가다descend', '거절하다, 쇠퇴하다decline'의 경우처럼 '아래down'에 있는 것을 뜻하는 접두어입니다. decadent한 상태에 있는 것은 '타락하는' 것이며, '비도덕적이고 퇴폐적'으로 변해간다는 의미입니다. decadence는 타락한 상태를 뜻합니다. 일반적으로 decadent와 decadence는 비유적인 뜻으로 사용됩니다. 요컨대 죽은 몸, 즉 시체처럼 육신이 실질적으로 썩은 상태가 아니라 도덕이나 정신의 타락을 의미하는 것입니다.

10 pain and misery → dolorous
고통과 불행 비통한

The Latin root doleo means to suffer or grieve—one who is mournful and sad, whose melancholy comes from physical pain or mental distress, who seems to be suffering or grieving, is called—dolorous.

라틴어 어근 doleo는 '괴로워하다to suffer', '슬퍼하다to grieve'를 뜻합니다. 한탄과 슬픔에 잠긴 사람, 육체적인 고통이나 정신적인 고뇌로 인해 애수에 젖은 사람, 또 괴로워하거나 비탄에 잠긴 사람은 비통합니다.

| 관련 단어 |

① dolor: '슬픔grief'과 동의어로 시詩에서 쓰입니다.

② doleful : '우울한 기분'을 뜻하고, 슬픔, 적적함을 과장되고 다소 해학적으로 표현하는 단어입니다.

③ condole : 어원적으로는 '함께 괴로워하거나 슬퍼하다'라는 뜻입니다. 라틴어에서 con-은 '함께, 더불어'라는 의미입니다. condole은 commiserate의 동의어이지만 상대적으로 덜 사용됩니다. 명사 condolence은 동사 condole에 비해 훨씬 자주 사용됩니다. 특히 "Let me offer you my condolences당신에게 심심한 위로의 말을 전합니다"라는 표현은 친구나 친척의 죽음을 슬퍼하는 사람에게 보내는 말이죠. condolence card라는 말도 들어보았을 것이고, 그 카드에 슬픔을 함께한다는 말을 써서 보냈던 적도 있을 것입니다. 흔히 죽음으로 인한 상실감에 빠진 사람을 condole한다는 것은 "I am suffering or grieving with you나는 당신의 괴로움과 슬픔을 함께 나눕니다"라고 말하는 것과 같습니다.

QUIZ

어원복습

단어의 어원적 구조를 정확히 파악하면 훨씬 효과적으로 단어를 정복할 수 있습니다. 지금까지 배운 접두어와 어근, 접미어를 복습하는 의미로 풀어보는 것이므로 따로 정답은 없습니다. 자유롭게 생각나는 단어를 써보세요.

	접두어/어근/접미어	의미	파생어
1	sequor	to follow	
2	queror	to complain	
3	cilium	eyelid	
4	super	above	
5	strepo	to make a noise	
6	pecus	cattle	
7	-ary	형용사형 접미어	
8	im-(in-)	부정 접두어	
9	cheval	horse	
10	callabus(caval-)	inferior horse	
11	-ous	형용사형 접미어	
12	-ic	형용사형 접미어	
13	equus	horse	
14	-ine	like, similar to, characteristic of	
15	bibo	to drink	
16	im-(in-)	in	
17	cado	to fall	
18	de-	down	
19	-ent	형용사형 접미어	
20	-ence	명사형 접미어	
21	con-	with, together	

EXERCISE
연습문제

1. 다음 단어를 정확히 발음해보세요.

1) obsequious ob-SEEK′-wee-əs
2) querulous KWAIR′-ə-ləs
3) supercilious sōō′-pər-SIL′-ee-əs
4) obstreperous əb-STREP′-ər-əs
5) impecunious im′-pə-KYŌŌ′-nee-əs
6) chivalrous SHIV′-əl-rəs
7) innocuous ə-NOK′-yōō-əs
8) bibulous BIB′-yə-ləs
9) cadaverous kə-DAV′-ər-əs
10) dolorous DOL′-ər(혹은 DŌ′-lər)-əs

2. 다음 단어와 연관되는 내용을 보기에서 고르세요.

보기

a. snobbish
b. harmless
c. gaunt
d. short of funds
e. fawning; excessively, ingratiatingly, polite
f. sorrowful
g. addicted to drink
h. courteous to women
i. complaining
j. unmanageable

1) obsequious ________
2) querulous ________
3) supercilious ________
4) obstreperous ________
5) impecunious ________
6) chivalrous ________
7) innocuous ________
8) bibulous ________
9) cadaverous ________
10) dolorous ________

3. 다음 단어와 반대되는 뜻의 단어를 보기에서 고르세요.

보기

a. content; uncomplaining; satisfied
b. affluent
c. healthy
d. rude
e. sober
f. dangerous
g. humble
h. misogynous
i. happy; cheerful
j. quiet

1) obsequious ________
2) querulous ________
3) supercilious ________
4) obstreperous ________
5) impecunious ________
6) chivalrous ________
7) innocuous ________
8) bibulous ________
9) cadaverous ________
10) dolorous ________

4. 다음 질문을 읽고 YES/NO로 대답하세요.

1) Do *obsequious* people usually command our respect? YES / NO

2) Are *querulous* people satisfied? YES / NO

3) Are *supercilious* people usually popular? YES / NO

4) Is a person of affluence *impecunious*? YES / NO

5) Do some women like *chivalrous* men? YES / NO

6) Are *innocuous* people dangerous? YES / NO

7) Is a *bibulous* character a teetotaler? YES / NO

8) Is a *cadaverous*-looking individual the picture of health? YES / NO

9) Is a *dolorous* attitude characteristic of jovial people? YES / NO

10) Is an *obstreperous* child difficult to manage? YES / NO

5. 다음을 보고 생각나는 단어를 쓰세요.

1) sorrowful D________

2) servilely attentive; overly polite O________

3) haggard; gaunt; pale C________

4) complaining; whining Q________

5) addicted to alcohol; likely to drink past the point of sobriety B________

6) arrogant; haughty S________

7) harmless I________

8) noisily unmanageable O________

9) attentive and courteous to women C________

10) short of money; without funds I________

LESSON 2

관련 단어들을 좀더 연습해보도록 하겠습니다.

EXERCISE
연습문제

1. 다음 단어를 정확히 발음해보세요.

1) **obsequies** OB´-sə-kweez
2) **subsequent** SUB´-sə-kwənt
3) **sequel** SEE´-kwəl
4) **sequence** SEE´-kwəns
5) **pecuniary** pə-KYŌŌ´-nee-air´-ee
6) **noxious** NOK´-shəs
7) **imbibe** im-BĪB´
8) **dolor** DŌ´-lər
9) **doleful** DŌL´-fəl
10) **cavalcade** KAV´-əl-kayd´
11) **cavalier** adj kav-ə-LEER´

2. 다음 단어를 정확히 발음해보세요.

1) **cavalry** KAV´-əl-ree
2) **chivalry** SHIV´-əl-ree
3) **chivalric** shə-VAL´-rik
4) **condole** kən-DŌL´
5) **condolence** kən-DŌ´-ləns
6) **equestrian** ə-KWES´-tree-ən
7) **equestrienne** ə-KWES´-tree-ən
8) **equine** EE´-kwīn´
9) **cadaver** kə-DAV´-ər(혹은 DAY´-vər)
10) **decadent** DEK´-ə(혹은 də-KAY´)-dənt
11) **decadence** DEK´-ə(혹은 də-KAY´)-dəns

3. 다음 단어와 연관되는 내용을 보기에서 고르세요.

보기

a. proper order
b. drink; absorb; take in
c. harmful, poisonous
d. pain, sorrow (poetic)
e. coming later or afterward
f. procession of mounted riders
g. offhand, haughty
h. a following event or literary work
i. horsewoman
j. pertaining to money
k. mounted military division; soldiers on horseback
l. funeral rites
m. exaggeratedly sorrowful
n. horselike
o. horseman
p. spiritual decline
q. morally decaying
r. corpse
s. expression of sympathy
t. gallant courtesy to women

1) **obsequies** ________
2) **subsequent** ________
3) **sequel** ________
4) **sequence** ________
5) **pecuniary** ________
6) **noxious** ________
7) **imbibe** ________
8) **dolor** ________
9) **doleful** ________
10) **cavalcade** ________
11) **cavalier** adj ________
12) **cavalry** ________
13) **equestrian** ________
14) **equestrienne** ________
15) **equine** ________
16) **cadaver** ________
17) **decadent** ________
18) **decadence** ________
19) **chivalry** ________
20) **condolence** ________

4. 다음 질문을 읽고 YES/NO로 대답하세요.

1) Are speeches usually made during *obsequies*? YES / NO
2) Did Margaret Mitchell write a *sequel* to *Gone with the Wind*? YES / NO
3) Are these numbers in *sequence*: 5, 6, 7, 8, 9, 10, 11? YES / NO
4) Do banks often handle the *pecuniary* details of an estate? YES / NO
5) Is arsenic a *noxious* chemical? YES / NO
6) Do children sometimes *imbibe* wisdom from their parents? YES / NO
7) If a song is sung in tones of *dolor*, is it a happy song? YES / NO
8) Is a *doleful* countenance a happy one? YES / NO
9) Does a *cavalcade* contain horses? YES / NO
10) Does a *cavalier* attitude show a spirit of humility? YES / NO

5. 다음 질문을 읽고 YES/NO로 대답하세요.

1) Is a *cavalry* officer usually a good horseman? YES / NO
2) Would an *equestrian* statue of General Grant show him with or on a horse? YES / NO

3) Is an *equestrienne* a man? YES / NO

4) Do humans possess many *equine* characteristics? YES / NO

5) Is a *cadaver* alive? YES / NO

6) Is an iconoclast likely to consider religion a *decadent* institution? YES / NO

7) Is *decadence* a desirable quality? YES / NO

8) Is *chivalry* dead? YES / NO

9) Is it appropriate to *condole* with someone who has suffered a loss through death? YES / NO

10) Are *condolences* appropriate at a wedding ceremony? YES / NO

6. 다음 단어의 관계를 SAME/OPPOSITE로 대답하세요.

1) obsequies—rites SAME / OPPOSITE

2) subsequent—preceding SAME / OPPOSITE

3) pecuniary—financial SAME / OPPOSITE

4) sequence—order SAME / OPPOSITE

5) noxious—harmful SAME / OPPOSITE

6) imbibe—drink SAME / OPPOSITE

7) dolor—delight SAME / OPPOSITE

8) doleful—merry SAME / OPPOSITE

9) cavalier—courteous SAME / OPPOSITE

10) cadaver—corpse SAME / OPPOSITE

11) decadent—resurgent SAME / OPPOSITE

12) chivalry—gallantry to women SAME / OPPOSITE

13) condolences—congratulations SAME / OPPOSITE

7. 다음을 보고 생각나는 단어를 쓰세요.

1) harmful

N ________

2) a literary work or an event that follows another

S ________

3) drink in

I ________

4) poetic word for sorrow

D ________

5) burial ceremonies

O ________

6) horseman

E ________________

7) horsewoman

E ________________

8) horselike

E ________________

9) following [adj]

S ________________

10) relating to money [adj]

P ________________

11) exaggeratedly sad

D ________________

12) proper order

S ________________

13) parade of mounted riders

C ________________

14) offhand; unmindful of another's feelings

C ________________

15) mounted soldiers

C ________________

16) a corpse

C ________________

17) morally deteriorating [adj]

D ________________

18) spiritual decay

D ________________

19) expression of sympathy

C ________________

20) gallantry to women

C ________________, C ________________

REVIEW

챕터복습

1. 다음 정의에 맞는 단어를 고르세요.

1) Excessively polite and fawning

ⓐ querulous ⓑ obsequious ⓒ supercilious

2) Noisily troublesome

ⓐ querulous ⓑ impecunious ⓒ obstreperous

3) Courteous and attentive to women

ⓐ querulous ⓑ chivalrous ⓒ supercilious

4) Complaining, nagging

ⓐ querulous ⓑ supercilious ⓒ innocuous

5) Haughtily disdainful

ⓐ supercilious ⓑ bibulous ⓒ dolorous

6) Gaunt, corpselike

ⓐ noxious ⓑ cadaverous ⓒ doleful

7) Highhanded

ⓐ supercilious ⓑ cavalier ⓒ decadent

8) Moral decay

ⓐ decadence ⓑ obsequies ⓒ sequence

9) Expression of sympathy

ⓐ bibulousness ⓑ dolefulness ⓒ condolence

10) Courtesy to women

ⓐ dolor ⓑ chivalry ⓒ decadence

2. 다음 어근에 맞는 의미를 쓰세요.

	어근	의미	파생어
1)	sequor		subsequent
2)	queror		querulous
3)	cilium		supercilious
4)	super		supervision
5)	strepo		obstreperous
6)	pecus		pecuniary
7)	caballus(caval-)		chivalry
8)	caballus(caval-)		cavalier
9)	equus		equine
10)	cado		decadence

QUESTION
어원심화

1. 증거에 근거하지 않는 결론은 당연히 non sequitur불합리한 결론이라 불립니다. 이 표현은 의미가 확대되어 전에 말한 것과 관련이 없어 보이는 발언을 가리킬 때도 쓰입니다. 어근 sequor의 뜻을 바탕으로 이 표현을 어원적으로 정의해보세요.

____

2. 다른 많은 라틴어 동사와 마찬가지로 sequor에도 철자가 약간 달라지는 변형이 있습니다. 예컨대 verto와 versus, loquor와 locutus 같은 경우를 기억하나요? sequor의 또 다른 형태는 secutus입니다. 이 어근에 근거해서 아래의 단어들을 정의해보세요.

a) second두 번째: ___________________________

b) consecutive연속적인 : ___________________________

c) persecute박해하다: ___________________________

d) prosecute기소하다: ___________________________

3. 라틴어에서 '위above, over'를 뜻하는 super-는 영어에서 많은 단어의 접두어로 사용됩니다. 아래에 주어진 어원적 정의에 적합하고 super-로 시작되는 단어를 생각해보세요.

a) above others (in quality, position, etc.)자질, 지위 등에서 남보다 위에 있는 :

____

b) above the surface; not in depth표면 위의, 깊지 않은 adj :

____

c) (flowing) above what is necessary; more than needed필요한 것 위로 (흐르는), 필요 이상의 adj :

____

d) above (or beyond) the natural 자연적인 것을 뛰어넘는 adj :

____

e) to oversee; be in charge of 감독하다, 책임지다 v :

____

4. '떨어지다'라는 뜻인 cado는 아래와 같은 단어에서 찾아볼 수 있습니다. 때로는 어근의 철자가 -cid로 쓰이기도 하지요. 어원을 고려해서 각 단어의 뜻을 정의해보세요.

a) cadence : ______________________

b) occidental : ______________________

c) deciduous : ______________________

d) incident : ______________________

e) accident : ______________________

f) coincidence : ______________________

5. 부정 접두어 in-과 '괴로워하다'를 뜻하는 doleo가 결합되면, 어원적으로 '고통받지 않는'을 뜻하지만 실제로는 '빈둥대는, 게으른, 노력하거나 일하기를 싫어하는'을 뜻하는 형용사가 만들어집니다. 이에 해당되는 단어가 무엇인지 생각해보고, 명사형도 써보세요.

____

____

6. Dolores라는 여자의 이름이 어원적으로 어떤 뜻인지 써보세요.

____

쉬어가기 10

ANOTHER CHECK ON YOUR SPELLING

철자법 테스트 II

문제마다 4개의 단어가 주어졌습니다. 그 중 하나는 의도적으로, 교묘하게, 또 예기치 않게 철자가 잘못 쓰였습니다. 그 하나를 찾아내는 것이 여러분의 역할입니다. 20문제에서 적어도 15문제를 맞힌다면 여러분은 자신의 생각보다 철자법에서 뛰어나다고 말할 수 있습니다. 정답은 해답편에 있습니다.

	ⓐ	ⓑ	ⓒ	ⓓ
1.	ⓐ alright	ⓑ coolly	ⓒ supersede	ⓓ disappear
2.	ⓐ inoculate	ⓑ definately	ⓒ irresistible	ⓓ recommend
3.	ⓐ incidentally	ⓑ dissipate	ⓒ seperate	ⓓ balloon
4.	ⓐ argument	ⓑ ecstasy	ⓒ occurrance	ⓓ analyze
5.	ⓐ sacrilegious	ⓑ weird	ⓒ pronunciation	ⓓ repitition
6.	ⓐ drunkeness	ⓑ embarrassment	ⓒ weird	ⓓ irritable
7.	ⓐ noticeable	ⓑ superintendant	ⓒ absence	ⓓ development
8.	ⓐ vicious	ⓑ conscience	ⓒ panicy	ⓓ amount
9.	ⓐ accessible	ⓑ pursue	ⓒ exhilarate	ⓓ insistant
10.	ⓐ naiveté	ⓑ necessary	ⓒ catagory	ⓓ professor
11.	ⓐ rhythmical	ⓑ sergeant	ⓒ vaccuum	ⓓ assassin
12.	ⓐ benefitted	ⓑ allotted	ⓒ corroborate	ⓓ despair
13.	ⓐ diphtheria	ⓑ grandeur	ⓒ rediculous	ⓓ license
14.	ⓐ tranquillity	ⓑ symmetry	ⓒ occassionally	ⓓ privilege
15.	ⓐ tarriff	ⓑ tyranny	ⓒ battalion	ⓓ archipelago
16.	ⓐ bicycle	ⓑ geneology	ⓒ liquefy	ⓓ bettor
17.	ⓐ defense	ⓑ batchelor	ⓒ stupefy	ⓓ parallel
18.	ⓐ whisky	ⓑ likable	ⓒ bookkeeper	ⓓ accomodate
19.	ⓐ comparitive	ⓑ mayonnaise	ⓒ indispensable	ⓓ dexterous
20.	ⓐ dictionary	ⓑ cantaloupe	ⓒ existance	ⓓ ukulele

TEST 3

1. 다음 어근에 맞는 의미를 쓰세요.

어근	의미	파생어
fluo	1)	affluent
pheme	2)	euphemism
platys	3)	platitude
felis	4)	feline
piscis	5)	piscine
nostos	6)	nostalgia
kakos	7)	cacophony
carnis	8)	carnivorous
voro	9)	voracious
omnis	10)	omnivorous
potens, potentis	11)	impotent
ubique	12)	ubiquity
lupus	13)	lupine
doleo	14)	dolorous
porcus	15)	porcine
thanatos	16)	euthanasia
canis	17)	canine
vulpus	18)	vulpine
algos	19)	nostalgic
odyne	20)	anodyne
logos	21)	eulogy
sciens, scientis	22)	omniscient
ursus	23)	ursine
phone	24)	euphonious
penuria	25)	penury

2. 다음 어근에 맞는 의미를 쓰세요.

어근, 접두어	의미	파생어
nervus	1)	enervate
ergon	2)	energy
nego	3)	negation
caput, capitis	4)	decapitate
capitulum	5)	recapitulate
vegeto	6)	vegetate
simulo	7)	simulate
similis	8)	similarity
levis	9)	alleviate
intimus	10)	intimate ⓥ
miser	11)	commiserate
vacillo	12)	vacillate
ambi-	13)	ambivalent
oscillum	14)	oscillate
sequor, secutus	15)	obsequious
queror	16)	querulous
cilium	17)	supercilious
super-	18)	superior
strepo	19)	obstreperous
pecus	20)	impecunious
equus	21)	equine
caballus(caval-)	22)	cavalier
loquor, locutus	23)	circumlocution
cado	24)	decadence
vanesco	25)	evanescent

3. 다음 단어의 관계를 SAME/OPPOSITE로 대답하세요.

1) penury—affluence SAME / OPPOSITE
2) vicarious—secondhand SAME / OPPOSITE
3) ephemeral—evanescent SAME / OPPOSITE
4) badinage—persiflage SAME / OPPOSITE
5) cacophony—euphony SAME / OPPOSITE
6) clandestine—surreptitious SAME / OPPOSITE
7) parsimonious—extravagant SAME / OPPOSITE

8) indigent—opulent SAME / OPPOSITE

9) destitute—impecunious SAME / OPPOSITE

10) euphemistic—indirect SAME / OPPOSITE

11) cliché—bromide SAME / OPPOSITE

12) platitudinous—original SAME / OPPOSITE

13) voracious—gluttonous SAME / OPPOSITE

14) omniscient—ignorant SAME / OPPOSITE

15) omnipresent—ubiquitous SAME / OPPOSITE

16) carnal—libidinous SAME / OPPOSITE

17) carnage—slaughter SAME / OPPOSITE

18) enervated—exhilarated SAME / OPPOSITE

19) castigate—condone SAME / OPPOSITE

20) simulate—pretend SAME / OPPOSITE

4. 다음 단어와 연관되는 내용을 보기에서 고르세요.

보기

a. excessively polite or servile	b. gaunt, corpselike
c. noisy	d. poisonous
e. highhanded	f. sad
g. nagging; complaining	h. harmless
i. soothing	j. constantly changing one's mind

1) **alleviating** ______ 2) **cavalier** adj ______

3) **vacillating** ______ 4) **obsequious** ______

5) **querulous** ______ 6) **obstreperous** ______

7) **innocuous** ______ 8) **cadaverous** ______

9) **dolorous** ______ 10) **noxious** ______

5. 다음 단어와 연관되는 설명한 내용을 보기에서 고르세요.

보기

a. a rising into the air	b. harsh sound
c. powerlessness	d. a return to life in a new form
e. devouring all; eating everything	f. expression of sympathy
g. cowlike; phlegmatic; stolid	h. morally deteriorating
i. joking	j. stealthy; secret

1) **condolence** ______ 2) **decadent** ______

3) **levity** ______ 4) **levitation** ______

5) **surreptitious** ______ 6) **cacophony** ______

7) **reincarnation** ______ 8) **omnivorous** ______

9) **impotence** ______ 10) **bovine** ______

6. 다음을 보고 생각나는 단어를 쓰세요.

1) lionlike

L ______________

2) doglike

C ______________

3) catlike

F ______________

4) piglike

P ______________

5) foxlike

V ______________

6) bearlike

U ______________

7) horselike

E ______________

8) all-powerful

O ______________

9) in the flesh

I ______________

10) to stagnate

V ______________

11) secret

C ______________

12) meat-eating adj

C ______________

13) lasting a very short time

E ______________

14) stingy; tight-fisted

P ______________, P ______________

15) feeling contradictory ways at the same time adj

A ______________

16) speech of praise

E ______________

17) a feeling of well-being, both physical and emotional

E ______________

18) statement intended to allay pain or anxiety

A ______________

19) mercy death

E ______________

20) science of speech sounds

P ______________

21) all-powerful

O ______________

22) to give in; to stop resisting

C ______________

23) a working together for greater effect

S ______________, S ______________

24) to behead

D ______________

25) relating to, pertaining to, or involving money (adj)

P ______________

26) harmless

I ______________

27) tending to drink a lot (adj)

B ______________

28) to express sympathy; to share suffering, pain, or grief (with)

C ______________, C ______________

29) snobbish; contemptuous; haughty; arrogant

S ______________

30) mounted soldiers

C ______________

점수 계산법

한 문제당 **1점**으로 계산하세요. 여러분이 받은 총점의 의미는 다음과 같습니다.

00~34점 : 노력하면 더 잘할 수 있습니다. 굳은 결의와 단호한 마음으로 공부를 계속하기 바랍니다.
35~49점 : 기준에 턱없이 모자랍니다. 복습을 철저히 한 후 진도를 나아가기 바랍니다.
50~60점 : 기준선을 겨우 넘었습니다. 더 열심히 공부해야 합니다.
65~79점 : 평균입니다. 상당한 학습 성과를 거두었지만 각 단원이 끝난 후에 복습을 철저히 해야 합니다.
80~99점 : 우수합니다. 이번 복습이 아주 유익했습니다.
100~120점 : 탁월합니다. 올바른 방향으로 어휘력을 향상시킬 준비를 갖추었습니다.

TEST 1과 **TEST 2**에서 얻은 점수들과 이번에 얻은 점수를 빈칸에 기록해봅시다. 그래야 성취도를 일목요연하게 비교해볼 수 있을 것입니다.

TEST 1 : ______________ / **120**
TEST 2 : ______________ / **120**
TEST 3 : ______________ / **120**

Dictionary of Phobia

여러 가지 공포증에 대한 어휘입니다.
어떤 사물·현상·개념에 관한 단어와 공포증이 어떻게 연관되는지 생각해보세요. 공포증은 대부분 그리스어 어근을 취합니다.

air: aerophobia	공기: 혐기증, 통풍 공포증
animals: zoophobia	동물: 동물 공포증
beauty: callophobia	아름다움: 미 공포증
birth: genophobia	임신: 성교 공포증
blood: hematophobia	피: 혈액 공포증
breasts: mastophobia	가슴: 유방 공포증
burglars: scelerophobia	강도: 강도 공포증
burial alive: taphephobia	생매장: 생매장 공포증
cats: ailurophobia	고양이: 고양이 공포증, 공묘증
change: neophobia	변화: 신품 공포증
childbirth: maieusiophobia	출산: 출산 공포증
children: pedophobia	어린이: 소아 공포증
colors: chromophobia	색: 색 공포증
crowds: ochlophobia	군중: 군중 공포증
darkness: nyctophobia	어둠: 암흑 공포증
death: thanatophobia	죽음: 죽음 공포증
depths: bathophobia	깊이: 깊이 공포증
disease: pathophobia	질병: 질병 공포증
doctors: iatrophobia	의사: 병원 공포증

dogs: cynophobia	개: 광견병 공포증
dying: thanatophobia	노화: 죽음 공포증
emptiness: kenophobia	빈 공간: 공간 공포증
everything: pantophobia	모든 사물: 사물 공포증
eyes: ophthalmophobia	눈: 응시 공포증
fear: phobophobia	두려움: 공포 공포증
feces: coprophobia	배설물: 배설물 공포증
feet: podophobia	발: 발 공포증
female genitals: eurotophobia	여성의 성기: 여성 성기 공포증
filth: mysophobia	오물: 오염 공포증
fire: pyrophobia	불: 불 공포증
fish: ichthyophobia	물고기: 물고기 공포증
fog: homichlophobia	안개: 안개 공포증
food: cibophobia	음식: 음식 공포증
foreigners: xenophobia	외국인: 외국인 공포증
freaks: teratophobia	기형: 기형아 공포증
frogs: batrachophobia	개구리: 개구리 공포증
ghosts: phasmophobia	유령: 유령 공포증
hands: chirophobia	손: 손 공포증
hair: trichophobia	머리카락: 모발 공포증
healers or healing: iatrophobia	치유사 혹은 치유: 병원 공포증
heat: thermophobia	열: 열 공포증
hell: stygiophobia	지옥: 지옥 공포증
horses: hippophobia	말(馬): 말 공포증
insects: entomophobia	벌레: 벌레 공포증
knives: aichmophobia	작은 칼: 뾰족한 것에 대한 공포증
knowledge: gnosiophobia	지식: 지식 공포증
large things: megalophobia	큰 사물: 대형물 공포증

light: photophobia	빛: 광선 공포증
lightning: astrophobia	번개: 행성 공포증
males: androphobia	수컷: 남성 공포증
many things: polyphobia	다수: 다량 공포증
marriage: gamophobia	결혼: 결혼 공포증
medicine: pharmacophobia	약: 약 복용 공포증
mice: musophobia	쥐: 쥐 공포증
mirrors: spectrophobia	거울: 유령 공포증
mobs: ochlophobia	폭도: 군중 공포증
motherhood: metrophobia	모성: 모성 공포증
motion: kinesophobia	움직임: 동작 공포증
nakedness: gymnophobia	벌거숭이: 나체 공포증
needles: belonophobia	바늘: 바늘 공포증
newness: neophobia	새로운 것: 신품 공포증
night: nyctophobia	밤: 암흑 공포증
oceans: thalassophobia	바다: 바다 공포증
odors: osmophobia	냄새: 냄새 공포증
old age: geraphobia	노령: 노화 공포증
old men: gerontophobia	노인: 노인 공포증
pain: algophobia; odynophobia	고통: 통증 공포증
people: demophobia	사람: 군중 공포증
plants: botanophobia	식물: 식물 공포증
pleasure: hedonophobia	즐거움: 즐거움 공포증
poison: toxicophobia	독: 독 공포증
poverty: peniophobia	가난: 가난 공포증
prostitutes: pornophobia	창녀: 음란 공포증
punishment: poinophobia	벌: 처벌 공포증
rain: ombrophobia	비: 비 공포증

red: erythrophobia	붉은색: 적색 공포증
rivers: potamophobia	강: 강 공포증
robbers: harpaxophobia	약탈자: 강탈 공포증
sameness: homophobia	동일함: 동성애 공포증
sex: genophobia	성욕: 성교 공포증
sexual intercourse: coitophobia	성행위: 성교 공포증
sinning: peccatophobia	죄: 죄 공포증
skin: dermatophobia	피부: 피부병 공포증
sleep: hypnophobia	잠: 수면 공포증
small things: microphobia	작은 것: 소형물 공포증
smothering: pnigerophobia	연기: 질식 공포증
snakes: ophidiophobia	뱀: 뱀 공포증
snow: chionophobia	눈(雪): 눈 공포증
solitude: autophobia, monophobia	고독: 고독 공포증
sounds: acousticophobia	소리: 소음 공포증
speaking: lalophobia	말하기: 표현 공포증
speaking aloud: phonophobia	크게 말하기: 소리 공포증
speech: logophobia	말: 단어 공포증
spiders: arachneophobia	거미: 거미 공포증
stairs: climacophobia	계단: 계단 공포증
stars: siderophobia	별: 별 공포증
stealing: kleptophobia	절도: 도난 공포증
stillness: eremiophobia	고요함: 고독 공포증
strangers: xenophobia	낯선 사람: 외국인 공포증
strength: sthenophobia	힘: 완력 공포증
study: logophobia	공부: 단어 공포증
sunlight: heliophobia	햇빛: 태양 공포증
tapeworms: taeniophobia	촌충: 촌충 공포증

taste: geumophobia	맛: 미각 공포증
teeth: odontophobia	치아: 치과 공포증
thieves: kleptophobia	도둑: 도난 공포증
thinking: phronemophobia	생각하기: 사고(思考) 공포증
thirteen (the number): triskaidekaphobia	13: 숫자 13 공포증
thirst: dipsophobia	갈증: 음료 공포증
thunder: brontophobia	천둥: 번개 공포증
time: chronophobia	시간: 시간 공포증
togetherness: synophobia	친목: 친목 공포증
travel: hodophobia	여행: 여행 공포증
ugliness: cacophobia	추함: 추악 공포증
voices: phemophobia	목소리: 목소리 공포증
vomiting: emetophobia	구토: 구토 공포증
walking: basiphobia	걷기: 걷기 공포증
watching: scoptophobia	관찰: 응시 공포증
water: hydrophobia	물: 물 공포증
weakness: asthenophobia	허약함: 졸도 공포증
wealth: plutophobia	부: 재산 공포증
wind: anemophobia	바람: 바람 공포증
women: gynephobia	여자: 여성 공포증
words: logophobia	단어: 단어 공포증
work: ergophobia	일: 일 공포증
writing: graphophobia	글쓰기: 필기 공포증

이로써 『WORD POWER made easy 워드 파워 메이드 이지』의 44과가 모두 끝났습니다. 개인차에 따라 최소 48일에서 90일, 혹은 그 이상이 걸렸을 것입니다. 또한 세 번의 테스트의 결과는 어떻습니까? 점수 고하에 상관없이 이 모든 과정을 성실하게 마친 것만으로도 이 책을 처음 펼쳤을 때보다 여러분의 어휘력은 분명히 눈에 띄게 향상되었을 것입니다. 하지만 자신의 부족한 부분도 알게 되었겠지요. 이 책과의 만남이 자신의 실력을 냉정히 평가해 더욱 성장해가는 기회가 되기를 바랍니다.

후기 | 어떻게 해야 어휘력을 꾸준히 향상시킬 수 있을까요?

초등학교든 고등학교든 대학교든 졸업식에서 적어도 한 명의 연사는 졸업생들에게 졸업이 끝이 아니라고, 결코 아니라고 말합니다. 졸업은 시작일 뿐입니다. 그래서 졸업식을 commencement시작라고 부르는 것입니다. 물론 그 연사의 말이 옳습니다. 어떤 교육과정도 끝이 아닙니다. 더 높은 수준의 교육, 더 많은 양의 학습, 더 나은 삶을 위한 시작에 불과합니다.

여기에서도 마찬가지입니다. 이 책에 실린 내용과 제안에 대해 여러분이 보여준 결과는 여러분의 발전을 위한 시작일 뿐입니다. 어휘력을 향상시키려는 노력을 중단한다면 여러분의 지적 성장도 중단됩니다. 여러분이 숨을 쉬며 살아 있는 동안에는 지적으로 꾸준히 성장하고 싶겠지요. 지난 몇 주 동안 열심히 공부하며 얻은 추진력으로 계속 공부해나가는 일은 그다지 어렵지 않을 것입니다.

이 책에서 내가 지금까지 말한 내용을 간단히 정리하는 의미에서, 여러분이 취해야 할 단계들을 요약해보겠습니다.

단계 1 새로운 단어들을 적극적으로 받아들여야 한다

단어가 제 발로 여러분의 뒤를 쫓아다니지는 않습니다. 글을 읽을 때나 남의 이야기를 들을 때, 다른 사람은 알지만 여러분은 모르는 단어를 찾아 끊임없이 주의를 기울여야 합니다.

단계 2 더 많이 읽어야 한다

성인인 여러분은 책과 잡지에서 새로운 단어들을 찾아낼 수 있습니다. 신문을 후다닥 통독하는 게 독서의 전부인가요? 그렇다면 습관을 바꿔야 합니다. 어휘력을 나날이 향상시키는 게 목표라면 일주일에 적어도 한 권의 책과 서너 권의 잡지를 읽어야 합니다. 이번 주와 다음 주만이 아니라, 여러분이 세상을 떠날 때까지 말입니다. 닥치는 대로 읽지 않는 사람이 풍부한 어휘력을 지닌 경우를 나는 지금껏 한 명도 보지 못했습니다.

단계 3 글을 읽는 동안에 만나는 새로운 단어들을 여러분의 어휘로 만드는 법을 배워야 한다

책이나 잡지에서 낯선 단어가 눈에 띄었을 때 건너뛰면 안 됩니다. 잠시 여유를 갖고 혼잣말로 읽어보세요. 소리와 생김새를 귀와 눈에 익히세요. 그 후, 문맥을 살펴 그 단어의 뜻을 짐작해보세요. 올바른 뜻을 찾아내느냐 못하느냐, 요컨대 지능적인 결론에 이를 수 있느냐 없느냐는 조금도 중요하지 않습니다. 이런 과정을 통해 여러분이 그 단어를 크게 의식하게 됐다는 사실이 중요합니다. 그 결과로, 여러분이 다른 글을 읽을 때 그 단어가 다시 나타나면 금세 인식하게 될 것입니다. 그 단어에 익숙해져 있기 때문입니다. 물론 그 단어를 여러 번 본 후에는 뜻뿐만이 아니라 다양한 쓰임새까지 정확히 파악할 수 있을 것입니다.

단계 4 새로운 개념에 눈을 떠야 한다

여러분이 알고 있는 단어는 모두 어떤 개념에 대한 언어적 표현입니다. 다소 생소할 수 있는 지식을 다루는 분야들, 즉 심리학, 의미론, 과학, 예술, 음악 등에 대해 잠시 생각해보세요. 그리고 한 분야를 체계적으로 공부해보세요. 그 분야에 대한 책을 읽으면 충분합니다. 가장 단순한 분야부터 지극히 난해한 분야까지 어떤 분야에나 문외한인 일반 독자를 위한 책들이 있기 마련입니다. 여러분은 그 책들을 통해 한 분야를 그런대로 이해하고 동시에 어휘력까지 무궁무진하게 향상시킬 수 있을 것입니다. 대학생들이 폭넓은 어휘력을 지닌 이유는 새로운 분야를 계속 공부해야 하기 때문입니다. 여러분도 그와 같은 노력이 필요합니다.

단계 5 목표를 세워야 한다

여러분이 어휘력을 향상시키기 위해 아무런 노력도 하지 않는다면 1년에 기껏해야 25~50단어를 새로 배울 수 있을 뿐입니다. 그러나 의식적인 노력이 더해지면 수천 단어를 새로 배울 수 있습니다. 매일 서너 개의 새로운 단어를 찾아내겠다는 목표를 세우세요. 원대한 목표로 들릴 수 있겠지만, 글을 읽을 때마다 적극적으로 새로운 단어를 찾기 시작하고 더욱 도전적인 자세로 독서를 한다면 새로운 단어가 도처에 널려 있다는 걸 확인할 수 있을 겁니다. 달리 말하면, 새로운 단어를 찾겠다는 각오가 돼 있어야 한다는 뜻입니다. 끝으로, 어휘력은 눈덩이처럼 불어난다는 걸 기억하세요. 첫걸음을 떼고, 그 걸음에 가속이 붙기 시작한다면, 새로운 단어를 찾아 자신의 것으로 만드는 데 중독이 된다면, 하루도 빠짐없이 반복되는 단어 탐색의 과정을 엄청난 열매로 돌아올 것입니다. 이런 중독은 얼마든지 장려할 만한 중독입니다!

노먼 루이스

옮긴이의 글 | 단어는 지식의 첫걸음

'구슬이 서 말이어도 꿰어야 보배'라는 속담이 있습니다. 이 속담을 거꾸로 생각하면 '보배를 만들려면 먼저 구슬이 있어야 한다'는 말이 됩니다. 소중한 것을 이루려면 구슬을 먼저 마련해야 한다는 뜻입니다. 사업을 시작하려면 종자돈이 있어야 하는 것과 똑같습니다. 영어 공부에서는 그 구슬이 바로 단어입니다. 먼저 단어를 알아야 어떤 책이든 읽을 수 있고, 그 책에서 지식과 지혜를 얻을 수 있습니다. 그렇다고 사전에 담긴 모든 단어를 외울 수는 없습니다. 우리는 흔히 문맥을 보고 단어의 뜻을 추론할 수 있다고 말합니다. 그러나 가령 10단어로 이루어진 문장에서 대여섯 개의 단어 뜻을 모른다면 무슨 수로 추론할 수 있겠습니까? 따라서 추론으로 뜻을 파악하기 위해서도 기본적인 단어의 뜻을 알아야 합니다.

단어를 외우는 데도 방법이 있습니다. 단어를 분석해보면 대부분 접두어-어근-접미어의 형태로 돼 있습니다. 이 셋이 서로 조합되는 겁니다. 물론 어근과 어근이 조합되기도 합니다. 따라서 어근 하나를 알면 그 어근에서 파생된 10~20단어의 의미를 쉽게 파악할 수 있습니다. 이런 이유에서 단어 실력을 키우기 위해서는 어근을 알아야 한다고 하는 겁니다.

하지만 단어, 혹은 어휘vocabulary가 '목소리voice'에서 파생됐다는 점에서, 또 단어가 소리와 뜻으로 이루어진다면 점에서, 단어를 암기할 때는 철자와 뜻만이 아니라 발음에도 신경을 써야 합니다. 이런 이유에서 이 책은 단어를 읽어가며 외우라고 조언합니다. 그러나 단어를 읽는 것만으로는 충분하지 않습니다. 직접 써봐야 합니다. 그래야 단어의 생김새, 결국 어근과 접두어나 접미어의 생김새가 손에 익어 더 잘 머릿속에 기억됩니다.

이 책은 이런 방법을 사용한 고전과도 같은 책입니다. 출간된 지 60년이 지났지만 여전히 유효할 뿐 아니라 유용한 내용입니다. 미국 교육 현장에서 여전히 사용되고 있고, 제가 예전에 이 책으로 공부했던 것처럼 현재 영어에 매진하는 후배들 역시 이 책을 보고 있으니까요.

이 책은 44과로 이루어졌습니다. 물론 하루에 1과를 끝낸다면 좋겠지만 꼭 그럴 필요는 없습니다. 공부하는 속도에 구애받지 마십시오. 각자의 역량에 따라 하루에 공부하는 양을 조절하면 됩니다. 한 달 만에 끝내도 괜찮고 1년이 걸려도 상관없습니다. 어떤 수를 써서라도 매일 공부하는 것이 중요합니다. 조금씩 천천히 가더라도 끝내는 것이 중요합니다. 토끼와 거북이의 경주에서 거북이가 결국 승리를 거두었다는 사실을 명심하십시오.

단어가 결합되면 문장이 됩니다. 우리가 실생활에서 접하는 것은 문장입니다. 물론 단어의 뜻을 알아야 문장의 뜻이 파악됩니다. 문장 내에서 단어들은 고유한 역할을 합니다. 그 역할은 문법에 의해 결정됩니다. 아마 이 책을 선택한 독자는 기본적인 문법을 마스터했을 것입니다. 다만 자신이 문장을 정확히 파악했느냐가 궁금할 것입니다. 그래서 이 책은 부분적으로 영한대역으로 편집했습니다. 번역된 글을 읽기 전에 자신이 먼저 번역해보기 바랍니다.

다시 한 번 말씀드립니다. 단어는 지식을 쌓기 위한 주춧돌과 같습니다. 단어라는 구슬이 있어야 보물을 만들 수 있습니다. 이 책은 여러분에게 그런 구슬을 마련하는 방법을 가르쳐주는 책입니다. 이 책에서 많은 성과를 거두시기 바랍니다.

강주헌

Word Mapping Book

워드 맵핑북

편집부 편

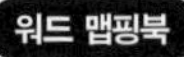

1 is interested solely in his own welfare → egoist

egoist

n 1) a person who is self-centered or selfish
2) a conceited person; egotist
3) a person who accepts the doctrine of egoism

2 constantly talks about himself → egotist

egotist

n 1) a person characterized by egotism
(constant, excessive reference to oneself in speaking or writing)

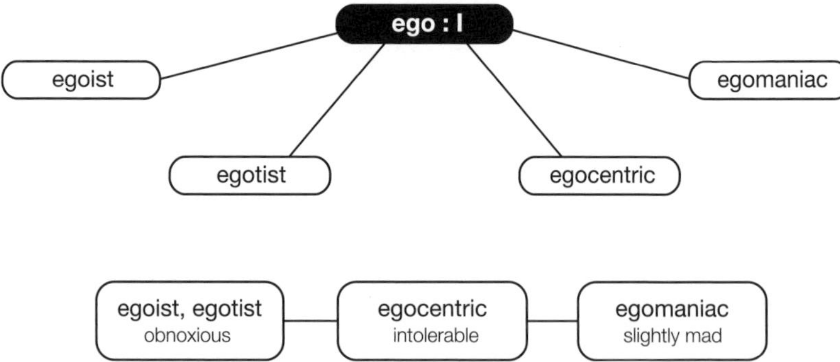

3 dedicates his life to helping others → altruist

altruism

n 1) unselfish concern for the welfare of others; selflessness

2) Ethics the doctrine that the general welfare of society is the proper goal of an individual's actions: opposed to egoism

n. altruist
adj. altruistic
adv. altruistically

ALTER : other

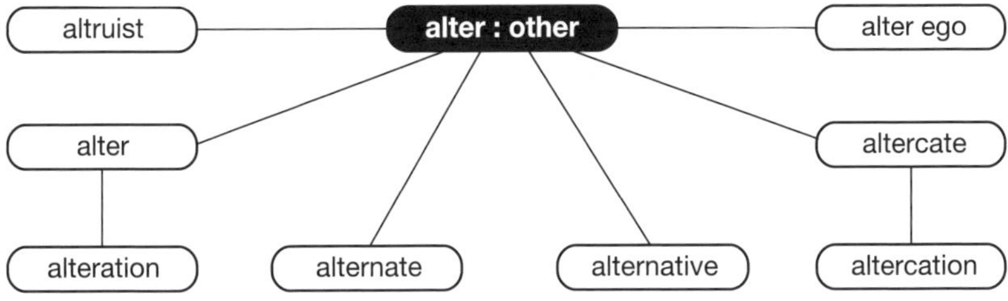

altercation

n verbal dispute ; quarrel

4 turns his mind inward → introvert

introvert

vt 1) to direct upon oneself; introspect

2) to bend something inward

3) Zool. to draw a tubular organ or part inward upon itself, commonly by invagination

vi 1) to practice introversion; become introverted

n 1) a thing, esp. a tubular organ or part, that can be introverted

2) Psychol. one whose interest is more in oneself than in external objects or other people; introspective person

5 turns his mind outward → extrovert

extrovert

n 1) Psychol. someone characterized by extroversion; a person who is active and expressive, or other than introspective

6 like you and me → ambivert

ambivert

n 1) Psychol. someone of character trait that includes elements of both introversion and extroversion

VERT : to turn

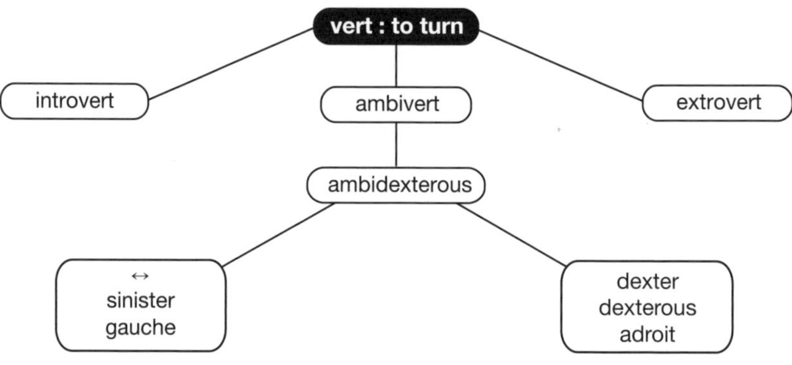

7 hates humanity → misanthrope

misanthrope

n a person who hates or distrusts all people: also misanthropist

8 hates women → misogynist

misogyny

[n] hatred of women, esp. by a man *cf. misandry : hatred of men*

9 hates marriage → misogamy

misogamy

[n] hatred of marriage

MIS(O) : to hate

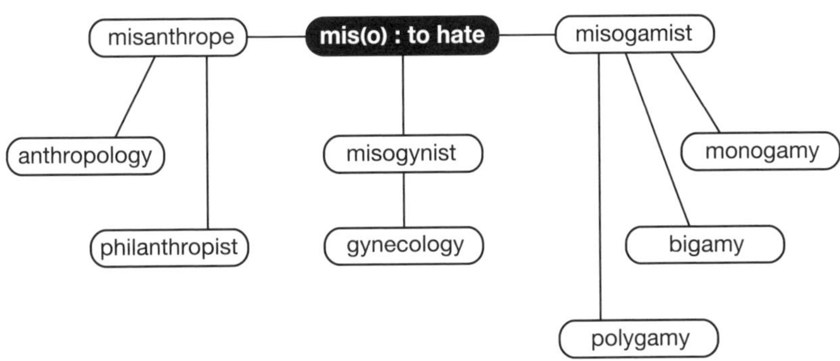

10 leads a lonely, austere existence → ascetic

ascetic

[adj] of or characteristic of ascetics or asceticism; self-denying; austere

[n] 1) a person who leads a life of contemplation and rigorous self-denial for religious purposes

2) anyone who lives with strict self-discipline and without the usual pleasures and comforts

adv. ascetically
n. asceticism

1 is a specialist in diagnosis → **internist**

internist

n a doctor who specializes in internal medicine *cf. intern : resident within, inward*

INTERN : inward

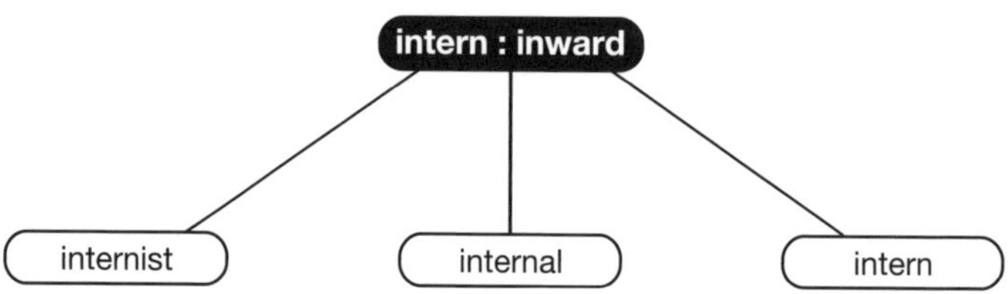

2 treats female ailments → **gynecologist**

gynecology

n the branch of medicine dealing with the study and treatment of the diseases of the female reproductive system, including the breasts

GYNE, GYNECO : woman

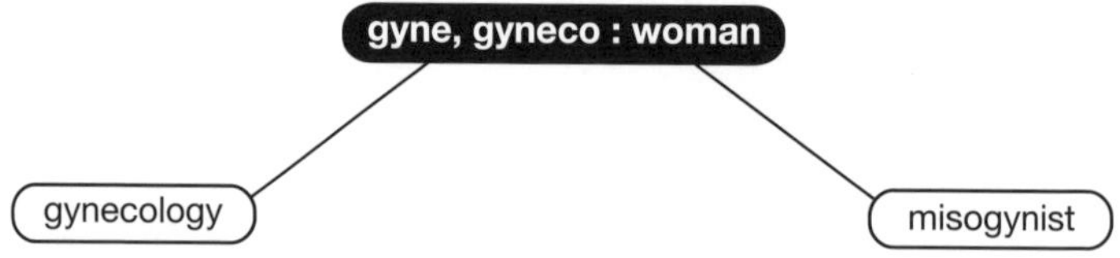

3 delivers babies → obstetrician

obstetrician

n a medical doctor who specializes in obstetrics

obstetrics

n the branch of medicine concerned with the care and treatment of women during pregnancy, childbirth, and the ensuing period

adj. obstetrical
adv. obstetrically

4 specializes in the treatment of childhood disease → pediatrician

pediatrician

n a specialist in pediatrics

pediatrics

n the branch of medicine dealing with the development and care of infants and children, and with the treatment of their disease, illnesses, etc.

adj. pediatric

PAIDOS, PED : Child & -AGOG- : lead

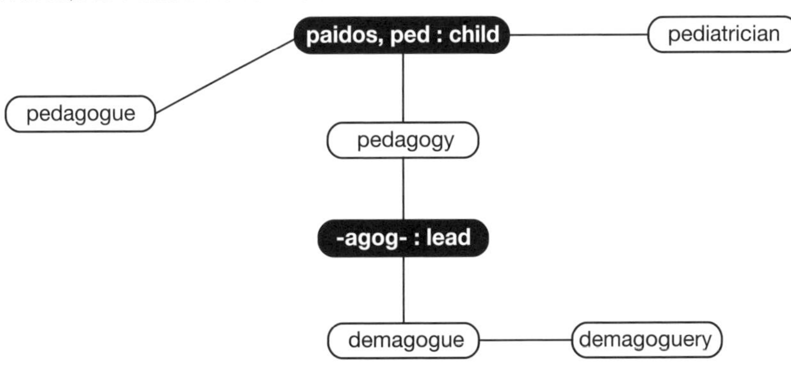

cf. PED : foot

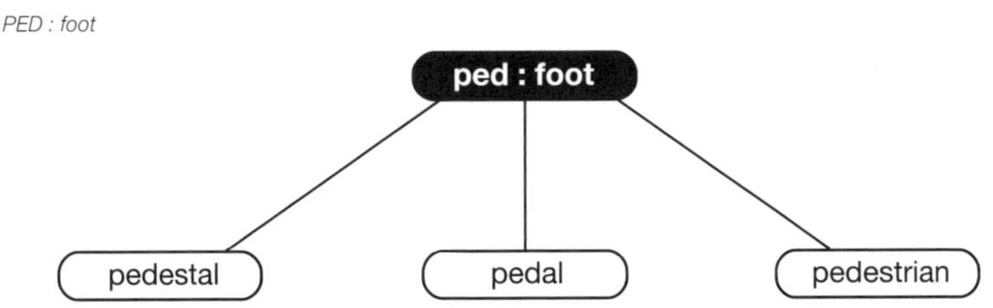

5 treats skin disorders → dermatologist

dermatology

n the branch of medicine dealing with the skin and its diseases

adj. dermatologic, dermatological
n. dermatologist

DERM : skin

syphilologist
dermatologist
derm : skin
hypodermic
dermatitis
epidermis
taxidermy
pachyderm

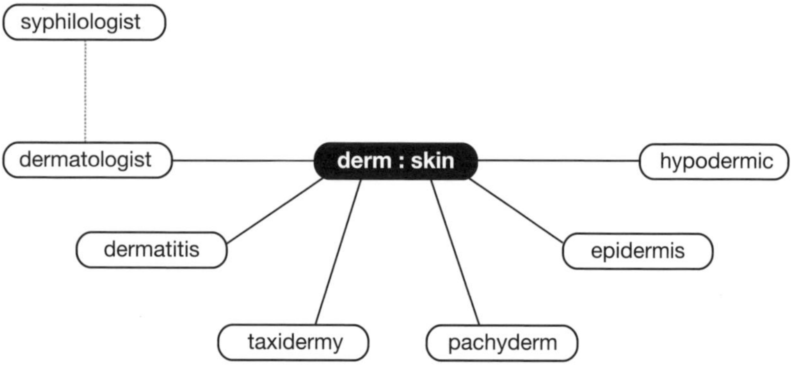

taxidermy

n the art of preparing, stuffing, and mounting the skins of animals, to as to seem lifelike

pachyderm

n any of certain large, thick-skinned animals, as the elephant, rhinoceros, and hipopotamus

6 is an eye surgeon → oculist, ophthalmologist

oculist

n early term for ophthalmologist

ophthalmology

n the branch of medicine dealing with the structure, functions, and diseases of the eye

adj. ophthalmological
n. ophthalmologist

OCUL : eye

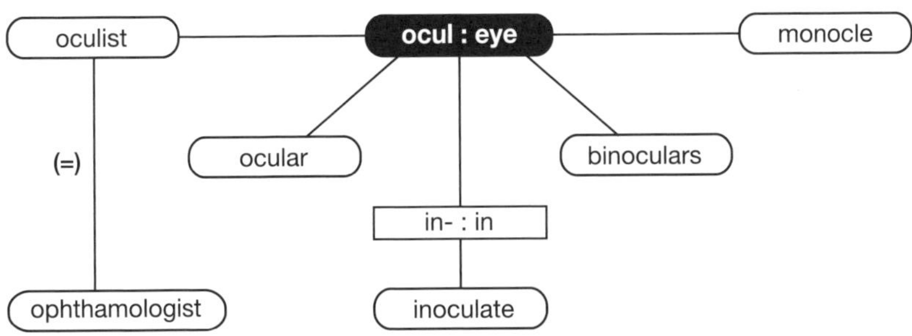

cf. OPTOMETRIST and OPTICIAN

OPT : eye

7 is a specialist in skeletal structure → **orthopedist**

orthopedics

(n) the branch of medicine dealing with the treatment of deformities, diseases, and injuries of the bones, joints, muscles, etc.

adj. orthopedic
n. orthopedist

ORTHO : straight

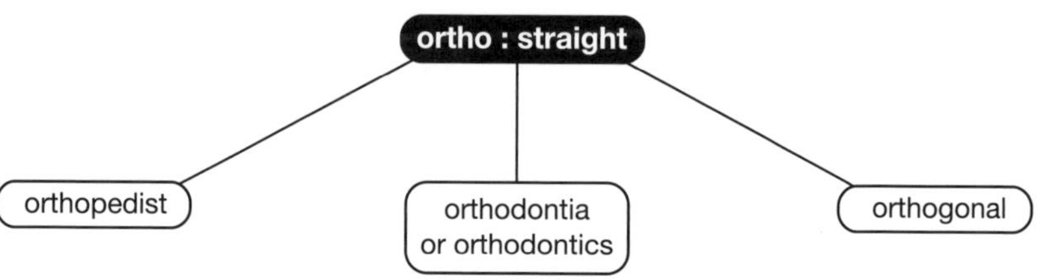

orthogonal

(adj) perpendicular

orthodontics

(n) the branch of dentistry concerned with diagnosing, correcting, and preventing irregularities of the teeth and poor occlusion

8 is a specialist in heart ailments → **cardiologist**

cardiology

[n] the branch of medicine dealing with the heart, its functions, and its diseases

n. cardiologist

CARDI(O) : heart

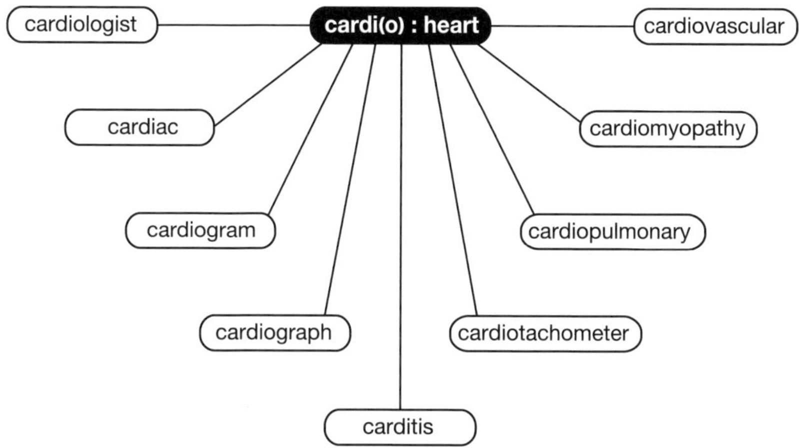

9 is a specialist in nerve disorders → neurologist

neurology

n the branch of medicine dealing with the nervous system, its structure, and its diseases

adj. neurological
adv. neurologically
n. neurologist

NEUR(O) : nerve

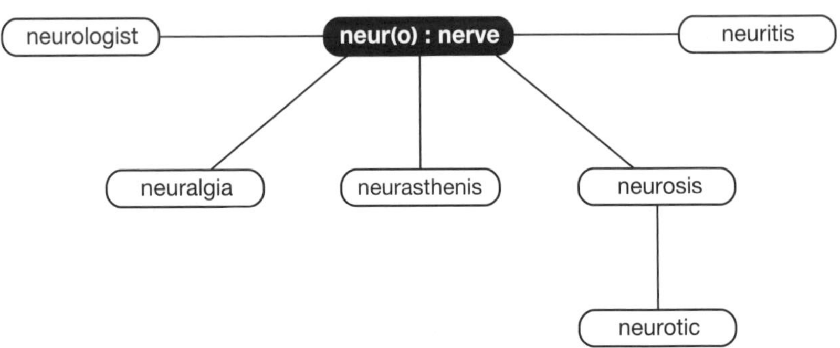

10 treats sick minds → psychiatrist

psychiatry

n the branch of medicine concerned with the study, treatment, and prevention of disorders of the mind, including psychoses and neuroses, emotional maladjustments, etc.

adj. psychiatric
adv. psychiatrically

PSYCHO : mind

neurosis
neurotic

psychosis
psychotic

1 is a student of human behavior → **psychologist**

psychology

n 1) the science dealing with the mind and with mental and emotional processes; the science of human and animal behavior
2) the sum of the actions, traits, attitudes, thoughts, mental states, etc. of a person or group
3) a particular system of psychology

2 follows the techniques evolved by Sigmund Freud → **psychoanalyst**

psyche

n the human soul

psychic

adj beyond natural or known physical processes

PSYCHO : mind

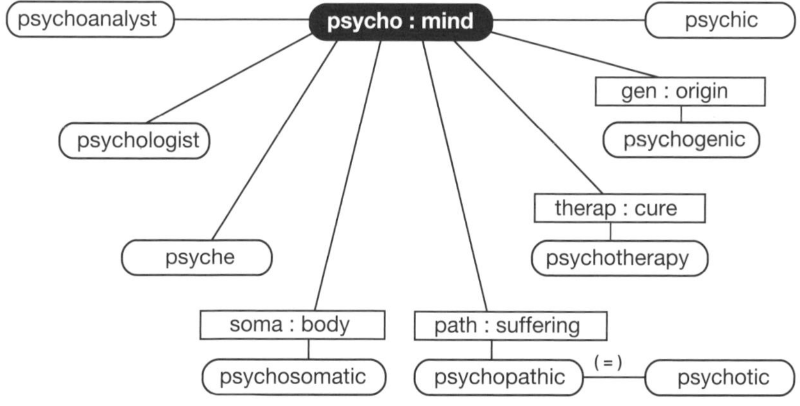

3 straightens teeth → orthodontist

orthodontics

n the branch of dentistry concerned with diagnosing, correcting, and preventing irregularities of the teeth and poor occlusion: also orthodontia

adj. orthodontic
n. orthodontist

4 measures eyes for glasses → optometrist

optometry

n 1) measurement of the range and power of vision
2) the profession of examining the eyes and measuring errors in refraction and of prescribing glasses to correct these defects

adj. optometric, optometrically

METR : to measure

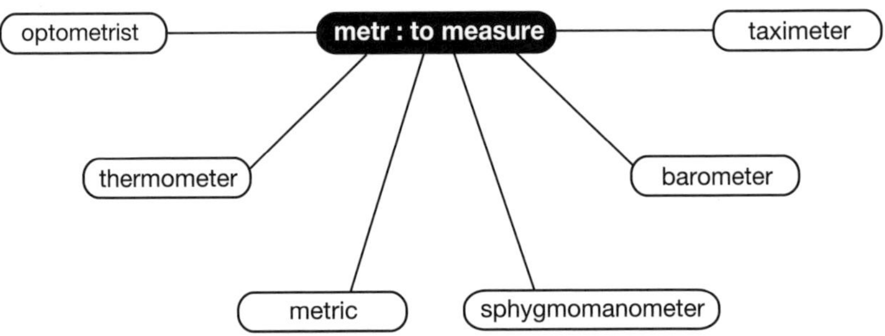

sphygmomanometer

n an instrument for measuring arterial blood pressure

5 grinds lenses for glasses → **optician**

optician

n a person who makes or deals in optical instruments, esp. one who prepares and dispenses eyeglasses

OPT : eye

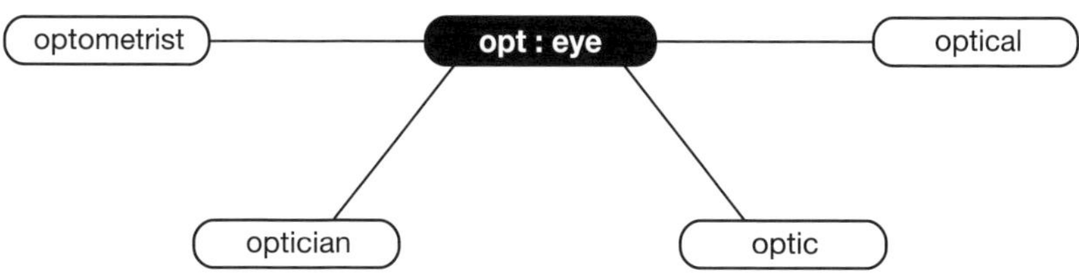

6 massages and manipulates the bones → **osteopath**

osteopathy

n a school of medicine and surgery employing various methods of diagnosis and treatment, but placing special emphasis on the interrelationship of the musculo-skeletal system to all other body system

OSTEON : bone

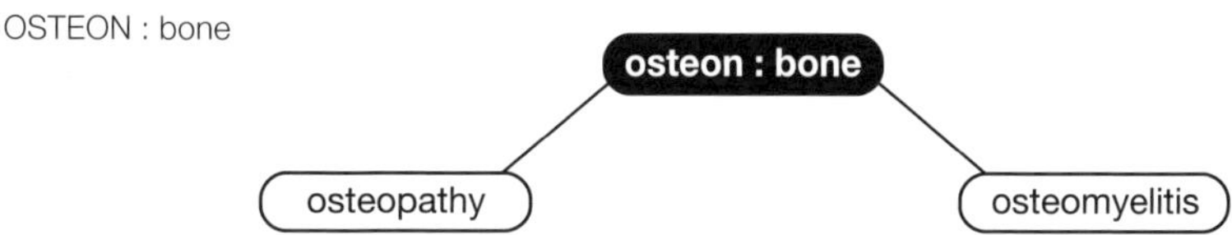

osteomyelitis

n infection of bone marrow

7 joints, articulation → chiropractor

chiropractic

n the science and art of restoring or maintaining health, practiced by a licensed professional, based on the theory that disease is caused by interference with nerve function, and employing manipulation of the body joints, esp. of the spine, to restore normal nerve function

n. chiropractor

CHIRO : hand

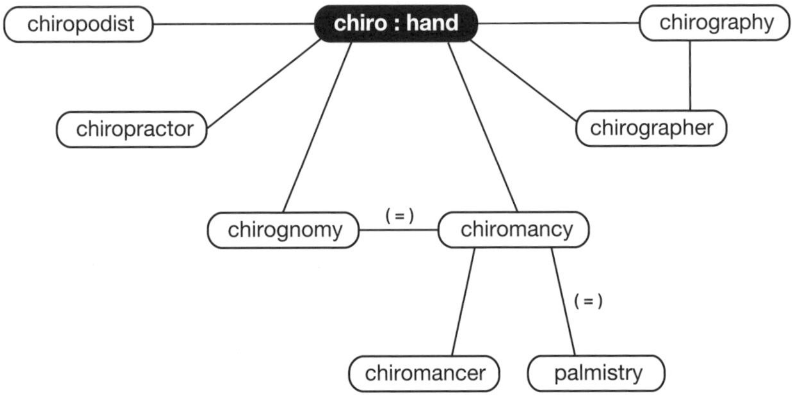

chirography

n penmanship

chiromancy

n palmistry

palmistry

n the pretended art of telling a person's character or fortune by the lines and marks of the palm of the person's hand

8 treats minor ailments of the feet → chiropodist, podiatrist

chiropody

n 1) orig., treatment of hand and foot diseases
2) podiatry

n. chiropodist

podiatry

n the profession dealing with the specialized care of the feet and, esp., with the treatment and prevention of foot disorders

n. podiatrist
adj. podiatric

POD : foot

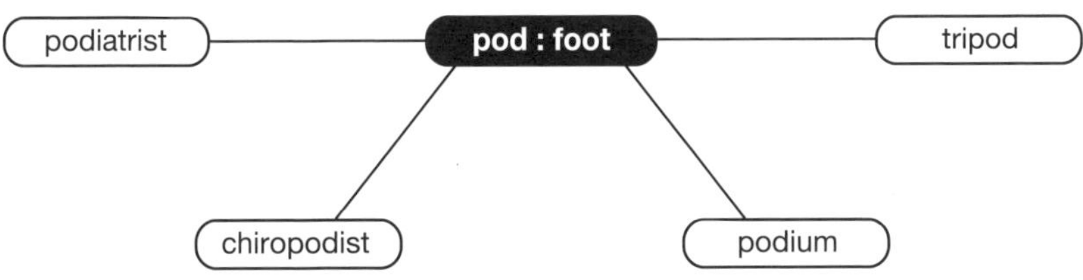

9 examines the contours of the skull → phrenologist

phrenology

n a system, now rejected, by which an analysis of character could allegedly be made by studying the shape and protuberances of the skull

n. phrenologist
adj. phrenological

10 analyzes handwriting → graphologist

graphology

n the study of handwriting, esp. as a clue to character, aptitudes, etc.

n. graphologist

GRAPH : writing

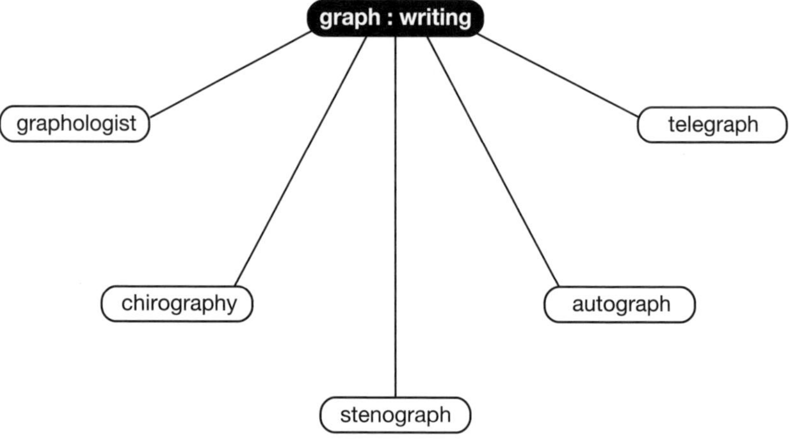

stenograph

vt to write in shorthand

n a keyboard machine that prints shorthand symbols

CHAPTER 4

1 is interested in human development → **anthropologist**

anthropology

adj. anthropologic, anthropological
adv. anthropologically
n. anthropologist

2 is a student of the heavens → **astronomer**

astronomy

n. astronomer
adj. astronomic, astronomical
adv. astronomically

ASTR- : star & NOM- : law

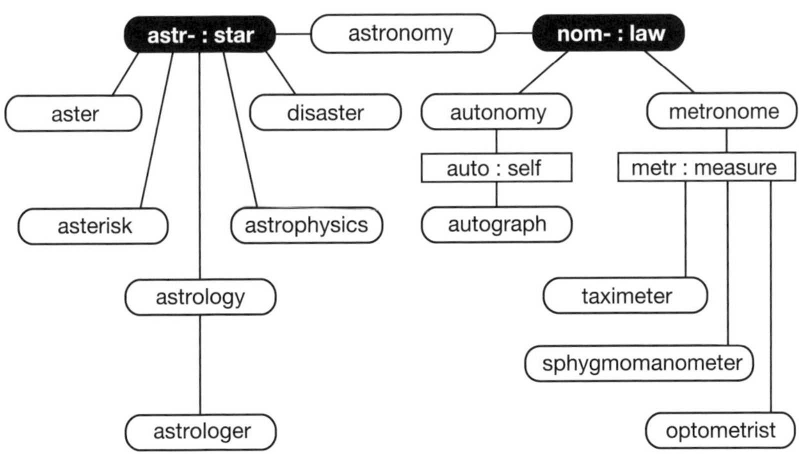

3 explores the physical qualities of the earth → **geologist**

geology

adj. geologic, geological
adv. geologically
adj. geologist

GEO : the earth

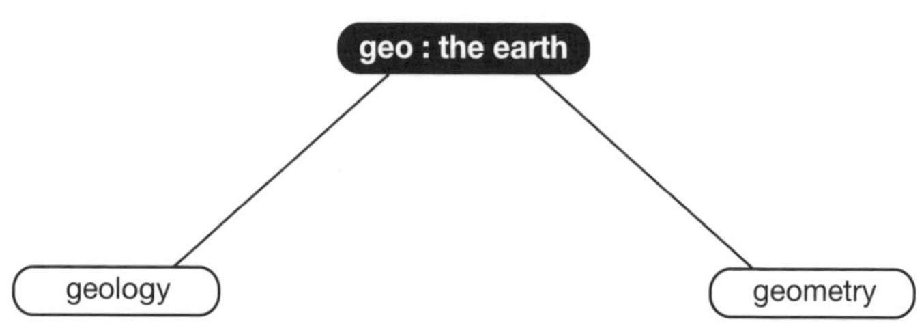

4 studies living matter → **biologist**

biology

adj. biologic, biological
adv. biologically
n. biologist

BIO : life

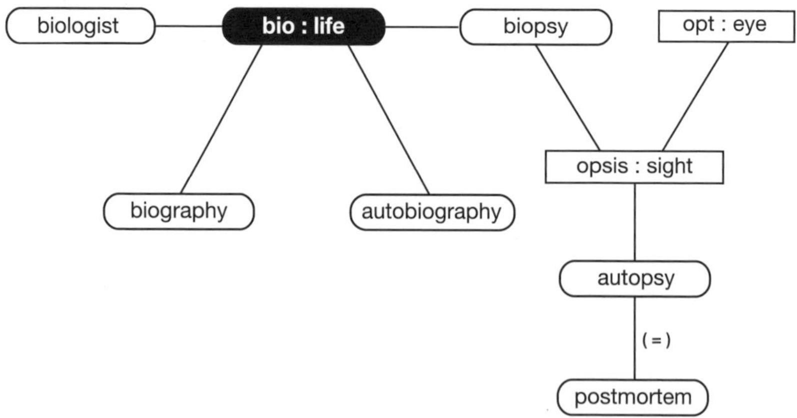

5 is a student of plant life → **botanist**

botany

adj. botanical, botanic
adv. botanically
n. botanist

6 is a student of the animal kingdom → **zoologist**

zoology

adj. zoologic, zoological
adv. zoologically
n. zoologist

ZOO : animal

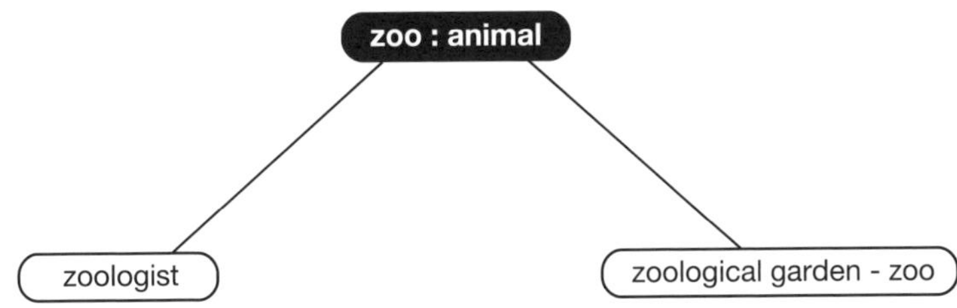

7 is professionally interested in insects → entomologist

entomology

adj. entomologic, entomological
adv. entomologically
n. entomologist

TOM-& SECT- : cut

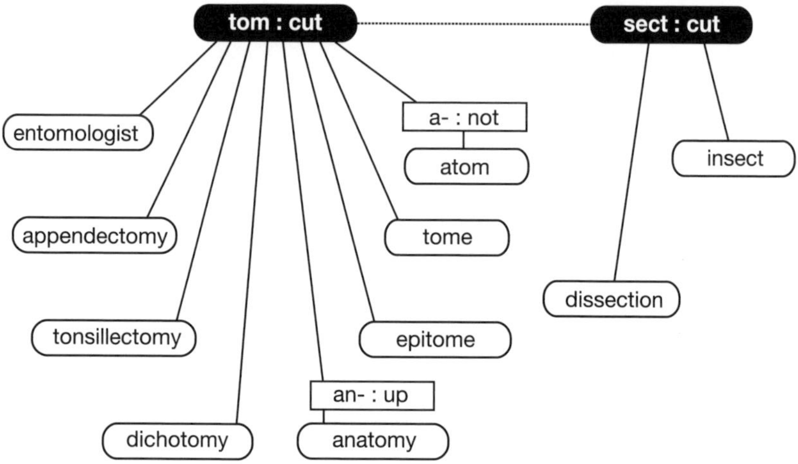

tonsil

n either of a pair of oval masses of lymphoid tissue, one on each side of the throat at the back of the mouth

8 is a student of the psychological effects of words → semanticist

semantics

adj. semantic, semantical
adv. semantically
n. semanticist

9 is a student of linguistics → philologist

philology

adj. philologic, philological
adv. philologically
n. philologist

PHIL : love

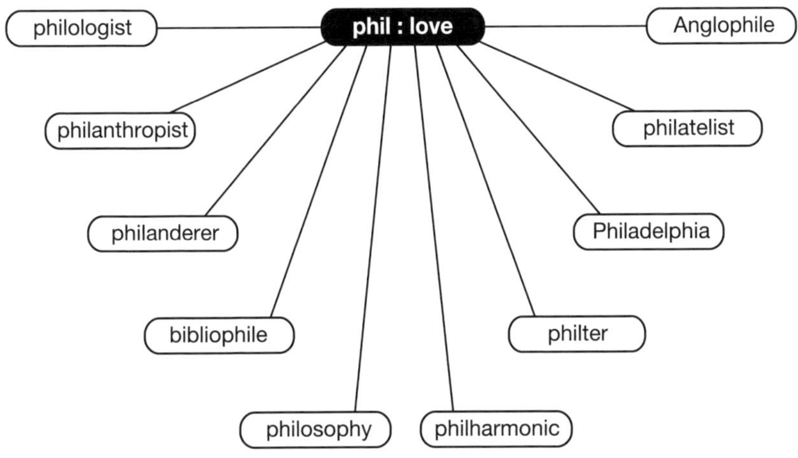

10 how people live → sociologist

sociology

adj. sociologic, sociological
adv. sociologically
n. sociologist

1 has built up a reputation for falsehood → **notorious**

notorious

adj 1) well-known; publicly discussed
2) widely but unfavorably known or talked about

adv. notoriously
n. notoriousness, notoriety

NOTUS : known

2 to the highest summits of artistry → **consummate**

consummate

adj 1) complete or perfect in every way; supreme
2) very skillful; highly expert
vt 1) to bring to completion or fulfillment; finish; accomplish
2) to make a marriage actual by sexual intercourse

adv. consummately
adj. consummative, consummatory
n. consummator, consummation

SUMMA : total

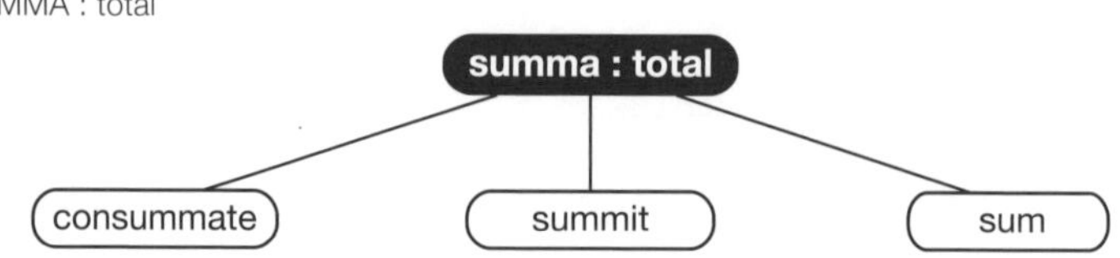

3 beyond redemption or salvation → incorrigible

incorrigible

[adj] not corrigible; that cannot be corrected, improved, or reformed, esp. because firmly established, as a habit, or because set in bad habits, as a child

[n] an incorrigible person

n. incorrigiblity, incorrigibleness
adv. incorrigibly

4 has become habituated to his vice → inveterate

inveterate

[adj] 1) firmly established over a long period; of long standing; deep-rooted
2) settled in a habit, practice, prejudice, etc.; habitual

n. inveteracy
adv. inveterately

VETUS : old

inveterate — **vetus : old** — veteran

derogative — complimentary

5 started to lie from the moment of his birth → **congenital**

congenital

adj 1) existing as such at birth

2) existing as if inborn; inherent

adv. congenitally

cf. congenial : kindred, compatible

GEN : birth

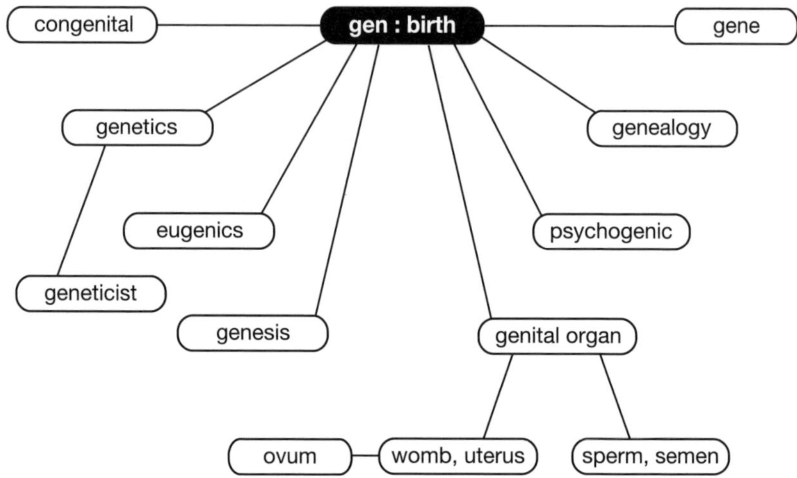

6 always lies → chronic

chronic

1) lasting a long time or recurring often
2) having had an ailment for a long time
3) continuing indefinitely; perpetual; constant
4) by habit, custom, etc.; habitual; inveteraten. chronic patient

adv. chronically
n. chronicity

CHRON : time

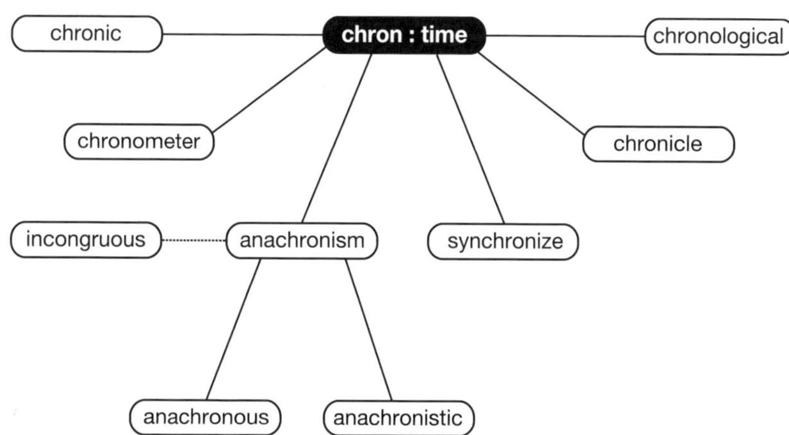

7 cannot distinguish fact from fancy → psychopathic

psychopathic

adj of or characterized by psychopathy; suffering from a mental disorder

PATH : feeling

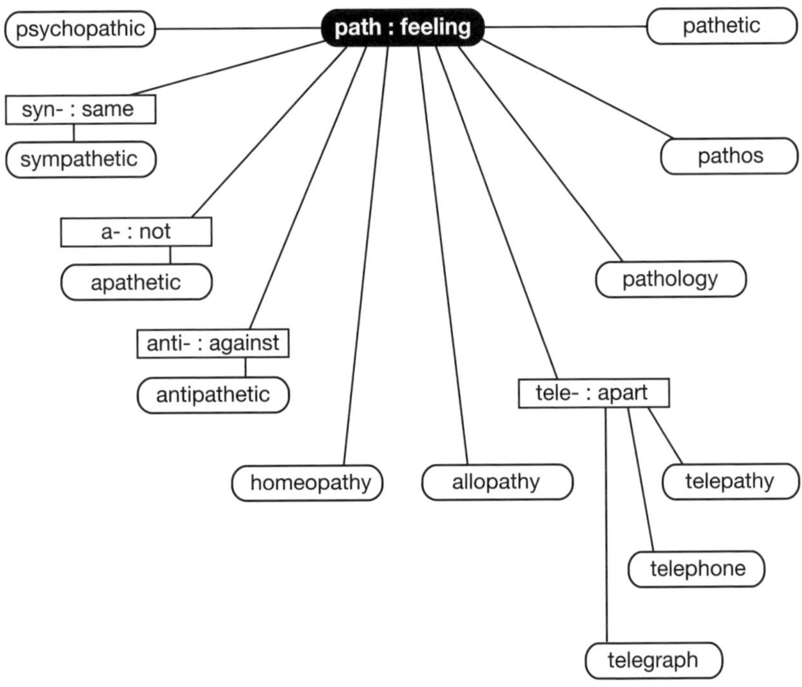

8 suffers no pangs of conscience → unconscionable

unconscionable

adj 1) not guided or restrained by conscience; unscrupulous
2) unreasonable, excessive, or immoderate
3) not fair or just; outrageous

adv. unconscionably

CONSCI : to know

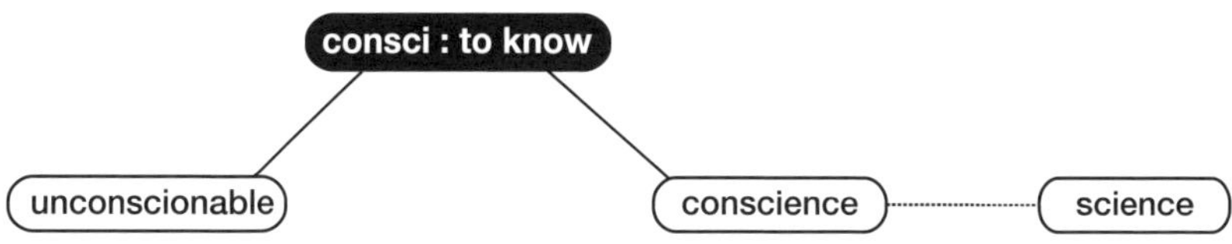

9 is suspiciously smooth and fluent in his lying → glib

glib

adj 1) done in a smooth, offhand fashion
2) speaking or spoken in a smooth, fluent, easy manner, often in a way that is too smooth and easy to be convincing

adv. glibly
n. glibness

10 tells outstandingly vicious falsehoods → egregious

egregious

adj 1) (archaic) remarkable
2) outstanding for undesirable qualities; remarkably bad; flagrant

adv. egregiously
n. egregiousness

GREG : herd

1 **belittle** → disparage

disparage

vt 1) to lower in esteem; discredit

2) to speak slightly of; show disrespect for; belittle

PAR : equal

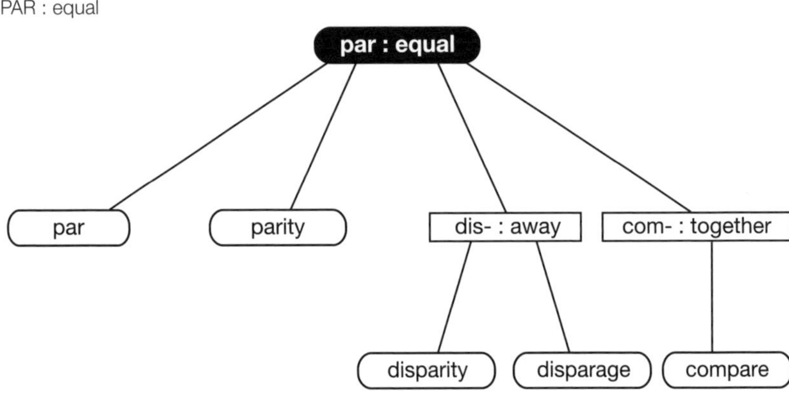

2 be purposely confusing → equivocate

equivocate

(vi) to use equivocal terms in order to deceive, mislead, hedge, etc.; be deliberately ambiguous

n. equivocation
n. equivocator

EQU(I) : even & VOX : voice, call

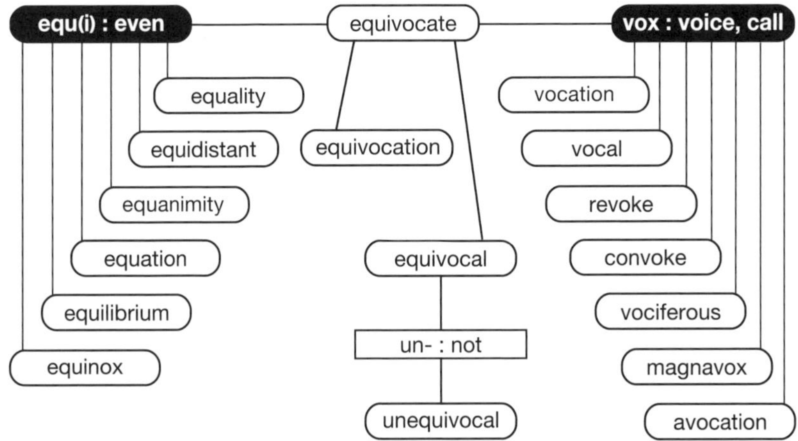

3 tickle someone's fancy → titillate

titillate

vt 1) tickle

2) to excite or stimulate pleasurably, often erotically

n. titillater
n. titillation
adj. titillative

4 flatter fulsomely → adulate

adulate

vt 1) to praise too highly or flatter servilely

2) to admire intensely or excessively

n. adulation
n. adulator
adj. adulatory

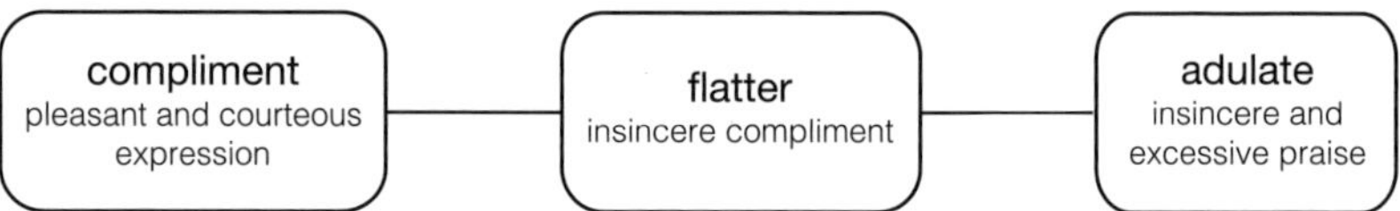

5 prohibit some food or activity → proscribe

proscribe

(vt) 1) in ancient Rome, to publish the name of a person condemned to death, banishment, etc.
2) to deprive of the protection of the law; outlaw
3) to banish; exile
4) to denounce or forbid the practice, use, etc. of; interdict

n. proscription
n. proscriber

SCRIBE or SCRIPT : to write

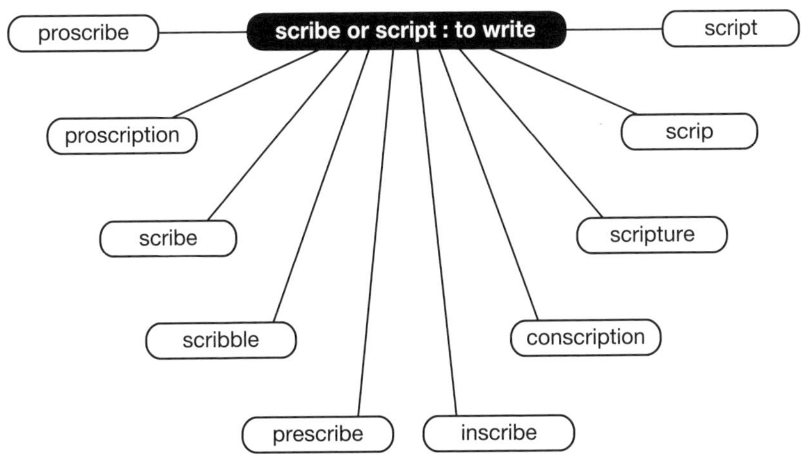

scrip

(n) a brief writing, as a note, list, receipt, etc.

scripture

(n) a Bible passage

scribe

(n) a professional penman who copied manuscripts before the invention of printing

scribble

(vt)(vi) to write carelessly or illegibly

6 make unnecessary → obviate

obviate

(vt) to do away with or prevent by effective measures; make unnecessary

n. obviation

VIA : way

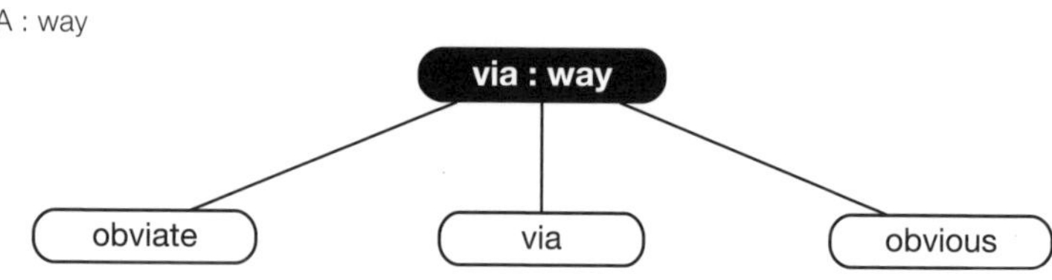

7 work against → militate

militate

(vi) 1) orig., to serve as a soldier, fight against

2) to be directed against; operate or work against: said of facts, evidence, action, etc.

MILIT : soldier

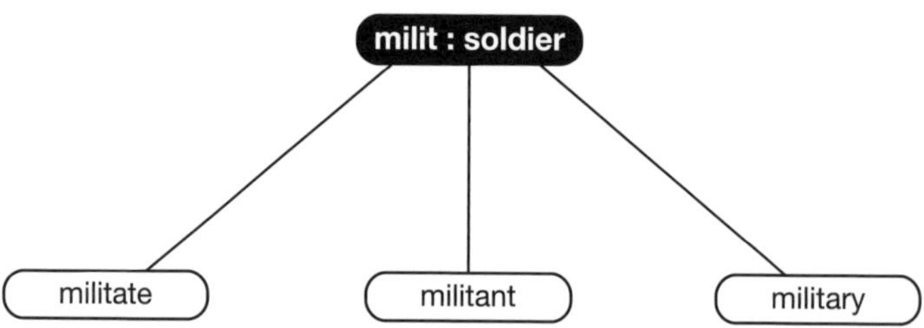

8 spread slander → malign

malign

vt to speak evil of; defame; slander; traduce

adj 1) showing ill will; malicious

2) evil; baleful

3) very harmful; malignant

n. maligner

MALE : bad & BENE : good

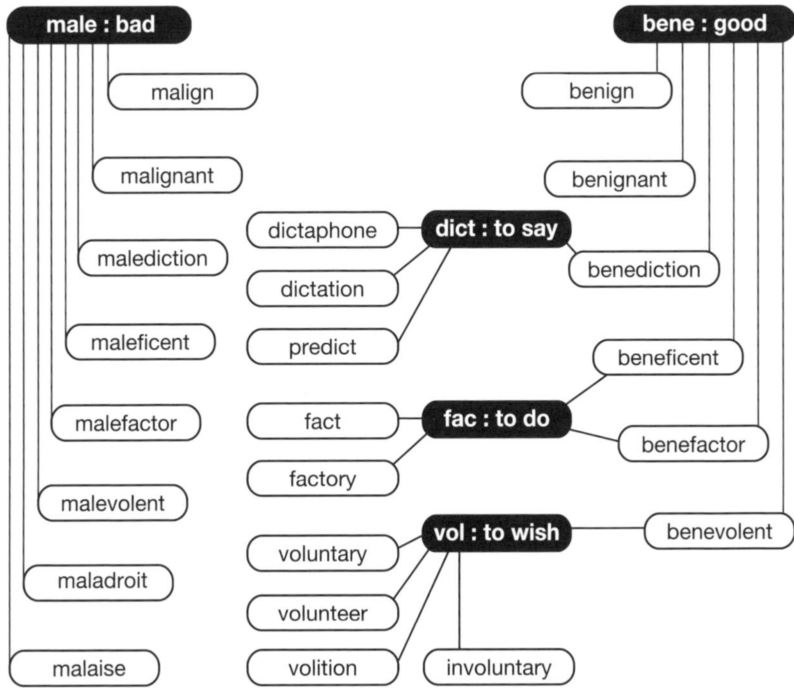

9 give implicit forgiveness for a misdeed → condone

condone

vt to forgive, pardon, or overlook an offense

DON : to give

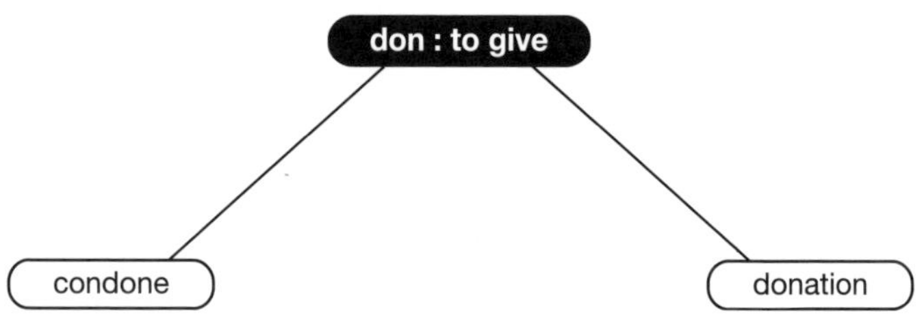

10 change hostility to friendliness → placate

placate

vt to stop from being angry; appease; pacify; mollify

n. placater
n. placation
adj. placative, placatory

PLAC : please

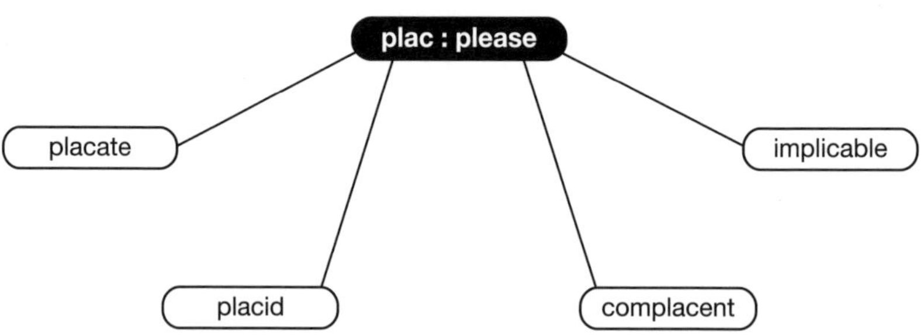

complacent

adj satisfied; esp., self-satisfied, or smug

1 saying little, quietness → taciturn

taciturn

(adj) almost always silent; not liking to talk; uncommunicative

n. taciturnity
adv. taciturnly

TACERE : to be silent

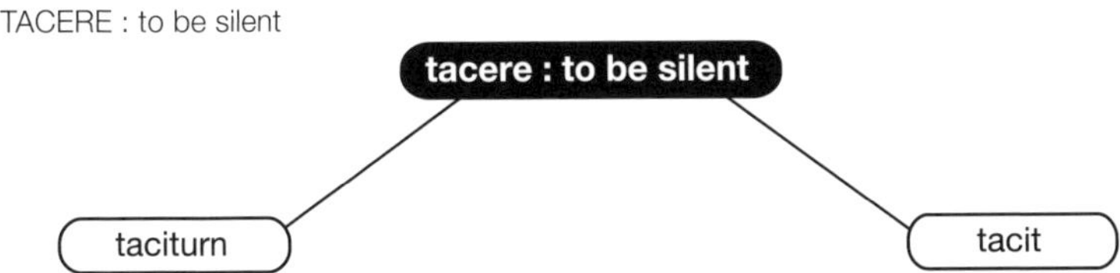

tacit

(adj) saying nothing; still; unspoken; silent; not expressed or declared openly, but implied or understood

2 saying little - meaning much, economic → laconic

laconic

(adj) brief or terse in speech or expression; using few words

adv. laconically

3 much emotion, little talk, awkwardness → inarticulate

inarticulate

(adj) 1) produced without the normal articulation of understandable speech: said of vocal sounds
2) not able to speak, as because of strong emotion; mute; not able to speak understandably, effectively, or coherently
3) not expressed or able to be expressed
4) Zool. without joints, segments, hinges, or valves

adv. inarticulately
n. inarticulateness

4 much talk, little sense, meaninglessness → garrulous

garrulous

(adj) talking much or too much, esp. about unimportant things; loquacious

n. garrulity, garrulousness
adv. garrulously

5 dull and flat, hackneyed phraseology → banal

banal

(adj) dull or stale as because of overuse; trite; hackneyed; commonplace

n. banality
adv. banally

verbose

adj using or containing too many words; wordy; long-winded; prolix

adv. verbosely
n. verbosity, verboseness

VERB : word

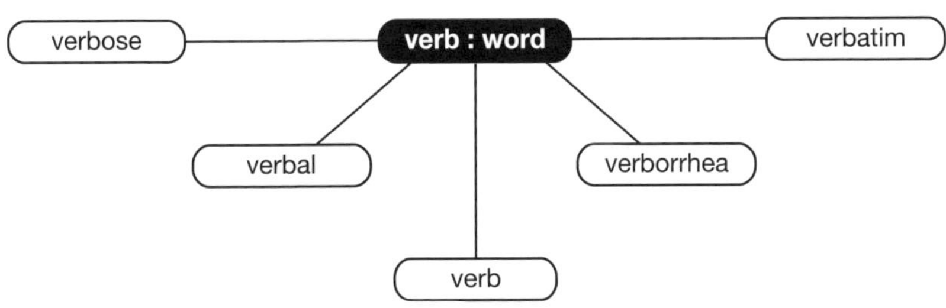

verbatim

adj following the original word for word

verborrhea

n overwhelming cascade of words *cf. diarrhea*

7 words in quick succession, rapidity and fluency → **voluble**

voluble

1) characterized by a great flow of words; talking much and easily; talkative, glib, etc.
2) (rare) rolling easily on an axis; rotating
3) Bot. twining or twisting, as a vine

n. volubility, volubleness
adv. volubly

VOLV : to roll

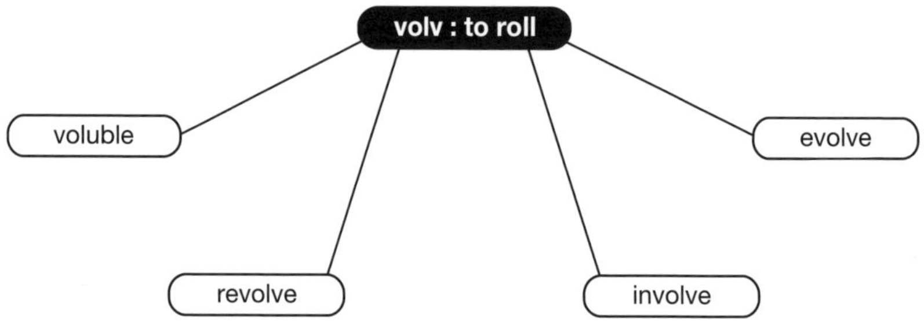

8 quantity, if not quality → **loquacious**

loquacious

[adj] very talkative; fond of talking

n. loquaciousness, loquacity
adv. loquaciously

LOQUI : to speak, SOLI : alone & VENTRI : stomach

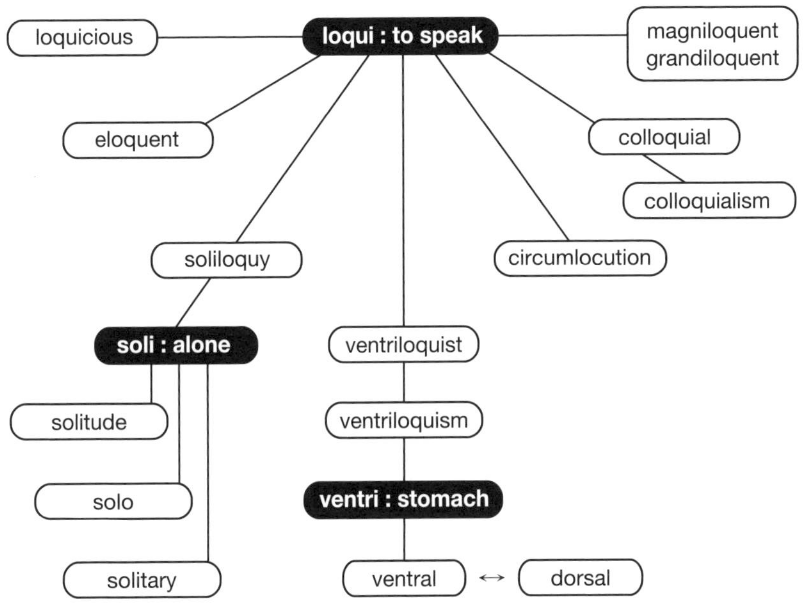

9 words that convince, mental keenness → **cogent**

cogent

[adj] forceful and to the point, as a reason or argument; compelling; convincing

adv. cogently

10 the sound and the fury, noisiness → vociferous

vociferous

adj 1) loud, noisy, or vehement in making one's feelings known; clamorous
2) characterized by clamor or vehement outcry

adv. vociferously
n. vociferousness

FER : to bear, SOMNUS : sleep & AMBUL : to walk

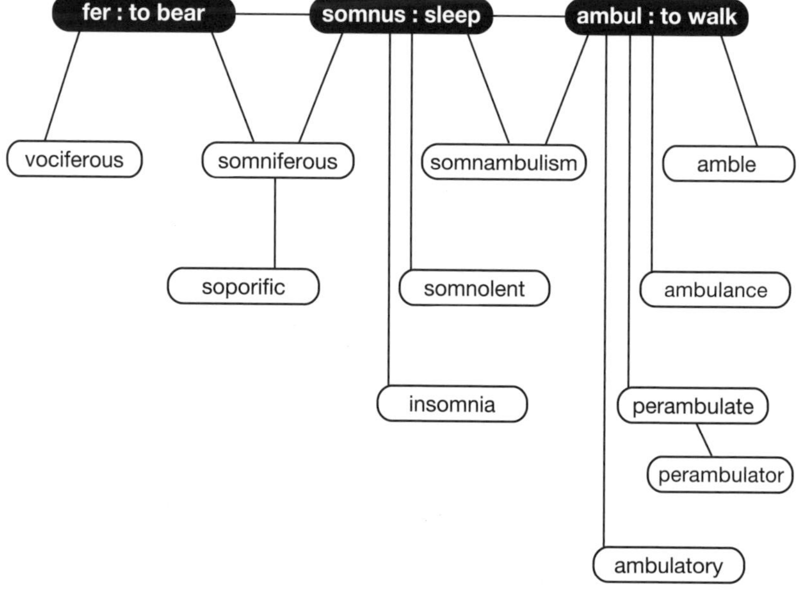

CHAPTER 8

1 insists on complete and blind obedience → martinet

martinet

(n) 1) a very strict military disciplinarian
2) any very strict disciplinarian or stickler for rigid regulations

2 bootlicks the rich and influential → sycophant

sycophant

(n) a person who seeks favor by flattering people of wealth or influence; parasite; toady

adj. sycophantic, sycophantish
adv. sycophantically, sycophantishly
n. sycophantism
n. sycophancy

PHANEIN : to show

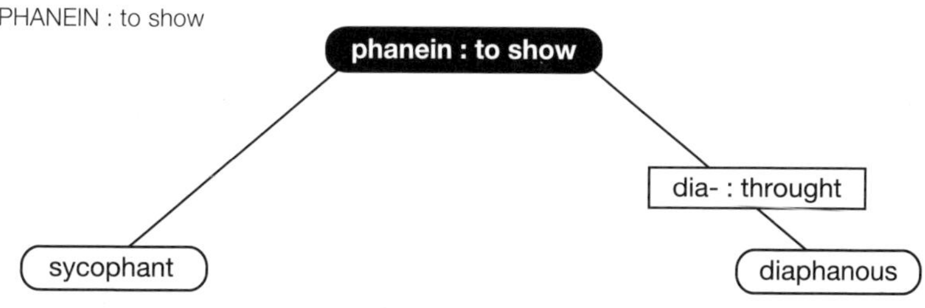

diaphanous

(adj) 1) so fine or gauzy in texture as to be transparent or translucent
2) vague or indistinct; airy

3 dabbles at the fine arts → dilettante

dilettante

n 1) (rare) a person who loves the fine arts
2) a person who follows an art or science only for amusement and in a superficial way; dabbler

adj of or characteristic of a dilettante

adj. dilettantish
n. dilettantism, dilettanteism

cf. TYRO & VIRTUOSO

tyro

n a beginner in learning something; novice

virtuoso

n a person displaying great technical skill in some fine art, esp. in the performance of music

복수형

virtuoso - virtuosos, virtuosi
libretto - librettos, libretti
concerto - concertos, concerti

4 is a loud-mouthed, quarrelsome woman → virago

virago

n 1) quarrelsome, shrewish woman; scold
2) (archaic) a strong, manlike woman; amazon

유의어

termagant

n a boisterous, quarrelsome, scolding woman; shrew
adj of the nature of a termagant; quarrelsome; scolding

harridan

n a nasty, bad-tempered old woman

harpy

n 1) Gr. Myth. any of several hideous, filthy, rapacious winged monsters with the head and trunk of a woman and the tail, legs, and talons of a bird
2) a relentless, greedy, or grasping person
3) a shrewish woman
4) harpy eagle

battle-ax

n 1) a heavy ax with a wide blade, formerly used as a weapon of war
2) (slang) a woman who is harsh, domineering, etc.

shrew

n 1) any of a number of small, slender, mouselike insectivore mammals with soft fur and a long, pointed snout
2) a scolding, evil-tempered woman

5 superpatriot → chauvinist

chauvinism

(n) 1) militant, unreasoning, and boastful devotion to one's country; jingoism
2) unreasoning devotion to one's race, sex, etc. with contempt for other races, the opposite sex, etc.

n. adj. chauvinist
adj. chauvinistic
adv. chauvinistically
cf. patriot

PATER or PATR : FATHER & MATER or MATR : mother

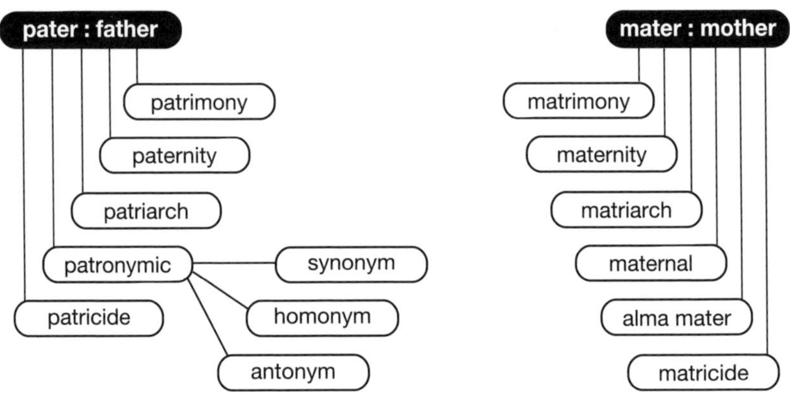

-CIDE : to kill

죽음의 종류	어근 – 의미	연관 단어
suicide	sui–self	no common ones
fratricide	frater–brother	fraternize, fraternal, fraternity
sororicide	soror–sister	sorority
homicide	homo–mankind	homo sapiens
regicide	reg–king, rule	regal, regent, regulate
uxoricide	uxor–wife	uxorious
infanticide	infans–baby	infantile, infantilism, infantry
genocide	genos–race	eugenics

6 has a one-track mind, fanatic → monomaniac

monomania

n 1) an excessive interest in or enthusiasm for some one thing; craze
2) a mental disorder characterized by irrational preoccupation with one subject

n. monomaniac
adj. monomaniacal

MANIA : madness & PHOBIA : hatred

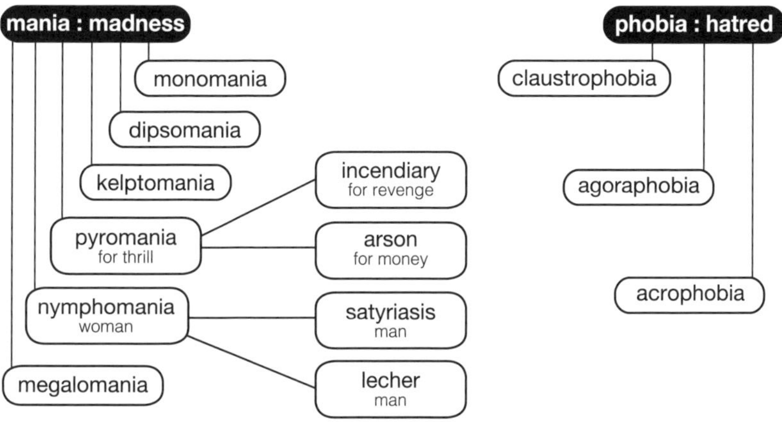

MONO : one

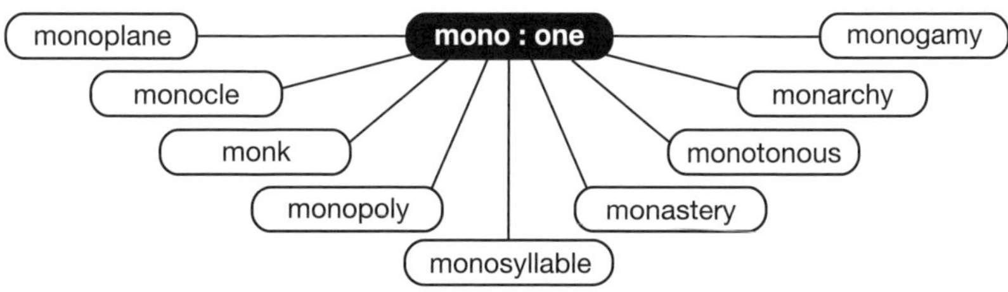

7 sneers at other people's cherished traditions → iconoclast

iconoclast

n 1) one opposed to the religious use of images or advocating the destruction of such images

2) one who attacks and seeks to destroy widely accepted ideas, beliefs, etc.

adj. iconoclastic
adv. iconoclastically
n. iconoclasm

8 does not believe in God → atheist

atheist

n a person who believes that there is no God

A-, AN- : without, THE- : god & GNOS : to know

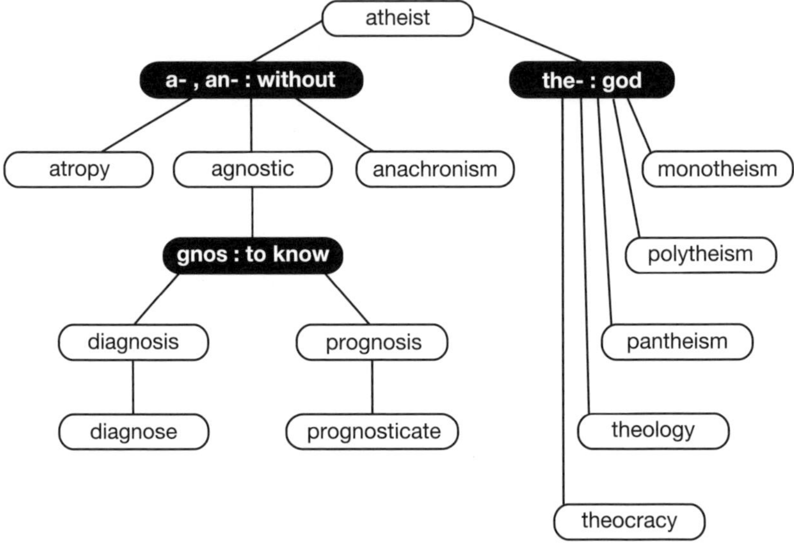

어근	의미	연관 단어
mono	one	monomania, monopoly
poly	many	polygon, polyglot, polygamy
pan	all	pandemonium, panorama, Pan-American
ology	study of	biology, gynecology
crac	rule	democracy, autocracy, bureaucracy

9 commits acts of gross lewdness → lecher

lecher

[n] a man who indulges in lechery; lewd, grossly sensual man

adj. lecherous

libidinous
lascivious
lubricious
licentious
lewd
lustful
prurient

10 has imaginary ailments, worrier → hypochondria

hypochondria

(n) abnormal anxiety over one's health, often with imaginary illnesses and severe melancholy

hypochondriac

(adj) of or having hypochondria

(n) a person who has hypochondria

HYPO- : under, TREPHEIN : to nourish & HYPER- : over

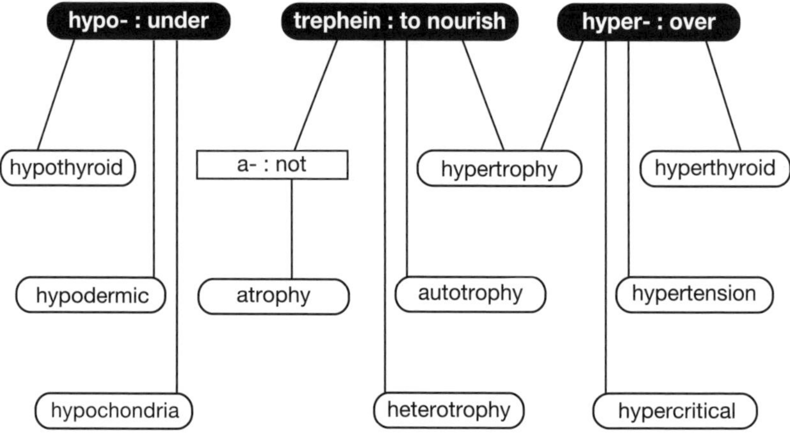

thyroid

(adj) designating or of the principle cartilage of the larynx, forming the Adam's apple

(n) the thyroid gland

1 friendly and easy to get along with → **convivial**

convivial

adj 1) having to do with a feast or festive activity
2) fond of eating, drinking, and good company; sociable; jovial

n. convivialist, conviviality

adv. convivially

VIV-, VIT- : to live, life & OVUM : egg

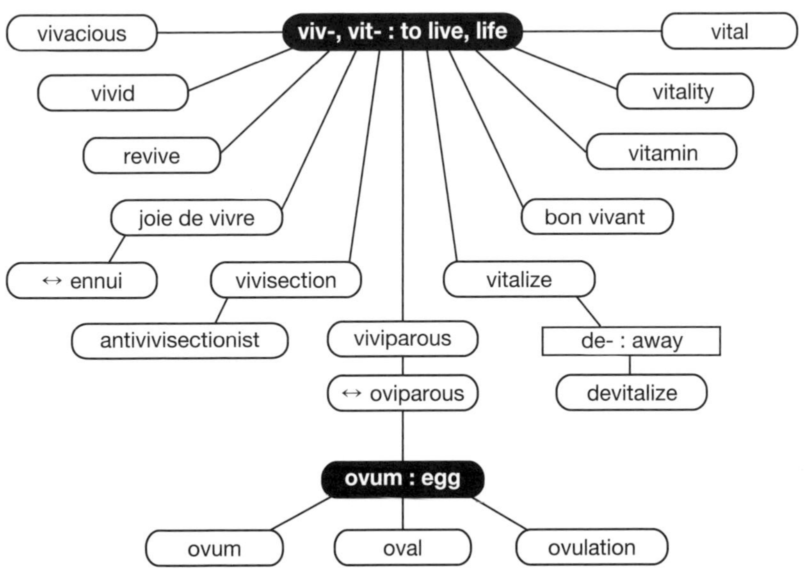

GOURMET, GOURMAND & GLUTTON : eat

2 tireless → **indefatigable**

indefatigable

[adj] that cannot be tired out; not yielding to fatigue; untiring

3 simple, frank, aboveboard → **ingenuous**

ingenuous

[adj] 1) orig., of noble birth or nature
2) frank; open; candid
1) simple; artless; naive; without guile

adv. ingenuously
n. ingenuousness
cf. ingenious - n. ingenuity
cf. disingenuous

SIMPLICITY

gullible easily tricked — **credulous** not skeptical — **naive** inexperienced, unsophisticated — **ingenuous** frank, not given to concealment

← derogatory   complimentary →

CREDO : believe

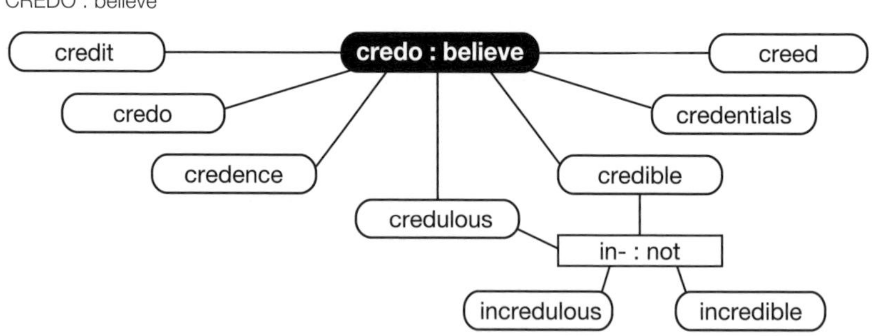

4 keen-minded, sharp as a razor → perspicacious

perspicacious

adj 1) having keen judgment or understanding; acutely perceptive
2) (archaic) having keen vision

adv. perspicaciously
n. perspicacity, perspicaciousness

SPECERE, SPEC-, SPIC- : to look

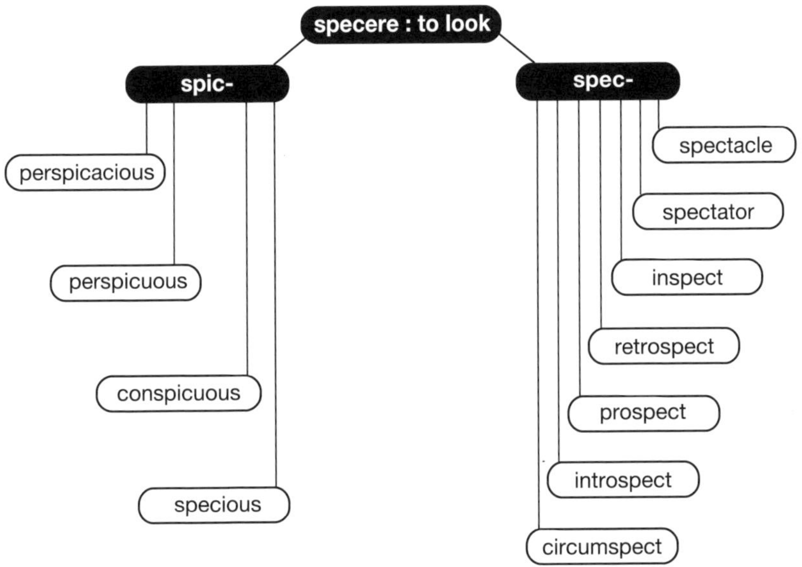

5 generous, noble, and forgiving → magnanimous

magnanimous

(adj) noble in mind; high-souled; esp., generous in overlooking injury or insult; rising above pettiness or meanness

adv. magnanimously
n. magnanimity

MAGNA : great & ANIMA : soul

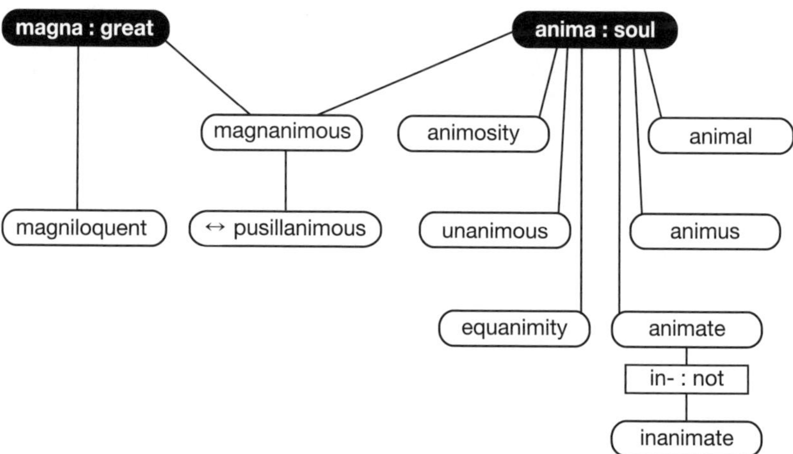

6 able to do many things skillfully → versatile

versatile

(adj) 1) competent in many things; able to turn easily from one subject or occupation to another; many-sided; adaptable to many uses or functions
2) (rare) that can be turned or moved around, as on a hinge or pivot; fickle; inconstant
3) Bot. turning about freely on the filament to which it is attached, as an anther
4) Zool. moving forward or backward, as the toes of a bird; movable in any direction, as the antenna of an insect

adv. versatilely
n. versatility

7 unflinching in the face of pain or disaster → **stoical**

stoical

adj 1) showing austere indifference to joy, grief, pleasure, or pain; calm and unflinching under suffering, bad fortune, etc.

2) (S-) Stoic

adv. stoically

8 brave, fearless → **intrepid**

intrepid

adj not afraid; bold; fearless; dauntless; very brave

n. intrepidity, intrepidness
adv. intrepidly

TREPIDO : alarmed

9 charming and witty → scintillating

scintillate

vi 1) to give off sparks; flash; sparkle
2) to sparkle intellectually; be brilliant and witty
3) to twinkle, as a star

vt to give off sparks, flashes, etc.

adj. scintillant

scintilla

n 1) a spark
2) a particle; the least trace: used only figuratively

10 smooth, polished, cultured → urbane

urbane

adj polite and courteous in a smooth, polished way; refined

adv. urbanely
n. urbaneness

URBS : city & RURIS : country

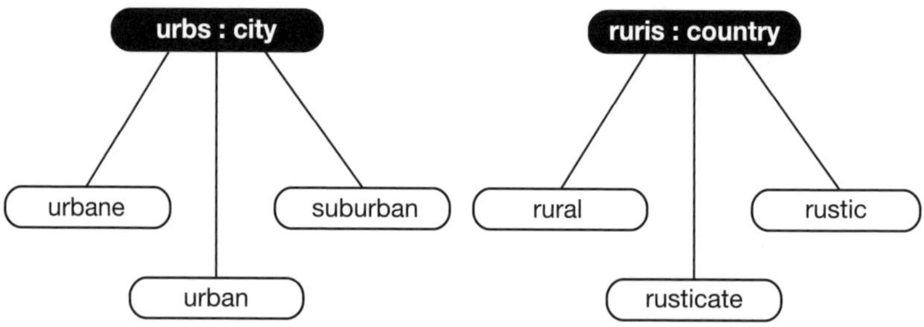

1 dire poverty → penury

penury

n lack of money, property, or necessities; extreme poverty; destitution

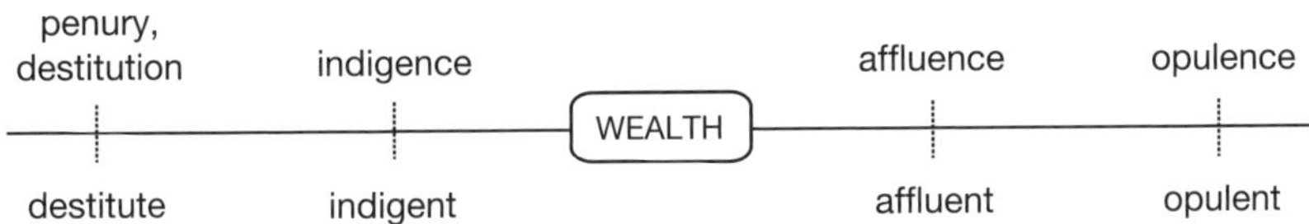

penurious

adj 1) unwilling to part with money or possessions; mean; miserly; stingy
2) characterized by extreme poverty; impoverished

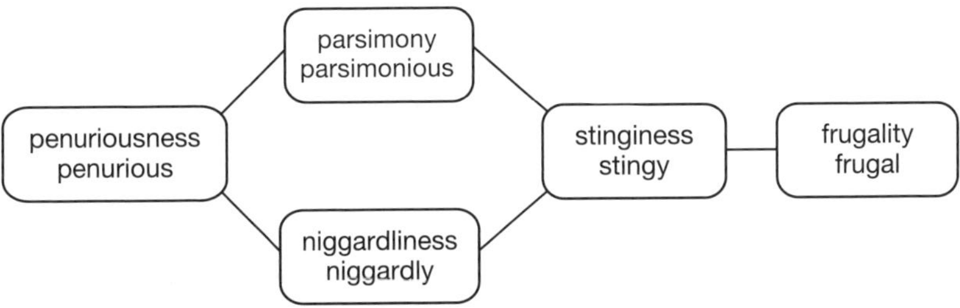

2 emotion experienced without direct participation → vicarious

vicarious

adj 1) taking the place of another thing or person; substitute; deputy; held or handled by one person as the deputy of another; delegated

2) endured, suffered, or performed by one person in place of another; shared in or experienced by imagined participation in another's experience

3) Physiol. designating or of a function abnormally performed by other than the usual organ or part

adv. vicariously
n. vicariousness

3 something which lasts a very short time → ephemeral

ephemeral

adj 1) lasting only one day

2) short-lived; transitory

n an ephemeral thing; specif., an organism with a brief life cycle

adv. ephemerally

유의어

ephemeral
evanescent
fleeting
vanishing

4 an inoffensive word for an unpleasant idea → euphemism

euphemism

(n) 1) the use of a word or phrase that is less expressive or direct but considered less distasteful, less offensive, etc. than another
2) a word or phrase so substituted

n. euphemist
adj. euphemistic, euphemistical
adv. euphemistically
v. euphemize

EU- : good

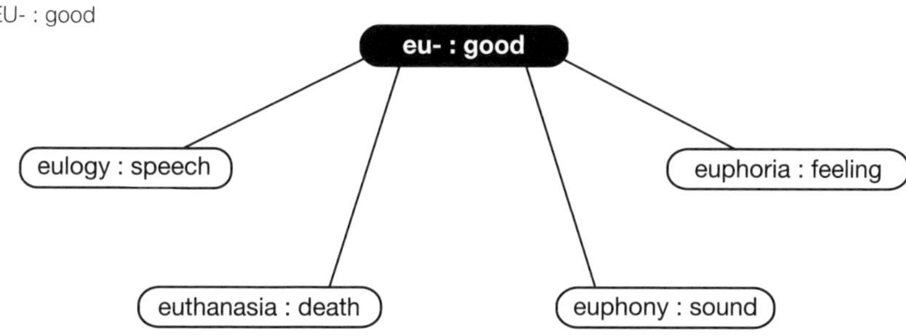

5 light and easy banter → badinage

badinage

(n) playful, teasing talk; banter

6 someone who is cowlike in his stolidity → **bovine**

bovine

adj 1) of an ox
2) having oxlike qualities; thought of as oxlike; show, dull, stupid, stolid, etc.

n 1) any of a genus (Bos) of bovid ruminants
2) any similar bovid

영어	라틴어
cow, bull	bovine, taurine
lion	leonine
dog	canine
cat	feline
pig	porcine
fox	vulpine
bear	ursine
horse	equine
wolf	lupine
sheep	ovine

7 homesickness → **nostalgia**

nostalgia

n 1) a longing to go back to one's home, home town, or homeland; homesickness
2) a longing for something far away or long ago or for former happy circumstances

adj. nostalgic
adv. nostalgically

8 harsh sound → cacophonous

cacophony

(n) harsh, jarring sound; dissonance

adj. cacophonous
adv. cacophonously

PHON- : sound

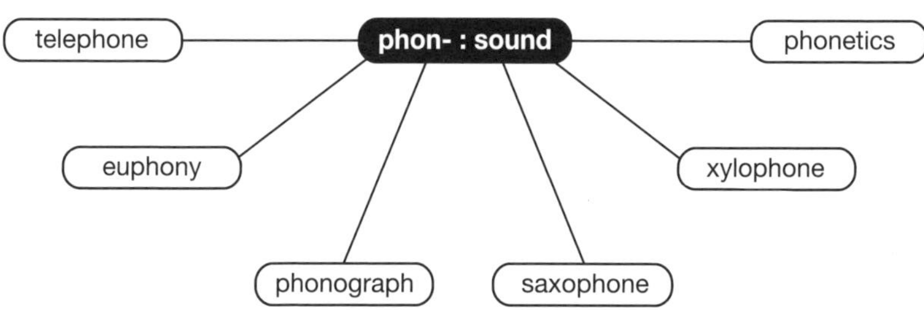

9 a meat-eating animal → carnivorous

carnivorous

(adj) 1) flesh-eating (opposed to herbivorous); insect-eating, as certain plants
2) of the carnivores

adv. carnivorously
n. carnivorousness

VOR- : devour, CARN- : flesh & OMNI- : all

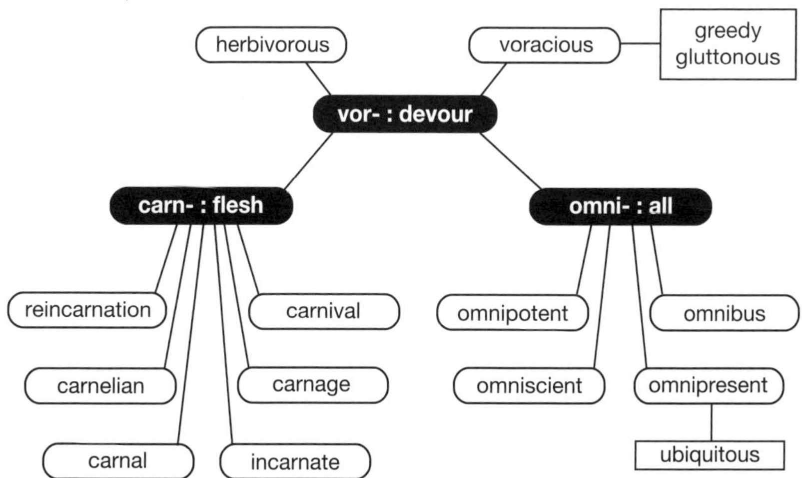

10 something kept secret → clandestine

clandestine

adj keep secret or hidden, esp. for some illicit purpose; surreptitious; furtive

adv. clandestinely
n. clandestineness

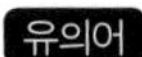

surreptitious
stealthy
sneaky
furtive

CHAPTER 11

1 To exhaust → enervate

enervate

vt to deprive of strength, force, vigor, etc.; weaken physically, mentally, or morally; devitalize; debilitate

adj enervated; weakened

n. enervation
n. enervator

2 To scold severely → castigate

castigate

vt to punish or rebuke severely, esp. by harsh public criticism

n. castigation
n. castigator
adj. castigatory

3 To deny oneself → self-abnegate

abnegate

vt to give up rights, claims, etc.; renounce

n. abnegator
n. abnegation

4 To repeat the main points → recapitulate

recapitulate

[vi] [vt] to repeat briefly, as in an outline; summarize

n. recapitulation
adj. recapitulatory

5 To be a victim of mental or intellectual stagnation → vegetate

vegetate

[vi] 1) to grow as plants
2) to exist with little mental and physical activity; lead a dull, inactive life
3) Med. to grow or increase in size, as a wart or other abnormal outgrowth

n. vegetating
adj. vegetating

6 To feign → simulate

simulate

[vt] 1) to give a false indication or appearance of; pretend; feign
2) to have or take on the external appearance of; look or act like
[adj] (archaic) pretended; mock

adj. simulated
n. simulation

7 To hint → intimate

intimate

[vt] 1) orig., to make known formally; announce
2) to make known indirectly; hint or imply

n. intimation

8 To lighten → alleviate

alleviate

(vt) 1) to make less hard to bear; lighten or relieve pain, suffering, etc.
2) to reduce or decrease

n. alleviator
n. alleviation
adj. alleviative or alleviatory

9 To show sympathy → commiserate

commiserate

(vt) to feel or show sorrow or pity for
(vi) to condole or sympathize

n. commiseration
adj. commiserative
adv. commiseratively

10 To waver indecisively → vacillate

vacillate

(vi) 1) to sway to and fro; waver; totter; stagger
2) to fluctuate or oscillate
3) to waver in mind; show indecision

n. vacillation
n. vacillator
adj. vacillatory

1 **fawning, servilely attentive, compliance** → obsequious

obsequious

adj 1) showing too great a willingness to serve or obey; fawning
2) (archaic) compliant; dutiful

adv. obsequiously
n. obsequiousness

SEQU(I)- : to follow

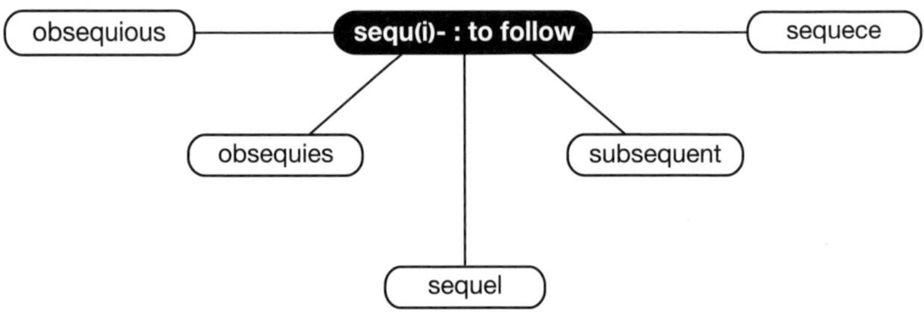

obsequies

n funeral rites or ceremonies

sequel

n 1) something that follows; anything subsequent or succeeding; continuation
2) a result or consequence
3) a literary work, film, etc. complete in itself but continuing a story begun in an earlier work, film, etc.

2 nagging, dissatisfied, complaints → **querulous**

querulous

[adj] 1) inclined to find fault; complaining

2) full of complaint; peevish

adv. querulously
n. querulousness

3 snobbish, haughtily contemptuous → **supercilious**

supercilious

[adj] disdainful or contemptuous; full of or characterized by pride or scorn; haughty

adv. superciliously
n. superciliousness

4 noisily troublesome; unmanageable → **obstreperous**

obstreperous

[adj] noisy, boisterous, or unruly, esp. in resisting or opposing

adv. obstreperously
n. obstreperousness

5 habitually short of cash, moneyless → impecunious

impecunious

adj having no money; poor; penniless

adv. impecuniously
n. impecuniosity, impecuniousness

PECU-: cattle

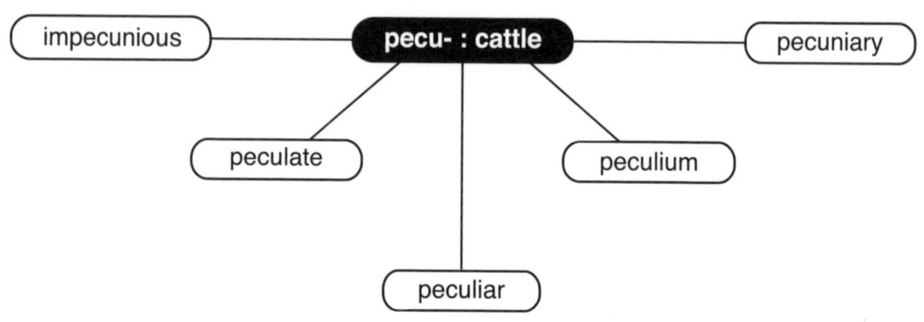

peculate

vt vi to steal or misuse money, embezzle

pecuniary

adj of or involving money, financial

peculiar

adj strange

peculium

n (Rome) private property

6 attentive to women, horses → chivalrous

chivalrous

[adj] 1) having the nobel qualities of an ideal knight; gallant, courteous, honorable, etc.
2) of chivalry; chivalric

adv. chivalrously
n. chivalrousness

CAVAL- & EQU- : horse

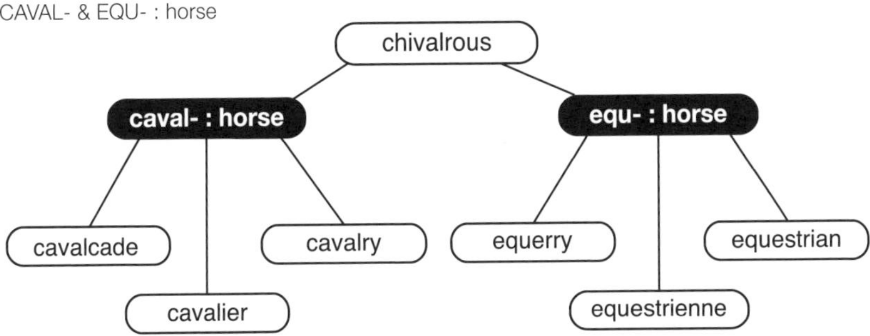

cavalcade

[n] a procession of horsemen or carriages

cavalier

[n] an armed horseman; knight
[adj] free and easy; gay; casual or indifferent toward matters of some importance; haughty; arrogant; supercilious

cavalry

[n] combat troops mounted originally on horses but now often riding in motorized armored vehicles

equerry

[n] an officer in charge of the horses of a royal or nobel household

equestrian

[adj] of horses, horsemen, horseback riding, or horsemanship
[n] a rider on horseback, esp. one performing acrobatics on horseback, as in a circus

equestrienne

[n] fem.

7 harmless → innocuous

innocuous

adj 1) that does not injure or harm; harmless

2) not controversial. offensive, or stimulating; dull an uninspiring

adv. innocuously
n. innocuousness

NOC- & NOX- : to harm

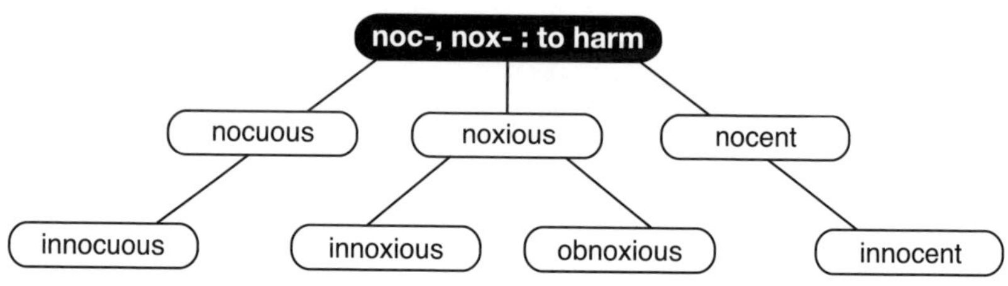

nocuous

adj harmful; poisonous; noxious

nocent

adj causing harm or injury; hurtful; guilty or criminal

noxious

adj harmful to the health; injurious; morally injurious; corrupting

obnoxious

adj very unpleasant; objectionable; offensive

8 fond of liquor, alcoholic → bibulous

bibulous

[adj] 1) highly absorbent

2) addicted to or fond of alcoholic beverages

adv. bibulously
n. bibulousness

BIB- : to drink

imbibe

[vt] to drink esp. alcoholic liquor; to absorb moisture; to take into the mind and keep, as idea, principles, etc.

9 gaunt, haggard, like death itself → cadaverous

cadaverous

(adj) of or like a cadaver; esp. pale, ghastly and haggard

adv. cadaverously
n. cadaverousness

CAD- : to fall

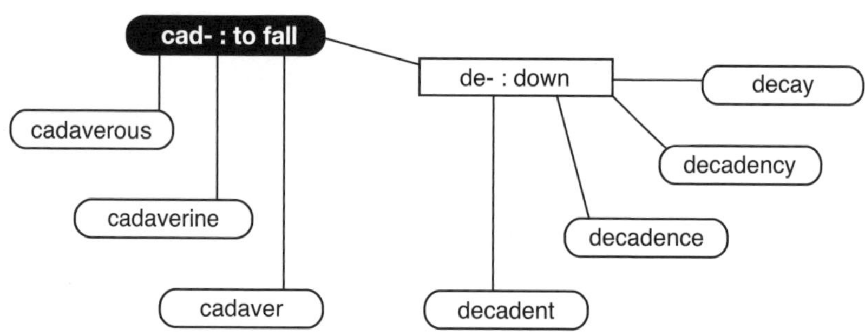

cadaver

(n) a dead body, esp. of a person; corpse, as for dissection

cadaverine

(n) a colorless, putrid-smelling, liquid ptomaine, produced by the action of microorganisms on proteins, as in decaying flesh

decadent

(adj) in a state of decline; characterized by decadence

(n) 1) a decadent person, esp. a writer or artist active in a period of decadence
2) (often D-) any of a group of late 19th-cent., chiefly French writers characterized by a highly mannered style and an emphasis on the morbid and perverse

10 melancholy, sorrowful, pain and misery → dolorous

dolorous

adj 1) very sorrowful or sad; mournful
2) (archaic) painful

adv. dolorously

DOL- : to suffer

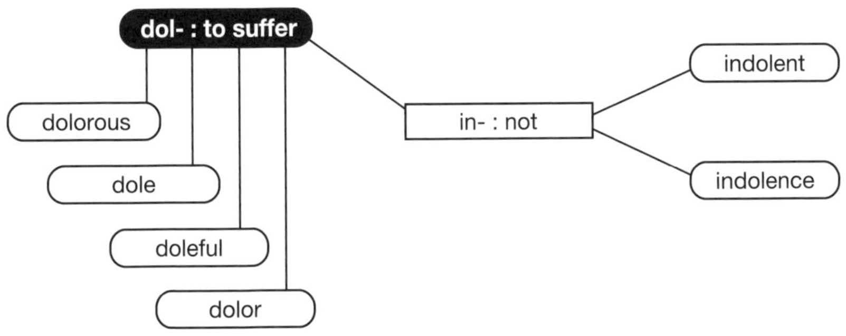

dolor

n (old poet.) sorrow; grief

dole

n (archaic) sorrow; dolor

doleful

adj full of or causing sorrow or sadness; mournful; melancholy; sad

indolent

adj 1) disliking or avoiding work; idle; lazy
2) Med. causing little or no pain; slow to heal; inactive or slowly developing

Answer Key

해답편

실력 테스트 PLACEMENT TEST

어휘력 테스트

1. a	2. c	3. b	4. a	5. b
6. a	7. e	8. b	9. d	10. a
11. c	12. d	13. b	14. d	15. b
16. e	17. a	18. b	19. c	20. a
21. c	22. d	23. a	24. d	25. a
26. b	27. d	28. d	29. e	30. b
31. b	32. d	33. c	34. a	35. b
36. c	37. d	38. e	39. b	40. d
41. c	42. c	43. c	44. b	45. b
46. c	47. a	48. b	49. c	50. e
51. c	52. b	53. c	54. b	55. d
56. c	57. a	58. d	59. b	60. d

어휘 반응 속도 테스트 1

1. O	2. S	3. S	4. D	5. S
6. O	7. S	8. O	9. S	10. S
11. D	12. O	13. O	14. S	15. O
16. O	17. O	18. D	19. O	20. D
21. S	22. D	23. O	24. S	25. D
26. S	27. S	28. O	29. S	30. S

어휘 반응 속도 테스트 2

같은 단어의 변형이 아니라면, D로 시작하는 영어 단어는 모두 맞습니다.

단어 반응력 테스트 1

1. pail, pan
2. pants
3. perhaps, possibly, probably
4. pardon
5. part
6. probable, possible, perhaps
7. pester
8. pretty
9. photograph, painting
10. pick
11. plain
12. proceed
13. plate, platter
14. place
15. pebble
16. passive
17. particular, picky
18. pain
19. palace
20. pant, puff
21. panic
22. pair
23. painter
24. page
25. pack

단어 반응력 테스트 2

1. gain, get, garner, grab, glean, grasp, grip
2. giant, gigantic, great, gross
3. general
4. gentleman
5. give
6. genius
7. glad, gleeful, gleesome
8. girl
9. gloomy, glum, grieving, grumpy
10. gaudy, grand, grandiose
11. goodbye
12. gone
13. good
14. good-looking
15. generous, giving
16. graceful
17. great, giant, gigantic
18. gentle
19. groom
20. green
21. greedy, grasping
22. guarded
23. green
24. glut, gobs
25. grateful

PART 1

CHAPTER 1

HOW TO TALK ABOUT PERSONALITY TYPES

LESSON 1 EXERCISE

2. 1) g 2) c 3) f 4) a 5) j 6) h 7) d 8) i 9) b 10) e
3. 1) yes 2) no 3) no 4) yes 5) no 6) yes 7) no 8) no 9) no 10) yes
4. 1) ascetic 2) extrovert 3) egoist 4) misanthrope 5) ambivert 6) egotist 7) altruist 8) misogynist 9) introvert 10) misogamist

LESSON 2 EXERCISE

2. 1) d 2) a 3) f 4) e 5) b 6) c
3. 1) f 2) c 3) e 4) a 5) d 6) b
4. 1) yes 2) no 3) no 4) no 5) no 6) no 7) no 8) yes 9) no 10) yes 11) yes

5. 1) alter ego 2) alter
3) altercation 4) egomaniacal
5) altruistic 6) egocentric
7) alternative 8) alternate

LESSON 3 EXERCISE

3. 1) e 2) c 3) a 4) d 5) b
4. 1) d 2) e 3) a 4) c 5) b
5. 1) c 2) e 3) a 4) d 5) b
6. 1) c 2) e 3) a 4) d 5) b
7. 1) yes 2) yes 3) yes 4) no 5) yes
6) yes 7) no 8) yes 9) no 10) yes
11) yes 12) no 13) no 14) no 15) no
16) no 17) yes
8. 1) asceticism 2) misogyny
3) misogamy 4) misanthropy
5) dexterous 6) gauche
7) sinister
8) misogynous, misogynistic
9) adroitness 10) misogamous
11) misanthropic
12) polygamy, polyandry, polygyny
13) bigamy 14) gynecologist
15) monogamy
16) misanthropist, misanthrope
17) ambidextrous 18) anthropology
19) philanthropist 20) ambidexterity

REVIEW

1. 1) a 2) b 3) c 4) b 5) c
6) b 7) c 8) c
2. 1) self 2) other
3) to turn 4) to hate
5) mankind 6) woman
7) marriage 8) center
9) right hand 10) right hand
11) one 12) male

QUESTION

1. anthropocentric[an'-thrə-pə-SEN'-trik]은 '인류mankind'를 뜻하는 anthropos, 그리스어로 '중심center'을 뜻하는 kentron, 그리고 형용사형 어미 -ic가 결합된 형용사로 '인간을 우주의 중심 혹은 궁극적 목표에 두는 사고방식과 가정 및 추론'을 가리킨다. 명사형은 anthropocentrism[an'-thrə-pə-SEN'-triz-əm] 혹은 anthropocentricity[an'-thrə-pō-sən-TRIS'-ə-tee]이다.
2. andromania[an'-drə-MAY'-nee-ə]는 '남자man'를 뜻하는 andros, '광기madness'란 뜻의 mania가 결합된 단어로 '남자에 대한 집착'을 뜻한다. 그런 사람은 andromaniac이라 하고, 형용사는 andromaniacal[an'-drə-mə-NĪ'-ə-kəl]이다.
3. gynandrous[jī-NAN'-drəs]는 '여성woman'을 뜻하는 gyne와 '남자man'를 뜻하는 andros가 결합된 단어로 첫째, 수술과 암술이 하나로 합체된 식물, 둘째, 육체적으로 남성 생식기와 여성 생식기를 동시에 지닌 사람, 셋째로 모든 사람에게 내재된 남성성과 여성성을 인정하고 드러내는 사람을 말한다.
이 단어에서 두 어근의 순서가 뒤집혀 androgynous[an-DROJ'-ə-nəs]가 되더라도 gynandrous의 세 가지 의미는 그대로 유지된다.
hermaphroditic[hur-maf'-rə-DIT'-ik]은 그리스 신화에서 사자使者 역할을 하는 신 헤르메스Hermes와 사랑과 미의 여신인 아프로디테Aphrodite가 결합된 단어이며, gynandrous의 처음 두 의미로 쓰인다.
gynandrous의 명사형은 gynandry[jī-NAN'-dree], androgynous의 명사형은 androgyny[an-DROJ'-ə-nee], hermaphroditic의 명사형은 hermaphroditism[hur-MAF'-rə-dī'-tiz-əm]이다.
androgyne[AN'-drə-jin]은 양성화兩性花를 의미하고, hermaphrodite[hur-MAF'-rə-dīt']는 양성구유자, 즉 남녀추니로 쓰인다.
4. monomania[mon-ə-MAY'-nee-ə]는 '하나one'를 뜻하는 monos와 '광기madness'를 뜻하는 mania가 결합된 단어로 하나의 사물이나 하나의 분야에 집착하는 '편집광'을 가리킨다. 그런 사람은 monomaniac이고, 형용사는 monomaniacal[mon'-ə-mə-NĪ'-ə-kəl]이다.
5. misandrist[mis-AN'-drist]는 '증오하다to hate'를 뜻하는 misein과 '남자man'를 뜻하는 andros가 결합된 단어로 남자를 증오하는 '남성 혐오자'를 뜻한다. 관련된 명사는 misandry[mis-AN'-dree]이고, 형용사는 misandrous[mis-AN'-drəs]이다.

쉬어가기 1

TEST 1
1) her and me 2) I
3) they 4) lie
5) could 6) have
7) let 8) brothers-in-law
9) kind of 10) her

TEST 2
1) effect 2) principal
3) in 4) who
5) lay 6) her
7) hanged 8) is
9) is 10) whoever

TEST 3
1) who 2) turn
3) incredulous 4) uninterested
5) cupfuls 6) imply
7) her 8) she
9) are 10) am

CHAPTER 2

HOW TO TALK ABOUT DOCTORS

LESSON 1 EXERCISE

2. 1) j 2) i 3) e 4) a 5) d
6) b 7) f 8) h 9) c 10) g
3. 1) yes 2) yes 3) no 4) no 5) yes
6) no 7) yes 8) no 9) yes 10) yes
4. 1) neurologist 2) internist
3) dermatologist 4) cardiologist
5) psychiatrist 6) obstetrician
7) gynecologist 8) pediatrician
9) ophthalmologist 10) orthopedist

LESSON 2 EXERCISE

3. 1) f 2) c 3) g 4) a 5) d
6) e 7) b
4. 1) c 2) f 3) a 4) g 5) b
6) d 7) e
5. 1) yes 2) yes 3) no 4) yes 5) no
6) no 7) no 8) yes 9) no 10) no
11) yes 12) no 13) no
6. 1) obstetrics 2) epidermis
3) pedagogy 4) pachyderm
5) dermatitis 6) demagogue
7) optician 8) intern, interne
9) pediatrics 10) demagoguery
11) taxidermist 12) oculist
13) gynecology 14) ophthalmology
15) monocle 16) ocular
17) optometrist

LESSON 3 EXERCISE

3. 1) e 2) c 3) a 4) d 5) b
4. 1) a 2) e 3) c 4) b 5) d
5. 1) F 2) T 3) T 4) T 5) T
6) F 7) F 8) T 9) T 10) T
11) T 12) F 13) F
6. 1) orthodontist 2) neuralgia
3) orthopedics 4) psychiatry
5) neuritis 6) neurosis
7) psychotic 8) cardiac
9) geriatrics 10) cardiograph
11) cardiogram

REVIEW

1. 1) b 2) b 3) b 4) c 5) c
6) a 7) c 8) b 9) b
2. 1) inside 2) child
3) foot 4) leading
5) people 6) skin
7) under 8) eye
9) eye 10) view, vision, sight
11) measurement 12) straight, correct
13) tooth 14) heart
15) science, study 16) nerve
17) pain 18) mind
19) medical healing 20) old age

QUESTION

1. **pedodontia**[pee-də-DON'-shə]는 '소아치과'를 뜻한다. '아이child'를 뜻하는 **paidos**와 '치아tooth'란 뜻의 **odontos**가 결합했다. 관련된 전문의는 **pedodontist**이고, 형용사는 **pedodontic**이다.

2. cardialgia[kahr'-dee-AL'-jə]는 심장의 통증, 즉 '심장통'이다. '심장heart'이란 뜻의 kardia와 '통증pain'을 뜻하는 algos가 결합된 단어이다.
3. odontalgia[ō'-don-TAL'-jə]는 '치통toothache'.
4. nostalgia[nos-TAL'-jə]. 형용사는 nostalgic.

CHAPTER 3

HOW TO TALK ABOUT VARIOUS PRACTITIONERS

LESSON 1 EXERCISE

2. 1) j 2) b 3) f 4) a 5) d
6) c 7) h 8) e 9) i 10) g
3. 1) F 2) T 3) T 4) T 5) F
6) T 7) F 8) F 9) T 10) F
4. 1) psychoanalyst 2) osteopath
3) podiatrist 4) orthodontist
5) graphologist 6) optician
7) gerontologist 8) chiropractor
9) psychologist 10) optometrist

LESSON 2 EXERCISE

2. 1) f 2) e 3) h 4) a 5) g
6) b 7) d 8) c 9) i
3. 1) F 2) F 3) F 4) F 5) F
6) T 7) F 8) T 9) T
4. 1) psyche 2) psychosomatic
3) psychopathic 4) psychology
5) psychic 6) psychoanalysis
7) psychological 8) psychogenic
9) psychotherapy 10) psychopath

LESSON 3 EXERCISE

3. 1) i 2) d 3) j 4) a 5) h
6) b 7) e 8) c 9) f 10) g
4. 1) d 2) g 3) a 4) f 5) b
6) e 7) c
5. 1) T 2) T 3) T 4) F 5) T
6) T 7) F 8) T 9) T 10) T
11) F 12) T 13) F 14) F 15) T
16) T
6. 1) pedodontic 2) podiatric
3) sphygmomanometer 4) tripod
5) osteopathic 6) chirographic
7) periodontist 8) podiatry, chiropody
9) podium 10) endodontist
7. 1) exodontic 2) barometric
3) chiromancy 4) chirography
5) chiropractic 6) platypus
7) octopus 8) thermometer

LESSON 4 EXERCISE

2. 1) e 2) g 3) a 4) f 5) b
6) d 7) c
3. 1) F 2) T 3) T 4) F 5) T
6) F 7) T
4. 1) gerontological 2) senescent
3) calligraphic 4) cacographer
5) senile 6) graphological
7) callipygian

REVIEW

1. 1) b 2) a 3) a 4) b 5) b
6) a 7) a 8) b 9) c 10) c
11) b 12) a 13) c 14) b 15) a, b
2. 1) mind 2) medical healing
3) body 4) disease
5) straight, correct 6) child
7) tooth 8) foot
9) hand 10) eight
11) to write 12) beauty
13) buttocks 14) bad, ugly
15) light 16) distance
17) life 18) old age
19) old man 20) old

QUESTION

1. 80~89세. 라틴어에서 '80'을 뜻하는 octoginta에서 파생된 단어이다. 참고로 다른 연령대의 사람은 다음과 같이 불린다. 50~59세는 quinquagenarian[kwin'-kwə-jə-NAIR'-ee-ən], 60~69세는 sexagenarian[seks'-ə-jə-NAIR'-ee-ən], 70~79세

는 septuagenarian[sep'-choo-ə-jə-NAIR'-ee-ən], 90~99세는 nonagenarian[non'-ə-jə-NAIR'-ee-ən], 100세 이상은 centenarian[sen'-te-NAIR'-ee-ən]이다.

2. cacophony[kə-KOF'-ə-nee]. 형용사는 cacophonous[kə-KOF'-ə-nəs]
3. cacopygian[kak'-ə-PIJ'-ee-ən].
4. a) telescope 혹은 telebinoculars. telescope는 tele-와 '시야to view'를 뜻하는 skopein이 결합된 단어이다.
   b) telephone
   c) television

CHAPTER 4

HOW TO TALK ABOUT
SCIENCE AND SCIENTISTS

LESSON 1 EXERCISE

2. 1) c 2) d 3) g 4) h 5) j
   6) i 7) f 8) e 9) b 10) a
3. 1) entomologist 2) philologist
   3) sociologist 4) anthropologist
   5) semanticist 6) botanist
   7) geologist 8) astronomer
   9) biologist 10) zoologist

LESSON 2 EXERCISE

4. 1) d 2) h 3) a 4) f 5) c
   6) i 7) e 8) g 9) b
5. 1) d 2) k 3) g 4) c 5) h
   6) a 7) f 8) b 9) e 10) j
   11) i
6. 1) no 2) no 3) yes 4) yes 5) yes
   6) yes 7) yes 8) yes 9) yes 10) yes
   11) yes 12) no 13) no 14) no 15) no
7. 1) zoological 2) botanical
   3) autopsy 4) autobiography
   5) biological 6) geometry
   7) geological 8) astrophysics
   9) aster 10) astronomical
   11) astronomy 12) anthropology
   13) astrologer
8. 1) biopsy 2) autonomy
   3) metronome 4) astronaut
   5) cosmonaut 6) disaster
   7) geography 8) autonomous
   9) zodiac 10) zodiacal
   11) nautical 12) asterisk
   13) biography

LESSON 3 EXERCISE

4. 1) e 2) i 3) a 4) j 5) b
   6) d 7) c 8) f 9) h 10) g
5. 1) f 2) i 3) j 4) b 5) h
   6) d 7) g 8) a 9) c 10) e
6. 1) no 2) yes 3) yes 4) no 5) no
   6) no 7) yes 8) yes 9) no 10) no
7. 1) sociological 2) semantic, semantical
   3) bibliophile 4) philander
   5) philological 6) entomological
   7) Anglophile 8) atom
   9) anatomical 10) tome
   11) dichotomous 12) dichotomize
   13) epitome 14) epitomize
   15) philanthropic 16) eccentric
   17) philanderer
   18) aphrodisiac, aphrodisiacal
   19) sociology 20) asocial

REVIEW

1. 1) b 2) a 3) b 4) b 5) b
   6) c 7) b 8) a 9) c 10) b
2. 1) mankind 2) word, speech
   3) star 4) sailor
   5) law, order, arrangement
   6) self 7) earth
   8) to write 9) view, vision, sight
   10) animal 11) a cutting
   12) cut 13) tongue
   14) to love 15) wise
   16) book 17) English
   18) companion 19) science, study
   20) life

QUESTION

1. sophomore. sophos와 '어리석은foolish'을 뜻하는 moros가 결합된 단어로 어원적으로는 반쯤 지혜롭고 반쯤은 어리석은 사람을 가리킨다. 형용사 sophomoric[sof-ə-MAWR'-ik]은 무척 고집스럽고 자신만만하며 아는 체하지만 실제로는 미숙하고 경험도 없으며 어리석은 사람 혹은 태도나 발언을 뜻한다.
2. sophisticated[sə-FIS'-tə-kay'-təd]. 동사는 sophisticate이고, 명사는 sophistication이다. 세상물정에 밝은 사람을 sophisticate[sə-FIS'-tə-kət]라 한다. sophisticated는 최근에 '무척 정교한, 성숙한, 복잡한, 지식적인 취향의, 인식이 높은'이란 의미가 추가되어 sophisticated machinery복잡한 기계, a sophisticated approach세련된 접근, sophisticated audience지적인 청중 등과 같이 쓰인다.
3. 책에 사로잡힌 사람, 특히 책의 수집에 광적으로 집착하는 사람을 뜻한다.
4. a) 하나의 언어를 말하는
   b) 두 가지 언어를 말하는
   c) 세 가지 언어를 말하는
   multilingual은 '많은many'을 뜻하는 multus와 lingua가 결합됐으므로 '많은 언어를 말하는'이란 뜻이다.
   linguist는 많은 언어에 능통한 사람이나 언어학linguistics 전문가를 뜻한다.
   multus는 multitude다수, multiply증가시키다, multiple다수의, multicolored다채로운, multifarious여러 부분으로 된, multilateral다각적인 등에서 보듯이 '많은 many'을 뜻한다.
5. a) 프랑스 b) 러시아 c) 스페인 d) 독일
   e) 일본 f) 중국
6. a) androphile b) gynephile 혹은 philogynist
   c) pedophile d) zoophile e) botanophile
   그러나 pedophilia[pee'-də-FIL'-ee-ə]는 전혀 다른 의미다. pedophiliac은 어린아이를 성적으로 괴롭히는 '소아성애자'를 뜻한다.

CHAPTER 5

HOW TO TALK ABOUT
LIARS AND LYING

LESSON 1 EXERCISE

2. 1) h 2) j 3) a 4) d 5) i
   6) b 7) c 8) f 9) e 10) g
3. 1) no 2) yes 3) no 4) no 5) no
   6) yes 7) no 8) no 9) no 10) yes
4. 1) egregious 2) congenital
   3) chronic 4) notorious
   5) incorrigible 6) glib
   7) inveterate 8) consummate
   9) unconscionable 10) pathological
5. 1) inveterate 2) congenital
   3) notorious 4) unconscionable
   5) glib 6) consummate
   7) incorrigible 8) egregious
   9) chronic 10) pathological

LESSON 2 EXERCISE

2. 1) i 2) e 3) a 4) k 5) b
   6) d 7) f 8) h 9) c 10) g
   11) j
3. 1) yes 2) yes 3) no 4) yes 5) no
   6) no 7) yes 8) yes 9) yes 10) yes
   11) no 12) yes
4. 1) genital 2) consummate
   3) notoriety 4) gene
   5) consummation 6) incorrigibility
   7) genetics 8) hereditary
   9) genesis 10) genealogist
   11) consummacy, consummateness
   12) genetic
   13) inveteracy, inveterateness
   14) veteran 15) genealogical

LESSON 3 EXERCISE

3. 1) c 2) f 3) a 4) e 5) b
   6) g 7) d 8) j 9) h 10) i
4. 1) d 2) k 3) h 4) a 5) j
   6) b 7) c 8) i 9) e 10) g
   11) f
5. 1) no 2) no 3) no 4) yes 5) no
   6) no 7) yes 8) yes 9) no 10) no
6. 1) chronological 2) incongruous
   3) anachronous, anachronistic
   4) incongruity 5) apathy

6) chronometer 7) pathology
8) antipathy 9) synchronize
10) pathetic 11) anachronism
12) chronicity 13) telepathy
14) pathologist 15) empathy
16) synchronous 17) telepathic
18) chronology 19) chronometric

LESSON 4 EXERCISE

2. 1) h 2) f 3) j 4) a 5) i
   6) b 7) g 8) c 9) e 10) d
3. 1) yes 2) no 3) yes 4) no 5) no
   6) no 7) yes 8) yes 9) yes 10) yes
4. 1) gregarious 2) nescient
   3) unconscionability, unconscionableness
   4) prescient 5) congregation
   6) aggregate, aggregation 7) segregate
   8) glibness 9) omniscient
   10) congregate

REVIEW

1. 1) a 2) b 3) b 4) a 5) b
   6) b 7) a 8) b 9) c 10) c
   11) a 12) b 13) c 14) c 15) a
   16) c 17) a
2. 1) known 2) highest
   3) to correct, set straight 4) old
   5) old 6) birth
   7) science, study 8) time
   9) measurement
   10) disease, suffering, feeling
   11) herd, flock 12) to know
   13) knowing 14) all

QUESTION

1. notable은 '널리 알려진 사람someone well-known'을 뜻한다.
2. notify는 어원적으로 '알려지게 하다to make known'를 뜻하는 notus와 '만들다to make'를 뜻하는 facio에서 파생된 -fy가 결합된 단어이다.
   notice는 명사로 '뭔가를 알려지게 만드는 것'이란 뜻이고, 동사로는 '관찰자가 알게 될known 정도로 사물이나 사람을 관찰하다'는 뜻이다.
   -fy는 동사형 접미어로 '만들다to make'를 뜻한다. 따라서 simplify는 '간단하게 만들다', clarify는 '명확하게 만들다', liquefy는 '액체로 만들다', putrefy는 '썩게 만들다', stupefy는 '깜짝 놀라게 해서 바보로 만들다, 어리벙벙하게 만들다'는 뜻이다. liquefy, putrefy, stupefy에서 접미사 앞에 -e가 쓰인 것에 주의해야 한다. 또 fortify는 '강하게 만들다', rectify는 '올바르게 만들다'라는 뜻이다.
3. chronograph[KRON'-ə-graf']는 시간을 짧은 간격으로 측정하고 기록하는 기구를 뜻한다.
4. generate는 상징적으로 쓰여 '낳다'를 뜻하며, A turbine generates power터빈이 동력을 발생시킨다, A person's presence generates fear어떤 이의 존재가 두려움을 자아낸다 등에서 보듯이 '……을 만들어내다, 생산하다'는 뜻도 갖는다. 명사는 generation이고, generation은 the older, previous, next generation옛 세대, 앞 세대, 다음 세대, the Depression generation대공황 세대 등에서 보듯이 같은 시기에 태어나 살아가는 사람들, 즉 '세대'라는 뜻으로도 쓰인다. '세대'는 보통 30년간의 기간이다.
   regenerate는 '다시 살아나게 하다, 재생시키다' 혹은 '다시 태어나다'라는 뜻이다. 팔다리나 몸의 일부가 상실되거나 잘려나가면 regenerate하는 동물들이 있다.
   re-는 물론 '다시again'라는 뜻이다. 하지만 recede물러나다, regress후퇴하다 등에서 보듯이 '뒤로back'라는 뜻으로도 쓰인다.
5. omnipotent[om-NIP'-ə-tənt]는 '전능한'이란 뜻이며 omnis와 '강력한powerful'을 뜻하는 potens, potentis가 결합된 단어다.
   omnipresent[om'-nə-PREZ'-ənt]는 '편재하는', '어디에나 존재하는'이라는 뜻이다.
   명사는 각각 omnipotence, omnipresence이다.
6. anaphrodisiac[ən-af'-rə-DIZ'-ee-ak']은 명사와 형용사로 쓰인다. 질산칼륨은 anaphrodisiac성욕억제약으로 여겨진다. 의심스럽기는 하지만 냉수 샤워도 그런 역할을 한다고 말하는 사람들이 있다. 일시적이긴 하지만 최고의 anaphrodisiac은 성교인 듯하다. 엘비스 프레슬리의 인기가 절정일 때 10대 여성들에게 들은 말에 따르면, 그의 동그란 엉덩이가 aphrodisiacal성욕을 일으키는이었다. 나는 그 말을 그대로 믿겠지만 그것이 내게 성욕을 불러일으키지는 않았다. 그러나 다이안 키튼이나 라켈 웰치, 특히 마릴린 몬로라면…….

TEST 1

CHAPTER 1~5

1. 1) I, self 2) to hate
3) marriage 4) woman
5) skin 6) straight, correct
7) mind, soul, spirit 8) nerve
9) science, study 10) life
11) view, sight, vision 12) pain
13) leading 14) foot
15) child 16) people
17) eye 18) medical healing
19) measurement 20) old age
21) body 22) disease
23) tooth 24) foot
25) hand
2. 1) to write 2) beauty
3) buttock 4) harsh, ugly, bad
5) old 6) mankind
7) star 8) sailor
9) earth 10) animal
11) tongue 12) to love
13) book 14) self
15) companion 16) known
17) highest 18) old
19) birth(beginning, origin)
20) time 21) feeling
22) herd, flock 23) knowing
24) all
25) law, order, arrangement
3. 1) O 2) O 3) O 4) S 5) S
6) S 7) S 8) O 9) O 10) O
11) S 12) O 13) O 14) O 15) S
16) O 17) S 18) O 19) S 20) O
4. 1) j 2) c 3) h 4) a 5) d
6) b 7) e 8) g 9) i 10) f
5. 1) g 2) j 3) a 4) e 5) i
6) b 7) c 8) h 9) d 10) f
6. 1) unconscionable 2) glib
3) egregious 4) incongruous
5) genealogy 6) genetics
7) chronological 8) gauche
9) cardiogram 10) ambidextrous
11) gerontologist 12) telepathy
13) pedodontia
14) sphygmomanometer
15) senescent 16) chiromancer
17) aphrodisiac 18) epitome
19) pathological 20) chronometry
21) antipathy 22) synchronize
23) nescient 24) prescience
25) gregarious 26) empathize
27) barometer 28) segregate
29) callipygian 30) cacography

PART 2

CHAPTER 6

HOW TO TALK ABOUT ACTIONS

LESSON 1 EXERCISE

2. 1) h 2) f 3) j 4) a 5) c
6) i 7) b 8) g 9) d 10) e
3. 1) no 2) yes 3) yes 4) no 5) yes
6) yes 7) yes 8) no 9) yes 10) yes
4. 1) equivocate 2) malign
3) placate 4) adulate
5) proscribes 6) condone
7) disparage 8) obviates
9) militates 10) titillates
5. 1) placate 2) obviate
3) disparage 4) condone
5) titillate 6) malign
7) equivocate 8) militate (against)
9) proscribe 10) adulate

LESSON 2 EXERCISE

2. 1) f 2) e 3) a 4) g 5) b
6) c 7) d
3. 1) yes 2) no 3) no 4) yes 5) yes
6) no 7) no 8) yes 9) yes 10) no

4. 1) ambiguous 2) equivocal
3) parity 4) double entendre
5) disparity 6) disparagement
7) unequivocal 8) disparate
9) peer 10) equivocate

LESSON 3 EXERCISE

3. 1) i 2) f 3) e 4) a 5) k
6) b 7) j 8) c 9) g 10) d
11) h
4. 1) g 2) j 3) i 4) a 5) h
6) f 7) c 8) e 9) d 10) b
5. 1) no 2) yes 3) no 4) no 5) yes
6) no 7) no 8) yes 9) yes 10) no
11) yes 12) no 13) no
6. 1) vocalize 2) equilibrist
3) nocturnal 4) equine
5) vocal 6) equable
7) iniquitous 8) nocturne
9) equity
7. 1) vociferous
2) equestrian, equestrienne
3) equanimity, equability
4) inequitable 5) iniquity
6) equinox 7) equitable
8) equilibrium 9) equilateral
10) vocalist

LESSON 4 EXERCISE

3. 1) h 2) f 3) a 4) j 5) b
6) i 7) c 8) e 9) d 10) g
4. 1) f 2) h 3) a 4) g 5) b
6) d 7) c 8) e
5. 1) no 2) yes 3) no 4) no 5) no
6) yes 7) no 8) yes 9) yes 10) no
6. 1) maladroit 2) malevolent
3) titillation 4) militant
5) proscription 6) adulation
7) malaise 8) malefactor
9) malediction 10) malefaction
7. 1) obviation 2) militancy
3) malign, malignant, maleficent
4) trivial 5) trivialities, trivia
6) maledictory 7) adulatory

LESSON 5 EXERCISE

3. 1) e 2) h 3) a 4) i 5) b
6) d 7) c 8) f 9) g
4. 1) h 2) j 3) a 4) i 5) b
6) g 7) d 8) c 9) f 10) e
5. 1) yes 2) yes 3) yes 4) yes 5) yes
6) no 7) yes 8) no 9) no 10) no
6. 1) O 2) S 3) O 4) O 5) O
6) S 7) S 8) O 9) O 10) O
11) S 12) S 13) S 14) O 15) S
7. 1) dictatorial 2) condonation
3) implacable 4) placatory, placative
5) volition 6) placidity
7) complacence, complacency
8) infidel
9) benign, benignant, benevolent
10) infidelity 11) benedictory
12) beneficent 13) fidelity
14) bona fide 15) benefactor
16) benefaction 17) beneficiary
18) placable

REVIEW

1. 1) b 2) a 3) b 4) a 5) b
6) c 7) a 8) b 9) a 10) a
11) b 12) a
2. 1) equal 2) equal 3) voice
4) night 5) balance 6) side
7) horse 8) foot 9) child
10) carry, bear 11) large 12) write
13) hand 14) after 15) road
16) soldier 17) bad 18) say, tell
19) wish 20) do, make 21) good
22) faith 23) sound
24) please, soothe, pacify 25) give

QUESTION

1. magnanimity[mag'-nə-NIM'-ə-tee]. 형용사는 magnanimous[mag-NAN'-ə-məs].
2. bilateral[bī-LAT'-ər-əl]. bilateral decision은 양측이 합의한 결정, '양자간 결정'이란 뜻이다. 반면에 unilateral[yōō-nə-LAT'-ər-əl] decision은 다른 사람들에게 의견을 묻지 않고 혼자서 내린 '일방적인 결정'이다.
3. transcribe. 명사는 transcription. 속기사는 속기로 쓴 글을 영어로 transcribe하고, musical transcriber편곡자는 원곡을 각색하는 사람이다.
4. malaria. 예전에는 이 병이 늪지대의 '나쁜 공기'로 인해 발병하는 것이라 여겼다. 하지만 malaria말라리아는 물이 고인 곳에서 서식하는 감염된 아노펠레스 모기에 의해 인간에게 옮는다.
5. confection. 이 단어는 요즘에 이런 뜻으로 거의 쓰이지 않는다. confectioner과자를 만드는 사람의 상점이나 confectionery과자 가게를 기억하는 옛 세대가 가끔 사용할 뿐이다. 요즘 이런 곳은 ice cream store 또는 ice cream parlor라 불리며, 적어도 서부 해안에서는 베스킨 라빈스나 패럴스란 이름으로 운영된다. 때로는 candy shop이라 불리기도 한다. 내 어린 시절에는 아이들이 candy store를 번질나게 드나들었고, 사탕 하나를 1센트에 살 수 있었다. 허쉬 초코바도 팔았는데 5센트였다. 그래서 그 시절을 '좋았던 옛 시절the good old days'이라 한다.

CHAPTER 7

HOW TO TALK ABOUT VARIOUS SPEECH HABITS

LESSON 1 EXERCISE

2. 1) i 2) j 3) f 4) a 5) c
   6) b 7) d 8) h 9) e 10) g
3. 1) no 2) no 3) yes 4) no 5) no
   6) no 7) no 8) no 9) no 10) yes
4. 1) loquacious 2) vociferous
   3) inarticulate 4) garrulous
   5) taciturn 6) banal
   7) laconic 8) cogent
   9) voluble 10) verbose

LESSON 2 EXERCISE

2. 1) d 2) f 3) a 4) h 5) b
   6) c 7) e 8) g
3. 1) F 2) F 3) T 4) T 5) F
   6) F 7) F 8) F
4. 1) soliloquize 2) ventriloquize
   3) taciturnity 4) tacit
   5) circumlocutory 6) colloquial
   7) loquaciousness, loquacity
   8) reticence, reticency 9) soliloquy
   10) circumlocution

LESSON 3 EXERCISE

3. 1) g 2) i 3) a 4) j 5) h
   6) b 7) d 8) c 9) f 10) e
   11) k
4. 1) f 2) j 3) b 4) h 5) a
   6) c 7) d 8) i 9) e 10) g
5. 1) no 2) no 3) yes 4) yes 5) yes
   6) no 7) no 8) no 9) no 10) no
6. 1) evolutionary 2) revolutionary
   3) laconism, laconicism, laconicity, laconicness
   4) eloquence 5) revolve
   6) magnate 7) magnanimous
   8) verbal 9) verbiage
   10) verbosity
   11) magniloquence, grandiloquence
   12) garrulity 13) volubility
   14) verbatim 15) magnum opus
   16) cogency

LESSON 4 EXERCISE

4. 1) h 2) j 3) i 4) a 5) c
   6) b 7) d 8) e 9) g 10) f
5. 1) e 2) g 3) k 4) a 5) i
   6) b 7) j 8) c 9) f 10) d
   11) h
6. 1) e 2) g 3) a 4) f 5) b
   6) d 7) c 8) h 9) i
7. 1) yes 2) no 3) no 4) no 5) yes
   6) no 7) yes 8) no 9) no 10) no
8. 1) banality 2) somniferous, soporific

3) insomnious	4) articulate
5) avuncular	6) ventral
7) dorsal	8) endorse
9) vociferate	10) insomniac
11) somnolent	12) somnambulist
13) ambulatory	14) amble
15) preamble	16) inarticulateness

REVIEW

1.
1) c	2) b	3) a	4) b	5) c
6) b	7) a	8) a	9) c	10) c
11) a	12) a, b	13) c	14) b	15) b
16) c	17) c	18) b	19) c	20) a

2.
1) to be silent	2) to speak
3) alone	4) belly
5) big, large, great	6) grand
7) word	8) to roll
9) to chatter	10) mind
11) work	12) to work
13) ear	14) uncle
15) back	16) voice
17) to carry, bear	18) to walk
19) sleep	20) sleep

QUESTION

1. modus operandi는 '활동방식, 운용방식'이라는 뜻이다. [MŌ'-dəs op'-ə-RAN'-dī]로 발음되는 이 단어는 범죄자가 일하는 방식에만 국한돼 사용되지는 않는다. 다른 전문직이 일하는 방식이나 방법에도 적용될 수 있다. modus vivendi[MŌ'dəs və-VEN'-dī]는 어원적으로 '살아가는 방식'으로 어떤 사람이나 집단의 특징적인 생활방식을 가리킨다.
2. circumscription. circumscribe도 '둘레에 선을 긋다'에서 비유적으로 '행동의 자유를 제한하다'라는 뜻으로 쓰인다. 따라서 a life circumscribed by poverty, by parental injunctions, or by an overactive conscience, etc.가난, 부모의 명령, 혹은 과민성 양심 등으로 속박된 삶, actions circumscribed by legal restraints법적인 제약으로 제한된 삶 등에서 보듯이 해당자는 한정되고 구속받으며 갇힌 삶을 살게 된다. 명사 circumscription주의, 한정도 상징적 의미로 쓰일 수 있다.
3. somniloquent[səm-NIL'-ə-kwənt]. 명사는 somniloquence[səm-NIL'-ə-kwəns] 혹은 somniloquy[səm-NIL'-ə-kwee]. somniloquy는 잠자는 사람이 중얼거리는 말, '잠꼬대'란 뜻으로 쓰인다. 잠든 상태에서 습관적으로 말하는 사람은 somniloquist[səm-NIL'-ə-kwist]이다.
4. aurist는 귀 전문의로, 주로 otologist[ō-TOL'-ə-jist]로 불린다. '귀ear'를 뜻하는 그리스어 otos에서 파생됐다. 명사는 otology, 형용사는 otological[ō-tə-LOJ'-ə-kəl].
   이쯤에서 전문의에 관련한 어떤 얘기를 말하고 싶어 입이 근질거린다. 그 얘기를 하지 않으면 잠을 잘 수 없을 것 같아 여기에서 말한다.
   한 치과 의사가 환자의 치아를 처음 발치하면서 무척 긴장한 건 충분히 이해할 만했다. 마침내 어금니를 뽑아냈지만 너무 손을 떨어 치과 의사는 기구를 놓쳤고, 어금니가 환자의 목구멍 안으로 툭 떨어졌다.
   치과 의사는 "아이쿠, 죄송합니다. 이건 제 전문 분야가 아닙니다. laryngologist[lair'-ing-GOL'-ə-jist]후두과 의사를 찾아가야 합니다"라고 말했다.
   그 불쌍한 환자가 후두과 의사를 찾아갔을 쯤 어금니는 더 아래로 내려갔다.
   후두과 의사는 환자를 검진한 후 "죄송합니다. 이건 제 전문 분야가 아닙니다. gastrologist[gas-TROL'-ə-jist]위 전문의를 찾아가야 합니다"라고 말했다.
   위 전문의는 엑스선 사진을 찍었다. 그리고 "죄송합니다, 어금니가 창자로 내려갔습니다. enterologist[en'-tə-ROL'-ə-jist]창자 전문의를 찾아가야 합니다"라고 말했다.
   장 전문의도 환자에게 엑스선 사진을 찍게 했다. 그리고 "죄송합니다. 어금니가 장에 없습니다. 틀림없이 더 아래로 내려갔을 겁니다. proctologist[prok-TOL'-ə-jist]직장 질환 전문의, 그리스어로 proktos는 '항문anus'이란 뜻를 찾아가야 할 겁니다"라고 말했다.
   환자는 마침내 직장 전문의의 진료대에 올라가 팔꿈치와 무릎을 바닥에 대고 엎드렸다. 의사는 항문경을 삽입해 직장을 살피고는 말했다.
   "저런! 어금니가 있네요! 치과 의사를 찾아가야겠습니다!"
5. aural[AWR-əl]은 '귀에 관한', 혹은 '청각의'라는 뜻이다. monaural reproduction단일음 재생은 라디오나 축음기에서 들리는 음악처럼 하나의 음원만을 지니며, 전문용어로는 monophonic[mon'-ə-FON'-ik]'하나one'를 뜻하는 monos와 '소리sound'를 뜻하는 phone가 결합된 단어 sound라 한다. binaural은 '두 귀를 지닌' 혹은 '두 귀를 사용하는'을 뜻하며, 최근에는 stereophonic[steer'-ee-ə-FON'-ik] effect입체음향 효과을 낳는 소리라는 뜻에서 '두 음원에서 얻은 소리의'라

는 뜻으로 쓰인다. '깊은deep, 입체의solid'란 뜻을 지닌 stereos와 phone이 결합된 단어이다.

6. noctambulist[nok-TAM'-byə-list]는 '밤에 걷는 사람'이라는 뜻이다. '밤night'이란 뜻의 nox, noctis와 '걷다to walk'를 뜻하는 ambulo가 결합됐다. 관련된 명사는 noctambulism[nok-TAM'-byə-liz-əm]몽유병이다.
7. somnific[som-NIF'-ik]. somnific lecture잠이 오는 강의, somnific movie잠이 오는 영화, somnific effect최면효과 등처럼 쓰인다.
8. circumambulate[sur'-kəm-AM'-byə-layt']. circumnavigate는 '두루around'를 뜻하는 circum과 '배ship'를 뜻하는 navis가 결합된 동사로 '두루 항해하다'라는 뜻이다.

쉬어가기 6

1. effect　2. in
3. let　4. kind of
5. principal　6. hanged
7. mothers-in-law　8. spoonfuls
9. her　10. him and me
11. are　12. is
13. has　14. Is
15. comes　16. are
17. me　18. uninterested
19. lay　20. Who
21. have　22. believe
23. were　24. is
25. I

CHAPTER 8

HOW TO INSULT YOUR ENEMIES

LESSON 1 EXERCISE

2. 1) h　2) j　3) a　4) i　5) b
6) d　7) e　8) c　9) f　10) g
3. 1) no　2) no　3) no　4) no　5) no
6) yes　7) yes　8) no　9) no　10) yes
4. 1) hypochondriac　2) martinet
3) lecher　4) sycophant
5) atheist　6) dilettante
7) virago　8) iconoclast
9) monomaniac　10) chauvinist
5. 1) iconoclast　2) hypochondriac
3) chauvinist　4) martinet
5) lecher　6) sycophant
7) dilettante　8) atheist
9) virago　10) monomaniac

LESSON 2 EXERCISE

7. 1) h　2) j　3) b　4) d　5) a
6) i　7) f　8) e　9) g　10) c
8. 1) e　2) b　3) j　4) a　5) d
6) h　7) f　8) g　9) c　10) i
9. 1) i　2) b　3) f　4) a　5) e
6) c　7) h　8) d　9) g
10. 1) g　2) j　3) f　4) a　5) c
6) i　7) b　8) e　9) d　10) h
11. 1) g　2) j　3) a　4) i　5) b
6) h　7) d　8) c　9) f　10) e
12. 1) no　2) yes　3) no　4) no　5) yes
6) no　7) no　8) yes　9) yes　10) yes
11) yes　12) no　13) yes　14) yes　15) no
13. 1) patricide　2) uxoricide
3) matron　4) sycophantic
5) virtuoso　6) chauvinism
7) termagant, harridan, virago
8) patronymic　9) patriarch
10) matriarch　11) maternal
12) maternity　13) matrimony
14) alma mater　15) sycophancy
16) genocide　17) dilettantism
18) tyro　19) virtuosi
20) chauvinistic　21) patrimony
22) diaphanous　23) matricide
24) fratricide　25) sororicide
26) homicide　27) regicide
28) infanticide　29) mariticide
30) parricide
14. 1) synonyms　2) antonyms
3) homonyms, homophones
4) paternal　5) paternalistic
6) matron　7) suicidal

8) synonymous 9) antonymous
10) homonymous, homophonous

LESSON 3 EXERCISE

2. 1) f 2) h 3) j 4) g 5) a
6) d 7) b 8) e 9) c 10) i
4. 1) c 2) a 3) d 4) b
7. 1) e 2) h 3) a 4) g 5) b
6) d 7) c 8) f
8. 1) d 2) g 3) a 4) h 5) b
6) c 7) f 8) e
9. 1) no 2) yes 3) yes 4) yes 5) no
6) no 7) no 8) no 9) no 10) yes
11) no 12) no 13) yes 14) no 15) no
16) yes 17) no
10. 1) fraternize 2) uxorious
3) regalia 4) monomaniacal
5) pyromaniacal 6) kleptomaniacal
7) incendiary 8) arson
9) satyromania, satyriasis
10) claustrophobic 11) acrophobic
12) agoraphobic 13) megalomaniacal
14) nymphomaniacal 15) dipsomania
16) kleptomaniacal 17) fraternal
18) uxorial 19) marital
20) regal 21) extramarital
22) premarital

LESSON 4 EXERCISE

5. 1) j 2) h 3) a 4) f 5) g
6) b 7) c 8) i 9) d 10) e
6. 1) d 2) h 3) a 4) j 5) c
6) g 7) b 8) e 9) i 10) f
7. 1) h 2) c 3) a 4) j 5) b
6) f 7) g 8) d 9) i 10) e
8. 1) c 2) h 3) a 4) g 5) b
6) d 7) j 8) e 9) f 10) i
9. 1) d 2) a 3) f 4) b 5) e
6) c 7) j 8) k 9) g 10) i
11) h

10. 1) monomania 2) pyromania
3) nymphomania 4) kleptomania
5) megalomania 6) dipsomania
7) satyromania, satyriasis 8) acrophobia
9) agoraphobia 10) claustrophobia
11. (1~7번까지 순서에 관계없이)
1) lecherous 2) libidinous
3) lascivious 4) lubricious
5) licentious 6) lewd
7) lustful 8) prurient
12. 1) theology 2) pantheism
3) atheism 4) agnosticism
5) monotheism 6) polytheism
13. 1) hypochondria 2) hypertension
3) incendiarism 4) arson
5) iconoclasm 6) prognosis
7) diagnostic 8) hypotension
9) prognosticate 10) diagnose
11) prognostication 12) diagnostician
13) hypertensive 14) hypotensive
15) theologian

REVIEW

1. 1) a 2) b 3) c 4) b 5) c
6) a 7) a 8) b 9) c 10) c
11) a 12) a 13) a 14) c 15) b
16) b 17) c
2. 1) fig 2) to show
3) man (male) 4) father
5) name 6) the same
7) sound 8) to rule
9) mother 10) soul
11) of oneself 12) to kill, killing
13) brother 14) sister
15) person 16) king
17) wife 18) husband
19) baby 20) race, kind
21) madness 22) one
23) thirst 24) thief
25) fire 26) to set fire

27) to burn
28) great, large
29) satyr
30) bride
31) enclosed place
32) market place
33) highest
34) morbid dread
35) religious image
36) to break
37) God
38) known
39) knowledge
40) many
41) all
42) science, study
43) to itch
44) under
45) over

QUESTION

1. matronymic[mat'-rə-NIM'-ik]. 어머니를 뜻하는 그리스어 어근 meter, metr-을 사용하고 싶다면 metronymic. 그리스어에서 '자궁uterus'을 뜻하는 metra는 meter에서 파생됐고, 따라서 metritis는 자궁에 생긴 염증을 가리킨다. metralgia는 '자궁통'이고, endometriosis[en'-dō-mee'-tree-Ō'-sis]는 자궁 내막의 이상 증세를 뜻한다. endo는 '안inside'이란 뜻이고, metra는 '자궁uterus'이며, -osis는 '비정상적인 상황abnormal condition'을 뜻한다.
2. a) incendiary한 발언이나 말은 비유적인 뜻으로 청중의 감정을 자극하고, 청중의 마음에 불을 지피고, 청중을 흥분시키며, 청중을 행동하게 만든다는 뜻이다.
   b) incense[IN'-sens]는 태울 때 향기로운 냄새를 발산하는 물질이다. 반드시 그런 것은 아니지만 대체로 불쾌한 냄새나 마리화나 연기처럼 금지된 냄새를 은폐하기 위해 사용된다.
   c) 동사 incense[in-SENS']는 '크게 화를 내다', 즉 '열받다'라는 뜻이다. "I'm all burned up나는 몹시 화가 났다"이라는 표현은 어원적으로 I'm incensed의 직역이라 할 수 있다.
3. a) ardent[AHR'-dənt]는 '열정, 야망, 사랑 등으로 타오르는'이라는 뜻이다. ardent suitor열렬한 구혼자, ardent worker열심히 일하는 사람 등으로 쓰인다.
   b) ardor[AHR'-dər]는 ardent의 명사형으로 '열정', '열망'이라는 뜻이다. 또 다른 명사형으로는 ardency[AHR'-dən-see]가 있다.
4. megaphone
5. megalopolis[meg'-ə-LOP'-ə-lis]
6. police, politics
7. a) bibliokleptomaniac[bib'-lee-ō-klep'-tə-MAY'-nee-ak]은 '책을 광적으로 훔치는 사람'을 뜻한다. 얼마 전 한 작가는 그런 사람들을 유혹하고 싶었던지 자신의 책에 'Steal This Book!이 책을 훔쳐라!'이란 제목을 붙이기도 했다. 그 유혹이 성공했는지 그의 저작권료 보고서는 보잘 것이 없었다.
   b) gynekleptomaniac
   c) pedokleptomaniac
   d) androkleptomaniac
   e) demokleptomaniac

   짧은 단어들로 비슷한 말을 만들고 싶다면 compulsive kidnapper충동적 유아납치자나 obsessive abductor납치하려는 강박관념에 사로잡힌 사람를 대신 사용해도 괜찮다.
8. a) acromaniac
   b) agoramaniac
   c) claustromaniac
9. a) kleptophobe
   b) pyrophobe
   c) gynephobe
   d) androphobe
   e) demophobe

   triskaidekaphobia[tris'-kī-dek'-ə-FŌ'-bee-ə]는 13이란 수에 대한 병적인 두려움을 뜻한다. 그리스어에서 triskai는 '3', deka는 '10', phobia는 '공포'를 뜻한다.
10. gnosiology[nō'-see-OL'-ə-jee]는 지식을 연구하는 학문, 즉 '지식학'이라는 뜻이다.
11. Amadeus는 사랑라틴어 amor + 신라틴어 deus
    Theophilus는 사랑그리스어 philos + 신그리스어 theos
    Gottlieb은 사랑독일어 Lieb + 신독일어 Gott
12. cellophane은 투명하게 만들어진, 다시 말해서 그 안에 포장된 것이 보이도록 만들어진 cellulose셀룰로오스를 뜻한다.
13. a) hypoglycemia[hī-pō-glī-SEE'-mee-ə]는 '저혈당'을 뜻한다. 요즘에 흔한 질병이지만 미국 의사협회는 저혈당을 '비질환'으로 생각하는 듯하다. 그리스어에서 hypos는 '아래under', glykys는 '달콤한sweet', haima는 '피blood'를 뜻한다.
    b) hyperglycemia고혈당는 hypoglycemia의 반대말이다.

    haima는 영어에서 많이 쓰이며, 철자가 때로는 hem-이나 -em으로 바뀐다. 몇 가지 예와 그 어원적 해석을 해보면, hemorrhage는 '과도한 출혈', anemia는 피가 없다는 뜻으로 실제로는 적혈구가 병적으로 부족한 '빈혈'을 뜻한다. hematology는 '혈액학'과 그 질병을 가리키고, hemophilia는 '피를 향한 사랑'이라는 뜻으로 실제로는 피가 지나치게 천천히 응혈되는 유전병인 '혈우병'이다. 또한 hemoglobin은 혈구血球로 실제로는 적혈구에서 붉은 색을 띠는 물질, 즉 '혈색소'를 말한다.

14. a) Pantheon[PAN'-thee-on']은 기원전 27년 로마에 세워진 '모든 신'을 위한 신전을 뜻한다.
   b) pandemonium[pan'-də-MŌ'-nee-əm]은 시인 존 밀턴이 『실락원』에서 모든 악마가 거주하는 곳에 붙인 이름으로 지금은 시끄럽고 무질서한 아수라장을 뜻한다.
   c) panorama[pan'-ə-RAM'-ə 혹은 RAH'-mə]는 전경全景, 혹은 전경의 사진을 가리킨다. '모두all'를 뜻하는 pan과 '경치view'를 뜻하는 horama가 결합된 단어로 형용사는 panoramic[pan'-ə-RAM'-ik] 이다.
15. monarchy는 '일인지배'라는 뜻이다.

CHAPTER 9

HOW TO FLATTER YOUR FRIENDS

LESSON 1 EXERCISE

2. 1) i 2) e 3) a 4) g 5) c
   6) d 7) b 8) f 9) h 10) j
3. 1) F 2) F 3) F 4) T 5) F
   6) T 7) F 8) T 9) T 10) F
4. 1) O 2) O 3) O 4) O 5) O
   6) S 7) S 8) O 9) O 10) O
5. 1) scintillating 2) magnanimous
   3) versatile 4) perspicacious
   5) stoical 6) convivial
   7) urbane 8) intrepid
   9) indefatigable 10) ingenuous

LESSON 2 EXERCISE

3. 1) e 2) g 3) d 4) a 5) c
   6) b 7) f
4. 1) i 2) c 3) k 4) a 5) j
   6) e 7) h 8) b 9) f 10) d
   11) g
5. 1) f 2) c 3) e 4) a 5) d
   6) b
6. 1) O 2) O 3) O 4) O 5) S
   6) S 7) S 8) O 9) O 10) O
7. 1) S 2) S 3) O 4) S 5) O
   6) O 7) S 8) O 9) S
8. 1) T 2) F 3) F 4) F 5) T
   6) F 7) F 8) F 9) T
9. 1) oviparous 2) viviparous
   3) conviviality 4) vivisection
   5) antivivisectionist 6) ovulation
   7) devitalize 8) joie de vivre
   9) glutton 10) bon vivant
   11) gourmet 12) gourmand
   13) gluttonize, gormandize
   14) ennui
   15) vivacity, vivaciousness, vitality
   16) oval, ovoid 17) revitalize, revive
   18) ovarian 19) vital

LESSON 3 ORIGIN

1) incredulously 2) incredible
3) credulous 4) credible
5) incredulity 6) incredible
7) incredibility 8) credulity
9) credible 10) incredibility, credulous

LESSON 3 EXERCISE

2. 1) f 2) d 3) a 4) h 5) g
   6) b 7) e 8) c
3. 1) g 2) h 3) a 4) e 5) b
   6) d 7) f 8) c
4. 1) yes 2) yes 3) yes 4) yes 5) yes
   6) yes 7) no 8) yes 9) yes 10) yes
   11) no
5. 1) naivete 2) credulous
   3) creed 4) credible
   5) indefatigability 6) ingenuousness
   7) disingenuous 8) ingenious
   9) gullible 10) incredulous
   11) incredible 12) credo

LESSON 4 EXERCISE

3. 1) e 2) h 3) j 4) a 5) f
   6) b 7) i 8) c 9) d 10) g
4. 1) f 2) j 3) h 4) a 5) i
   6) b 7) d 8) g 9) e 10) c
5. 1) O 2) O 3) S 4) S 5) O

6) O 7) S 8) S 9) S 10) O
11) O 12) O 13) O

6. 1) specious 2) pungence, pungency
3) perspicuous
4) acumen, acuteness, acuity
5) circumspection, circumspectness
6) acupuncture 7) introspective
8) punctilious 9) puncture
10) retrospect

7. 1) perspicacity, perspicaciousness
2) acute 3) punctuate
4) pungent
5) perspicuity, perspicuousness
6) perspicacious 7) prospect
8) introspection 9) circumspect
10) prospective

LESSON 5 EXERCISE

4. 1) e 2) i 3) h 4) a 5) j
6) b 7) d 8) c 9) g 10) f

5. 1) h 2) d 3) e 4) i 5) f
6) j 7) a 8) g 9) c 10) b

LESSON 6 EXERCISE

1. 1) d 2) g 3) h 4) b 5) a
6) e 7) c 8) f

2. 1) d 2) a 3) h 4) b 5) f
6) c 7) g 8) e

3. 1) f 2) d 3) a 4) b 5) i
6) c 7) e 8) g 9) h

4. 1) g 2) a 3) d 4) f 5) b
6) j 7) c 8) e 9) h 10) i

5. 1) yes 2) no 3) no 4) no 5) yes
6) yes 7) no 8) yes 9) yes

6. 1) no 2) yes 3) no 4) yes 5) no
6) no 7) no 8) yes 9) no 10) no
11) no

7. 1) no 2) no 3) no 4) no 5) yes
6) yes 7) yes

8. 1) O 2) S 3) O 4) O 5) S
6) S 7) O 8) O 9) S 10) O
11) O 12) O 13) O 14) O 15) S
16) S 17) S 18) O 19) S 20) O
21) O

9. 1) versatility 2) urban
3) rusticate 4) scintilla
5) intrepidity

10. 1) stoicism 2) rustic
3) rural 4) retrospect
5) magnanimity

11. 1) acuity 2) perspicuous
3) pusillanimous 4) unanimous
5) animus, animosity

12. 1) perspicacity, perspicaciousness, acumen, acuity, acuteness
2) perspicuity 3) stoic
4) urbanity

13. 1) pusillanimity 2) unanimity
3) equanimity 4) trepidation
5) scintillate

14. 1) introspective 2) circumspect
3) specious 4) introspect
5) circumspection

15. 1) e 2) j 3) a 4) i 5) b
6) g 7) c 8) h 9) f 10) d

16. 1) O 2) S 3) S 4) S 5) O
6) O 7) O 8) O 9) S 10) S

17. 1) indefatigability 2) perspicacity
3) stoicism 4) urbanity
5) naiveté 6) incredulity
7) incredibility 8) perspicuity
9) magnanimity 10) pusillanimity

REVIEW

1. 1) b 2) a 3) c 4) c 5) a
6) c 7) a 8) a 9) b 10) a
11) b 12) b 13) a 14) a

2. 1) to live 2) cut
3) to give birth, produce 4) egg
5) life 6) good

7) to believe | 8) to look
9) to sharpen | 10) point
11) to pierce sharply | 12) mind
13) tiny | 14) big, great, large
15) one | 16) equal
17) to turn | 18) porch
19) to tremble | 20) spark
21) city .
22) country, countryside

QUESTION

1. survive. 명사는 survival.
2. vivarium[vī-VAIR'ee-əm]은 식물과 작은 동물이 자연의 서식처와 유사한 환경에서 살아가는 울타리가 둘러진 지역을 뜻한다. 접미어 -ium은 일반적으로 '……하는 곳place where'을 뜻한다. 따라서 solarium은 '햇살이 들어오는 곳'이므로 '사람이 일광욕을 할 수 있는 곳'이고, aquarium은 물이 있는 곳라틴어 aqua는 '물water'이므로 '수족관'이며, podium은 발을 놓는 곳 그리스어 podos는 '발foot'이므로 '연단'이다. 또 auditorium은 공연이나 연극을 듣고 보는 곳인 관람석라틴어 audio는 '듣다to hear'이다.
3. vita[VĪ'-tə]는 어원적으로 '삶life'이란 뜻이며, 실제로는 한 사람의 경력을 기록한 '이력서career résumé'이다.
4. a) unicorn 라틴어 cornu는 '뿔horn'
   b) uniform
   c) unify facio에서 파생된 -fy는 '만들다to make'
   d) unity
   e) unicycle 그리스어 kyklos는 '원circle, 바퀴wheel'
5. anniversary : 1년이 돌았다.
6. a) universe : 하나로 돌아가는 모든 것.
   b) university : 가장 높은 교육기관, 대학교. 보편적인 학문을 배우고 가르친다. 따라서 커리큘럼이 다양하고 어떤 제한도 받지 않는다.
7. a) interstate
   b) international
   c) intermediate
   d) interrupt 라틴어 rumpo, ruptus는 '깨다to break'
   e) interpersonal
8. a) intrastate
   b) intranational
   c) intrapersonal 혹은 intrapsychic
   d) intramuscular

TEST 2
CHAPTER 6~9

1. 1) to write | 2) equal
   3) bad, evil | 4) to say, tell
   5) to wish | 6) to do, make
   7) good, well | 8) faith
   9) to give | 10) night
   11) horse | 12) balance, pound
   13) to be silent | 14) to speak
   15) alone | 16) belly
   17) big, large, great | 18) word
   19) to roll | 20) mind
   21) back | 22) voice
   23) to bear, carry | 24) to walk
   25) sleep
2. 1) to show | 2) man, male
   3) father | 4) name
   5) the same | 6) sound
   7) to rule | 8) mother
   9) to kill, killing | 10) person
   11) wife | 12) husband
   13) fire | 14) God
   15) to live | 16) to believe
   17) to pierce sharply | 18) one
   19) to tremble | 20) spark
   21) city | 22) country(countryside)
   23) knowledge | 24) all
   25) all
3. 1) O 2) S 3) O 4) O 5) S
   6) O 7) O 8) S 9) S 10) O
   11) O 12) O 13) O 14) O 15) O
   16) O 17) O 18) S 19) O 20) S
4. 1) e 2) b 3) g 4) d 5) i
   6) j 7) a 8) h 9) f 10) c
5. 1) c 2) g 3) e 4) j 5) f
   6) h 7) a 8) d 9) b 10) i
6. 1) obviate | 2) adulate
   3) malign | 4) laconic
   5) banal | 6) verbatim

7) genocide 8) patrimony
9) polytheism 10) militant
11) bona fide 12) garrulous
13) soliloquize 14) magnum opus
15) magnanimous 16) ambulatory
17) insomnia 18) acrophobia
19) fratricide 20) antonymous
21) joie de vivre 22) devitalize
23) naiveté 24) punctilious
25) perspicuous 26) circumspect
27) retrospect 28) unanimous
29) stoical 30) interurban

PART 3

CHAPTER 10

HOW TO TALK ABOUT COMMON PHENOMENA AND OCCURRENCES

LESSON 1 EXERCISE

2. 1) g 2) j 3) a 4) e 5) b
6) i 7) c 8) f 9) d 10) h
3. 1) no 2) no 3) yes 4) yes 5) yes
6) no 7) yes 8) no 9) yes 10) yes
4. 1) O 2) O 3) O 4) S 5) S
6) O 7) S 8) O 9) O 10) S
5. 1) cacophony 2) ephemeral
3) penury 4) euphemism
5) vicarious 6) nostalgia
7) badinage 8) carnivorous
9) bovine 10) clandestine

LESSON 2 EXERCISE

4. 1) g 2) a 3) e 4) h 5) b
6) f 7) d 8) c
5. 1) g 2) h 3) a 4) e 5) c
6) f 7) b 8) d
6. 1) c 2) g 3) a 4) e 5) b
6) d 7) f
7. 1) b 2) h 3) e 4) i 5) g
6) c 7) a 8) j 9) f 10) d
8. 1) no 2) yes 3) no 4) yes 5) no
6) yes 7) no 8) yes 9) no 10) yes
9. 1) yes 2) no 3) yes 4) yes 5) yes
6) no 7) yes 8) no 9) no 10) yes
10. 1) yes 2) no 3) yes 4) yes 5) yes
11. 1) anodyne 2) persiflage
3) cliché 4) evanescent
5) eulogistic 6) euthanasia
7) parsimonious, penurious
8) destitute 9) affluence
10) opulence 11) vicariously
12) parsimony, penuriousness
13) indigence, destitution
14) evanescence 15) euphony
16) euphemistic 17) euphoria
18) bromide 19) platitude
20) evanesce 21) indigent
22) affluent, opulent 23) euphoric
24) euphonic, euphonious
25) eulogy 26) bromidic
27) platitudinous 28) eulogize

LESSON 3 EXERCISE

5. 1) f 2) a 3) i 4) j 5) c
6) h 7) b 8) d 9) g 10) e
6. 1) e 2) a 3) f 4) b 5) d
6) c 7) g
7. 1) g 2) k 3) j 4) c 5) f
6) a 7) i 8) b 9) e 10) h
11) d 12) l
8. 1) c 2) f 3) a 4) g 5) b
6) e 7) d 8) h
9. 1) F 2) T 3) T 4) F 5) T
6) T 7) T 8) F 9) F 10) T
10. 1) F 2) T 3) T 4) T 5) T
6) T 7) T 8) F 9) F 10) T
11) F 12) T
11. 1) clandestinely, surreptitiously
2) cacophonously 3) nostalgically
4) voraciously
12. 1) voracity 2) omnipotence

3) omniscience 4) omnibus
5) carnality 6) carnage
7) surreptitiousness 8) cacophony
9) phonetics 10) reincarnation

13. 1) leonine 2) canine
3) feline 4) bovine
5) vulpine 6) ursine
7) nostalgic 8) cacophonous
9) carnivorous 10) herbivorous
11) omnivorous 12) voracious
13) incarnate

14. 1) omnipotent 2) omniscient
3) omnipresent 4) ubiquitous
5) carnal 6) clandestine

15. 1) lupine 2) equine
3) piscine 4) phonetic
5) phonetician 6) impotent
7) ubiquity, ubiquitousness, omnipresence
8) reincarnate 9) incarnate

REVIEW

1. 1) c 2) b 3) c 4) a 5) c
6) b 7) a 8) b 9) b 10) a
11) b 12) b 13) c 14) b 15) b
16) b 17) a 18) a 19) b

2. 1) want, neediness 2) to flow
3) wealthy 4) dayfly
5) to vanish 6) voice
7) sound 8) word, speech
9) death 10) flat, broad
11) pain 12) lion
13) cat 14) pig
15) dog 16) fox
17) wolf 18) horse
19) fish 20) a return
21) pain 22) bad, harsh, ugly
23) wood 24) flesh
25) to devour 26) herb
27) all 28) powerful
29) knowing 30) everywhere
31) farewell 32) secretly

QUESTION

1. View of Death : 죽음의 일견
2. thanatology
3. a) prophesy[PROF'-ə-sī']
b) prophecy[PROF'-ə-see]
c) prophet[PROF'-ət]
4. a) predict
b) prediction
5. nostopathy는 군복무를 끝내고 귀향한 탓에 발병한 '질병긴장감, 불안증, 심리적 갈등'을 뜻한다. 일부 퇴역군인들은 자신들에게 주어진 자유와 책임을 견디지 못했다. 육군, 해군, 공군 등에 복무할 때는 군대에서 먹여주고 옷을 주었으며, 그들을 대신해서 모든 것을 결정해주었다. 하지만 퇴역한 후 그들은 민간인 생활에 재적응해야 했다.
6. a) vulpicide
b) lupicide
c) felicide
d) ursicide
7. a) piscivorous[pə-SIV'-ər-əs]
b) insectivorous[in'-sek-TIV'-ər-əs]
8. canary : 카나리아
9. potentiate[pə-TEN'-shee-ayt']

쉬어가기 8

1. b	2. a	3. a	4. b	5. b
6. b	7. a	8. b	9. a	10. b
11. b	12. b	13. b	14. a	15. b
16. a	17. b	18. b	19. b	20. a
21. b	22. a	23. b	24. a	25. a

CHAPTER 11

HOW TO TALK ABOUT WHAT GOES ON

LESSON 1 EXERCISE

2. 1) f 2) j 3) a 4) h 5) b
6) i 7) c 8) g 9) d 10) e
3. 1) no 2) yes 3) yes 4) no 5) no
6) no 7) no 8) yes 9) yes 10) no
4. 1) O 2) O 3) S 4) S 5) S
6) S 7) S 8) O 9) S 10) O

5. 1) simulate 2) castigate
3) self-abnegate 4) vacillate
5) enervate 6) commiserate
7) recapitulate 8) alleviate
9) intimate 10) vegetate

LESSON 2 EXERCISE

2. 1) f 2) g 3) a 4) e 5) b
6) c 7) d 8) h
3. 1) O 2) O 3) S 4) O 5) O
6) S 7) S 8) O
4. 1) capitulate 2) synergistic
3) enervation 4) recapitulatory
5) self-abnegation 6) negate
7) synergism, synergy 8) decapitate
9) castigation 10) capitulate

LESSON 3 EXERCISE

2. 1) f 2) i 3) a 4) j 5) h
6) b 7) c 8) e 9) g 10) d
3. 1) f 2) a 3) g 4) b 5) d
6) c 7) e
4. 1) O 2) S 3) O 4) S 5) S
6) O 7) S 8) O 9) S 10) S
5. 1) oscillate 2) ambivalent
3) dissimulate, dissemble
4) simulation 5) dissemble
6) levity 7) vacillatory, vacillating
8) levitate 9) alleviative, alleviating
10) commiseration

REVIEW

1. 1) b 2) a 3) c 4) b 5) c
6) b와 c 7) c 8) a 9) c
2. 1) nerve 2) work
3) deny 4) head
5) little head, chapter heading
6) live and grow 7) to copy
8) like, similar 9) light
10) innermost 11) wretched
12) swing back and forth
13) both 14) a swing

QUESTION

1. synagogue
2. symbiosis[sim'-bī-Ō'-sis], 형용사는 symbiotic[sim'-bī-OT'-ik]
예컨대 연인들, 남편과 아내, 부모와 자식 등은 symbiotic한 관계에서 살아가며, 중요한 일이나 감정적 욕구에서 서로에게 의지한다.
3. symphony, 형용사는 symphonic
4. symmetry[SIM'-ə-tree], 형용사는 symmetrical[sə-MET'-rə-kəl] 혹은 symmetric[sə-MET'-rik]
5. syndrome[SIN'-drōm]
6. hippodrome[HIP'-ə-drōm']. 요즘에는 영화관이나 다른 공연장의 이름으로 흔히 사용된다.
7. hippopotamus

쉬어가기 9

1. c (inoculate) 2. e (occurrence)
3. a (analyze) 4. b (drunkenness)
5. d (proceed) 6. b (noticeable)
7. a (weird) 8. e (perseverance)
9. d (irresistible) 10. e (exhilarate)

CHAPTER 12

HOW TO TALK ABOUT
A VARIETY OF PERSONAL CHARACTERISTICS

LESSON 1 EXERCISE

2. 1) e 2) i 3) a 4) j 5) d
6) h 7) b 8) g 9) c 10) f
3. 1) d 2) a 3) g 4) j 5) b
6) h 7) f 8) e 9) c 10) i
4. 1) no 2) no 3) no 4) no 5) yes
6) no 7) no 8) no 9) no 10) yes
5. 1) dolorous 2) obsequious
3) cadaverous 4) querulous
5) bibulous 6) supercilious
7) innocuous 8) obstreperous
9) chivalrous 10) impecunious

LESSON 2 EXERCISE

3. 1) l 2) e 3) h 4) a 5) j
   6) c 7) b 8) d 9) m 10) f
   11) g 12) k 13) o 14) i 15) n
   16) r 17) q 18) p 19) t 20) s
4. 1) yes 2) no 3) yes 4) yes 5) yes
   6) yes 7) no 8) no 9) yes 10) no
5. 1) yes 2) yes 3) no 4) no 5) no
   6) yes 7) no
   8) 보는 이의 관점에 따라, yes 혹은 no
   9) yes 10) no (여러분이 결혼 혐오자가 아니라면)
6. 1) S 2) O 3) S 4) S 5) S
   6) S 7) O 8) O 9) O 10) S
   11) O 12) S 13) O
7. 1) noxious 2) sequel
   3) imbibe 4) dolor
   5) obsequies 6) equestrian
   7) equestrienne 8) equine
   9) subsequent 10) pecuniary
   11) doleful 12) sequence
   13) cavalcade 14) cavalier
   15) cavalry 16) cadaver
   17) decadent 18) decadence
   19) condolence
   20) chivalry, chivalrousness

REVIEW

1. 1) b 2) c 3) b 4) a 5) a
   6) b 7) b 8) a 9) c 10) b
2. 1) to follow 2) to complain
   3) eyelid 4) above
   5) to make a noise 6) cattle
   7) horse 8) (inferior) horse
   9) horse 10) to fall

QUESTION

1. non sequitur[non SEK'-wə-tər] : 따르지 않다
2. a) second : 두 번째의, 첫 번째 다음에 따르는
   b) consecutive : 연속적인, 적절한 순서에 따른
   c) persecute : 철두철미하게 따르다, 추구하다. 따라서 '좋지 않은 이유로 끊임없이 괴롭히고 귀찮게 굴다, 박해하다'라는 뜻이다.
   d) prosecute : '앞서 따르다'. 뭔가를 성공적으로 완수하기 위해서 부지런히 또 힘차게 추구하거나 혹은 공무원의 입장에서 무언가에 대한 법적 소송을 시작한다는 뜻으로 '기소하다'라는 뜻이다. prosecute a campaign캠페인을 수행하다
3. a) superior
   b) superficial
   c) superfluous[sə-PUR'-flōō-əs], 명사는 superfluity[sōō'-pər-FLOO'-ə-tee]
   d) supernatural
   e) supervise
4. a) cadence[KAY'-dəns] : 말하는 목소리의 등락. 소리나 음악의 억양, 리듬, 박자 등을 가리킨다. 형용사는 cadent[KAY'-dənt].
   b) occidental[ok'-sə-DEN'-təl] : 어원적으로 '떨어지는'을 뜻한다. 따라서 해가 서쪽에서 떨어지기 때문에 '서쪽에 있는 나라들의'와 그런 나라에서 태어난 사람들을 뜻한다. 명사는 occident[OK'-sə-dənt]. 해는 동쪽에서 뜬다. 따라서 라틴어에서 '오르다to rise'를 뜻하는 orior는 Orient동양, oriental동양의, 그리고 동사 orient[AW'-ree-ent']의 어원이다. 동사 orient는 어떤 장소나 상황에 '적응하다'는 뜻이며, 어원적으로는 '동쪽으로 향하다'는 뜻이다. 명사는 orientation이다. "I'm finally oriented"는 내가 동양화됐다거나 동쪽을 마주보고 있다는 뜻이 아니라, 어떤 장소나 직업 및 상황에 편하게 적응했다는 뜻이다. 따라서 동사 disorient[dis-AW'-ree-ent']는 지역이나 방향 등에서 누군가의 orientation적응, 방향감각을 빼앗거나 혼란시키고 어리둥절하게 만든다는 뜻이다. 명사는 disorientation.
   c) deciduous[də-SIJ'-ōō-əs] : '떨어져 내리는falling down'을 의미하는 라틴어 접두어 de-에서 나왔다. 이 형용사는 가을이면 잎이 떨어지는 나무들을 가리킨다.
   d) incident : 떨어지고 닥치고 일어나는 사건을 뜻한다.
   e) accident : 우연히 무엇이나 누군가에게 떨어지고 닥치는 사건을 뜻한다. ac-는 '……쪽에to, toward'를 뜻하는 ad-의 변형이다.
   f) coincidence : co-는 '함께'를 뜻하는 con-의 변형이다. 두 가지 일이 동시에 우연히 일어나고 닥칠 때 coincidence가 일어난다고 말한다.
5. indolent[IN'-də-lənt], 명사는 indolence[IN'-də-ləns]
6. Dolores. 스페인의 Maria de los Dolores슬픔의 마리아에서 유래했다. 따라서 내가 알기에 어원대로 살아가는 Dolores는 거의 없지만, 어원적으로는 슬픔에 잠긴 사람을 뜻한다.

쉬어가기 10

1. a (all right)
2. b (definitely)
3. c (separate)
4. c (occurrence)
5. d (repetition)
6. a (drunkenness)
7. b (superintendent)
8. c (panicky)
9. d (insistent)
10. c (category)
11. c (vacuum)
12. a (benefited)
13. c (ridiculous)
14. c (occasionally)
15. a (tariff)
16. b (genealogy)
17. b (bachelor)
18. d (accommodate)
19. a (comparative)
20. c (existence)

TEST 3

CHAPTER 10~12

1. 1) to flow 2) voice
 3) flat, broad 4) cat
 5) fish 6) a return
 7) harsh, bad, ugly 8) flesh
 9) to devour 10) all
 11) powerful 12) everywhere
 13) wolf 14) to suffer, grieve
 15) pig 16) death
 17) dog 18) fox
 19) pain 20) pain
 21) word, speech 22) knowing
 23) bear 24) sound
 25) want, neediness

2. 1) nerve 2) work
 3) to deny 4) head
 5) little head, chapter heading
 6) to live and grow 7) to copy
 8) like, similar 9) light
 10) innermost 11) wretched
 12) to swing back and forth
 13) both 14) a swing
 15) to follow 16) to complain
 17) eyelid 18) above
 19) to make a noise 20) cattle
 21) horse 22) (inferior) horse
 23) to speak 24) to fall
 25) to vanish

3. 1) O 2) S 3) S 4) S 5) O
 6) S 7) O 8) O 9) S 10) S
 11) S 12) O 13) S 14) O 15) S
 16) S 17) S 18) O 19) O 20) S

4. 1) i 2) e 3) j 4) a 5) g
 6) c 7) h 8) b 9) f 10) d

5. 1) f 2) h 3) i 4) a 5) j
 6) b 7) d 8) e 9) c 10) g

6. 1) leonine 2) canine
 3) feline 4) porcine
 5) vulpine 6) ursine
 7) equine 8) omnipotent
 9) incarnate 10) vegetate
 11) clandestine 12) carnivorous
 13) ephemeral
 14) penurious, parsimonious
 15) ambivalent 16) eulogy
 17) euphoria 18) anodyne
 19) euthanasia 20) phonetics
 21) omnipotent 22) capitulate
 23) synergism, synergy
 24) decapitate 25) pecuniary
 26) innocuous 27) bibulous
 28) condole, commiserate
 29) supercilious 30) cavalry

옮긴이 강주헌

한국외국어대학교 프랑스어과를 졸업, 동대학원에서 석사 및 박사학위를 받았고, 프랑스 브장송 대학에서 수학하였다. 뛰어난 영어와 불어 번역으로 2003년 '올해의 출판인 특별상'을 수상했으며, 현재 전문번역가로 활발하게 활동 중이다. 옮긴 책으로 『키스 해링 저널』, 『문명의 붕괴』, 『촘스키, 누가 무엇으로 세상을 지배하는가』, 『슬럼독 밀리어네어』, 『빌 브라이슨의 재밌는 세상』, 『촘스키처럼 생각하는 법』 등 100여 권이 있으며, 지은 책으로 『기획에는 국경도 없다』, 『강주헌의 영어번역 테크닉』 등이 있다.

워드 파워 메이드 이지_WORD POWER made easy

펴낸날 초판 1쇄 2011년 3월 20일
초판 18쇄 2018년 12월 24일
개정판 5쇄 2024년 6월 28일

지은이 노먼 루이스

옮긴이 강주헌

펴낸이 이주애, 홍영완

펴낸곳 (주)윌북

편집 백은영, 양혜영, 최혜리, 장종철, 문주영, 오경은, 김애리

디자인 김주연, 박아형, 기조숙

마케팅 김태윤, 김소연, 박진희

경영지원 박소현

출판등록 제2006-000017호

주소 10881 경기도 파주시 광인사길 217

전화 031-955-3777 팩스 031-955-3778

홈페이지 willbookspub.com

블로그 blog.naver.com/willbooks

포스트 post.naver.com/willbooks

트위터 @onwillbooks

인스타그램 @willbooks_pub

ISBN 979-11-5581-245-7 13740

· 책값은 뒤표지에 있습니다.

· 잘못 만들어진 책은 구입하신 서점에서 바꿔드립니다.